中国隧道及地下工程修建关键技术研究书系

洪开荣 等 编著

Key Technologies for Construction of Expressway Tunnels in Mountainous Areas

山区高速公路隧道施工关键技术

人民交通出版社股份有限公司
China Communications Press Co.,Ltd.

内 容 提 要

本书以山区高速公路数百座隧道的施工技术为基础,通过对大量工程建设中的数据、经验和教训的系统分析,全面客观地对山区高速公路隧道施工关键技术进行疏理、总结和提升,并加以系统阐述而成。

全书共分13章,结合重庆市地质情况,论述了山区高速公路隧道施工中的洞口工程施工、浅埋地层大跨隧道施工、断层破碎带施工、水平岩层施工、岩溶及采空区施工、煤层瓦斯隧道施工及塌方处理等关键技术,并包括双连拱隧道、小净距隧道、运营通道施工等内容,内容全面、系统、创新,提出了诸多宝贵的理念、原则和要点,逐渐形成较完整的山区高速公路隧道施工关键技术。

本书可供我国从事山区隧道及地下工程修建的设计、施工、科研技术人员以及广大师生学习和参考,亦可供非山区铁路、市政、公路隧道相关人员及国外同行参阅和交流。

图书在版编目(CIP)数据

山区高速公路隧道施工关键技术/洪开荣等编著.
—北京:人民交通出版社,2011.5
ISBN 978-7-114-08969-5

I. ①山… II. ①洪… III. ①山区道路:高速公路-隧道施工-施工技术 IV. ①U459.2

中国版本图书馆CIP数据核字(2011)第047526号

书　　名:山区高速公路隧道施工关键技术
著 作 者:洪开荣
责任编辑:刘彩云
出版发行:人民交通出版社股份有限公司
地　　址:(100011)北京市朝阳区安定门外外馆斜街3号
网　　址:http://www.ccpress.com.cn
销售电话:(010)59757973
总 经 销:人民交通出版社股份有限公司发行部
经　　销:各地新华书店
印　　刷:北京盛通印刷股份有限公司
开　　本:787×1092　1/16
印　　张:32.75
字　　数:737千
版　　次:2011年5月　第1版
印　　次:2018年3月　第2次印刷
书　　号:ISBN 978-7-114-08969-5
定　　价:108.00元

作者简介

洪开荣(1965—),男,1990年获硕士学位,现为北京交通大学博士研究生,教授级高级工程师,中铁隧道集团有限公司总工程师,盾构及掘进技术国家重点实验室主任。现任中国土木工程学会隧道及地下工程分会常务理事、秘书长,中国岩石力学与工程学会常务理事,《隧道建设》编委会副主任。

洪开荣长期从事隧道及地下工程的技术研究和管理工作,先后主持了太平驿引水隧洞的岩爆防治技术、我国首座地下储气洞库修建技术、高速铁路特长水下隧道修建技术、城市地铁大型暗挖车站修建技术等重大课题的研究工作,尤其在我国盾构及施工技术方面的研究与开发、应用上具有突出贡献。先后参加了我国铁路、公路、水电、地铁与市政等重难点隧道工程建设,公开发表论文20余篇,出版专著3部。获国家科技进步二等奖一项、省部级科技进步奖特等奖两项、一等奖一项,获第七届詹天佑青年奖和第九届詹天佑成就奖,2006年获国务院政府特殊津贴。

山区高速公路隧道施工关键技术

编审委员会

主　编：洪开荣

副主编：李祖伟

编　委（按姓氏笔画顺序）：

于明华　方俊波　王明胜　卢子奇　卢智强

孙振川　孙立东　孙国庆　陈庆怀　李治国

李丰果　杜国平　杜小平　杨立新　李　国

李永生　罗　杰　钟　宁　郭得福　韩国令

温新亮　管泽英　蔡振宇

审　稿（按姓氏笔画顺序）：

方维鹏　吴鸣冈　李才儒　杨盛双　肖了林

陈文义　罗　琼　卓　越　夏安琳　韩忠存

参编单位：

中国中铁隧道集团有限公司

重庆高速公路集团有限公司

序

随着隧道修建技术的不断发展和不断增长的经济需求，公路隧道的发展趋势是隧道越修越长、越修越宽；穿越的地质越来越复杂，所需要的技术越来越难、越复杂。公路隧道洞门的设计也越来越丰富多彩。针对不同的隧道结构形式，根据宜近不宜连的特性，常采用小净距隧道代替连拱隧道，或在连拱隧道中采用复合式中隔墙代替整体性中隔墙等。以上山区高速公路隧道建设及技术的发展，在重庆市山区高速公路隧道修建上体现得特别明显。

重庆市辖区位于两江交汇、千山万岭、峰峦叠嶂之中，交通被山水所挡，严重影响了辖区人民生活水平的提高，政府急百姓之所急，决心在地质条件极其复杂，除黄土与冻土外，冒着高地应力、大变形、大滑坡、危岩、崩塌、岩溶、涌水、瓦斯、煤层等多种不良地质风险，进行以高速公路为主导的交通建设。经过二十多年的发展，在重庆市建设单位与施工单位的共同努力下，克服建设过程中的许多技术难题和想象不到的困难，建成了许多难度极大的山区高速公路隧道，而且运营良好。这些隧道工程的建成，不仅是建设单位与施工单位的宝贵财富，同样也是我国隧道界的财富。中铁隧道集团参与了该地区许多重、长、大、难隧道的建设。我很高兴地看到，重庆市高速公路建设集团和中铁隧道集团，不但重视建设中的技术创新与管理，而且重视技术总结与推广，组织技术力量全面审视和总结该地区的隧道工程技术，出版这本著作，这种高度责任感的精神，值得隧道及地下工程学术界和建设管理者借鉴。

本书是在重庆市建成的数千座隧道及地下工程的基础上，由洪开荣、李祖伟两位同志组织中铁隧道集团公司及重庆高速公路建设集团公司数十名施工技术人员、建设管理人员及专家学者历时两年之久，将隧道施工中的经验与教训、理念与创新进行全面总结而成。本书客观再现重庆山区高速公路隧道地质复杂、工程浩大、修建艰巨、技术难度高的特征，写出了一本能开拓思路、很有应用与创新价值的书，我从内心感到高兴，因为这样的书是来自于工程实践，资料真实、宝贵。

本书主要论述了高速公路隧道施工中的洞口及洞口段施工、浅埋地层大跨隧道施工、断层破碎带施工、水平岩层施工、岩溶及采空区施工、煤层瓦斯隧道施工及塌方处理等关键技术，还包括双连拱隧道整治、小净距隧道、运营通道施工等内容，真实阐述了在复杂地质条件、高环保要求下隧道施工理念、方法和要点。并通过具有代表性的工程实例进行解析，具有全新的理论指导作用和技术适用性。

隧道修建是门实践性很强的专业，只停留在理论研究、计算分析的层面，是无法从根本上提高和解决实际问题的，必须有高层次的人才深入到工程第一线，结合工程实际解决关键技术难题，才能实现重大突破。本书的作者洪开荣、李祖伟既是此方面的践行者，又是这方面的带头人，他们在施工管理中不仅重视施工技术的创新，而且重视理论与实践相结合，并通过实践创新理论与理念；强调工程技术人员，既要干好在建工程，又要善于进行工程技术总结与创新，多思索、勤动笔。因为实践是发现真知的源泉，许多宝贵的结论和新的观点大多出自工程现场。

总之，本书作者做了许多开创性的工作，针对重庆地区复杂的地质条件，从许多不同的隧道施工方法中，提炼出可供借鉴的关键性技术，具有较强的参考价值。本书的鲜明特色是内容新颖，理论密切结合工程实践，其理论、观点和方法都是建立在作者长期工程实践的基础上，并集中反映了作者理论研究和工程实践的成果。我相信本书的出版，必将对读者大有裨益，对今后我国隧道及地下工程的设计和施工进步产生重要的推动作用！

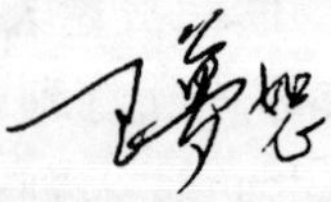

中国工程院院士

2011 年春

前　言

在山岭重丘地区修建高等级公路，为缩短公路里程，改善线形及保护环境，昔日那种“逢山尽量绕着走”的做法将被公路隧道代替。并且，随着建设技术的发展，在复杂山区隧道中采用钻爆法施工的关键技术取得了较大突破，为修建长大公路隧道及克服各种复杂地质条件提供了技术支持。

重庆市辖区的地质结构复杂，素有“地质博物馆”之称，特别是重庆市两翼地区：一是两翼地区属典型的山区，山重水复、地形险峻；二是地质灾害多，几乎云集了所有山区地质灾害，经常有危岩、断层、老窑积水、突泥涌水、有毒有害气体、高地应力等地质病害作祟，给施工安全带来了极大风险；三是两翼地区生态脆弱，环境保护难度大，因而该地区的高速公路建设，特别是隧道工程建设的难度可想而知。然而，面对隧道建设中各类复杂的地质问题，所有技术人员以严谨科学的态度，迎难而上，凭着强烈的责任心和创新的精神，“优质、文明、和谐、规范”的建设理念以及科学的建设和管理水平，有针对性、开创性地工作，一一破解了这些难题。

中铁隧道集团有限公司基本上参与了重庆地区所有长大高速公路隧道的修建，推动并引领了重庆市高速公路隧道修建技术的迅猛发展。以我集团参战修建的白云隧道为例：左右双洞均超过 7 000m 的白云隧道，穿越了构造溶蚀侵蚀中低山脉，隧道最大埋深达到了 800m，施工中遭遇了断层、突水涌泥、瓦斯等多种不良地质，这样的地段占隧道的 30% 左右。施工中，我们及时采取了各种合理有效的防治措施，灵活采用了预注浆、后注浆、补注浆等手段，使得隧道在通过长 48m 的溶洞溶蚀段、1 173m的涌水段、785m 的有毒气体突出段的施工过程中，没有发生一起重大灾害安全事故，并取得了单洞月进尺平均达 284m 的好成绩。

本书是一些常年在建设一线的管理、设计、科研技术人员，经过不断创新、完善、总结多年来的山区高速公路隧道设计施工经验,历时两年完成的,是重庆山区高速公路隧道施工领域第一部全面系统、具有创新的学术专著!

本书共分13章,第1章概述,介绍了重庆市的地理位置及其在我国西部的交通地位、高速公路发展现状及地形地貌地质特征,重点介绍了重庆市高速公路隧道的主要特点、施工重难点及技术应对措施。第2章洞口工程施工技术,介绍了洞门、明洞、边仰坡施工方法及施工要点,较为系统地论述了不同地质体中洞口段隧道施工方法及措施。第3章浅埋软弱地层大跨隧道施工技术,在介绍不同施工方法的同时,重点论述了浅埋软弱地层中大跨隧道施工的几项关键性技术——超前地质预测预报技术、工作面稳定技术及监控量测技术等,同时介绍了几项有针对性的辅助工法。第4章断层及破碎带施工技术,在论述断层及破碎带地质危害的前提下,重点说明了隧道施工所应采取的技术对策,同时强调了应加强超前地质预测预报工作,重视遇大变形及突水涌泥应急预案编写及演练工作。第5章水平岩层施工技术,通过水平岩层隧道变形破坏形态及规律分析,重点论述了水平岩层隧道超前支护、水平岩层隧道控制爆破开挖等几项施工关键性技术。第6章岩溶及采空区施工技术,针对岩溶及采空区的形态特征及分类,重点介绍了岩溶及采空区的处置及安全施工技术。第7章煤层瓦斯及有害气体隧道施工技术,论述了瓦斯隧道超前探测及预报、石门揭煤、瓦斯监测、施工通风、施工机械设备配置、结构处理、安全措施及应急预案等几项关键性技术。第8章双连拱隧道施工技术,在介绍公路双连拱隧道基本特征及分类的基础上,论述了其不同的施工方法,并重点介绍了导洞及中隔墙施工、隧道结构防排水及渗漏水治理等两项关键性施工技术。第9章小净距隧道施工技术,在介绍公路小净距隧道基本特征及分类的基础上,论述了其不同的施工方法,并重点介绍了小净距隧道中夹岩加固、爆破震动控制、施工监测等三项关键性施工技术。第10章运营通风通道施工,对陡坡斜井和竖井施工方案优化、提升系统选型及布置进行了分析,并重点论述了二者的开挖、支护方案及其他关键技术。第11章隧道塌方处理,在对隧道塌方原因分析的基础上,依据施工经验,论述了隧道塌方处理原则及方案、塌方处理注意事项及经验教训,强调了塌方发生前信息化施工的重要性。第12章典型隧道施工组织案例,重点介绍了重庆高速公路隧道——白云隧道的施工组织方案。第13章科技创新成果,介绍了中铁隧道集团在参与重庆高速公路施工过程中的有关科技创新成果。

这部历经两年、经过反复总结、提炼完成的《山区高速公路隧道施工关键技术》，主要阐释了山区高速公路隧道的工程思维与工程方法，我们期望其能够指导国内隧道规划、设计、施工、管理技术人员的工作，并成为引导隧道修建技术的发展、促使隧道技术人员不断进步的重要参考著作。

本书在编写过程中得到了许多基层技术人员的支持与帮助，在此一并向他们致以诚挚的感谢！

这本著作篇幅较大，参与人员较多，不可避免会有错漏，有些提法也可能需要大家一起讨论，敬请提出并指正。

洪开荣

2011 年 1 月 20 日

目 录

Key Technologies for Construction of Expressway Tunnels in Mountainous Areas

Contents

第1章 概 述

随着隧道修建技术的不断发展和不断增长的经济需求，公路隧道的发展趋势是隧道越修越长、越修越宽；穿越的地质越来越复杂，所需要的技术越来越难、越复杂。公路隧道洞门的设计也越来越丰富多彩。历数较为典型的山区隧道，有早期耗能大的半横向通风深圳梧桐山隧道、板樟山隧道，双向六车道、大跨度、扁平率为0.6的广州白云山隧道，福州四连拱象山隧道(宽3.5m，高8.9m)，小间距(0.5m)双洞南京九华山隧道，设计最早、应用最多的五龙岭双连拱隧道，首次采用竖井和经济适用的纵向射流通风技术的中梁山隧道，逆光照明不在洞口设光过渡段的猫狸岭隧道，处于3 800m高海拔、高寒(最冷月平均气温在-7℃，最低达-35℃)地区的青海大板山隧道，处于高应力区的川藏公路二郎山隧道，穿越高浓度瓦斯、高压力煤层的华蓥山隧道(长4 705m)，双向分离式四车道、国内最长的终南山隧道(长18.4km)和长度大于6km的包家山隧道、鹧鸪山隧道、泥巴山隧道、雪峰山隧道等。而针对不同隧道结构形式，根据宜近不宜连的特性，常采用小净距隧道代替连拱隧道，或在连拱隧道中采用复合式中隔墙代替整体性中隔墙等。以上山区高速公路隧道建设及技术的发展，在重庆市山区高速公路隧道修建上体现得特别明显。

重庆市地质结构复杂，许多隧道都有"地质博物馆"之称，经常有危岩、断层、老窑积水、突泥涌水、有毒有害气体、洞口偏压顺层、围岩软弱等地质病害作祟。同时，结构形式多样，既有分离式隧道，又有双连拱、小净距结构隧道等，断面大、陡坡的长大公路隧道运营通风通道亦较常见。以上均给隧道结构及安全施工带来极大风险。削竹式洞门形式，使隧道更好地与周边环境相融，大大提升隧道整体景观效果。面对隧道施工中各类复杂的地质问题、结构问题，工程技术人员以严谨科学的态度，有针对性、开创性的工作，一一破解了这些难题。如：三跨乌江的渝湘高速公路，穿越了大娄山北侧和武陵山区，遭遇了工程建设中可能遇到的所有地质难题——滑坡、危岩、崩塌、岩溶、涌水、瓦斯、煤层等，工程建设技术要求高、施工难度大；渝湘高速公路水江至武隆段55km，有70%是桥梁和隧道，其中武隆至白马段，短短22.8km几乎全是桥隧相连，桥隧与路线比达97.4%，"穿岩透壁洞复洞，跨谷飞空桥又桥"随处可见，桥隧相连、新型洞门成为高速公路的新景观。

本书以重庆市山区高速公路数百座隧道的修建技术为基础，通过对大量工程建设中的数据、经验和教训的系统分析，全面、客观地对山区高速公路隧道修建关键技术进行疏理、总结和提升，并加以系统阐述。讴歌了参建者们迎难而上，凭着强烈的责任心和创新精神，"优质、文明、和谐、规范”的建设理念以及科学的建设和管理水平，向人们精彩地诠释了“万水千山只等闲”这句名言的丰富内涵。

1.1 重庆市的地理位置及在西部的交通地位

重庆市是国家西部地区唯一的直辖市，是国家四个直辖市中面积最大、人口最多、经济发展“二元结构”特征显著的一个直辖市。它位于青藏高原与长江中下游平原的过渡地带，四川盆地东南部，东经105°1′~110°11′、北纬28°10′~32°13′之间，东西长470km、南北宽450km，全部面积82 403km^2。东邻湖北省、湖南省，南靠贵州省，西连四川省泸州市、内江市、遂宁市，北接四川省广安地区、达川地区和陕西省。

重庆市是长江上游地区最大的物资集散地、中转中心和枢纽港，在西部大开发中有着举足轻重的地位。重庆市交通运输的发展水平关系到整个西部地区的发展，更具有承东启西、连接南北、为整个西部地区经济发展服务的作用。重庆市把交通运输体系的建设作为加强基础结构的重点，在全国综合运输网规划和国家西部大开发战略的指导下，力争建成各种运输方式有机衔接、结构合理、快速便捷的综合运输网。公路运输为其主要的运输方式，而高速公路尤为公路运输的主要骨架，在未来重庆市的社会经济发展中具有支撑经济发展、推动社会进步、保障国家安全、服务可持续发展的重要作用。

1.2 重庆市高速公路现状

随着社会经济的快速发展，重庆市的高速公路得到了迅猛发展，公路运输成为重庆市最重要的运输方式。自1995年以来，重庆市先后建成了成渝高速公路、渝长高速公路、机场高速公路、渝武高速公路、上界高速公路、渝黔高速公路、渝邻高速公路、渝遂高速公路、界石至南川公路等。到2010年年底基本建成了重庆高速公路路网中的“二环八射”，使高速公路通车里程达到了1 856.47km(见表1-1。另有江合路二期和巫奉路二期约47km在建)。已经形成了以沪蓉国道主干线、渝湛国道主干线、国道210线、国道212线、国道319线以及众多省道为骨架、县乡公路为网络，以大、中城市为中心、遍及城镇乡村，纵横交错、四通八达的公路网体系，如图1-1所示。

截至2010年年底重庆市已建成高速公路统计表(单位:km)　　表1-1

项　目	线路长度	项　目	线路长度
内环高速(一环)	72.8	绕城高速(二环)	187.3
成渝高速(一射)	114.52	渝遂高速(二射)	111.84
渝武高速(三射)	92.48	渝邻高速(四射)	53.11
渝宜高速(五射)	427.23	垫利高速(五射支线一)	155.52
万开高速(五射支线二)	30.42	长涪高速(五射支线三)	33.01
渝湘高速(六射)	412.93	渝黔高速(七射)	102.35
綦万高速(七射支线一)	32.31	渝泸高速(八射)	30.65
合计:1 856.47			

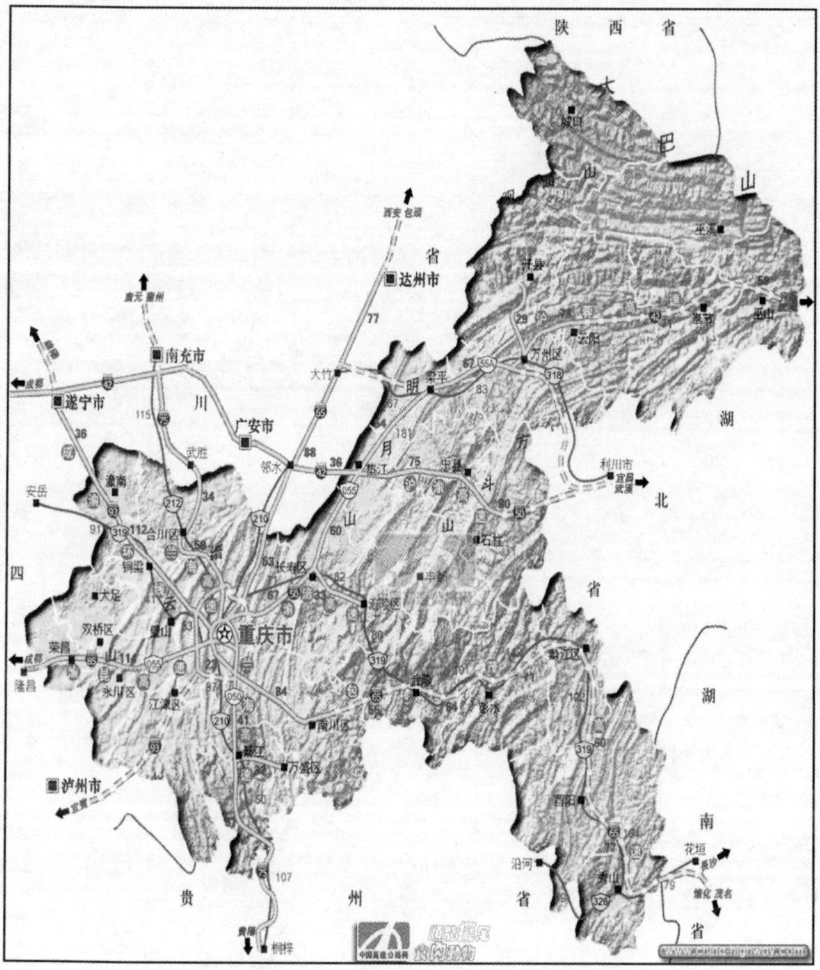

图 1-1　重庆市已建高速公路图

1.3　重庆市高速公路发展规划

重庆市近期和中远期高速公路发展规划如下：

到 2010 年，建成高速公路约 2 000km，密度达 2.46km/100km^2，居西部第一，除城口县外的所有区县均通高速公路，建成“4 小时重庆”，到周边省的高速对外通道增至 10 个（其中四川 6 个、湖北 2 个、湖南 1 个、贵州 1 个），与周边接壤的主要城市全部实现高速公路连接。

到 2015 年，建成高速公路约 3 000km，密度达 3.69km/100km^2，保持西部第一，到周边省的出口增加至 17 个。

到 2020 年，建成高速公路约 3 600km，形成“三环十射三连线”高速公路网，到周边省的出口增加至 19 个，基本建成以高速公路为主骨架的现代综合运输体系。形成规模适当、层次清晰、布局合理、功能明确、设施完善的高速公路网络，如图 1 2、图 1-3 及表 1-2 所示。

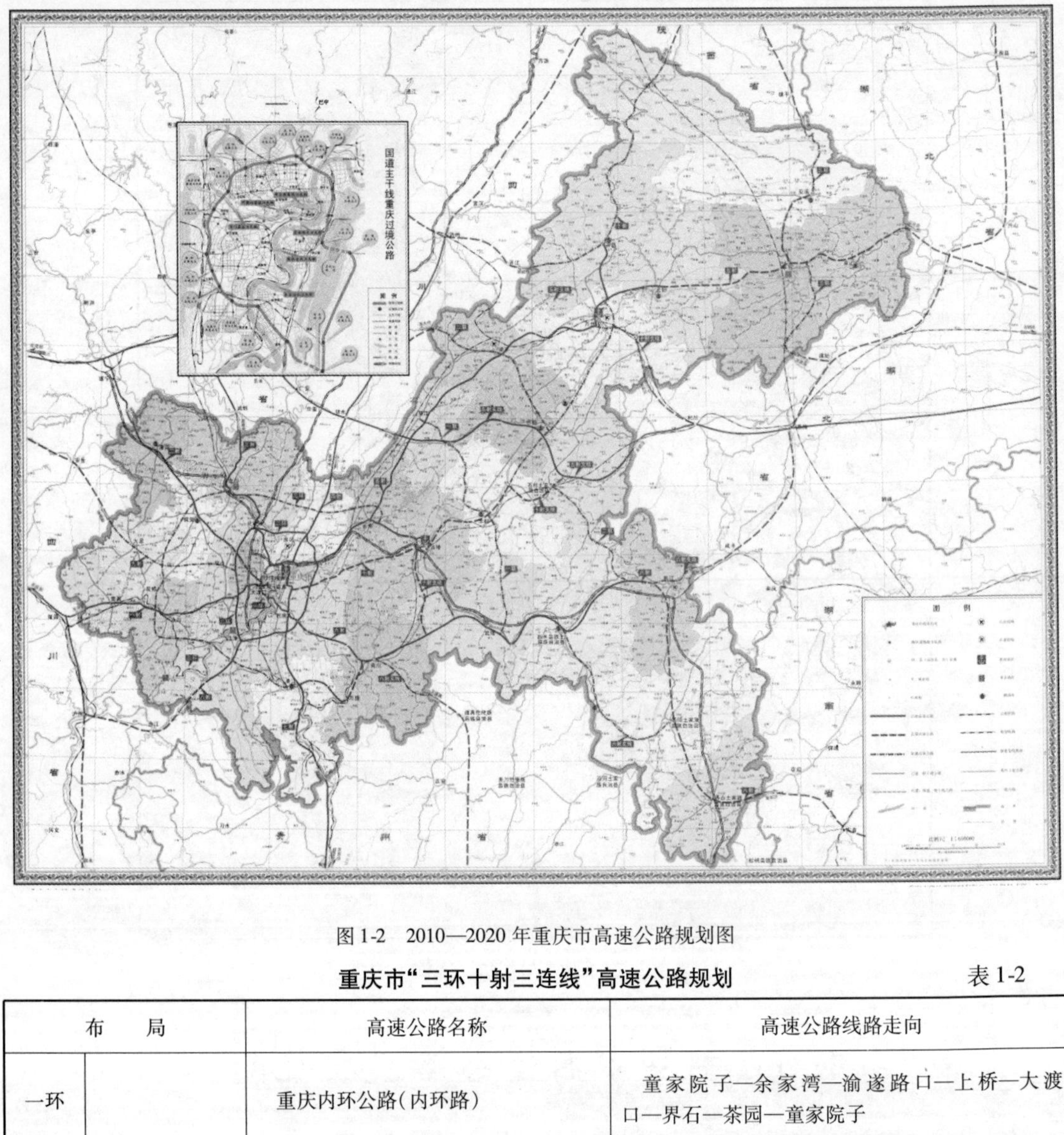

图 1-2　2010—2020 年重庆市高速公路规划图

重庆市“三环十射三连线”高速公路规划　　表 1-2

布　　局		高速公路名称	高速公路线路走向
一环		重庆内环公路(内环路)	童家院子—余家湾—渝遂路口—上桥—大渡口—界石—茶园—童家院子
二环		重庆绕城公路(绕城路)	鱼嘴—王家—北碚—青木关—走马—西彭—江津—一品—南彭—迎龙—鱼嘴
三环		重庆外环高速公路(外环路)	白砂—双石—铜梁—合川—草街—统景—宴家—桃花街—李渡—荣桂—大石堡—鸭江—双河口—南川—綦江—白砂
一射		重庆至成都公路(成渝路)	陈家坪—上桥—走马—双石—五富(渝川界)
二射		重庆至遂宁公路(渝遂路)	高滩岩—青木关—铜梁—图家湾(渝川界)
三射		重庆至南充公路(渝合路)	余家湾—北碚—草街—合川—钱塘(渝川界)

续上表

布	局	高速公路名称	高速公路线路走向
四射		重庆至西安公路(渝邻路)	童家院子—黑石子—王家场—统景—邱家河(渝陕界)
	四射支线	机场高速公路	童家院子—机场—绕城路
五射		重庆至武汉公路(渝鄂路)	童家院子—鱼嘴—宴家场—桃花街—澄溪—垫江—梁平—高峰场—熊家场—奉节—刘家垭(渝鄂界)
	五射支线一	垫江至利川公路(垫利路)	鸡公岭(渝川界)—澄溪—杠家场—黄家沟—彭家场—大河嘴—冷水溪(渝鄂界)
	五射支线二	万州至达州公路(万达路)	五梁桥—岳溪镇(渝川界)
六射		重庆至长沙公路(渝湘路)	界石—南彭—南川—双河口—白马—土坎—武隆—彭水—郁山—黔江—大路口—洪安(渝湘界)
	六射支线一	南川至道真公路(南道路)	南川—大有(渝黔界)
	六射支线二	彭水至酉阳公路(彭酉路)	彭水—龚滩—大路口
	六射支线三	黔江至张家界公路(黔张路)	冯家坝—水井槽(渝湘界)
七射		重庆至贵阳公路(渝黔路)	界石—綦江—崇溪河(渝黔界)
八射		重庆至泸州公路(渝泸路)	八桥—西彭—江津—白砂—塘河(渝川界)
九射		重庆至成都(成渝辅助通道)	孔子岩—走马—壁山—大足(渝川界)
十射		重庆至安康公路(沿江路)	茶园—迎龙—荣桂—大石堡—长江二桥—丰都—高家镇—彭家场—黄家沟—冷井场—高峰场—长岭岗—陈家坝—庙湾—马肚坝—温泉—大园—城口—岔溪口(渝川界)
	十射支线一	涪陵至武隆公路(涪武路)	人石堡—鸭江—白马——坎—武隆
	十射支线二	涪陵北环线(涪陵北环)	长江二桥—李渡
	十射支线三	丰都至石柱公路(丰石路)	双路场—高家镇—望水寺—大河嘴
	十射支线四	万州至利川公路(万利路)	长岭岗—苏拉口(渝鄂界)
一连线		垫江至武隆公路(垫武路)	垫江—长龙—杠家场—人民场—双路场—武隆
二连线		梁平至黔江公路(梁黔路)	碧山(渝川界)—白衣寺—冷井场—黄家沟—彭家场—大河嘴—望水寺—郁山—黔江
三连线		巫溪至建始公路(巫建路)	鸡心岭(渝陕界)—巫溪—奉节新城—永安—石乳关(渝鄂界)

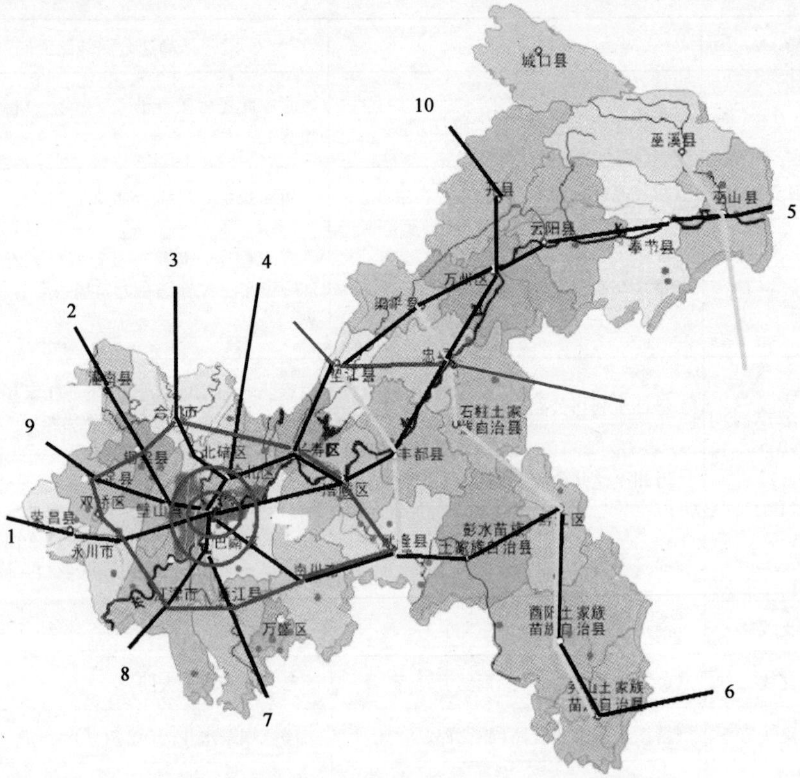

图 1-3　重庆市"三环十射三连线"高速公路规划网

1.4　重庆市区域地形地貌及地质概况

1.4.1　区域地形总体特征

重庆市地处四川盆地东部，东与秦巴山地、武陵山地相连，向西逐渐与川中丘陵过渡，地势总体北东高，南西低，中西部为四川盆地边缘的低山丘陵地貌，北东及东南为盆地边缘的中山地貌。全市最高峰在巫溪县与巫山县交界处的阴条岭，海拔高程 2 797m，最低点为巫山县境内长江水面，海拔高程 73m。

1.4.2　区域地貌基本格局

重庆市的地貌格局严格受构造控制，背斜成山，向斜成谷，在宏观格局上可分为以下四大单元：

(1)西部盆中丘陵区：该地区包括以华蓥山断裂以西的渝西地区，主要包括江津、荣昌、大足、铜梁、潼南、合川、璧山及北碚西部地区，地形地貌为盆中丘陵，海拔高程 200 ~ 500m，呈方山丘陵和部分低山，沟壑纵横，涪江、渠江、嘉陵江等河流蜿蜒曲折，嵌入红层，以深切曲流的形式向南流入长江。

(2)中部平行岭谷低山丘陵区：华蓥山以东广大重庆腹地包括主城区、长寿、梁平、万州、垫江、忠县等地区均属该区，地形地貌发育明显受地质构造控制，由一系列走向北东的条形背斜、向斜相间排列的梳状构造和隔挡式构造基础上形成的平行岭谷地形地貌特征，总体北高南低，梁平、开县及长寿至垫江一带，丘陵缓和，为湖积、冲积平原景观。背斜山顶经剥蚀出露碳酸岩层之处，多发育为条形槽谷，成为地表喀斯特的独特地貌。

(3)东北部大巴山中山区：该区位于重庆东北部，居于渝陕、渝鄂边界。

包括城口、开县、巫溪等地区，为盆周山地，处于大巴山南缘，海拔高程多为1 500～2 500m，区属大巴山台缘皱带，并伴有多条断层，岩性较为复杂，泥岩、砂岩、灰岩均大片分布，且有岩浆岩和变质岩等，不同岩性区地形地貌有着明显差异。在二叠系、三叠系碳酸岩地层中，易形成峡谷、狭长小平坝等，地表和地下喀斯特地貌很发育。

(4)东南部大娄山、七曜山中山区：该区域包括渝东南的南川、涪陵、武隆、彭水、黔江、酉阳、秀山、奉节、巫山等地区，因巫山、七曜山、大娄山环峙，海拔高程多为1 000～2 000m，其中以金佛山最高，主峰海拔2 251m。该区以喀斯特地貌为主，峰林、峰丛、残丘、洼地、槽谷、落水洞、溶洞等很发育，如著名的“奉节小寨天坑”和“天井峡地缝”、“芙蓉洞”等。本区地形地貌的另一特点是峡谷多而深邃，除长江外，区内最大河流为乌江，与构造线直交，形成高差大、江面窄、水流急、险滩多的峡谷。在东缘长江横切鄂西山地，形成了著名的长江三峡。

1.4.3 区域地质概况

重庆市位于长江上游、四川盆地东南部山地丘陵区，在大地构造上不仅跨越了3个不同的二级构造单元，而且跨越了其中的6个三级构造单元，比较复杂。受大地构造因素控制，重庆市地质构造比较复杂，全市绝大部分地区受褶皱构造控制。在断裂构造方面，虽然辖区内部无深断裂发育，大断裂也不多，但是在不少背斜褶曲轴部，中小型断层则比较发育，岩体中构造节理裂隙也比较发育。岩体由于受断层和节理裂隙的切割，因而破碎严重，强度降低，完整性和稳定性差，透水性增强。在地形地貌上，由于受褶皱构造控制，重庆市绝大部分地区属于中高山和低山丘陵区。背斜山地和向斜丘陵这种构造剥蚀地貌，是重庆市的基本地貌景观和地貌成因类型。此外，河流侵蚀堆积地貌、山麓斜坡堆积地貌、岩溶地貌等也都十分发育。同时，重庆市山区地形高差较大，山体陡峻，江河对地表地形的侵蚀切割也比较剧烈。受褶皱构造控制的山地是地质灾害主要分布地带之一。

按全国地层区划，重庆市位于扬子地层区四川盆地分区。出露地层最老为二叠系下统茅口组(P_1m)，上统龙潭组(P_2l)、长兴组(P_2c)，其上依次为三叠系、侏罗系、第四系，总厚5 915.7m。其中二叠系和三叠系中、下统为海相或海陆交互相沉积，三叠系上统及侏罗系皆为陆相沉积。侏罗系分布广泛，约占总面积的85%以上；二叠系出露范围狭小，仅占1%左右。

二叠系在重庆区域内仅中部观音峡背斜轴部的北碚后峰崖、重庆中梁山及东北部明月峡背斜轴部的长寿白云山一带有零星分布，且出露不全。据钻探资料，可分为下统梁山组(P_1J)、栖霞组(P_1q)、茅口组(P_1m)及上统龙潭组(P_2l)、长兴组(P_2c)。

三叠系分布于各主要背斜核部，约占重庆区域面积的10%，总厚2 099m，分为四个组一级地层单元。

侏罗系广布全区域，大片出露于铜梁、壁山、白市驿、重庆、江北统景、木洞镇等地，占区域面积85%以上，为区内向斜构造的重要组成部分。主要为一套湖相或河湖相碎屑岩夹碳酸盐岩沉积，总厚3 933.4m。根据沉积旋回、岩性、岩相及古生物特征，分为下统珍珠冲组、下—中统自流井组，中统新田沟组、下沙溪庙组、上沙溪庙组，以及上统遂宁组、蓬莱镇组。

第四系主要沿长江和嘉陵江两岸断续分布。按沉积时代和成因类型，从老到新分为下更新统（Q_1）、中更新统（Q_2^{al}、Q_2^{el}）、上更新统（Q_3^{al}）和全新统（Q_4^{1+al}、Q_4^{3al}）。

重庆市区域地质总的构造为：渝东北（沙市隐伏断裂以北）构造线多为北东向，褶皱由北向南其强度和密度均逐渐减弱，由紧闭倒转褶皱、斜歪褶皱到开阔褶皱，轴面由倾斜到直立，逆冲断层多发育在背斜核部，其规模从北向南逐渐减弱至不发育；渝东南（七曜山基底断裂南东）为北北东向背斜向斜等宽的城垛状褶皱，断裂较为发育；渝西（华蓥山断裂以西）小部分为舒缓背斜、穹隆与向斜，其余大部分为北北东—北东向高窄背斜与宽缓向斜构成的隔挡式褶皱。

以城巴断裂带为界，重庆市区域地质构造划分为扬子准地台和秦岭地槽褶皱2个I级构造单元，扬子准地台划分为3个II级构造单元，4个III级构造单元及8个IV级构造单元，秦岭地槽褶皱仅1个北大巴山冒地槽II级构造单元。

重庆市境内的深、大断裂有城巴断裂带、乌（龙）坪（坝）断裂带基底断裂及隐伏断裂有华蓥山断裂带、七曜山断裂带、长寿—遵义断裂沙市隐伏断裂。

重庆市境内地震活动微弱，历史上5～6级地震主要发育在七曜山断裂带南段彭水、黔江、南川等地和华蓥山断裂带荣昌等地及长寿断裂带统景等地，仅1865年黔江小南海地震为6.25级。其余地区地震活动微弱，震级大部分小于5级。地震基本烈度为6度，在三峡库区奉节以下需按7度考虑设防。

根据重庆市地形地貌、地质特征和主要工程地质问题，可将区域划分为四个区、八个亚区见表1-3。

重庆地形地貌、地质特征和主要工程地质问题分区 表1-3

区	亚 区
大巴山盆缘岩溶化中山工程地质区	北大巴山弱岩溶化中山泥石流工程地质亚区
	南大巴山强岩溶化中山滑坡泥石流工程地质亚区
七曜山盆缘岩溶化中山工程地质区	七曜山—巫山中山峡谷崩塌滑坡工程地质亚区
	七曜山—金佛山中山峡谷崩塌滑坡工程地质亚区
	黔江—酉阳岩溶化中山峡谷崩塌滑坡工程地质亚区
中部平行岭谷工程地质区	梁平—开县平坝、方山红层水土流失工程地质亚区
	长江三峡库区涪陵—奉节深丘低山滑坡工程地质亚区
	重庆市主城区附近平行岭谷工程地质亚区
渝西红层浅丘工程地质区	

1）大巴山盆缘岩溶化中山工程地质区

城口、开县北部、巫溪属于该地质区，以碳酸岩建造为主，北区以白云岩为主，多碎屑岩夹层，岩溶化程度较弱；南区以碳酸岩为主，断裂发育，岩层破碎，岩溶化程度较高，大部分碳酸岩中含有软弱碎屑岩。主要工程地质问题是岩溶化地层隧道工程涌水、突水、瓦斯以及地面塌陷、边坡稳定、弃渣、泥石流危害等问题。

2）七曜山盆缘岩溶化中山工程地质区

巫山、南川、武隆、彭水、黔江、酉阳、秀山属于该地质区，地形陡峻，河流深切，多峡谷，碳酸岩分布广泛，岩溶现象发育。沿长江、乌江两岸已形成崩塌滑坡带，突出的公路工程地质问题有边坡稳定性问题、隧道工程岩溶突水问题及岩溶架空基础易导致构筑物塌陷问题。

3）中部平行岭谷工程地质区

云阳、梁平、万州、丰都、石柱、忠县、主城区属于该区，主要分布有砂岩、泥（页）岩、砂泥（页）岩互层岩层，重庆主城区附近山区主要分布为灰岩。东北部滑坡较发育，多为残坡积土层沿基岩顶面滑动的土层滑坡，也有部分浅层基岩顺层滑坡，尤以顺向坡最为发育，且规模较大。隧道穿越低山灰岩地段易引起岩溶突水，穿越煤系地层易引起瓦斯突出，背斜翼部路堑开挖易引起滑坡。

4）渝西红层浅丘工程地质区

重庆市西部的璧山、合川、铜梁、大足、永川、江津、荣昌、潼南等属于该区，岩层产状较缓、地壳稳定，岩性以红层砂、泥岩为主，河流两岸零星分布第四系地层。泥岩风化严重，强风化层厚度5～10m，山坡地带及松散堆积层较厚地区易产生小规模的滑坡，主要工程地质问题是谷中高路堤的稳定性。

重庆市1∶5万地形地貌区域地质图如图1-4所示。

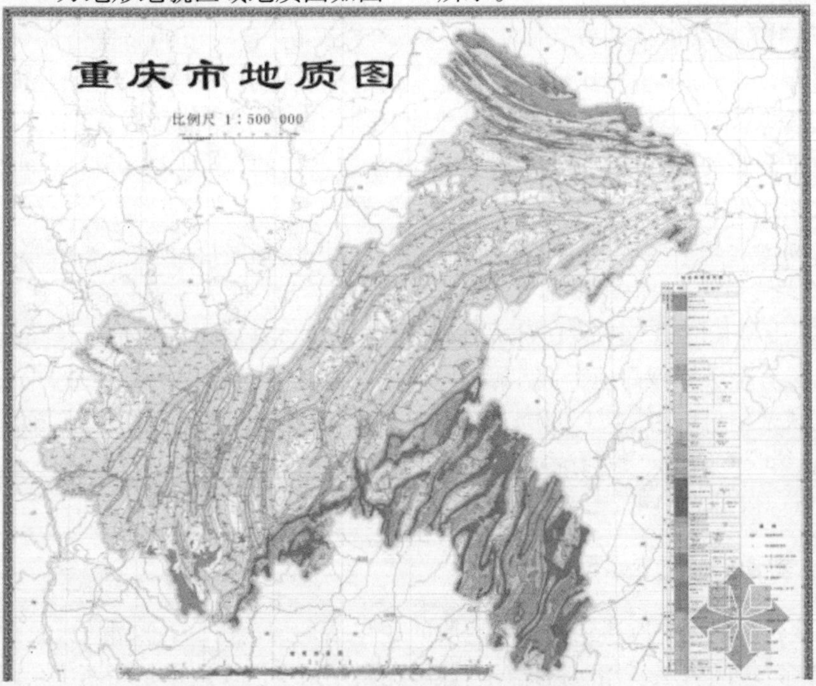

图1-4 重庆市1∶5万地形地貌区域地质图

1.4.4 水资源及气候特点

1)水资源

重庆市区域内的水系较为发育,境内江河纵横,水网密布。主要河流有长江、嘉陵江、乌江、涪江、渠江、綦江、御临河、龙溪河、赖溪河、芙蓉江、安居河、大宁河、小江、任河等。以长江及其主要支流嘉陵江、乌江为主干河流,两岸次级河溪发育,呈树枝状分布,除任河注入汉水外,其余均属长江水系。长江干流从地域中部自西南向东北横穿全境,在境内与嘉陵江、渠江、涪江、乌江、大宁河等五大支流及上百条中小河流构成近似向心状的复合水系。

2)气候特点

重庆位于青藏高原与长江中下游平原的过渡地带。气候属亚热带季风性湿润气候,夏热冬暖,湿润多阴,气温高,雨季长,霜雪少,阴天多,湿度大,年平均气温在18℃左右,冬季最低气温平均在6~8℃,夏季平均气温在27~29℃,最高气温43℃,有"火炉"之称。日照总时数1 000~1 200h,常年降雨量1 000~1 400mm,春夏之交夜雨尤甚,素有"巴山夜雨"之说。

1.5 重庆市高速公路及其隧道工程主要特点

1.5.1 桥隧比例高、长大隧道多

重庆市的地貌在宏观格局上分为西部盆中丘陵区、中部平行岭谷低山丘陵区、东北部大巴山中山区、东南部大娄山和七曜山中山区"四大单元"。除西部盆中丘陵区地势起伏稍小外,其余三个区地势起伏均较大,沟壑纵横、河流深切,重庆市的高速公路线路主要在山地和沟谷间穿行。因此,桥隧比例一般较高,水武、彭武、黔彭、黔大、上酉、绕城北段、云万、奉云、巫奉、石忠、奉溪、万开等12条已经建成开通的高速公路的桥隧比例都接近甚至超过50%。其中巫奉路的桥隧比例是已建成高速公路中最高的,达到74.05%。同时,隧道工程也占有较大的比例。水武、彭武、黔彭、奉云、巫奉、万开、奉溪等7条已建成开通的高速公路的隧道比例接近甚至超过40%,其中水武路的隧道比例是已建成高速公路中最高的,达到52%。长大隧道多,工程建设难度大,截至2010年年底重庆高速公路已建成隧道约187座/321km,其中特长隧道36座/161km,长隧道59座/111km,中隧道47座/33km。已经建成的特长隧道有重庆绕城高速公路玉峰山隧道(左线长3 702m、右线长3 671m),重庆绕城高速公路施家梁隧道(左线长4 303m、右线长4 267.5m),渝湘高速公路羊角隧道(左线长6 655.5m、右线长6 676m),万开高速公路铁峰山2号隧道(6 022m),石忠高速公路方斗山隧道(7 530m)等,见表1-4。

1.5.2 隧道地质复杂,不良地质多

重庆高速公路建设中所遇到的主要地质问题包括危岩落石、岩堆、滑坡、泥石流、顺层、偏压、断层破碎带、缓倾岩层、岩溶与岩溶水、煤层瓦斯及采空区。这些是高速度公路隧道建设中最为常见的不良地质问题。

重庆已建高速公路桥隧比例及隧道比例统计表　　表 1-4

通道	项目	路线长度（km）	桥隧比例（%）	隧道合计			隧道分类							
							特长隧道		长隧道		中隧道		短隧道	
				座	长度（m）	比例（%）	座	长度（m）	座	长度（m）	座	长度（m）	座	长度（m）
渝湘高速	界水段	84.29	29.57	7	11 121	13.19	1	3 445	3	6 128	2	1 394	1	154
	水武段	54.981	66.40	7	28 532	51.89	5	25 003	1	2 820	1	710	0	0
	彭武段	64.501	69.72	17	28 370	43.98	3	14 101	8	11 485	3	2 077	3	707
	黔彭段	70.643	59.72	21	27 327	38.68	2	6 885	7	14 717	5	3 630	7	2 095
	黔大段	23.323	45.86	3	4 567	19.58	1	3 279	0	0	1	825	1	464
	大西段	37.227	39.91	6	8 569	23.02	0	0	5	8 359	0	0	1	210
	上西段	31.95	51.46	4	8 654	27.09	1	6 297	1	1 261	1	833	1	264
	洪上段	45.437	32.14	6	8 870	19.52	1	3 312	1	2 795	3	2 396	1	367
绕城高速	东段	36.777	10.37	1	562	1.53	0	0	0	0	0	0	1	562
	北段	49.286	44.82	7	11 644	23.63	2	7 953	0	0	3	2 867	2	824
	西段	51.06	2.64	0	0	0.00	0	0	0	0	0	0	0	0
	南段	50.36	28.09	3	4 228	8.40	0	0	2	3 932	0	0	1	296
渝宜高速	渝长段	85.359	20.47	2	8 777	10.28			2	8 777				
	长梁段	113.93	3.32	0	0	0.00								
	梁万段	67.237	25.22	9	5 796	8.62			3	3 978	1	505	5	1 314
	云万段	78.22	48.92	14	19 851	25.38	2	8 018	4	7 674	5	3 139	3	1 021
	奉云段	71.3	61.78	16	27 681	38.80	3	14 775	5	7 670	4	3 571	4	1 665
	巫奉段	59.546	74.05	9	27 610	46.37	4	19 829	4	7 254	1	567	0	0
垫恩高速	江合	47.86	9.67	1	406	0.85	0	0	0	0	0	0	1	406
	石忠段	80.331	47.20	7	20 299	25.27	2	14 245	2	3 734	0	0	3	2 320
	垫忠段	75.186	25.08	11	11 354	15.10	2	6 663	1	1 461	6	2 852	2	378
渝黔高速	遂渝	111.442	16.49	3	8 186	7.35	2	7 460	0	0	1	726	0	0
	童雷	85.059	14.05	2	2 949	3.47	0	0	2	2 949	0	0	0	0
	雷崇段	48.178	41.76	6	9 675	20.08			5	9 490			1	185
渝武高速	渝合段	58.725	33.49	5	7 680	13.08	1	4 045	1	2 497	1	831	2	307
	合武段	33.775	16.72	1	514	1.52	0	0	0	0	1	514	0	0
	上界段	22.701	29.37	2	1 710	7.53					2	1 710		
	成渝路	114.227	11.26	4	6 212	5.44	1	3 135	1	2 500	2	577		
	长涪段	33.373	26.06	4	5 049	15.13	1	2 497			3	2 552		
	綦万路	32.313	16.32	4	1 866	5.78	0	0	0	0	1	599	3	1 268
	渝邻路	53.1	10.95	2	383	0.72							2	383
	万开路	29.3	55.63	3	13 189	45.01	2	10 872	1	2 317				
合计		1 901	31.77	187	321 628	16.92	36	161 812	59	111 796	47	32 873	45	15 187

西部红层浅丘工程地质区:多为浅丘和缓丘地形,丘陵间呈沟槽、山间平地分布。由于地形起伏小,区域内隧道一般较短,浅埋、软弱围岩(泥岩、页岩)、小型滑坡是该区域高速公路隧道建设常遇到的主要不良地质问题。

中部平行岭谷低山丘陵区:地形呈北东向平行排列的隔挡式构造组成的狭窄条形低山和丘陵特征。横穿或斜穿平行山脉的路段,由于山谷相间,桥梁、隧道等构筑物多,工程建设难度相对较大。该区域公路隧道建设遇到的主要不良地质问题为:顺层、偏压、缓倾岩层、滑坡、岩溶和岩溶水、煤层瓦斯和采空区等问题。

东北部大巴山中山区:区域地形复杂,相对高差大,公路工程的特大桥、长大隧道分布较多,路基土石方、防护工程数量巨大,工程建设难度大。该区域隧道洞口常遇到危岩落石、岩堆、滑坡等,洞身施工中常遇到岩溶与岩溶水、断层破碎带、瓦斯、弃渣泥石流危害等问题。

东南部大娄山、七曜山中山区:区域地形复杂,相对高差大,长江、乌江切割深,公路工程的桥梁、隧道等构筑物所占比例高,工程建设难度大。该区域隧道建设主要面临洞口危岩落石、岩堆、滑坡、顺层、偏压等,洞身施工中常遇到断层破碎带、岩溶与岩溶水等问题。

1)*危岩落石及岩堆*

灰岩、白云岩、砂岩等硬质岩形成的陡峻山坡地带、峡谷河段一般发育有危害程度不同的危岩落石。岩堆体是指松散岩石堆积体,陡坡下部往往分布有岩堆,其主要存在于第四系坡积层、崩积层、残积层等地层中,对隧道进出口工程影响较大。对于位于隧道洞口上方的危岩,往往需要加固以确保施工和运营安全。隧道洞口位置的选择一般会尽量避开岩堆,如果无法避开,一定要在岩堆体上进洞时,则必须对岩堆体进行加固,以确保施工安全和隧道结构的安全。如渝湘高速公路鹰嘴岩隧道进口在岩堆体上进洞,施工中通过采取预注浆和超前大管棚等支护手段对岩堆体进行预加固,并结合“短进尺、弱爆破、强支护、早封闭”的施工原则,才得以安全、快速通过。

2)*滑坡*

区域地形复杂,沟壑纵横,河流切割深,地层岩性以软质岩为主,风化破碎带或第四系松散覆盖层厚,斜坡稳定性差,易形成滑坡。也有部分浅层基岩顺层滑坡,尤以顺向坡最为发育,且规模较大。滑坡体对隧道进出口工程影响较大,设计选线时一般会尽量避开较大规模的滑坡,但也会有一些小滑坡体难以避开,重庆高速公路隧道口也有位于小型滑坡体上的情况,这时就需要采取抗滑桩等措施对滑坡进行治理。

3)*顺层、偏压*

线路与构造线和地层线平行或小角度斜交通过时,倾向线路一侧的路堑边坡遇软弱夹层或层间结合较差时,易发生顺层塌滑,对拉槽进洞的隧道洞口路堑边坡稳定性影响较大,如果在隧道洞口位置或洞身段,则易形成顺层偏压。如果是大角度相交,则对隧道洞口仰坡的稳定性影响较大,易发生顺层塌滑。如巫奉高速公路摩天岭隧道、重庆外环高速公路施家梁隧道洞口浅埋、偏压,围岩软弱、破碎,施工中就遇到了很大的困难。

4)*断层破碎带*

区域内断层、断裂发育,断裂带内岩体破碎。隧道通过断层破碎带地段围岩稳定性差,易突水、突泥、塌方、掉顶等。如渝湘高速公路羊角隧道、巫奉高速公路摩天岭隧道、石忠高速公路方斗山隧道等均穿越多条断层破碎带，给施工造成了很大的困难。

5）缓倾岩层

泥（页）岩及砂、泥（页）岩互层，一般强度不高，层厚不大，节理发育，如果岩层倾角平缓，或近于水平，由于软弱结构面和夹层的抗剪强度较低，在自重作用下隧道顶部不稳定块体易沿软弱结构面或夹层剪切错位、拉裂坠落，受到爆破震动和开挖扰动后隧道顶部易掉块、形成超挖、塌方，对施工安全威胁很大。如奉云高速公路凤凰梁隧道施工中遇到缓倾（近于水平）岩层，施工中经常发生掉块和小规模塌方，给施工造成了不少的困难。

6）岩溶及岩溶水

区域内碳酸盐岩分布广泛，岩溶现象发育。岩溶对工程的影响和危害主要表现为易引起隧道突水涌泥，岩溶洞穴引起建筑物基础悬空或路基塌陷等。如渝湘高速公路白云隧道、羊角隧道、鹰嘴岩隧道，石忠高速公路方斗山隧道等，在穿越灰岩、白云岩等可溶岩地段时，遇到岩溶问题，巫奉高速公路摩天岭隧道穿越七段岩溶地层，重庆外环高速公路施家梁隧道施工中揭露出溶洞，并在雨季发生涌水。

7）煤层瓦斯、采空区及有害气体

中部平行岭谷低山丘陵区内二叠系、三叠系地层分布较广泛，重庆主城区附近过去小煤矿众多，存在大量采空区；隧道在穿越煤系地层时易引起瓦斯突出，穿越采空区时易引起突水或塌陷等，威胁施工安全。如渝湘高速公路白云隧道穿越煤系地层时，有瓦斯及硫化氢等有害气体溢出；重庆绕城高速公路玉峰山隧道穿越三叠系上统须家河组五段页岩、泥岩含煤地层，煤层厚度0.5~1.2m，瓦斯浓度最高达0.75%；玉峰山隧道进口段穿越工农煤矿，该矿开采于20世纪50~60年代，巷道具体走向不清且存在许多支巷，老窑积水现象严重；石忠高速公路方斗山隧道穿越煤系地层时也给施工带来了不少困难。

1.5.3 隧道进出口多处于不良地质中

由于受地形条件的限制，重庆市高速公路隧道的进出口往往会遇到危岩落石、岩堆、滑坡、顺层、偏压、浅埋、软弱围岩、陡坡进洞等问题。因此，隧道在进洞施工时往往会发生高边坡滚石伤人、边坡滑塌、隧道塌方冒顶等事故，安全风险极高，施工难度大。另外，位于渝西红层浅丘工程地质区的一些短隧道一般埋深较浅，有的覆盖层仅几米至十几米，加之隧道围岩为强风化泥岩、页岩，极其软弱、破碎，隧道施工中很容易发生塌方冒顶事故，安全风险高，施工难度大。如巫奉高速公路摩天岭隧道洞口段浅埋、偏压，围岩软弱、破碎，施工极其困难；渝湘高速公路白云隧道洞口段浅埋、围岩破碎，施工难度也极大。

1.5.4 大跨、连拱、小净距隧道应用广泛

1）大跨隧道

由于公路隧道通行能力和选线的需要，有时需要修建三车道、四车道大跨隧道，如重庆绕城高速公路玉峰山隧道就是一个三车道大跨隧道，最大跨度达18m，其洞口软弱围岩地段施工时，由于隧道矢跨比小，为一扁平结构，受力条件相对较差，再加上围岩软弱、自稳力差，导致施工安全风险大增，施工步序多，技术复杂，难度大。

2）小净距隧道

由于线形控制的需要有时需要修建小净距隧道，有的小净距隧道左右线隧道之间的净距小于4.0m，要保证中夹岩柱的稳定性相当困难，再加上双洞效应对山体围岩的扰动范围增大，施工中易引起塌方冒顶，安全风险较高，还有施工步序多，技术复杂，难度大。如渝（重庆）—长（长沙）高速公路武隆隧道进出口段均为小净距隧道，左右线隧道净距在4.0～12.0m之间；云（阳）—万（州）高速公路张家山隧道进口段为小净距隧道，左右线隧道净距在10.0～28.8m之间；重庆外环高速公路施家梁隧道左线LK44+657～LK44+717（60m）、右线K44+690～K44+750（60m），分别上跨遂渝铁路龙凤山隧道，两隧道最小距离19.07m，为上下小净距隧道。

3）双连拱隧道

通常是在通过山势不高，纵向长度较短，横坡较陡，由于受地形条件的限制，上、下行线在此分不开的情况下，设置双跨连拱隧道。因此，双连拱隧道往往具有埋深浅、隧道短、偏压的特点，再加上双连拱隧道本身跨度大、结构复杂、施工步序多。施工中易引起塌方冒顶，安全风险较高。另外，结构防水也比较困难。如重庆万梁高速公路金竹林双连拱隧道，全长445m，隧道净跨为2×9.75m，衬砌内净高为6.90m；重庆渝东高速公路筲箕湾隧道为连拱双洞单向交通隧道，全长168m，开挖宽度为22.18m，最大开挖高度为8.44m；渝邻高速公路尖坡顶双连拱隧道，全长165m；开挖宽度为22.18m，最大开挖高度为8.44m。

1.5.5 水资源及环境保护要求高

进入21世纪以来，随着人们生活水平的提高和环境意识的觉醒，建设中的环境保护逐渐得到关注，一些重大的建设项目也将环境保护列为重要内容进行研究。随着近期公路建设的大发展，在地形高差大、地质复杂和需要重点保护的原始森林、河流、水库及城市森林公园等情况下修建的公路隧道也越来越多。不可避免地出现了建设与环境保护的问题。但是，过去建设者们对此普遍存在认识不够，忽略了洞口刷坡过高，施工时出现塌方；地下水流失，地表沉陷等。

评价公路隧道对环境的影响主要考虑以下几个方面：隧道洞口段施工对自然环境的破坏，隧道洞门及其他构筑物与环境的协调等，隧道内汽车废气对环境的影响，隧道内废水对环境的影响，隧道施工弃渣对环境的影响。

首先，重庆市水资源分布不均。尽管从整体上看，重庆市人均水资源量达到了1 665m^3，为全国人均水平的75%，但从分区上看，渝西地区资源型缺水和水质型缺水并存，以资源型缺水为主。据预测，渝西八县区人近年将缺水8亿m^3左右。长江、嘉陵江干流的主城区和沿江区县城区属水质型缺水和工程性缺水地区，渝东和东南山区主要是工程性缺水。同时，重庆市水资源普遍性开发利用程度低，供水基础设施脆弱，水供需矛盾突出，抗御人为或自然灾害的能力十分脆弱。特别是，三峡库区水资源环境日益恶化，水污染严重。随着工程施工，固体废物、生活垃圾产生量大，多数就地堆积，部分排入江河。据统计，重庆市生活垃圾年产量约185.3万t。以上因素均加强了重庆市的水资源紧张局面。

其次，重庆市生态环境较差，森林覆盖率不高，水土流失严重，地质灾害频繁，前景令人担忧。

最后，重庆市内有很多名胜风景区及三峡库区均对水资源及环境保护有很高的要求，这对施工过程中环保、水保、文明施工等提出了更高的要求,同时也给施工带来了一些困难。

在以上的情况下,要求在高速公路隧道及其隧道施工全过程中,全面执行ISO 14000环境保护体系标准,系统地采用和实施一系列环境保护管理手段,建立环境保护管理体系,制定目标和指标,确定各职能部门的职责,并把目标分解到各个职能部门。确保生态环境不被破坏,把高速公路及隧道工程建成环保之路、生态之路是所有建设者们的历史责任。

具体要做到如下几条:

(1)严格遵守国家有关环境保护方面的法律、法规及有关环境保护方面的管理规定,建设"安全文明施工标准工地"。

(2)规划临时工程占地,工程完工时做好复耕。

(3)爆破作业按爆破设计进行,搞好安全防护,尽可能降低对当地村民的干扰。

(4)严禁乱摆乱放,洞内排放的污水经沉淀处理后排放,保护好水质。

(5)对施工现场和运输便道等易产生粉尘的地段定时进行洒水降尘,勤洗施工机械车辆,使粉尘的危害降低至最低程度。

(6)隧道弃渣和施工垃圾运至弃渣场堆放,严禁乱倒。

(7)施工完毕,平整渣场,复耕及绿化。

1.6 重庆市高速公路隧道施工重难点工程及技术应对措施

根据重庆市高速公路隧道工程特点和对工程的理解,一般长大公路隧道均是控制工程,其中不良地质因素、特殊地层所引起的工期延误是影响高速公路顺利建设的关键因素,而特殊结构隧道施工质量是影响高速公路运营的重要因素,考虑施工难度、工期安排、质量控制、安全生产等因素,高速公路隧道重难点及技术应对措施如下。

1.6.1 洞口工程施工

隧道洞口工程主要包括边、仰坡土石方,端墙、翼墙等洞门圬工,洞口排水系统,洞口检查设备安装,洞口段洞身衬砌。洞口工程中的洞门,一般在进洞做好一段洞口环后尽快施作,同时做好边仰坡防护工作,以减少洞门施工对洞身施工的干扰。

在隧道工程中,洞口段的稳定性问题已经成为隧道施工过程中最为关键的一环。在现场施工过程中,大多数工程事故均出自于洞口段,多数又由于洞口边仰坡产生破坏而引发洞口段整体失稳破坏。在目前进行的隧道监控量测体系中,国家规范对隧道边坡的预警值并没有明确说明。特别是由于浅埋隧道覆盖层很薄,隧道上方的岩土很难形成自承体系,而且围岩早期压力大、变形快,如果对隧道变形控制不当,围岩会很快松弛,产生胀裂破坏,将导致直达地表面的塌陷。因此,洞口段开挖时应强调围岩变形的控制而不应强调围岩变形的释放,必须采用强度较高和刚度较大的初期支护,限制土体变形,以免破坏土体结构。同时二次衬砌和仰拱紧跟,形成封闭结构。

隧道洞口地段,一般地质条件差,往往会遇到危岩落石、岩堆、滑坡、顺层、偏压、浅埋、软弱围岩、陡坡进洞等问题,且地表水汇集,施工难度较大,如何进洞和做好洞口工程,也有一个方法问题。因此,洞口工程施工技术难度大,安全风险高。需要根据洞口段偏压、浅埋、软弱围岩等不良地质条件明显的特点,在施工中更重视特殊辅助工法的使用,如:管棚施工、地表预加固等手段,用以确保洞口边、仰坡及洞口的安全。

其关键性施工技术如下:

(1)洞口工程及洞口段是整个隧道施工的关键,采取有效的施工方法实现顺利进洞。必须强调洞口段施工严格执行"早进晚出"和"尽量保持边仰坡稳定"的原则。这是我国经典性的隧道施工经验,也是防止洞口塌方的经验。隧道进洞顺延山坡坡度,尽量不扰动洞口段岩体的稳定,尽量不破坏岩体坡脚,尤其是处于滑坡或堆积层或有顺层滑塌危险的洞口,更应采取保护坡脚的施工措施。

(2)边仰坡的施工主要是从边仰坡的施工工艺及工法,以及施工要点几个方面进行分析和论述,主要突出边仰坡防护和防排水等关键技术。仰坡按设计分层开挖和防护。Ⅳ~Ⅴ级围岩宜分两层:第一层刷至起拱线,在上半断面进洞一段距离后再进行下面第二层的开挖,洞口处理稳当后再进行洞内下半断面开挖。仰坡坡度一次刷够,提前做好天沟,及时做好洞顶和洞口排水系统,避免积水。

(3)洞口段施工中最关键的工序是进洞开挖,应根据地质条件,选择合理的预加固方案和方法,选择合理的开挖方式与开挖方法。

①采用钻爆法开挖,一定要坚持"短进尺,弱爆破"的光面爆破或预裂爆破。进洞开口开挖进尺不超过1.5m。

②洞口段围岩在Ⅳ~Ⅴ级围岩,地质条件较差,采用台阶法施工,上半断面尽量采用预留核心环形开挖法;对于浅埋和偏压隧道,应采用地表预加固和围岩超前支护方法,做到"先护后挖"。

③洞口段围岩为Ⅴ~Ⅵ级则应采用特殊方法进洞施工。采用分部法施工,尽量采用人工配合机械开挖,要采取提高围岩强度和加固围岩的方法施工。开挖前应对围岩进行预加固措施,如采用超前预注浆,超前锚杆或超前小导管或采用管棚法施工等,钢架紧贴洞口开挖面进行强支护,再进行开挖作业。

④台阶法开挖下部时,应采用两侧前后错开,不要中间拉槽对开马口,且应开挖一榀和接一榀钢架的方法,随挖随支随喷混凝土和打设锚杆。

⑤开挖台阶不宜过长,做到尽早成环,先做仰拱,尽早封闭。同时,应该尽早衬砌,首环衬砌长度不应小于6m。

⑥隧道洞口衬砌不允许采用"先拱后墙"施工方法。

⑦如有明洞,应采取先做好明洞后进隧道的施工顺序。反之,如果先进隧道后做明洞,开挖边仰坡时,容易引起塌方。

(4)尽早完成洞门工程,增强洞口段的稳定性,这也是洞门的功能。洞门主要有传统的端墙式、翼墙式、柱式和台阶式以及新型削竹式、环框式等形式的洞门。

1.6.2 浅埋软弱地层大跨隧道施工

浅埋软弱地层施工,第一步必须了解水文地质情况,加强超前地质预测预报,并针对跨度大的特点,采取合理的开挖方式,采取分部开挖,将大跨变小跨。根据埋深浅的工程特点,在施工中应加强支护措施,限制结构和地表变形。因此,对于地层软弱破碎的大跨隧道,隧道开挖后围岩没有自稳时间,或自稳时间很短,没有时间完成初期支护,必须采用强预支护技术,即采用超前管棚、小导管、插板、超前锚杆等辅助措施与钢拱架构成强预支护结构体系,或采用改良地层的方法提前加固围岩。高强度的初期支护和及时的二次衬砌形成复合支护,能够有效控制浅埋隧道围岩变形和地表位移,确保施工安全。

因此,浅埋软弱破碎地层大跨隧道施工要解决的最关键的问题是结构稳定性和合理化施工(安全而快速施工)两大问题。

其关键技术如下:

(1)超前地质预报技术:我国公路隧道施工已将超前地质预测预报纳入了工序进行管理。对于浅埋软弱地层隧道施工地质预测预报的方法主要包括:补充地质调查、工作面素描、超前地质探孔和物探等。其中物探方法包括地震波反射法(TSP)、声波反射法(HSP)、地质雷达和跨孔 CT 等。地质预测预报的内容包括不良地质及灾害地质预报、水文地质预报、围岩级别及其稳定性预报。对于复杂地层地质预报应分级进行,采用物探和钻探,长距离、中长距离和短距离相结合,多种手段综合分析,相互印证。

(2)开挖方法及其适用性:尽量采用人工或机械开挖,需要爆破开挖时,宜采用弱爆破法或预留光面层爆破法,尽量减少对围岩的扰动,减小围岩松动层深度。浅埋软弱地层大跨隧道施工的过程和方法是多种多样的,目前钻爆法施工的常用的开挖方法为台阶法、中隔壁法(CD 法),交叉中隔壁法(CRD 法)、双侧壁导坑法等几种。

①台阶法施工是将隧道结构断面分成两个或几个部分,即分成上下两个工作面或几个工作面分部进行开挖施工方法。台阶法适用于浅埋 III ~ IV 级围岩大跨隧道开挖施工,可根据工程实际、地质条件及机械设备配套等选择合适的台阶法施工,但支护条件应予以加强。

②中隔壁法(CD 法)是将隧道断面左右一分为二,先挖一侧,并在隧道中部设立利用钢支撑及喷混凝土的临时支撑隔墙,当先开挖一侧超前一定距离后,再开挖另一侧的隧道开挖方法。

③交叉中隔壁法又称 CRD 工法,是将大断面隧道分部分块开挖,先开挖隧道一侧的 I 和 II 部并施作封闭的初期支护和临时支撑,再开挖隧道另一侧的 I 和 II 部分且施作封闭的初期支护和临时支撑,最后分别开挖隧道左右两块底部,形成隧道初期支护和临时支撑网状封闭稳定支护形式的隧道开挖施工方法。

该法的特点是各分部增设临时仰拱和两侧交叉开挖,每步封闭成环,且封闭时间短,以抑制围岩变形,达到围岩沉降可控,初期支护安全稳定的目的。该法除喷锚支护及增设足够强度和刚度的型钢或钢格栅支撑外,还应采用多种辅助措施进行超前加固。

④双侧壁导坑法是采用先开挖隧道两侧导坑,及时施作导坑四周初期支护及临时支护,必要时施作边墙衬砌,然后再根据地质条件、断面大小,对剩余部分采用二台阶或三台阶开挖的方法,其实质是将大跨度的隧道变为三个小跨度的隧道进行开挖。

(3)预支护、预加固:主要起改良地层、加固地层的作用。采用周边浅孔预注浆,固结地层,提高围岩强度,主要解决含水地层和涌水地层的堵水与固结问题。常用方法是采用注浆小导管超前支护,此法简单,施工方便有效,适用于地层条件稍好,但不采取先支后挖又容易引起塌方的地层。管棚法主要用于洞口段软弱围岩,用于防止拱部大面积塌方。周边深孔预注浆,主要用于含水和存在涌水地层,用于自稳能力差的岩层,防止拱顶大面积塌方。全断面深孔预注浆,主要用于存在涌水和围岩无自稳能力地层。

(4)支护体系:常用网喷混凝土 + 大刚度钢支撑 + 较长系统锚杆的支护体系,喷混凝土强度由 C20 提高到 C25 或 C30,钢筋网:直径 8mm,网格 100mm × 100mm ~ 150mm × 150mm。最好采用 C30 喷射钢纤维混凝土,钢纤维掺入量 55 ~ 65kg/m^3。大刚度钢支撑;工字钢采用 I22 以上,H 型钢采用 H200 或 H250;网构支撑主筋采用直径 25mm 及以上,断面 20cm × 20cm ~ 25cm × 25cm。较长锚杆:选用直径 22mm 和 25mm,长 4 ~ 6m。有时亦需要采用长 6m 以上、直径 25mm 或直径 32mm 的自钻式长锁脚锚杆或长 6m,直径 89mm 和直径 108mm 及以上的拱脚钢管桩以增强拱脚地基承载力。

(5)工作面稳定技术:在浅埋软弱破碎地层中,用于掌子面稳定性的方法主要有:预留核心土、喷混凝土封闭工作面、玻璃纤维锚杆和砂袋反压等。

①喷混凝土封闭工作面:工作面封闭喷射混凝土一般厚 10 ~ 30cm。为加强工作面稳定还可以在铺设一定数量的钢筋网片与喷射混凝土共同作用。

②玻璃纤维锚杆:玻璃纤维注浆锚杆的主要组成为玻璃纤维增强聚合物,抗拉能力强,能够有效提供工作面纵向拉拔力,保证工作面的稳定,目前已被应用于大跨软弱地层隧道开挖施工中。因其材料的拉拔性能取决于纤维和聚合物的类型及横断面形状等,所以玻璃纤维材料的性能具有灵活多变的特点,能适合不同工程的特殊要求。

(6)监控量测:监控量测在浅埋大跨隧道施工中显得非常重要。对于软弱大跨隧道由于工序多、爆破开挖扰动次数多等特点,隧道结构受力和变形影响因素复杂,施工风险高。因此,在浅埋软弱大跨隧道施工过程中必须重视监控量测并及时进行资料分析和信息反馈,以指导安全施工。监测方法应推广隧道变形监测新技术,用全站仪进行非接触三维观测(无尺量测),此方法既快又精度高。

(7)辅助工法:在浅埋软弱地层修建大跨隧道能否成功,关键在于辅助工法应用得是否合适。常采用以下几种:

①管井井点降水是在浅埋隧道结构周围布设超过隧道基底以下一定深度的井点,通过井管内的潜水泵将地下水抽出,排放到地面排水系统,使地下水位低于基底。深井降水适合于潜水或承压水厚度均较大,降水深度在 15 ~ 50m 范围,渗透系数在 100 ~ 250m/d 的粉砂、砂、砾石及断层破碎带等地层。

②洞内轻型井点降水是一种真空降水,一般分为洞内水平轻型井点降水和洞内垂直轻型井点降水。洞内轻型井点降水适用于地面施工降水不方便的地方。渗透系数小于 100m/d 以下的地层、细砂层、砂黏土和粉砂层。这种降水能够降低潜水和承压水水位,特别是降水深度小于 6.5m 的含水地层降水效果较好。

③注浆加固堵水,对于浅埋隧道的软弱破碎地层采用注浆方式进行加固堵水施工时,常采用地表垂直注浆和洞内水平注浆两种施工方式。有条件时,也可采用地面垂直旋喷施工。

④超前刚性支护主要有超前大管棚、超前小导管以及超前锚杆支护等。

1.6.3 断层及破碎带隧道施工

断层破碎带一般具有以下特点:断层的形成是受力发生断裂,不仅是一种软弱结构面,往往是岩体破碎，而且有许多是贯通到地表的断层。断层内往往贮存大量水源，大大小小的主次断层带及其影响带都是地下水自由活动的通道。断层岩体破碎稳定性差，开挖后荷载压力来得快，而且压力大易发生大坍塌，塌方范围可达3倍以上洞径。隧道与断层相关位置的不同，断层位置、大小范围和方向、倾向的不同，开挖后支护荷载往往不均匀，存在偏压现象，开挖断面也有软硬岩体交叉现象。断层也存在交叉现象和密集现象。由于岩性和年代的不同，断层内是否固结和填充的情况也不同，断层影响带范围也有很大不同。许多断层属于不稳定岩层，无自稳时间，大多数断层都属于Ⅵ、Ⅴ级围岩。断层带开挖支护后变形量大，拱顶下沉与水平位移量都可能超过100mm。断层破碎带一般富水，围岩破碎、软弱，隧道施工时容易引起塌方、突水、突泥，危及施工安全。

断层破碎带施工原则：严格按"早预报、先治水、前支护、短进尺、弱爆破、强支护、快封闭、勤量测，步步为营，稳步前进"的原则组织施工。

断层破碎带施工关键施工技术：

(1)超前地质预测预报技术：采用开挖面地质素描、TSP203地震反射法、HSP水平声波反射法、地质雷达、红外探水和超前钻探进行超前地质预报。对围岩的破碎和富水程度进行预测和验证。及时进行信息收集、处理、反馈，以调整施工方案和施工方法。

(2)超前注浆加固技术：根据超前地质预报所揭示地质断层及地下水的水量情况采取超前帷幕注浆、超前大管棚或小导管注浆等方式对松散围岩进行加固。对于特别松软破碎，超前全断面帷幕注浆后亦难于稳定掌子面的断层带，采用全断面注浆+掌子面加固锚杆方法来稳定掌子面，达到可以开挖的程度。加固锚杆一般使用钢筋锚杆，现在推广使用一种玻璃钢锚杆。玻璃钢锚杆便于边挖边折断拆除，而且价格比较便宜，值得推广应用。

(3)开挖方法：采用尽量少扰动围岩的开挖手段，必须采用钻爆法施工时，应采用弱爆破。根据围岩级别及注浆加固情况分别采用台阶法、CD法、CRD法、双侧壁导坑法等进行分部开挖，大洞小打，缩短开挖进尺，采用"短进尺、快循环"的施工方法。

(4)初期支护技术：采用喷、锚、网、钢架联合支护紧跟，及时封闭成环，并根据监控量测结果，及时调整支护参数。要求通过断层的支护强度高，刚度大，施作及时，早封闭。必要时，上部利用临时仰拱先行封闭。

(5)仰拱、衬砌施工技术：仰拱和衬砌适度紧跟，形成封闭结构，确保施工安全。

1.6.4　水平岩层隧道施工

水平岩层一般强度不高，层厚不大，节理发育。在自重作用下，隧道顶部不稳定块体易沿软弱结构面或夹层剪切错位、拉裂坠落，受到爆破震动和开挖扰动后的隧道顶部易掉块、形成超挖、塌方，对施工安全威胁很大。

水平岩层隧道亦需遵循软岩隧道"短进尺、弱爆破、勤量测、强支护、早封闭、综治水"的原则施工。

水平岩层段施工关键技术：

(1)判定岩性：一般说水平岩层的泥岩、砂岩是沉积岩，泥岩具有一定的膨胀性，膨胀性较大时，对开挖后围岩及初期支护后结构稳定有较大影响，需要对围岩膨胀性进行化学分析，按照相关规范判定。由于膨胀容易破坏施工完成的初期支护，而且是多次。因此，对于膨胀性围岩地段,支护要及时,排水要有效,尽量消除和减弱水的影响,对初期支护完成地段经常量测和观察,及时补强,确保安全。

(2)超前支护:在岩层条件下进行大断面爆破,围岩由于层理缝的影响,爆破时高压气体首先沿着最薄弱的层理面扩展,导致岩层剥落,容易形成门框形的超挖。对于水平岩层超前支护的主要作用是超前注浆加固围岩及止水、控制结构性超挖、防止坍塌、保证施工安全等。主要形式有超前小导管注浆支护和超前锚杆支护。

(3)开挖后弱找顶:一般水平岩层强度不太高,层厚不大,节理发育,爆破震动、扰动后围岩结构受到破坏,易掉块,平层对施工安全威胁很大。在隧道开挖后的应力调整过程中,由于软弱结构面和夹层的抗剪强度较低,在自重作用下使围岩发生结构面控制型的变形破坏,主要表现为拱部不稳定块体沿软弱结构面或夹层的剪切错位、拉裂坠落。必须安排专人,认真找顶,消除威胁。

(4)重视初喷和初期支护:初喷5~8cm,很快就能在开挖后围岩面形成一层由围岩和初喷混凝土组成的壳体柔性结构,可以保证一定时间段内施工的安全。实践证明,重视初喷对水平岩层的安全施工有更特殊的意义。初期支护是解决围岩变形的最根本的手段,及时进行强支护,可以使平层围岩地段收敛变形尽快趋于稳定。初期支护应及时,且喷射密实,不得在支护与围岩间留有空隙。

(5)锚杆施工:锚杆及时,方向正确,保证长度,严格按设计施作到位。平层结构的特殊性,要求锚杆沿垂直围岩结构面的方向(施工困难时至少保持60°以上)打入锚杆,锚杆才能起到应有的作用,否则会更加破坏围岩的结构。由于存在多层结构,锚杆的锚固深度如果不够,提供的拉力则不足以抵抗岩石的自重和地层应力。因此,锚固深度必须满足要求。同时,锚杆安装时,砂浆应饱满。锚杆必须上好垫板,上紧螺帽,施加预应力。开挖后在围岩出现塑性变形前及时施作锚杆,能很好地起到加固地层的作用,既充分利用围岩的自稳性能,又能保证施工安全。

(6)控制爆破:由于水平岩层开挖后自稳能力较差,尤其是拱部。在隧道施工中,采取减小地震动的控制爆破技术,可以减小爆破对隧道围岩的扰动,有效的控制超挖、塌方的几率,为隧道安全快速施工创造条件。实践证明,在水平岩层的地质条件下进行掘进,采用减轻地震动控制爆破技术,合理设计周边部位的钻眼、装药参数与装药结构,控制进尺,采用适宜的掏槽形式、钻爆参数和起爆顺序,尽可能避免对隧道围岩的扰动破坏作用,即尽可能维护隧道轮廓线以外围岩的原始状态,及时支护保证良好的成型,施工作业较安全。采取光面爆破,认真设计,对照施工效果加以改进。做好隧道水平岩层围岩超欠挖的控制。

(7)坚持正常的监控量测工作:一般拱部沉降明显大于水平收敛值,通过现场的监控量测数据以及日常的初期支护状态观察,发现异常现象后,及时采取相应的加固措施。同时,也为支护参数调整提供了有力的技术参数。

1.6.5 岩溶及采空区隧道施工

岩溶对隧道施工的危害主要表现在:工作面岩体垮塌,埋没隧道,施工作业危险;隧道积水,设备被水淹没;隧道被泥沙、淤泥或被泥石流淹没;隧道环境恶化,基础支撑削弱;地表水干涸,严重影响农田灌溉和人民生活;地表塌陷或产生地面陷穴、地面裂缝等几个方面。

采空区主要是指有煤矿开采留下的巷道和洞室。其对隧道施工的危害主要是涌水、涌泥、坍塌、基础塌陷等。

岩溶及采空区地段隧道施工的关键技术主要有：

1）超前地质预测预报技术

岩溶地段要根据设计要求进行超前地质预测预报，采用地质素描、地质调查、地质雷达、TSP长距离超前地质预报、红外探水、长距离超前钻孔、炮眼超前钻孔等综合方法进行预报，准确判定前方岩溶形态、地下水分布情况和储量，为制订施工方案提供依据。

2）地下水和填充物的处理技术

隧道通过溶洞及采空区地段最关键的问题是对地下水和填充物的处理。必须根据预报的地下水实际状态，正确选择排、堵或排堵结合的处理方案，防止突水、涌砂。

（1）大面积渗漏和局部渗漏水的处理

对于大面积漏水、局部滴漏水或小股状水，如 $2.0\ m^3/h \leq$ 水量 $Q < 10m^3/h$ 和 $0.2MPa \leq$ 水压 $p < 0.5MPa$，且泥砂含量不大，一般采用径向注浆、局部注浆、补充注浆等方法进行封堵。注浆加固范围一般为隧道开挖轮廓线外 $(0.5 \sim 1.0)D$，其中 D 为洞径。如岩层的溶隙、软弱夹层的局部有股状涌水现象，出水比较清澈，受大气降雨影响不大，其处理方法为直接封堵法和间接封堵法。

总之，隧道开挖后，对高压水的封堵是十分困难的。因此，在这种情况下，也应考虑排水方案。

（2）管状水的处理

为了不改变地下水的流动规律，管状水的处理先选择连通方案。采用疏导方法的优点是：①可以避免采用各种封堵方法引起工程造价成倍增加和工期延误。②可能防止隧道周围水压力升高，使结构产生附加应力。

岩溶及采空区地段施工时，超前探孔表明掌子面前溶管比较发育及采空区较大且充填有地下水，当探水孔出水量和水压较大时，为了防止突水、突泥，根据溶管发育及采空区的位置和方向，采用局部预注浆截流和全断面预注浆封堵。

如果探水孔流出为清水，水量 $Q \leq 2.0m^3/h$ 且水压 $p \leq 0.2MPa$ 时，当能够确认隧道排水不会影响施工进度以及周围环境、相邻建筑物的安全时，也可采用排水系统排水。

3）溶洞的处理

（1）全断面注浆封堵方法

溶洞规模较大，内部填充了大量的泥砂，且含有丰富的地下水，一旦揭穿，可能发生大规模的突水、突泥，拟采取全断面预注浆加固方法。

（2）置换注浆方法

掌子面为含水的粉细砂或致密的黏土、砂黏土，采用渗透注浆、挤密注浆、劈裂注浆都十分困难时，可采用置换注浆法，即在掌子面进行注浆工程中，距离注浆孔2m左右，预留几个排泄孔并安设孔口管和阀门，将泥砂适量排除，用浆液充填其留下的空隙，起到加固地层的目的。此方法可以降低注浆压力，促进浆液的扩散。

（3）填充封闭

如隧道拱部、边墙或底部存在小型干溶洞或空腔，内部几乎无充填物、无水，可采用砂石料、浆砌片石、干砌片石、水泥砂浆、混凝土等粗细集料全部充填，必要时可进行注浆加固。如空腔内有少量水流动，则填充不应完全阻断地下水的过水通道。

(4)基底处理

隧道底部为松散或软塑状的黏土沉积物，为了防止车辆运行过程中结构产生固结沉降，应加强对基地的处理。隧道底部的处理可根据实际情况选择采用注浆加固、换填、桩基等方法。

(5)地面注浆方法

浅埋隧道或埋深在30m内，可通过地面局部注浆、帷幕注浆等方法阻断岩溶水下渗的通道并对地层进行加固，保证隧道开挖不受岩溶的影响。

(6)放水减压方法

岩溶水是从坚硬、完整的基岩中流出，几乎不含泥砂，水量、水压不大，能够确定溶洞水排放对周围环境和隧道结构安全不会造成太大的影响，采用掌子面直接排放或利用平行导坑、排水洞、横洞、迂回导坑排水等方法进行放水减压。如果在溶洞中泥、砂含量较大或与地面存在较强的水力联系，长时排水可能影响周围环境、隧道稳定性和运营安全，则不宜长期、大量排放。

(7)迂回导坑绕行

如溶洞大小及发育情况能够探明，则可从隧道周边位置开挖导洞，绕过溶洞，从另一方向截断水流或进行处理。

4)暗河的处理

(1)小体积溶洞、溶腔

如隧道底部存在小体积的溶洞、溶腔或流量小的暗河(宽度与深度较小)，则在隧底下部设置满足原过水能力的涵、管，隧道从溶洞、溶腔或暗河上跨越；如隧道顶部存在溶洞、溶腔，并有水流过，则在隧顶设置暗管过水。

(2)穿越暗河

如隧道顶部存在暗河，则需专门设计临时排放和隧道如何穿越的方案；隧道在施工中必须做好突水预案，防止不必要的事故发生。隧道衬砌结构按全封闭防水进行设计。

(3)跨越暗河

如隧道底部存在大体积的溶洞、溶腔或暗河，视情况采用桥梁跨越，或采用专门的方案通过。

5)采空区的处理

(1)煤层采空区位于隧道下方

采空区位于隧道底板以下，可以根据采空区的形态，范围、水量大小，有无塌体充填等具体情况，可分别采取回填片石(混凝土)、注浆加固、旋喷桩加固等施工措施，如采空区范围较大、较深，可采用跨梁结构通过。

(2)采空区位于隧道边墙部位的处置

在未揭开煤层采空区前，先进行超前探测，对未坍塌充填但有水的地段，采取钻孔排水；对已经坍塌充填的地段，采取超前支护，有水时采取超前注浆固结堵水等施工措施。

揭开煤层采空区后，有充填物的，先挖除充填物3~5m，换填密实的浆砌片石或素混凝土，以便提高隧道开挖后所形成的塑性区范围内的支撑强度，防止出现大的变形。

采空区位于隧道断面上部时,在隧道拱部施作1m厚的C15钢格栅混凝土护拱,护拱上设干砌片石缓冲层。

在隧道衬砌边墙两侧施作厚度2m的M10浆砌片石护墙,护墙外侧采用土石回填,厚度3m。

(3)煤层采空区位于隧道顶部的处理

采空区位于隧道顶部,在未揭穿前超前探测揭示的情况属于未充填时,特别是近水平、缓倾斜的采空区且距隧顶较近时,必须采用加强支护,即在隧道拱部设管棚并注浆。

揭示的采空区属于坍塌充填时,采取超前注浆固结,堵水,防止突水、突泥,然后采用台阶法开挖,超前小导管注浆预支护,并在施工中全环架设格栅拱架。

6)溶洞及采空区段的开挖、支护和衬砌技术

帷幕注浆结束后,先施工超前大管棚,然后开挖,根据围岩级别分别采取中隔壁法、双侧壁导坑法或CRD法开挖,开挖后及时进行初期支护并封闭成环,仰拱和二次衬砌及时紧跟,以“管超前、严注浆、短进尺、弱爆破、强支护、勤量测”和“分部开挖”的原则,组织施工。

7)开挖后隧道周边岩溶发育情况探测技术

开挖完成后及时采用地质雷达对隧道的拱顶、边墙及隧底岩溶发育情况进行探测,当发现异常时,采用5m钻孔进行钻探验证,如发现隧道周边5m以内有溶腔必须进行填充和加固。

8)地下水环境保护措施

如果隧道上方地面有住户、水库、水田、河流等,或在旅游风景区,要严格控制地下水流失,采取“以堵为主,限量排放”的原则,以免给当地居民的生产生活及生态环境造成影响。

9)编制应急预案,建立应急救援机制

存在突泥、突水可能的岩溶隧道,在进洞施工前应制订出超前探水与预注浆堵水方案,制订突发安全事件应急预案,配备安全防护及安全逃生设施,明确逃生路线,进行紧急逃生的培训与演练,施工中严格按照既定方案实施。岩溶隧道暴雨时应停止施工、连续降雨后观察施工。

1.6.6 煤层瓦斯及有害气体隧道施工

煤层瓦斯地段潜在瓦斯爆炸、煤与瓦斯突出、煤尘爆炸等风险,导致施工安全风险很高,如处治不当,将会发生不可挽回的事故,严重威胁到生命和财产安全。穿越煤层瓦斯地段施工主要是判明危险等级,针对潜在的危险等级采取相应的施工技术,实现安全施工是完全可以达到的。

瓦斯地段施工关键技术如下。

1)超前地质预测预报技术

隧道通过煤系地层时,根据设计资料,结合现场实际情况,对煤层长度、厚度进行测量,瓦斯含量、压力、涌出速度等指标进行检测和分析及早查明煤层的位置和突出性,利用弹性波判断前方煤层的具体位置,采用洞内钻孔检测瓦斯的含量及压力。

2)石门揭煤技术

石门揭煤,即石门从最小岩柱起,揭开煤层,煤门掘进,石门全断面进入顶(底)板岩石2m

止的整个过程。石门揭煤突出危险性比掘进工作面严重。石门揭煤工作面发生的煤与瓦斯突出特点是突出强度大、瓦斯涌出量多、突出瓦斯波及范围广，危害严重。石门揭煤施工的过程就是一个防煤与瓦斯突出的过程。

石门揭煤技术主要包括制订揭煤防突综合措施实施程序、防突措施、施工流程、防突技术和石门揭煤爆破开挖技术等。

3）瓦斯监测技术

瓦斯监测是防止瓦斯事故的重要措施之一。其监测方法主要有实验室分析和现场监测两种。工程实践中运用得比较多的是现场监测，而现场监测又分为人工监测和自动监测。同时，采用瓦斯自动报警仪与人工检测相结合，配专职的瓦检员，每班两人，对隧道进行全天候交叉巡回检测，由洞外向洞内，对机电设备集中地点、各个作业面，有可能瓦斯聚集处进行检测。对爆破作业，实行"一炮三检制"，即装药前、放炮前和放炮后对爆破工作面检测。

4）瓦斯隧道通风技术

通过煤系地层施工，通风的重要性尤为突出，要加强通风管理，保证有足够的风量及风速，以便稀释及加速瓦斯的排出，使洞内瓦斯含量不高于规定值。因此，瓦斯隧道无论采用何种运输方式（有轨或无轨），都应根据工程的实际情况编制通风单项设计，确保风量、风速、风压满足隧道安全施工的需要。

5）设备防爆、隔爆技术

根据现行《铁路瓦斯隧道技术规范》（TB 10120—2002）要求，隧道内非瓦斯工区和低瓦斯工区的电器设备与作业机械可使用非防爆型。隧道内高瓦斯工区和瓦斯突出工区的电器设备与作业机械必须使用防爆型。

长大公路瓦斯隧道施工必须配备大型配套的机械化施工设备，以达到安全、快速和高效的施工目的。公路瓦斯隧道施工要想全部选用防爆设备只能用有轨运输，这对于断面较大的长大公路隧道而言则更加不利。因此，如何选择一种合理设备配套方案显得极为重要。

一般的情况下，可考虑固定机电设备采用防爆型，移动机电设备采用非防爆型。

瓦斯隧道的供电系统应做到瓦斯浓度超标时，供电系统及局部通风机通风的自动闭锁；洞内施工用电配置双回路、双电源，即网电和自发电，一旦网电停电，自发电可以满足通风、照明、排水的需要。

配电系统与照明设施：洞内设置双回路线路及完善的检漏装置，变配电设备，照明灯具均为防（隔）爆型。

6）结构处理

隧道开挖后，应立即进行支护，特别是应及早进行洞身衬砌封闭，以阻止瓦斯外泄。喷射混凝土中应掺用气密剂，二次衬砌采用气密性混凝土。为了保证衬砌的整体气密效果，必须加强对施工缝的处理。

7）安全措施及应急预案

为加强隧道瓦斯爆炸事故应急救援工作，有效预防和控制事故造成的灾害，在施工前应制订瓦斯隧道安全施工措施及施工应急救援预案。

1.6.7 双连拱隧道施工

连拱隧道开挖面积通常比较大,结构较复杂,施工难度较大。

连拱隧道施工关键技术如下:

1)连拱隧道施工方法的选择

目前,国内连拱隧道所采用的施工方法大多为"三导坑先墙后拱法",在施工中遵循"弱爆破、短进尺、多循环、勤测量、强支护、快衬砌"的原则。

三导坑施工应注意以下几个问题:

(1)中导洞一般不对称于中隔墙设置,一侧留宽些,易做施工通道,另一侧留窄些,减少回填。同时,中隔墙施工时要在中墙底部增设锚杆,以抗较大的侧压力。

(2)左右侧导洞的施工通常不同步进行,以免引起围岩较大变形和应力的急剧释放,特别是浅埋地段,容易引起塌方。

(3)拱部开挖是洞身开挖的关键,岩体易塌落,遵循施工原则尤为重要,实施光面爆破,减少中墙上方三角带的塌方和对拱部围岩的扰动。同时,支护与衬砌要及时、合理。

(4)核部开挖应根据隧道长度、工期情况而定,一般在拱部衬砌完成后进行,现在开挖方式主要有一次性开挖和按台阶分部开挖两种。

施工方法的采用要综合考虑各方面因素,如果围岩级别较好、偏压较小,可考虑采用"中导洞法 + 全断面法"施工。施工过程中要结合具体情况调整施工步骤、优化施工工艺。这种施工方案工艺先进,各施工阶段应力传递很明确,施工顺序简单,施工工期也容易得到保障。在地质条件较差、围岩级别较低时要设置仰拱,实践证明:设仰拱较不设仰拱更有利于结构受力,不过设置仰拱要适时。

2)施工中受力体系的转换及中墙偏压的控制

双连拱隧道施工中受力体系的转换十分复杂,而尤以中墙的受力最为不利,处理不当,就会造成结构开裂,甚至塌方。为防止中墙受力不均产生附加弯矩,施工时中墙两侧回填片石混凝土,以抵抗施工中的不平衡推力。中墙顶回填因施工困难,采用喷射混凝土。为保证中墙顶回填的质量和受力体系的安全转换,施工时在中墙顶部预埋主洞初期支护钢架,使主洞上部开挖后支护钢支撑能与之可靠连接。而预埋钢架又可作为中墙顶回填的外模支架,有利于喷射混凝土填充密实。

3)连拱隧道防排水技术问题

中墙是连拱隧道的传力和承力部位,是维系结构整体稳定的中枢,也是连拱隧道防排水的重点设置部位,是连拱隧道中最为重要的结构。现有的国内外连拱隧道资料表明,连拱隧道裂缝、渗水 80% 以上都出现在中墙部位,中墙顶部回填由于其施工质量较难控制,施工缝、变形缝不易处理,容易出现裂缝、渗水等情况。

隧道的防排水问题一直是隧道建设的一大普遍性难题,连拱隧道由于其结构的特殊性、施工的复杂性,其防排水问题更加严重,特别是直中墙隧道中隔墙处防排水问题最为突出。

目前,连拱隧道防排水技术主要涉及以下几个方面:

(1)隧道拱墙于二次衬砌间应铺设好封闭的防水层,通过无纺布衬层的毛细渗流引至边墙泄水孔,对于出水较多地段应预设由环向、纵向透水管或引水管等组成的引排水系统,最后由洞内水沟排出。

(2)重点处理好中隔墙顶部V形汇水区的防排水问题,通过设置透水排水管并与竖向引水管相连,将水排到洞内水沟。

(3)混凝土结构自身防水要点在于施工缝和变形缝。施工缝可采用遇水膨胀的橡胶止水条,变形缝则不仅可铺设背贴式塑料止水带,并且可以设置中埋式橡胶止水带。

(4)各工序之间应避免相互干扰,并注意衔接,要求初期支护、防水及纵向排水管的铺设与导洞支护的架设及拆除随相关工序协调进行,以防止后期拱部开挖对超前洞已敷设的防水层的破坏。

总之,连拱隧道的防排水技术涉及设计施工等多方面因素,今后有必要在现有技术基础上,侧重从地下水渗流、结构设计、防排水材料、施工工艺等方面作系统、全面的深入研究,以彻底解决连拱隧道的渗漏水难题。

4)连拱隧道围岩稳定性与动态施工控制

施工动态控制要紧密结合施工过程,原因是连拱隧道在动态施工过程中,其支护体系受力状态在不断发生着变化和调整,围岩经过多次扰动后,变形产生多次叠加。同时,采用钻爆法施工时,爆破对已成型结构体系等的影响程度也是未知数。这些复杂的动态关系,都需要在施工过程中通过监控量测来加以确定并及时处理,以便详细地了解施工过程中的围岩结构体系动态受力状况,为确保施工安全和优化设计提供充分的科学依据。

1.6.8 小净距隧道施工

一般而言,小净距隧道均存在地质条件差,施工工艺复杂,施工难度大的情况,但仍能通过精心组织,科学施工,最终取得了成功。技术上归纳起来主要在以下几个方面:

首先,要确定合理的施工方案。如对后行洞采用控制爆破技术进行开挖,以减少其对先行洞身支护结构的影响,降低对中夹岩的扰动;对中夹岩进行技术加固等方案,对围岩受力薄弱环节进行加强。

其次,应严格控制关键工序及施工步距。小净距隧道的关键工序为控制超前支护的质量、爆破开挖的振速、中间岩柱加固的措施、两洞工作面施工步距控制等。只有关键工序严格控制,才能保证隧道施工的质量及安全。

最后,加强围岩的监控量测。监控量测在小净距隧道中起着至关重要的作用,只有通过监控量测反馈的信息,才能确定隧道施工方案的可行性,从而更好的指导隧道的施工。

小净距隧道施工关键技术如下:

1)钻爆开挖

由于小净距隧道之间间距小,洞身采用钻爆开挖必定会对中间岩柱稳定产生很大的破坏作用。为了使爆破对围岩的扰动降低到最小的程度,在小净距隧道开挖过程中应严格采用微震爆破的方式。所谓微震爆破,就是要控制爆破产生的振速,以降低爆破对围岩的扰动。微震爆破主要采取以下技术措施:

(1)缩短洞身开挖循环进尺,从而减少每循环开挖的炸药总用量;IV级围岩的开挖进尺控制在0.5~1.0m以内,III级围岩的开挖进尺控制在1.0~1.5m以内。

(2)炮眼采用线性布置,光面微差爆破,即增加毫秒雷管的起爆段数,减少振动波叠加,控制振速。

(3)分部爆破。在局部破碎地段,采用分部爆破的方式。即在开挖面分部装药,各部间采用高段级毫秒雷管串接,防止各部同时起爆。亦可在围岩破碎地段采用台阶法环向切槽法开挖方式,在围岩较好地段则应采用小导洞超前开挖后续扩挖方法。

2)中间岩柱加固

为了保证中间岩柱的坚固及永久稳定,可采用超前导管注浆及水平拉杆加固等措施。

(1)超前导管注浆。在先行洞施工后,为了保证中间岩柱坚固,首先在中间岩柱部位打设小导管进行预注浆,小导管采用 ϕ50mm × 5mm 钢管,长度 7.6m。为了防止水平拉杆对岩柱的应力受到影响,小导管沿中间岩柱面 45°角打入,钢管间距 80cm × 80cm。浆液为水泥—水玻璃双液注浆。

(2)水平拉杆加固。待中隔墙加固稳定后,进行隧道的后行洞开挖。同时,进行中隔墙水平预应力拉杆的施工。水平预应力拉杆为 ϕ25mm 精轧螺纹钢,钢筋抗拉力为 1 000MPa,拉杆长度比中间岩柱孔道长 5cm,两端采用螺纹结构。

3)监控量测

按新奥法原理设计,隧道的开挖及支护全部在监控量测的指导下进行施工。由于隧道为小净距,洞身的开挖对围岩扰动非常大。所以,必须加强对围岩的监控量测。主要进行地表下沉、拱顶下沉、周边收敛、爆破震动、锚杆内力及洞内围岩观测等进行监控量测,及时反馈量测信息,保证了隧道的施工安全。

1.6.9　运营通风通道施工

运营通风通道用来解决长大公路隧道运营通风问题,其主要由通风道和地下风机房两大部分组成。通风道根据开挖坡度分为斜井和竖井两种形式。地下风机房是安装通风机械的地下洞室群,一端连接通风道,一端与隧道相连。

通风道多为坡度较陡的斜井,从斜井设计方案的优化、提升设备的配套、开挖及衬砌方案、辅助措施等方面着手进行论述,突出斜井的井底车场设计、斜井提升过曲线、开挖方法、混凝土衬砌方法等关键技术。竖井从机械设备配套、开挖方案选择等方面着手论述,详细论述了各种施工设备的配套、多种开挖方法、滑膜衬砌等关键技术。地下风机房为平洞,与一般隧道正洞施工相似,从相互交叉不同断面洞室方面着手,对从小断面进入大断面的挑口施工、拱架换托梁施工进行阐述。

1)陡坡斜井施工关键技术

(1)施工图优化

斜井在施工前,应先根据施工工期、技术经济、施工经验、设备配置等因素,对设计的井身位置、坡度和断面等进行优化、调整,为斜井的快速施工创造条件。

陡坡斜井的坡度,一般不宜超过 25°,长度不宜超过 900m,断面较大(运营通风道比一般的施工斜井断面要大),能满足施工需要。

(2)井口场地和井底车场的合理规划

做好井口场地和井底车场的合理规划，对加快工程进度，降低工程成本，安全施工有着十分重要的意义。井口场地规划应根据地形条件，充分利用空间合理布置。主要内容包括运输系统、运渣设施、提升系统、供电、供水、供风系统、拌和系统、材料装卸设施等。井底车场主要内容包括：运渣设施，供电、排水系统，通信、信号设施等。

(3)提升设备的参数计算及选型

提升设备的主要结构物有绞车房、提升机、钢丝绳、天轮架、栈桥等。一般出渣提升机采用双滚筒，材料人员运送采用单滚筒。

提升设备的选型应通过计算确定。确定原则是确保安全及较大的运输能力。

(4)开挖及初期支护施工

斜井施工常用的开挖方法有三种，分别为台阶法、L形法和全断面法。

斜井的初期支护比较困难，开挖后要及时施作。由于作业台架的限制，支护不宜与掌子面拉开。否则，以后补做难度较大。喷射混凝土由井口附近的搅拌站拌制。

(5)二次衬砌

二次衬砌施工，按照捡铺底→挂防水板→边拱部模筑混凝土→中隔墙模筑混凝土→沟槽及面层的顺序，分部组织施工。由于斜井施工的特殊性，二次衬砌只能在开挖全部完成后再进行施工。衬砌由井底向井口方向连续施工，各作业面拉开一定的距离平行作业。二次衬砌施工的关键是模板台车的设计和混凝土的输送。

(6)斜井曲线段运输

钢丝绳受自身重力，约在离矿车15~30m距离时下落于道心的地辊上。曲线段在15~30m距离时钢丝绳将严重偏离道心，立辊将无法约束钢丝绳，致使运输失败。为了使钢丝绳尽早进入立辊的约束区，采用绳卡器将钢丝绳与矿车连接处的高度降低，从而使牵引钢丝绳沿立辊运动。

2)竖井施工关键技术

(1)施工图优化

竖井在施工前，也需根据施工工期、技术经济、设备配置等因素，对设计的井身位置、断面等进行优化、调整，为竖井的快速施工创造条件。井口场地是井位优化的关键，井口场地要有运输道路，便于施工设备、材料、弃渣等运输。井口处场地较平坦、开阔，便于提升设备的布置。竖井断面宜为圆形。竖井在施工前，最好先在竖井中心施作地质钻孔。

(2)机械化配套

加快竖井施工速度，提高劳动生产率的途径是“选用高效能的凿井设备及设施，使钻、爆、抓、提、排、砌主要工序实现机械化，并合理配套”。

(3)开挖方案的选择

竖井开挖方法主要有全断面法和导井法两种。在高速公路竖井开挖时，目前较为常用的方法为全断面法、反井钻法。全断面法虽存在较多困难，但可以尽早开工，甚至可以在平洞开挖完成前提早完工，不影响施工工期。反井钻机法的特点主要是导井施工安全、进度快、管理难度小、无需机械通风。

(4)二次衬砌施工

由于竖井设有中隔墙结构，二次衬砌需在开挖完成后进行。模板采用爬模(自升式液压模板)自下而上施工，井壁与中隔墙一次浇筑。

3)地下风机房施工关键技术

主要有洞室交叉口,从小断面进入大断面挑顶施工技术;钢支撑组合模板衬砌技术等。

1.6.10 隧道塌方处理

在隧道施工过程中,往往会因为地质情况不良而产生程度不同的塌方,我们一方面要加强塌方前的测量和预报工作,避免发生塌方事故。但在塌方不可避免地发生后,如何处理塌方,如何恢复隧道正常施工,是隧道施工工程技术人员的难点和重点。因各个工程项目特殊性以及不同地质情况,如何正确处理塌方必须不同情况不同对待,总的原则是选择“安全、方便、快捷、节省,保证人员和结构安全,保证施工方便,保证工期,保证费用最省”的方案。

塌方处理及防塌施工具有以下关键性技术:

1)信息化施工

(1)超前地质预测预报:对于容易造成塌方的地形地貌与工程地质和水文地质条件进行预测预报,是防止隧道塌方,保证施工安全的重要措施。对于可能发生塌方地段的预测预报方案与方法的正确选择,既能得到为了防止塌方所必须掌握的工程地质与水文地质信息资料,又能节省时间与探测费用。加强塌方的预测,选择合理的地质超前预测预报,及时发现塌方的可能性与征兆,乃是隧道施工中必不可少的地质工作。

(2)施工监测:根据数据处理后围岩变形—时间关系曲线,找出不同时刻围岩的变形量以及围岩变形的发展趋势,进而预估围岩的最大变形量,用以同变形临界值相比较,以便判断隧道围岩变形是否在允许范围。同时,对变形速率及变形速率的变化率进行比较,并据此判定围岩的稳定性和支护结构的可靠性。

(3)施工观察:尽管塌方的发生似乎是突然的,但是仔细分析起来,还是可以发现不少的征兆。从直观上说,在隧道塌方之前,往往可以看到隧道顶部围岩裂缝旁出现岩粉,或洞内无故尘土飞扬,不断掉落小石块、又或围岩裂缝逐渐张大、支撑变形加大、围岩渗水等现象。要根据这些现象快速判定塌方的可能。

2)塌方处理

隧道塌方处理方案与断层破碎带的施工方案大致相同,只是施工控制要求更为严格。由于塌体的物理力学性能极差,稍有不慎,再次发生塌方,后果更为严重。塌方常有以下处理方案。

(1)常用迂回导坑的施工方案。即在塌方段的后方一侧,选择合适的位置,增设导坑,绕过塌方段,再进入隧道正洞施工。其优点:①处理塌方,有两个工作面同时施工。加快进度,大大缩短了处理塌方的时间。②可以通过迂回导坑,恢复隧道正常施工。缺点:增加了工程投资。

(2)在塌腔较高,而腔壁围岩又较稳定的情况下,有采用混凝土护拱的处理方案,即在塌腔内利用塌渣作为底模,施作混凝土护拱,在混凝土护拱的保护下进行塌方处理。

(3)塌方规模较小时,可首先加固塌体两端洞身,并尽快施作喷射混凝土或锚喷联合支护封闭塌穴顶部和侧部,确保拱部的安全,然后清渣。在保证安全的前提下,亦可在塌渣上采用支护措施,稳定顶部,然后清渣。

(4)当塌方规模很大,塌渣体完全堵死洞身时,宜采用先护后挖的方法。在查清塌穴规模大小和穴顶位置后,可采用管棚法或注浆固结法稳固围岩体和渣体,待其基本稳定后,按先上部后下部的顺序清除渣体,亦可用全断面法按短进尺、弱爆破、早封闭的原则开挖塌体,并尽快完成衬砌。

(5)在塌方处,模筑衬砌背后与塌穴洞孔周壁必须紧密支撑。当塌方较小时,可用浆砌片石或干砌片石将其充填;当塌穴较大时,可用浆砌片石或混凝土回填,厚度宜为2m,其以上空间应采用支护措施稳固围岩,或填筑2m以上的缓冲层;特大塌穴应做特殊处理。衬砌厚度应按松散体荷载计算确定。

3)不良地质体防塌措施及加固

(1)洞口及洞口段

防洞口施工塌方一般有如下技术措施:洞口增设抗滑桩(范围纵向、横向,依据其滑动方向,桩数与桩长根据滑坡规模与深浅而定);接长明洞,不扰动滑坡体;反压回填;锚索(预应力锚索);锚固桩;浅埋隧道采用地表注浆加固;大管棚进洞(嵌入);抗滑挡墙;垂直搭接插板挡土;边坡设置加强型骨架护坡或者锚杆加地梁护坡。

(2)浅埋隧道

浅埋隧道施工时,应采用多种辅助施工措施加固围岩,先护后挖,先加固后开挖;开挖后即时支护,封闭成环,使其与围岩共同作用形成联合支护体系,能有效地抑制围岩过大变形。

(3)软弱围岩中扁平大跨度隧道

扁平大跨度隧道开挖后,应力重分布变得不利,拱脚应力集中而且应力大,拱顶下沉位移远大于水平位移,拱顶稳定性差,有较大的松弛地压。因此,要求拱脚有较大的承载力,拱部支护要特别刚劲,以控制其变形,避免发生破坏而引起塌方。

(4)偏压隧道

洞口地段偏压可以采用反压土的施工技术措施,以平衡偏压力,保持坡脚稳定并改造地形,尽可能消除偏压。相反的技术措施是减载法,即适当清刷产生偏压的地面岩土来消除偏压。由于偏压隧道外侧覆盖厚度小,有可能出现外侧土岩失稳的情况下,在洞外山侧可以选择采取地面锚杆、小锚索、抗滑桩及其他支护措施。同时,可以与浅埋施工技术措施相结合来考虑采取地表注浆施工措施。对于大跨度、大断面偏压隧道,采取双侧壁导坑法施工,但偏压隧道外侧的导坑要先行施工。

(5)断层破碎带

采用尽量少扰动围岩的开挖手段,如人工或机械开挖法;必须采用钻爆法施工时,应采用弱爆破;采用台阶法预留核心土环状开挖法;对于断面大,高度较高隧道,采用多台阶法开挖;对于大断面公路隧道可采用CD法或CD法+临时仰拱法开挖;对于涌水量大、宽度80m以上大断层,采用上导坑超前方法进行开挖,起到排水、探查断层、预先护顶、预先处理上半断面的作用。也可采用迂回导坑,达到探明地质、排水和增开工作面的作用。超前支护采用超前锚杆、超前注浆小导管或管棚法;超前预加固采用浅孔超前预注浆、深孔超前预注浆及掌子面锚杆加固等。要求通过断层的支护强度高,刚度大,施作及时,早封闭。必要时上部利用临时仰拱先行封闭。

(6)高地应力软岩

开挖断面尽量接近圆形,加大预留变形量。采用长锚杆是特别有效的技术措施。对于挤压大变形,围岩采用长锚杆柔性支护,既释放一部分地应力,又加固围岩。采用二次初期支护法,包括增加第二道钢支撑。仰拱喷混凝土加钢支撑和锚杆,仰拱混凝土加厚。增加二次衬砌厚度,混凝土强度提高到 C30。二次衬砌时间根据设计受力要求和变形量测结果来确定。

(7)岩溶突水突泥

溶洞充填物不能自稳,没有强度,不具备开挖条件。防塌的技术要点就是要使其由没有强度变为有一定强度,具备开挖条件。溶洞充填物的稳定靠其颗粒重量和颗粒间的摩擦力来维持。当充填物中含水且超过一定限度时,其内摩擦角就减少,就会发生坍塌。因此,在隧道通过充填性溶洞地段时,必须先治水,以减少洞内含水量为主。坚持调查,超前钻探,了解溶洞充填物规模与特性。并重点注意分析充填物本身含水量、地下水状态、地表水补给状态。隧道通过溶洞地段,处理地下水问题是解决突泥、突水引起塌方的首要关键技术措施。施工时,因地制宜,采用"防、截、排、堵"的综合治水措施。由于溶洞充填物垂直土压力和侧压力都很大。因此,支护要强,要加强支撑刚度。

本书对以上所列重庆市高速公路隧道施工中所遇到的重难点及采用的技术应对措施进行了收集和总结,编撰成册,以期对今后重庆市的高速公路隧道乃至全国其他山区和丘陵地区的隧道建设有所借鉴和帮助。

第2章 洞口工程施工技术

洞口工程由洞门、明洞、洞口边仰坡及洞口段组成，是隧道设计与施工的重难点之一。

(1)洞门是隧道两端的外露部分，是联系洞内衬砌与洞外路堑的结构，也是隧道的标志。目前，公路隧道洞门设计总的原则是“自然、简洁”，与环境协调，不刻意渲染，保护隧道的自然景观。洞口位置应根据隧道洞口地形、地质条件，同时结合环境保护、洞外有关工程及施工条件、运营要求，通过技术、经济比较确定。洞门的形式很多，从构造形式、建筑材料以及相对位置等均可以划分成许多类型。根据洞门纵断面形状，洞门形式有端墙式、翼墙式、台阶式、柱式、削竹式和喇叭口式。

(2)洞口段施工应遵循“早进洞晚出洞”的原则，不宜大挖大刷。根据施工经验，山区隧道地质条件大都复杂多变，特别是洞口段围岩一般较为破碎，地质条件差，开挖边仰坡又破坏了山体原有平衡，因此洞口往往是地质条件极为复杂的地段。采取有效的施工方法实现顺利进洞，对于确保隧道施工和运营安全具有至关重要的作用。

2.1 洞门工程

2.1.1 洞门作用

作为一项隐蔽性极强的工程，隧道工程的洞门是其唯一的外露部分。从功能上讲，隧道洞门具有三大作用：①防护功能，即承受背后土压力、稳定围岩、保护洞口附近道路免于落石、雪崩等危害的基本力学功能；②调光功能，即缓和隧道洞口内外明暗差异，降低眩晕感，确保眼睛的舒适性和视觉安全性的安全功能；③景观功能，即与洞口周边的景观协调，缓和高速进入一封闭的暗部空间时心理紧张感的景观作用。事实上，防护功能本身即为一种安全功能，从这个角度上讲，隧道洞门有两大功能，即安全功能和景观功能。

隧道洞门位置应根据地形、地质水文等条件来确定，着重考虑仰坡及边坡的稳定性，同时结合洞外有关工程及施工条件、运营要求，满足有关规范的规定。但我们可以利用这些因素进行巧妙的组合，使洞门建筑融汇于自然环境之中，达到所需之目的。因此，在洞门设计构思时应考虑以下主要原则：

1）建筑与结构相结合的原则

研究隧道洞门设计是研究建筑物的现象学，建筑物的外观在人们头脑中产生一种直觉，使他们的意识受到影响并转变为感受理解。公众通常认为隧道洞门设计是类似于挡土墙，其实隧道洞门外墙的作用要比公众所认为的要大一些，其外部形式并不仅仅是赏心悦目，从实用角度而言，它有着更深的意义，它应成为一种环境的隔膜，把外部自然环境与内部人工环境分开，并可将隧道与周围景观连接起来。建筑设计的艺术和科学就是把各种元素组合成一个建筑物的整体，将建筑与结构设计有机地结合起来，使之既美观又符合功能要求。

2）环境与意境相结合的原则

隧道洞门位置或在丛林之中，或在岩石之壁，或依山傍水，洞门处的自然环境是得天独厚的。通过隧道所处地的环境特点进行构思，它可丰富我们在洞门设计中意境构思的素材，将环境和意境结合起来就会构思出优美的洞门形式。

3）洞门形式与洞口地形相协调的原则

一座隧道采用什么形式的洞门，应结合隧道所处的地理位置、地形地貌情况、洞口场地的宽阔程度来确定，使之协调统一。

4）外墙装修与相临建筑物相协调的原则

洞门外墙装饰对隧道建筑的美观效果和功能发挥起着很大的作用。一幢建筑物的设计效果除了它的立面造型、比例尺寸和功能分区等设计手法和风格有关外，还与其饰面材质的选用有关。外墙的装饰效果是通过材料的色调、质感和线条三方面来体现。隧道洞口有称之为“洞脸”，脸是要修饰和打扮的，否则会失去应有的美丽。

2.1.2 洞门结构形式分类与景观

在很长一个时期内，在设计理念上洞门仅被当作是一个承受背后山体土力、稳定边坡、保护道路免于落石与雪崩等危害的防护结构，即安全功能被当成其唯一功能，而且常常以路堑方式设置洞门和开挖洞口。因此，端墙式和翼墙式洞门被大量采用，而这种设计理念及对应的洞门形式，在很大程度上不仅改变了洞口周边的自然环境，破坏了既有坡体的自然平衡状态，同时修筑的洞口及坡面挡墙以及附属构筑物对地区局部景观也产生了极大影响。

近年来，随着公路隧道工程建设速度的飞速增长，人们逐渐认识到这种观念的局限性和不合理性，认识到隧道洞门除防护功能外。对周边的总体环境有一种符号和象征意义。因此，景观设计成为隧道洞口设计的重要内容。

事实上，隧道洞门的安全和景观功能本身并不矛盾。近年来众多的工程实践表明，通过适当的景观设计，在确保隧道洞口安全的同时，仍然可以实现营造一种和谐、柔美的洞口景观。因此，把隧道洞门的安全作用和景观作用结合起来，实现洞门结构“稳”与“美”的统一，是未来公路隧道规划设计的重要内容之一。

从洞门结构形式上来区分，常见的隧道洞门主要分为有洞门挡墙（即端墙式）、无洞门挡墙（即突出式）和特殊形式三种。有洞门挡墙的形式一般包括直线端墙式、拱形端墙式、翼墙式、立柱式和台阶式。无洞门挡墙的形式主要是环框式（一般为突出式）、削竹式（包括正、逆削竹式)、遮光棚式、喇叭口式(包括正、逆喇叭口式)。常见公路隧道洞门形式分类如图 2-1 所示。

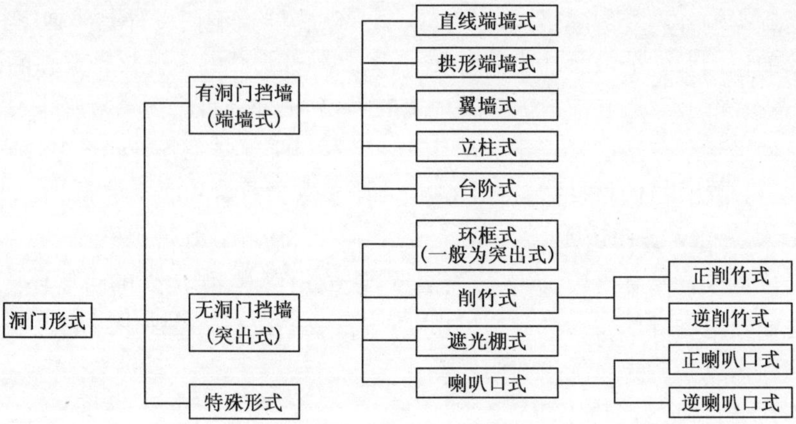

图 2-1　常见公路隧道洞门形式分类

1)端墙式洞门

端墙式洞门主要适用于地形开阔、地层基本稳定的洞口,其作用在于支护洞口边仰坡,并将坡面的水流汇集排出。端墙式洞门如图 2-2 所示。

图 2-2　传统端墙式洞门

2)柱式洞门

当地形较陡,地质条件较差,且设置翼墙式洞门又受地形条件限制时,可在端墙中设置柱墩,以增加端墙的稳定性,这种洞门称为柱式洞门。它比较美观,适用于城郊、风景区或长大隧道的洞口。柱式洞门如图 2-3 所示。

3)台阶式洞门

台阶式洞门主要是洞口位于傍山地区,为了降低仰坡的开挖高度,减少土石方开挖量,将端墙顶部作成与地表坡度相适应的台阶状。

4)翼墙式洞门

翼墙式洞门是在端墙的侧面加设翼墙而成,用以支撑端墙和保护路堑边坡的稳定,适用于地质条件较差的洞口;翼墙顶面和仰坡的延长面一致,其上设置水沟,将仰坡和洞顶汇集的地表水排入路堑边沟内。翼墙式洞门如图 2-4 所示。

图 2-3　传统柱式洞门

图 2-4　翼墙式洞门

5）削竹式洞门

削竹式洞门为隧道洞身衬砌向外延伸到仰坡以外形成环框，并与洞口外路堑形成的整体支护结构，减少了洞口段的边仰坡土石方的开挖，且符合隧道洞口“早进洞，晚出洞”的原则，同时减小了对洞口周围环境的影响，保证了洞门附近的边坡和仰坡的稳定。削竹式洞门如图 2-5 所示。

6）遮光棚式洞门

不管是突出的喇叭口，还是镂空的接长明洞，或是阶梯形过渡的棚式、半棚式明洞，其出发点都是通过设置光过渡段，从而缓和洞内外光线的差异。如图 2-6 所示的各洞口形态各异，但都有异曲同工之处，在起到洞口调光作用的同时，常常也会构成一道亮丽的风景。

图 2-5　削竹式洞门

图 2-6　遮光棚式洞门

7）洞门与景观要求

隧道洞门形式的设计，不仅仅要考虑隧道所处的地形，地质条件的不同，同时应将环境美学、力学融为一体，使洞口设计与周边的环境融为一体，形成一道美丽的风景，达到建筑学、园林学、环境学和力学的完美统一。新型洞门遵循了隧道“早进晚出”原则，极大地减少了施工对山体的扰动破坏，对保持洞口山体的稳定和维护环境有重大意义。如切削式不受力洞门，既美观又经济实用，一举两得。如图 2-7 所示，为经济美观的切削式洞口。城市附近，风景区且地质条件较差时，可采用柱式洞门，以实现城市建筑，景区、景观的和谐统一。如图 2-8 所示为与景区、景观相结合的柱式洞口。

同时，要尽可能避免将洞口设置在滑坡中或易产生偏压的地段，如图 2-9 所示的隧道洞口位置设置不当，易产生偏压，从而需要对围岩进行加强。亦不要将洞口间距设置过大，应以小间距设置洞口，以利于管理和节约土地。如图2-10所示，为隧道洞口间距过大，不利管理及节约土地。洞口不宜设深路堑（应小于10m），深路堑影响隧道早进洞施工，影响隧道运营安全等，如图2-11所示，为洞口深路堑图。设计及施工时要考虑美化洞口及周边环境，如图2-12所示，为洞口及周边环境已被施工所破坏。

图2-7　经济美观的切削式洞口

图2-8　与景区、景观结合的柱式洞口

图2-9　产生偏压的隧道洞口

图2-10　隧道洞口间距过大

图2-11　洞口深路堑图

图2-12　洞口及周边环境已被破坏场景

重庆部分高速公路隧道洞门情况见表2-1。

重庆高速公路隧道洞门工程情况　　表2-1

序号	工程名称	洞门形式	洞口不良地质
1	白云隧道	削竹式	洞口围岩破碎，洞口段跨度大、埋深浅
2	方斗山隧道	削竹式	浅埋
3	竹林坪隧道		洞口工程位于坍塌段和碎石土滑坡体
4	共和隧道	削竹式	偏压
5	老虎山隧道	端墙式、柱式	偏压

续上表

序 号	工程名称	洞门形式	洞口不良地质
6	摩天岭隧道	翼墙式	洞口段浅埋、偏压、软弱、破碎围岩
7	施家梁隧道	翼墙式	隧道洞口浅埋段围岩为崩坡堆积体,浅埋、偏压
8	玉峰山隧道	削竹式、端墙式	洞口段浅埋、堆积体
9	鹰嘴岩隧道	削竹式	洞口段浅埋,围岩为松散的岩堆体
10	凤凰梁隧道	端墙式	浅埋
11	羊角隧道	端墙式	陡峭岩壁

2.1.3 洞门施工

洞口工程应与洞口相邻工程统筹安排,及早完成,即先完成洞顶排水设施、边仰坡开挖防护后,再进行洞口段开挖支护及二次衬砌,最后做洞门。施工宜避开雨季及严寒季节,施工前应检查边仰坡以上山体稳定情况,清除悬石、处理危石,并做好监测和防护。

进洞前应做好如下准备工作:

(1)应结合洞口地形与地质条件会同设计院、管理处确定合理的进洞方案。

(2)清表范围应以满足进洞基本条件为原则,洞顶截水沟与成洞面之间植被应保留,控制边坡暴露面的范围,尽可能保护原有自然植被,并修筑洞顶截水沟。

(3)当洞口边仰坡存在滑坡、崩塌时,应及时采取相应的加固措施。

(4)完成排水防护工程,并植树种草绿化。

按洞门结构形式可将洞门分为有端墙式洞门与无端墙式洞门,前者为传统形式洞门,后者为新型洞门或称突出式洞门。

1)端墙式洞门施工方法及要点

(1)施工工艺流程

端墙式洞门(端墙式、翼墙式、立柱式和台阶式等)施工方法较为简单,大多数仅为模板钢筋混凝土施工。其施工工艺流程如图 2-13 所示。

(2)施工技术要点

①端翼墙应在土石方开挖后及时完成,基础超挖部分应用与基础同级混凝土和基础同步浇筑。挡翼墙基础的承载力必须满足要求,当基础位于软硬不均的地基上时,应在分界处设沉降缝。

②模板与支架应具有足够的强度、刚度和稳定性,满足浇筑混凝土的重力、侧压力及施工荷载要求,模板与支架安装必须牢固,并不得与脚手架相连。模板接缝应严密不漏浆,与混凝土的接触表面必须清理干净并涂刷隔离剂。混凝土浇筑前,模板内的积水和杂物必须清理干净。模板拆除应符合规范要求。

③端墙应与洞内相邻拱墙混凝土同时浇注,端翼墙的泄水孔应与洞外排水系统及时连通,反滤层、泄水孔、施工缝设置应符合设计要求。

④洞门的截排水设施应与洞门工程同步施工,当端墙顶部水沟置于填土上时,填土必须夯实。

⑤端墙式洞门洞口混凝土下沿模筑时，均应设置滴水线槽，或砌筑端墙时，对端墙仰坡微调，使混凝土拱部上沿突出端墙20~30cm左右，并在拱上沿设置宽×高为10cm×5cm的混凝土挡水带（和模筑混凝土同时施作），以防雨水进入隧道，污染边墙。

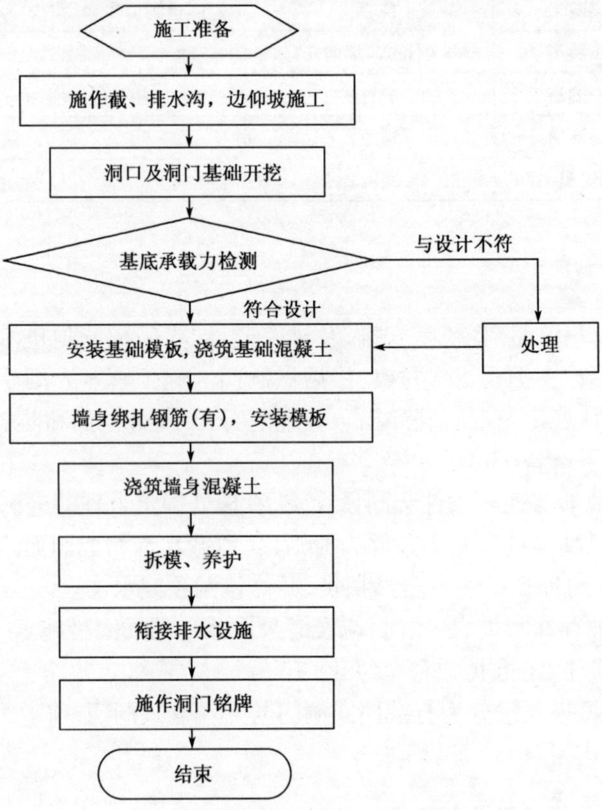

图2-13　端墙式洞门施工工艺流程图

⑥端墙砌筑的同时完成明洞和墙背回填，最后完善边仰坡防护和洞口排水工程。其挡护工程应和洞门端墙用同样材料砌筑。

⑦洞门检查梯，隧道铭牌、号标的设置，应符合设计要求。

⑧在有偏压地段的隧道洞门，偏压挡护工程和洞门端墙应同时砌筑。

2）*无端墙式洞门施工方法及要点*

无端墙式洞口施工方法是公路隧道进洞的一种新型施工方法。一般为明洞暗做法，采取保护山坡自然进洞的方法进行隧道洞口施工。在洞外不开挖山脚土体的情况下，采用拉槽施工的方法先修建临时明洞衬砌，然后在临时明洞衬砌内暗挖明洞核心土，采用机械开挖进洞。这样既可保全洞口山坡及原生植被免遭破坏，减小洞口仰坡防护工程，也可缩短边仰坡的暴露时间，提高其稳定性。

无端墙隧道洞门结构是隧道延伸，设计时以“施工方便、使用安全、经济合理、造型美观”为原则。

（1）施工步骤

①修筑截水沟、清表、修整仰坡浮土，仰坡厚度高度控制在0~5m左右，若开挖工作量较

小，可采用人工开挖。

②前置式洞口段临时衬砌及管棚套拱两侧施工槽开挖。

③前置式洞口段临时衬砌及管棚套拱两侧施工槽边仰坡防护。

④按设计施工管棚套拱，钢拱架架立就位后，浇筑套拱；若无超前大管棚，直接进行下一步。

⑤超前大管棚或超前小导管预支护施工，若无超前预支护则进行下一步。

⑥前置式洞口临时衬砌基础施工，在型钢拱脚部先浇注基础混凝土稳定拱架基脚，浇筑高度控制在5m以内。

⑦前置式洞口临时衬砌施工，首先架立型钢拱架，并用连接钢筋焊接牢靠。

⑧洞顶回填反压，以保证临时衬砌和边仰坡的稳定，临时衬砌最大回填高度控制在3m内。

⑨前置式洞口段临时衬砌内部洞口明洞段岩土体上台阶暗挖。

⑩前置式洞口段临时衬砌内部洞口明洞段岩土体下台阶暗挖。

⑪前置式洞口段仰拱、仰拱回填以及矮边墙施工。

⑫前置式洞口明洞段防水层及排水管施工。

⑬明洞衬砌施工。

⑭洞顶绿化恢复。

(2)施工工艺流程

无端墙式新式洞门(削竹式、城堡式等)施工工艺流程如图2-14所示。

(3)防排水施工

无端墙隧道洞口必须有一个完整的排水系统。

①为防止地表水冲刷自然坡、流入隧道，一般在洞口边仰坡距坡角10～15 m处设置截水天沟，并与洞外路堑侧沟相接，将水引离洞口。但流量较大时，不宜将水引向路堑侧沟排泄，应根据地形将水引至沟谷或涵洞处排泄。截水天沟横断面可根据流入截水沟的汇水区流量确定。其坡度根据地形设置。但应不小于0.3%，以免淤积；当自然坡纵坡陡于1:1时，天沟应做成阶梯式，以减少冲刷。当自然坡横坡陡于1:0.75时，可不设截水天沟。

②洞门段衬砌背后有水时，其处理方法：采用暗挖法施工时，防排水同洞内衬砌；采用明挖法施工时，防排水采用明洞做法。

③隧道出洞方向线路为上坡时，为避免洞外之水流入洞内，洞外侧沟做成不小于0.2%的反坡，并在洞外2m处设横向盲沟一道，其断面尺寸30cm×40cm(深×宽)。

(4)施工技术要点

①无端墙式洞门在洞门处模筑混凝土，一般外圈应加厚5cm，并在纵向50cm范围内，抹成向隧道方向的坡面，使洞口雨水，不流向洞口路面。(有设计的可按图纸施工)

②洞口完成后，按设计要求进行回填，尽可能使洞口上部填土恢复到与开挖前一致，与原自然环境保持协调一致。

③正削竹式洞门的坡面与自然地形坡度基本一致，不用开挖。洞口段则应尽可能采用人工配合和机械开挖，少爆破，保持原地貌不受到破坏。

④为防止洞顶少量土石塌落危及行车安全，减缓落石对洞顶的冲击力，洞口段结构一般要伸出山体(即自然地面坡)坡角1.5～2.5m。

⑤洞口段伸出山体部分，外缘做一层固着力较好的外贴式防水层，并用水泥砂浆做保护

层,以防洞顶截水天沟至仰坡坡角范围内的地表水渗入洞内。

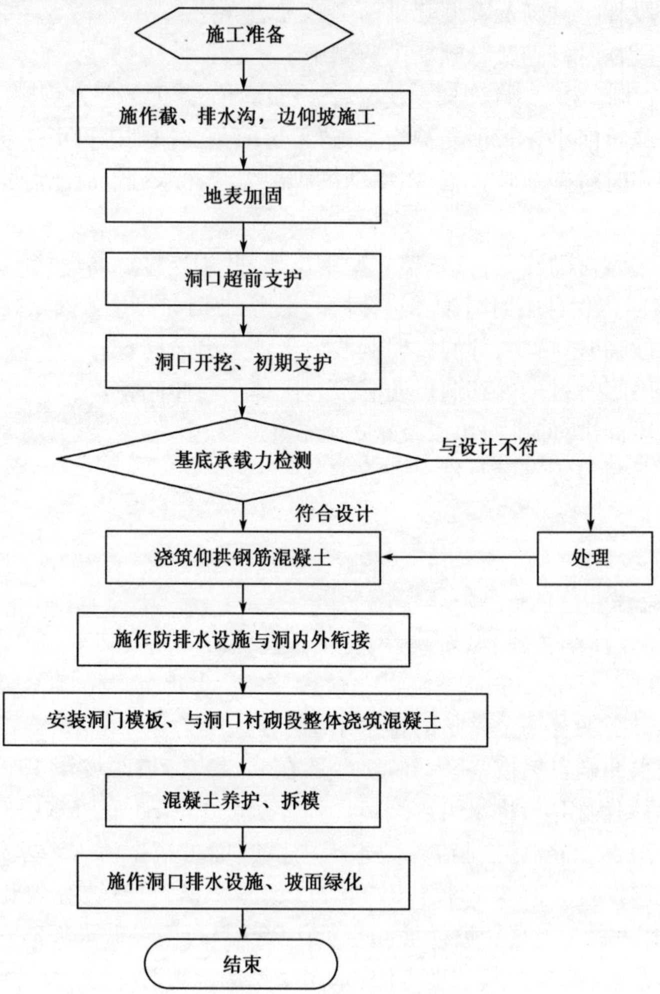

图 2-14　新型洞门施工工艺流程图

⑥为防止地表水流入隧道,并考虑美观,沿洞门段端头设卷边。

⑦洞门基础必须置于稳固的地基上,基底松渣及风化层要妥善处理,以防止滑动和不均匀沉陷。

⑧施工中尽量不切坡进洞,有效的保护隧道洞口自然生态环境。

⑨利用洞外临时衬砌和边、仰坡临时防护及临时衬砌外回填反压,保证隧道洞口边、仰坡的稳定。

2.2 明洞工程

2.2.1 明洞分类

明洞是用明挖法修建的隧道,一般修筑在隧道的进出口处,因覆盖层薄,采用明挖法修建。

洞顶做防水层，并夯填防水黏土层，再在上面做水沟，以排除地下水。

根据明洞所处位置的地形及其结构形式的不同，明洞大致可分为如图 2-15 所示类型。

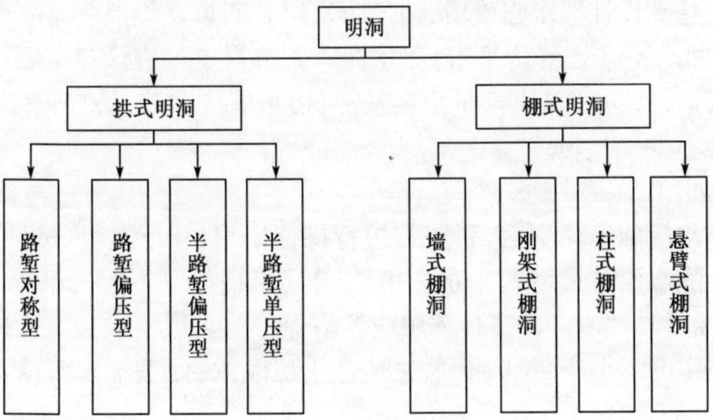

图 2-15　明洞结构形式分类

2.2.2　明洞施工

一般在洞口段开挖支护一定距离后，才进行明洞及洞门的施工，以减少明洞与暗洞施工的相互干扰。根据地形、地质条件的不同，明洞可采取明挖法或明洞暗作法施工。当地形比较平缓且地层围岩较好，可采用明挖法施工，不仅经济，而且可以较大地提高施工进度。当明洞位于地形偏压严重、破碎、松软地层时，为降低偏压危害，宜采用明洞暗作法施工。即先采用弧形开挖拱顶上方土体，然后在拱顶施作套拱，在套拱护顶下采用合适的开挖方法，暗挖明洞土石方，这种方法较明挖法更有利于施工和结构的安全。

1）施工方法

在洞口地质条件较差、边坡稳定困难时，常采用明洞的方法，明洞结构对仰坡起到支挡作用，保持仰坡的稳定。

（1）洞门开挖

明洞段和洞门一次开挖完成，开挖采用全宽横挖法一次成形，开挖前先进行边、仰坡放线，再做排水沟。

土石方用反铲挖掘机开挖，石方采用中小爆破法，风钻钻孔，非电毫秒雷管起爆，装载机装渣，自卸汽车运输，接近边、仰坡的爆破采用光面爆破，以保证坡面的稳定。开挖自上而下进行，边开挖边施工边坡和仰坡坡面的防护工程。进洞前，完成所有坡面加固和防护措施。

先进行洞身开挖 10～20m 后，再进行明洞衬砌。施工时，注意明洞和暗洞的衔接处，应从内向外进行。

（2）明洞钢筋混凝土结构施工

首先施工明洞仰拱及填充、边墙基础，仰拱及边墙基础采用组合钢模板，人工立模施工，待混凝土达到规范要求强度后，拆模并进行施工缝凿毛，然后施工边墙及拱部钢筋混凝土，边墙及拱部采用液压模板台车作内模、组合钢模板作外模施工，混凝土由两侧自下而上对称浇筑。钢筋在钢筋加工厂下料及弯曲、现场安装，钢筋接头采用双面焊接工艺，搭接长度不得小于 5*D*（*D* 为钢筋直径），钢筋也可采用机械连接；混凝土由搅拌站集中生产，混凝土搅拌运输车运送，泵送入模，插入式捣固器及附着式振捣器振捣密实，拱墙混凝土一次整体浇筑成型。

(3)明洞外防水层施工

待拱圈混凝土达到设计要求强度后，铺设防水层并回填。将混凝土表面的外露钢筋头等杂物清理干净，将凹凸不平处修凿平整，用水泥砂浆将衬砌外表涂抹平顺，以免损坏防水层。防水层沿隧道环向铺设，与衬砌外表面粘贴紧密，相互搭接错缝，搭接长度不小于100mm，并向隧道内拱背延伸不少于0.5m。

(4)明洞拱背回填

明洞衬砌和防水层施工完毕后，紧跟着进行拱背回填，从下至上，按设计对称分层进行。回填碎石土及黏土隔水层时采用人工分层夯实，分层松铺层厚不大于30cm，用蛙式打夯机逐层夯实，夯实度满足设计要求。施工过程中应严格保护防水层不被破坏。拱顶以上最大回填高度为2m，填土夯实度不小于93%，顶层采用黏土层隔水，回填土表面植草皮。明洞施工如图2-16所示。

图2-16　接长明洞进洞工程

2)施工工艺流程

明洞一般采用明挖法和明洞暗作法两种方法施工。

(1)明挖法施工工艺流程

当明洞位于场地较宽阔且地层围岩较好，可采用明挖法进行明洞施工，该方法大大降低了雨季进洞施工的不安全因素，可在短时间内施作完成并开始进洞施工。明挖法施工工艺流程如图2-17所示。

(2)明洞暗作法施工工艺流程

当明洞位于山坡陡峭或地层破碎、松软时，为保证施工安全，宜先施作明洞衬砌轮廓外的整幅或半幅套(护)拱，必要时还应在外侧施作挡墙，然后在套拱护顶下进行暗挖明洞土石方，并及时支护侧壁，成形后按暗挖隧道施作明洞衬砌。明洞暗作法施工工艺流程如图2-18所示。

3)施工控制要点

(1)明洞宜及早施作，尽量避开雨季及严寒季节，明洞仰拱应安排在明洞衬砌施工前施作。当采用爆破开挖时，可在洞身掘进适当距离后施作明洞和洞门；当采用非爆破开挖时，应先施作明洞和洞门后进洞。

(2)明洞侧壁基础应设在稳固的地基上，基础埋设宽度和深度符合设计要求。当两侧墙体地基松软或软硬不均匀时，应采取措施加以处理，防止地基不均匀沉降。

(3)明洞开挖视地质、地形条件，在确保边仰坡稳定的情况下，尽可能放陡边仰坡坡度、缩小明洞外侧向宽度，最大限度减少对原地面边坡的开挖。洞门的修建以减少洞门圬工、减少人工坡面、适应原地形为原则，力求结构简单、自然，并与洞口地形、地貌协调一致。

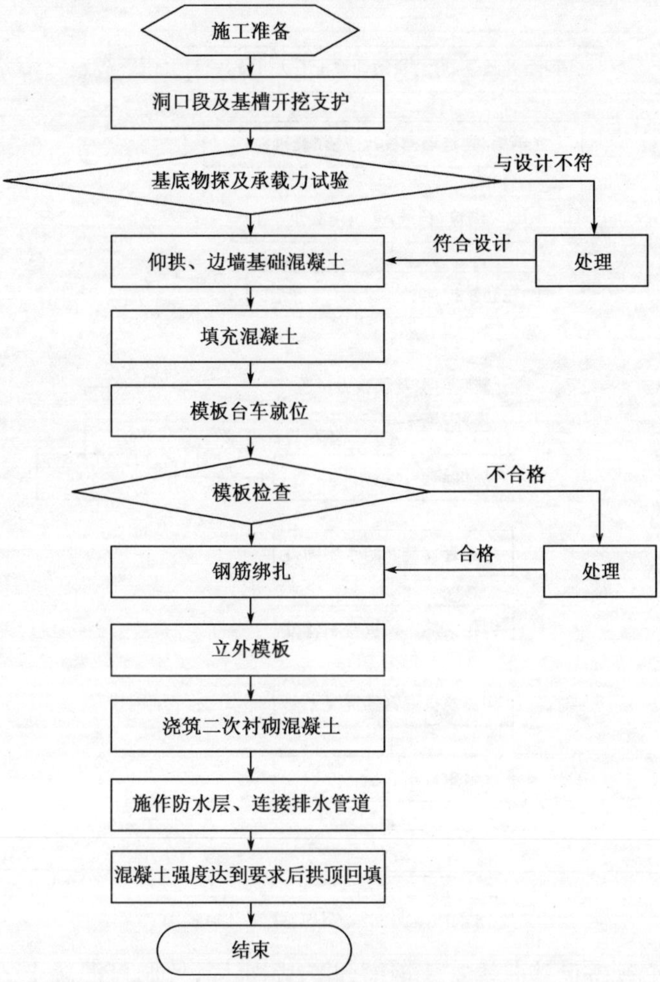

图2-17　明挖法明洞施工工艺流程图

(4)明洞外模拆除后应及时施作防水层及排水盲管，其排水设施应与隧道内的排水侧沟、中心水沟统筹考虑，即明洞施工完后，洞内的排水应形成顺畅的出水口，洞顶排水系统达到完善、畅通，墙后的排水设施应与填土同时完成。为防止明洞回填损坏防水板，防水层外应涂抹2～3cm厚的水泥砂浆作保护层。

(5)明洞拱墙应整体浇筑，拱墙混凝土强度达到设计强度的100%且拱顶回填土高度达到0.7m时方可拆模。明洞回填土应在明洞外防水层施作完成，侧墙背后回填应对称进行，回填材应符合设计和规范要求，拱顶回填分层厚度不大于0.3m，两侧回填土面的高差不大于0.5m。采用机械回填时，应在人工夯填超过拱顶1.0m以上后进行。表土需作黏土隔水层时，隔水层应与边仰坡搭接平顺，以防止地表水下渗。

(6)明暗洞交接处是最易出现渗漏水的地方，应设在暗洞二次模筑伸出洞外50cm处，便于明暗洞交接处防水设施的施工，提高防水设施的施工质量，确保该处不发生渗漏水的现象。拱墙施工缝(沉降缝)和仰拱施工缝(沉降缝)必须处于同一断面上。

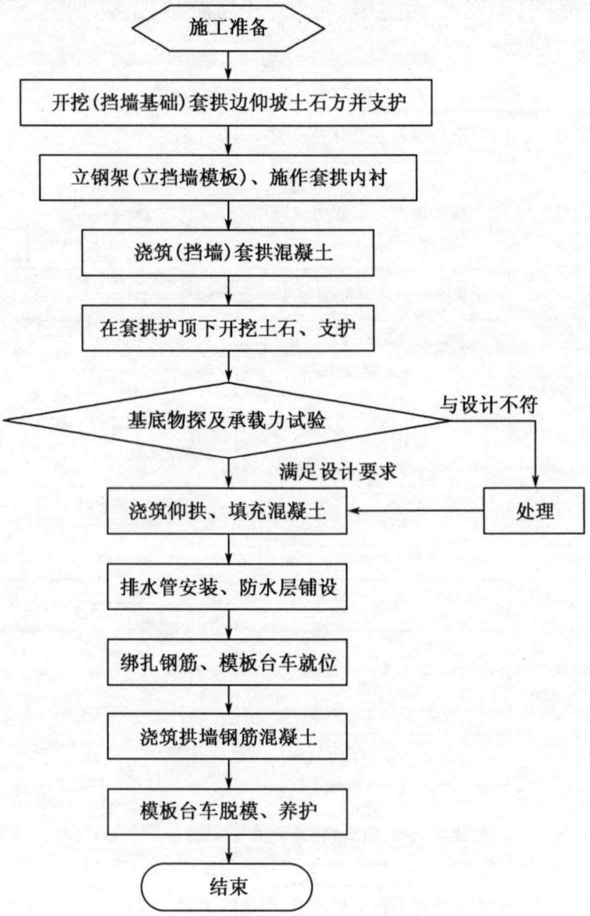

图2-18 明洞暗作法施工工艺流程图

(7)明洞洞口必须按设计曲线安装钢模，并支撑牢固，使洞口混凝土一次成型，做到不变形、不跑模、不漏浆，洞口端头混凝土不允许进行抹面装修。

2.3 边仰坡施工

2.3.1 施工方法

洞口要求先施作边仰坡，其内容包括仰坡开挖、支护和洞顶防排水设施。

洞口边仰坡施工前，先进行测量放线，放出洞口边仰坡坡顶线及截排水沟位置。再施作洞顶截排水沟，按照自上而下的原则，分层开挖，分层高度控制在2m内，并随挖随护。Ⅳ～Ⅴ级围岩宜分两层：第一层刷至起拱线，在上半断面进洞一段距离后再进行下面第二层的开挖，洞口处理稳当后再进行洞内下半断面开挖。

洞口边仰坡施工本着“机械开挖为主,人工为辅”的原则。土质边坡先由机械开挖,预留一定的保护层,由人工用坡度尺控制开挖。岩石边仰坡采用风钻光面爆破开挖,沿坡面打密排光爆眼,确保边仰坡坡面满足设计、规范要求。

仰坡坡度一次刷够,提前做好天沟,及时做好洞顶和洞口排水系统,避免积水。

边仰坡及截水沟以外的地表不应清理,开挖、喷混凝土时注意保护开挖范围之外的地表植被。

边仰坡开挖至洞口大管棚施工台阶高度,安排施作大管棚。若无大管棚,可将隧道边仰坡刷至隧道上台阶底部设计高程进洞。

在开挖前,边仰坡外坡面上设置监测点,监测位移及地表沉降。

2.3.2 施工工艺流程

洞口边仰坡施工工艺流程如图2-19所示。

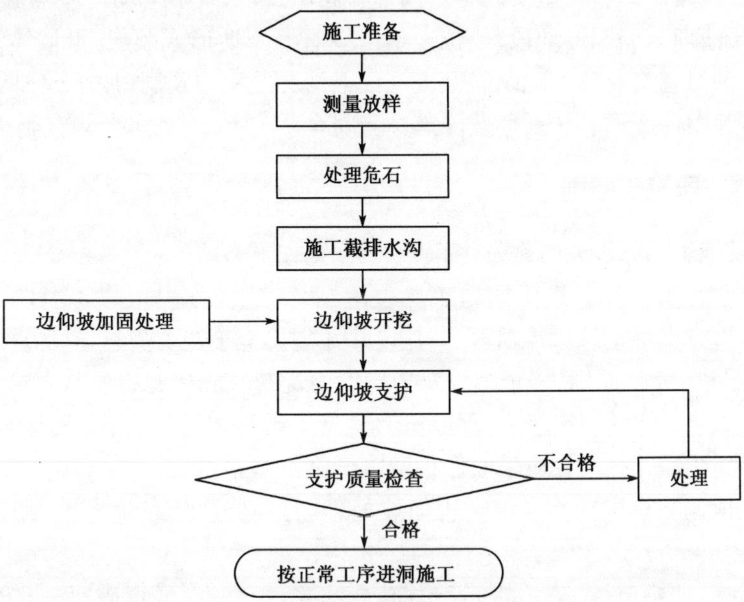

图2-19 洞口边仰坡施工工艺流程图

2.3.3 施工控制要点

(1)隧道洞口段边坡、仰坡坡顶的天沟、截水沟,应结合永久排水系统尽早修建,应在隧道进洞前施作完成,出水口必须防止顺坡散流。隧道洞口排水沟应与路基边沟组成洞口排水系统,其水流应防止冲刷边仰坡和破坏环境。

(2)洞口边坡和仰坡必须保证稳定,避免大挖大刷,并应根据实际情况,采取护坡防护措施。

(3)施工前检查边、仰坡上方山体是否存在危石,若存在应先清除或进行加固。

(4)洞口边仰坡应尽量少开挖,严格遵循“自上而下、分层开挖、分层防护”的原则,并在开挖过程随时检查坡面有无滑动、开裂等现象,若发现应及时采取加固措施,确保坡体稳定和施工安全,严禁上下重叠施工。

(5)土石方临时堆放不得危及边坡稳定,及时运至指定弃渣场,严禁随意弃渣。

(6)洞口土方采用机械施工时,边、仰坡预留约30cm的保护层,人工利用坡度尺及挂线刷坡,保证边、仰坡平顺,坡率符合设计要求。

(7)洞口石方开挖宜采用浅孔小台阶爆破,边、仰坡石方开挖应采用松动爆破并预留光爆层,光爆层开挖时沿设计坡面线打密排光爆眼进行光面爆破,确保坡面平顺。

(8)边仰坡防护严格按设计和规范要求进行施工。喷混凝土必须洒水养护至少14天。

(9)对坡体进行动态监控量测,发现异常立即采取措施,避免发生滑坡。

2.4 洞口段施工

洞口段是隧道施工的一项重要内容。高速公路因线位,线形及周边环境条件的控制,大多洞口段必定位于浅埋软弱围岩地段,或位于难以绕避偏压地形或顺层、滑坡体、岩堆等不良地质体中,或部分洞口悬空及位于陡峭岩壁上。以上情况给洞门及洞口段施工带来极大困难,稍有不慎,可能引起山体变形、塌方,危及隧道施工安全。

2.4.1 洞口段施工原则

隧道洞口段施工塌方事故时常发生,其施工原则如下:

(1)重视各项准备工作。进洞前施工单位应制订完整的进洞方案(场地布置、预加固措施、施工方法等),方案经审核批准后开工,施工中不得随意变更方案。

(2)贯彻"早进晚出"原则,尽量减少对边仰坡的扰动,提倡"趋自然状态进洞",隧道进洞顺延山坡坡度,尽量不扰动洞口段岩体的稳定,尽量不破坏岩体坡脚,尤其是处于滑坡或堆积层或有顺层滑塌危险的洞口,更应采取保护坡脚的施工措施。

(3)尽早完成洞口周围排水系统。边仰坡处理与路基施工、场地布置、便道施工、桥涵工程应统一安排。

(4)先固后挖,严格执行"先治水,管超前,严注浆,短开挖,弱爆破,强支护,早封闭,勤量测,抢做门"27字方针。

(5)衬砌尽量先墙后拱,不提倡先拱后墙,有仰拱的必须先做仰拱,尽早成环。

(6)洞口段采用台阶法施工时,尽量缩短台阶长度以确保隧道稳定性。

(7)对于偏压、浅埋的多线隧道,优先采用双侧壁导坑法,在地表预加固措施到位的前提下,可考虑采用台阶法。

(8)拱部采取预加固措施的同时,加强对边墙及仰拱等部位的支护措施。

(9)尽早完成洞门,增强洞口段稳定性。

(10)隧道洞口段施工时,一般要进行地表监测和洞内监测。地表监测主要是利用水准仪观测地表有无下沉,观察隧道地表有无裂缝等。洞内监测项目通常有拱顶下沉、周边位移以及地质和支护状况观察等。

2.4.2 洞口段施工方法选择

洞口段施工中最关键的工序是进洞开挖,应根据地质条件,选择合理的预加固方案和方法,选择合理的开挖方式与方法。

(1)采用钻爆法开挖,一定要坚持"短进尺,弱爆破",开挖进尺不超过1.5m,并应尽可能采用非爆破开挖,以减少对围岩的扰动。

(2)洞口段围岩在Ⅳ~Ⅴ级围岩,地质条件较差,采用台阶法施工,上半断面尽量采用预留核心土环形开挖法。对于偏压、浅埋的多线隧道,优先采用双侧壁导坑法,在地表预加固措施到位的前提下,可考虑采用台阶法。

(3)洞口段围岩为Ⅴ~Ⅵ级时,应在加固地层后采用特殊方法进洞施工,即开挖前对围岩进行预加固,如采用超前预注浆,超前锚杆、超前小导管或长管棚法等超前支护和预加固,加强洞口段的初期支护,并尽量采用人工配合机械开挖。

(4)台阶法开挖下部时,应两侧前后错开,不要中间拉槽对开马口,且应开挖一榀和接一榀钢架的方法,随挖随支随喷混凝土和打设锚杆。

(5)开挖台阶不宜过长,做到尽早成环,先做仰拱,尽早封闭。同时,应该尽早衬砌,首环衬砌长度不应小于6m。

对于隧道施工来说,选择合理的施工方法,对于隧道洞口防坍塌和施工安全具有重要的意义。在制订隧道洞口段施工方案时,应充分考虑地质和施工条件、埋深和断面尺寸、围岩类别、坡面情况、地表建筑物结构、地下水及气候条件、队伍施工水平、方案经济性、工期要求、突发事件应对措施等因素。目前常用的施工方法有台阶法和分部开挖法。

1)台阶法

台阶法多适用于Ⅳ、Ⅴ级软弱而节理发育的围岩中,有两台阶法开挖与两台阶环形开挖预留核心土法两种形式。在进洞一定距离后且上台阶进入较好的围岩后,需要加快下台阶的施工速度,变台阶法为全断面法施工。在公路隧道这种大断面隧道施工中,上下台阶可配置同类的较大型机械平行作业,下台阶可分左右两断面分别开挖,减少上下台阶施工中的相互干扰。

各种台阶法施工工艺及流程详见第3章3.1.1节有关内容。

2)分部开挖法

分部开挖法中常用环形开挖留核心土法及单(双)侧壁导坑法。环形开挖留核心土法适用于一般土质或易坍塌的软弱围岩地段。上部留核心土有两个作用,其一支挡开挖面,保证开挖面稳定;其二可作为上部初期支护的工作平台。核心土及下部开挖在拱部初期支护下进行,施工较安全。单(双)侧壁导坑法:适用于围岩稳定性较差,对地表下沉量要求严格,断面大时采用。在城市修建公路隧道中应用较多。

各种分部开挖法施工工艺及流程详见第3章3.1.2节有关内容。

3)预加固措施

洞口段围岩的自稳能力比较弱。因此,在洞口段施工中最重要的是提高围岩的自稳能力,以保证开挖及后续作业的进行。

根据国内外施工经验,洞口段施工大多是在预加固的支护系统下进行的,尤其是在浅埋、偏压、破碎、软弱、地下水丰富并具有软弱夹层、顺层等极易发生滑移、坍塌的地段,更需要采用综合预加固体系。在复杂地质条件下的隧道洞口段采用的预加固措施主要有地表锚杆加固、抗滑桩、挡土墙、锚索(桩)、减载、填土反压、地表注浆、超前锚杆、大小管棚、预注浆、套拱、水平旋喷桩、锥形短桩加固隧底等方式。具体如下:

(1)当洞口位于陡峭岩壁,洞口悬空时,则应以洞内向洞口施工,以确保安全。

(2)洞口位于浅埋软弱围岩地段或顺层,偏压,滑坡体等不良地质体中,则应先进行超前支护和预加固,然后进洞,并应先做明洞隧道,再做洞口段(约4.0m),最后做洞门。

(3)偏压地形可根据地形地貌情况采用填土反压、减载、增设挡土墙或在偏压侧增设注浆钢管排桩以抵抗山体侧压力。

(4)若隧道垂直顺层边坡进洞,则应先对顺层边坡采用锚索、锚杆束或旧钢轨对山体进行锚固,以免围岩被扰动后沿软弱节理面坍滑。

(5)洞口位于滑坡体、堆积体地层,可根据滑坡体,堆积体的具体情况,采用预应力锚索、抗滑桩、地表注浆等对山体进行预加固,然后进洞。

(6)在围岩特别差的地段,本着“宁强勿弱”的原则,在确定施工方案前应优先对大管棚、水平高压旋喷法、小管棚等方法进行比选,避免采用一般加固措施带来的隐患。

(7)采用预加固措施后,施工中发现有边墙开裂、仰拱隆起现象,说明拱部加固后,边墙、仰拱受力增大。因此,施工中在进行拱部预加固的同时应加强边墙、仰拱支护强度,如增加锚杆的数量和长度、增设格栅钢架及先行施作仰拱等措施。

各种预加固措施及辅助工法施工工艺详见第3、4章有关内容。

不良地质条件下隧道洞口段常用的主要防塌技术措施与参数见表2-2。

隧道洞口段常用的主要防塌技术措施与施工参数 表2-2

序号	加固技术措施	适用对象及条件	施工技术参数	加固范围
1	地表垂直砂浆锚杆	围岩为块石体、顺层、陡坎、平缓山坡及浅埋隧道洞口	采用 ϕ16~22mm,钻孔直径≥40cm,L≤6m,浅埋段洞顶加固时为地面至洞顶距离,间距1~1.5m,梅花形布置	横向宽度大于1~2倍洞跨,纵向长度为2倍洞跨
2	抗滑桩	浅层滑坡带、顺层带、偏压带或岩层间有塑性滑层时	常采用钢筋混凝土形式,断面尺寸有1.5m×2.0m、2.0m×3.0m,桩间距一般7~12m,最大不超过15m。护壁可采用混凝土、钢筋混凝土、喷混凝土等	对施工、运营有影响的滑动带、顺层带、偏压段
3	锚索	大型深层滑坡体、顺层带、偏压带	长度10~50m,预应力400~1 500kN。115mm孔径,锚索采用6ϕ15.2mm高强度低松弛钢绞线,抗拉强度不小于1 860MPa。全孔注C35水泥砂浆,注浆压力为0.4~1.0MPa	确定滑动面位置、范围、然后确定锚索安设范围
4	减载反压	滑坡体上陡下缓,或地表已有裂纹时	施工后坡面应平整密实,并做好排水设施	减载反压及其牵引带范围内

续上表

序号	加固技术措施	适用对象及条件	施工技术参数	加固范围
5	地表注浆	埋深不大于30m的隧道	按梅花形或矩形布置，孔间距为1.4～1.7倍扩散半径，孔深至起拱线位置为宜，纵向长度超过不良地段5～10m	隧道周边围岩
6	挡土墙	滑坡带及围岩破碎带	基础应埋入基岩不小于0.5m，土质不小于1.5m，基底多为反坡或台阶，背后应设必要的排水设施。施工时应分段开挖，随开挖、随下基、随砌筑	挡墙范围内
7	套拱	浅埋段、地表有建筑物段	C20混凝土或钢筋混凝土，水灰比0.55～0.6，厚度50～100cm，每次施作长度不超过6m，人工施工	拱部范围6m，1～2环即可
8	掌子面封闭	掌子面自稳性差，具有崩塌危险。无胶结岩层，松散岩层	喷射加入速凝剂的C20混凝土（5～10cm），水灰比0.45～0.6，锚杆采用ϕ22 mm螺纹钢，长1.5～3.5m	掌子面范围
9	超前锚杆法	V级围岩及IV级较破碎围岩	详见有关章节	拱部：1～1.2倍拱部弧长
10	注浆小导管法	断层带、V类软弱围岩无水带		拱部：0.5～1倍拱长
11	超前深孔注浆法	IV、V级围岩、断层破碎带、富含地下水段、塌方段		隧道跨度的1～2倍，断层破碎带扩大至1.5～3倍洞跨
12	长管棚法	浅埋段、地表建筑物密集段、含水破碎带、地表下沉控制段、V级及以下围岩		拱部范围（起拱线以上，中心圆120°～180°范围）

2.4.3　浅埋洞口段施工

大多数隧道洞口段属于浅埋。所谓浅埋，是指隧道上覆岩层厚度小于一定值。根据有关规范规定，VI级围岩约为4～6D（D为洞径，下同），V级围岩约为2.5～3.5D，IV级围岩约为1.5～2.5D，III级围岩约为0.5～1.0D，II级围岩约为0.3～0.5D，I级围岩约为0.15～0.3D。隧道覆盖层厚度等于或小于以上各值的区段属于浅埋隧道，应按照浅埋隧道施工方法进行施工。

目前在浅埋施工中，由于对施工方法选择的需要，又将浅埋分为浅埋和超浅埋两种。一般认为上面覆盖层有发生整体下沉的可能性，属于超浅埋隧道或者当覆盖层厚度与隧道开挖宽度的比值小于0.4时，也认为是超浅埋隧道。

在洞口施工中，要特别关注的是埋深，更要关注在此埋深地段的岩层软弱问题。作为施工单位，判断隧道是否浅埋，可依据施工设计图或进行现场核对来确定。

因其埋深浅,大多地质条件较差,多为土质地层,开挖之前,需要采取超前支护等措施来改良加固地层。常采用超前支护和预加固,辅助工法有地表注浆法、超过小导管法、长管棚法、水平旋喷法、地表垂直旋喷法。

根据隧道地质条件和断面的大小,采用的开挖方法较多,有全断面法、正台阶法、上半断面临时封闭正台阶法、正台阶环形开挖法、单侧壁正台阶法、CD 法、双侧壁导坑法、CRD 法等。选择开挖方法时应根据具体工程的各方面条件综合考虑,确定最经济最理想的施工方案。

1)浅埋洞口段施工原则

根据施工实践,浅埋隧道洞口段施工应遵循以下"十八字"方针:

所谓"十八字"方针,就是"管超前,严注浆,短开挖,强支护,快封闭、勤量测"。其具体含义如下:

"管超前":即利用钢拱架为支点,使用超前小导管注浆防护。小导管间距约 30cm,外插角7°~10°,沿顶部开挖轮廓线 150°范围布置,长度 3.5~5m,采用风钻成孔,人工插入,并进行注浆。通过注浆,使地层得到加固改良,保证土石方开挖时开挖面的稳定,防止过大沉降的发生。

"严注浆":既包含对超前小导管、超前大管棚注浆,还包括对初期支护背后回填注浆,背后回填注浆压力一般为 0.2~0.5MPa,初期支护背后通过注浆填充加固,使围岩初期支护整体作用加强,下沉收敛值会明显减少。

"短开挖":即上部开挖每次进尺一榀钢架距离,尽可能采用非爆破开挖,以减少对围岩的扰动,并及时喷射混凝土进行封闭。

"强支护":即在软弱地层和浅埋条件下进行大跨度隧道的施工,初期支护必须有足够的强度和刚度,以确保万无一失。一般采用喷混凝土→钢架→钢筋网→喷混凝土进行联合支护。

"快封闭":即浅埋软弱围岩隧道原则上宜采用分部开挖,分部支护,尽早封闭成环,使变形逐步趋于稳定。台阶法开挖合理步距:双车道不大于 1 倍洞径。

"勤量测":即量测是跟踪围岩和结构变化情况的重要手段,量测信息应及时分析并反馈给设计和施工,以便及时变更设计或采取相应的工程措施。

2)浅埋洞口段施工技术措施及方案

公路隧道浅埋段多出现在洞口、傍山隧道与低山隧道。浅埋隧道主要的工程特点是:覆土薄、地质条件差(多数是未固结的土砂、黏性土、粉细砂等)、自稳能力差、承载力小、地层垂直压力大、变形快,特别是初期增长快,稍有不慎极易产生坍塌或出现过大的下沉。故浅埋隧道施工时,应采用多种辅助施工措施加固围岩,先护后挖、先加固后开挖,开挖后及时支护封闭成环,使其与围岩共同作用形成联合支护体系,能有效地抑制围岩过大变形。

(1)开挖方式

在保持围岩稳定的前提下,开挖断面不宜分部过多,以免地层反复扰动,不利于结构安全。同时减少工序干扰,便于机械化施工,改善作业环境,加快施工进度,且有利于施工安全。

高速公路双车道隧道,洞口浅埋段应优选台阶法或预留核心土法。上台阶长度宜取 3~5m,从防止工作面失稳的角度考虑,台阶应有一定长度;从尽快封闭成环的角度考虑,则台阶不宜过长,台阶长度以 1.0D(D 为洞径)为宜。

采用爆破开挖时:短进尺、弱爆破。

对于大跨度、大断面的公路隧道，应选择大跨变小跨的施工方法，如 CD 法、CRD 法，双侧壁导坑法。开挖方法的选择次序为：当开挖断面宽度大于 10m 以上时，可先选用 CD 法；当沉降量控制不住时，再考虑采用 CRD 法、双侧壁导坑法；当开挖宽度小于 10m 时，应优先采用正台阶法，在收敛沉降过大时，考虑正台阶、临时仰供法、CD 法等。

按实际情况选择采用以下方法开挖：

①台阶法＋临时仰拱，一般适于 III～IV 围岩。

②CD 施工工法，适用于较浅或超浅埋公路隧道；一般适于 IV～V 围岩。

③双侧壁导坑法，一般适于 V～VI 围岩。

④CD＋临时仰拱施工工法，适用于软弱围岩和浅、超浅埋公路隧道。一般适于 V～VI 围岩。

(2)辅助施工措施

洞口段路堑开挖后，洞口山体会产生一定量卸荷变形，即地表沉降和向洞口方向的变形，严重时会引起山体开裂和滑塌。控制地表沉降和坍塌是洞口段施工的一项重要内容，除了选择合适的开挖方法之外，同时要有适宜的辅助施工措施。在满足安全的条件下，应优先选择简单易行的方法或同时采用几种方法综合处理。其中地表注浆加固地层和超前大管棚、超前小导管支护是最常用的辅助施工措施。洞口段采取长管棚和超前小导管支护。防塌限沉作用明显，在高速公路隧道设计中，洞口段长管棚应用较多。地表注浆一般采用扩散，挤密注浆的方法，以提高土体抗剪强度，满足其自稳能力。

(3)支护参数

洞口段的施工支护宜强勿弱，洞口浅埋软弱地层，常采用"喷混凝土→钢架→钢筋网→喷混凝土"联合支护。钢拱架宜采用型钢制作，钢架接点应连接牢固，采用锁脚锚管固定，钢架之间按要求焊好连接钢筋。开挖后应及时支护，即可减少支护结构的荷载，又可避免地层过分变形。被动喷混凝土厚度要合理，当厚度 $d \leqslant D/40$（D 为洞径）时，喷混凝土支护接近无弯矩状态，支护结构性能较好。

(4)施工监控量测

监控量测技术是监控地表下沉、洞口山体卸荷变形和洞内支护结构收敛、沉降变形的最可靠方法，是施工的核心，必须认真、快速获取监控量测的结果，掌握洞口山体和洞室变形的特点。视变形情况，及时采取相应的处理措施。

3)超前大管棚施工

(1)工作原理

由于隧道断面大，洞口处岩体风化十分严重，土体松散，所以洞口开挖面极易发生坍塌，施工进洞困难。高速公路洞口浅埋段常用长管棚进行超前支护。所谓长管棚是在隧道开挖之前，沿隧道顶部开挖轮廓线以外，以一定间距与隧道线成 1°～3°的角度钻孔，而后插入不同直径（70～150mm）的钢花管，并向管内以一定压力注入水泥浆液或水泥砂浆，以加固管围的岩体，同时增加钢管的刚度，使钢管与围岩成为一受力整体，形成棚架支护体系，增加进洞施工的安全性，确保顺利进洞。其作用机理如下：

①"微拱"作用。适当间距（30～40cm）和数量（拱部 120°～150°范围内）的长管棚，在软弱地层中，通过有压注浆，钢管间的围岩得固结和改良，形成"微拱"，众多的"微拱"形成棚架

作用。它适当减少了开挖后围岩应力的释放，使围岩维护一定的应力状态，从而控制围岩不产生过大的变形。一般隧道洞口长管棚布置如图 2-20 所示。现场施工图片如图 2-21 所示。

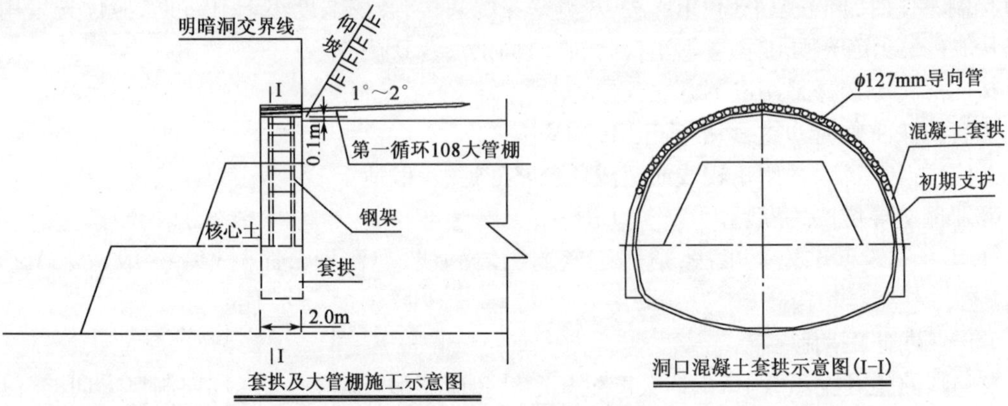

图 2-20　超前大管棚布置示意图

图 2-21　超前大管棚施工图片

②棚架体系。管棚的后端是落在钢拱架上，其前端与掌子面前方的围岩胶结，在隧道施工中起到简支梁的作用，支撑着管棚上方的土体。一般情况下，上覆土体变形主要包括两个部分：a. 管棚的挠曲变形量；b. 两端弹性支撑的变形。长管棚施作后隧道开挖时，须及时进行钢架支护，并施作超前小导管注浆加固，使长管棚、钢架、超前小导管共同形成棚架体系。

(2)施工工艺及流程

长管棚施工的主要工序为长管棚工作台的布置，安装导向管，钻机就位、定位、钻孔、下管、注浆。

①测量放样、钻机定位：测量放样出隧道设计轮廓线，并按 40cm 的间距标出管棚的位置，将钻机移动并定位至标定位置。

②钻孔：使用顶驱液动锤按设计角度 1°～2°，把套管与钻杆同时同步冲击回转钻入岩土层内至设计度。套管与钻具同时跟进，产生护孔功能，避免内钻杆在提出孔后产生塌孔或涌水事故，提供临时护孔，方便往孔内插管注浆。钻孔要求精度高，终孔位置准确，各开孔的孔眼与终孔的孔眼落在同一周界面上，避免产生较大的偏差和变形。同时，要确保钻孔的同轴度，以避免管棚送入时受卡。

③清孔：钻孔完结后，先把套管内孔注水清洗洁净后，再把钻杆取出。套管仍保留在孔内

供护孔作用。

④顶进钢管棚:把按设计要求加工好的钢花管顶入套管内,接头采用 15cm 长的厚壁管箍,上满丝扣,并把钢管轻轻打入岩土地内,以固定钢管不易滑出孔口。钢管插进完毕后取出套管,钻进其他孔眼。套管取出时,冒落的岩土会于孔内压紧钢管,钢管口与孔口周壁用水泥密封。当管棚安装完毕后,用小木楔在钢管与围岩壁楔紧,再用防水胶泥(锚固剂)将空隙封闭住。

⑤清孔并插入钢筋笼:再次清孔并将钢筋笼插入钢花管内,使之与钢花管成为一体。

⑥注浆:利用浆液的渗透作用和压密作用将周围岩体预先加固并封堵围岩的裂隙水,这样既能起到超前预支护的作用,同时也加强了管棚的强度和刚度。注浆时一般总是先注无水孔,后注有水孔。在无水地段可从拱脚起顺序注浆。注浆速度根据注浆孔出水量大小而定,一般从快到慢。注浆结束时将闸阀关闭,卸下进浆管,进入下一循环。

工程实践证明:大管棚施工方法在复杂地质条件下的隧道洞口开挖中的应用是成功的。大管棚工法的梁效应和固结效应,既能阻止松散围岩的坍塌,又能有效控制沉降,为隧道洞身的安全、顺利通过创造了条件。

其工艺流程如图 2-22 所示。

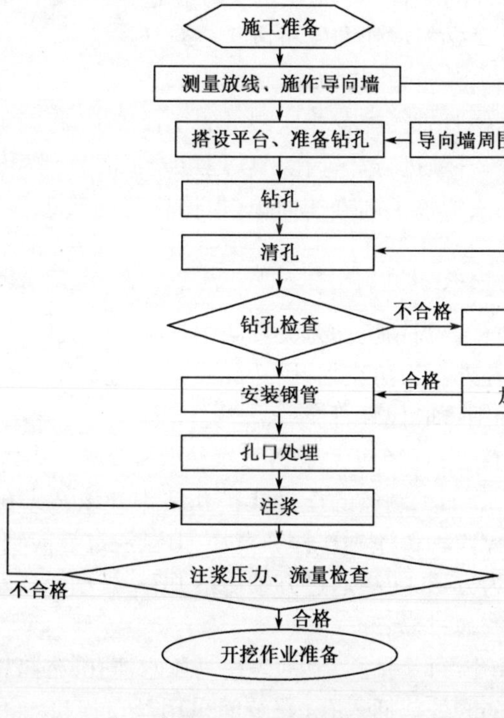

图 2-22　超前大管棚施工工艺流程图

(3)施工控制要点

①导向墙设计与施工。

导向墙设计:导向墙宽厚各 1.0m,采用 C20 混凝土浇筑,经精测标定管棚位置后,预埋导向管,导向管长度约 2.0m,管径大于管棚管 2.0mm 以上,环向间距 40cm 左右,外墙角约 1°~3°,导向管位于开挖轮廓线外 40cm。

导向墙施工:a. 洞口及施工平台开挖。在洞口处对洞顶上方土体进行开挖刷坡,施作管棚施工平台。b. 模板及拱架安装。对平台处土体进行人工修整,符合导向墙尺寸要求,安装导向墙模板及支架。c. 导向管安装。为保证导向墙施工过程中不出现下沉,导向墙两侧底部要施作混凝土基础并预埋格栅刚架,然后按设计要求将导向管焊接在格栅刚架上。d. 导向墙施工。导向管全部安装好后,应对全部导向管进行水平、高程和位置测量。经测量复核无误后立模浇筑导向墙,混凝土厚度100cm。待混凝土强度达到设计强度的75%后,方可进行管棚钻孔作业,管棚安设完毕并注浆后,再拆除导向墙模板及支架。

②长管棚的安设。

钻机定位:移动钻机到钻孔部位,调整钻孔高度和方向,使导向管和钻杆在一条直线上。

钻进:长管棚钻孔宜采用套管钻机,既可减少钻孔过程中对围岩的扰动,避免塌孔,方便长管棚的安装,又可以减少上覆土体的沉降变形。经测试钻杆方向符合要求后方可开钻。钻孔开始时先用低档,待钻站到一定深度后,加快钻进速度。钻进过程要始终注意钻杆角度的变化,并保证钻机不移位。每钻进5.0m,要复核钻孔的角度是否变化,以确保钻进方向。钻孔顺序可由低位孔开始,于拱顶结束。

黏性土、砂土和粒径小于20mm的碎石类土地层的长管棚施工,主要有单管钻进和螺旋套管钻进。在软硬岩地层,则采用水平钻机或快速钻机成孔。

a. 单管钻进工艺。

所谓单管钻进工艺,就是根据钢管管径配置相应型号的变径接头,将施工长管棚钢管取代孔内钻杆与钻机主动钻杆连接的一种钻进方法。在松软地层施工时,可将孔底第一节钢前端加工成锯齿状,以代替硬质合金钻头。该工艺操作简单,但适用范围较小,只适用于小孔径的浅孔。

b. 套管螺旋钻进工艺。

除主动钻杆外,均使用螺旋钻杆。当钻机动力头带动钻具顺时针旋转钻进时,钻头切削掉的土体通过螺旋钻杆的翼片排出孔外。为防止塌孔,边钻进边跟进套管。套管由钻机动力头推进。在长管棚施工中,则用管棚钢管取代套管。

为使套管能顺利跟进,选择的钻头直径应大于钢管直径5~8mm。为解决直径钻头能以小直径套管通过的问题,需使用特殊加工制造的连杆式扩孔钻头。该钻头在自由状态下为小直径,当压加钻进时,钻压能通过导向轴传递到连杆和翼片,上盘通过导向轴向下滑动,翼片受压向外张开。导向套和套向轴均为方形,扭矩通过方轴传给方套,带动矛式钻头一同转动。提钻时,翼片可自由收缩,使钻头顺利通过套管。

下管:若不是采用套管钻机成孔,每一钻孔结束,先用高压水清孔,再将钻杆取出。管棚钢花管采用分段制作,每节长度2~3m,分节插入孔内,节间采用丝口连接。下管前要预先按设计对每个钻孔的管节进行配管编号,以保证同一断面上接头数不超过50%。由于地质条件差,布管要及时、快速,以保证在钻孔稳定时间内将管子插入孔底,前期靠人工送管,当阻力增大人工无法送管时,可借助钻机顶进。钢管安装完毕后,采用锚固剂封墙孔口。

③长期棚注浆。

管棚钢管安设四根后开始注浆。注浆目的:其一是填充管棚,增加管棚的刚度,二是通过管壁的溢浆孔使浆液渗入管周地层中,使围岩得到加固改良,浆液采用水泥砂浆和水泥浆。分两步完成，第一次采用注水泥砂浆，当水泥砂浆固结收缩后，进行第二次注浆，以使管棚填充密实，第二次采用水泥浆。

注浆控制要点：

a. 注浆程序：先注无水孔，后注有水孔，在无水地段可从低位孔开始。

b. 注浆配合比：管棚注浆一般采用水泥砂浆或纯水泥浆，其配合比为：水泥：砂：水 =1：1：0.5。

c. 注浆压力：管棚注浆结束标准采用双控，以注浆压力控制为主。注浆终压一般为 1.0～1.2MPa，当注浆压达到终压并稳定 10min 后即可结束该孔的注浆。

d. 注浆过程中应时刻注意孔口封口砂浆的变化情况，防止浆液压力较大时将其冲裂，管接器必须待浆液凝固后才能卸下，清洗后循环使用。同时，应注意对洞口地表的观察，是否有浆液从地表中冒出，发现浆液从地表冒后，应暂停注浆。

2.4.4　扁平、大跨洞口段施工

对于扁平、大跨度隧道无明确的界定。一般认为高跨比等于或小于 0.6，其受力情况较为复杂，开挖时围岩压力的变化较大，与马蹄形断面有明显不同，称这样的高跨比的隧道断面为扁平或坦拱状隧道。当跨度大于 12m 时，称之为大跨度隧道，大于 20m 时，称之为特大跨隧道。二车道、三车道公路隧道，往往就是扁平大跨度隧道。

1）扁平、大跨洞口段施工原则

处于软弱围岩中的扁平大跨度隧道，其开挖应力重分布和支护受力条件较为复杂，施工过程中支护力的转换、围岩与支护变形，都较难掌握。因此，采用加强型的支护，化大跨为小跨，化大断面为小断面，沿开挖轮廓先形成封闭或半封闭承载结构，再开挖核心与仰拱，便是软弱围岩扁平大跨度隧道的施工基本原则，也是其防塌的基本原则。

2）扁平、大跨洞口段施工技术措施及方案

扁平大跨度隧道开挖后应力重分布变得不利，拱脚应力集中而且应力大，拱顶下沉位移远大于水平位移，拱顶稳定性差，有较大的松弛地压。因此，要求拱脚有较大的承载力，拱部支护要特别刚劲，以控制其变形，避免发生破坏而引起塌方。

（1）锁脚支护

同在软弱围岩中开挖小跨度、小断面隧道相比，扁平大跨隧道采用预支护、预加固方法先护后挖，其支护强度要求高，刚度要求大，要采取承重式的支护结构，以储备开挖支护好后，跨度由小跨变大跨的支护能力。同时，要提高拱脚或大跨处地基承载力。

①采用长 4～6m、ϕ25mm 注浆锚杆或 ϕ42mm 锚管进行锁脚锚固支护。

②初期支护时，拱脚喷混凝土结构增大 50cm 以上，或在增大结构内同时加入大拱脚钢支撑，如图 2-23 所示。

③在拱脚增加“ϕ108mm 或以上钢管桩 + 注浆”拱脚锚桩方法，或 ϕ50mm 以上自钻式锚杆 + 注浆，如图 2-24 所示。

④采用双侧壁先行导坑方法，即支护结构是自下而上，两侧壁导坑开挖支护完成后做边墙衬砌，然后开挖上部，如图 2-25 所示。

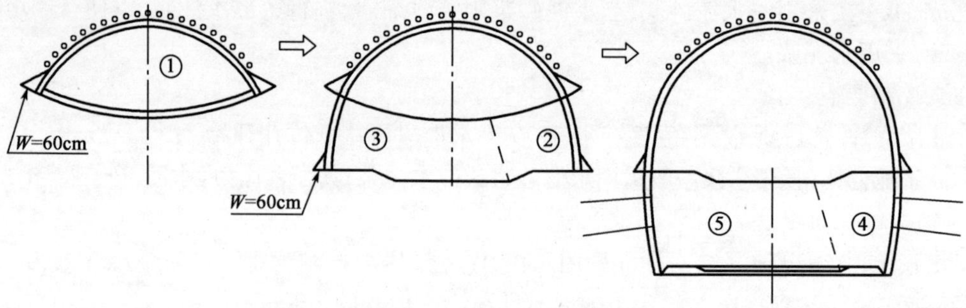

图 2-23　大拱脚方法示意图

（注：图中序号①～⑤为隧道开挖支护施工顺序）

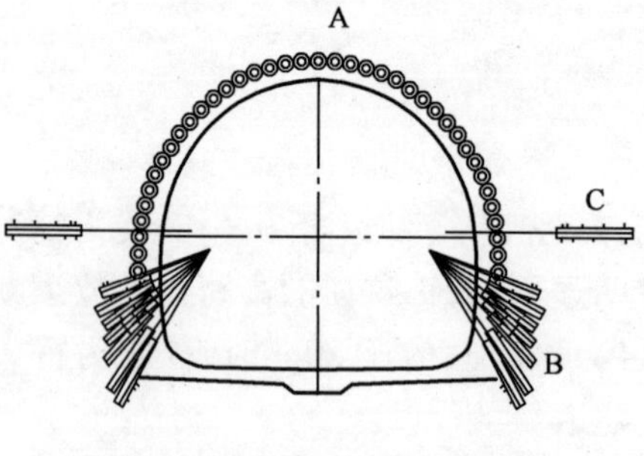

图 2-24　增加拱脚锚桩方法示意图

A-大管棚；B-注浆锚桩束；C-注浆锚桩

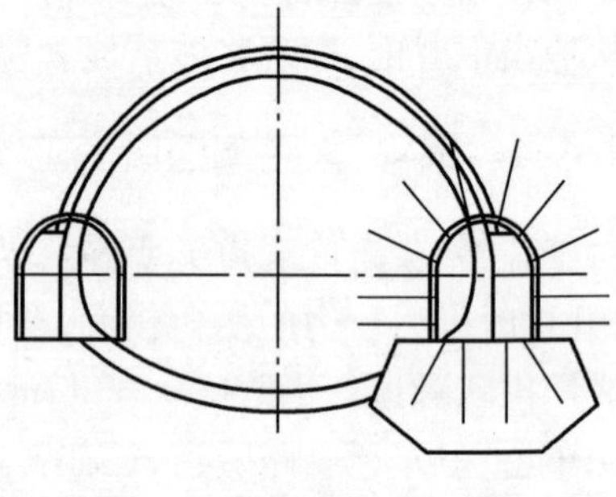

图 2-25　双侧壁先进导坑法示意图

（2）开挖方法

尽量采用机械或人工开挖，需要爆破时则采用预留光面层爆破，尽量减少对围岩的扰动。采用分部开挖时，台阶长度不宜过长，一般取 3～5m。整体支护闭合时间控制在 15d 内，支护闭合环与掌子面距离控制在 20m 内。各部开挖工序循环进尺与钢支撑间距一致，循环进尺根据地层条件，取 0.5～1.0m。

开挖方法如下：

①上半 CD 法，是扁平大跨隧道防塌的简单安全可靠的方法，能有效地控制拱顶下沉，并解决了上半断面先行支护拱顶的问题。

②CD 法，也能较好地控制扁平大跨隧道拱顶下沉变形。

③侧壁法，适用于特别软弱围岩，先墙后拱，支护自下而上，解决了拱脚地基承载力不足的问题。

④上导坑先进工法，适用于存在较大涌水的软弱围岩，其断面小，掌子面可自稳，可以起到排水与探查地质的作用，同时起到先护顶的作用。对于一般涌水地段，先进导坑，超前长度为 10～30m；对于涌水大的地段，超前长度在 100m 以内。

⑤CD＋临时仰拱工法，适用于浅埋软弱围岩大跨断面。

（3）预支护、预加固措施

①注浆小导管超前支护，此法简单，施工方便、有效，适用于地层条件稍好，但不采取先支后挖又容易引起塌方的地层，主要是防止拱顶小范围塌方。

②管棚法，主要用于洞口段软弱围岩，用于防止拱部大面积塌方。

③周边浅孔预注浆，固结地层，提高围岩强度，主要解决含水地层和涌水地层的堵水与固结问题。

④周边深孔预注浆，主要用于含水和存在涌水地层，用于自稳能力差的岩层，防止拱顶大面积塌方。

⑤全断面深孔预注浆，主要用于存在涌水和围岩无自稳能力地层。

(4)支护体系设计

采用网喷混凝土+大刚度钢支撑+较长的系统锚杆支护体系，喷混凝土强度由C20提高到C25或C30，钢筋网：ϕ8mm，网格100mm×100mm～150mm×150mm。最好采用C30喷射钢纤维混凝土，钢纤维掺入量55～65kg/m^3混凝土。

采用大刚度钢支撑；工字钢采用I22以上，H型钢采用H200，H250；网构支撑主筋采用25mm，断面20cm×20cm～25cm×25cm。

较长锚杆：选用直径22mm和25mm，长4～6m。

特殊条件下，采用预应力锚索加固岩层。预应力锚索的作用是加固围岩刚度，提高抗剪切破坏能力，对围岩的软弱结构面有很大的控制作用，从而起到防塌作用。

2.4.5 偏压、顺层洞口段施工

隧道是否承受偏压，应视地形、地质条件及外侧围岩覆盖厚度而定。《铁路隧道设计规范》(TB 10003—2005)是按围岩级别、地面倾斜和隧道外侧拱肩至地表的垂直距离来定义偏压隧道的。

高速公路受线形、线位，周边环境及建筑物的影响，隧道不能垂直等高线进洞，即隧道位于山体一侧。当地形坡度大于25°，且埋深较浅时，导致洞口段存在不同程度的山体偏压。若隧道洞口段位于顺层，岩层走向与隧道轴线大致平行时，则隧道结构可能承受顺层偏压。当顺层走向与隧道轴线大约垂直时，隧道洞口段开挖切断了岩层，则可能引起顺层滑动。

从地质结构上看，形成偏压的岩体一般较松软、破碎，节理较发育甚至很发育，并形成了岩层的软弱结构面，在地下水的作用和施工开挖的扰动下，山体会向坡脚或沿软弱层理面滑动，所以对于偏压隧道施工，应有相应的施工措施来防止偏压引起塌方。

1)偏压、顺层洞口段施工原则

偏压地形及顺层在选线时应尽可能绕避，不能绕避时则应采取必要的工程措施。其施工原则以预防为主，认真察看地形，调查洞口段地质情况，采取预防性的整治措施。

大多数偏压隧道处于洞口段，常属于地形浅埋偏压。既有偏压问题，又有浅埋问题。其施工原则：

(1)重视地表预加固工作

①对山体坡脚侧回填反压，以抵抗侧压力。

②地表围岩软弱破碎，可进行地表注浆固结，增加岩体内部的完整性及岩块间的摩擦阻力，并阻止地下水下渗。

③必要时可设抗滑桩、挡土墙、注浆钢管排桩等支挡措施。

④偏压隧道施工加固范围从隧道外侧拱肩最少覆盖厚度处向非偏压地段延伸5～10m。

(2)选择合理的施工方法

洞口双车道隧道，宜优先选用正台阶+临时仰拱法。下台阶左右错步进行，且靠河（沟）侧先行施工，超前后行侧不少于5m，严格控制进尺，每循环进尺为一榀支护刚架的间距。

（3）谨慎开挖

开挖之前，岩土处于三维状态，是平衡的，开挖之后则出现偏压。防止偏压隧道施工塌方的关键措施：①短开挖，少扰动围岩。②支护要强，刚度要大，刚性支撑能承受偏压，防止支护变形失稳。③要防止外侧土岩体失稳。④支护早闭合，先做仰拱。⑤衬砌紧跟。⑥不采用先拱后墙法施工。

（4）加强支护

洞口偏压顺层段的支护措施宜强勿弱，尤其是偏压侧的支护措施应强，并实施长管棚超示支护。

（5）做好量测工作

应加强地表沉降、开裂、位移及洞内拱顶沉降、水平收敛观测和信息反馈，以便及时调整施工方案和工程措施，并将地表水平位移和地表下沉量测以及地表裂缝观测作为重点量测项目。

2）偏压、顺层洞口段施工措施

（1）洞口地段偏压可以采用反压土的施工技术措施，以平衡偏压力，保持坡脚稳定并改造地形，尽可能消除偏压。相反的技术措施是减载法，即适当清刷产生偏压的地面岩土来消除偏压。

（2）坚持"早进晚出"原则，可能时，采用明洞方案，接长隧道，减少刷坡或不刷坡。同时，应尽快做好洞口段衬砌和洞门。

（3）为防止外侧岩土失稳，避免破坏外侧岩土体坡脚等。

（4）由于偏压隧道外侧覆盖厚度小，有可能出现外侧土岩失稳的情况下，在洞外山侧可以选择采取地面锚杆、小锚索、抗滑桩及其他支护措施。同时，可以与浅埋施工技术措施相结合来考虑采取地表注浆施工措施。

（5）开挖后钢支撑支护紧跟，挖一榀支一榀，台阶法开挖下半断面采用左右错开开挖马口接下部支撑。要求单线隧道钢支撑在拱脚和墙中增加横撑，或在上部加设临时仰拱，避免高窄型断面中间弯矩过大。

（6）临时支护或初期支护闭合后，在采用非钻爆法开挖的情况下，可以考虑6～8m一环衬砌，紧跟开挖面。

（7）预支护、预加固围岩和进洞施工技术措施，采取浅埋洞口地段施工及软弱围岩有关施工技术措施。

（8）对于大跨度、大断面偏压隧道，采取双侧壁导坑法施工，但偏压隧道外侧的导坑要先行施工。

3）偏压、顺层洞口段加固方案

（1）锚杆或锚索加固

采用锚杆或锚索加固外侧土岩地层的措施，以解决偏压隧道外侧土岩失稳问题，应根据外侧土岩的厚度以及表面破碎层、坡积层的厚度，来考虑锚杆或锚索的施工参数。一般锚杆采用ϕ22mm或ϕ25mm，长度控制在3～6m；按150cm×150cm～200cm×200cm间距布置。长度大于6m，可以考虑采用锚索来替代。锚索使用高强度低松弛钢绞线4×ϕ15.24mm，深度可以在

6～12m 之间，超过 12m 可用抗滑桩方案替代。

(2)抗滑桩加固

对于偏压隧道外侧岩土，有严重失稳且数量较大时，考虑采用抗滑桩方法来防止外侧土岩失稳或坍塌。抗滑桩设计应按工点实际地形、地质条件和覆盖层厚度来决定。一般现场采用的抗滑桩桩截面为 2m×3m 和 2m×2.5m 两种矩形断面，间距 6～8m，深度一定要锚入基岩，其长度按计算决定。

(3)回填反压加固

洞口偏压段单独采用回填土石反压的方法并不多见。它适用于山体底侧有平缓宽阔的地面，可提供回填土石，以增加抵抗侧压力的能力。为减少填土数量，往往在填土之前先作一定高度的挡土墙，然后再在挡土墙内侧夯填土石。挡土墙的高度、厚度及回填土高度应根据实际地形、地质条件，并满足施工和结构安全，通过计算后确定。

采用反压土施工一定要注意达到稳定坡脚、平衡偏压力的目的，不然适得其反，会增加支护与衬砌的荷载。反压土厚度可根据计算确定，一般使用在偏压隧道外侧土岩厚度 t 值较小的部位，即在外侧覆盖土。反压回填土石或减压刷方如图 2-26 所示。

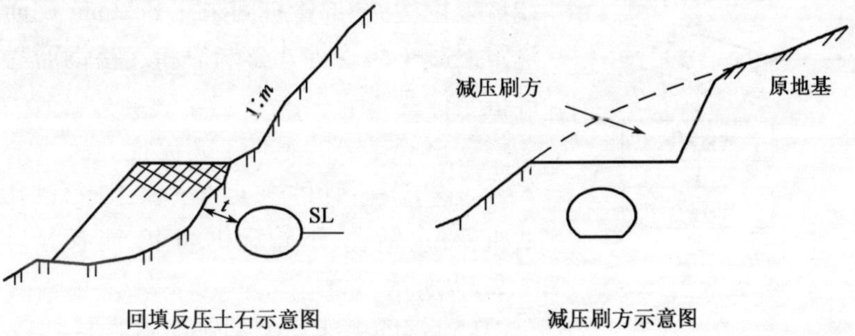

图 2-26　回填反压与减压刷方示意图

适用范围：反压土数量较小时，可采用此法施工；反压土工程数量大时，不宜采用此法，而使用锚杆、锚索或抗滑桩代替。

(4)注浆钢管排桩加固

当隧道外侧地形较陡，难以实施回填反压时，则有必要采取抗滑桩、挡墙、注浆钢管排桩等加固措施。在一定条件下，注浆钢管排桩是一种较为经济、施工方便和有效措施之一。

①钢管排桩的设计。

钢管排桩适用于地形坡度为 25°～40°，隧道覆盖层较薄的软弱岩层。注浆钢管排桩的作用可以增强山体的自稳性能，大大降低山体对隧道结构的侧压力，防止山体滑移、崩塌，保证结构和施工安全，其设计要点如下：

a. 根据地形、地质条件和隧道覆盖层厚度确定管桩的埋置深度，一般情况下埋深在 10m 左右，沿偏压侧布设两至三排，桩间距和排距各 1.5m，按梅花形布置，最低一排管桩距隧道开挖边线 2～3m。

b. 一般管桩钻孔孔径为 150mm，内插钢管直径为 108mm，管壁上按约 30cm 间距梅花形布置溢浆孔。为增加钢管的刚度，管内插入 3 根 ϕ25mm 的钢筋。

c. 管桩注浆浆液：采用水泥砂浆或纯水泥浆。

②钢管排桩的施工要点。

a. 钻孔:按钻孔方法的不同,可分为干作业法和湿作业法(压水钻进法)。

干作业法:根据岩性的不同有两种不同的方法。当地层为黏土,粉质黏土和密实性稳定性较好的砂土地层,且管桩位于地下水位以上时,可采用螺旋钻机成孔;当地层为中硬岩或以上时,一般采用潜孔钻机成孔。

湿作业法:一般采用地质钻机成孔。在松软地层中,可采用套管钻进,以防塌孔。

b. 下管和安设钢筋束:钢管在加工场预制,采用简易吊杆人工安设。当采用湿法成孔时,注浆管应随钢筋束一起下到孔底。

c. 注浆:干法成孔时,可事先封闭孔口,实施有压注浆。湿式成孔时,则是通过注浆将孔内积水排出孔外。因此,注浆管口应低于浆液面一定高度。

d. 浇筑管桩格栅:全部管桩注浆结束后,沿管桩连线地表挖沟,全部管桩间采用 ϕ22mm 钢筋焊接连接,并浇筑混凝土将管桩外露端头和连接钢筋封闭,增强钢管排桩整体受力。

③钢管排桩的施工工艺流程。

工艺流程:管桩施工的主要工序有:孔位测量放样、钻机就位、钻孔、下管和钢筋束、注浆等,其工艺流程如图 2-27 所示。

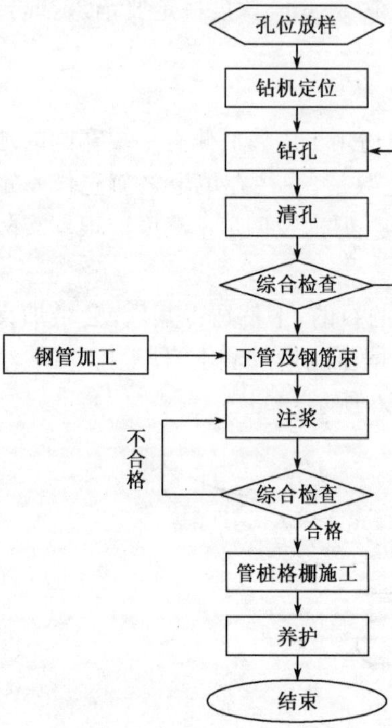

图 2-27 钢管排桩施工工艺流程图

(5)钢筋束或注浆钢轨加固顺层

地形等高线与隧道轴线大约垂直,这种地形条件下虽不存在地形的地质结构偏压,但岩层倾向洞口路堑方向。当倾角位于 25°~45°之间时,对洞口仰坡稳定极为不利。洞口开挖切断顺层,则岩层可能沿软弱层理面下滑。

隧道"早进晚出"的设计原则,对洞口顺层的稳定极为有利,不仅维护了洞口处原有地形地貌,仰坡零开挖,亦大大减少了爆破对岩层的扰动,保持了山体的自稳性能。

自然条件是比较复杂的。一些地区,遭受过多次构造变动,岩石被结构面分割得极为破碎,且节理裂隙和层理中充填黏土物质,遇水后内摩擦力显著降低,其稳定性非常差,稍有扰动,顺层仰坡就会产生崩塌或滑塌,有必要采取工程措施防止山体塌滑。钢筋束或钢轨锚固顺层是比较有效的方式。

①作用机理。顺层一般均为硬岩,采用钢筋束或旧钢轨锚固可起到两个作用:a. 被锚固的岩体起支撑岩梁的作用;b. 通过注浆,在孔内插入钢筋束或旧钢轨,增强了岩体整体强度和抗剪强度,从而防止山体的塌滑。

②布置方式。钢筋束或旧钢轨锚固布设于隧道上方仰坡上,一般布设 4~5 排,锚固总宽度不小于 1.2D(D 为隧道开挖宽度)。布设间距和排距为 3m,按梅花形布置,埋置深度应根据顺层倾角的大小和钢筋束布置的位置经计算确定,一般为 5~10m。位于隧道轴线上方的钢筋束由低处至高处,长度逐渐增加,离隧道中线两侧越远,其埋深逐渐增加,以避

免钢筋束或钢轨伸入隧道开挖郭线以内。钢筋束一般采用 ϕ25mm，螺纹钢筋捆扎而成，锚固钢轨采用 15kg/m 旧钢轨。

③施工要点。钢筋束或钢轨锚固施工，采用潜孔钻机钻孔，孔径 80～120mm，人工下放钢筋束或钢轨，利用注浆泵向孔内注入水泥砂浆进行锚固，其施工要点如下：

a. 定孔位：需进行测量放样，对孔位进行编号，并标注孔深。

b. 钻机施工平台搭设应牢固，防止平台垮塌伤人。

c. 钻孔角度应与岩面垂直，采用干法作业成孔，孔位偏差 ±10cm，孔深不小于设计深度。

d. 钢筋束、钢轨应插至孔底，外露长 10～15cm，一般采用先注浆，后插杆的方式安设。

e. 孔内采用水泥砂浆充填，砂浆配比一般为水∶水泥∶砂 =0.5∶1∶1，河砂应过筛，细度模数控制在 0.22～0.24 之间。

f. 外露钢筋或钢轨采用细石混凝土封闭。

(6) 钢支撑设立横撑或上台阶临时仰拱施工参数

需要在钢支撑增加起拱线和墙中横撑，其规格与型钢支撑相同，而且需预先设计与加工好，采取螺栓联结。同时，考虑伸缩式横撑，其位置不应在跨中，选择在靠近拱墙钢支撑位置。

上台阶临时仰拱，钢支撑其规格与拱墙钢支撑相同。也可以考虑有伸缩机构。由于钢支撑施工误差较大，临时仰拱和横撑钢支撑已经预制好，在隧道内不应再进行加工，用电焊接长或切短。

(7) 偏压隧道拱墙开挖衬砌

偏压隧道拱墙衬砌尽量靠近掌子面，采用人工开挖或机械开挖，拱墙衬砌与掌子面工序间距为 6～12m。大跨度大断面开挖工序较多，拱墙衬砌与先进掌子面工序间距不超过 18m 为宜。

2.4.6　滑坡体、岩堆体洞口段施工

1) 滑坡体

在山坡地段，一定的自然条件（如地层结构、构造、岩性、水文地质条件等）下，由于地下水活动、河流冲刷、人工切坡、地震活动等因素的影响，部分岩体或土体失去稳定，在重力作用下，沿着一定的软弱面缓慢的、整体的向下滑动的地质现象称滑坡。

滑坡的内部结构中最重要的是滑坡面。滑动面可能是基岩侵蚀面，上覆第四纪松散沉积物作为滑坡体，沿着滑动面向下滑动。在基岩内部产生的滑坡，一般是沿着某一软弱层面滑动，如砂岩夹页岩地层，可以沿页岩面向下滑动。倾角较小的断层带和两种岩性不同的接触面，亦可成为滑动面。也就是说，滑坡面是组成滑坡岩体中最薄弱的面。

在滑动面的上部，一般存在透水性较好的岩层，有较丰富的地下水。而滑动面以下的岩层透水性较差，地下水在滑动面附近集聚，在地下水作用下，使滑坡面的力学强度降低，导致滑动的发生。

关于滑坡体的分类方法较多。由于我国自然地质条件的复杂性，任何一种分类方法都不能全部概括所有滑坡的规律。作为工程最关注的是根据滑坡特有的地貌形态和滑坡发展的历史演变，了解滑坡的稳定性和发展阶段以及滑坡的规模。通常根据滑坡形成年代的远近将其分为稳定的古滑坡和正在发展的新滑坡。两类滑坡的地貌特征如下：

(1)稳定的古滑坡

具有如下地貌特征:滑坡的后壁较高,而且找不到擦痕,十分稳定。滑坡前缘坡度较缓,有流水冲刷的痕迹,没有松散堆积层坍塌现象。河水已远离彼岸,具有小的漫滩,岸坡有泉出露。滑坡两侧冲沟深切,往往有基岩出露。滑坡平台宽大,原有平台特点已被破坏。

(2)正在发展的新滑坡

地貌特征如下:斜坡较长,坡度近30°左右。坡面滑坡平台面积不大,并有不均匀陷落的局部平台、地表水、泉水、湿地和新生沟谷。滑坡前缘土石较松散,有小崩塌。滑坡两侧沟谷为发育在松散堆积物中的新生沟谷,坡面上无巨大的直立树木生长。

2)岩堆体

岩堆是岩石经过物理风化形成的碎块,经重力或降水搬运至山坡或坡脚下的疏松堆积体。多见于比较干旱,昼夜温差大,物理风化强,近期强烈抬升的构造活动山区。沿大断层带,背斜,向斜轴部的河岸,多形成对称岩堆。岩堆形成分为围岩风化崩解,风化崩解物搬运及堆积三个阶段。岩堆搬运以重力为主,虽有水参与,但极为次要,这是和泥石流的主要区别。

(1)岩堆分类

按岩块大小进行岩堆分类见表2-3。

岩堆构成分类表 表2-3

岩堆构成	岩石一般粒径(cm)	岩堆构成	岩石一般粒径(cm)
碎屑岩堆	≤1	石块岩堆	8~20
碎石岩堆	1~8	大石岩堆	>20

(2)岩堆发展状况

①活动岩堆的地貌特征:岩堆往往单个出现,形成不久的岩堆平面形态为楔形及三角形,纵断面呈直线,横断面突起明显。岩堆边界清楚,形态明显。能区分供给区、搬运区和堆积区。供给区可见参差不齐的断岩峭壁。山坡破坏作用强烈,主要产生崩塌,堆积以碎块石、岩屑为主。无植被覆盖,或有少量植被生长。

②趋向稳定或已稳定岩堆地貌特征:趋向稳定的岩堆其平面多为舌形、梨形。稳定岩堆多为岩堆裙,纵断面形态复杂,横断面突起不明显。岩堆边界因植被覆盖不清,岩堆形态不明。岩堆上部陡峭(供给区)已趋于平缓,见不到搬运区。山坡崩坍较少,堆积物以碎石、岩屑及黏土质为主。

3)滑坡、岩堆体洞口段施工原则

①对于正在滑动的滑坡体,规模较大、工程处理困难时,原则上线路宜绕避,或降低线位,从滑动面下一定距离以隧道通过。

②加强滑坡体的地质调查,摸清滑坡体的规模并判断其稳定性。根据对滑坡体稳定因素的分析,采取有针对性的工程措施,一次根治,不留后患。

③整治滑坡,宜在旱季,避开雨季施工,以免引发地质灾害。

④选择合理的开挖方法,原则上应先治水、再加固、后进洞。根据围岩及滑坡体稳定情况,可优先采用中隔壁法,侧壁导坑法或环形开挖预留核心土法开挖。初期支护宜强勿弱,采用长管棚和注浆小导管进行超前支护和喷混凝土+型钢钢拱架+钢筋网+喷混凝土联合支护。并

适当增加预留变形量。加强对地表和洞内的施工观测，对观测数据及进行分析，反馈发现异常，立即采取相应措施，防止变形进一步发展。

⑤进洞前必须对滑坡体采取必要的加固措施，修筑抗滑建筑物（如抗滑桩、挡墙）时，基础不宜进行全面开挖，以免诱发滑坡体复活，导致灾害。

⑥岩堆体是由巨块、大块、小块或其中夹有泥砂堆积而成，无胶结，而且又往往处在浅埋，隧道在其中通过时，垂直压力大。由于垂直压力大，应采用承重式支护结构。

⑦岩堆体往往位于浅埋地段，采用地表压浆方法往往能起到很大的固结作用，固结后可以减少垂直压力，提高围岩的整体性，压浆工程做得好，还可以形成围岩的承载能力。

⑧在岩堆巨石或大块石堆中打管棚较为困难，长管棚更难施作。因此，以地表注浆辅以小导管，短进尺开挖或小导管周边预注浆，这样较为容易操作并能见效。

4）滑坡、岩堆体洞口段施工方法

从滑坡、岩堆体进洞确实是非常困难的，不仅要防塌，更要防止因施工扰动诱发滑坡复活。

（1）超前支护

滑坡体中采用长管棚超前支护。长管棚宜采用潜孔钻机干法成孔，机械顶进钢管或采用跟管法钻进，以减少施工对山体的扰动和沉降变形，外插角控制1°~2°。

（2）开挖

按照隧道“早进晚出”的原则，尽可能提前进洞，实现仰坡土方零开挖，防止切坡引起山体移动。洞门处及滑坡体下方的支挡建筑物应分次序施工（一般左右侧分批、分次序施工），避免全面开挖，导致山体滑动。

采用分部开挖，部序和步距必须合理。台阶法开挖，上台阶长度2.5m，下台阶长度不大于1.0D（D为洞宽），下台阶宜错步前进。台阶开挖循环进尺为一榀钢拱架间距。软弱围岩宜采用人工辅助机械开挖，硬岩应采用控制爆破开挖。以减少爆破震动。

（3）支护

除采用长管棚、注浆小导管进行超前支护外中，还应采用喷混凝土+型钢拱架+钢筋网+喷混凝土进行联合支护。视滑坡体地质情况，喷混凝土厚为25~30cm，型钢拱架采用I20或I 22制作，钢筋网采用ϕ8mm钢筋预制，网格间距20cm×20cm。架设拱架时，应注意拱架基底土体的承载能力，当承载力不足时，可采用混凝土块、木板或型钢支垫。以免引起拱架产生过大的沉降变形。架设后，采用注浆锚管锁定，锁脚锚管长度一般不小于4.0m。拱架之间采用ϕ22mm的钢筋焊接连接，连接筋间距1.0m。

对于型钢拱架支撑，其背后难以用喷混凝土充填密实，存在一定的空隙或空洞，既影响初期支护整体受力效果，同时结构的耐久性会受到影响。所以，初期支护完成后，有必要对初期支护背后进行回填注浆。其施工要点是先埋管，钢管直径25mm，长50cm，外缠棉纱固定，外露20cm。注浆材料一般采用纯水泥浆或水泥砂浆。注浆压力控制在0.2~0.5MPa，压力过大会引起喷混凝土变形开裂。

复杂地质条件下的隧道施工，应要求快速，即开挖后及时初期支护，及时封闭成环，二次衬砌紧跟，以减少围岩松动变形，保持其自稳能力。

（4）施工监测

地表观测内容是地表沉降和位移。一般沿隧道轴线布置1~2个观测断面，每个断面布设5~7个测点。若山体出现裂纹,则应观测裂纹的发展变化。洞内必测项目为:初期支护拱顶下沉量测、拱脚、边墙处水平位移量测,目测检查初期支护有无明显的开裂和变形。洞内辅助量测项目为:隧道边墙两侧地层中水平位移量测、围岩接触压力量测、锚杆应力量测、钢拱架应力量测、爆破震动速度量测等,这些量测项目称为科研监测项目,对于一般工程可不实施。

洞内必测项目是隧道施工的一道极重要的工序,应认真作好监控量测数据的采集、分析和预测。采用比较法、作图法分析各监测量值的大小、变化规律、发展趋势等,以便对工程的安全状态和应采取的措施进行评估决策。常用的方法是绘制时间—位移曲线和距离—位移曲线图,如图2-28所示。

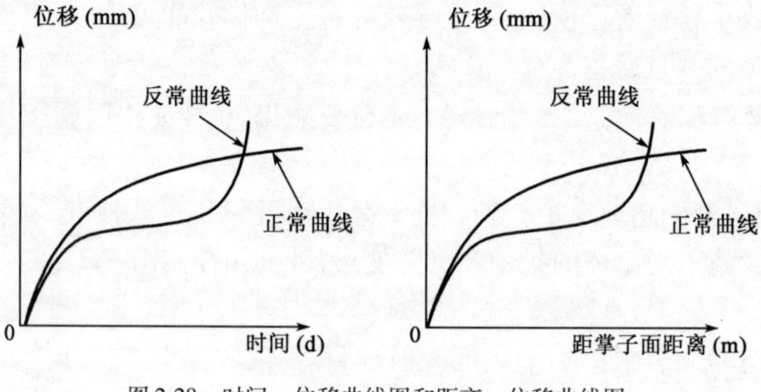

图2-28 时间—位移曲线图和距离—位移曲线图

如果位移的变化随时间(或距开挖面的距离)而渐趋稳定,则说明围岩处于稳定状态,支护系统是有效可靠的。反之,则说明位移反常,围岩和支护呈不稳定状态,应立即采取相应的工程措施。

5)滑坡、岩堆体洞口段施工处理措施

滑坡、岩堆体洞口的施工应采取排水、增加稳定因素、改良滑动带的土石性质这三个方面措施。

(1)排水工程

水是影响滑坡体稳定的一个重要因素,治理滑坡体则应先治水。它包括拦截滑坡体以外的地表水,引排滑坡体的地表水和地下水。对滑坡体以外的地表水,可在滑坡体周边外侧设置截水沟,以拦截来自滑坡体外的坡面径流。对滑坡体内的地表水可设置树枝状的排水明沟,将水引出滑坡体外。

对滑坡体内的地下水,可采用盲沟,盲洞截流引排。现多采用水平钻深孔,将地下水从滑坡体中引出,然后汇集到地表排水沟排出。

(2)抗滑措施

对于洞口段的滑坡,宜在滑坡的下方、洞门位置设置抗滑挡墙、抗滑桩等支挡建筑物,增加抗滑力。在滑坡的上方可刷方减载,以减少滑动力。当采用刷方时,应特别注意是否会引起滑坡体更大的移动。隧道穿堆积体、黏土滑坡,不宜在其上方采用预应力锚索加固,如滑坡体前缘有河流,则应先做好河岸支挡防护工程,然后进行滑坡治理。

(3)改良滑动带的土石性质

这类措施的目的主要是改良岩土的性质、结构,提高土石的强度。主要措施:对岩质滑坡采用固结注浆；对土质滑坡采用电化学加固、冻结等，但由于造价高、施工复杂，效果难以保证，因此国内很少采用。

地表注浆加固土体是常用方法之一。它有四个作用：①化学胶结作用，使松散土体胶结成一整体。②离子交换作用，通过化学反应形成优良的新材料。③惰性充填作用，充填孔隙、封堵水流。④挤密压实作用，提高地层的密实性的力学性能，常采用竖向钢花管或袖阀管进行劈裂注浆。

6）滑坡、岩堆体洞口段施工常见问题及对策

滑坡、岩堆体地质条件复杂，若采取的工程措施不强，施工方法不合理，很可能给工程带来隐患。所以，滑坡、岩堆体治理及进洞施工过程中，应加强控制，发现异常及时予以处理，以避免酿成大的事故。

（1）滑坡、岩堆体治理及隧道进洞施工常见问题

①抗滑支挡建筑物发生严重位移。

②地表开裂、沉降。

③隧道初期支护变形，开裂严重，危及结构及施工安全。

（2）原因分析

①抗滑支挡建筑物发生严重位移有多种情况，一是抗滑桩埋置深度不够，在山体推力作用下发生倾覆，另外是支挡物基础不仅埋置浅，而且基底下存在软弱土层，则支挡建筑物在土压力作用下发生整体滑移。此外，施工的抗滑桩、挡土墙存在质量问题，强度和刚度未满足设计要求，在土压力作用下发生变形破坏。

②地表开裂、沉降是比较常见的。隧道开挖进洞后，山体失去自然平衡，软弱土体（如塑性黏土）在自重作用下发生塑性蠕变，从而引起隧道初期支护收敛变形和沉降。反之，隧道初期支护变形又进一步加大地表位移与沉降。

③引起隧道初期支护变形、沉降的原因很多，除了滑坡体地质条件差，围岩自稳能力不足外，初期支护的设计强度和刚度可能不够，不能满足结构变形要求。而导致初期支护变形、拱顶下沉过大的现象大多还是施工方法不合理，工艺不到位造成的。根据一些工程实例发现，在不良地质情况下，开挖初期支护常存在的问题是：一是开挖步序，步距欠合理，未及时初期支护、尽快封闭成环。二是钢架未落在坚实的基础上，基础承载力不够；拱脚未能较好地采用锁脚锚管锁定；因拱架加工误差大，拱节之间的连接不牢固；拱架制作时焊接工艺不到位，焊缝的厚度、长度等均不符合规范要求；拱架之间的连系钢筋未按要求焊接，间距过大。三是初期支护后，未能对初期支护背后进行回填注浆，初期支护背后存在空隙或空洞，结构整体受力差。

（3）处理措施

①抗滑支挡建筑物位移过大。首先应采用斜撑控制支挡建筑物的位移发展，再视位移情况可采用预应力锚索拉锚。若是采用抗滑桩支挡，必需时可增加抗滑桩，以改善抗滑效果。

②地表开裂。应及时对裂缝用水泥砂浆封堵，作好地表排水设施，并对开裂地表用塑料布覆盖，防止地表水从裂缝渗入山体，加剧山体的滑移。对裂纹进行监测，掌握裂缝发展变化情况。

③初期支护变形、开裂严重的处理。隧道初期支护变形开裂的原因较多，有不良工程

地质及水文地质因素,也可能存在设计和施工方面的原因。初期支护变形开裂的整治措施如下:

a. 初期支护喷混凝土存在局部的细小裂纹,裂纹宽度不大于0.5mm,水平收敛和拱顶下沉量值尚在设计控制值之内,如果变形已趋于稳定,则不必采取整治措施,立即浇筑拱墙混凝土衬砌就行了。

b. 初期支护存在多组裂缝,即水平、斜向、环向均存在裂纹,缝宽大于1.0mm以上,且个别裂纹长度超过4m或形成贯通裂纹。初期支护变形总量接近设计控制值,且变形速率未见明显的收敛。则说明结构即将失稳,需立即采取应急措施。首先利用钢管或方木在拱脚、边墙部架设横向支撑,控制变形继续扩大。然后,采用小导管进行径向注浆,加固范围为开挖轮廓线以外3~4m,注浆压力控制在0.5MPa以内。若底部仰拱初期支护尚未封闭成环,待径向注浆结束后,立即安设底部拱架喷混凝土封闭,并随即浇筑仰拱混凝土衬砌,以确保初期支护结构稳定。横向临时支撑可待混凝土浇筑后拆除。

c. 初期支护开裂已十分严重,斜向、纵向、环向裂缝最大宽度达10mm以上,贯通裂缝长度达6m以上,拱部及起拱线部位喷混凝土局部剥落掉块,个别拱架发生扭曲变形,边墙初期支护内鼓,拱墙初期支护均出现变形侵限,处于失稳状态,其整治措施应分两阶段进行。第一阶段为初期支护变形、开裂的整治加固阶段,常用的加固方法是先在初期支护内表面按原拱架的间距安设临时钢拱架,并利用方木或ϕ159mm钢管进行横向支撑,然后利用小导管进行径向注浆,注浆参数同第二种情况,加固顺序则是由结构稳定地段向不稳定地段逐步进行,加固总长度应分别向两端结构稳定段延长3~5m。第二阶段则是对侵限初期支护进行托换,钢拱架托换必须坚持“先安后拆”的原则。新换钢拱架位于原拱架之间,安一榀拆除一榀。其方法是先测量放样,用油漆标出拱架的边线,再用切割机沿拱架边线切缝,人工凿除两环向缝之间的混凝土,并架立新拱架,最后挂钢筋网,焊连接钢筋并重新喷混凝土封闭。

初期支护开裂变形整治过程中,施工量测应予以加强,适当增加监测断面的密度和监测的频次,以确保施工安全。

2.4.7 陡峭岩壁段(桥隧相连)洞口施工

1)施工方法

(1)隧道洞口位于陡峭岩壁、洞口悬空、桥台伸入洞内时无施工场地,无施工便道,只有通过横洞或斜井进入正洞反向施工洞口段。

(2)正洞导坑出洞前,必须采用小断面出洞。首先进行边坡的防护及地表加固处理,边仰坡处理完成后施作洞口段大管棚,待大管棚注浆强度达到设计要求强度后方能进行洞口段隧道的反向扩挖。

(3)洞口段洞身开挖,可根据围岩地质情况采用分部扩挖法。

(4)洞口位置桥台及桥台搭板的施工,应在洞口段正洞二次衬砌完成后及时进行施作。

(5)洞口位置桥台的土石方开挖,若围岩较好时可采用钻爆法进行开挖,围岩较差时可利用机械和人工手持风镐相互配合进行开挖。

(6)钻爆法开挖时,应严格按照爆破设计进行作业,防止因爆破对洞口位置山体造成扰动。若洞口位置施工与桥梁下部结构施工工序平行作业时,应设专职安全员,设置安全警戒线和安全防护网。

2)施工注意事项

(1)洞口段开挖待超前支护注浆强度达到设计要求强度后进行,严格控制循环进尺。岩石完整性较好时,先爆破内圈眼后,再施钻周边眼进行光面爆破,以此减小爆破震动;围岩较破碎时,将开挖轮廓线适当缩小进行光面爆破,对周边用风镐进行开挖,开挖后立即组织初喷、初期支护复喷。爆破参数严格控制,确保爆破振速控制在2cm/s以内。

(2)加强地表沉降观测及洞内净空变形量测,发现异常立即对已支护地段进行补强,对前方施工参数、支护参数进行调整。必要时停止掌子面掘进,抢抓施作仰拱及填充,及早施作二次衬砌。

(3)初期支护紧跟开挖施作,各部位纵向间距严格控制,严格落实初喷工艺。

(4)洞口边仰坡采用锚、网、喷进行坡面支护,必要时采用锚索进行加固。

(5)洞口石方开挖宜采用浅孔爆破,边、仰坡预留光爆层光面爆破。施工中应按批准的爆破设计组织施工,严禁超量装药。爆破后,及时清除松动石块,严禁掏底开挖或上下重叠开挖。

(6)若洞口下方为通行道路时,在洞口施工过程中要加强施工联系,在排除任何可能出现的危险因素后,方可进行洞口段施工。一般要求在道路上搭设刚度足够的棚架,车辆及行人由棚架下通过。在爆破或清理危石时,严禁任何人员及车辆通行,专人进行交通管理。

2.5　工程实例

2.5.1　方斗山隧道洞门施工

石忠高速公路方斗山隧道属于特长大隧道,右线长7 600m,左线长7 562m,是沪蓉国道主干线分水岭(渝鄂界)至忠县境内的重点控制性工程,是西南地区当时在建的最长公路隧道。该隧道采用无轨运输、无辅助坑道,洞口采用切削式洞门。

1)洞门设计

该隧道采用切削式洞门,洞门坡度与山体自然坡度基本一致,门前无路堑或仅有短、浅路堑。为分离式四车道高速公路隧道,隧道衬砌设计采用单心圆曲墙式衬砌,明洞衬砌采用C25钢筋混凝土结构,其左右线出口端洞门形式设计都为削竹式洞门,见图2-29。

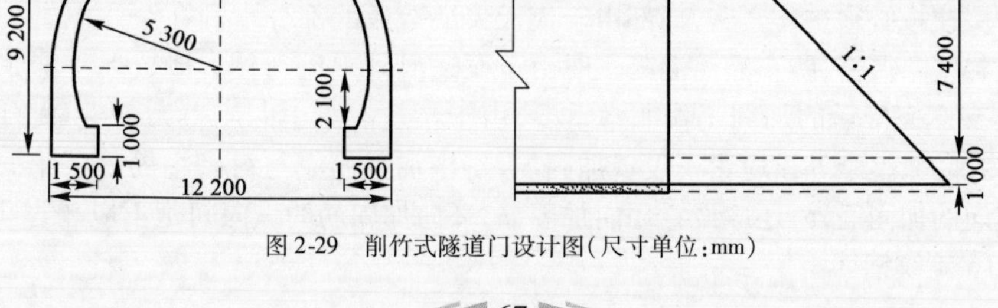

图2-29　削竹式隧道门设计图(尺寸单位:mm)

2）削竹式隧道门的施工步骤

该类型洞口衬砌除斜切面外其他部分的施工方式与明洞衬砌施工方式相同，在施作斜切面之前必须先将明洞及斜切段衬砌段施工完毕。削竹式明洞采用6m整体式模板台车施工，明洞外模采用300mm×1 500mm钢模板。

（1）技术人员放线

①边墙轮廓按控制桩放线，每组衬砌放两个中线点、四个水平点，确保结构、净空尺寸准确无误。

②走行架钢轨铺设按设计位置铺设。

（2）台车就位

洞门既在平曲线又在竖曲线上，平曲线半径为650m，竖曲线半径为31 000m，按照以弦代弧的方法使台车的四个角及拱顶的坐标和高程分别按照设计就位。

施工中先用全站仪定出隧道中心线，埋设钢筋桩作为中桩。根据台车制作图尺寸，从中桩定出两侧轨道水平位置，按照2%横坡计算出台车两端轨顶控制点高程，安装好轨道，并用道钉及钢筋桩固定好轨道。台车行驶中应缓缓就位，不要发生扭曲变形。台车就位后开始调试，按照台车的起止桩号两个断面进行控制，每个断面控制两侧最低点及拱顶共三个点的坐标及高程。

台车位置检测：

①上弧的检测，用自制的可调支架立在中心位置，找出上弧圆心，用大钢尺绕圆心旋转，测量台车外缘尺寸，做好记录与设计对照；

②中部圆弧采用切线支距法检测；

③底部采用高程和水平距离结合法检测。

以上过程反复进行直到完全达到要求。

（3）钢筋绑扎

台车定位与加固支撑后即按设计要求绑扎洞门钢筋。施工时先将环向主筋安装到位，与模板台车间用5cm厚C35混凝土预制垫块支撑，保证钢筋保护层符合设计要求，内层主筋及纵向分布钢筋安装完毕后涂刷隔离剂，涂刷时用毛巾蘸少量液体，擦拭台车表面，保证涂刷均匀且不污染衬砌钢筋。以上工序完成后安装上层钢筋，此时将第一层钢筋作为工作平台（因此内层钢筋纵向分布筋必须加强绑扎，确保能承受上层钢筋施工时的所有荷载），箍筋在纵向与环向钢筋交叉的每个节点设置，以箍筋长度控制层厚，保证钢筋弧度圆顺，层厚均匀。绑扎钢筋时应注意纵向预留斜切面接茬钢筋，以备斜切面钢筋绑扎时连接用，使斜切面与洞门紧密的连接在一起。然后按照坐标将衬砌斜切面内外两条轮廓线放样到模板台车上。

（4）外模支立

衬砌外层模板必须拼装紧密，局部由于模板欠缺造成的部分空洞在灌注混凝土前用破布或土工布废料堵塞严密，防止灌注混凝土时由于泵送混凝土压力较大造成严重漏浆或者跑模现象。外模支立完毕后的加固工作非常重要，由于泵送混凝土的压力大，外模无外部自然支撑，仅靠人为加固，整个外模应紧密设置加固筋，每根加固筋应与衬砌主筋焊接牢固。外模除布设垂直方向的加固筋外，还应设置环向加固筋，环向加固筋的纵向间距不应超过25cm，钢筋不应小于$\phi16$螺纹钢筋。

外模支立的过程中分层按照轮廓线坐标点封闭衬砌斜切面，并与外模一起加固，最后形成整体封闭的空间。利用模板台车投料窗进行混凝土灌注。混凝土灌注时，不应过快，随时观察外模的动向，是否漏浆，是否跑模。若个别点存在漏浆现象应立即停止泵送混凝土，将漏浆处封堵严密后继续灌注。正常情况下，每间隔一段时间，应停止灌注，但停止时间不能过长而产生施工缝。

(4)挡头板面加工及支立

对于削切式洞门施工，斜切面挡头板加工的成败成为洞门施工成败的关键。

①挡头板横向单元板加工。为了得到挡头板面板的几何结构尺寸，首先用CAD软件按比例将隧道洞门正面和侧面的主要结构尺寸画出来。需要注意的是，绘图比例和实际比例最好按1∶1，由于侧面为一切圆，为施工方便及施工的可操作性，先将切圆(半径为13.78m)按每20cm弧长分段，每一段对应衬砌断面图上的尺寸即为该高度挡头板面板的横向尺寸。可以通过每一弧线端点作水平直线和衬砌轮廓图的内外两个轮廓相交，所得到的一组相交线段的长度即为挡头板横向单元板在不同高度所对应的横向长度。每块挡头板所对应的切圆弧长可根据具体的情况而定，考虑到加工及安装的方便，取2m的切圆弧长比较合适，该长度即为挡头板肋板的弧长。

②挡头板肋板的加工。肋板的弧长为2m，这刚好是10块挡头板的横向单元板宽度的总和；肋板厚度取5cm；由于挡头板横向单元板厚度为3cm，所以肋板弧的半径确定为13.75m。肋板装钉时空间平行(即必须与横向单元板垂直)于线路方向，这样做出的挡头板在纵剖面上就刚好和设计切圆半径一致。由于和隧道相切的切圆弧总长并不是2m的整数倍且靠顶部的横向单元板太长，所以有的肋板弧长不需要2m。在实际加工中，可根据实际情况取不同的弧长，只要保证肋板半径为13.75m就不会影响纵向切圆的形状。相当于在半径为13.75m的圆上面取了不同的弧长。

③挡头板肋板和横向单元板的安装。在安装横向单元板和肋板时，找一个相对平整的场地，将肋板在地上放平直，将横向单元板毛坯板垂直钉在肋板上。由于横向单元板每块的弧长必须为20cm，但实际钉在肋板上的毛坯板宽度并不都是20cm，同时每块横向单元板的上下边缘尺寸也不一样，所以应将钉于肋板上的毛坯板按两条相对应的基线(垂直于横向单元板)的弧长方向将毛坯板现场均分为每20 cm一块。这样均分得到的板块即为横向单元板，然后再求出每相应的横向单元板的上下边缘尺寸。为方便加工，只有横向单元板上下边缘的尺寸是不够的，为此应有两基线中的任意一条到横向单元板与衬砌内或外轮廓交点的水平尺寸，加工时锯掉毛坯板上多余的部分即可完成该块挡头板的加工。

(5)混凝土灌注

混凝土施工时，必须控制灌注速度与振捣强度，并随时观察模板是否变形。模板与台车、衬砌混凝土接触处为薄弱点，容易漏浆，混凝土灌注前应准备大量的土工布边角料或废抹布，漏浆时及时封堵。在不影响混凝土强度的前提下，尽量放慢灌注速度，每个投料口填满混凝土后应停顿一段时间，但不能超过混凝土的初凝时间，斜切面混凝土应加强养护。

图2-30为削切式洞门模板现场施工照片。

3)结语

(1)施工的过程中，由于挡头板呈倒置状，混凝土捣固时表面常常出现蜂窝麻面的现象，

图 2-30　削切式洞门模板现场施工照片

虽然在混凝土中加入减水剂,但问题还是没有得到根本解决,还必须进行人工修饰。

(2)由于模板台架和小模板施工时进料困难,须对混凝土施工分区,这样在施工过程中会出现施工冷缝的现象,且模板加固不易控制。所以在施工时最好为整体模板台车,同时挡头板加工为定型钢模。

(3)随着隧道洞门形式的多样化,异形洞门的设计越来越多,在加工定型的异形钢模板不经济时,为更加复杂的各种削切式洞门施工提供了一种可行的思路,也对施工因受限制而用小模板关模及人工进料困难情况下洞门混凝土的施工有一定的参考价值。

2.5.2　羊角隧道偏压浅埋洞口段施工

1)工程概况

西部开发省际通道重庆至长沙公路武隆至水江段高速公路羊角隧道位于重庆市武隆县羊角镇境内,羊角隧道起讫里程为 K21 +063 ~ K27 +745,全长 6 682.00m,属特长隧道。该项目是重庆市"二环八射"高速公路网的主干线之一。

羊角隧道按上下行分离设置,隧道轴线间距 41.29 ~ 50.43m,设计行车速度为 80km/h,隧道衬砌内轮廓宽 10.5m,高 5m,由进、出口两端相向施工,无辅助坑道,由中隧集团施工进口标段。

隧道主要岩性为页岩,泥质页岩、炭质页岩、泥质粉砂岩、泥灰岩等。隧道穿越的主要不良地层为岩溶地层及泥灰岩地层、高地压力区。

本隧道进口位于一半山腰上,偏压严重,上部残坡堆积体厚 3 ~ 5m,隧道中线上部残坡积体覆盖层仅 4.5m,且均为松散的土夹石,属浅埋部分。该段隧道洞口特点为:围岩地质松散破碎、单侧压力大,经过现场勘察发现地形横向坡度为 50° ~ 60°,隧道穿过强风化泥灰岩,围岩呈碎状压碎结构,节理断裂发育,岩体破碎,且存在严重的偏压,开挖时极易坍塌滑坡。

2)进洞前加固措施

偏压浅埋段围岩软弱、破碎、自稳时间极短,如果施工方法和支护方式不妥当,则极易发生冒顶塌方或地表有害下沉。对进洞方案从几个方面提出采取全面性的加固措施:从隧道外边仰坡、覆盖层地表注浆、偏压部分修筑挡土墙及加载反压,同时在隧道内部从开挖到支护采用一系列的处理措施来减弱破碎、偏压及浅埋层对隧道的各种不良影响。该方案从隧道洞外加固、防护及加载一系列的处理措施来解决隧道由于偏压、浅埋等带来的危害,以保证其工程质量、施工安全及通车正常运营等。全面加固方案虽费工、费时,以及提高工程造价,但可以保证工程质量、施工安全及正常运营阶段的安全。

(1)边、仰坡开挖及防护

边坡施工中,将边坡防护参数中的锚杆间距 1.5m × 1.5m 调整为 1.2m × 1.2m;锚杆长度

4.5m；设双层 ϕ6.5mm 钢筋网、间距 20cm×20cm；喷混凝土厚度为 15cm；采用在锚喷支护的基础上增加小导管注浆加固的处理方法，小导管长度 3.5m，数量将根据现场实际情况确定。

（2）地表注浆加固

地表注浆加固机理是采用压力将浆液压注到地层中的空穴、裂缝、孔隙里，凝固后将岩土或土颗粒胶结为整体。

左线隧道进口 100m 长度内，在左侧山坡和右侧距离隧道外轮廓 4m 范围内，进行了地表钻孔，置入 ϕ75mm 塑料花管，管内注水泥浆，在山坡处的注浆孔内，插入 ϕ22mm 钢筋以加强坡体整体性和稳定性，形成地表锚杆群桩。以 2m×2m 的间距布置，深度根据覆盖层厚度而定，距开挖洞顶 0.8m。注浆管上的注浆孔在注浆管最上端 1m 范围外布设，如图 2-31 所示。

加固处理时，先在洞外设置排水沟，并将洞外山坡地表水排干引走，且在适当位置设置截水沟。在山坡上布设位移观测网，加强量测工作，监测山坡位移情况，以便及时调整施工组织。

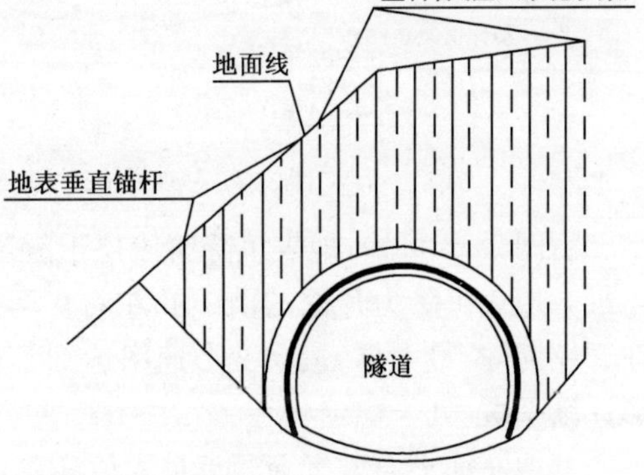

图 2-31 浅埋偏压洞口段地层加固示意图

（3）反压土石方及反压挡土墙

在进洞口左侧平台原部分隧道弃渣堆上砌筑 M10 浆砌片石挡土墙，挡土墙高度与隧道拱顶开挖线平齐，在挡土墙与山体之间进行反压土石方回填。回填的土石方及原隧道弃渣均可对隧道的偏压起到反压作用，保证偏压山体隧道施工过程中和隧道运营过程中的稳定。

3）洞内处理方案

（1）大管棚施工

由于在洞顶局部进行了注浆处理，管棚全部成孔，其施工顺利完成。其施工方法及工艺详见本章 2.4.3 节。

（2）隧道开挖及支护

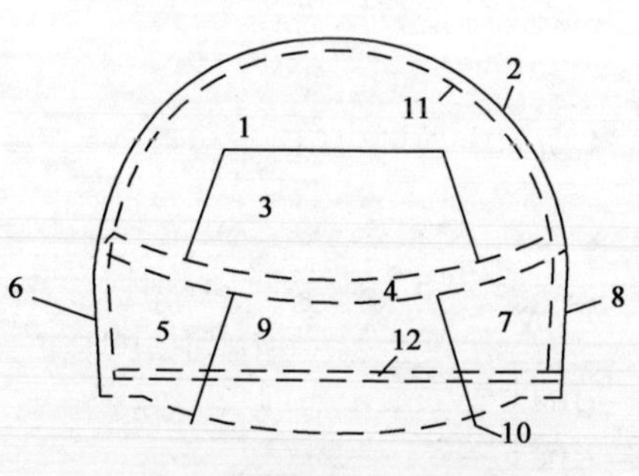

图 2-32 台阶法预留核心土开挖顺序

1-上断面部分开挖；2-上断面支护；3-核心土开挖；4-临时仰拱施工；5-下断面单侧边墙导洞开挖；6-边墙支护；7-下断面另侧边墙导洞开挖；8-边墙支护；9-下断面核心土开挖；10-仰拱支护；11-二次衬砌混凝土施工；12-路面施工

采用预留核心土台阶法进洞开挖。超前支护做好后进行开挖，每步开挖完成以后立即进行相应的支护处理，具体的开挖和支护步骤，如图 2-32 所示。

①上断面开挖及支护。进洞开挖作业前，在拱部 138°范围内采用超前注浆小导管进行超前支护（在超出管棚作业面的位置）。超前导管具体施作步骤：风钻钻孔，超前小导管环向间距 30cm，采用 5°～30°的仰角打入，孔深 5m，1.5m/环，搭接长度不小于 1m；钻孔完成后，将孔内石渣等清理干净，注双液浆。

②下断面开挖及支护。下断面开挖前，在偏压一侧施作超前注浆小导管；下部开挖后，及时施作下部初期支护。其施作次序为：初喷 3cm 厚混凝土、安装钢拱架、设钢筋网、补喷混凝土将钢架覆盖等。

4)监控量测

项目部组织专门的量测机构对地表变形、洞内拱顶下沉进行了监测。

(1)地表沉降监测(典型测点)

浅埋偏压洞口段地表典型沉降2006年2~6月的监测结果,如图2-33所示。

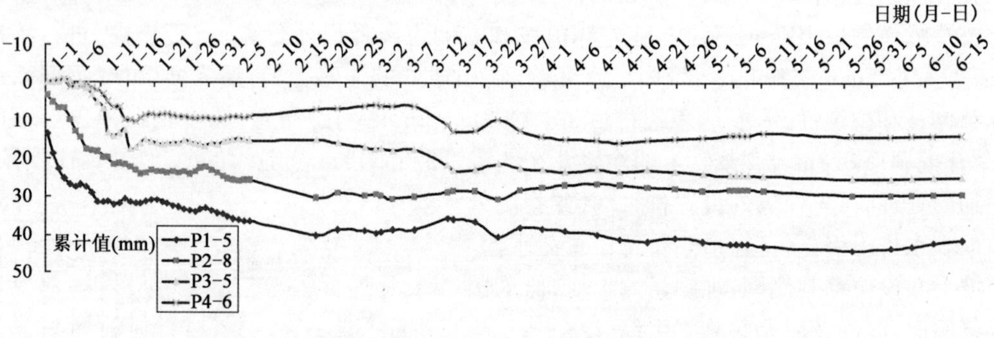

图2-33　浅埋偏压洞口段2006年地表典型沉降测点历时曲线图

由图2-33可知:地表沉降阶段位于隧道开挖阶段,历时近1个月后沉降已基本上稳定,产生最大地表沉降为开挖的前10d左右。至开挖结束3个月后的,地表稳定已完全稳定下来。在开挖期间,最大日、最大变形速率达到了7.4mm/d。但在施作初期支护及掌子面推远后,变形逐渐平缓,处于稳定状态。

其他断面上典型沉降测点最大值亦基本上在20~30mm之间,沉降历时曲线亦基本上与第一、二断面上测点同,在开挖后三个月已基本稳定。

地表沉降最大值与地表的埋深亦相关。距洞口愈近埋深较浅偏压愈大的地段,地表沉降值亦较大;对于隧道埋深较大地段,地表沉降值要较小。

自横断面上埋点距离分析,浅埋偏压洞口段施工对地表的横向影响范围约为1.5D(D为洞径)。

自地表沉降监测结果分析:在采用地表洞口加固措施后,本浅埋偏压洞口段施工对地表的影响有限,所采用的施工方法是有效的。对地表的影响不大,在控制之列。

(2)洞内拱顶沉降监测(典型测点)

浅埋偏压洞口段洞内拱顶典型沉降监测结果,如图2-34所示。

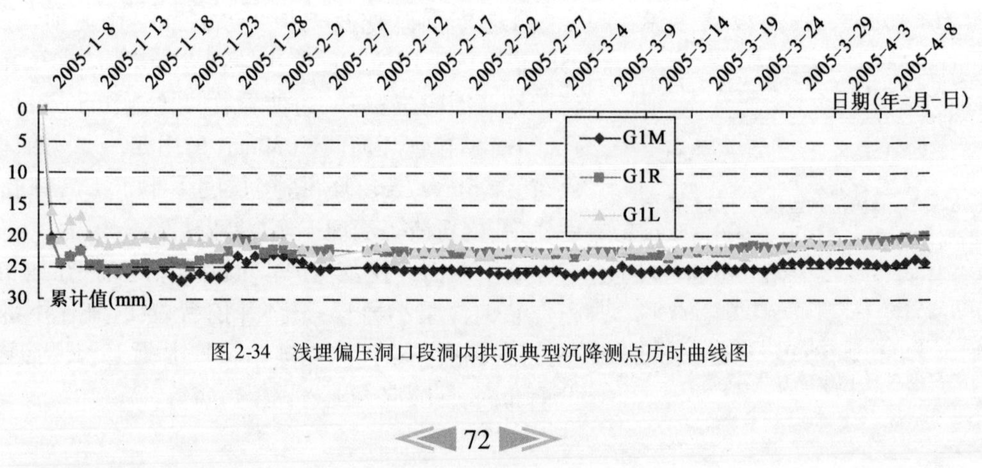

图2-34　浅埋偏压洞口段洞内拱顶典型沉降测点历时曲线图

该典型断面上三拱顶沉降监测历时已达3个月。

从图2-34可以看出,该拱顶断面自初期(开挖后1星期内)产生了近20mm的拱顶沉降后,在其后近80d的时间内几乎没有沉降产生,表现在时程图上是三拱顶沉降曲线曲率无大的起伏或变化,曲线基本上成平行于时间轴的方向发展。

该断面上拱顶沉降值稳定在23mm左右,其最大拱顶累计沉降值为23.82mm。另外,在二次衬砌施工前的一个星期内,拱顶最大累计沉降为0.88mm,小于1mm/周的衬砌施工允许沉降量。

5)结语

"进洞难"在浅埋偏压隧道中体现得尤为明显,此时更应注意加强超前支护,坚持短进尺、弱爆破、强支护、尽早闭合成环,并且加大监控量测的密度和力度,随时关注围岩位移发展的最新动态。在该隧道偏压、浅埋段处理方案的选择中,结合现场条件,经过分析论证,选出最优的处理方案。实践证明,采用砂浆锚杆配合小导管注浆加固边仰坡、偏压处反压回填、地表注浆配合管棚成型、台阶法预留核心土开挖、洞内拱部超前注浆小导管、径向注浆小导管、锁脚小导管注浆及临时仰拱支护等项技术,在浅埋、偏压、围岩严重破碎的不利地质条件下,实现了安全进洞,保证了施工的安全,确保了工期,同时也节约了项目开支。

第3章　浅埋软弱地层大跨隧道施工技术

随着我国公路建设的发展，大跨度多车道公路隧道由于具有线形顺畅、引线线路少、占地面积少等特点，越来越受到青睐，无论其数量，还是其施工技术水平、工程质量、施工安全、工程降价等方面都有了长足提高。但由于其跨度大、结构复杂，尤其是浅埋隧道一般隧道覆盖层较浅，由于风化和地下水侵蚀等作用，围岩条件一般较为破碎和软弱，自稳能力差，通常级别在Ⅳ～Ⅵ级，给设计和施工带来诸多困难。

隧道浅埋和深埋的分界，一般可按《公路隧道设计规范》推荐公式进行判断，或者按埋深与隧道跨度之覆跨比值粗略计算。如隧道拱顶覆盖厚度与隧道洞跨比小于2～2.5，可认为属于浅埋隧道。

大跨隧道一般指的是隧道开挖跨度大于15m的隧道。当隧道开挖跨度较大时，如果围岩较差，施工不当，极易引起隧道塌方冒顶。

因此，在浅埋地层大跨隧道施工过程中必须掌握相关施工关键技术，依照程序、合理选择、科学施工以确保施工进度及施工安全。

3.1　隧道施工关键技术

浅埋隧道施工首先必须了解水文地质情况，加强超前地质预测预报，并针对地质情况及大跨的特点，采取合理的开挖方式，采取分步开挖，将大跨变小跨。根据埋深浅的工程特点，在施工中应加强支护措施，限制结构和地表变形。因此，对于地层软弱破碎的大跨隧道，隧道开挖后围岩没有自稳时间，或自稳时间很短，没有时间完成初期支护，必须采用强预支护技术，即采用超前管棚、小钢管、插板、超前锚杆等构件与钢拱架构成预支护结构体系，或采用改良地层的方法提前加固围岩。高强度的初期支护和及时的二次衬砌，能够有效控制浅埋隧道围岩变形和地表位移，确保施工安全。

因此，浅埋大跨隧道施工要解决的最关键的问题是结构稳定性和合理化施工（安全而快速施工）两大问题。

3.1.1　开挖方法及其适用性

1）开挖方法的选择

（1）浅埋软弱破碎地层大跨隧道开挖方法选择原则

隧道施工应本着“安全、有序、优质、高效”的指导思想，符合“安全环保、工艺先进、质量优良、进度均衡、节能降耗”的要求，按照“保护围岩、内实外美、重视环境、动态施工”的原则组织施工。

开挖方法的选择应遵循以下原则：

①先探后挖的原则，即先探明工程地质、水文地质情况，选择合理的开挖方法。

②通过降水、注浆、冷冻、超前支护等辅助工法对软弱地层进行改良，以提高围岩稳定性。

③为确保施工安全，将大断面划成小断面进行施工。

④认真按照新奥法施工原理，认真做到短进尺、强支护、早封闭、勤量测。

⑤应尽量采用新技术、新工艺、新设备、新材料。

(2)选择隧道开挖方法的基本要素

①施工条件：应根据施工队伍所具备的施工能力、技术水平、装备条件、工作经验以及管理水平等，选择合理的开挖方法。

②地质条件：包括地层、岩性、地质构造、岩体结构、地下水及不良地质现象等。围岩级别是对围岩工程性质的综合判定，对开挖方法的选择起着重要的作用。

③隧道断面积：隧道断面尺寸和形状，对施工方法选择也有一定的影响。在浅埋软弱地层大跨隧道施工中，多采用台阶法、双侧壁导坑等化大断面为小断面的开挖施工方法。

④埋深：隧道埋深与围岩的初始应力场及多种因素有关，通常将浅埋又分为超浅埋和浅埋两类。在同样地质条件下，由于埋深的不同，施工方法也将有很大差异。

⑤工期：作为设计条件之一的施工工期，在一定程度上会影响基本施工方法的选择。因为工期决定了在均衡生产的条件下，对开挖、支护、运输等综合生产能力的基本要求，即对施工均衡速度、机械化水平和管理模式的要求。

⑥环境条件：当隧道施工对周围环境产生如振动、地表隆沉、噪声、地下水条件的变化等不良影响时，环境条件也应成为选择隧道施工方法的重要因素之一，在城市市区条件下，甚至会成为选择施工方法的决定性因素。

(3)隧道开挖方法

浅埋软弱地层大跨隧道施工的过程和方法是多种多样的，目前钻爆法施工的常用的井挖方法为台阶法、中隔壁法(CD 法)，交叉中隔壁法(CRD 法)、双侧壁导坑法四种。

2)台阶法

台阶法施工是将隧道结构断面分成两个或几个部分，即分成上下两个工作面或几个工作面分部进行开挖施工方法。

台阶法适用于浅埋 III ~ IV 级围岩大跨隧道开挖施工，可根据工程实际、地质条件及机械设备配套等选择合适的台阶法施工，但支护条件应予以加强。

(1)两台阶法

①施工方法。两台阶开挖法是将隧道设计断面自上而下分两台阶开挖，台阶间控制一定距离，采用同时并进的隧道开挖施工方法，一般用在 III ~ IV 级围岩地段。其施工方法如图 3-1 所示。

该开挖施工方法的优点是对地质变化的适应性较强，工序转换较容易，并能较早地使初期支护闭合，有利于控制沉降。上台阶长度一般应控制在 1 倍洞径(D)以内，为及早使初期支护封闭成环,改善初期支护受力条件,当围岩较稳定,短台阶能保持时,台阶长度亦可适当缩短至3～5m,上下台阶同时钻眼爆破,以起到加快施工进度,减少设备配置的目的。

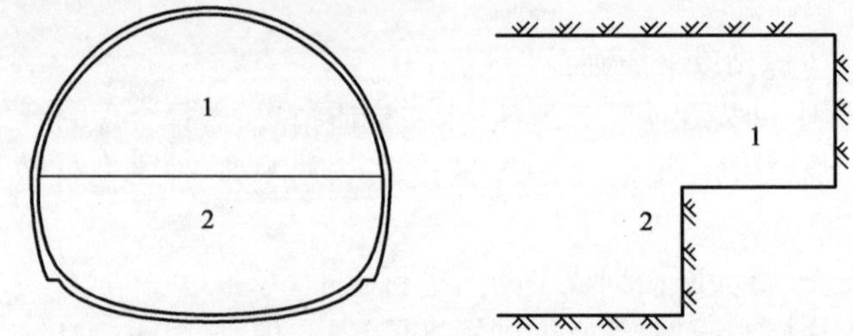

a)台阶法开挖横断面示意图　　b)台阶法开挖纵断面示意图

图3-1　上下两步台阶法施工示意图

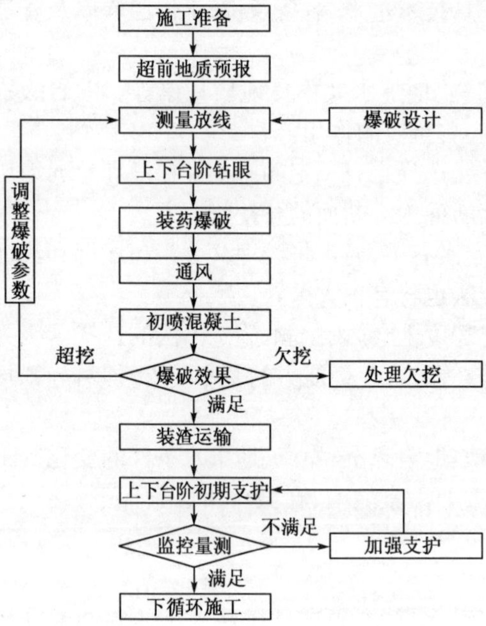

图3-2　上下台阶法开挖施工工序流程图

②施工工序流程图。台阶法开挖施工工序流程,如图3-2所示。

③施工要点。a. 根据围岩条件合理确定台阶长度和台阶数量,台阶长度一般为3～5m(或5～7m),台阶长度超过1倍开挖洞径就要及时封闭。台阶高度根据地质情况、隧道断面大小和施工机械设备配套等情况确定,上台阶高度宜为2.5m。b. 上台阶施作钢拱架时,采用扩大拱脚和锁脚锚杆(管)等措施,控制围岩和初期支护变形,必要时施作临时仰拱。c. 下台阶在上台阶喷射混凝土达到设计强度70%以上时开挖,当岩体不稳定时需缩短进尺,必要时分左、右两部错开开挖。初期支护要紧跟,下台阶及时封闭。d. 施工中应解决好上下台阶的施工干扰问题,下部施工应减少对上部围岩、支护的扰动。e. 下台阶施工时要保证初期支护钢架整体顺接平直,螺栓连接牢固。f. 钢拱架必须落在实处,严禁悬空或落在虚渣上。

(2)两台阶环形开挖预留核心土法

所谓预留核心土,主要针对隧道一次开挖断面大,围岩软弱,自稳能力差时,为避免在开挖爆破过程中的震动使掌子面产生小部分坍塌或是较大的塌方所采取的一种方法。具体操作为在开挖时,分上下台阶开挖,在上台阶开挖时,将上台阶的中间部分的土保留,不予开挖,达到稳定开挖工作面目的。

环形开挖预留核心土法是先开挖上部导坑弧形断面留核心土平台,再开挖下部两侧边墙、中部核心土的隧道开挖方法,如图3-3所示。该方法一般适用在双线隧道Ⅲ～Ⅳ级围岩地段施工。

预留核心土施工应符合下列规定:

a. 环形开挖进尺宜为0.5～1.0m,核心土面积应不小于整个断面面积的50%。

b. 开挖后应及时施作喷锚支护、安设钢架支撑，相邻钢架必须用钢筋连接，并应按设计要求施工锁脚锚杆。

c. 围岩地质条件差，自稳时间短时，开挖前应按设计要求进行超前支护。

d. 核心土与下台阶开挖应在上台阶支护完成后，喷射混凝土强度达到设计强度的70%后进行。

①施工工序流程图。环形开挖预留核心土施工工序流程如图3-4所示。

图3-3　环形开挖预留核心土法图示

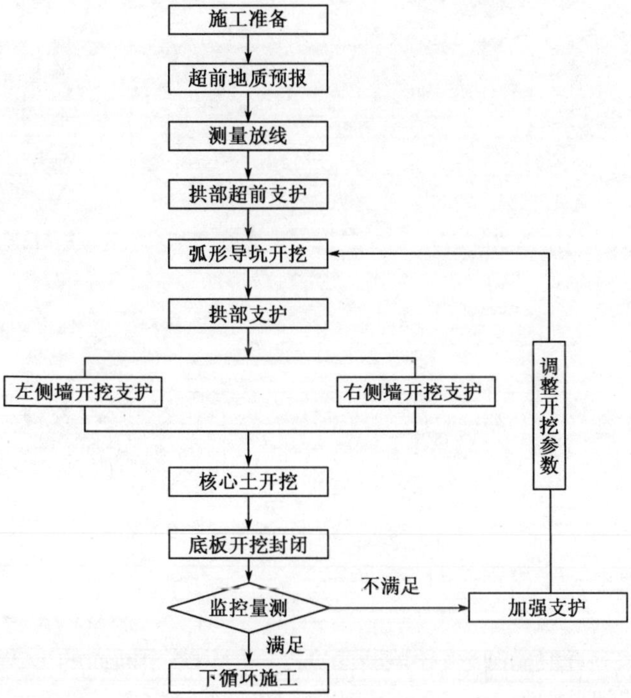

图3-4　环形开挖预留核心土施工工序流程图

②施工要点。

a. 开挖前应在拱部进行超前支护，环形开挖每循环长度0.5～1m，开挖后及时施作喷锚支护、安装钢架支撑。

b. 每两榀钢架之间采用钢筋连接，并设置锁脚锚杆（管），全断面初期支护封闭要紧跟下台阶核心土的开挖施作。

c. 预留核心土面积大小根据围岩地质情况，便于施工和满足开挖面的稳定。

d. 上部弧形，左、右侧墙部，上部核心土开挖各错开3～5m进行平行作业。

3）双侧壁导坑法

双侧壁导坑法是采用先开挖隧道两侧导坑，及时施作导坑四周初期支护及临时支护，必要时施作边墙衬砌，然后再根据地质条件、断面大小，对剩余部分采用二台阶或三台阶开挖的方法，其实质是将大跨度的隧道变为三个小跨度的隧道进行开挖。

该法施工进度较慢，成本较高，但其在施工安全尤其在控制地表下沉方面，优于其他施工方法。此外，由于两侧导坑先行，能提前排放隧道拱部和中部土体中的部分地下水，为后续施工创造条件。因此，城市浅埋、软弱、大跨隧道和山岭软弱破碎、地下水发育的大跨隧道可优先选用双侧壁导坑法。

（1）施工工序流程图

双侧壁导坑法施工工序断面图如图 3-5 所示。

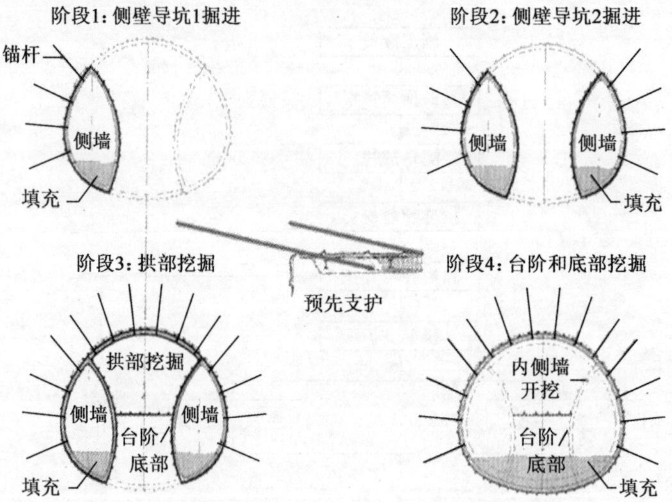

图 3-5　双侧壁导坑法断面分块开挖示意图

双侧壁导坑法施工工序流程如图 3-6 所示。

（2）施工要点

①侧壁导坑形状应近似椭圆形，导坑断面宽度一般为整个断面的 1/3。

②两侧侧壁导坑超前中部 10～20m，可独立同步开挖支护，中部采用台阶法开挖，保持平行作业。

③导坑开挖后应及时进行初期支护及临时支护，设置锁脚锚杆，并尽早封闭成环。

④中部开挖完成后，要及时施作初期支护，尽快使全断面初期支护封闭成环。

⑤为了稳定工作面，经常和超前预注浆等辅助施工措施配合使用。

⑥根据监控量测，初期支护稳定后，拆除或倒换临时支护，一次作业长度宜为 6～12m，并加强监控量测。

双侧壁导坑法开挖施工图片如图 3-7、图 3-8 所示。

由于双侧壁导坑施工工序繁多，工作面狭小、不利于机械化施工，因此，极大地限制了施工进度，故一般用于围岩极其软弱，且具有较大压力时采用。

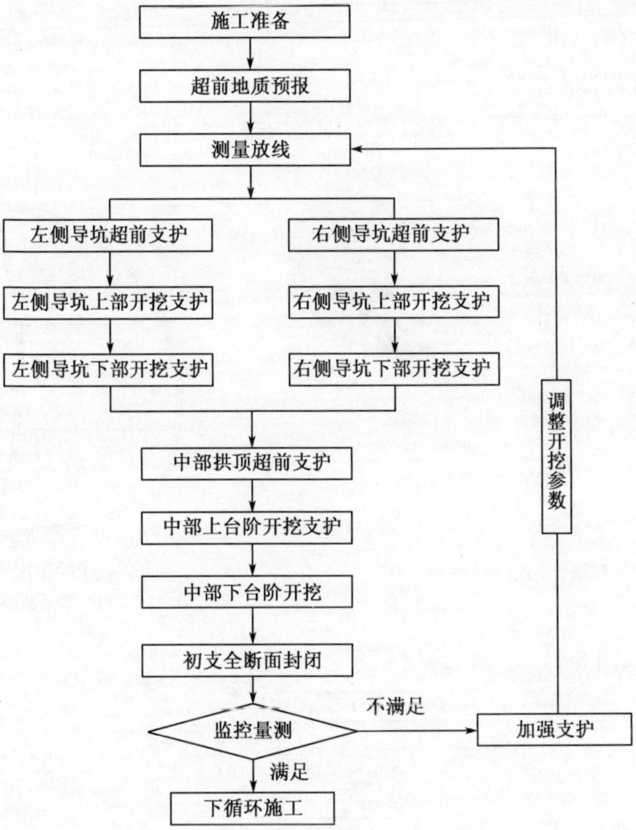

图 3-6　双侧壁导坑施工工序流程图

图 3-7　双侧壁导坑法洞口段施工

图 3-8　双侧壁导坑法洞内段施工

4) 中隔壁法(CD 法)

中隔壁法(CD 法)是将隧道断面左右一分为二,先挖一侧,并在隧道中部设立利用钢支撑及喷混凝土的临时支撑隔墙,当先开挖一侧超前一定距离后,再开挖另一侧的隧道开挖方法,如图 3-9 所示。

该法变大跨为小跨,使断面受力更合理,对减少沉降,保证隧道开挖安全、可靠具有良好效果。施工过程中，为保证初期支护稳定，除喷锚支护外，须增加型钢或钢格栅支撑，并采用超前大管棚、超前锚杆、超前注浆小导管、超前预注浆等一种或多种辅助措施进行超前加固。

(1)施工工序流程图

中隔壁法施工工序横断面示意图如图3-10所示。

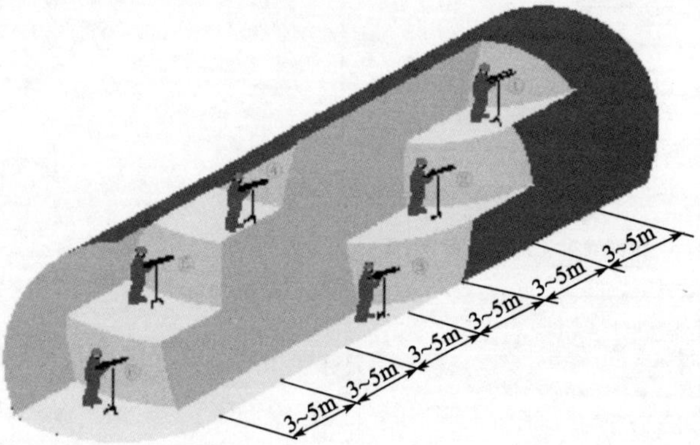

图3-9　中隔壁法开挖施工工序示意图

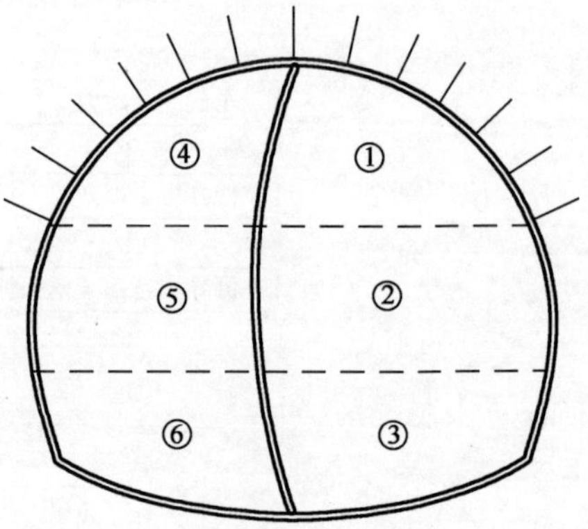

图3-10　中隔壁法施工工序横断面示意图

注:图中数字表示开挖顺序

施工工序流程如图3-11所示。

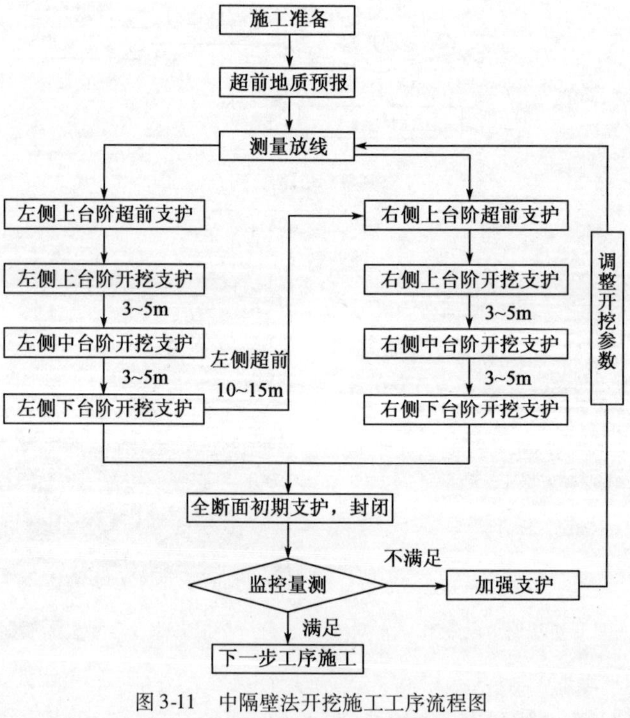

图3-11　中隔壁法开挖施工工序流程图

(2)施工要点

①左右部的台阶开挖高度根据地质情况及隧道断面大小而定。

②左、右两侧洞体施工纵向拉开间距不大于15m。

③台阶开挖长度3~5m，及时施作初期支护和中隔壁临时支护。各工作面每循环进尺为

1 榀拱架的距离。

④后一侧开挖形成全断面时,应及时完成全断面初期支护闭合。

⑤中隔壁设置为弧形临时支护,隧道左右开挖面初期支护连接平顺,确保钢架连接状态良好。

⑥根据监控量测信息,初期支护稳定后拆除中隔壁临时支护,拆除长度应根据量测结果确定,并加强监控量测。

⑦临时支护拆除后及时施作隧道仰拱和二次衬砌。

采用中隔壁法开挖施工如图 3-12 所示。

图 3-12 中隔壁法开挖施工照片

采用中隔壁法进行软弱地层开挖施工,断面较小,只能采用小型机械或人工开挖及运输作业,工序多,施工进度较慢,且对于需采取爆破开挖施工时,易造成中隔墙受损,应严格控制装药量。

5)交叉中隔壁法(CRD 法)

当采用中隔壁法(CD 法)仍然无法保持围岩稳定和隧道施工安全时,可采用交叉中隔壁法开挖。交叉中隔壁法又称 CRD 工法,是将大断面隧道分部分块开挖,先开挖隧道一侧的 I 和 II 部并施作封闭的初期支护和临时支撑,再开挖隧道另一侧的 I 和 II 部分且施作封闭的初期支护和临时支撑,最后分别开挖隧道左右两块底部,形成隧道初期支护和临时支撑网状封闭稳定支护形式的隧道开挖施工方法。

该法的特点是各分部增设临时仰拱和两侧交叉开挖,每步封闭成环,且封闭时间短,以抑制围岩变形,达到围岩沉降可控,初期支护安全稳定的目的。该法除喷锚支护及增设足够强度和刚度的型钢或钢格栅支撑外,还应采用多种辅助措施进行超前加固。

(1)施工工序流程图

交叉中隔壁法施工工序横断面示意图,如图 3-13 所示。

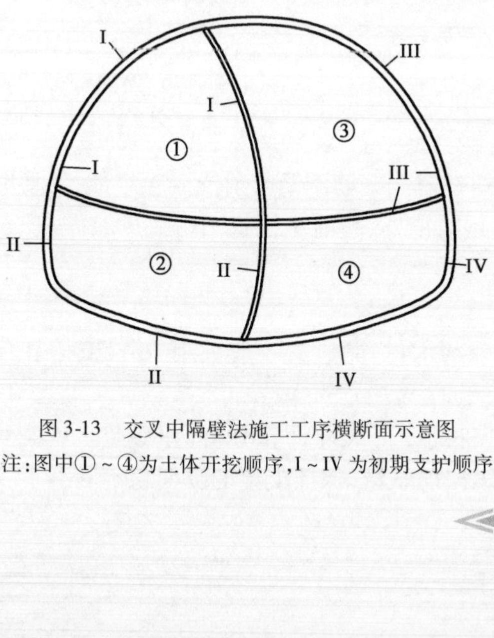

图 3-13 交叉中隔壁法施工工序横断面示意图

注:图中①~④为土体开挖顺序,I~IV 为初期支护顺序

交叉中隔壁法施工工序流程如图 3-14 所示。

(2)施工要点

①隧道按左右部分块实施开挖,每块小断面开挖高度根据地质条件和施工设备而定,各工作面每循环进尺为 1 榀拱架的距离。

②每块小断面开挖长度 3~5m,及时设置临时仰拱封闭、步步成环,尽量缩短成环时间,必要时进行掌子面临时封闭。

③中隔墙设置为弧形临时支护,隧道左右开挖小断面水平临时支护保持对接一致,螺栓连接牢固,及时施作锁脚锚杆(管)。

④根据监控量测信息,初期支护稳定后拆除

临时支护，拆除长度应根据量测结果确定，但一次拆除长度不超过15m，并加强监控量测。

⑤临时支护拆除后及时施作隧道仰拱和二次衬砌。

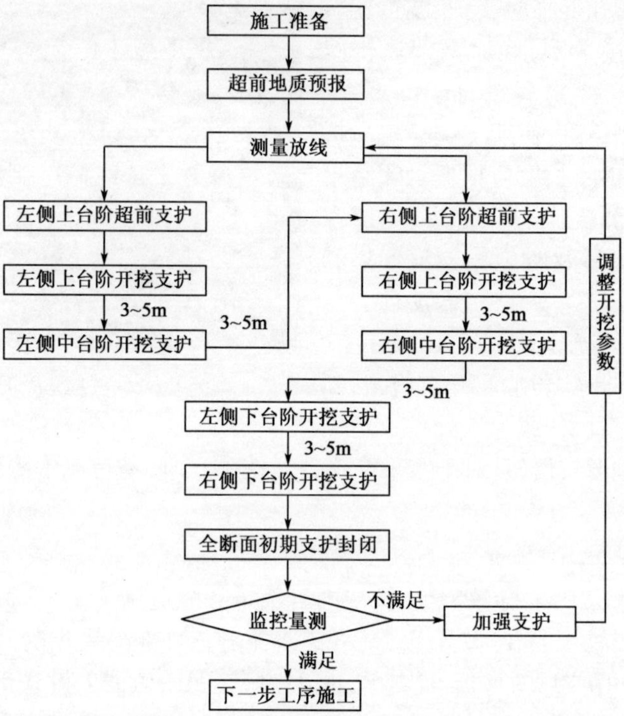

图3-14　交叉中隔壁法工序流程图

对于浅埋软弱破碎地层大跨隧道开挖施工，各种方法都有各有特点及适应性，施工中要根据工程地质特点、工期要求、周边环境以及加固改良情况选择合理的开挖方法。

根据施工经验，从工程造价和施工的速度考虑，为确保安全和经济效果，浅埋软弱破碎地层大跨隧道开挖在地层经过辅助工法如：首选注浆、降水等改良后应优先采用正台阶法；次之选用单侧壁或双侧壁导坑法；当洞身跨度较大，环境要求高，沉降难以控制时，应选用中隔壁法（CD法）或交叉中隔壁法（CRD法）。

3.1.2　初期支护

1）初期支护组成

浅埋软弱地层大跨隧道初期支护，一般由钢支撑、锚杆、钢筋网及喷射混凝土组成，必要时可采用钢纤维喷射混凝土或采用辅助施工措施（如超前锚杆、超前小钢管、管棚、砂浆锚杆、深孔预注浆）和锚喷支护相结合的支护。

（1）钢拱架

钢拱架具有承载力大，经久耐用，占用空间小，节约木材等优点，一般采用10～20号工字钢、槽钢或钢筋（格栅钢架）制成。

钢支撑的间距应根据围岩压力的大小和支撑杆件的断面尺寸计算分析，并参照工程类比予以确定，一般为0.6～1.2m。各排钢拱之间应用纵向筋联结，保证支撑的纵向稳定。

(2)锚喷支护

锚喷支护可以充分发挥围岩的自承能力,并有效地利用洞内的净空,既提高了作业的安全性,又提高了作业效率。

喷锚支护具有以下特点:

①灵活性:喷锚支护是由喷射混凝土、锚杆、钢筋网等支护部件进行适当组合的支护形式,既可以单独使用,也可以组合使用。其组合形式和支护参数可以根据围岩的稳定状态,施工方法和进度,隧道形状和尺寸等加以选择和调整。既可以用于局部加固,也可整体加固;既可以一次完成,也可分次完成。

②及时性:喷锚支护能在施作后迅速发挥作用。喷射混凝土和锚杆都具有早强性能,需要时就能起作用;喷射混凝土和锚杆可以最大限度紧跟开挖施工,甚至可以利用锚杆进行超前支护。

③密贴性:喷射混凝土能与坑道周边的围岩全面、紧密地黏结。因此,可以抵抗岩块之间沿节理的剪切和张裂。

④深入性:锚杆能深入围岩体内部一定深度,对围岩起约束作用。

⑤柔性:锚喷支护属于柔性支护,可以较便利地调节围岩变形,允许围岩作有限的变形,允许围岩塑性区有适度的发展,以发挥围岩的自承能力。

⑥封闭性:喷射混凝土能全面及时地封闭围岩,不仅阻止洞内潮气和水对围岩的侵蚀作用,减少膨胀性岩体的潮解软化和膨胀,而且能够及时有效地阻止围岩变形,使围岩较早地进入变形收敛状态。

(3)锚喷支护的作用和效果

锚喷支护的作用和效果见表3-1。

锚喷支护的作用和效果 表3-1

锚杆的作用和效果	支承围岩:限制约束围岩变形,向围岩施压,使洞室内表面附近围岩保持三轴应力状态,可制止围岩强度的恶化
	加固围岩:使围岩中尤其是松动区中的节理裂隙、破裂面等得以联结,加大锚固区围岩强度,有助于裂隙岩体和松动区形成整体,形成“加固带”
	提高层间摩阻力,形成“组合梁”:对水平或缓倾斜的层状岩,用锚杆群可把数层岩层连在一起,增大层理间摩阻力,形成“组合梁”
	“悬吊”作用:为防止个别危岩的掉落或滑落,用锚杆将其同稳定围岩联结起来
喷射混凝土的作用及其效果	支承围岩:喷层与围岩密贴,给围岩表面以抗力和剪力,防止围岩强度恶化;喷层本身的抗冲切能力阻止不稳定块体的滑塌
	“卸载”作用:喷层属柔性可有控制地使围岩在不出现有害变形的前提下,进行一定程度的变形,从而使围岩“卸载”
	填平补强围岩:喷射混凝土可射入围岩张开的裂隙,填充表面凹穴,有利于防止围岩松动,避免或缓和围岩应力集中
	覆盖围岩表面:喷层直接粘贴在岩面,形成风化和止水的防护层,并阻止节理裂隙中充填物流失
	阻止围岩松动:喷层可紧跟掘进进程,早期强度较高,能及时向围岩提供抗力,阻止围岩松动
	分配外力:通过喷层把外力传给锚杆、钢拱架等,使支护结构受力均匀分担

续上表

钢筋网及钢纤维的作用及其效果	防止收缩裂隙或减少裂隙数量和限制裂缝宽度
	提高支护的抗震能力
	使喷层应力得到均匀分布,改善变形性能,增强锚喷支护的整体性
	增强喷层的柔性
	提高喷层所承受剪力和拉力
	加强限制围岩变形
	作为超前支护的后支点
	承受部分松弛荷载

锚喷支护应配合光面爆破等控制爆破技术,使开挖断面轮廓平整、准确,便于锚喷成型,并减少回弹量;减轻爆破对围岩的松动破坏,维护围岩强度和自承能力,使其受力良好。目前,锚喷支护结构的设计和施工,已积累了不少经验。锚喷支护结构设计和施工除了计算之外,还依赖于“经验类比”。还有很多需要进一步研究的问题。例如,支护结构设计理论、支护形式和时间的合理确定、施工控制、低温下喷混凝土的成型等问题。此外,锚喷支护的使用也是有一定条件的,在围岩的自承能力差、有涌水及大面积淋水处、地层松软处就很难成型。

2)*初期支护施工*

初期支护应紧跟隧道开挖作业面及时施作,并及时封闭成环。隧道支护施工前,应确定支护紧跟开挖的时间、距离及工序搭接要求;确定喷射混凝土前基面标准和设置喷混凝土厚度控制标志;选择基面出水点处理措施;确定锚杆、钢架、钢筋网的加工、运输、安装方案;确定改善作业环境的措施及人员防护方案;选择满足上述要求的施工组织和各项资源配置,同时进行试运行确认其有效性。

初期支护施工的一般工序流程为:初喷混凝土→架设钢拱架→挂钢筋网→喷混凝土→打设系统锚杆(管)及锁角锚杆(管)→喷射混凝土至设计厚度。

(1)初喷混凝土

初喷混凝土是隧道开挖后,立即对岩面进行喷射混凝土作业,以防因岩面暴露而引起岩体发生松弛。

初喷混凝土一般厚度在5~8cm,喷射前先检查开挖断面净空尺寸,对开挖面的危石进行清除,并设专人随时观察围岩变化情况,当受喷面有涌水、淋水、集中出水点时,先进行引排水处理,并用高压风吹净岩面。

(2)钢拱架施工

钢拱架是在隧道开挖初期支护期间,为使围岩保持稳定而按照隧道开挖轮廓线布设的钢格栅或型钢等制成的支护骨架结构,钢拱架安装后可达到支撑围岩稳定,限制围岩变形的目的,它通常与钢筋网、喷射混凝土等结合一起共同受力。钢拱架应在初喷混凝土后及时架设。钢拱架所用钢材的规格、型号、材质满足设计要求和国家有关现有技术标准的规定。钢拱架不宜在受力较大的拱顶及其他受力较大的部位分节。格栅钢拱架的主筋直径不宜小于25mm,且焊接应符合设计要求。

①钢拱架安装应符合下列条件:

a. 安装前应清除底脚的虚渣及杂物。

b. 安装允许偏差：横向和高程为 ±5cm，垂直度为 ±2°。

c. 各节钢拱架间应以螺栓连接，连接板应密贴，连接板局部缝隙不超过 2mm。

d. 钢拱架外缘应与基面密贴，如有缝隙应每隔 2m 用钢楔或混凝土预制块楔紧。

e. 钢拱架之间宜用直径为 22mm 的钢筋采用焊接方式连接，环向间距符合设计要求。

②钢拱架施工工序流程可参照图 3-15 所示。

格栅钢拱架支护图如图 3-16 所示。

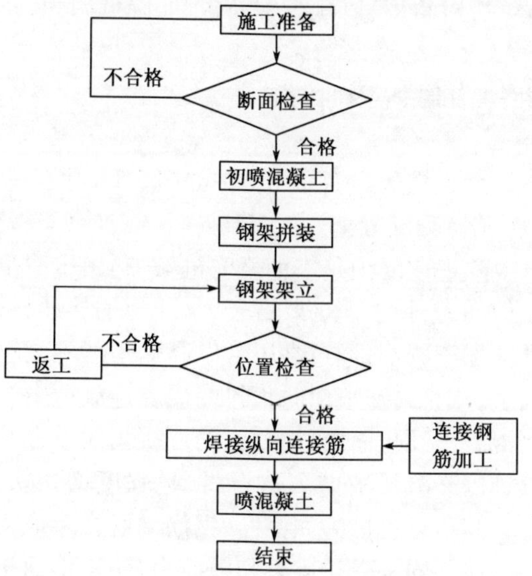

图 3-15 钢架施工工序流程图

图 3-16 格栅拱架支护效果图

③钢拱架的施工应符合下列要求：

a. 制作。钢拱架按设计尺寸在洞外下料分节焊接制作，制作时严格按设计图纸进行，保证每节的弧度与尺寸均符合设计要求，每节两端均焊连接板，节点间通过连接板用螺栓连接牢靠，加工后必须进行试拼检查，严禁不合格品进场。

b. 安装。钢拱架应按设计要求安装，安装尺寸允许偏差应满足规定。当拱脚开挖超深时，加设钢板或混凝土垫块，安装后利用锁脚锚杆锁定；超挖较大时，拱背喷填同级混凝土，以使支护与围岩密贴，控制围岩变形的进一步发展。两排钢架间用 ϕ22mm 钢筋拉杆纵向连接牢固，环向间距 1m，以便形成整体受力结构。

钢拱架安装时，应严格控制其内轮廓尺寸，且预留沉降量，防止侵入衬砌净空。钢拱架应全部被喷射混凝土覆盖，保护层厚度不得小于 40mm。

(3)钢筋网施工

在喷射混凝土中增设钢筋网，可以防止受喷面由于承受喷射力而塌落，减少回弹量、喷射混凝土层的开裂，增强初期支护的整体作用，通常与锚杆或钢架焊接成一体。钢筋网一般采用 ϕ4 ~ 8mm 的圆钢筋事先电焊成 150mm × 150mm 的片状网格，钢筋网片不宜过大一般为 1m × 2m，一般在洞外加工完成后运入洞内使用。

钢筋网铺设应符合下列要求：

①钢筋网宜在初喷混凝土后铺挂，使其与喷射混凝土形成一体，底层喷射混凝土的厚度不小于4cm。

②砂土层地段应先铺挂钢筋网，沿环向压紧后再喷混凝土。

③采用双层钢筋网时，第二层钢筋网应在第一层钢筋网被混凝土覆盖后铺设，其覆盖厚度不应小于3cm。

④钢筋网可利用风钻气腿顶撑，以便贴近岩面，钢筋网应与锚杆或其他固定装置连接牢固，和钢架绑扎时应绑在靠近岩面一侧。

⑤喷射混凝土时，应调整喷头与受喷面的距离、喷射角度，以减少钢筋振动，降低回弹，并保证钢筋网喷混凝土保护层厚度不小于4cm。

⑥喷射中如有脱落的石块或混凝土块被钢筋网卡住时，应及时清除。

⑦网片与网片间搭接长度应为1~2个网格。

图3-17　型钢拱架与钢筋网支护

型钢拱架与钢筋网支护如图3-17所示。

(4)喷混凝土

喷射混凝土是借助喷射机械，利用压缩空气做动力，将水泥、砂、石子、水配合的拌和料，并掺加速凝剂，通过高压管以高速喷射到受喷面上，依靠高速喷射时集料的反复连续撞击压密混凝土硬化而成，使喷射的混凝土能够在几分钟内终凝形成的人造石材，且强度增长快，并与其他支护措施如锚杆、钢筋网联合形成支护整体共同承受拉应力和剪应力，使工作面土体大幅度地提高承载力，快速稳定。

①原材料要求。

a.水泥，应优先采用普通硅酸盐水泥，也可采用矿渣硅酸盐水泥；在软弱围岩中宜选用早强水泥。水泥强度等级不得低于42.5R，使用前应做强度复测试验。

b.速凝剂，必须采用质量合格的产品。应注意保管，不使其变质。使用前应做速凝效果试验，要求初凝不超过5min，终凝不超过10min。应根据水泥品种、水灰比等，通过试验确定速凝剂的最佳掺量，并应在使用时准确计量。

c.砂，喷射混凝土应采用硬质洁净的中砂或粗砂，细度模数宜大于2.5，含水率一般为5%~7%，使用前应一律过筛。

d.石料，采用坚硬耐久的碎石或卵石，粒径不宜大于15mm，钢纤维喷射混凝土的碎石粒径不应大于10mm，且级配良好。当使用碱性速凝剂时，石料不得含活性二氧化硅。

e.水，水质应符合工程用水的有关标准，水中不得含有影响水泥正常凝结与硬化的有害杂质。

f.采用钢纤维喷射混凝土时，其钢纤维可用普通碳素钢，其抗拉强度不得低于308MPa，且不得有油渍及明显的锈蚀，钢纤维直径宜为0.3~0.5mm，长度宜为20~25mm，且不得大于25mm。钢纤维含量宜为混合料质量的3%~6%。钢纤维喷射混凝土强度等级不应低于C20。

②喷射混凝土基本原理。

喷射混凝土是使用混凝土喷射机，将掺有速凝剂的混凝土拌和料与高压水混合，经过喷嘴喷射到岩壁表面上，并迅速凝固结成一层支护结构，从而对围岩起到支护作用。

③喷射混凝土作业的基本要求。

a. 一次喷射混凝土厚度要适当，拱部一次喷射厚度 5 ~ 8cm，边墙 10 ~ 15cm 为宜。

b. 喷混凝土分层作业时，在前一层混凝土终凝后才能进行下一层喷混凝土作业，以免对前一层喷混凝土造成损害。两层时间间隔较长时，受喷面应用风、水吹洗干净。岩面有较大凹洼时，应结合初喷找平。

c. 掺入速凝剂后的混合料，不宜停放时间过长。

d. 喷射混凝土回弹物，不得重新用作喷射混凝土材料。

e. 喷嘴垂直岩面时，喷射效果最好，一般情况下，喷射距离湿喷为 1.5 ~ 2.0m，风压宜保持在 0.15 ~ 0.2MPa 左右。

喷射混凝土施工工艺流程如图 3-18 所示。

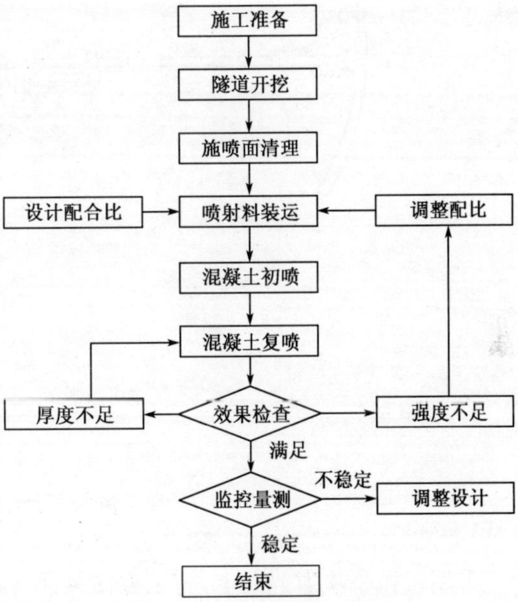

图 3-18　喷射混凝土施工流程图

④喷射混凝土工艺种类。喷射混凝土的施工工艺流程有：干喷、潮喷和湿喷三种。对于浅埋软弱地层大跨隧道喷射混凝土为主要采用湿喷和潮喷两种施工工艺。

a. 湿喷。湿喷是将集料、水泥和水按设计比例拌和均匀，用湿式喷射机压送拌和好的混凝土混合料压送到喷头处，再在喷头上添加速凝剂喷出，其工艺流程如图 3-19 所示。

湿喷混凝土的质量较容易控制、喷射过程中的粉尘和回弹量较少，是应当发展、推广的喷射工艺。但对湿喷机械要求高，机械清洗和故障处理较困难。

b. 潮喷。是将集料预加少量水，使之呈潮湿状，再加水泥拌和，从而降低上料、拌和和喷射时的粉尘，但大量的水仍是在喷头处加入。目前，隧道施工现场较多使用的是潮喷工艺。潮喷工艺流程如图 3-20 所示。

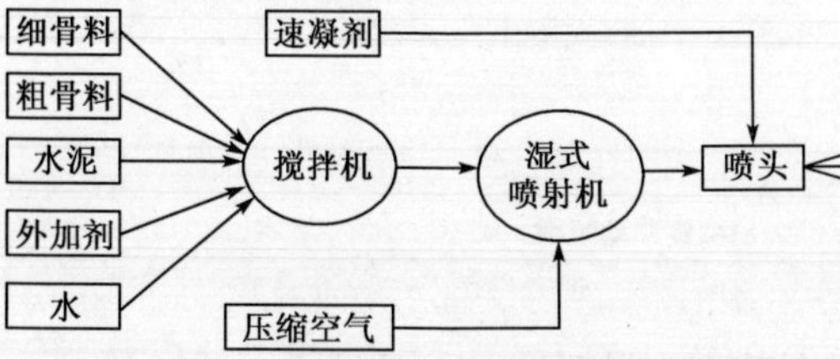

图 3-19　湿喷工艺流程

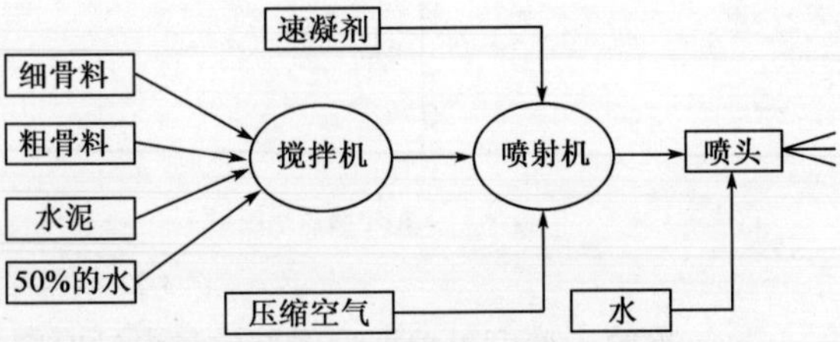

图 3-20　潮喷工艺流程

潮喷法具有粉尘浓度低，回弹量相对较少，强度稳定，施工工艺较简单等特点。

⑤喷射混凝土机械手。

喷射混凝土的操作是关系到喷射混凝土质量的重要环节。因此，必须按有关施工技术要求及操作规定进行。如果喷头的移动和喷射方向与距离采用人力直接控制,尽管可以近距离随时观察喷射情况,但劳动强度大,粉尘危害身体健康,劳保要求戴防尘面具,尤其对软弱破碎围岩,需紧跟开挖面及时施喷时,有可能因突发性坍塌而危及施工人员的人身安全。对于大跨度大断面隧道,还需搭设临时性喷射工作台架,费时费材和影响施工喷射效果及工期。随着施工机械化程度提高,目前开始采用机械手控制,如图 3-21 所示。

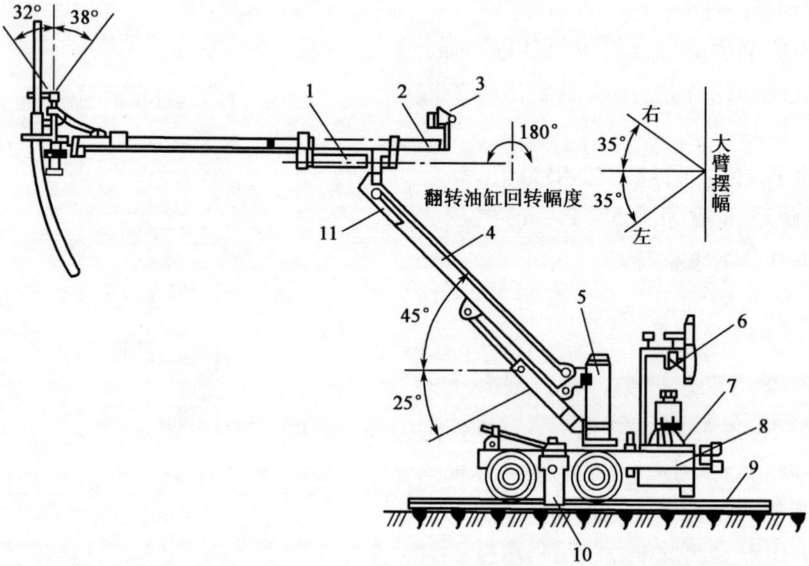

图 3-21　喷射机械手示意图

1-翻转油缸;2-伸缩油缸;3-探照灯;4-大臂;5-转筒;6-风水系统;7-液压系统;8-车架;9-钢轨;10-卡轨器;11-拉杆

采用机械手喷射混凝土,施工方便灵活,作业范围大,质量可控。

⑥混凝土喷射作业可参照以下要求进行:

a. 喷射作业应分段分片依次进行,喷射顺序自下而上进行,如图 3-22 所示。

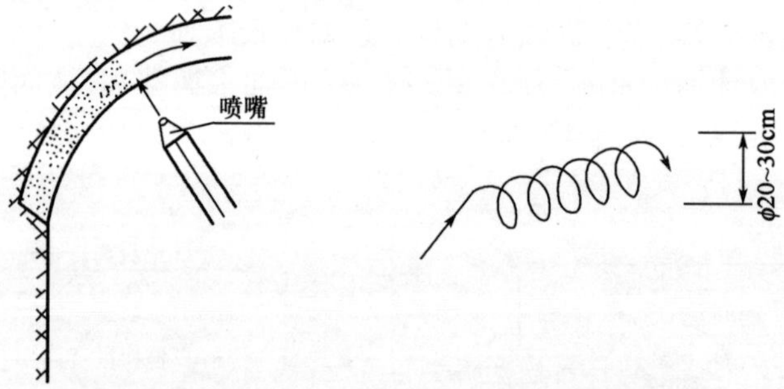

图 3-22　喷射操作工艺示意图

b. 一次喷射厚度可根据喷射部位和设计厚度确定,且拱部不得超过 8cm,边墙不得超过 15cm。

c. 喷嘴与岩面保持垂直,且距受喷面 1.5 ~ 2.0m 为宜。

d. 喷混凝土时控制好风压和速凝剂掺量,减少回弹,喷射压力以控制在 0.15 ~ 0.2MPa 为宜。

e. 分层喷射时,后一层喷射应在前一层混凝土终凝后进行。如果终凝 1h 后再喷射,应先用清水清洗喷射表面。

f. 对于较大的凹洼处，首先喷射填平。

g. 喷射作业紧跟开挖作业面时，下一循环爆破应在喷射混凝土终凝3h以后进行。

h. 对有渗水和大面积潮湿的岩面与喷射混凝土不易黏结，为了增加黏结性，初喷在岩面上的混凝土可适当增加水泥用量。

i. 喷射混凝土作业完成后应及时对机具进行清洗。

⑦喷射混凝土完成后养护规定。

a. 混凝土喷射终凝2h后，应采用养护台架进行湿润养护，养护时间不得少于14d。

b. 对于如全风化软弱地层或其他土质隧道，以喷雾养护为宜，防止喷水过多软化下部地层。

c. 隧道内环境气温低于5℃时，不得进行喷水养护。

⑧喷射混凝土在冬期施工时要求。

a. 喷射作业区的气温不应低于5℃，在结冰的岩面上，不得喷射混凝土。

b. 混合料进入喷射机料斗前温度不应低于5℃。

c. 对液体速凝剂进行加热处理，温度不应低于10℃（最佳20℃）。

d. 喷射混凝土强度未达到6MPa前，不应使其受冻。

⑨喷射混凝土施工作业中安全与防护要求。

a. 施工用作业台架应牢固可靠，并应设置安全栏杆。

b. 应定期检查电源线路和设备的电器部件，确保用电安全。

c. 施工中应经常检查输料管、接头的磨损情况，当有磨损、击穿或松脱等现象时应及时处理。

d. 施工中检修机械或设备故障时，必须在断电、停风条件下进行，检修完毕向机械设备送电送风前必须事先通知有关人员。

e. 当采用加大风压处理堵管事故时，应先关机将输料管顺直，紧按喷嘴，喷嘴前方不准站人，疏通管路的工作风压不得超过0.5MPa。

f. 非施工人员不得进入正进行喷射的作业区，施工中喷嘴前严禁站人。

g. 喷射作业人员应戴防尘口罩、防护帽、防护眼镜、防尘面具等防护用具，作业人员应避免直接接触碱性液体速凝剂，不慎接触后应立即用清水冲洗。

⑩喷射混凝土施工应对其质量进行检查，混凝土表面应平整，无空鼓、裂缝、酥松，并用喷混凝土（或砂浆）对基面进行找平处理，平整度用2m靠尺检查，表面平整度允许偏差一般为10cm。

（5）锚杆施工

①锚杆施工的一般规定。

a. 隧道开挖后，应尽快安设锚杆并产生强度。

b. 先喷射混凝土，再钻孔安设锚杆。

c. 锚杆的孔位、孔径、孔深及布置形式应符合设计要求。

d. 锚杆杆体露出岩面长度大于喷层的厚度5~10cm。

e. 应确保隧道工程辅助稳定措施中的锚杆施工质量符合设计要求。

②锚杆施工前的准备工作。

a. 检查锚杆原材料规格、品种、锚杆各部件质量及技术性能符合设计要求，并进行锚杆杆体调平直、除锈和除油。

b. 检查锚杆自身直径以及锚杆孔是否符合设计要求，钻孔前应标出标记，一般情况下，锚杆孔位偏差不得超过 ±15mm，管径径差不宜超过 0.5mm。

c. 根据锚杆形状和围岩情况以及孔径、孔深等参数选择钻孔机具，有条件的可采用跟管钻孔台车或专用锚杆钻机进行钻孔、安装、灌浆一体作业。

d. 注浆材料应优先使用普通硅酸盐水泥，宜采用清洁、坚硬的中细砂，粒径不宜大于3mm，使用前应过筛。

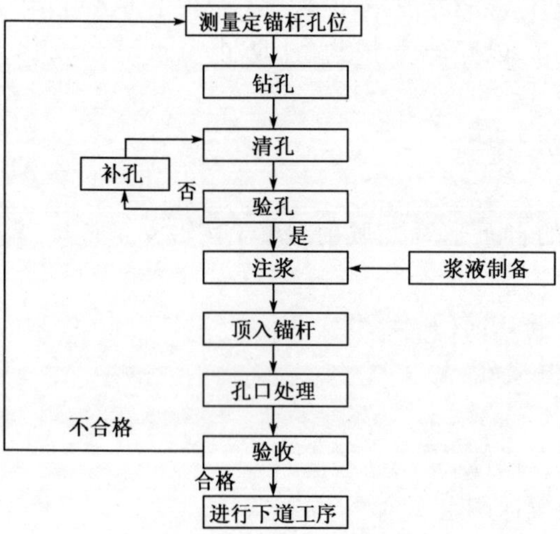

图 3-23　锚杆施工流程图

e. 检查钻孔工具、风压以及其他机械设备，使之保持正常状态。

③锚杆孔施工要求。

a. 孔位允许偏差：孔位应根据设计要求和围岩情况作出标记，孔位允许偏差为 -15 ~ -5mm、5 ~ 15mm。

b. 钻孔方向：宜沿隧道周垂直与岩层层面。

c. 钻孔深度：深度误差不宜大于 ±15mm，并应保证尾部垫板、螺栓安设紧固。

常见锚杆施工流程如图 3-23 所示。

④早强水泥砂浆锚杆。早强水泥砂浆锚杆是以早强水泥砂浆作为黏结剂的全长黏结式锚杆，其主要是通过水泥砂浆的黏结力和锚杆与围岩间的摩擦力约束围岩的变位，使锚杆产生应力以达到锚固效果。可用来加固软岩，土砂质岩、破碎岩体和膨胀岩体，主要设置在边墙部位锁定拱脚和墙角，施工时采用风钻钻锚杆孔，机械配合人工安装锚杆。

早强水泥砂浆锚杆结构如图 3-24 所示。

施工要点如下：

a. 砂浆配比一般为水泥：砂：水 = 1：(1 ~ 15)：(0.45 ~ 0.5)，水灰比宜为 0.45 ~ 0.5，砂的粒径不宜大于 3mm。

b. 杆体材料宜用 20MnSi 钢筋，亦可采用 HPB235 钢筋，直径、长度应符合设计要求。

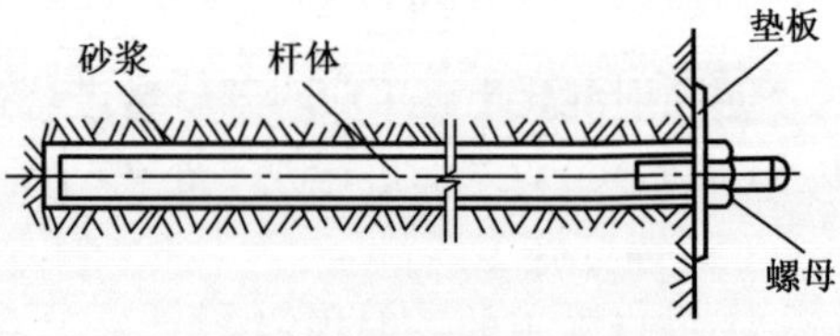

图 3-24　早强水泥砂浆锚杆

c. 钻孔方向应与岩层主要结构面垂直，孔钻完成后用高压水将孔眼冲洗于净(如果向下钻孔，则须用高压风吹净水)，并用塞子塞紧孔口，以免石渣或泥土掉入钻孔内。

d. 黏结砂浆应拌和均匀，并调整其和易性，随拌随用，一次拌和的砂浆应在初凝前用完，灌浆作业时应将灌浆管插至孔底，开始灌浆后随着浆液的注入，缓慢均匀地将浆管往外拔出，并始终保持灌浆管口埋在砂浆内，以免孔内砂浆脱节；采用牛角泵或连续挤压式灌浆机灌浆，如果灌浆开始或中途停止超过 30min 时，应用水润滑灌浆机及其管路，灌浆孔口的压力不得大于 0.4MPa。

e. 灌浆管拔出后，随即迅速将锚杆体插入孔内，如果孔口有水泥砂浆溢出，说明锚杆孔被灌满；否则，将杆体拔出重新灌浆。锚杆杆体宜对中插入并采用锤击或通过套筒用风钻冲击，使杆体插入长度满足设计要求。

f. 杆体到位后，将用木楔或小石子在孔口卡住，防止杆体滑出。砂浆未达到设计强度的70%时，不得随意碰撞，一般规定三天内不得悬挂重物，锚杆安设后，不得随意敲击。

⑤中空注浆锚杆。中空注浆锚杆由中空锚杆杆体和垫板、螺母、排气管等附件组成，主要设在开挖断面的拱部及围岩较差地段的拱墙。其结构如图3-25所示。

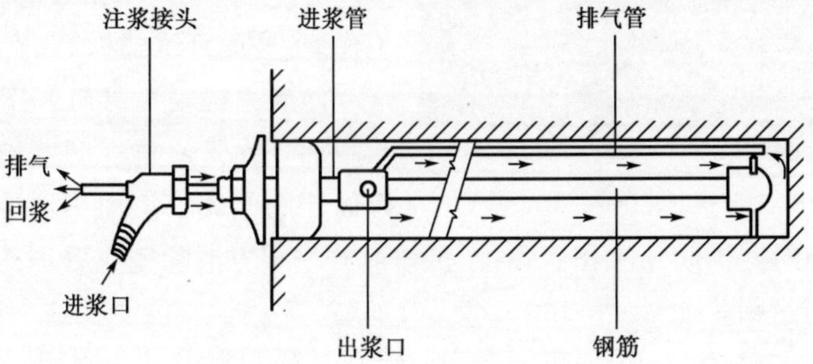

图3-25　中空锚杆结构图

其施工应满足以下要求：

a. 中空锚杆体材料应选用符合GB/T 8162标准、Q345的结构用无缝钢管轧制，组合中空锚杆体钢筋牌号HRB335或HRB400，材料力学性能及允许偏差满足规范要求。

b. 锚杆体及附属结构的内外表面不得有裂缝、折叠、轧折、离层、结疤和锈斑等缺陷，存放及使用中材料内外表面必须除去油污。

c. 普通中空锚杆在锚孔向上倾斜的仰角大于30°时，锚杆注浆必须自锚杆体外钻孔中注浆，中空锚杆体的中心通孔作为排气回浆管，注浆完成后立即安装堵头。在用于仰角小于30°或锚孔向下倾斜的俯角时，锚杆注浆可采用由锚杆体内中心通孔进浆，管外钻孔壁排气回浆方式。

d. 锚杆孔位、孔深及布置形式符合设计要求，锚杆用的水泥浆或砂浆强度不低于M20，单管达到设计注浆量时注浆结束。当注浆压力达到设计终压不少于20min，进浆量仍达不到注浆终量时，亦可结束注浆，并保证锚杆孔浆液注满，注浆质量合格后将锚杆头封堵，避免浆液倒流。

⑥自进式锚杆。在软弱破碎地层不良地质条件下，一般砂浆锚杆由于成孔困难，很难保证锚固深度和质量的，而自进式锚杆解决塌孔和插不进锚杆的难题，其具有可靠、高效、简便的特点。

a. 钻进的主杆就是锚杆体，即通过钻进锚杆形成钻孔，钻进完成后，锚杆存于孔中而无需拔出，不受塌孔影响。

b. 锚杆按照设计参数钻设到位后，将锚杆中空作为注浆通道进行灌浆作业。

对于软弱地层锚杆的选择要根据工程地质特点，开挖施工方法等因素进行综合考虑选择。

锚杆施工如图3-26所示。

图3-26　锚杆施工照片图

3.1.3　工作面稳定技术

在软弱地层修建大跨公路隧道，由于开挖断面大，地层自稳能力较差，周边超前支护施工完成后，工作面的稳定成为隧道开挖风险控制的关键点。

在浅埋软弱破碎地层中，用于掌子面稳定性的方法主要有：预留核心土、喷混凝土封闭工作面、玻璃纤维锚杆等。

1）喷射混凝土封闭工作面

部分软弱地层在开挖施工过程中由于工作面开挖形成临空面出现掉块或因地层遇水软化等，自稳时间较短，为防止工作面失稳，工作面开挖土方清除完成后，采用喷射混凝土对工作面进行临时喷射封闭。

工作面封闭喷射混凝土一般厚10～30cm，喷射材料和喷射设备同初期支护喷射混凝土。为加强工作面稳定还可以在铺设一定数量的钢筋网片与喷射混凝土共同作用。

喷射混凝土封闭工作面具有操作简便、适应性强，被广泛采用。

2）玻璃纤维锚杆

近年来，随着地下工程的大量建设，机械化施工程度不断提高，新技术、新工艺陆续被国内众多工程所采用。玻璃纤维注浆锚杆作为国内新引进的隧道“新意法”施工工法的配套技术已受到隧道工程界的广泛关注。

玻璃纤维注浆锚杆的主要组成为玻璃纤维增强聚合物，抗拉能力强，能够有效提供工作面纵向拉拔力，保证工作面的稳定，目前已在大跨软弱地层隧道开挖施工中引用。因其材料的拉拔性能取决于纤维和聚合物的类型及横断面形状等，所以玻璃纤维材料的性能具有灵活多变的特点，能适合不同工程的特殊要求。

玻璃纤维注浆锚杆具有以下特点：

（1）可挖除。地下工程中采用玻璃纤维注浆锚杆预加固后的地段，开挖机械（盾构机、单臂掘进机、铣挖机等）可直接挖除通过，为实现隧道的机械化高效施工提供了可靠保证。

（2）杆体全段锚固，锚注结合。玻璃纤维锚杆配合分段注浆管注浆，不但为杆体全段提供锚固力，同时加固了杆周岩体。

（3）强度高、重量轻。高性能的玻璃纤维锚杆的抗拉强度可达到钢质锚杆的1.5倍，重量为同种规格钢质锚杆的1/4～1/5。

（4）安全性好。防静电、阻燃、高度抗腐蚀、耐酸碱、耐低温等优点，满足地下工程安全生产的要求。

玻璃纤维注浆锚杆主要由两个部分组成：第一部分为玻璃纤维属性的加强锚固构件；第二部分为注浆管路构件，注浆管内可套入止浆塞进行定向定域注浆，具体如图3-27所示。

3.1.4　仰拱和二次衬砌施工技术

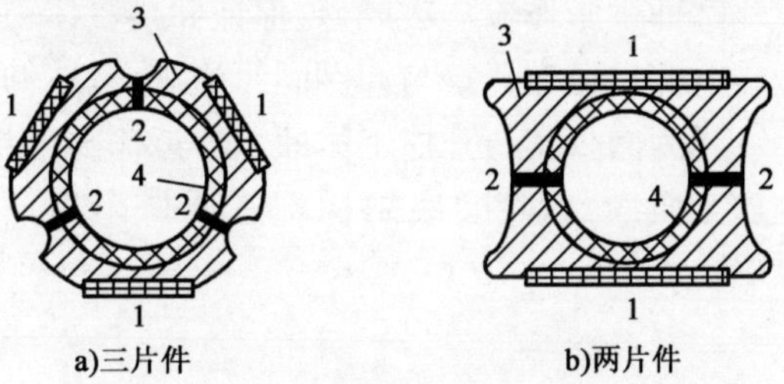

图 3-27　玻璃纤维锚杆结构剖面图

1-玻璃纤维条片;2-灌浆孔;3-固定连接件;4-注浆管

1)仰拱施工

仰拱混凝土施工应符合下列规定:

①仰拱混凝土应超前拱墙混凝土施工。

②仰拱混凝土浇筑前应清除积水、杂物、虚渣等。

③仰拱混凝土浇筑必须使用模板,混凝土应振捣密实。

④仰拱施工缝和变形缝处应按设计要求进行防水处理。

⑤仰拱施工前,超挖在允许范围内时,应采用与衬砌相同强度等级的混凝土进行浇筑;超挖大于规定时,应按设计要求回填,不得用洞渣随意回填,严禁片石侵入仰拱断面。

仰拱应超前拱墙衬砌,仰拱、填充应分开浇筑,且应全幅灌注,仰拱和底板混凝土强度达到5MPa 后行人方可通行,达到设计强度的 100% 后车辆方可通行。

(1)施工工序流程图

仰拱施工工序流程如图 3-28 所示。

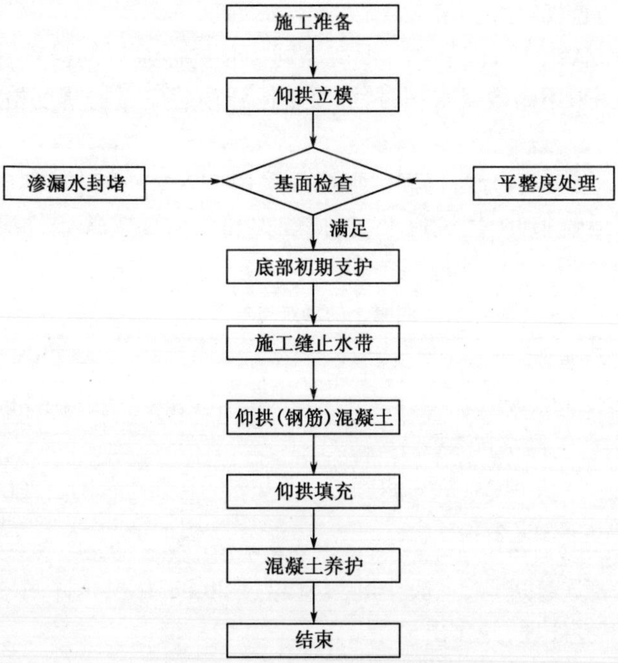

图 3-28　仰拱施工工序流程图

(2)施工要点

①仰拱应适当紧跟开挖面施作,尽快形成封闭环。IV、V 级软弱不稳定围岩施工时,仰拱距开挖面应不超过 40m;仰拱应超前拱墙二次衬砌施作,其超前距离宜保持 2 倍以上衬砌循环作业长度。

②仰拱施作应一次成型,保证仰拱整体稳定。仰拱施工缝和变形缝处应做防水处理。

③仰拱填充严禁与仰拱同时施工,宜在仰拱混凝土终凝后施作。

④为减少其与开挖工作面出渣运输的干扰,采用仰拱栈桥跨过施工地段,以保证隧道底部的施工质量,消除隧底结构施工质量隐患。仰拱栈桥的长度和结构形式可根据施工需要来确定。

2)衬砌施工

对于浅埋大跨软弱围岩隧道及时进行二次衬砌混凝土施工尤为重要。当初期支护不能抑制隧道变形,无法达到结构稳定时,二次衬砌紧跟,让二次衬砌承担部分压力,才能确保隧道安全,但二次衬砌强度应按所承受的围岩压力进行设计。

二次衬砌混凝土浇筑前,应针对工程特点和施工条件,制订质量控制与质量保证措施。

(1)施工前准备

①施工模板台车走行轨道的中线和轨面标高误差应不大于±10mm,台车就位后起动微调机构,用仪器校正模板外轮廓与设计净空相吻合,并锁定台车。

②防水层表面灰粉经清除并洒水润湿。

③钢筋混凝土二次衬砌地段,必须用与衬砌混凝土相同配合比的细石混凝土或砂浆制作垫块,保证钢筋保护层的厚度,背水面主筋保护层应不小于30mm、迎水面主筋保护层不小于50mm。

(2)混凝土浇筑与振捣

使用输送泵灌注混凝土前,应泵送与混凝土同标号的砂浆以润滑管壁。一般1m^3 砂浆可润滑300m长的管道。采用高效减水剂时,混凝土运到场后应做坍落度检查,泵送混凝土一般以15~18cm为宜。

混凝土应对称、分层浇筑,分层捣固。振捣应采用插入式振捣器,其振捣密实后的分层厚度,应根据拌制能力、运输条件、浇筑速度、振捣能力和结构要求等条件决定,也可参考表3-2数值。

混凝土的浇筑层厚度 表3-2

振捣方法		浇筑层厚度(cm)
插入式振动		振捣器作用部分长度的1.25倍
表面振动	无筋或配筋稀疏的结构	25
	配筋较密的结构	15
附着式振动		30

泵送混凝土灌注要连续进行,一般中断不宜超过20min。当允许间歇时间已超过混凝土初凝时间时,应按施工缝处理,并作出记录。

采用机械振捣混凝土时,应符合以下规定:

①插入式振捣器的移动间距不宜大于振捣器作用半径的1.5倍,且插入下层混凝土内的深度宜为5~10cm。

②表面振捣器的移动距离应能覆盖已振捣部分的边缘。

③附着式振捣器的设置间距和振动能量应通过试验确定,并与模板紧密连接。

④插入式振器振捣时不得碰撞模板、钢筋和预埋件。

⑤每一振点的振捣延续时间宜为 20 ~ 30s，以混凝土不再沉落、不出现气泡，表面出现浮浆为度。

⑥模板台车左右侧混凝土面高差不得超过 50cm，防止偏压。当使用模板台车灌注第一节混凝土拱墙时，混凝土输送管从中间灌注窗入模，让混凝土从中间向前后两端挤压。当与旧混凝土搭接灌注时，混凝土输送管应先从旧混凝土一端入模挤压。同时，每衬砌段拱顶部位应预留至少 2 个注浆孔，以便进行衬砌后回填注浆。

⑦在混凝土施工缝处接续浇注新混凝土时，应符合下列规定：

a. 施工缝处的水泥砂浆薄膜、松动石子或松软混凝土层应凿除，并应用水冲洗、湿润，但不得存有积水；

b. 新混凝土浇筑前，宜在横向施工缝处先铺一层厚约 15mm，并与混凝土灰砂比相同而水灰比略小的水泥砂浆（竖向施工缝处可刷一层水灰比为 0.3 左右的薄水泥浆），或按规定安设止水带或止水条，然后再接续浇注新层混凝土；

c. 施工缝处的混凝土应振捣密实。

（3）混凝土温度控制

混凝土的入模温度应视洞内温度而调整。冬期施工时，混凝土的入模温度不得低于 5℃；夏期施工时，混凝土的入模温度不宜高于洞内温度且不宜超过 30℃。施工中应估计混凝土温度与拉应力变化，提出混凝土温度的控制值，并在施工养护过程中实际测定关键截面的中部点和离表层约 5 cm深处的表层温度（包括仰拱和底板），实行严格的温度控制。

二次衬砌结构任一截面在任一时间内的内部最高温度与表层温度之差一般不大于 20℃，新浇筑混凝土与上一区段二次衬砌混凝土或围岩之间的温差不大于 20℃，混凝土的降温速率最大不宜超过 3℃/d。拆模时混凝土芯部与表层、表层与环境之间的温差不得大于 20℃，结构内外侧表面温差不得大于 15℃。混凝土内部降温前不得拆模。

混凝土养护期，混凝土内部温度不宜超过 60℃，最高不得大于 65℃，混凝土内部与表面温度之差、表面温度与环境温度之差不宜大于 20℃，养护用水与混凝土表面温度之差不得大于 15℃。

（4）二次衬砌拆模

二次衬砌拆模时间应符合以下规定：①在初期支护变形稳定后施工的，二次衬砌混凝土强度应达到 8.0MPa 以上。②初期支护未稳定，二次衬砌提前施作时混凝土强度应达到设计强度的 100% 以上。③特殊情况下，应根据试验及监控量测结果确定拆模时间。

衬砌混凝土拆模前，应按照建设部行业标准《回弹法检测混凝土抗压强度技术规程》（JCJ/T 23—2001）规定的检测和计算方法，对衬砌混凝土早期强度进行测定。当确认混凝土强度达到上述规定的强度后，方可拆模。

（5）混凝土养护

应采取措施控制养护过程中的环境湿度和混凝土温度，以保证衬砌混凝土的质量。新浇混凝土表面应及时进行养护，宜采用蓄水或洒水养护，但在混凝土发热阶段宜采用喷雾养护，避免混凝土表面温度产生骤然变化。此外，还应保证模板连接缝处不至于失水干燥。在整个潮湿养护过程中，应根据混凝土温度与气温的差别及变化，及时采取措施，控制混凝土的升温和降温速率。

二次衬砌混凝土浇筑完毕后，混凝土养护的最低期限应符合下表规定，且不得中断。当使用养护剂养护时，养护剂应符合《水泥混凝土养护剂》(JC 901—2002)规定，见表3-3。

混凝土养护的最低期限 表3-3

混凝土类型	水胶比	洞内平均气温 T(℃)	养护期限(d)
胶凝材料中掺有矿物掺和料	≥0.45	$5 \leqslant T < 10$	28
		$10 \leqslant T < 20$	21
		$T \geqslant 20$	14
	<0.45	$5 \leqslant T < 10$	21
		$10 \leqslant T < 20$	14
		$T \geqslant 20$	10
胶凝材料中未掺矿物掺和料	≥0.45	$5 \leqslant T < 10$	21
		$10 \leqslant T < 20$	14
		$T \geqslant 20$	10
	<0.45	$5 \leqslant T < 10$	14
		$10 \leqslant T < 20$	10
		$T \geqslant 20$	7

(6)二次衬砌混凝土外观质量标准及检查方法

混凝土外观质量的控制标准：混凝土结构表面应密实平整、颜色均匀，严禁露筋，不得有蜂窝、孔洞、疏松、麻面和缺棱掉角等缺陷。表面错台≤3mm，无渗漏水，达到一级防水要求，衬砌表面除施工缝外无裂缝，施工缝宽≤2mm。混凝土结构外形尺寸允许偏差和检验方法应符合表3-4规定。

结构外形尺寸允许偏差和检验方法 表3-4

序号	项目	边墙	拱部	隧底	检验方法
1	平面位置	+10mm			尺量
2	垂直度	±0.2%			尺量
3	高程		+30mm 0	0 -10mm	水准测量
4	结构表面平整度	±10mm	±10mm		2m靠尺

(7)二次衬砌混凝土完工质量检测

对完成的隧道衬砌，应对衬砌混凝土进行无损检测，检查衬砌质量和封顶效果，进行信息反馈，及时进行补强，并分析原因采取纠正和预防措施。

3.1.5 监控量测技术

监控量测在浅埋大跨隧道施工中显得非常重要。对于软弱大跨隧道由于工序多、爆破开挖扰动次数多等特点，隧道结构受力和变形影响因素复杂，施工风险高。因此，在浅埋软弱大跨隧道施工过程中必须重视监控量测，并及时进行资料分析和信息反馈，以指导安全施工。

1)监控量测内容

根据我国现行《公路隧道设计规范》及《公路隧道施工技术规范》，隧道的监控量测内容分别必测项目(A 类测量)和选测项目(B 类测量)。必测项目是必须进行的常规测量,是判断围岩稳定状态、支护结构工作状态、指导设计施工的经常性量测,是新奥法量测的重点项目,该项目主要包括洞内外观察、拱顶沉降量测、周边收敛量测等项目。选测项目是为了满足隧道设计和施工的特殊需要,由设计文件规定的在局部地段进行的监控量测项目,选测项目包括地表下沉、围岩体内位移、围岩压力及两层支护间压力、钢支撑内力及外力、支护、衬砌内应力、表面应力及裂缝量测、围岩弹性波测试等。

对于浅埋软弱破碎地层大跨隧道而言,必测项目为地表下沉、地质和支护状况观察、周边位移及拱顶下沉。选测项目为围岩体内位移、围岩压力及两层支护间压力、钢支撑内力及外力、支护、衬砌内应力、表面应力及裂缝量测、围岩弹性波测试等。

2)施工监测方法

传统的隧道监控量测方法,周边位移一般采用钢尺式收敛计进行观测,拱顶下沉一般采用水准仪、钢尺或测杆进行观测。虽然该方法具有成本低、操作简单和适应恶劣施工环境的优点,但在隧道现场实施过程中存在监控量测工作难度大、量测时间长、施工干扰大、高空作业危险性大等缺点。

对于软弱地层大跨隧道,传统的监测方法具有明显的局限性,如挂尺困难,测量精度下降等问题。此时,可以采取隧道变形监测新技术,采用全站仪进行非接触三维观测(无尺量测)。

非接触量测方法采用全站仪自由设站原理远距离测量点位不同时段的三维坐标,经过处理输出测点的三维位移矢量或测点相对收敛值,可以代替传统的接触量测对拱顶下沉、周边收敛的量测。

(1)全站仪自由设站方式工作原理

全站仪三维非接触围岩净空位移量测技术,是利用全站仪自由设站远距离测量点位不同时段的三维坐标,将测量数据输入计算机通过软件进行后处理,最后输出测点的三维位移矢量或测点相对收敛值,准确、快速地为施工提供参考数据。全站仪自由设站测量示意图,如图3-29所示。

全站仪自由设站三维观测原理,是从任意测站点观测已知点的方向和距离,通过极坐标法算出该测站仪器中心的坐标,并以此推算出其余被测点的坐标,然后运用坐标变换原理算出这些测点在某一统一坐标系下的三维坐标。由于隧道围岩位移观测的特殊性,仪器安置要求不影响隧道施工,所以采用自由设站法,既可避免由于人为测量仪器高、仪器对中达不到围岩变形测量的精度,又不影响施工,而且设站灵活。

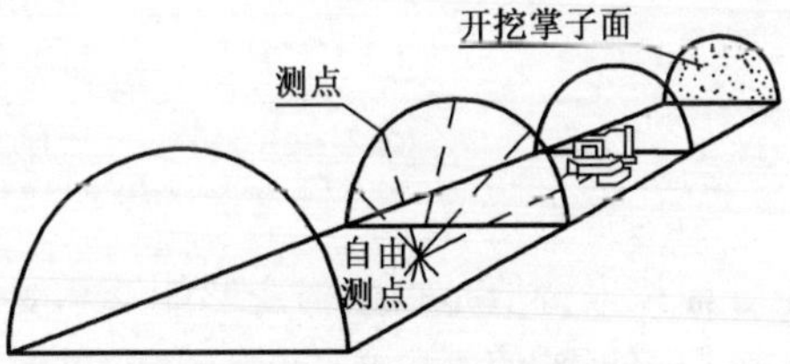

图3-29　全站仪测量示意图

(2)监控量测断面布设原则及监测频率

监控量测断面布设要根据开挖施工方法和地层的稳定性进行确定,对分步开挖的每个开挖部都要布设相应的监测点。各测量项目应尽可能布置在同一断面,测点应尽量选择有代表性的地方。浅埋大跨隧道主要监测项目测点布设及监测频率要求见表3-5。

主要监控量测项目测点布设及监测频率汇总表　　表3-5

序号	监测项目	监测仪器	测点布设	监测频率
1	围岩及支护状态观察	目测记录及必要的辅助工具		开挖后立即进行,每天不少于3次
2	初期支护结构拱顶(部)沉降	全站仪、反射片	VI、V级5~10m一个断面,IV、III级10~20m一个断面	爆破后24h内进行。 0~10m,2次/1d; 10~30m,1次/1d; 30~90m,1次/2d; >90m,1次/周; 沉降异常时增大频率
3	初期支护结构净空收敛			
4	地表沉降	精密水准仪、铟钢尺	一般情况下每5~10m布设一个观测断面	同初期支护结构拱顶沉降
5	仰拱沉降			仰拱开挖后24h内进行,同初期支护结构拱顶沉降
6	衬砌内部应力,围岩、喷层、二次衬砌间接触应力	应变计、压力盒	IV、V、VI级围岩单洞每20m一个断面	
7	钢支撑内力	钢筋计		

3)施工监测管理

(1)预警、报警管理

对施工过程的监测数据进行综合分析的目的是充分利用监控量测数据,从不同的角度分析同一个工程现象,从而更加准确、有效地指导设计和施工,并确保隧道结构的安全。同时,各监测项目的监测值可以相互校验,确保监测数据的可靠性。

根据浅埋软弱地层大跨隧道施工实际情况,建立如表3-6所示的三级预警管理制度并进行判定。

三级管理水平　　表3-6

管理等级	管理基准确	施工状态	管理等级	管理基准确	施工状态
III	$U<U_n/3$	可正常施工	I	$U>2U_n/3$	应采取特殊措施
II	$U_n/3\leq U\leq 2U_n/3$	应加强支护			

注:U-实测值;U_n-报警值。

监控报警值是指结构变形能够承受的极限数值,当结构变形达到报警值就有可能受到破坏。监控报警值不仅是设计计算的重要基础。同时,也是确定合理施工流程、保护周围环境安全的主要依据。监测项目的监控报警值应根据工程自身的特点、监测目的、周围环境的要求,结合本地区工程经验并经过有关部门协商综合确定。

(2)监测资料的分析、预测及信息反馈

监控量测资料均用计算机进行自动化初步分析、处理。每次量测后及时进行数据整理,并绘制重要测点量测数据时态曲线图,以及和距离开挖面空间关系图。对初期的时态曲线进行相应回归分析,预测可能出现的最大值和变化速率,当曲线趋于平衡时推算出最终值。

(3)监测资料的反馈程序

为确保监测结果的质量，加快资料反馈速度，全部监测数据均由计算机管理，监测结果及时上报，并定期向有关单位提交监测报表。同时，附重要测点位移时态曲线图，对当月的施工情况进行评价并提出施工建议。监测资料反馈程序如图3-30所示。

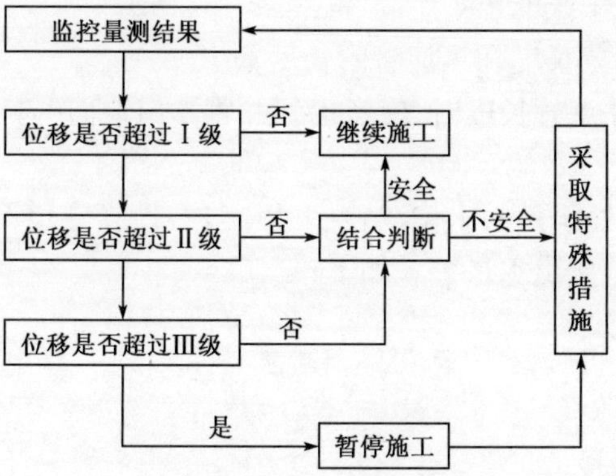

图3-30　监测资料反馈管理程序图

监测信息反馈流程如图3-31所示。

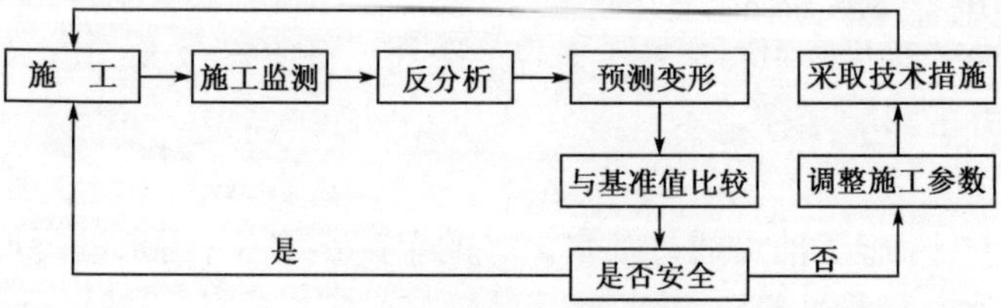

图3-31　监测信息反馈流程图

3.2　隧道施工辅助工法

3.2.1　管井井点降水

浅埋软弱隧道施工中，地下水的危害直接影响到施工进度和施工安全，施工中可以通过管井降水，降低隧道开挖影响范围内水位，达到安全快速施工的目的。管井井点降水是在浅埋隧道结构周围布设超过隧道基底以下一定深度的井点，通过井管内的潜水泵将地下水抽出，排放到地面排水系统，使地下水位低于隧道开挖基底。深井降水适用于地下水丰富的潜水或承压水地层，降水深度在15～50m范围，渗透系数在100～250m/d的黏性土以外的粉砂、砂、砾石及断层破碎带等地层，对在有流沙和重复挖填土方区使用效果尤佳。

1)管井降水设计

(1)确定降水井深度

根据目前众多关于地下工程降水方面的文献，降水井深度按式(3-1)确定：

$$H - H_1 + h + JL + l \tag{3-1}$$

式中：H——井点管埋设深度，m；

H_1——井点管埋至隧道底面的距离，m；

h——隧道底面至降低后的地下水位距离，一般取 $h=0.5\sim2$m；

J——水力梯度，环形井点系统 $J=1/8\sim1/10$，单排井点系统 $J=1/4\sim1/5$；

L——井点管至隧道中线的水平距离，m；

l——过滤器工作部分长度和沉淀管的长度，m。

此外，在施工中确定井点管长度时，应考虑到井管露出地面的长度0.2～0.5m。

(2)总出水量的确定

对于浅埋隧道地下水处于潜水水位，结合工程实际，计算隧道开挖区域出水量时，一般按潜水流向非完整井进行计算，出水量公式如下：

$$Q = nQ_w = \frac{\pi k(H^2 - h_c^2)}{\ln \dfrac{R}{r}} \tag{3-2}$$

式中：Q——基坑出水量，m^3/d；

Q_w——单井出水量，m/d；

h_c——井群中心点潜水含水层厚度，m；

k——含水层渗透系数，m/d；

R——影响半径（即井群中心至补给边界的距离），m，$R=r+R_i$，其中 r 为圆形井群半径，R_i为 i 井的影响半径。

(3)单井出水量估算

在井径相同条件下，施工前可通过抽水试验的单井出水量，当未进行抽水试验时，可通过经验公式对单井出水量进行估算：

$$q = 120\pi \cdot r \cdot L\sqrt[3]{k} \tag{3-3}$$

式中：q——单井允许出水量，m^3/d；

r——过滤器外缘半径，m；

L——过滤器工作部分长度，m；

k——含水层渗透系数，m/d。

(4)确定降水井数量和井点间距

$$n = 1.1\frac{Q}{q} \tag{3-4}$$

$$a = \frac{L_1}{n} \tag{3-5}$$

式中：n——降水井数量；

a——井点间距，一般要求大于 $15D$（D 为过滤器外径），m；

L_1——沿降水区周边布置降水井的总长度，m。

(5)降水井的出水能力复核

单井井管进水部分长度应满足下式要求：

$$\phi y_0 \geqslant 1.1\frac{Q}{q} \tag{3-6}$$

$$y_0=\sqrt{H^2-\frac{0.732Q}{k}\left(\lg R-\frac{1}{n}\lg nR_0^{n-1}r_w\right)}\tag{3-7}$$

(6)检验隧底中心水位降深值

利用稳定流干扰井群公式，验算隧道开挖底板中心的水位降深值，确定其是否满足设计水位降深要求，并以此调整降水井数量和井点间距。采用下式进行验算：

$$S_c=H-\sqrt{\frac{Q_0}{1.366k}\left(\lg R-\frac{1}{n}\lg(r_1r_2\cdots r_n)\right)}\tag{3-8}$$

式中：　S_c——各井点中心处水位降深值，m；

Q_0——隧底出水总量，由降水井数和单井出水量的乘积，m^3/d；

r_1、r_2、…、r_n——基坑中心至各井点的距离，m。

如果计算的水位降深不满足设计要求，则应重新调整降水井数量、井点间距及布井方式，直至满足设计要求为止。

(7)抽水设备的确定

一般按涌水量、渗透系数、井点管数量与间距、降水深度及需用水泵功率等综合数据来选定水泵的型号(包括流量、扬程、吸程等)。水泵需用功率 N 的计算参见下式：

$$N=\frac{K_1QH}{75\eta_1\eta_2}\tag{3-9}$$

式中：N——水泵功率(kW)；

K_1——安全系数，一般取2；

Q——管井的涌水量，m^3/d；

H——包括扬水、吸水及由各种阻力所造成的水头损失在内的总高度，m；

η_1——水泵效率，一般取0.4～0.5；

η_2——动力机械效率，一般取0.75～0.85。

2)管井降水井施工

(1)施工工艺流程

深井降水井施工工艺流程如图3-32所示。

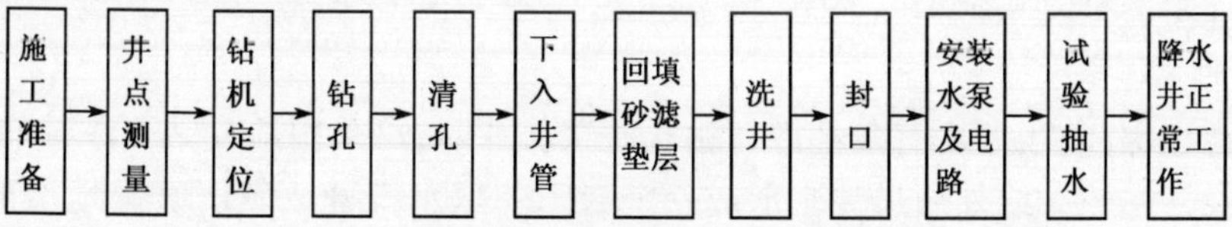

图3-32　深井降水施工工艺流程图

①测量定位。根据设计坐标，进行精确测量，每个孔位测定后，做好标记，做好保护。

②钻机定及成孔。管井成孔可采用冲击钻、回转钻、潜水电钻等，按照设计孔位，钻机就位后，采用泥浆护壁或清水护壁成孔，钻孔孔径比井管直径大30mm以上，钻孔过程中控制好孔的垂直度和钻孔深度。

③清孔及下管。钻孔到位后，井管下放前采用压缩空气洗井，或用吊桶反复上下取出泥渣洗井，然后，将预先制作好的井管分段吊入井内。井点安放要垂直并位于井孔中间，过滤部分应放入含水层范围内，井管与井壁之间填充粒径大于滤网孔径的砂滤料，从井底填至井口下

1m 左右,上部采用黏土封口。

④洗井。滤料填好封孔后应在 8h 内进行洗井,清除停留在孔内和透水层中的泥浆与孔壁的泥浆,采用泥浆泵冲清与小空压机相结合的办法洗井,洗井前后两次抽水涌水量相差应小于 15%,且洗井后井内沉渣不上升或基本不上升。

⑤安装潜水泵及试抽。在安装水泵前量测井深和井底沉淀物厚度,以及洗井等符合要求后用缆绳将潜水泵吊入井管预定深度。潜水电机电缆接头确保可靠绝缘,并配置保护开关控制。安装完毕后进行单机抽水试验,以确定单井出水量和降深,并检查降水设备是否正常,满足要求后转入正常施工。

(2)管井降水注意事项

①安装井点管要垂直,并保持在孔中心,放到底后,在管四周分层均匀填砂砾或碎石滤层,并使密实,最上 1m 用黏土填压密实。

②洗井是管并沉设中的一道关键工序,其作用是清除井内泥沙和防止过滤层淤塞,使井的出水量达到正常要求,洗井后井底泥渣厚度应控制在小于 80mm。

③井点系统全部安装完毕后,须进行试抽,以检查有无漏气现象。开始使用后,应保证连续不断地抽水,时抽时止容易堵塞滤管,也容易抽出土粒,使水混浊,并引起附近建筑物由于土颗粒流失而沉降开裂。一般在抽水 3 ~ 5d 后水位降落漏斗基本趋于稳定。正常出水规律是“先大后小,先混后清”。如不上水,或水一直较混,或出现清后又混等情况,应立即检查纠正。

④管井降水时,应对称、同步地进行,使水位差控制在 0.5m 以内。

⑤管井供电系统宜采用双电路,避免中途停电或发生故障时造成水淹基坑坑注、破坏基土。

⑥当管井采用离心式水泵降水深度不能满足要求时,应改用潜水泵在井管内进行降水。

3.2.2 注浆技术

注浆就是将配制好的浆液,通过专用的注浆设备和注浆管路,注入岩体的孔隙、裂隙中,浆液经扩散、凝固、硬化,降低岩土的渗透性,改变其力学性能,提高其强度和稳定性,从而实现加固岩体和堵水的目的。

对于浅埋隧道的软弱破碎地层采用注浆方式进行加固堵水施工时,常采用地表垂直注浆和洞内水平注浆两种方式施工。

1)地表垂直注浆

浅埋隧道埋深浅,当地表有条件进行钻孔注浆作业时,可采用地表钻孔注浆的方式在隧道开挖工作面及开挖轮廓线外通过注浆形成一个封闭的隔水帷幕或软弱破碎地层的加固体,然后进行隧道施工。该方法不受洞内施工场地限制,不占用开挖作业面,可多台设备同时作业,施工较快。

地面垂直注浆常采用地表袖阀管后式注浆或钻杆后退式分段注浆方式。

(1)袖阀管垂直注浆工艺流程

①钻机按照设计孔位就位后,采用套管或泥浆护壁形式钻进成孔到设计孔深,退出钻杆。

②在孔内逐节连接下入带有底盖的 PVC 袖阀管到设计深度,地表外露 10 ~ 30cm。

③采用豆石或粗砂作为套壳料填充袖阀管与孔壁间空隙,孔口地表以下 1 ~ 2m 段采用水泥砂浆封闭,防止返浆。

④孔口封闭完成后，在袖阀管内下入带有止浆塞的注浆芯管到指定深度，并通过压气或水使膨胀达到止浆能力。

⑤注浆管路连接好后，开始进行注浆施工，当注浆压力或注浆量达到设计要求时，停止注浆，并将止浆塞泄压起拔芯管60~80cm后，再压水或气使得止浆塞膨胀到止浆状态，进行下一段注浆施工，如此反复直到该孔注浆结束。

⑥所有孔注浆完成后，根据设计要求进行注浆效果检查，满足设计要求即可进行开挖施工，否则要进行补孔注浆。

(2)钻杆后退式分段注浆工艺

①钻机按照设计孔位就位，采用潜孔钻钻进到设计孔深，用高压水或气反复洗孔2~3遍，将孔内的泥浆、石块等充填物被完全冲出。

②退出钻杆，换上合金钻头沿原钻孔边加水、边进钻，直至钻至距孔底50cm处。

③把钻杆尾部的水龙头换成注浆变接头，并接好注浆管开始注浆。

④注浆过程中边旋转、边后退、边注浆，后退步距为1.5m，转速控制在2~3圈/min，防止浆液将钻杆裹死，直到结束该孔。

⑤注浆过程以注浆量和设计注浆压力作为控制标准。

⑥注浆结束后，先把混合器上的泄压阀打开泄压，再退出钻杆。

2)洞内工作面预注浆

当地表无条件进行注浆作业时，必须通过开挖工作面采用工作面超前预注浆的方式进行注浆，在工作面及开挖轮廓线外一定范围形成注浆体达到止水或加固软弱地层的目的。

洞内超前帷幕注浆常采用前进式分段注浆施工工艺。前进式分段注浆工艺流程如图3-33所示。

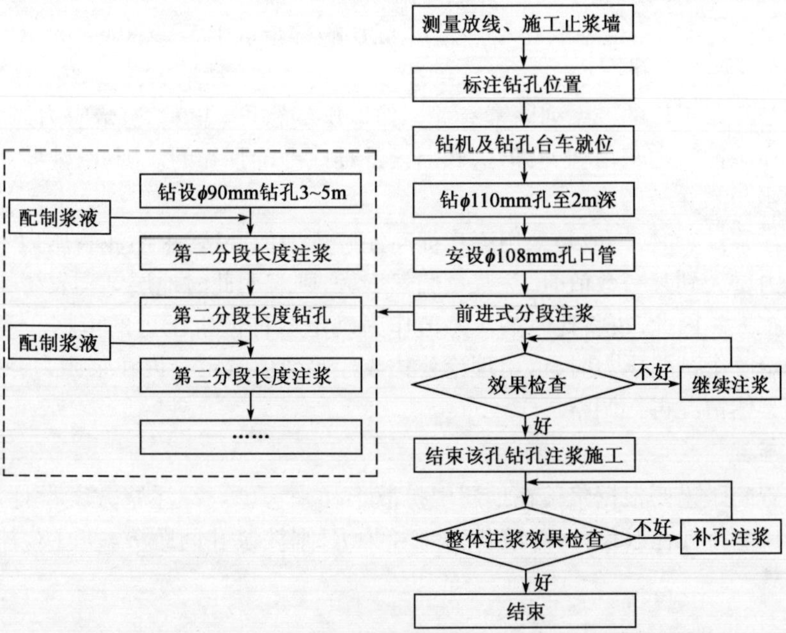

图3-33　前进式分段注浆工艺流程图

洞内帷幕注浆施工前，为保证施工工作面安全，保证注浆效果，避免跑浆、漏浆的发生，必须采用模筑混凝土或喷射混凝土止浆墙。

3）注浆参数的选择

（1）注浆加固范围

注浆加固范围可根据地质情况、水量、水压和隧道施工方法等因素综合确定。根据施工经验。一般来说，注浆加固范围为隧道开挖面及开挖轮廓线外（0.5～1.0）D（D为隧道开挖直径），地质条件极差，水量大时可取大值。

（2）浆液扩散半径

浆液扩散半径是浆液在符合设计要求的前提下在地层中扩散距离，其与浆液种类、浆液流动性、注浆压力、地层渗透性、注浆时间等相关。

对于粒状注浆材料的扩散能力取决于材料的颗粒粒径、浆液的流动性和稳定性。粒状注浆材料渗透性采用式（3-10）计算：

$$R=\frac{\rho_{w}\cdot g\cdot h\cdot r_{e}}{2S}+r \tag{3-10}$$

式中：R——浆液的渗透能力，cm；

ρ_{w}——水的密度，g/cm^3；

g——重力加速度，cm/s^2；

h——注浆压力，即水头压力高度，cm；

r_{e}——孔隙的等效半径，cm；

S——注浆材料的凝胶强度，$\times10^{-5}$N/cm^2；

r——注浆孔半径，cm。

实际工程施工中浆液扩散半径主要是根据经验取值：一般在中细砂层、粉质黏性土中取0.5～0.8m，中粗砂、砂卵石层中取0.8～1.2m，断层破碎带取1.5～2.0m。

（3）注浆压力确定

注浆压力与注浆工程的一系列因素有关。如地层的密度、强度、初始应力，钻孔深度和位置以及注浆次序等都与之密切相关，但这些因素是难以准确预知的。因此，注浆压力也只能通过现场试验逐步预测并最后确定。

进行现场注浆试验时，一般是采用逐步提高注浆压力的办法，求出注浆压力与注浆量的关系曲线。当压力增大到某一数值时，注浆量突然增大，则表明此时地层结构发生了异常变化或孔隙尺寸已被扩大。因此，可将此时的压力值作为确定容许注浆压力的依据。当缺少试验资料或许预先确定一个试验压力时，可用理论公式或经验数值选定容许注浆压力，然后在现场施工过程中根据具体情况再行调整。

4）注浆孔布置

注浆孔布置间距主要根据浆液在地层中扩散半径来考虑。在注浆方案设计过程中，注浆孔间距按照采用多排孔注浆设计，浆液扩散半径为R，则注浆孔间距$\alpha\leqslant1.7R$，注浆孔间采取梅花形布设方式。

5）注浆材料

注浆材料的选择一般要求来源广、可注性好、凝胶时间可控、强度高耐久性好，无污染，价格便宜等。常用注浆材料为普通硅酸盐水泥单液浆、普通水泥—水玻璃双液浆、超细水泥单液浆、快硬硫铝酸盐水泥单液浆等。常用浆液配比见表3-7。

常用注浆材料配比表 表3-7

序号	浆液名称	配比参数		
		水灰比	体积比	水玻璃浓度(Be′)
1	普通水泥单液浆	0.6:1~1:1	—	—
2	超细水泥单液浆	1:1~2:1	—	—
3	普通水泥—水玻璃双液浆	0.6:1~1:1	1:1~1:0.3	30~35
4	超细水泥—水玻璃双液浆	1:1~2:1	1:1~1:0.3	30~35
5	快硬硫铝酸盐水泥单液浆	1:1~1.5:1	—	—

6)注浆施工要点

(1)设置注浆站,配置储浆筒、清水池,准备好注浆材料。

(2)使用的注浆材料必须满足质量要求。

(3)必须严格按照设计的配比进行浆液的配制。

(4)注浆前对注浆系统作试运转和管路系统试压试验,用较高的压力和较大的排量使泵充分“热身”。

(5)当一切准备工作就绪后,即可开始注浆,先开水泥浆泵,把管路中清水压回裂隙后,再开水玻璃泵作双液注浆。

(6)注浆的顺序,一般是先稀后浓,先单后双,先大排量后小排量。

(7)在注浆过程中,应严格地按配比操作,准确、熟练地控制泵的压力和流量,以实现要求的配合比,要尽可能地保证连续注浆。一台泵发生故障时,应立即停止排除故障,另一台继续注浆。

(8)当发生跑浆现象时,应缩短凝胶时间,进行小泵量,低压力注浆或采用间歇注浆,或进行外部堵塞。

(9)当注浆压力和进浆量达到设计要求时,则先关闭孔口阀门,再停泵,打开泄浆阀,压注一定量的清水,清洗管路里的残浆,再移到下一孔注浆。

7)注浆效果检查评定

注浆结束后,根据注浆目的选择合适的注浆方式和标准进行注浆效果检查。常用的注浆效果检查方法有检查孔法、分析法、开挖取样法、物探测法等。

根据以往工程施工经验,对于浅埋软弱地层注浆,注浆结束后地层堵水率达到90%以上,不塌孔,钻孔取芯芯样完整,地层渗透系数 $k<10^{-5}$cm/s。

3.2.3 超前支护技术

1)超前小导管注浆

(1)超前小导管的支护原理

超前小导管是稳定开挖工作面的一种辅助施工方法。在软弱、破碎岩层超前小导管注浆对松散围岩起加固作用,增强软弱、松散围岩稳定性,利于开挖后与完成支护时间内围岩不致失稳破坏。

超前小导管注浆适用于隧道拱部处于松散、无黏结土层、自稳能力差的砂层及砂砾(卵)石层和破碎岩层。

通过超前小导管注浆能改变地层状况,浆液注入软弱、松散地层或含水破碎围岩裂缝中,浆液以填充、劈裂等方式,置换土颗粒间或岩石裂隙中的水分和空气后占据其位置,经过一定时间浆液凝结,将原来松散的土颗粒或裂隙胶结成一个整体,形成一个结构新、强度大、防水性能良好的"固结体",使围岩的性质得以改善。

(2)超前小导管的参数确定

超前小导管注浆设计应根据地质条件、隧道断面大小及支护结构形式选用不同的设计参数。根据地下工程特点,一般超前小导管沿开挖轮廓线120°范围布设。

①小导管长度 L:L = 上台阶高度 + 2m。

②小导管直径:25 ~ 50mm。

③安设角度:外插角宜小于10°。

④注浆压力:0.5 ~ 1.5MPa。

⑤浆液扩散半径:0.3 ~ 0.5m。

⑥注浆速度:30 ~ 100L/min。

⑦浆液注入量按公式(3-11)计算:

$$Q = \pi \cdot R^2 \cdot L \cdot n \cdot \alpha \cdot \beta \tag{3-11}$$

式中:Q——单管注浆量;

R——浆液扩散半径,m;

L——注浆管长度(m),一般3 ~ 5m;

n——地层孔隙率;

α——地层填充系数,一般取0.8;

β——浆液消耗系数,一般取1.1 ~ 1.2。

⑧每循环小导管搭接长度:1 ~ 2m。

小导管沿隧道周边布设,一般为单层布置;大断面隧道、软弱围岩地层亦可双层布置。环向间距30 ~ 40cm。小断面隧道钢拱架间距75 ~ 100cm,每开挖2 ~ 3循环安设一次,大断面隧道钢拱架间距0.5m,每开挖1 ~ 2循环安设一次。

(3)超前小导管的制作

超前小导管宜采用 ϕ25 ~ 50mm的焊接钢管或无缝钢管制作。

先把钢管截成需要的长度,在钢管的前端切割、焊接成10 ~ 15cm长的尖锥状,在钢管后端10cm处焊接 ϕ6mm钢筋箍,以利套管顶进,管尾10cm车丝,和球阀连接。距后端钢筋箍处90cm开始开孔,每隔20cm梅花形布设 ϕ8mm的溢浆孔。小导管制作如图3-34所示。

(4)小导管安设

小导管的安设可采用引孔或直接顶入方式。其安设步骤为:

①用YT-28风钻或煤电钻引孔,或用吹管将砂石吹出成孔,孔径大于小导管直径10 ~ 20mm,孔深视导管长度而定。

②插入导管,如插入困难,可用带顶进管套的风钻顶入。

③用吹风管将管内砂石吹出或用掏勾将砂石掏出。

④小导管尾缠棉纱，使小导管与钻孔固定密贴，并用棉纱将孔口临时堵塞。

⑤为防止注浆过程中工作面漏浆，小导管安设后必须对其周围一定范围的工作面进行喷射混凝土封闭。喷射厚度视地质情况以 5～8cm 为宜。

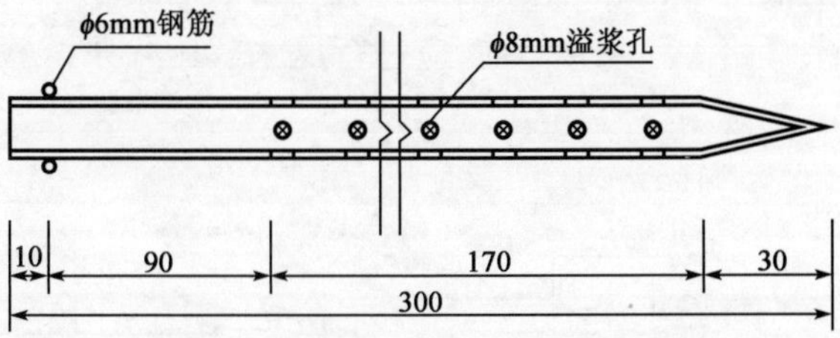

图 3-34　小导管加工示意图(尺寸单位:cm)

(5)注浆工艺

小导管注浆施工工艺流程如图 3-35 所示。

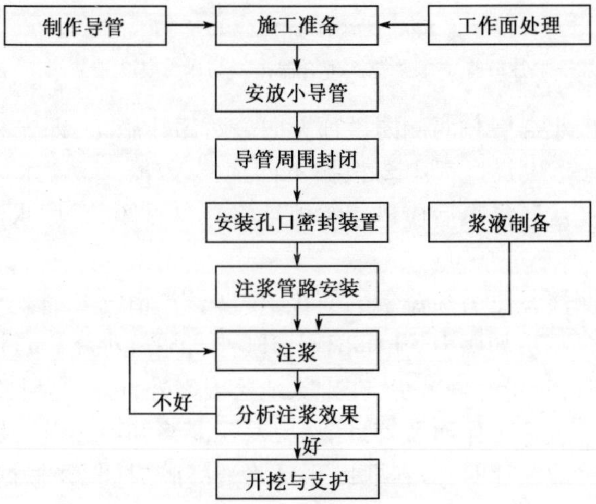

图 3-35　小导管注浆施工工艺流程图

(6)注浆材料

小导管注浆通常采用单液水泥浆、水泥—水玻璃双液浆与快硬硫铝酸盐水泥浆三种材料。根据凝胶时间的要求，水泥浆的水灰比通常为 0.6:1～1:1(质量比)，水玻璃浆浓度为 25～35Be′，水泥浆、水玻璃浆体积比为 1:1～1:0.6，硫铝酸盐水泥浆水灰比为 0.8:1～1.2:1(质量比)。

(7)机具设备

小导管注浆应配备与工艺相适应的成孔设备、注浆设备、搅拌设备和其他小型设备，以保证注浆质量。成孔设备可根据地质情况选用成孔深度 3m 以上的风钻、高压(0.6MPa)吹管或煤电钻。根据注浆工艺，应配有单液注浆泵、双液注浆泵，其注浆压力应不小于 5MPa，排浆量应大于 50L/min 并可连续注浆。目前国产 KBY-50/70 双液注浆泵和 SYB 50/50 的单液注浆泵在超前支护注浆中应用广泛。搅拌设备应选用低速机械式搅拌机，其搅拌有效容积不小于400L。

小导管注浆时，应根据需要配有抗震压力表、高压胶管、浆液混合器、高压球阀、水箱及储浆桶等辅助设备，还应配备必要的测试设备，如秒表、pH计、波美计等。

(8)注浆施工

注浆开始前，应分别根据单、双液注浆方式连接管路，双液注浆管路布置如图3-36所示。单液注浆时，可采用一条管路。注浆开始前，应进行压水或压稀浆试验，检验管路的密封性和地层的吸浆情况。

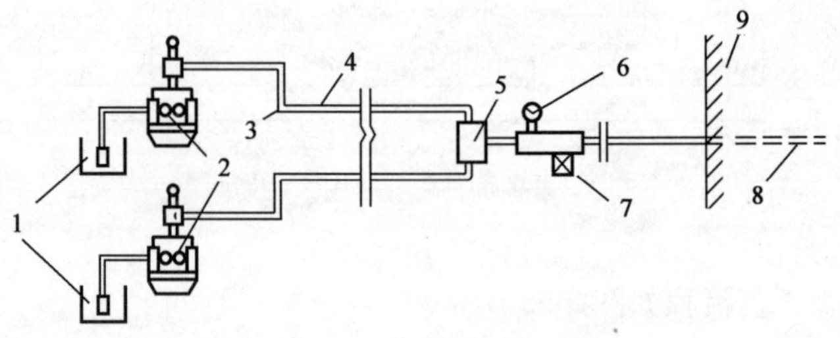

图3-36　双液注浆管路连接示意图

1-储浆池;2-泵;3-高压胶管;4-输浆管;5-混合器;6-孔口压力表;7-泄浆阀;8-导管;9-地层

注浆顺序：周边超前小导管自两侧向拱顶方向分两序孔施工，即先注第一序孔(单号)，然后以注第二序孔(双号)。注浆过程中要根据不同地层及掌子面含水情况，调整浆液胶凝时间，控制注浆范围。单孔注浆结束后应迅速用棉纱将孔口封闭，并用水清洗泵及管路，然后移至下一孔进行施工。

注浆时，要经常观测注浆压力和流量的变化，发现异常情况及时处理。如压力逐渐上升，流量逐渐减少属于正常现象；如压力长时间不上升(小导管注浆5min)流量不减，可能是跑浆或漏浆；如压力急剧上升，流量急剧减少，在排除地层因素外，可能是管路阻塞。

注浆过程中，应经常观察工作面及管口情况，发现漏浆和串浆，应及时进行封堵。双液注浆时每隔5min或变更浆液配比时，应在孔口测量浆液凝胶时间，并根据情况进行调整。注浆过程中应做好注浆记录，每隔5min详细记录压力、流量、凝胶时间等，并记录注浆过程中的情况，作为注浆效果分析的基础。

小导管注浆结束标准：注浆过程中，压力逐渐上升，流量逐渐减少，当压力达到注浆终压或注浆量达到设计注浆量的80%以上时，可结束该孔注浆；注浆压力未能达到设计终压，注浆量已达到设计注浆量，并无漏浆现象，亦可结束该孔注浆。

2)超前大管棚

在浅埋软弱地层大跨隧道开挖施工中，为了控制沉降，防止开挖过程因地层软弱承载能力差而引起局部掉块或塌方，必须采用超前大管棚对软弱地层进行超前支护，并通过管棚注浆和围岩形成一体，共同承受地层应力，确保开挖安全。

(1)大管棚的作用及支护机理

大管棚施工法是在隧道开挖之前，沿隧道开挖断面外轮廓，以一定间隔与隧道轴线成1°~3°的角度钻孔、插入钢管，再通过钢管内压注充填水泥浆或水泥砂浆，增加钢管的弯矩，由管棚和围岩构成的棚架支撑体系减小围岩下沉。其在软弱地层中主要发挥三个方面的作用：

①众多的管棚间软弱土体能够形成微拱,起到控制围岩变形的作用。

②具有足够数量能扩散或传递围岩压力的构件。

③可以适当减少开挖释放应力棚架作用。

大管棚超前支护辅助工法,以其施工便捷、造价低等优点,被广泛应用于浅埋大跨隧道工程中。

(2)大管棚种类

根据地下工程施工管棚支护的使用特点,一般可分为普通大管棚、咬合大管棚、夯管管棚。

①普通大管棚:设计无特殊要求,采用钻机钻孔,下入钢管管棚,支撑地层围岩作用力。

②咬合大管棚:在高压力、含水地层或松软、流沙地层,为了防止地下水渗流或产生流现象,采用密排、咬合方式。

③夯管大管棚:在大管棚钻机钻进困难,或难以成孔的松软地层,通过采用夯管锤直接夯进的方法。既适应于含水层,也适应于卵石层。

(3)大管棚设计

在设计中,要充分考虑地质、周边环境、隧道开挖断面、埋深以及开挖方法等,来决定大管棚的配置、形状、施工范围、大管棚的间距及断面。

①管棚的配置和形状。一般沿隧道开挖轮廓外周的一部分或全部,以一定的间隔排列而成。沿隧道轴向管棚设置长度,要根据隧道周边的地形、地表结构物的状况等决定。管棚的终点位置,应达到防护对象的长度加上应开挖而造成的掌子面松弛范围的长度,如果距离比较长,应采用分段施工,在洞内搭接布置大管棚。

②大管棚设计参数。

a. 长度:管棚长度的确定与软弱地层性质,管棚施工性能以及施工效率等进行综合考虑,一般情况下超前大管棚循环长度为20~40m。

b. 管节长度:2~3m,管节通过丝扣联结而成,丝扣长8~10cm。

c. 直径:浅埋地层或一般软弱地带常采用ϕ89mm或ϕ108mm热轧无缝钢管。

d. 环向间距:一般30~50cm,也可以采用密排方式,布置在开挖轮廓线外0.3m。

(4)大管棚加工

①钢管加工。大管棚采用外径108mm或89mm、壁厚9mm热轧无缝钢管加工,前端加工成椎形尖端并封闭,便于管棚安设。管壁沿两条垂直直径布设四排ϕ6~8mm对称溢浆孔,呈梅花形布设,相邻两排注浆孔呈梅花形布置,孔间距30cm,每根管棚末端一节不布设溢浆孔。为方便管棚送入孔内,每根管棚的最前端一节加工锥形,锥形长约20cm,如图3-37所示。

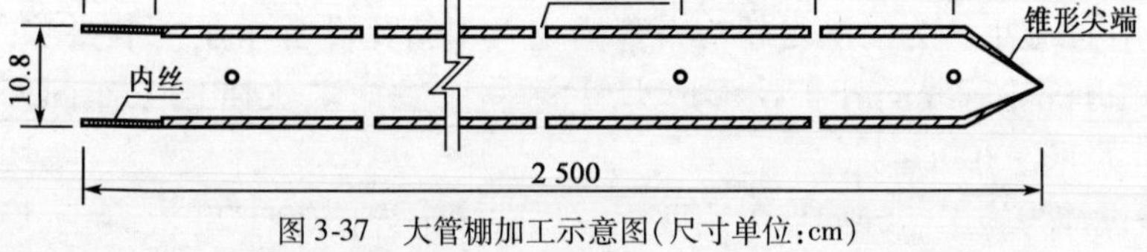

图3-37　大管棚加工示意图(尺寸单位:cm)

常用大管棚的连接采用内外丝扣连接方式,即在每节管棚两端分别车10cm左右的内、外丝,管棚安设时,每节管棚间通过丝扣连接成为整体。

②钢筋笼加工。在极其软弱地层压力较大的浅埋隧道施工中,为了提高大管棚刚度和抗折能力通常在大管棚内下入钢筋笼。钢筋笼是用4ϕ20mm的钢筋焊接而成,中间每隔0.5m用长0.05m、直径32mm、壁厚3mm的钢管固定环焊接,钢筋笼加工示意如图3-38所示。

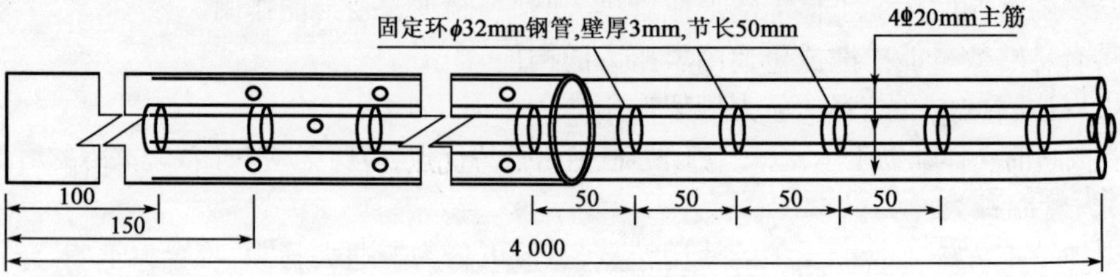

图 3-38　大管棚钢筋笼加工图(尺寸单位:cm)

(5)大管棚施工工艺

超前大管棚施工的主要工序有:大管棚工作台布置、钻机就位、安装导向管、定位、钻孔、下管、注浆等。

①大管棚施工工艺。对于软弱地层采取注浆等辅助工法进行改良后,地层成孔性好,通常采用地质钻机引孔后,再退出钻杆在孔内下入大管棚施工方式。其施工工艺流程如图 3-39 所示。

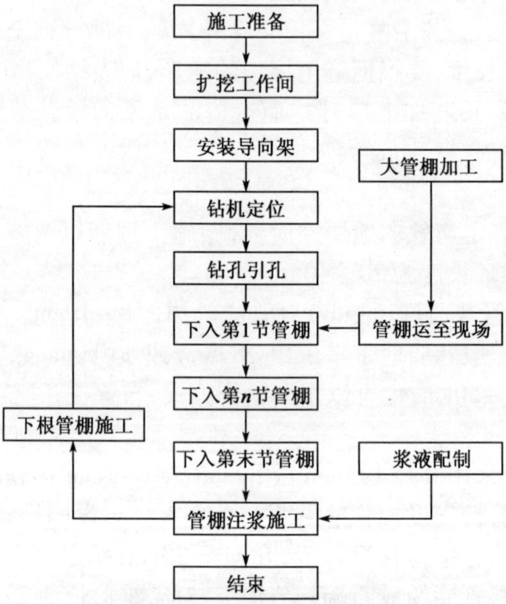

图 3-39　大管棚施工工艺流程图

a. 管棚工作间施工。为了满足超前大管棚施工和钻孔设备作业技术要求,在大管棚施工前,必须沿隧道开挖轮廓线向外扩挖形成大管棚施工工作间,大管棚工作间一般纵向长 8 ~ 10m,径向外扩大 80 ~ 100cm。

b. 导向墙设计与施工。导向墙采用两榀花拱架固定导向管,C20 混凝土,厚度 100cm。导墙精测定位后,焊接埋设导向管,导向管大小、环向间距、径向外插角等根据大管棚设计确定。一般导向管中心位于开挖轮廓线外 40cm。导向墙设计如图 3-40 所示。

c. 大管棚布设。

▶钻机定位:移动钻机至钻孔部位,调整钻孔高度,将钻头放入导向管中,使导向管和钻杆在一条直线上,满足上仰角度。

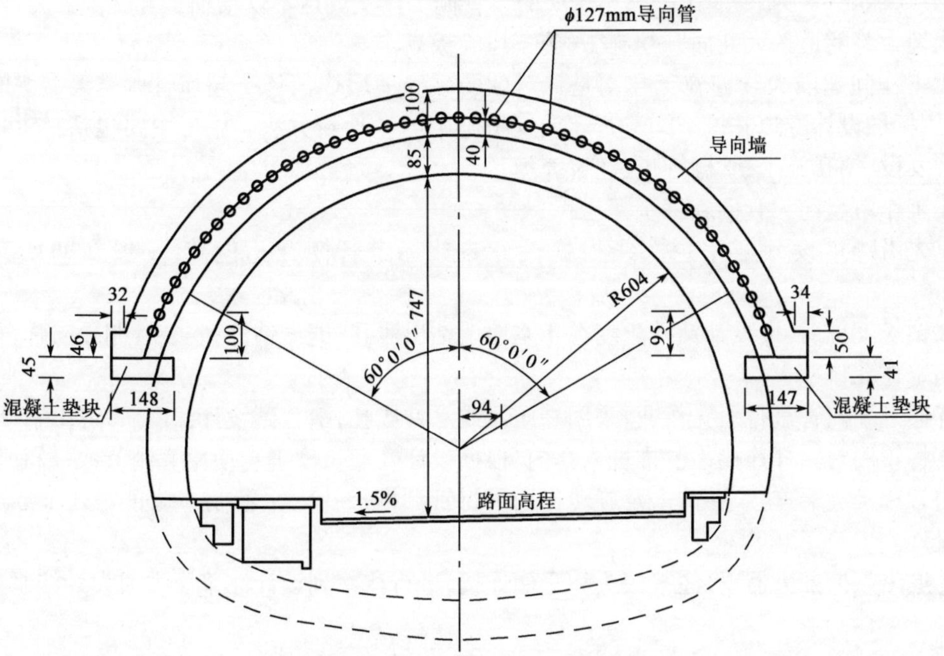

图3-40 大管棚导向墙横断面图(尺寸单位:cm)

▶钻孔:大棚管钻机移动、定位。经测试钻杆方向和角度满足设计要求后方可开钻。钻孔开始时选用低挡,钻进过程中要始终注意钻杆角度的变化,并保证钻机不移位。每钻进5m要复核钻孔的角度是否正确,以确保钻孔方向。

▶下管:下管前要预先按设计对每个钻孔的管子进行配管和编号,以保证同一断面上接头数不超过50%。钻孔结束后,退出钻杆。将超前大管棚采用丝扣或厚壁管箍连接推进入管棚孔内。由于地质条件差,因此,下管要及时、快速,以保证在钻孔稳定时将管子送到孔底。

d. 大管棚注浆。大管棚施工完成后开始注浆。其目的是填充管棚,增加管棚的刚度。同时,通过管壁的溢浆孔使浆液渗入到大管棚周围地层中,提高破碎围岩与大管棚整体承载能力。注浆材料一般采用水泥砂浆或普通水泥单液浆,水泥砂浆浆液配合比为水泥:砂:水=1:1:0.5(质量比);普通水泥浆配比为0.6:1~0.8:1;超前大管棚注浆压力一般为0.8~1.5MPa。

钻孔、注浆过程中应加强对地上建筑物的沉降及隆起观测,如发现异常及时采取措施,防止意外事故发生。

②跟管钻进工艺。对于黏性土、砂土和极其破碎的地层,因成孔性能差,大管棚施工过程一般采用跟管钻进方式施工,确保管棚安设长度。跟管钻进是主动钻杆利用比管棚直径大5~8mm连杆式扩孔钻头,在钻机动力头带动钻具旋转钻进时,钻头切削掉的土体成孔并通过螺旋钻杆的翼片排出孔外,为防止塌孔,边钻进、边跟进管棚,管棚由钻机动力头推进,直到钻深到设计深度。钻头在停止推进自由状态下为小直径,提钻时,翼片可以自由收缩,使钻头顺利通过管棚管内退出,完成管棚施工。

(6)无工作室超前大管棚施工

传统的超前大管棚施工,为满足设备作业要求,必须在工作面前沿隧道开挖轮廓线向外环向扩挖60~80cm形成纵向长度8~10m的大管棚工作室。这不仅增加了开挖工程量,而且在软弱浅埋大跨隧道扩大断面开挖施工,施工风险极高。

无工作间超前大管棚施工技术是针对软弱破碎地层取消传统超前管棚施工需要的工作间,利用标准设计隧道开挖空间进行超前支护施工的一种新方法。施工主要包括:钻机定位、导向管安设、钻孔施工、管棚推进、注浆充填。

无工作室超前大管棚施工步骤为:

①先沿隧道设计开挖轮廓线根据设计参数标定管棚开孔位置,一般在初期支护向内30cm。

②钻机就位后,按设计钻孔角度在止浆墙上钻出浅孔,退出钻杆,安装管棚导向管,并用锚固剂固定在孔口壁上。

③通过导向管进行引孔作业,采用高压风或水钻成孔,引孔到设计深度后,退出钻杆。

④将管棚与钻杆连接逐节推进入孔内,根据设计管棚长度确定使用管棚节数,最后一节管棚采用管棚推进器连接,在冲击及旋转作用下将管棚推进孔内止管棚末端正好处于隧道开挖轮廓线外。

⑤退出管棚推进器,将注浆接头和管棚连接,进行注浆到设计注浆压力或设计注浆量结束注浆。

3.2.4 地面垂直旋喷技术

地表垂直旋喷技术是一种新型注浆法,是静压注浆法的发展,其在黏土、粉质黏土、中粗砂地层中的作用也是加固软弱地层、挡(隔)水以及抵抗土体压力。

1)旋喷法工艺的分类

旋喷可分为单管旋喷、二重管旋喷、三重管旋喷三种。

(1)单管旋喷是利用钻机把安装在注浆管(单管)底部侧面的特殊喷嘴,置入土层预定深度后,用高压泥浆泵等装置,以20MPa左右的压力,把浆液从喷嘴中喷射出去冲击破坏土体,使浆液与从土体上崩落下来的土搅拌混合,经过一定时间凝固,便在土中形成一定形状的固结体,成桩直径一般在0.3m左右。

(2)二重管旋喷是利用高压水泥浆与压缩空气同轴喷射的加固地层技术,二重管高压喷射注浆法(JGP工法)成桩直径可达0.8~1.0m。

(3)三重管旋喷是由高压水和外部环绕的压缩空气、一定压力的浆液组成喷射流,破坏土体的能量较单管和二重管大,所以使用的地层更广泛,旋喷桩直径更大(成桩直径可达0.8~2.0m),加固体均匀性更好,强度更高。

2)旋喷法适用性

旋喷注浆加固技术,主要适用于软弱土层,如第四纪的冲(洪)积层、残积层及人工填土等。实践证明,砂类土、黏性土、黄土和淤泥都能进行旋喷加固,一般效果较好。能够解决小颗粒土不易注浆加固的难题。但对于砾石直径过大、砾石含量过多及有大量纤维质的腐殖土,旋喷质量较差,甚至不如注浆的效果。

3)三重管旋喷桩设计

针对浅埋软弱大跨隧道工程特点,采用地表垂直旋喷技术进行软弱地层加固和改良,一般在开挖轮廓线外及开挖工作面布置 2 ~ 3 排桩,桩径为 0.6 ~ 1.0m。

高压旋喷参数为:

(1)高压水:压力 $p = 25 \sim 30$MPa,水量 $Q = 60 \sim 70$L/min。

(2)压缩空气:压力 $p = 0.5 \sim 0.7$MPa,风量 $Q = 0.8 \sim 1.0m^3/min$。

(3)浆液:压力 $p = 6 \sim 7$MPa,浆量 $Q = 70 \sim 80$L/min,浆液相对密度 1.65 ~ 1.67。

(4)提升速度:10 ~ 20cm/min。

(5)旋转速度:10 ~ 20r/min。

4)高压旋喷注浆材料

高压旋喷常用材料为普通水泥浆,浆液配比为 1:1 ~ 1.5:1。

5)高压旋喷机具设备

三重管高压旋喷主要机具设备见表 3-8。

三重管高压旋喷主要机具设备　　表 3-8

序　号	设备名称	规　格	主要性能	作　用
1	钻机	XJ-100、76 型震动钻	依据工程条件而定	钻孔旋喷
2	高压水泵	3XB、3W-7B	泵量 80 ~ 250L/min 泵压 35 ~ 40MPa	高压水射流
3	泥浆泵	BW-150、BW-200	泵量 0.8 ~ 2L/min 泵压 2 ~ 10MPa	泥浆注入
4	空压机	YV-3/8、ZWY-6/7	风量 $0.8 \sim 2m^3/min$ 风压 0.7 ~ 0.8MPa	空气射流
5	浆液搅拌机		容量 $0.8 \sim 2m^3$	制浆

三重注浆管包括三重管导流器、三重注浆管和三重管喷头。另外还有高压胶管,要求工作压力不低于 30MPa。

6)施工工艺流程

(1)钻机就位。钻机就位是旋喷注浆施工作业的第一道工序。一般先将钻机安置在设计孔位上,钻杆头对准孔位中心。钻机就位后,对钻机作水平校正,使钻杆轴线能垂直地对准钻孔的中心位置,以保证钻成孔后可满足原设计规定的垂直要求。

(2)钻孔。钻孔的目的是为了将旋喷注浆管插入地层,并到达预定的深度。钻孔方法很多,可根据地层的工程地质情况、预期的加固深度和现有的机具设备条件等因素选定。通常多使用旋转振动型钻机,钻进深度可达 30m 以上,适用的地层为标准贯入度小于 40 的砂类土和黏土地层。

(3)插管。采用地质钻机钻孔时,钻孔完毕后需拔出钻杆,换上旋喷管,并将其插入钻孔,到达预定深度。在插管过程中宜边射水,边插管,以防泥砂堵塞喷嘴。水压力一般不宜超过 1MPa,以免孔壁坍塌。

(4)旋喷注浆。旋喷管插入钻孔并到达预定深度后,立即按设计配合比搅拌浆液。旋喷作业开始后,在 20 ~ 25MPa 的高压水喷射下,冲切土体,并形成较大的空隙,同时借助注浆管的旋喷和提升运动,使得浆液和土体搅拌混合,最后便在土中凝固成圆柱状固结体。

边旋喷边提升旋喷管,并随时检查注浆流量、风量、压力和旋转提升速度等参数,看是否符合设计要求。旋喷管提升到设计标高时,旋喷作业即告结束。

(5)冲洗。施工完毕后,应将注浆管等机具设备冲洗干净,管内、机内不得残存水泥浆。冲洗时通常将浆液换成水,在地面上喷射,靠高速水流将泥浆泵、注浆管内的浆液全部排除。

(6)移动机具。将钻机等设备移动到新的孔位上,为下一个孔的注浆作准备。

7)垂直旋喷施工操作要点

(1)钻机回旋喷机就位时机座要平稳,立轴或转盘要与孔为对正,倾角与设计误差一般不得大于0.5°。

(2)喷射注浆前检查高压设备和管路系统。设备的压力和排量必须,满足设计要求,管路系统的密封圈必须良好,各通道和喷嘴内不得有杂物。

(3)喷射注浆时要注意设备开动顺序。三重管旋喷应先空载起动空压机。待运转正常后,再空载起动高压泵,然后同时向孔内送风和水,使风量和泵压逐渐升高到规定值。风、水畅通后,即可旋转注浆管,并开动注浆泵,先向孔内送清水,待泵量和泵压正常后,即可将注浆泵的吸管移到储浆桶开始注浆。待估算水泥浆的前峰已流出喷头后,才可进行提升注浆管,自上而下喷射注浆。

(4)喷射注浆中需拆卸注浆管时,应先停止提升和回转,同时停止送浆,然后注浆减少风量和水量,最后停机。拆卸完毕继续喷射注浆时,开机顺序也要遵守规定。同时,开始喷射注浆的孔段要与前段搭接0.1m,防止断桩。

(5)喷射注浆达到设计深度后,即可停风、停水,继续用注浆泵注浆,待水泥浆从孔口返出后,即可停止注浆,然后清洗注浆管及注浆泵,然后停泵。

(6)喷射注浆作业后,由于浆液析水作用,一般均有不同程度的收缩,使固结体顶部出现凹穴,所以应及时用水灰比0.6的水泥浆进行补灌。

(7)对冒浆应妥善处理,及时清除沉淀的泥渣。三重管旋喷注浆因冒浆中掺入黏土和清水,故不宜利用冒浆回灌。

3.3 工程实例

玉峰山隧道浅埋软弱段施工技术

玉峰山隧道位于四川盆地东南部、重庆市北郊,分属重庆市渝北区管辖。隧道为左右线分离式隧道,全长3 700m,设计为双向六车道,开挖净宽15.46m。隧道口浅埋段为呈阶梯状稻田,地表连续分布低液限黏土,基岩为顺层的侏罗系下统珍珠冲组泥岩,浅埋段为V级围岩,处于强风化岩质泥岩地层中,开挖岩质软,遇水浸泡后变成稀泥状,拱部易坍塌。

1)超前大管棚支护

(1)超前大管棚支护设计

玉峰山隧道洞口浅埋段设置大管棚支护,管棚长度30m,套拱段长2m,沿拱部120°范围内布置,环向间距35cm,一环共设置管棚55根,如图3-41、图3-42所示。

管棚采用ϕ127mm,壁厚4.5mm的热轧无缝钢管,钢管前端加工成锥形,尾部焊接ϕ10mm加劲箍,管壁四周钻2排ϕ20mm注浆孔。ϕ127mm热轧无缝钢管分节长度4m和6m,接头采用厚壁管箍,上满丝扣,丝扣长度不小于15cm,接头在隧道横断面上错开,如

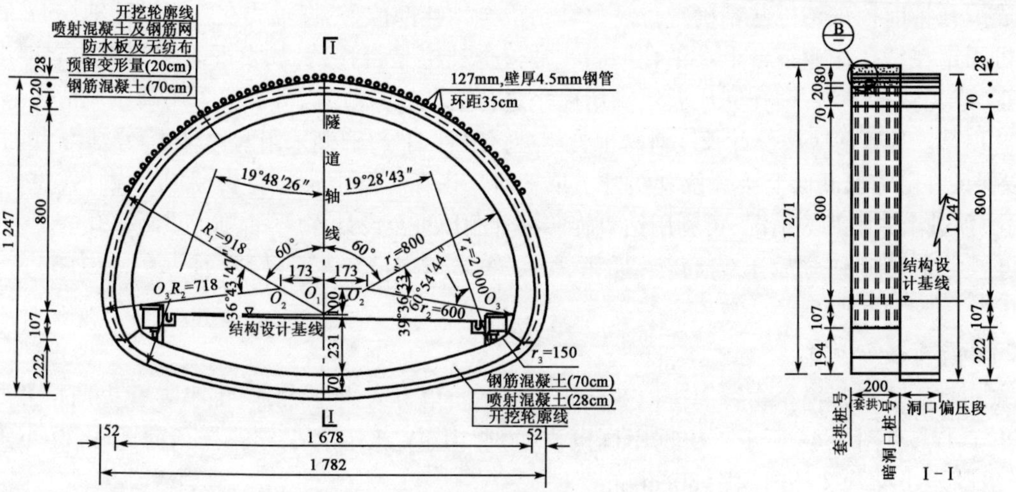

图 3-41　管棚套拱横断面图(尺寸单位:cm)

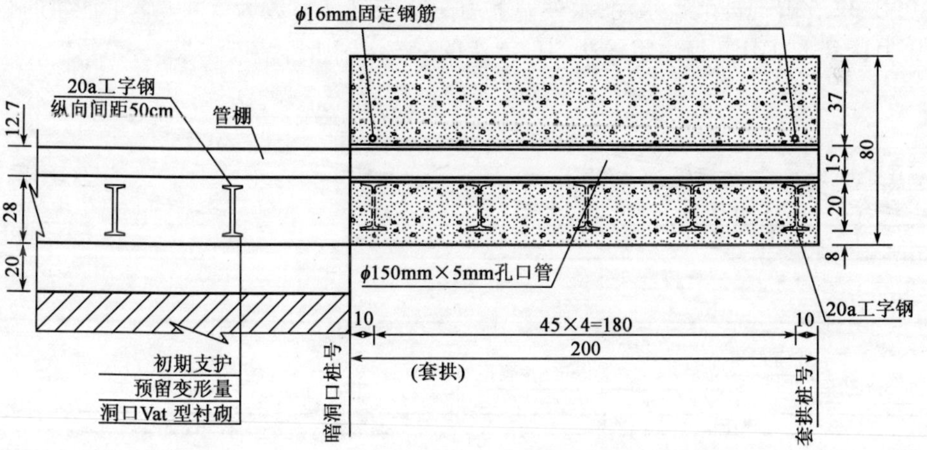

图 3-42　管棚套拱 B 大样图(尺寸单位:cm)

图 3-43 所示。

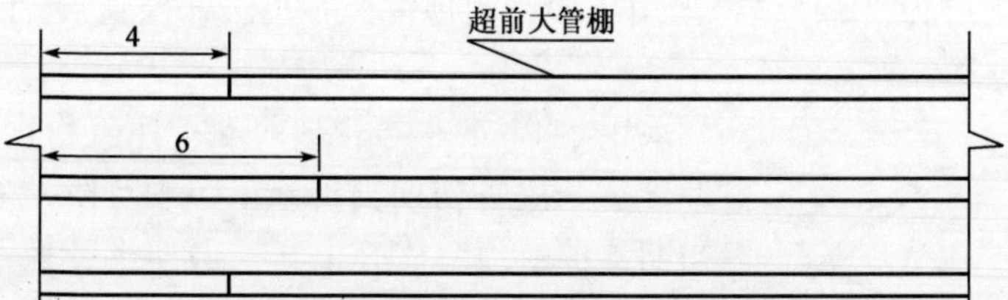

图 3-43　管棚接缝错开布置图(尺寸单位:m)

(2)超前大管棚施工

①导向管安装。套拱作为管棚的固定端,先安装 5 榀 20a 工字钢,在架立好的套拱上安装 55 个 ϕ150mm 的导向管,采用 ϕ16mm 钢筋将导向管与 20a 工字钢焊接成整体。

②钻孔。钻孔钻机采用 DK200 型,钻孔作业平台采用钢管脚手架加 10cm × 10cm 方木搭

设而成。开钻前校正钻机并精确定位。移动钻机至钻孔部位,钻杆轴线在管棚设计轴线上,后将钻机固定在钻孔作业平台上。钻孔期间经常检查钻机是否移动,如发现有移动现象立即进行纠正,避免钻孔偏斜,钻孔完成后用高压风水进行清孔,对地质破碎段应采用高压风清孔。

③顶管。顶管前应按设计长度对每根管棚进行配管编号,管棚采用两种尺寸,分别为4m和6m,以保证在隧道横断面上接头位置错开。顶管时采用钻机逐根连接将管棚顶至设计深度,如遇塌孔、顶进十分困难等情况,可利用钻机旋转将管棚顶进至设计深度,否则应重新钻孔。

④注浆。管棚到位后下钢筋笼,插入注浆管,充填M30水泥砂浆,注浆终压力1.5~2.0MPa。

2)小导管支护施工

施工时沿隧道开挖轮廓线周边以5°~10°的外插角打入岩层中,两排小导管纵向搭接长度不小于1m,见图3-44所示。根据不同围岩级别,III、IV级围岩小导管按环向间距40cm布置,V级围岩小导管按环向间距30cm布置。

小导管注浆采用水泥—水玻璃双液浆,注浆压力0.5~0.7MPa,水泥浆水灰比1.0,水泥采用P.O 32.5普通硅酸盐水泥,水玻璃采用30Be′,细度模数为2.4。施工注浆时,当每孔注浆终压力达到1.0MPa,且注浆量达到设计量的95%以上时,结束注浆。

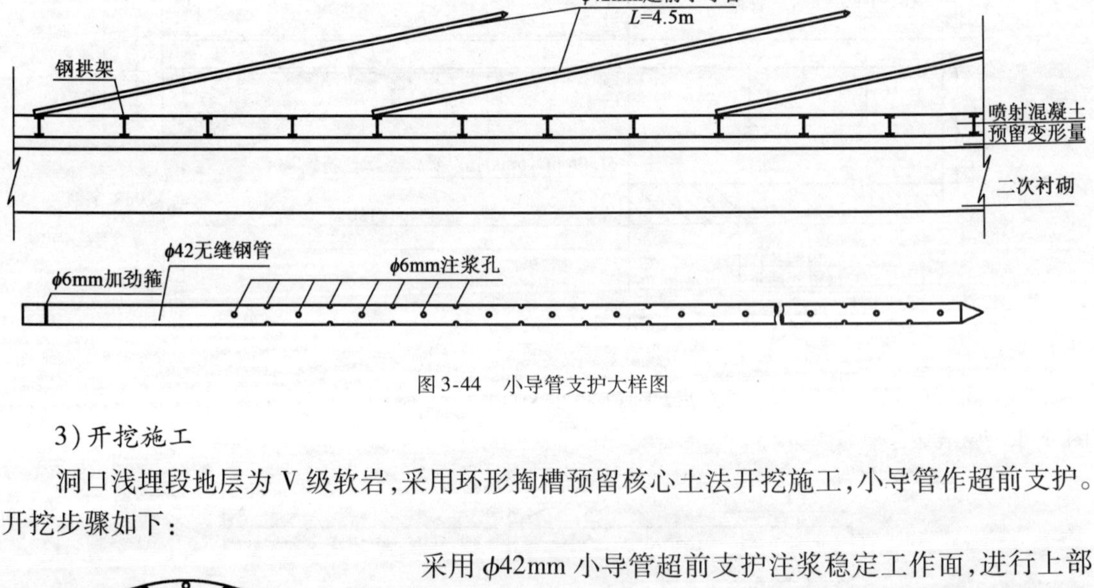

图3-44 小导管支护大样图

3)开挖施工

洞口浅埋段地层为V级软岩,采用环形掏槽预留核心土法开挖施工,小导管作超前支护。开挖步骤如下:

图3-45 环形掏槽预留核心土法

注:图中数字为开挖顺序

采用ϕ42mm小导管超前支护注浆稳定工作面,进行上部弧形导坑开挖→初期支护施工→中台阶左右侧交错开挖→边墙初期支护→预留核心土开挖→仰拱开挖及支护。上部弧形开挖主要采用人工手持风镐开挖(必要时采取弱爆破方式进行),人工翻渣至两侧导坑内,挖掘机配合装载机装渣,自卸汽车运输弃渣。中、下台阶交错10~20m进行开挖与支护,中台阶采用挖掘机配合装载机装渣,自卸汽车运输弃渣;仰拱采用挖掘机装渣,自卸汽车运输弃渣。底部仰拱开挖后及时进行支护,及时封闭成环,如图3-45所示。

初期支护完成后对于围岩拱部和边墙设置中空注浆锚杆，锚杆安装完成后采用 1∶1 水泥砂浆，水灰比 1∶0.4 ~ 1∶0.5，砂子粒径不大于 1mm，待浆液灌注饱满，浆液强度达到 5.0MPa 后拧紧螺母。

浅埋软弱地层段支护参数见表 3-9。

洞口浅埋软弱地层段支护参数　　表 3-9

项　目		Ⅳ级围岩	Ⅴ级围岩	
衬砌类型		Ⅳa	Vay	Vat
初期支护	C20 喷混凝土	26cm	28cm	28cm
	ϕ6.5mm 钢筋网	@20cm × 20cm	@20cm × 20cm；双层	@20cm × 20cm，双层
	锚杆	R25N 中空注浆锚杆 @90 × 70cm；L = 4m	R25N 中空注浆锚杆 @80 × 60cm；L = 4.5m	R25N 中空注浆锚杆 @70 × 50cm；L = 4.5m
二次衬砌		60cm 钢筋混凝土	70cm 钢筋混凝土	70cm 钢筋混凝土
仰拱		60cm 钢筋混凝土	70cm 钢筋混凝土	70cm 钢筋混凝土
初期支护加劲措施		18 工字钢	20a 工字钢	20a 工字钢

第4章　断层及破碎带施工技术

断层是在一定的地应力作用下产生的，而地壳内岩石所受的力不外是张应力、压应力和扭（剪切）应力，但更多的时候是张应力兼扭应力和压应力兼扭应力。因此，可以把断层分为张性、压性、扭性、张性兼扭性（张扭）、压性兼扭性（压扭）等五种（最后两种也可以是扭张或扭压）。

（1）张性断层：断层面一般较粗糙；断层带较宽或宽窄变化悬殊，其中常填充构造角砾岩，如尚未完全胶结，常形成地下水的通道；沿着断层裂缝常有岩脉、矿脉填充。正断层多属于张性断层。

（2）压性断层：断层面的产状沿走向、倾向常有较大变化，呈波状起伏；断层带中破碎物质常有挤压现象，出现片理、拉长、透镜体等现象；断层两侧岩石常形成挤压破碎带，为地下水运移和储集提供了有利条件，而断层带本身由于挤压密实，反倒形成隔水层；断层两盘或一盘岩层常直立、或呈倒转褶皱、牵引褶皱；断层带内常产生一些应变矿物（受压受热重结晶）如云母、滑石、绿泥石、绿帘石等，并多定向排列。逆断层多属于压性断层。

（3）扭性断层：断层面产状较稳定；断层面平直光滑，犹如刀切，有时甚至出现光滑的镜面；断层面上常出现大量擦痕、擦沟等；断裂面可以切穿岩层中的坚硬砾石和矿物；断裂带中的破碎岩石常碾压成细粉，出现糜棱岩，有时也出现一些应变矿物如绿泥石、绿帘石等。平推断层多属于扭性断层。

对于扭性断层相对扭动方向，常用左行、右行或反扭、顺扭等术语来表示。判别的方法是：站在断裂的一端，面对断层，如左边一盘向自己方向移动就叫左行或叫反扭（反时针）；如右边一盘向自己方向移动就叫右行或叫顺扭（顺时针）。

（4）张扭性断层：自然界纯张纯压的断层，事实上并不多见，而是多少带一些扭动。如某些上盘沿着断层面斜向往下滑动的正断层，即带有张扭性质。如果走向断距大于倾向断距，那就向真正的扭断层过渡了。这种断层具有张性和扭性断层的特点，断层面上常显示上盘斜向滑动的擦痕，断裂有时呈雁行状排列。

（5）压扭性断层：上盘沿着断层面斜向往上推动的逆断层，带有压扭性质。如果走向断距大于倾向断距，便向着扭断层过渡。这种断层具有压性和扭性断层的特点，断层面小范围内显示光滑平直，大范围内常呈舒缓波状；断层面上斜冲擦痕和小陡坎（阶步）发育；其他特点多与压性断层相似或相同。

4.1　断层及破碎带地质危害

断层的存在,从总体上说,破坏了岩体的完整性,断层面或破碎带的抗剪强度远低于岩体其他部位的抗剪强度。因此,对工程产生如下影响:

(1)断层降低了地基岩体的强度及稳定性。断层破碎带力学强度低,压缩性增大,易造成隧道支护发生较大变形。

(2)断裂构造带不仅岩体破碎,而且断层上下盘的岩性也可能不同,如果在此处进行隧道施工,有可能产生不均匀沉降。

(3)由于断层破碎带中岩体失去完整,强度大大降低,再加上易风化易于含水等特点,常常给施工带来塌方、涌水等危害,甚至由于其活动性,给已衬砌的地段带来难以消除的挤压力。

(4)沿断裂破碎带地段易形成风化深槽及岩溶发育带。断层陡坡或悬崖多处于不稳定状态,易发生崩塌等。

(5)断裂构造破碎带常为地下水的良好通道,地下水的出露也常为断裂构造所控制。施工中若遇到断层时会发生涌水问题。

总之,由于断层破碎带中岩体失去完整,强度大大降低,再加上易风化易于含水等特点,常常给施工带来塌方、涌水突泥等危害,甚至由于其活动性,给已衬砌的地段带来难以消除的挤压力。

4.2　断层及破碎带施工对策

4.2.1　施工原则

(1)施工原则:加强预报,超前支护,分部开挖,部部封闭。

(2)加强超前地质预报工作,超前地质预报是预防发生安全事故的基础。为了防止隧道施工中发生安全事故或灾难,必须在施工前实施超前地质预报,通过超前地质预报工作,对前方的地质条件进行判断分析,以确定隧道掘进中是否需要加强安全施工的工程措施,提前进行工程设计及施工准备。

(3)根据超前地质预报,对断层及高压富水地段采用全断面注浆、局部注浆、长管棚等超前支护加固措施,防止出现突水涌泥等地质灾害。

(4)初期支护采用柔性支护并加强强度,做到既能抗压又能受压,防止因支护结构失稳造成大变形甚至坍塌。

(5)做好监控量测和施工纪录,将相关预报、监测和施工信息及时反馈至业主、设计和监理,及时调整设计参数,根据设计补充措施及时调整施工方案,动态设计动态施工。

4.2.2　施工对策

1)总体施工方法

加强超前地质预报工作,准确预报隧道施工前方地质条件是隧道建设确定工程对策、工程措施的关键，是工程施工安全的前提，在探明地质情况的前提下采用如下方法。

(1)大型断层破碎带施工

存在风险：大型塌方、涌水突泥、变形。

施工措施：采用帷幕注浆进行超前加固堵水，开挖前采用超前小导管或超前大管棚进行支护，开挖采用双侧壁导坑法、CRD 法或 CD 法进行施工，人工开挖或弱爆破，格栅钢架或型钢钢架支撑、系统锚杆(管)喷混凝土支护，加强监控量测，衬砌紧跟。

(2)中型断层

存在风险：中型塌方，涌水突泥、变形。

施工措施：采用帷幕注浆或局部注浆进行超前加固堵水，采用小导管或大管棚进行超前支护，开挖采用 CRD 法、CD 法或留核心土环形开挖法施工，人工配合机械开挖或弱爆破，格栅钢构或型钢钢架、系统锚杆(管)喷混凝土支护，加强监控量测，衬砌紧跟。

(3)中小型断层

存在风险：小型塌方、变形。

施工措施：采用小导管或大管棚进行超前支护，开挖采用留核心土环形开挖法或三台阶临时仰拱法施工，人工配合机械开挖或弱爆破，格栅钢构或型钢钢架、系统锚杆(管)喷混凝土支护，加强监控量测，衬砌紧跟。

(4)小型断层

存在风险：掉块、变形。

施工措施：采用小导管进行超前支护，采用台阶法开挖，光面爆破或弱爆破，格栅钢构或型钢钢架、系统锚杆(管)喷混凝土支护，加强监控量测，衬砌紧跟。

2)初期支护

断层破碎带中由于围岩具有岩体松散、强度低、稳定性差等特点，隧道开挖后，由于水平地应力较大，围岩发生变形及位移。隧道开挖爆破时所产生的动载作用，使一定深度范围内的围岩遭到震动破坏，也加速了围岩变形位移。围岩大面积暴露后，由于空气和水分的侵蚀围岩迅速风化潮解，围岩自稳能力进一步降低，将产生更大应力集中。因此，隧道支护应满足以下条件：①能够及时封闭围岩，防止继续风化。②必须有良好的可缩性，以适应围岩收敛变形需要。③支护形式应具有足够的承载能力，确保支护强度。④经济合理，施工安全方便。因此，应采用喷锚网喷、钢架支护，初喷，及时复喷，厚度符合设计要求，构成强支护体系。对高地应力地段应适当加长锚杆长度或采用锚索施工，提高围岩自身承载能力。初期支护要及时支护、及早封闭成环。

3)二次衬砌

断层破碎带段衬砌仰拱填充超前施工，使支护结构及早成环，当围岩变形符合设计要求时衬砌紧跟，衬砌混凝土强度达到规定强度后方能拆模；在高压富水地段应按抗水压衬砌设计施工。

4)辅助工法

当隧道通过较大的断层破碎带或节理密集带，岩层极破碎或为断层泥，以及地下水发育，在开挖后围岩可能涌水、突泥、塌方，会严重威胁施工安全和施工进度，应采取全断面帷幕注浆、超前大管棚、及小导管注浆进行超前支护，以有效堵水并加固围岩，以保证施工安全。

5)信息化施工

加强超前地质预报:采用开挖面地质素描、TSP203 地震反射法、HSP 水平声波反射法、地质雷达、红外探水和超前钻探进行超前地质预报。对围岩的破碎和富水程度进行预测和验证。及时进行信息收集处理反馈,以调整施工方案和施工方法。

加强监控量测工作:在施工过程中,应按照设计文件中的监控量测要求对洞内围岩和支护结构的位移、变形、受力情况实施施工过程的完整监测,提供及时、可靠的信息,用来评定施工期间围岩和支护结构的稳定性及对周边环境的影响,避免支护结构破坏和施工安全事故的发生。

6)严谨的施工组织

严格施工纪律,施工方案一经确定,操作人员严格执行,不得私自变动,严格的施工纪律,合理的工序安排,先进的施工工艺,严肃的管理制度是一套防止围岩失稳的有效手段。

4.3 断层破碎带超前地质预报

加强超前地质预报工作,准确预报施工前方地质条件是隧道建设的迫切需要,是确定工程对策、工程措施的关键,是工程施工安全的前提,是控制和合理运用工程投资的重要因素。

通过超前地质预测预报,及时发现掌子面前方不良地质体的位置、产状及其围岩结构的完整性与含水情况,为正确选择开挖断面、支护参数和优化施工方案提供依据,并为预防隧道涌水、突泥等事故发生提供信息,对于安全科学施工、提高施工效率、缩短施工周期、避免事故损失、节约投资等具有重大的社会效益和经济效益。

尽管隧道设计进行了大量的地质勘察工作,但由于受勘察技术手段和方法的限制,加上地质体的复杂多变,期望在施工前完全查明工程地质情况,准确地预测隧道施工中可能发生地质灾害的位置、性质和规模是十分困难的。因此,世界各国隧道工程界都十分重视施工过程中的超前预报工作。在我国公路隧道施工实践中,大家已经认识到这个问题的重要性,并将超前地质预测预报纳入了工序进行了管理。

4.3.1 地质预测预报内容

对于断层破碎带超前地质预报工作,对重点预报区段采用宏观控制预报、准确预报、验证预报三级预报方法,对一般性小断层采用短距离预报方法,避免预报工作的盲目性,提高预报的针对性和准确性,减少预报成本。

宏观控制预报方法一般有:补充区域性地质调查、采用长距离的 TSP 为主,地质雷达短距离物探技术为辅的物探手段,采用多源协同预报方法进行预报;准确预报方法一般有超前地质探孔,超深炮孔探测、红外探测、地质雷达等。对一般性短、小断层及浅埋地段,确定以塌方为主要内容,采取钻探的探测手段;验证预报一般有超前地质探孔。

对于断层破碎带及复杂地层地质预报应分级进行,采用物探和钻探,长距离、中长距离和短距离相结合,多种手段综合分析,相互印证。

一般包括以下内容:

(1)地层岩性:主要是开挖面围岩岩性、风化变质情况等。

(2)地层结构及界面:节理裂隙、产状等。

(3)围岩级别及其稳定性预报。

(4)地下水预报:其中包含水量大小、压力、位置以及补给条件等。

4.3.2 施工超前预报分类

根据隧道施工超前预报的内容和目的以及实际预报中的作用,结合隧道施工超前预报的客观实际,断层破碎带及复杂地层隧道施工超前预报分类如下。

1)常规地质分析

利用常规地质理论和作图法,将隧道所揭露的地层岩性、地质构造、结构面产状、地下水出露点位置及出水状态、出水量等准确记录下来并绘制成图表,结合已有勘测资料,进行隧道开挖面前方地质条件的预测预报。是一种传统的、最实用和不可缺少的方法,其他的预报方法都应该是为这种预报方法服务的,为整个地质预报系统的中枢,具有综合和指导其他预报方法的作用。该方法设备简单、操作方便、不占用隧道施工时间,提交资料及时,费用低,但对操作人员地质知识水平要求较高,要求地质专业人员来完成。一般有掌子面素描、导洞预报法及洞身地质素描等。

2)仪器预报

预报目的不同,方法各异,所用仪器也是多种多样的。如地质分析法只需罗盘、地质锤、放大镜、稀盐酸和皮尺等,另外物探方法需地质雷达、红外探测仪、HSP 声波仪等各种物探仪器。

3)地质探孔预报

(1)水平钻孔超前地质预报

短距离预报:5 ~ 10m。根据我国目前的探测技术,要预报掌子面前方 10m 范围内的地质条件,一般可利用人工手持风钻或台车液压钻机对工作面进行探测,探孔探测若无异常情况出现,可进行钻爆开挖,预报基本可与施工同步进行。对成灾预报而言,短距离预报相当于临灾预报或防灾处理阶段。

中距离预报:10 ~ 30m。对于防灾预报来说,只有 5 ~ 10m 范围内的临灾预报是不够的。发现有可能成灾的地质条件,马上要准备处理,显然太紧张。对于断层破碎带及复杂地层隧道比较理想预报距离应为 30m 的距离。因此,进行范围 10 ~ 30m 的中距离预报是断层破碎带及复杂地层隧道施工所必需的。另外,从目前已有的预报实践来看,用物探方法在开挖面上进行 20 ~ 40m 的超前探测已十分有效。说明物探方法在中、长距离预报中是有潜力的。

(2)地表钻孔探测勘察

如果条件许可,施工过程可通过地表进行钻设探孔、取芯等方法对地质复杂段进行地质补充勘察,达到指导施工的目的。

4.3.3 地质预测预报流程

超前地质预测预报主要是加强施工期间的地质工作,是在开挖之前,除根据开挖时揭露出来的实际地质情况,校正补充地勘资料外,还要根据这些成果资料,分析推断掌子面前方的地质情况是否存在前期勘察时没有查到的不良地质体,以便预先采取措施。实施超前预报应首先收集和熟悉已有资料,提出预报探测的计划和重点;配合施工进程,开展地表补充调查和洞内地质素描,以施工地质调查资料为依据选择一种以上对施工干扰少、探测时间短的有望达到预报目标的物探技术开展现场实测。最后组成地质、物探及相关工程专业人员的分析组，对地质和物探资料进行系统处理和综合分析，提出预报意见成果。

地质预测预报工作的方法、手段和内容应根据勘测设计预测的地质灾害风险分级确定。地质预测预报地质灾害风险分级可参考表4-1中地质灾害（风险）分级影响因素的方式进行。

地质灾害（风险）分级影响因素　　表4-1

地质灾害分级	A	B	C	D
	严重	较严重	一般	轻微
破碎地层稳定程度	大型断层破碎带、自稳能力差、富水，可能引起大型失稳坍塌	中型断层带，软弱，中~弱富水，可能引起中型坍塌	中小型断层，弱富水，可能引起小型坍塌	中小型断层，无水，掉块
地质因素对施工影响程度	危及施工安全，可能造成重大安全事故	存在安全隐患	可能存在安全问题	局部可能存在安全问题
诱发环境问题的程度	可能造成重大环境灾害	施工、防治不当，可能诱发环境问题	可能出现一般环境问题	无

其中地质灾害风险分级被确定为A级的，应采用工作面地质素描、地震波反射法或声波反射法、地质雷达、红外探测、超前水平钻探等手段进行综合预报。确定为B级的，应采用工作面地质素描、地震波反射法或声波反射法，辅以红外探测、地质雷达，必要时进行超前水平钻孔探测。确定为C级的，应以工作面地质素描为主，对重要的地质（层）界面、断层或物探异常地段可采用地震波反射法或声波反射法进行探测，必要时采用红外探测和超前水平钻孔探测。确定为D级的，可采用工作面地质素描进行预测预报。地质预测预报工作流程如图4-1所示。

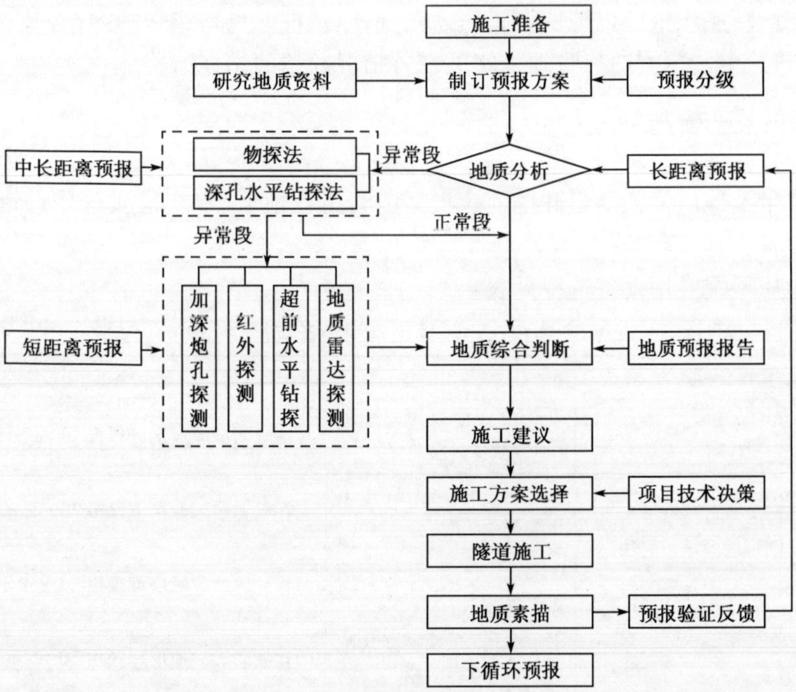

图4-1　地质预测预报工作流程图

4.3.4 预报要点

①研究区域地质、工程地质资料，必要时进行地表补充调查和勘探，对隧址区地质情况做到比较全面和准确的认识，分析主要工程地质问题、主要地质灾害隐患及其分布范围、在隧道内揭示的大致里程，制订预报方案。

②根据地质复杂程度分级（见表2-1），对不同地段进行地质预报分级，不同类型和级别的地段采取不同的预报方法。

图4-2 超前地质钻孔预测预报

③采用超前水平钻探时，一般采用钻孔（图4-2）和取芯分析的方法进行前方地质预报。软弱富水地层每循环宜钻4~6个孔，终孔于隧道开挖轮廓线以外3~5m，钻孔长度宜为30~50m，每循环探孔搭接长度为5~8m。在探孔钻设过程详细记录钻进速度、出水位置、出水量大小，水压大小，推进力、冲洗液颜色等，以便准确判释地质情况。

④采用加深炮孔探测时，利用风钻或凿岩台车等在隧道开挖工作面将设计炮孔部分加深以获取地质信息。孔深应较爆破孔（或循环进尺）深3m以上，孔数、孔位应根据开挖断面大小和地质复杂程度确定。

⑤断层预报。应探明断层的性质、产状、富水情况、在隧道中的分布位置、断层破碎带的规模、物质组成等，断层预报应以地质调查法为基础，以弹性波反射法探测为主，必要时采用红外探测、高分辨直流电法探测断层带地下水的发育情况及超前钻探法验证。

4.3.5 设备配置要求

断层破碎带及地质复杂隧道开挖前应根据围岩工程地质、水文地质等条件选取合理的地质预测预报设备。

物探法地质预报常用设备选择见表4-2。

物探法地质预报常用设备选择 表4-2

序号	预报方法	仪器和设备	备注
1	弹性波反射法	地震波反射法探测仪（地震波反射法配置）	在软弱破碎地层可预报100m
		智能声波探测仪（水平声波剖面法配置）	在软弱破碎地层可预报20~50m
		陆地声呐仪（陆地声呐法配置）	在软弱破碎地层可预报20~50m
		地震仪（负视速度法配置）	在软弱破碎地层可预报30~50m
2	电磁波反射法	地质雷达（图4-3）	预报距离宜在30m以内

续上表

序　号	预 报 方 法	仪器和设备	备　注
3	红外探测法	红外探测仪	有效预报距离应在 30m 以内
4	直流电法	高分辨直流电法仪	有效预报距离不宜超过 80m

超前地质预测预报作为软弱地层隧道施工的一项关键技术，尽管引起国内外隧道工程界的重视，也做了许多卓有成效的工作，但到目前为止还没有一套系统的普遍适用的方法。因此，在软弱地层尤其是浅埋大跨隧道的施工，技术难度大，施工风险高，必须重视超前地质预测预报工作，必须由掌握地质判释技术、经验丰富的地质工程师负责，合理选择预测预报方法及手段，并进行资料收集、统计、分析和编制信息预报成果，由主管技术人员予以复核，并报设计、监理，为变更设计、修改施工方法提供依据，及时制订各类施工技术预案，保证顺利通过各类不良体。

图 4-3　地质雷达预测预报

4.3.6　探测技术

1）地质雷达法

（1）预报原理

探地雷达的工作原理与探空或通信雷达相类似，其理论基础为高频电磁波理论。工作方式是以宽频带短脉冲的高频电磁波的反射来探测目的体及地质现象，如图 4-4 所示。

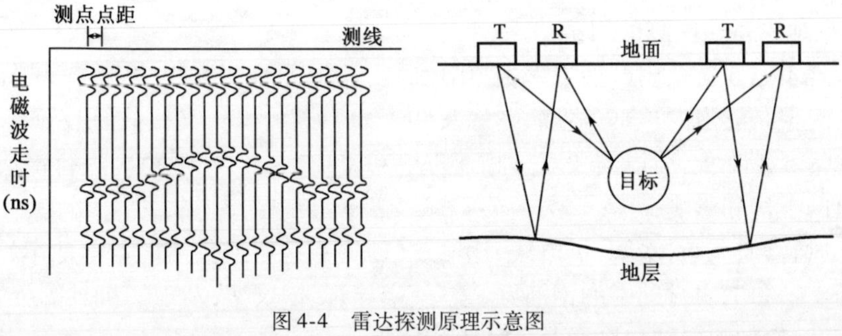

图 4-4　雷达探测原理示意图

探地雷达通过地面天线 T 将电磁波（主频 $n \times 10 \sim n \times 900$MHz）送入地下，经地下地层或地质异常体（溶洞、土洞、断裂、空隙等）反射回地面，由另一接收天线 R 接收反射回来的脉冲波信号。脉冲波行程需时 t（单位：ns，$1\text{ns} = 10^{-9}$s）：

$$t = \frac{\sqrt{4Z^2 + X^2}}{v}$$

式中，Z 为地质界面的埋深（m），X 为发射天线与接收天线的间距（m），v 为电磁波在地下介质中的传播速度($\times 10^{-9}$m/s)。当地下介质的波速 v 已知时,可以由仪器测到 t 的精确数据。因此,由上式可求出反射体的埋深 Z:

$$Z = \frac{1}{2}\sqrt{v^2t^2 - X^2}$$

式中,X 值在剖面探测中是固定的,v 值可以用宽角方式直接测量。当介质的电导率很低时,也可以根据 $v \approx c/\varepsilon$ 近似算出,其中 c 为光速($c = 0.3 \times 10^{-9}$m/s),ε 为地下介质的相对介电常数,可以采用现成的经验数据,也可以由试验测定获得。探地雷达图形常以脉冲反射波的波形形式记录,波形的正负峰分别以黑、白表示,或者以灰阶或彩色表示,这样同向轴或等灰度、等灰色线即可形象地表征出地下反射面。图 4-5 对照一个简单的地质模型画出了地质雷达的波形记录。在波形记录图上各测点均以测线的铅垂方向记录波形,构成雷达剖面。由于探地雷达使用的是高频电磁脉冲波,因此,电磁脉冲波在地下传播过程中将因地下介质对其能量的吸收而降低其穿透能力,使探测深度的功能降低。而反射脉冲信号的强度,与反射界面的波反射系数和穿透介质的波吸收程度有关,其中反射系数与界面两边介质的电磁性质有关,对于斜入射情况,反射系数将因波的极化性质而定,其大小还与入射角大小有关。因为探地雷达发射的电磁波在地下传播时,被不同的介质吸收,因此,其探测效果将受地下介质及反射界面的影响。应针对不同地电条件和需要解决的问题,选择不同频率的天线和相应的工作方法,以达到较好的效果。

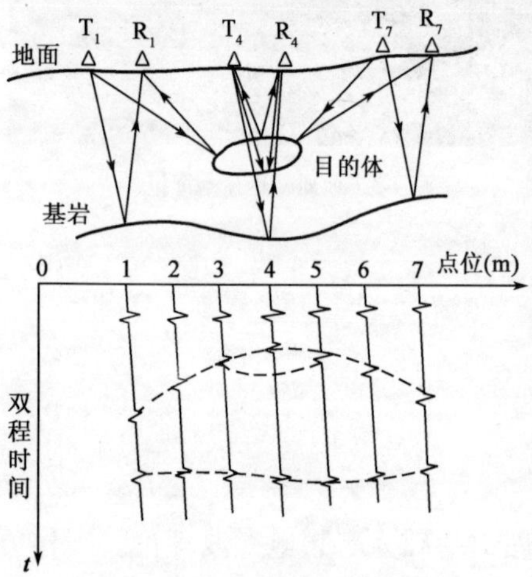

图 4-5　地质雷达波形记录示意图

地质雷达系统通过对所接收到的反射波进行叠加、滤波和以不同方式显示等一系列处理,精确地测定出电磁脉冲传播到目标物,并反射后来的时间,由此来确定目标物的深度和位置等。

(2)影响地质雷达探测的因素

采用探地雷达在隧道内开展工作,要比地面雷达探测难度大得多,不仅现场工作环境差,而且探测的对象是隧道的顶部、边墙、隧底及掌子面。探测工作又往往是在施工过程中,相互影响干扰的情况是难免,所以需要双方相互理解和密切配合。在隧道内进行雷达探测,主要受以下几方面的干扰和影响:

①高压风管、通风管、水管、供电线、运输线(轨道和运行或停滞的蓄电池车)即三管两线。

②初期支护和二次衬砌中的钢筋网、锚杆、小导管、钢拱架,及现场机具等金属物。

③虚渣、堆积物和爆破松动圈及各种不均匀体。

④岩层含水和隧道内流水。

上述干扰和影响必然会给数据采集和资料处理解释工作带来极大的难度。

(3) 对适用情况的认识

①目前国内还没有为隧道超前地质预报而专门设计制作的地质雷达,仪器密封性差,洞内不易防水、防潮、防尘,易造成仪器损坏,特别是没有专门的天线,操作起来费时费力。

②探测距离太短,一次只能探测 5 ~ 30m,很难与目前隧道每天开挖 10 ~ 20m 的速度相适应。

③隧道内的环境条件如洞内钢拱架、钢筋网、锚杆、钢轨等金属构件的影响探测结果。

④就目前的技术水平而言，地质雷达采用高频率的天线作为隧道混凝土衬砌质量无损检测的手段仍是比较合适的。

⑤地质雷达在地表探测 5～30m 范围内的地下地层或地质异常体（溶洞、土洞、断裂、空隙等）反射信号比较明显，是一种比较理想的手段；灰岩地区隧道铺底前采用低～中频率的天线作为探明隧底隐伏岩溶洞穴的手段仍有助于提高探测效率。

⑥发现异常现象，应用地质雷达多种频率、反复探测来得到异常体的规模及形态，效果明显。

2）红外探测

红外探测技术是综合地质预报技术的一种，可以定性的判释隧道掌子面前方是否存在含水构造。

（1）红外探测技术的应用原理

在隧道中，围岩每时每刻都在向外部发射红外波段的电磁波，并形成红外辐射场，场就有密度、能量、方向等信息，岩层在向外部发射红外辐射的同时，必然会把它内部的地质信息传递出来。干燥无水的地层和含水地层发射强度不同的红外辐射。地下水的活动会引起岩体红外辐射场强的变化，红外探水仪通过接收岩体的红外辐射强度，根据围岩红外辐射场强的变化值来确定掌子面前方或洞壁四周是否有隐伏的含水体。图 4-6 是正常地温场中存在一个斜交含水柱体的数字模拟测量分析。

由图 4-6 中可看出，在5℃ 温差条件时，DT_{max} 与 $T\times2\%$ 在 $r\approx10$m（r 为预测深度）处相交。而在 10℃ 温差条件时，DT_{max} 与 $T\times2\%$ 在 $r\approx21$m 处相交。即最大预测深度分别增大到 10m 和 21m 左右。因此，探测深度受含水层走向与隧道方向相对位置影响。

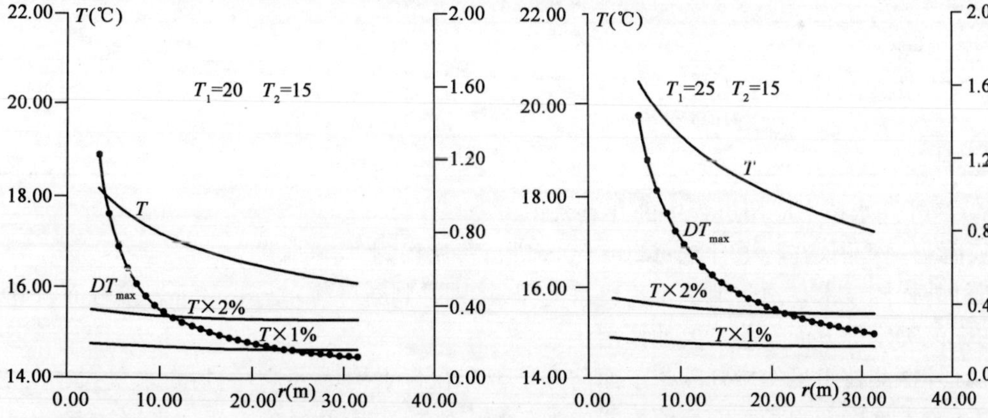

a)含水柱体温度T_1=20℃，岩体边界温度T_2=15℃　b)含水柱体温度T_1=25℃，岩体边界温度T_2=15℃

图 4-6　斜交含水柱体模型温度场和预测深度分析

（2）红外探测技术的应用范围

隧道掘进过程中，进行超前防水预测，是红外探测的首要任务；另一方面是确定掘进前方是否存在非含水的破碎带或松散体，为及时调整施工方案提供依据。

通过对隧道拱部的探测，可了解上方地层中是否存在导水构造，以便采取措施来解除其对隧道衬砌结构的威胁。

对两侧边墙的探测，可了解边墙外侧是否存在隐伏构造。此项可减少两种情况对隧道的威胁，一种在隧道长距离掘进中，会遇到与隧道轴向成小角度相交的断层等软弱构造，造成边墙片帮、坍塌等失稳现象；另一种为当边墙外侧存在隐伏含水构造时，短时间虽然未发生涌水，随着工程的掘进，卸压区的增大，边墙侧壁抗压强度会不能满足稳定要求，会发生突涌水。红外探测的作用，就是提前发现这些问题，提前解决。

对隧道底部进行探测，可了解底部是否存在岩溶洞穴、含水构造，这对防范滞后突水与解决运营期的隐患（翻浆冒泥、基床塌落等）有重要作用。

(3)红外探测仪的使用优点

红外探测仪重量轻，使用环境范围广（见表4-3），操作简便，工作时间短（洞内操作只需10min），并且数据处理快捷，一般4h内即可提交报告。在是否存在含水构造的问题上能够指导10 ~ 30m施工，可以成为地质预报的一项重要辅助手段。

红外探测仪的环境条件表 表4-3

环境条件	参数要求	备注
温度	0 ~40℃	无腐蚀性气体和强电磁场干扰
湿度	应不大于80%	
大气压力	$(0.8 \sim 1.1)\times10^5$ Pa	
响应光谱	8 ~ 14μm	
发射率	0.3 ~ 1.0数字可调	
瞄准方式	红色激光	
本安参数	正常工作电流为11mA，有背景光时，工作电流为19mA，有背光、有激光照准时为33mA，最大短路电流为1.5A	
测温范围	−15 ~ 500℃	精度：读数的±2%或±2℃
分辨率	Ⅰ挡：$0.057mW/cm^2$　Ⅱ挡：$0.029mW/cm^2$	
响应时间	500ms	
显示	3位LCD，带背景光照明及激光照准器	
尺寸	137mm×41mm×196mm	
质量	275g	

(4)红外探水技术应用过程中的几点认识

应用红外探测仪在隧道开挖每20 ~ 30m进行一次探测，实践证明：

①红外探测技术在预防地下工程突水突泥，特别是判断可溶岩与非可溶岩接触面，预防可溶岩的突泥突水等方面有着重要的作用。

②红外探测技术虽然能判断掌子面前方是否存在含水构造，但不能判断水量大小与确切距离。适合本地区的掌子面安全值虽能成为判断含水构造是否存在的一个重要因素，但却不能成为是否发生涌突水的限值。

③红外探测手段虽然不能判断水量大小与确切距离，但在溶洞、暗河等岩溶现象发育的地区加强红外探水，可判明前方是否存在含水构造，对防止隧道涌突水可起到指导作用。

④红外探测仪在探测过程中要受到外界的影响，目前发现对其有较大影响的有：高能热源场（如电动空压机等）的存在，掌子面围岩与后方围岩的温度差异、掌子面附近的施工用水，支护中的混凝土，放炮后的距离温差。

⑤通过大量的探水应用发现,在红外探测仪的运用过程中探测距离必须要大于50m,只有这样才能得到数据曲线的整体表现形式,以便运用曲线的整体变化趋势来作为判断突涌水的发生可能,这样可减少局部突变因素对判断的影响。

⑥红外探测技术在大的含水构造影响范围内的探测将不能判断前方地质体的异常情况,在岩溶极发育区段应用红外探水存在一定的局限性。所以,运用仪器的预测预报离不开地质理论与地勘资料的支持。

⑦在利用红外探测仪判断突涌水中起决定作用的是掌子面场强差值、探测曲线与测区地质信息等三个方面的有机结合。同时,需要参照地下水发育时期地质构造对其的影响,相对地质稳定时期地下水发生、发展等水文地质情况,并结合开挖过程中围岩、地下水表现形式作为探测判定的辅助进行综合分析,才能较准确的进行预测预报。

3)地震波超前预测预报

地震波超前地质预报系统是专门为隧道与地下工程超前地质预报研制开发的设备,它为方便快捷地预报掌子面前方100~200m范围内的地质情况提供了一种强有力的方法和工具。

(1)预报原理

地震波超前地质预报系统是利用地震波在不均匀地质体中产生的反射波特性来预报隧道掘进面前方及周围临近区域地质状况的。它是在掘进面后方墙壁上一定范围内布置一排爆破点,依此进行微弱爆破,产生的地震波信号在隧道周围岩体内传播,当岩石强度发生变化时,比如有断层或岩层变化,信号的一部分被返回,如图4-7所示,返回的信号被经过特殊设计的接收器接收转化成电信号并进行放大。根据信号返回的时间和方向,通过专用数据处理软件处理就可以得到岩体强度变化界面的位置及方位。

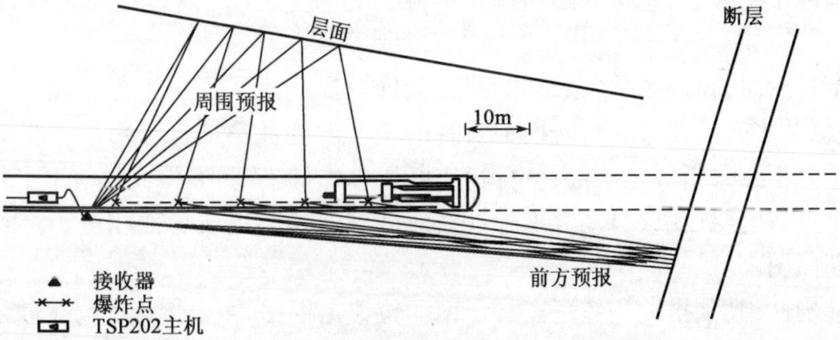

图4-7 隧道地震波超前地质预报原理图

在一个爆破孔中,通过对少量炸药的引爆产生的地震波信号在球形区域内传播。直达波到达接收器,接收器将震动信号转化为电子信号,该信号被数据记录器记录下来并显示在屏幕上,行进时间 t 可直接在地震记录道上测出。这样,弹性波速度 $v_P = X_{S\text{-}RCV}/t$。式中,$X_{S\text{-}RCV}$ 为爆破孔与接收器之间的距离。直达波同样在隧道掌子面前方的区域内传播,当遇到弹性波速度有差异的岩体时,将有一部分地震波信号被反射回来。入射信号与反射信号的比由反射系数 R 确定:

$$R = (\rho_1 \times v_1 - \rho_2 \times v_2)/(\rho_1 \times v_1 + \rho_2 \times v_2) \tag{4-1}$$

式中:ρ_1——信号入射的岩石的密度;

v_1——信号入射的岩体的弹性波速度；

ρ_2——信号反射的岩石的密度；

v_2——信号反射的岩体的弹性波速度。

从式(4-1)可以看出，$\rho_1 \times v_1$与$\rho_2 \times v_2$差别越大，反射系数 R 就越大。

反射波与直达波的振幅比(A_R/A_D)为：

$$A_R/A_D = \frac{RX_{S-RCV}}{X_{S-1} + X_{1-RCV}} \tag{4-2}$$

式中：A_R——反射波振幅；

A_D——直达波振幅；

X_{S-1}——爆破点到岩体强度变化点之间的距离；

X_{1-RCV}——岩体强度变化点到接收器之间的距离；

X_{S-RCV}——爆破孔到接收器之间的距离。

从式(1-2)可以看出，反射波与直达波的振幅比取决于反射系数和岩体强度变化点到接收器之间的距离，岩体强度变化点到接收器的距离越大，反射信号的振幅就越小，接收器接收到的反射信号就越弱。

(2)地震波探测优缺点分析

通过试验研究分析，得出地震波探测法预报有如下特点：

①适用范围广，适用于极软岩至极硬岩的任何地质情况。

②预报距离长，能预报掌子面前方 100～350m 范围内的地质状况，围岩越硬越完整，预报长度就越大。

③对隧道施工干扰小，它可在隧道施工间隙进行，即使专门安排此项工作，也不过 30min 左右。

④提交资料及时，在现场采集数据的第二天即可提交正式成果报告。它设计了一套专用处理软件，将复杂多解的波形分析转换为直观的单一解的波形能量分析图。将隧道顶部和底部的波形能量分析图分析确定之后，就可得出断层破碎带、软弱夹层或其他不良地质体相对于隧道的空间位置，计算机就会自动绘出弹性波速度有差异的地质界面相对于隧道轴线的地质平面图和纵断面图。

⑤预报准确性，其预报地质体距离掌子面的位置是根据 24 个爆破孔与接收器之间的弹性波速度的平均值和地质体反射波到达接收器的时间来确定的，由于弹性波速度的差异而导致地质体预报位置与实际情况有所差异。

⑥预报精度，它所能反映出的地质体的宽度是根据采样间隔和岩体弹性波速度来确定的，如采样间隔取 80μs，弹性波速度为 5 000m/s，则能预报出的地质体的宽度为 0.4m。

⑦预报断层、弱硬岩接触面等面状结构反射信号较为明显，而预报溶洞等点状地质体则不尽如人意，因其计算软件针对面状异常体设计，对点状异常体(如溶洞等)反应不明显。

4)超前地质探孔

超前地质钻孔是对长距离探测到的不良地质体的确认。在物探手段单一的情况下超前地质钻孔应连续搭接进行，超前地质钻孔的位置、孔深、数量、取芯等，由地质人员根据物探预报成果，并结合掌子面附近的地质情况综合分析确定。

(1)超前钻孔的应用及特点

超前地质钻孔是利用水平钻机在隧道掌子面进行水平地质钻探获取地质信息的一种地质超前预报方式。平导水平钻孔大多采用图4-8方式布置,纳入施工工序,每30m一个循环,纯钻孔时间5~9h,辅助时间1~2h,干扰施工时间6~11h(约7%~13%)。

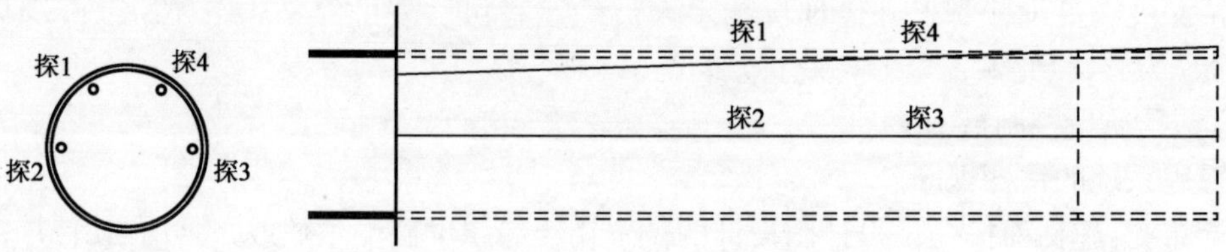

图4-8　超前水平钻探钻孔布置图

超前钻孔探测的优点:

①可比较直观地告诉我们钻孔所经过部位的地层岩性、岩体完整程度、裂隙度、断层带的宽度、溶洞大小、有没有水以及可测水压高低等。

②与物探方法相比,它具有直观性、客观性,不存在物探手段经常发生的多解性、不确定性。

超前钻孔探测的缺点:费用高、占用隧道施工时间长,且资料只是一孔之见。

(2)提高钻进速度的措施

在含煤地段,禁止采用冲击钻进,应采用湿式取芯钻进;其他地段采用冲击钻进。

为了提高钻孔速度,在隧道施工中建议采用钻孔台架进行施工,如图4-9所示。使用钻孔台架可以实现6~8个钻孔同时开钻,台架设计了自行设备,可以大大节约钻机就位和撤离时间。

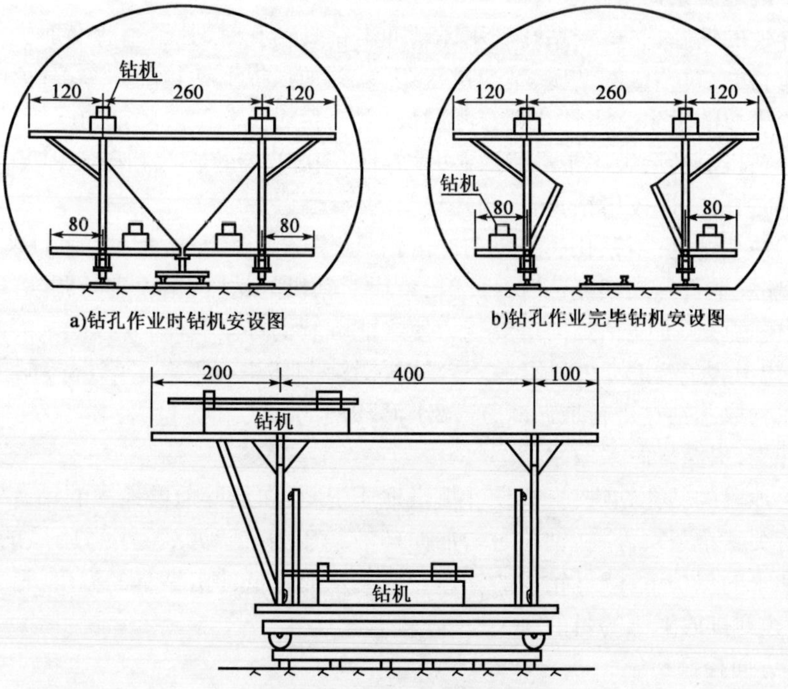

图4-9　设计钻孔台架示意图(尺寸单位:cm)

(3)钻孔数量及深度

在一般地段每循环钻2个孔,在富水段、断层段、瓦斯段、采空区可钻3~4孔,遇到特大异常(高水压、高瓦斯等),钻孔增至5~7孔,深度30~60m,以探明前方地层完整性、断层、岩溶、瓦斯、采空区及地下水发育情况(水量、水压、水温、悬浮物等)。

施钻深度满足设计要求并经现场技术人员确定签认后方可停钻。循环预报搭接长度以3~8m岩盘为宜,以此做安全储备及止浆岩盘。

(4)钻孔质量控制措施

①采用系统的钻探程序。

测量布孔:施钻前按孔位设计图设计的位置用经纬仪准确测量放线,将开孔孔位用红油漆标注在掌子面上。

设备就位:孔位布好之后,将钻机平台车拖至工作位置。设备就位后,接通各动力电源和供风管路。安装电路要由专业电工操作,确保安全,供风管路要连接紧密,无漏气现象。

对正孔位、固定钻机:将钻具前端对准掌子面上的孔位,然后调整钻机方位。钻机升降利用平台自身的升降系统操作。当升降系统有限时,可借用方木进行升降。用经纬仪测定钻具尾端位置,使之调整至设计的空间点位,然后用螺丝将钻机紧固在台车上。

开孔、安装孔口管:钻注浆孔采用潜孔冲击回转钻进。将ϕ125mm冲击器取下,换上ϕ90mm冲击器。为防止孔斜,冲击器后端应配导向系统,提高钻孔的精确度。

成孔验收:施钻满足设计要求,经现场技术人员确定签认后方可停钻。

②针对不同地质条件采用适宜的钻进技术。

断层破碎带的钻孔钻进:当钻孔利用风动冲击钻具钻孔时,其钻进速度加快并经常出现卡钻现象。此时,就应对钻机的钻压、钻速进行调整,并加强提下钻具的频率,避免由钻具被卡而造成钻孔报废事故的发生。当钻孔钻穿断层破碎带时,对其断层破碎带的起始里程进行记录,并利用另一台钻机对断层破碎带进行取芯,掌握断层破碎带的岩性和破碎程度。当断层破碎带具有高压水时,要立即拔出钻具,关闭孔口管的高压阀门。

溶洞体的钻孔钻进:当钻孔利用风动冲击钻具钻孔时,其钻进速度加快且从孔口有粉土、粉砂喷出,循环液呈黄色或灰黑色时。此时,就应对钻机的钻压、钻速进行调整,增加高压风和循环液的压力和流量,加强钻具的排渣能力使之能顺利揭穿溶洞体,并且记录溶洞体的起始里程,从而计算出其发育宽度,在利用另一台钻机对溶洞体进行取芯。掌握溶洞体填充物的性质。在利用双管取芯钻具进行取芯时,应减小循环液的压力和流量,使粉土、粉砂在岩心管内不被循环液冲失,提高岩芯采取率。

储气地层地段的钻孔钻进:根据设计提供地质资料,在储气地层地段的钻孔钻进除严格执行瓦斯隧道有关安全条例外,在钻孔时增加循环液的压力和流量,减小高压风的风压,使钻具随时都在饱和水的保护下,降低钻机的钻速、钻压,从而降低冲击钻具的温度,避免由于冲击而产生的火花,达到排放降压的目的。

(5)钻进方向控制措施

①钻机定位完毕后,对钻机进行机座加固,使钻机在钻进过程中位置不偏移,做到钻孔完毕、钻机位置不变。在钻进过程中应定期检查机器的松动情况,及时固定。

②对钻具的导向装置尽可能的加长，并且选用刚度较强的钻杆，从而提高钻具的刚度，减少钻具的下沉量，达到技术的要求。

③在第一循环钻孔完毕，经钻孔测量后根据测量结果总结出钻具的下沉量，使之在下一循环钻孔在钻机定位时对下沉量进行适当的调整，从而达到技术要求的精度。

(6)钻孔揭示的地质情况判定

对钻孔所取岩芯由地质技术人员进行鉴定，必要时进行相关的试验、测试判定前方的施工地质情况。具体方法有：

①根据钻进速度判定。钻机在相同岩层中的钻进速度是均一的，结合隧道开挖揭示的地层岩性，根据钻机在钻进过程中的速度变化、是否有卡钻现象等，便可判断前方岩体的完整程度以及是否存在不良地质体。

②根据岩粉判定。在钻孔施作过程中，孔中不断有岩粉被高压风吹出，通过鉴定岩粉的成分，可了解前方地质体的性质。

③根据冲洗液判定。钻机在钻进过程中，通过冲洗液颜色的变化，可判定钻孔前方岩层的变化，根据冲洗液所含杂质的成分可判定前方是否存在异常体以及异常体发育的性质和规模。

(7)资料提交

超前地质钻孔由地质技术人员进行地质编录和孔内必要的测试后，整理得到超前探孔成果，内容如下：

①钻孔柱状图，描述地层、岩性、节理裂隙特征，记录钻孔过程中有价值的信息，提出围岩完整性评价。

②记录出水位置，进行孔内水量、水压、水温等测试，预测隧道涌水量。对于水量大于1L/s的出水点，建立出水点档案，进行动态观测。

5)风钻超前探测

隧道开挖时每循环采用5m长钎进行探测，探孔数量根据断面情况以6~8个为宜。

该方法是利用风钻在隧道掌子面钻水平的小孔径浅孔获取地质信息的一种方法，它是断层破碎带及复杂地质条件下对超前地质钻孔的一种重要补充，因其数量较多，有时效果是非常明显的。与超前地质钻孔相比，它具有设备简单、操作方便、费用低、占用隧道施工时间短，可与爆破孔同时施作，只不过其深度较爆破孔深2~6m。这样，风钻探测深度总是超前每循环爆破进尺2~6m，保证施工安全。缺点是孔浅，且不能取岩芯。

4.4　超前加固及支护

4.4.1　超前小导管施工

断层破碎带岩性为角砾土(石)，松散潮湿，伴有局部渗水时首选超前小导管(注浆)预加固前方围岩，使前方围岩固结形成与小导管联合的超前支护体系，提高岩性的自身稳定性，抑制围岩松弛变形，增强施工的安全性。

其施工方法及工艺详见第3章3.2.3节。

4.4.2 超前锚杆

超前锚杆主要适用于围岩较软挖后拱部易出现掉块地段。超前锚杆采用R25N中空注浆锚杆,锚杆长4.5m,环向间距40cm。其施工方法与超前小导管施工相同。

4.4.3 超前大管棚

当断层破碎带长度大,使用小导管超前支护使工序繁多,进度缓慢时,宜采用长管棚加固前方围岩,在管棚的超前支护下,进行开挖施工。管棚纵向搭接长度不小于3m。因此,施工时要特别留意预加固长度和开挖进尺要保持的安全距离。

其施工方法及工艺详见第2章2.4.3节。

4.4.4 帷幕注浆

超前小导管及管棚注浆,对围岩加固的范围和加大处理的程度是有限的,作为软弱破碎围岩隧道施工的一项主要辅助措施,它占用时间和循环次数较多,加之其在软岩破碎富水地段,无法有效发挥作用。因此,在高压富水及不便采取其他施工方法时,深孔预注浆加固围岩就较好地解决了这些问题。注浆后即可形成较大范围的筒状封闭加固区,也称之为"帷幕注浆"。

4.4.5 径向注浆施工

对于开挖后仍呈面状渗水或围岩较破碎时,对开挖周边进行径向小导管注浆加固,达到止水和加固围岩的作用。径向注浆根据注浆设计图纸并结合地层特点进行确定,在现场施作过程中不断完善。

4.5 开挖方法

断层及破碎带严格按照"管超前、严注浆、短开挖、不(弱)爆破、强支护、快封闭、勤测量、速反馈"的施工原则。根据不同隧道地质条件,介绍以下几种断层及破碎带开挖的施工方法。

4.5.1 台阶法施工

断层破碎带中台阶法施工主要有以下几种:两台阶法,主要用于小型断层破碎带或Ⅳ、Ⅴ级围岩段;两台阶环形预留核心土法,主要用于Ⅳ、Ⅴ级围岩及无水断层破碎段及全强风化地层;三台阶+临时仰拱法,主要用于Ⅴ级围岩及无水的断层破碎段及全强风化地层。

其施工方法及工艺详见第3章3.1.1节。

4.5.2 双侧壁导坑法施工

主要适用于大型断层或大跨度断面隧道地层,可采取人工或人工配合机械开挖的地层。

其施工方法及工艺详见第3章3.1.1节。

4.5.3　CD 法施工

主要适用于Ⅴ级围岩段及大中型断层段。

其施工方法及工艺详见第 3 章 3.1.1 节。

4.5.4　CRD 法施工

主要适用于大型断层破碎带或由碎石土、卵石土、角砾岩等组成的Ⅴ、Ⅵ级围岩和呈软塑状的黏土地段等，适合非爆破或弱爆破的开挖支护施工段。

其施工方法及工艺详见第 3 章 3.1.1 节。

4.6　隧道变形和涌水应急处理措施及预案

4.6.1　控制变形应急处理措施及预案

1）应急处理措施

（1）现场施工人员立即撤离到安全地带，工班长负责清点人数，并将情况立即报告项目部调度。

（2）机械设备有条件转移时，在保证安全的前提下，由领工员指挥快速转移到安全地带。

（3）项目部通知工程部（或办公室）采取摄影、录像等方式记录大变形情况。同时，项目部应急领导小组会同现场监理、设计院配合组共同会勘，分析、确定变形的性质、规模及其后果，并根据初步判断结果按下列分级程序处理：

①如为 C 级（小变形）：根据现场会勘结论及施工方案、措施，直接由项目部组织实施。

②如为 B 级（中变形）：项目部应立即通知驻地监理、设计代表参加现场会勘，分析发展趋势，制订施工方案、措施，由项目部立即安排实施。应急预案处于预警状态。

③如为 A 级（大变形）：项目部应立即起动应急预案。同时，电话报业主，并在 8h 内将详细情况书面报业主和监理、设计单位，联合现场办公，评估事件的严重程度，分析发展趋势，采取一切措施控制事态的发展，减小事件对施工造成的影响和损失。

2）应急处理预案

（1）对不同的断层采用不同的施工方法（台阶法、三台阶 + 临时仰拱法、CD 法、CRD 法及双侧壁导坑法）。并采用超前注浆围岩加固技术，以提高围岩的物理力学参数及应力分布的均匀性。

（2）施工中加强监控量测，采用孔径变形法、简易应力解除法等方法进行地应力测试，预测变形等级。当围岩压力大于设计压力时，联系设计加强措施。现场测试围岩松动圈的范围，根据围岩应力特征，在隧道施工中采用中长锚杆（索）围岩加固技术，以控制变形。

（3）可以通过加大隧道的预留变形量，加强隧道的初期支护参数如：喷混凝土的厚度、钢架的间距、型钢的型号、锚杆的长度等来控制变形。

（4）开挖中控制好隧道的光面爆破，尽量减少对围岩的扰动，增强围岩自稳能力。

（5）初期支护施作紧跟开挖，并尽快成环，必要时在隧底设临时仰拱，并用自进式长锚杆加固,改善初期支护受力状态。发生挤压大变形时,可采用多重支护、分次施工支护技术来控制变形。

(6)提前施作二次衬砌,加强二次衬砌的结构厚度和钢筋布置。

(7)水是引起围岩变形的一个关键因素,施工中掌子面处的积水及时排除干净,为防止坑道积水软化围岩,洞内临时水沟用混凝土浇筑,并及早施作仰拱。

(8)软岩碎胀扩容地段衬砌时机根据量测结果和设计要求确定,按先仰拱、后墙拱衬砌。

(9)为了控制变形,改善隧道结构的受力条件,根据实际的变形情况,隧道正洞可采用近似圆形的结构断面。

(10)大变形后应急处理按照以下步骤进行:a. 先停止掌子面施工,并进行掌子面封闭。b. 对封闭掌子面后方支护结构采取加固措施。c. 尽快将未封闭的仰拱进行封闭。d. 加大监控量测频率,根据监控量测结果指导施工。e. 对封闭掌子面后方进浆加固处理。f. 对掌子面进行注浆加固处理。g. 处理完毕后对掌子面前方采用短距离综合超前地质预报技术探测前方地质情况。h. 根据探明的详质情况制订相应的施工技术方案,恢复掌子面开挖。i. 根据掌子面施工情况结合监控量测结果采取措施对变形区段进行拆换处理。

4.6.2 突泥涌水应急处理措施及预案

1)应急措施

(1)当隧道发生突水时,可利用附近施工横通道、横向排水通道等辅助施工洞室快步撤离,并及时通知临近洞室施工人员撤离。撤离到安全地带,工班长负责清点人数,并将情况立即报告项目部调度。

(2)电工切断危险区段电源,检查线路无误后,在靠近突水突泥区的安全地带恢复照明,确保用电安全。

(3)突水突泥结束后,项目部通知工程部(或办公室)采取摄影、录像等方式记录突水突泥情况。同时,项目部应急领导小组会同现场监理、设计院配合组共同会勘,分析、确定突水突泥的性质、规模及其后果,并根据初步判断结果按下列分级程序处理:

如为C级(小型突水突泥):根据现场会勘结论及施工方案、措施,直接由项目部组织实施。

如为B级(中型突水突泥):项目部应立即通知驻地监理、设计代表参加现场会勘,分析发展趋势,制定施工方案、措施,由项目部立即安排实施。应急预案处于预警状态。

如为A级(大型突水突泥):项目部应立即起动应急预案,同时电话报业主,并在8h内将详细情况书面报业主和监理、设计单位,联合现场办公,评估事件的严重程度,分析发展趋势,采取一切措施控制事态的发展,减小事件对施工造成的影响和损失。

2)应急处理预案

(1)技术人员首先查阅设计图纸及相关地质资料,分析地质及地下水系发育分布情况,确定危险段,提前制订施工方案。

(2)为防预突水等不可遇见因素影响,首先做好超前地质预报工作,包括地震波地质探测仪,声波反射法,地质雷达及红外探水等综合物探手段,对断层破碎带、构造、地层分界、富水情况等进行预测预报。施工中也应做好常规地质工作,进行掌子面地质素描,登录;判定围岩级别、地质构造，预测前方地质条件，赋水特征，取水化验，必要时应取岩样进行分析，30m 探孔预报等，一旦发现有异常情况，立即进行处理。其次，配备足够功率的抽水机，做好预防准备，不间断抽水。

(3)根据地质预报成果，如通过分析，可能有突泥、涌水可采用钻孔、小导坑方式进行应力释放，对危险程度较高地段可采用设止浆墙封堵，迂回导坑通过等施工技术方案。

(4)在高风险地段施工时须做防水闸门，与周围初期支护支护连接密闭，每 400m 做一道防水闸门，如果前方地质稳定可将防水闸门随开挖进度前移，与掌子面的距离为 100m。

(5)在工作面附近备好大功率、高量程污水泵排水工作，争取能在较短的时间内抽水降低水位。反坡施工时更应如此。

(6)隧道开挖施工过程中设安全防护人员，随时观察岩壁和岩缝，如有险情则及时排除或撤离。

(7)有危险地区设立警示标志和警戒线，严禁非抢险人员的进入。

(8)派专职安全员进行观察防护，以保证发生突泥涌水时，人员及机械设备不受损害。

(9)若发现有突泥涌水先兆，且极其危险时，必须立即停止施工，现场值班领导、安调员、工班长或值班安全员，要立即组织人员、机械迅速撤离危险区域。若洞内部分无法迅速撤离的机械设备，则以人为主，先撤人，直至撤出洞外，保证人员生命安全。同时，做好安全防护，必要时在洞外设置沙袋，防止突泥突水涌出洞外，对洞外机械设备造成损坏，确保人员生命安全及财产不受损失。在确保施工人员生命安全的情况下，公司应积极组织人力、物力、财力对可能发生的突泥涌水进行处理，及时封闭支护或相应的加强支护措施，防止突泥涌水事故的发生。

(10)打眼时司钻人员注意钻进的速度及声音，发现有异常及时总结并报告工程部。爆破前将通知人员撤离掌子面，撤离至斜井底等安全场地，并密切关注响炮后的动静及周围的变化。

(11)配备足够数量的大功率的抽水机、砂袋、钢筋网、水泥、水玻璃、注浆机、彩条布、铁锹等抢险救灾材料，存放在错车道位置，掌子面开挖时以上预案材料随着开挖进度的推进而向前移动，尽量移动至错车道位置，便于存放。

(12)断层涌水量小时，在靠近工作面的地方，用编织袋装土堆码，或开沟引至排水沟排放；水量大时，在靠近的地方，用编织袋装土临时堆码，然后灌筑混凝土封堵。

(13)当隧道通过较小的断层破碎带或节理密集带，岩层破碎，有少量地下水时，在开挖后围岩容易失稳、变形，易引起塌方，为保证施工安全，拱部设超前小导管预注浆加固围岩，浆液采用水泥浆，台阶法掘进。

(14)当隧道通过较大的断层破碎带或节理密集带，岩层破碎，地下水较发育，在开挖后围岩容易失稳、变形，易引起塌方，为保证施工安全，拱部设超前管棚和超前小导管预注浆加固围岩，浆液采用双液浆，加强初期支护，台阶法掘进。

(15)当隧道通过较大的断层破碎带或节理密集带，岩层极破碎或为断层泥，以及地下水发育，在开挖后围岩可能突水、突泥、塌方，会严重威胁施工安全和施工进度，段内应采取周边帷幕注浆，以有效堵水并加固围岩，以保证施工安全，浆液采用双液浆，并配以加密间距的型钢钢架，加强初期支护喷混凝土的厚度。当掌子面在开挖后无法自稳时，应采取全断面帷幕注浆，浆液以水泥浆为主，必要时可使用双液浆。没有达到预期效果时，需进行径向注浆加固围岩。

(16)当断层段内为块状围岩,裂隙水较发育,涌水段落较短时,地下水对围岩稳定没有影响,应以保证施工进度为主,配备足够的抽水能力,台阶法掘进。当地下涌水较大并影响施工进度时,应加大施工抽水能力。同时,对涌水段落进行径向注浆。当为局部集中涌水时,实施局部注浆。

(17)断层内涌水处理主要方法有注浆加固、封堵、引排等。注浆加固、封堵包括超前帷幕注浆、径向注浆、局部注浆、补注浆等四种方式;涌水引排,当水流在隧道上部经过时,开设引水通道进行引排,将水引至隧道开挖轮廓断面以外。如遇特大涌水,考虑在适当位置施作泄水洞。

4.6.3 应急避难措施及救援预案

1)救援及避难措施

(1)救援及避难设备及物资

在隧道内的适当场所除要准备相当数量便携式器具、呼吸用保护器具外,还必须准备有相当数量包括避难梯子、安全绳索、避难袋及异常出水时的救生衣等避难器具,以便在发生异常时能供作业人员使用。同时,要避难和救护人员清楚紧急之际所设置的各种避难救场所,在这种场所要布置指示灯或用荧光涂料等显示出来。而且,对这类装备的场所和器具的使用方法都要大家详细知道。同时,还必须经常保持有效和清洁。

手电筒、帽灯、蓄电池灯等便携式照明器具,在配备可集体避难的强力电池的便携式电灯或按有效的间隔距离安设非常用照明装置,就不再配备多于作业人数的便携式照明器具。便携式照明器具及其他器具,在距掌子面100m以外设置。

根据应急救援方案准备充足的应急救援物质、设备等。应急物资主要包括:应急砂袋、小导管、钢筋网、方木、工字钢、水管等。应急物资储备距离掌子面不大于50m。应急设备主要包括:挖掘机、装载机、运输车、自备发电机(可自动切换)、抽水机、喷浆机等。应急物资应充足,调用方便。

图4-10 防涌突水应急救援物资

应急救援及避难设备物资如图4-10所示。

(2)通信与报警设备

在工程施工中,为了使有关作业人员及周边人员能迅速知道在隧道内的坍塌、异常涌水、涌沙等突发事件,要设通话装置和警报设备。而且,还必须将设置的场所和使用方法让有关作业人员周知。除应用有线信号进行固话通信外,还可引用移动信号进行洞进行通信。某隧道内设置的移动信号中继站如图4-11所示。

(3)做好防水闸门位置设计及施工

通过探测证明要穿过较大及以上断层破碎带且有可能发生较大涌水时,应在施工前做好防水闸门的施工,如图4-12、图4-13所示为某隧道防水闸门混凝土施工及设计。

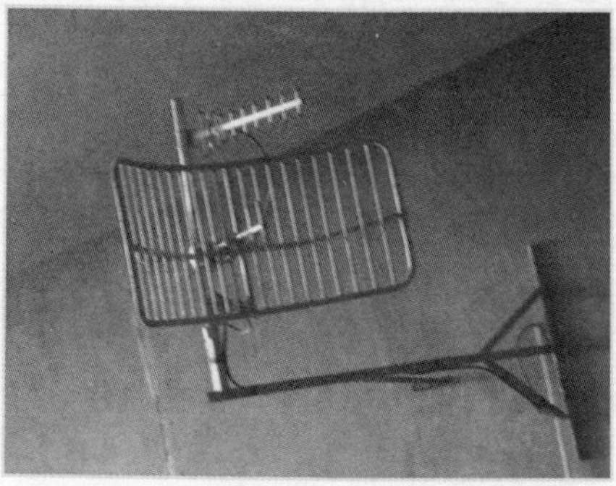

图4-11 某隧道内移动信号中继站

图4-12 某隧道防水闸门混凝土施工

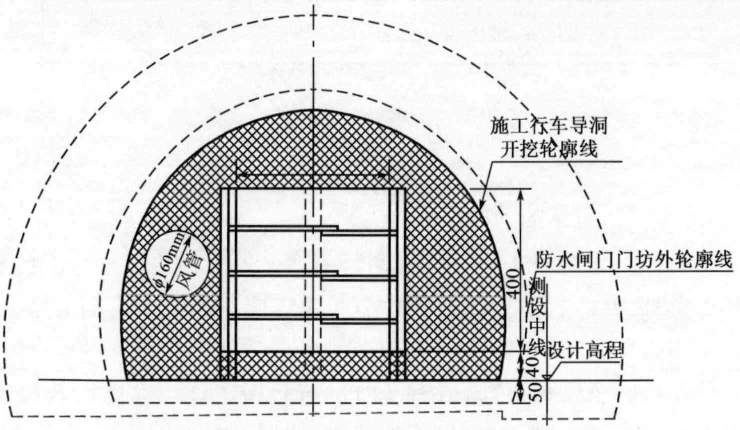

图4-13 某隧道防水闸门混凝土设计(尺寸单位:cm)

(4)规划好逃生避险通道

以下为某公路隧道施工具有较大涌水突泥风险断层时的逃生避险通道,如图4-14所示。

2)救援预案

(1)救护计划

在发生灾害时或人员被关闭在洞内时,制订能够将被害者和洞内作业人员迅速救出救护的方案。在洞内,由于发生紧急事故造成伤害时,或作业人员逃避迟缓,或从洞内撤出有困难时,要迅速向有关部门通报与协商,防止二次灾害发生,及时救出受伤者或留在洞内的人员等。

救护计划主要包括下列内容:在紧急事故发生时,有关部门与作业洞内的联络体制;救护技术管理者与救护班成员的组成编制等救护管理组织体制;救护机械器具的种类与保管场所;救护机械器具的维修保养管理;救护教育训练计划;为了确保救护作业的安全需要注意的事项。

(2)救护管理体制

为对紧急事故发生有所准备,施工前要选出救护技术管理者,并让其进行有关救护训练及救护必须措施训练等。拟定出救护管理体制,成立救护班,一般由班长1名、负责准备救护器械供给员1名、班员3~5名组成。在救护时,由于二次灾害的危险性高,所以经常与消防队等有关单位取得联系,首先要考虑到救护班全体人员本身的安全。

(3)救护注意事项

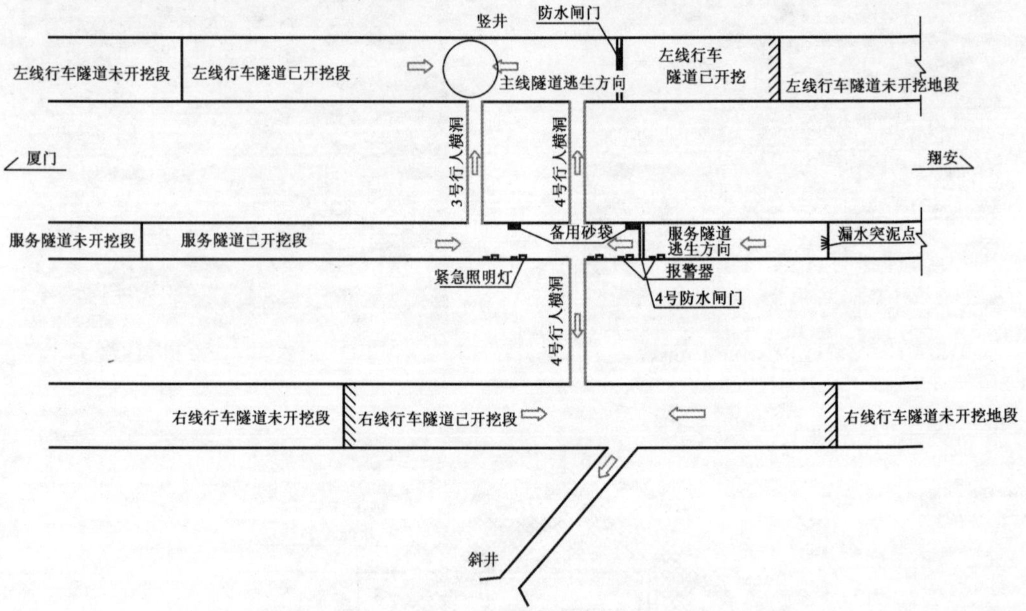

图 4-14 断层涌突水时的逃生避险通道示意图

①指挥部领导接到通知后，应立即起动应急救灾程序，组织人力、物力全力抢险救灾，减少降低灾害损失。

②当发生人员伤亡时，按紧急抢险方案及时进行救援工作。在确保救援工作人员无生命安全威胁的情况下进行抢救工作，若自身无救援能力时，及时上报当地政府或相关部门进行救援，同时做好相关配合救援工作。

③当抢救出伤员时，根据伤员人数、受伤程度，由医务人员在现场采取相应的急救措施后，按照"先重后轻"的原则，及时将伤员送到医院进行抢救、治疗。

④现场采取安全警戒线或隔离措施，防止其他人员进入危险区域，避免灾害损失的扩大。

⑤根据灾害损失情况，按照国家和地方各级政府有关法律、法规及条文的相关规定，及时上报上级机关或相关部门，等待下一步的调查处理。

4.7 工 程 实 例

4.7.1 渝湘高速公路大黔段鹰嘴岩隧道 F2 断层施工

1) 工程概况

鹰嘴岩隧道位于重庆市东南部，在酉阳自治县和黔江区交界境内。是西部开发省际公路通道重庆市至长沙公路重庆市境内的重要路段之一。鹰嘴岩隧道为上、下行分离式双向四车道高速公路隧道，其中左线全长 3 247m，右线全长 3 310m。主洞建筑限界：净宽 10.5m，净高 5m；采用削竹式洞门，路面采用复合式路面。

隧址区属峰丛洼地中山区工程地质地段，出露岩层主要为三叠系碳酸盐岩类，岩性为灰岩、白云岩等碳酸岩类，岩体强度大，多为中厚层状，岩层倾向与路线走向近垂直，岩层倾角变化较大，主要不良地质现象为岩溶。

隧址区所在区域为新华夏系次级沉降带，隶属新华夏构造体系，紧邻鄂渝湘褶皱带，构造线呈北北东向，主要涉及的构造有咸丰背斜，濯河坝向斜。

在施工中揭示出F2断层穿越左线隧道起始桩号为ZK41 + 982 ~ ZK42 + 130，长度148m，右线隧道起始桩号为YK42 + 033 ~ YK42 + 143，长度110m。该断层北西向，倾角60° ~ 74°，延伸长度较长，断层性状为压扭性稳定断层，断层带宽度15 ~ 50m，断层透水性较差，为阻水断层，与隧道交角38°，岩体破碎，岩体完整系数为0.32 ~ 0.45，自稳能力差，弹性波速值为2 200m/s。地基允许承载力值为800kPa。该断层易形成垂直岩溶管道。

鹰嘴岩隧道F2断层均采用S6型复合衬砌断面，采用防水混凝土，防水等级不小于P8，全环设的I18型钢支护，钢架间距1榀/0.5m，拱部采用ϕ42mm超前小导管注水泥浆液加固围岩并止水，小导管采用外径42mm、厚3.5mm的热轧无缝钢管，钢管长3.5m，环向间距35cm，外插角5° ~ 10°。

2）断层破碎带处理指导思想

按照锚喷构筑法原理组织施工，稳扎稳打、步步为营、防塌为主，即少扰动围岩和超前预支护，充分发挥围岩的作用，尽早封闭成环，形成一个整体受力结构，加强量测及信息反馈，指导施工。

（1）施工中坚持遵循“管超前、预注浆、短进尺、强支护、快封闭、勤量测”的施工原则。

（2）利用“超前钻孔”等手段探明前方断层地带的情况。

（3）加强超前注浆等预加固、堵水措施，改良地层。采用超前小导管注浆、钢架、网喷混凝土及支护手段，构成强支护体系，仰拱及时支护成环，并及时组织衬砌施工。

（4）根据位移量测结果，评价支护的可靠性和围岩的稳定状态，及时调整支护参数，确保施工安全。

3）施工方法及对策

（1）进入断层影响带前，采用TSP203进行长距离宏观控制超前地质预报，根据预报成果合理调整施工方法及支护参数。

（2）如地下水丰富，采用30m中距离超前地质探孔预报。

（3）超前支护施作完毕，若岩体较完整，有自稳能力，断层的破裂岩、角砾岩次生胶结较好，强度较高，块裂状岩体结构紧密时，采用台阶开挖，台阶长度4 ~ 6m；若岩体较破碎，自稳能力很差，则采用两台阶环形预留核心土法施工，台阶长度3 ~ 5m，上台阶采用环形开挖预留核心土开挖，下台阶左右错开紧跟；如围岩极其破碎、松软掉块，地下水丰富，可采用三台阶或三台阶 + 临时仰拱法施工。开挖采用风镐或弱爆破，循环进尺控制在0.5 ~ 0.6m。以减小对周围岩体的扰动。

（4）开挖后及早进行仰拱、铺底及衬砌施工。

4）施工超前探孔

为了探明断层前方含水量情况，在施工过程中要对围岩除进行TSP203超前地质预报外，还要采取长、短相结合的超前地质探孔，对超前地质成果进一步确认与核查，确保施工安全。

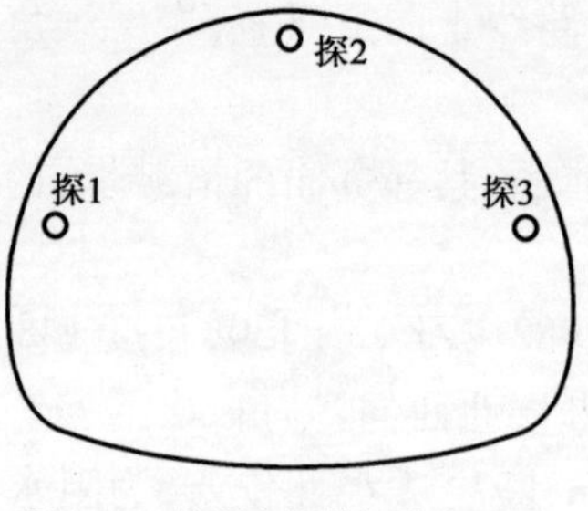

图 4-15　长距离超前探孔布置图

(1)长距离的超前探孔

布孔方式如图 4-15 布设,采用地质钻机钻孔,钻孔深30m,每次开挖 25m,预留 5m 作为止浆墙,如出现强压力水或泥浆,预示前方可能有岩溶或地下水通道,应加密探孔布置,待水压降至常压时,采取注浆堵水后,经检测各孔水流量符合以下判定标准中可进行开挖施工条件时方可进行开挖,否则暂停开挖。

(2)短距离超前探孔

布孔方式如图 4-16 所示,采用人工风钻打眼,断层施工时,必须全程短距离每班超前钻眼预报,钻眼深度不得小于 2 倍循环进尺并不得小于 3.5m,钻眼布置在大垮以上 1m、两侧边墙处和拱顶处。

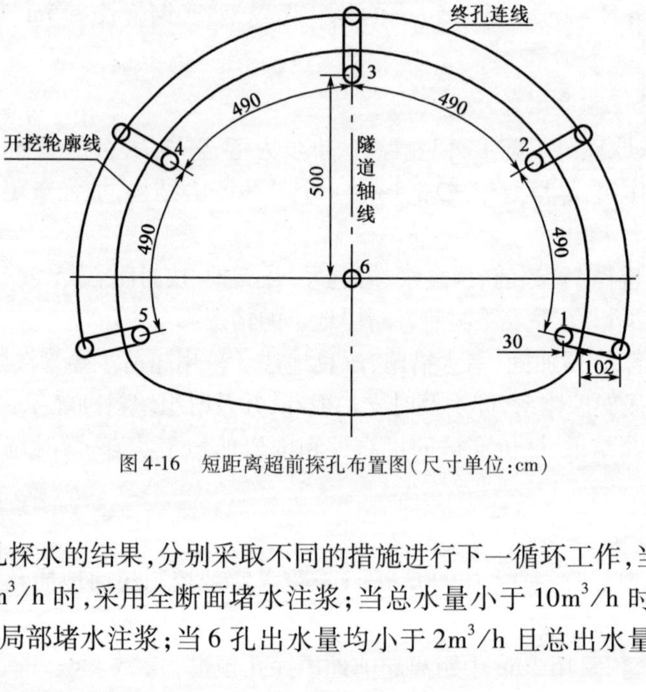

图 4-16　短距离超前探孔布置图(尺寸单位:cm)

(3)判定依据

根据超前钻孔探水的结果,分别采取不同的措施进行下一循环工作,当探水孔有 4 孔出水且总水量大于 $10m^3/h$ 时,采用全断面堵水注浆;当总水量小于 $10m^3/h$ 时但个别孔出水量大于 $2m^3/h$ 时,采用局部堵水注浆;当 6 孔出水量均小于 $2m^3/h$ 且总出水量小于 $10m^3/h$ 时,进入下一循环施工。

(4)注浆方案

施工探水钻孔后,测量各孔出水量,记录各孔出水位置、水量、水压等,当总水量小于 $10m^3/h$ 时但个别孔出水量大于 $2m^3/h$ 时,报告业主、设计代表,确定注浆方案。

注浆材料采用水泥—水玻璃双液浆液,水泥为 PO32.5 普通硅酸盐水泥,水灰比 0.6 ~ 1.1,水玻璃浓度 30 ~ 40Be′,水泥浆与水玻璃体积比 1:0.5,凝胶时间根据现场情况确定。

注浆范围为在出水通道范围内,隧道开挖轮廓线以外 5 ~ 6m,单孔注浆有效扩散半径 R = 3.6m,注浆结束最终压力为净水压力的 2 ~ 3 倍。

注浆后,当总出水量小于 $2m^3/h$ 且一处出水量小于 $0.6m^3/h$,即可结束注浆。

5)断层施工方法

(1)超前小导管施工

小导管环向间距35cm，采用ϕ42mm×3.5mm的热轧钢管，钢管长度为3.5m，外插角5°~10°，尾部支撑于钢架上，每排小导管纵向搭接长度不小于1m。为便于超前小导管插入岩体内，钢管前端作成尖锥状，尾部焊上箍筋，小导管的安设采用钻孔打入法，钻孔直径比钢管直径大3~5mm，用钻机顶入，顶入长度不小于钢管长度的90%，小导管安设后封堵孔口，必要时在小导管附近及工作面喷射混凝土，防止工作面坍塌。隧道开挖长度小于小导管的注浆长度，预留部分作下一循环的止浆墙。注浆采用水泥浆液，水灰比1:1，注浆压力为0.5~1.0MPa。注浆过程中要随时观察注浆压力及注浆量的变化，分析注浆情况，防止堵管、跑浆、漏浆，做好注浆记录，以便分析注浆效果。注浆效果要求达到开挖后拱部基本无渗漏水、无坍塌。

(2)开挖及初期支护

①选择施工方法。根据掌子面揭开的围岩情况确定采用两台阶环形预留核心土法施工，台阶长度3~5m，上台阶采用环形开挖预留核心土开挖，下台阶左右错开紧跟。

②开挖及运输。开挖前检查注浆质量，如不合格应进行补注。

洞身开挖主要工序：采用自制台架、人工手持YT-28型风动凿岩机进行打眼，人工装药，浅眼弱爆破辅以人工风镐开挖，挖掘机扒渣，两台装载机配自卸汽车进行出渣。爆破时严格控制装药量，塑料导爆管非电毫秒雷管起爆，毫秒微差有序起爆。

上断面用挖土机扒完渣后，下断面出渣和上断面立拱同时进行，出渣时间最好控制在上断面立拱和打锚杆的时间以内。然后，下断面立拱，上断面喷浆，下断面喷浆时，上断面视情况就可以进行开挖准备工作或开始开挖。开挖循环进尺控制在0.5~0.6m内。

③初期支护。初喷混凝土后，施作锚杆、挂钢筋网，立I18型工字钢架，复喷混凝土。

钢拱架间距0.5m，要求每单元钢架间用高强螺栓连接牢固，每榀钢架垂直度到位，钢拱架的必须安设在稳固的基岩上，拱脚开挖超深时，加设混凝土垫块。超挖较大时，拱背垫填混凝土垫块，以便抵住围岩，控制其变形的进一步发展。两榀钢架间用ϕ22mm钢筋拉杆纵向连接牢固，环向间距1m。钢架安装好后，用定位锚杆锁固固定，防止其发生移位。超挖部分用喷混凝土回填密实，禁止用石块、木楔、背柴等填塞。

开挖初喷后，尽快钻孔、安设锚杆，然后复喷至设计厚度。锚杆原材料规格、长度、直径符合设计要求，锚杆杆体除油污、除锈。锚杆采用ϕ25mm中空注浆锚杆，长度为4.0m，梅花形布置在拱墙上，环纵向间距为1.0m×0.50m；中空式注浆锚杆钻孔成孔后，先插入杆体并安设止浆塞和孔口垫板，插入排气管，然后采用HFV-5D型注浆机注浆，待水泥浆终凝后扭紧固定孔口垫板的螺栓。

拱墙挂设ϕ8mm钢筋网，网格为15cm×15cm，在洞外分片制作，安装时按设计及规范要求进行搭接。钢筋网与锚杆和钢架绑扎连接(或点焊焊接)牢固。喷混凝土时，减小喷头至受喷面距离和风压，以减少钢筋网振动，降低回弹。钢筋网喷混凝土保护层厚度不小于2cm。

初期支护混凝土采用C20湿喷混凝土，厚度为25cm，全环喷射混凝土。

喷射混凝土前检查开挖断面净空尺寸，如有欠挖及时处理后再喷混凝土。在不良地质地段，设专人随时观察围岩变化情况，当受喷面有涌水、淋水、集中出水点时，先进行引排水处理。

下断面开挖后，及时进行仰拱初期支护，使初期支护结构及早成环。

(3)二次衬砌

仰拱初期支护施工完毕后，及时进行仰拱、仰拱填充、衬砌作业。

F2 断层破碎带均采用 S6 衬砌断面 C25 钢筋混凝土、混凝土抗渗等级不低于 P8，在二次衬砌与初期支护之间铺设防水层，衬砌变形缝设膨胀止水条，施工缝设橡胶止水带。

(4)施工监测

为及时掌握围岩和支护的动态，以便采取相应的技术措施，断层带施工时应加强隧道监控量测，按设计要求进行布点观测，并及时将观测数据进行分析，指导施工。

断层监控量测内容包括洞内外观察、净空水平收敛量测、拱顶下沉量测。隧道量测断面测点布置为，三个拱顶下沉点和两条净空水平收敛量测线组成一个量测断面，纵向间距 5 ~ 10m。拱顶下沉量测采用水平仪测量，净空收敛量测采用道坑收敛计测量，及时对量测数据分析，并指导施工，量测频率应符合规范要求。鹰嘴岩隧道监控量测由中隧集团项目部和业主委托的第三方共同进行。

采用的仪器有精密水准仪、塔尺、挂尺量测、数显式收敛计、地质罗盘。

6)断层施工体会

(1)在施工中贯彻"不塌就是进度"的思想。在软弱围岩中的施工方法必须稳妥可靠，在保证不塌的原则下再考虑加快施工进度。选定初期支护参数贯彻"宁强勿弱"的思想，由于对岩体工程性质的认识很难恰如其分，对于介于两级围岩之间的按偏高的围岩级别进行初期支护。

(2)应加强断层施工中的监控量测工作，做到信息化施工。对变形超限的初期支护要及时进行加固并修正下一步支护参数。

(3)在施工中应严格施工纪律，施工方案一经讨论确定，操作人员必须严格执行，不得私自变动。严格的施工纪律，合理的工序安排，先进的施工工艺，严肃的管理制度是一套防塌的有效手段。

总之，断层破碎带一直是隧道施工的难点，也是易于出现安全事故的地段，需引起高度重视。鹰嘴岩公路隧道 F2 断层破碎带的施工实践表明，超前地质预报是非常重要的一环，其准确性将直接影响到施工措施的制定及其有效性；选择合理的隧道开挖方法是保证围岩整体稳定性以及避免大面积坍塌的重要保证；可靠的支护方式及小导管注浆措施是断层破碎带隧道施工的灵魂所在，具有特别重要的地位。此外，小型塌方的判断和及时处理也是破碎带隧道施工的重要措施。将上述措施合理地结合和灵活运用而形成关键技术，对破碎围岩条件下的隧道施工具有普遍的适应性。

4.7.2 石忠高速公路方斗山隧道 F4 断层破碎带安全快速施工

1)工程概况

方斗山隧道为沪蓉国道主干线支线分水岭(鄂渝界)至忠县的高速公路，全长为 7 570m，为特长公路隧道，由中隧道集团施工。隧道建筑限界：净宽 10.5 m，净高 5.0 m，洞门为端墙式。预计平水期涌水量 128 370m^3/d，雨期最大涌水量以 3 倍计，为 385 110m^3/d，属涌水量特大隧道。可溶岩段长 4 300m，占隧道总长的 57%，可溶岩段的集中涌、突水将给施工带来重大危害。

隧址区地质构造复杂，隧道穿越的方斗山背斜大范围受到了区域性断裂(F1)及其派生的次级断裂(F2、F3、F4)等的破坏影响，致使断层带附近地层岩体破碎，岩体的完整性及均一性极差。

隧道洞身碳酸盐岩类广布，其中三叠系下统嘉陵江组（T_1j）第二、四段的盐溶角砾岩和中统巴东组（T_2b）第一段中含有盐、石膏组分的层位，以及二叠系上统长兴组（P_3c）、三叠系下统大冶组（T_1d）的灰岩、白云质灰岩等层位岩溶化程度较高，也大幅度降低了岩体完整性、均一性和强度。

隧道在 K60 + 858 ~ K60 + 958、K62 + 329 ~ K62 + 389、K62 + 612 ~ K62 + 765；右洞在 K60 + 863 ~ K60 + 963、K61 + 352 ~ K61 + 418 及 K62 + 626 ~ K62 + 772 处穿越断层破碎带。虽部分断层具一定的阻水作用，但经揭示，断裂带内岩体岩溶化程度极高。因而，导水性及富性较强，地下水十分丰富，施工中出现过 10 000m^3/d 以上的涌、突水，其中以 F4 断层为最。

F4 断层破碎带水文地质及工程地质情况为：岩性主要为页岩、泥质灰岩及灰岩；岩层倾角 22° ~ 79°，局部倒转，低次序褶曲发育。受 F4 断层影响严重；岩体破碎—较破碎，呈破碎状松散结构，层间结合力差，围岩自稳性差，易坍塌。地下水丰富；出水形式为淋水、涌水，设计出水量大于 50 000m^3/d。

F4 断层破碎带开挖断面面积 106.6m^2。初期支护采用 ϕ22 组合式锚杆，@ 80cm × 80cm，L = 3.5m；I16 工字钢拱架@ 80cm；ϕ6.5mm 钢筋网@ 15cm × 15cm；C20 喷射混凝土 22cm；ϕ42mm 超前小导管，纵环间距 0.4m × 2.4m，L = 5.0m。结构防排水采用 EVA 复合防排水板，C25 抗腐蚀钢筋混凝土二次衬砌厚 50cm，仰拱厚 50cm。

2）总体指导思想

为了安全快速通过富水断层（裂）破碎带，必须有一套行之有效的施工配套技术和管理措施，确保在通过地质复杂地段的施工安全，总体指导思路是：超前地质预报精确、预注浆方案合理、开挖方法安全、机械设备配套、现场施工规范。

3）关键施工技术

主要关键技术包括综合超前地质预报技术、超前预注浆加固止水技术、开挖方法与支护结构施工技术、机械化配套快速施工技术、控制爆破技术等。

（1）超前地质预报

以综合超前地质预报手段探明前方地质情况，通过出水量的测定，制定对应、合理的施工对策，确保施工安全。

总结现场的应用与实践，现场以 TSP、30m 超前探孔这两种预报方式的结合最为有效、准确、快速。TSP 物理探测有效长度在 100m 左右，3 ~ 5 个 30m 超前探孔（直径 90mm），通过凿岩台车转杆扭矩、钻速、钻进速度、排渣情况等综合分析判断前方准确距离的地质情况，与 TSP 结果进行比对分析，作出准确判定，在地质复杂通过以上两种手段还不能最终确定的情况下，进行钻孔取芯，进行更进一步的确认。

（2）根据超前地质预报成果、出水量大小合理选择注浆方案

方斗山隧道 F4 断层破碎带主要以页岩、泥质灰岩及灰岩为主，断层主要为压扭性断层，断层内断层泥多为挤压的岩石碎屑或风化程度较高的岩石层或角砾，在选择超前预注浆方案时，主要考虑止水效果，附带加固作用。

现场采取了全断面帷幕、周边帷幕、局部注浆三种方案完成了不同出水条件下的超前预注浆施工。具体为：超前探孔出水量达 6L/min，采用局部注浆，孔数为 36 个左右，注浆长度

30m，注浆时间为5～7d；出水量在6～25L/min时，采用周边帷幕注浆方案，注浆长度30m，孔数为75个左右，注浆时间为12～15d；出水量大于25L/min，断层极为破碎时，采用了全断面帷幕注浆方案，孔数为105～147个，注浆时间30d左右。均取得了良好的注浆效果，安全快速地通过了含水断层破碎带。

(3)注浆后隧道开挖方法和施工支护

①隧道开挖技术。

开挖采用人工风钻钻孔，非电毫秒雷管松动爆破，当围岩极软时采用风镐开挖；开挖时采用挖掘机扒渣，装载机配合大车出渣；CD法开挖分四部进行，开挖顺序如图4-17所示CD法开挖工艺图；上导坑与下导坑的开挖间距为3.0m，后行上导坑3与先行下导坑2的开挖间距5.0m；开挖循环进尺80cm。

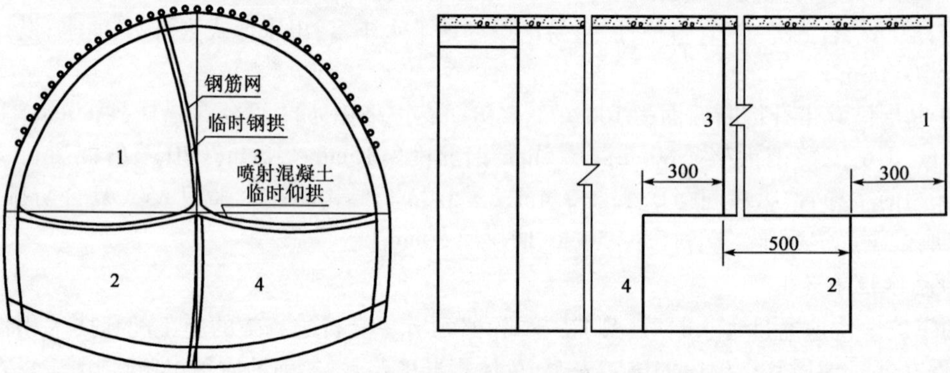

图4-17　CD法开挖工艺图(尺寸单位:cm)

注:图中序号为开挖顺序

采用全断面超前预注浆施工一循环后，经过专家评价效果良好，且钻孔检验表明无长距离断层泥，特别是无软弱土层，断层为破碎岩层。根据多方研究后作出施工方法的重大调整，将CD开挖施工方法调整为台阶法施工。

台阶法施工时开挖采用人工风钻钻孔，非电毫秒雷管松动爆破；开挖时采用挖掘机扒渣，装载机配合大车出渣；上部开挖预留核心土，上部与下部开挖距离为5.0m，上部开挖进尺80cm，下部开挖左、右侧错开施工，错开距离5.0m，开挖进尺80cm。

经过现场施工实践，此方法适应于方斗山隧道F4断层的现场地质，且施工速度比较快，达40～50m/月，而按照CD法开挖，进度指标为10～20m/月，提高了施工功效。

②施工支护技术。

开挖前施作ϕ42mm超前注浆小导管($L=5.0$m，$\delta=4$mm)提前支护围岩，超前注浆小导管按设计参数采用人工手持风钻钻孔，风钻将小导管送入孔内，采用机械拌制浆液，双液注浆泵注浆。

隧道喷、锚、网及拱架施工紧跟开挖工作面施工。

喷射混凝土：人工配合混凝土喷机作业，混凝土由洞外拌和站拌料，机械运输。喷混凝土分两次作业，在开挖找顶后，及时对开挖后工作面进行衬喷混凝土，封闭围岩，确保拱架安装、锚杆施工及挂钢筋网人员的施工安全。在拱架安装、锚杆施工及挂钢筋网完成后进行复喷混凝土,直至达到设计厚度要求。

安装拱架:初喷后放线,人工安装拱架,紧贴开挖面,用纵向钢筋连接,拱脚置于牢固的基础上。拱架背后间隙用喷混凝土喷填,间隙过大时用混凝土楔块顶紧,拱脚接头板处设置锁脚锚杆。

锚杆安装:在初喷混凝土初凝后及时进行。

钢筋网:钢筋网设置待开挖面喷2cm混凝土后进行。将洞外加工成片的钢筋网随高就低紧贴岩面,并与径向锚杆连接牢固。

CD法施工时,中间隔墙须按隧道开挖轮廓的支护参数进行支护,但可以不设超前注浆小导管,上导坑开挖根据地质情况和施工监控量测结果,设置临时仰拱及时封闭,必要时临时仰拱增设I16型钢拱架。

(4)机械化配套技术

为避免以往过注浆断层占用时间较长的情况,整个过断层施工期间的设备必须配套、高效。实际做法是,一方面充分挖掘凿岩台车(方斗山隧道采用两台三臂凿岩台车开挖)的设备潜力,承担起全部的超前探孔、注浆孔的施工任务,缩短钻孔时间,通过现场实践证明,硬质围岩下采用凿岩台车能够进行30~47m长的90mm孔的钻进作业,与履带式液压钻机相比效率提高到其的3~5倍。制浆采用高速制浆机、注浆机采用稳压注浆机,现场孔口管采用法兰盘连接工艺等提高注浆速度。注浆完成后的检查孔施工和开挖钻眼爆破也使用凿岩台车,液压凿岩台车在进行二次开发、挖掘潜能之后,钻孔深度由11m提高到超过37m,施工速度由成孔11m消耗1.5h降低到成孔37m仅消耗2.5h,提高了现场的钻孔速度,达到了多功能化,在硬质岩层中替代多功能钻机的作用充分显现,是大断面公路隧道过断层破碎带施工过程中的关键设备。

4)施工进度

方斗山F4断层带提前6m施作超前预注浆,延长5m结束注浆。每循环注浆30m,开挖24m,每洞需进行4个循环。通过以上关键技术的有效运用,安全并快速地通过了F4断层,隧道施工速度由原来预计的20m/月提高到45m/月,节约了时间,大大提高了工效,达到安全、进度与投资平衡。

第5章　水平岩层施工技术

重庆市水平层状岩层主要为泥岩夹砂岩，产状平缓，基本为水平层理，泥岩，砂岩互层，层厚不一，薄层～厚层不等，节理发育。砂岩，砂状结构，薄层～厚层状，节理裂隙发育，泥质胶结，呈碎块状，压碎结构；泥岩，泥质结构，薄层～厚层状，泥质胶结，节理裂隙发育，呈碎块状，镶嵌结构。

在水平层状地层中，如果未被断裂构造、构造破碎带和软弱夹层等不良地质作用，则场地现状稳定，适宜修建隧道。但如果被其作用，则水平岩层易坍塌，不稳定，需要采用加固措施。

水平岩层的裂隙水，以砂岩层面裂隙水为主，其次为砂岩与泥岩的接触带，特别是上层为砂岩，下层为泥岩性组合地带，发育有裂隙水。该层地下水主要赋存于厚～巨厚层状砂岩层中，为相对的含水层。泥岩层裂隙不发育，仅局部发育有不规则裂隙，透水性差，为相对的隔水层。各砂岩层与泥岩层相间产出，相互隔离，泥岩层将砂岩层分隔为相对独立的含水单元。

在水平层状岩层中，一般是典型的水平层状，多层薄厚不均的"石板"层层叠加，形成砂岩、泥岩，甚至煤层的互层结构，状似"肉夹馍"似的岩层与泥土的松散夹层。隧道开挖后若有裂隙水渗出，泥岩遇水软化，夹层间结合较差，拱部开挖后易发生大面积剥落、掉块，以致坍塌，隧道成型差，不能形成自然拱形，隧道开挖断面容易形成"门形"结构。

5.1　水平岩层隧道变形破坏形态及规律

5.1.1　水平岩层隧道围岩破坏形态

水平岩层隧道的破坏形式多样，主要有以下两种破坏形态：

(1)弯折破坏：这类变形破坏是薄岩层变形破坏的主要形式。如图5-1所示为其破坏特征。此种破坏主要是由于岩块抗弯能力不够而在一侧产生过大拉应力造成的拉坏。

(2)张裂塌落：这类变形破坏通常发生于厚层状或块体状岩体内的洞室拱顶。当那里产生拉应力集中，且其值超过围岩的抗拉强度时，顶拱围岩就将发生张裂破坏，尤其是当那里发育有近垂直的构造裂隙时，即使产生的拉应力很小也可使岩体拉开产生垂直的张性裂缝。被垂直裂缝切割的岩体在自重作用下变得很不稳定，特别是当有近水平方向的软弱结构面发育，岩体在垂直方向的抗拉强度较低时，往往造成顶拱的塌落。但是顶拱坍塌引起的洞室宽高比的减小会使顶拱处的拉应力也随之而减小，甚至变为压应力。当顶拱处的拉应力减小至小于岩体的抗拉强度时，顶拱围岩又趋于稳定。

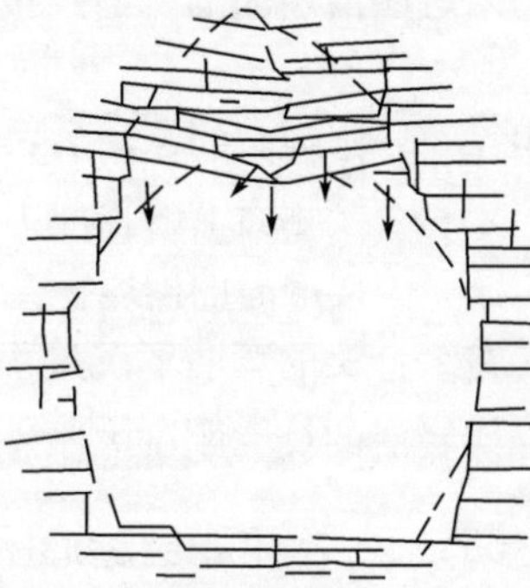

图 5-1　薄水平层状岩体的弯折破坏

5.1.2　水平岩层隧道顶板变形原因分析

1）水平岩层隧道顶板变形特征

在水平层状岩体中修建隧道，由于隧道顶板岩层在原始沉积时其沉积环境、颗粒大小和矿物成分的不同，地层中各岩层的岩性差别很大，在工程上表现为各层岩体的弹性模量、泊松比、抗压强度、抗拉强度、黏性模量等力学参数的差异。因此，隧道开挖后，其上覆岩层间将发生不协调变形，产生不同步的弯曲沉降，不同步弯曲沉降引起岩层在其层面薄弱带附近产生分离即形成离层。

2）水平层状岩体中隧道顶板离层力学分析

在薄水平岩层地段，尽管采用了光面爆破技术，爆破时岩体也极易沿着拱部某一层理面整体脱落，形成平如桌面的平顶现象。此时，隧道顶板呈悬露状态，顶板以梁（或板）的形式支撑着上覆岩体的重力作用，保持着应力场的平衡。此时，覆岩的力学结构属于典型的梁（或板）式平衡结构。当此跨度达到岩梁的极限长度时，顶板在上部荷载的作用下，造成断裂、垮落破坏。顶板岩层在第一次断裂后，应力转移到两侧，使得上面的岩层又成为梁（或板）式平衡结构，其两侧分别位于隧道两侧悬臂岩层的上方。当作用力足够大时，隧道两侧岩层悬臂梁不断发生破断，其上方的岩梁超过极限跨距后再次造成断裂和垮落。此时，上覆岩层的重量将沿主应力线方向向隧道两侧传递，主应力线方向为一拱形，即形成应力平衡拱。

由于平衡拱的存在，使得拱上岩体的重力不对拱下岩体加载。在满足拱板式平衡结构条件下，拱内上覆岩层重力将由平衡拱传至拱脚，下位已失去支撑的岩层并不受上位岩层的压力作用，只在自重作用下产生弯曲下沉。离层就是在岩层下沉弯曲过程中产生的。下位岩层开始下沉时，其重力在上下位岩层的层面产生拉应力 σ，应力的大小为：

$$\sigma = \gamma h_1 \tag{5-1}$$

式中：γ——岩体重度；

h_1——下位岩层的厚度。

当 $\sigma \geqslant \sigma_1$（$\sigma_1$ 为层面的抗拉强度），并且上位岩层的抗弯刚度大于下位岩层的抗弯刚度时，离层产生；如果 $\sigma < \sigma_1$，则上下位岩层将以组合梁的形式一起弯曲下沉。

在组合梁的下沉过程中，由于梁的弯曲，在其层面上产生剪应力，剪应力的大小为：

$$\tau = \frac{Q}{\gamma I_z}\left(\frac{h^2}{4} - d^2\right) \tag{5-2}$$

式中：Q——横截面上的剪力；

I_z——整个截面对中性轴的惯性矩；

h——两岩层的厚度之和；

d——层面至中性轴的距离。

两岩层沿层面的抗剪强度为：

$$\tau_c = c + \sigma\tan\varphi \tag{5-3}$$

式中：c——接触面的黏结力；

σ——接触面上的正应力（此处为负值）；

φ——接触面的内摩擦角。

在组合梁的弯曲下沉过程中，如果层面上产生的剪应力大于层面的抗剪强度，即$\tau \geqslant \tau_c$，并且上位岩层的抗弯刚度大于下位岩层的抗弯刚度时，离层产生，否则不会产生离层。

5.1.3 水平岩层隧道围岩稳定性影响因素

针对隧道围岩稳定性的影响因素，将水平岩层地区隧道围岩稳定性的影响因素概括归纳为三种类型：地质因素、工程因素、施工因素。

在隧道围岩稳定性影响的诸多因素中，地质因素是影响围岩稳定性的最主要因素。岩石的性质是内、外动力地质作用（含风化作用）的结果，主要以岩块的坚硬程度表现出来，岩体的结构特征和完整程度主要取决于结构面的发育程度，岩体强度主要取决于软弱结构面的抗剪强度。因此，影响隧道围岩稳定性的地质因素可以最终归纳为岩块的坚硬程度、结构面发育程度、软弱结构面性质、地应力以及地下水。工程因素、施工因素以及时间因素等虽然不能决定围岩质量的好坏，但是能给围岩的质量和稳定性带来不可忽视的影响，特别是对岩体质量较差的围岩影响程度更大。

1）地质因素

（1）原岩应力状态的影响：原岩应力是引起围岩变形、破坏的根本原因，原岩中主应力的大小和方向不同，对隧道的作用力也不同。因此，直接影响围岩应力。

（2）岩石力学的性质：岩块是岩体的基本组成部分，它被各种结构面所包围而不是孤立的，是通过结构面与周围的岩体相联结。在岩体受力后变形、破坏的过程中，结构面的特性和岩块的坚硬程度同时起着重要的作用。因此，对岩块的形状和坚硬程度的研究具有重要意义。

（3）围岩的岩体结构：岩体的结构特征是长时间地质构造运动的产物，结构面的存在不仅破坏了岩体的完整性，而且成为岩体中强度薄弱的部位。起着控制作用的软弱结构面是指相对发育的软弱结构面，即张开度较大，充填物较差，成组性好，规模较大，有利于滑移的产状的结构面。当结构面强度远小于结构体强度时，结构面对围岩压力的影响就十分重要。结构面的抗剪特性，反映了结构面对剪切运动的阻抗能力，为自然特性所制约，受地下水的影响。结构面的成因及其发展史、结构面的连续性、平整起伏程度、光滑粗糙程度、张开闭合的状态、充填物的物质组成以及胶结情况等都直接影响着结构面的抗剪特性。地下水的赋存和渗透则往往促使结构面充填物质的软化和泥化，降低了结构面抗剪强度。结构面对围岩稳定性的影响，不仅与结构面抗剪特性有关，还与结构面的组合关系及这种组合关系与临空面的交切关系密切相关。由于水平层状岩体具有定向弱面，其侧壁围岩压力较小，顶部围岩压力则大。因此，一般破坏是在隧道的顶部发生。

（4）地下水作用特点：地下水对围岩稳定性的影响主要表现为溶蚀岩石和结构面中易溶胶物，潜蚀充填物中的细小颗粒，使岩石软化、疏松、充填物泥化、强度降低、增加动水压力及静水压力等，从而降低隧道围岩的稳定性。对于Ⅳ级及以下的围岩，地下水对隧道围岩稳定性的影响较大，地下水的存在将使围岩类别降低1～2级。所以地下水是影响隧道围岩稳定性的重要因素之一，但不是独立的因素，它是通过影响岩块强度和结构面的抗剪特性来实现的。

2）工程因素

包括隧道断面的形状、大小，高跨比等。

3）施工因素

包括隧道施工方法和手段、支护时间和支护方式等。

5.1.4 水平岩层隧道变形破坏规律

水平岩层常呈软硬岩层相间的互层形式。结构面以层理面为主，并有层间错动及泥化夹层等软弱结构面发育。

在水平岩层中，洞顶岩层可视为两端固定的板梁，在垂直板压力下，将产生下沉弯曲、开裂。围岩的变形破坏是渐进式逐次发展的。

其破坏规律一般如下：

泥岩、泥质砂岩、砂岩干燥时围岩自身强度较好，遇水浸泡软化后，手捏即碎，泥质胶结遇水则失去黏结力。隧道开挖后，边墙部位围岩基本稳定，但拱部则不稳定。薄层状泥质砂岩、泥岩的隧道拱部90°～120°范围内易出现塌落现象。

泥质砂岩与泥岩以互层状同时出现，以薄层为主，泥质胶结，层间结合力差，新暴露出的砂质泥岩和泥岩在1～3h后，则会因应力释放和风化而逐渐出现岩体软化、剥落、掉块现象，致使拱顶围岩断裂失稳。通过及时采取锚喷初期支护措施封闭、支护围岩后，围岩风化情况得到遏制，但围岩自身的应力重新分布工作则一直在持续，岩层的挤压变形则一直在沿洞径方向延伸，大约持续4～16d，就会表现为初期支护开裂、剥落、掉皮现象，在开挖完成初期支护后20～25d，则个别地段就会出现岩层掉块现象，随即拱部围岩就会发展为大面积的失稳，产生坍塌。

分析围岩变形破坏时，应抓住其变形破坏的始发点和发生连锁反应的关键点，预测变形破坏逐次发展及迁移的规律。在围岩变形破坏的早期就加以处理，这样才能有效地控制围岩变形，确保围岩的稳定性。

5.2 水平岩层隧道施工关键技术

泥岩和泥质砂岩均属于弹塑性软质岩，岩体中含有大量的黏土矿物。隧道洞室开挖后，改变了岩体的应力条件，在应力释放过程中产生卸荷膨胀，使围岩变形破坏，主要表现为软质围岩的膨胀。此外，洞壁应力降低区的形成促使少量水分从高应力区向洞壁转移，洞壁岩体中的黏土等亲水矿物吸水也是围岩膨胀的主要原因，造成洞室顶部软质围岩的软化以及夹层的泥化，在重力作用下易发生坍塌现象。在隧道开挖后的应力调整过程中，由于软弱结构面和夹层的抗剪强度较低，在自重作用下使围岩发生沿结构面的变形破坏，主要表现为拱部不稳定块体沿软弱结构面或夹层的剪切错位、拉裂坠落。由于软质砂泥岩的以上物理特性，使得水平层理在施工中极易产生掉块、坍塌现象。因此，应采取分部施工，重点增强拱部围岩支护，减少拱部围岩的扰动，快速封闭。

通过对水平岩层特性进行不断地探索、总结、分析、掌握水平层理岩性的特点及变形规律，并据此提出了适合水平层理围岩施工的方法，归纳水平岩层的施工要点为：

1）判定岩性

一般说水平岩层的泥、砂岩是沉积岩，泥岩具有一定的膨胀性，膨胀性较大时，对开挖后围岩及初期支护后结构稳定有较大影响，需要对围岩膨胀性进行化学分析，按照相关规范判定。由于膨胀容易破坏施工完成的初期支护，而且是多次。因此，对于膨胀性围岩地段，支护要及时，排水要有效，尽量消除和减弱水的影响，对初期支护完成地段经常量测和观察，及时补强，确保施工安全。

2）开挖后弱找顶

一般水平岩层强度不太高，层厚不大，节理发育，爆破震动扰动后围岩结构受到破坏，易掉块，平层对施工安全威胁很大。在隧道开挖后的应力调整过程中，由于软弱结构面和夹层的抗剪强度较低，在自重作用下使围岩发生结构面控制型的变形破坏，主要表现为拱部不稳定块体沿软弱结构面或夹层的剪切错位、拉裂坠落。必须安排专人找顶，消除威胁。

3）超前支护

平层结构爆破后易造成结构性超挖，需要根据围岩情况局部或拱顶部位施作超前锚杆或小导管，有效控制超挖。

4）重视初喷和初期支护

爆破开挖后立即初喷5～8cm，在开挖后围岩面形成一层由围岩和初喷混凝土组成的壳体柔性结构，可以保证一定时间段内施工的安全。实践证明，重视初喷对水平岩层的安全施工有更特殊的意义。初期支护是控制围岩变形的最重要的措施，及时进行强支护，可以使平层围岩地段收敛变形尽快趋于稳定。初期支护应及时，且喷射密实，不得在支护与围岩间留有空隙。砂质泥岩、泥岩开挖暴露后遇到空气极易风化、剥落、掉块。因此，对这种围岩则要及时地喷射混凝土进行封闭，尤其为拱部围岩。在采取挂设钢筋网或者拱部架设钢架支护部位，喷射混凝土时，一定要先将钢筋网与围岩面之间或者拱架与围岩之间的空隙喷射密实，不得留有空隙。

5）锚杆施工

锚杆及时，方向正确，保证长度，严格按设计施作到位。平层结构的特殊性，要求锚杆沿垂直围岩结构面的方向（施工困难时至少保持60°以上）打入锚杆，锚杆才能起到应有的作用，否则会更加破坏围岩的结构。由于存在多层结构，锚杆的锚固深度如果不够，提供的拉力则不足以抵抗岩石的自重和地层应力。因此，锚固深度必须满足要求。同时锚杆安装时，砂浆应饱满。锚杆必须上好垫板，拧紧螺帽，施加预应力。开挖后在围岩出现塑形变形前及时施作锚杆，能很好地起到加固地层的作用，既充分利用围岩的自稳性能，又能保证施工安全。

6）控制爆破

减小爆破震动、药量小、进尺短、周边眼密，这样对围岩的扰动最小，采取光面爆破，认真设计，对照施工效果加以改进。钻爆采取弱爆破，尽可能减少对拱部围岩的扰动。在施工过程中，应根据围岩情况不断地优化钻爆方案，拱部周边眼间距严格控制在45cm以内，且尽可能少装药，采用ϕ25mm的小直径药卷。二圈眼与周边眼的距离保持在60～80cm以内，掏槽眼宜布置在开挖断面中下部，且掏槽眼到周边眼采取微差分段起爆，减少一次起爆震波大、对周边围岩尤其是拱部围岩扰动、破坏大的作用。

5.3　水平岩层隧道超前支护

在水平岩层条件下进行大断面爆破，围岩由于层理缝的影响，爆破时高压气体首先沿着最薄弱的层理面扩展，导致岩层完全剥落或半剥离，半剥离岩体如果不能快速支护，则随时间推移会发生垂直掉块。

对于水平岩层超前支护的主要作用是超前注浆加固围岩及止水、控制结构性超挖、防止吊块、保证施工安全等。主要形式有超前小导管注浆支护和超前锚杆支护。

5.3.1　超前小导管注浆支护

超前小导管规格：ϕ42mm，$L=4.0$m。环向间距每米3根，纵向每2榀钢架打一环，施工外插角10°～15°，小导管搭接长度1.5m，采用水泥—水玻璃双液浆，其体积比为1∶0.6，水泥浆水灰比（质量比）1∶1，注浆压力一般为0.8MPa。

“超前小导管注浆支护”有关施工方法及工艺详见第3章3.3.1节。

5.3.2　超前锚杆支护

超前锚杆预支护是一种新型支护结构。它与普通锚杆的本质区别在于安装程序的不同，普通锚杆是在隧道掘进一段长度之后开始安装，而超前锚杆则在已开挖的掌子面上，向前方没有开挖的地层中施作锚杆进行支护，通过锚杆加固提高岩块之间的镶嵌能力，提高围岩的内摩擦角，使前方地层在没有开挖之前得到有效的加固，此种锚杆即为超前锚杆。

超前锚杆布置的原则：开孔位置应在设计边线外侧，一般为5～10cm。锚杆的轴线方向（隧洞轴线）夹角应为5°～30°。如围岩比较破碎，取较大角度，以便形成一定厚度的承载拱。由于在开挖边线外采用小间距的锚杆进行支护，使锚杆和岩块成为整体受力结构，即组合成承载板梁结构，承受围岩的坍塌变形应力，以达到开挖初期的围岩自稳，提供开挖后期的加强支护施工时间。

超前锚杆又分为无格栅拱支撑超前锚杆及有格栅拱支护超前锚杆。

1）*无格栅拱支撑超前锚杆*

采用这种方法是在爆破前，将超前锚杆打入掘进前方稳定岩层内，末端支承在拱部围岩内专为超前锚杆提供支点的径向锚杆，或支承在作为支护的结构锚杆上，使其起到支护掘进进尺范围内拱部上方围岩，并有效约束其在爆破后的一定时间内不发生松弛坍塌，为大断面开挖与喷锚支护创造条件。施工中，因超前锚杆与径向锚杆的外露端往往不易直接相交，故以ϕ22mm的横向短钢筋焊在邻近的径向锚杆上，再焊在超前锚杆的末端上。

2）*有格栅拱支撑超前锚杆*

有格栅拱支撑超前锚杆如图5-2所示。

超前锚杆的末端支撑在格栅拱架上。超前锚杆的倾角一般选用5°～30°，单层布置时取小值，双层布置时取大值；环向间距应根据围岩情况而定，单层布置一般为0.2～0.4m，如采用双层支护时，间距为0.4～0.6m，其上、下层应错开排列；超前锚杆纵向间距应根据围岩级别、超前支护的长度、锚杆的截面尺寸及横向间距等因素综合考虑确定，一般可取1.0m或2.0cm，最大不超过3.0m；锚杆长度应根据地质情况，锚杆拉拔试验强度，钻孔机械类型，供给钢筋长度，开挖循环次数等因素综合考虑确定，一般多采用3.5～5m，最长为7.0m；对围岩软弱的地方，可采用ϕ8mm或ϕ10mm的钢筋按间距0.1m×0.1m挂方格网，再喷射0.10～0.15m厚度的混凝土，增强围岩的自稳能力。

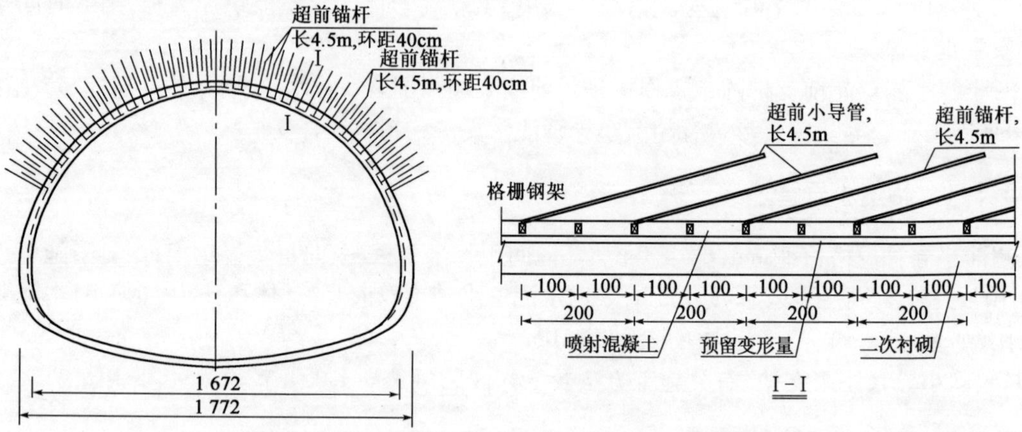

图5-2　有格栅拱支撑超前锚杆布置示意图（尺寸单位：cm）

超前锚杆支护与格栅钢架、加强挂网喷混凝土支护联合使用时，其单、双（多）层布置如图5-3和图5-4所示。

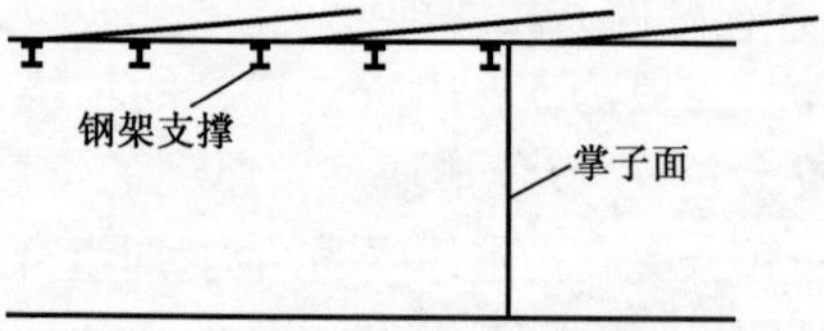

图5-3　单层超前锚杆支护布置图

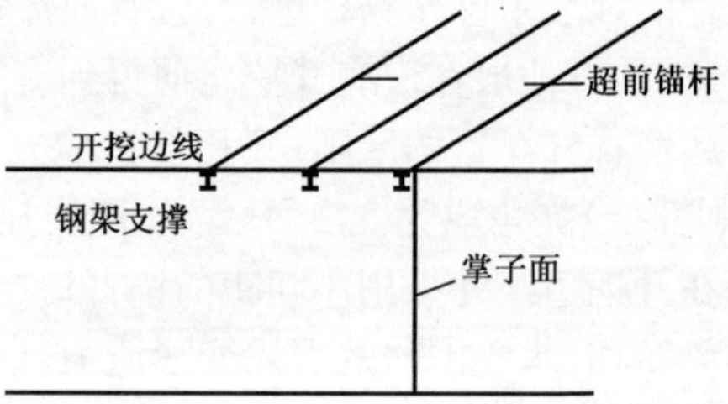

图5-4　双（多）层超前锚杆支护布置图

双（多）排超前锚杆适用于水平岩层中围岩较破碎地段，在隧道同一横断面内应有两排或以上超前锚杆支撑，以加大围岩加固范围。单排超前锚杆应有不小于1m的搭接长度，在隧道同一横断面，除搭接部分为双排锚杆，其余部位为单排锚杆。单排超前锚杆一般用于水平岩层中围岩破碎不严重的地段，与开挖边线夹角为5°～10°，起到加固周边围岩和锚杆棚的作用。

3）施工工艺流程

有格栅支撑超前锚杆喷锚混凝土工艺流程如图5-5所示。

操作注意事项：

①喷射距离为1.2～1.5m，喷嘴与岩面保持90°夹角。

②机内风压保持在0.25MPa左右。

③细集料在集料中占15%左右。

4）超前锚杆材料选择

超前锚杆材料一般常用II级钢筋，也可用I、III级钢筋，钢筋直径可根据围岩情况和造孔机械选定，一般为22～36mm。单排超前锚杆长度根据围岩和循环进尺选定，一般不应小于循环进尺的2倍，即3～5m，以满足开挖循环后的支护和锚固长度要求。如采用多排超前锚杆，可适当加大锚杆长度，或缩小锚杆的排间距。

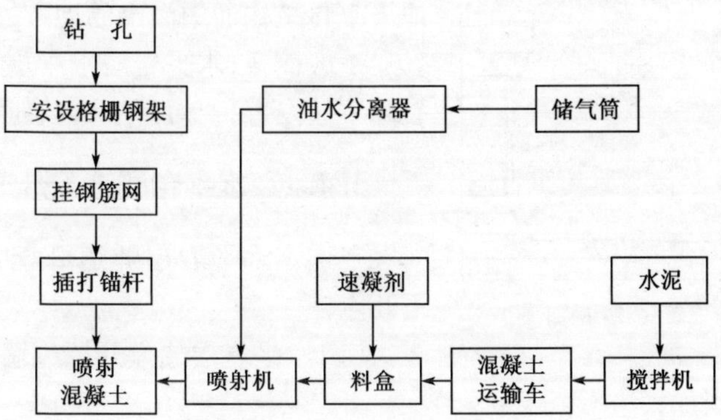

图5-5　有格栅支撑超前锚杆喷锚混凝土工艺流程图

5）超前锚杆钻孔

超前锚杆钻孔应采用钻爆开挖的钻孔机械，钻孔直径要求应和砂浆锚杆一致。开孔位置最好不与周边爆破孔重叠，以取得更好的支护效果。各钻孔的外插角应一致。在不易成孔的水平破碎围岩中施工时，可采用自钻式锚杆作超前锚杆。钻孔应保证圆、直，深度达到设计要求，钻孔完成后应对钻孔清洗，保证孔内无残存岩粉和污物。

6）锚杆注浆和安装

（1）超前锚杆注浆和安装施工同砂浆锚杆，如要求其尽早起到支护作用。可在砂浆中加入早强剂。如采用自钻式锚杆应注入水泥浆，按自钻式锚杆施工方法进行施工。

（2）在结构面裂隙发育的平层岩层中，宜采用全长固结砂浆锚杆，其与隧道轴线夹角应较大，宜为30°左右。

（3）锚杆间距应根据围岩状况确定。当采用单层锚杆时，宜为200～400mm；当采用双层或多层锚杆时，宜为400～600mm。

（4）上、下层锚杆应错开布置，且层间距不宜大于2m。

（5）锚杆外露长度不宜大于10cm。

（6）锚杆安装完成后不应马上进行爆破作业，应等强4h以上。

5.4　水平岩层隧道控制爆破开挖

在水平岩层隧道钻爆法开挖过程中，光面爆破不易控制。光面爆破后的断面难以形成设计要求的拱形轮廓，在隧道拱顶处爆破轮廓呈大面积平板状，而拱腰处呈锯齿状，凹凸不平。边墙部位存在欠挖现象。在隧道拱顶几乎看不到炮眼眼痕，只有在边墙处可见个别眼痕。水平岩层光面爆破后的典型断面如图5-6所示。

当岩层本身强度较高而层面胶结较差、水平向节理发育时，上述情况表现更为明显。受层理、节理面的影响，爆破后渣堆中岩块大块率高，大块岩块表面由于爆破产生的新鲜岩面很少，

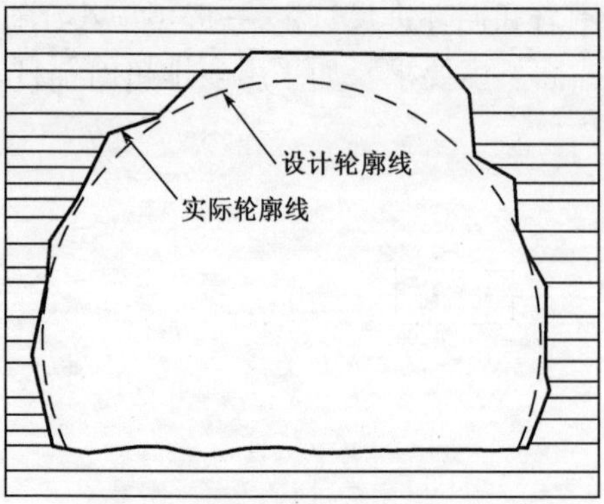

图 5-6　层状岩体爆破后典型断面图

多为节理裂隙所在的软弱面,往往伴有地下水侵入留下的纹理。在爆后清除危石过程中,对于局部存在软弱结构面以及较大的水平节理,特别是有少量地下水自结构面中渗出的地方,亦会造成大量超挖。

一般而言,水平岩层水平层理发育,而竖向节理裂隙不甚发育,长短不一,在层间没有贯通。

5.4.1　水平岩层施工开挖方案

在选定水平岩层隧道开挖方案时,主要考虑以下几点:

(1)水平岩层隧道开挖边墙部围岩稳定性较好,一次开挖高度可适当加大。

(2)为避免爆破震动造成顶部岩板层间强度明显降低,应尽量减少开挖扰动次数。

(3)应采用台阶法开挖,并尽可能将出现最大爆破震动的掏槽部位放置在断面底部,远离顶板眼,从而达到减轻对顶部水平岩层的扰动,必要时可在拱部设置钢架。

5.4.2　水平岩层控制爆破原则

水平岩层隧道开挖后拱部围岩自稳能力较差,尤其是在大断面水平岩层隧道施工中更是如此。故应采用弱震动控制爆破技术开挖,以减小爆破对水平岩层的扰动,降低塌方几率,为隧道安全快速施工创造条件。

所谓弱震动控制爆破技术,即是通过合理设计周边钻眼部位、装药参数与装药结构、起爆顺序,并采用适宜的掏槽形式、控制进尺等方法。要求在弱震动爆破施工中应做到如下几条:

(1)为了减小过大的爆破震动,应注意同一段起爆装药量不能超过计算出该区域的最大单段允许装药量。

(2)周边眼应指定技术熟练的人定位钻孔,并控制周边眼的间距、钻眼角度等。同时,断面拐角处应布置炮眼。围岩裂隙发育的部位可适当缩小炮眼间距,减小线装药密度等,这样有利于减少爆破对围岩的扰动。

(3)尽可能将产生较大震量的掏槽区放在断面底部,以减少爆破震动对水平顶板围岩的直接扰动。

(4)断面宽度许可时,可采用楔形掏槽,并加大左右对称眼之间的距离,加强掏槽区岩石的抛掷能力。

(5)条件许可时,宜可采用大直径中空孔进行直眼掏槽。

(6)尽可能控制循环进尺。

(7)为了取得较好的炮眼质量及提高钻眼速度,要做到"四不钻",即不钻残眼、不钻破碎带、不钻石缝、不钻软夹层。

5.4.3　水平岩层减震控制爆破设计

水平岩层基本上为中风化岩,质硬,有一定的自稳能力,且由于公路隧道断面较大,故采用工艺简单,适应性较好的台阶法施工。

水平岩层减震爆破设计如下:

1)掏槽区最大单段药量控制

根据经验,隧道爆破振动量与起爆方式、装药参数尤其主药包药量、地质情况、爆破点与测量点的距离及介质情况有关。一般隧道爆破的最大振动量出现在单临空面爆破时刻,多一个临空面减震效果将会达到25% ~45%。同时,爆破开挖的最大振动速度值不取决于一次起爆的总药量,而决定于某单段的最大用药量。

若采用台阶法爆破开挖,其最大爆破振动时刻可能会出现在上台阶掏槽时刻。故爆破振动强度可只验算掏槽区爆破药量。

根据公式:

$$Q_{\max}=R^{\frac{1}{m}}\left(\frac{v}{K}\right)^{\frac{1}{\alpha m}} \tag{5-4}$$

爆破允许最大振动速度 v:根据经验并参考现行《爆破安全规程》(GB 6722)中有关规定,可将其设置为10cm/s左右。

爆心距 R:隧道上台阶爆心距拱顶距离(一般均在2~4m左右)。

系数 $m=h:R$,隧道爆破工作面高3m左右,R 为2m。$h:R=3:2$,超出1:10的范围,故可认为爆心距与同段药包分散程度相当,m 取1/2。

系数 K:与爆破点地形、地质等条件有关的系数。K 值一般取100~250。

系数 α:与爆破点地形、地质等条件有关的衰减系数。α 值一般取1.5~2.0。

K、α 具体取值一般需要在同等地质条件下,对同类型结构做大量的现场震动测试,再通过数值回归方法才可确定,也可用数值模拟的方法估算,根据目前既有条件参考表5-1爆区不同岩性的 K、α 值范围表。

爆区不同岩性的 K、α 值范围表　　表5-1

岩　性	K	α
中硬岩石	100~250	1.5~2.0

按照既有边界条件对上述系数赋值,代入公式(5-4),可计算单工作面,即掏槽区爆破时单段允许最大装药量。

2)最大循环进尺确定

根据水平岩层公路隧道爆破施工经验,将循环进尺控制在2.0m左右较为合适。

3)爆破器材

采用人工手持风钻钻孔,选用 ϕ32mm乳化炸药。周边眼选用高爆力、小直径、传爆性好的 ϕ25mm乳化炸药或将 ϕ32mm乳化炸药一剖为二。起爆雷管选用分段非电毫秒雷管。为避免爆破震动叠加,要求低段雷管跳段使用,其时差控制在100ms左右。

4)掏槽设计

掏槽成功与否影响着爆破震动效应,掏槽不成功则爆破振动量大,掏槽成功则爆破振动量较小。

水平岩层台阶法爆破施工时减震效果良好的楔形掏槽设计如图5-7所示。

5)炮孔布置

上台阶减震动钻爆开挖时其炮孔布置及起爆顺序如图5-8所示,下台阶、仰拱减震钻爆开挖时其炮孔布置及起爆顺序如图 5-9 所示。

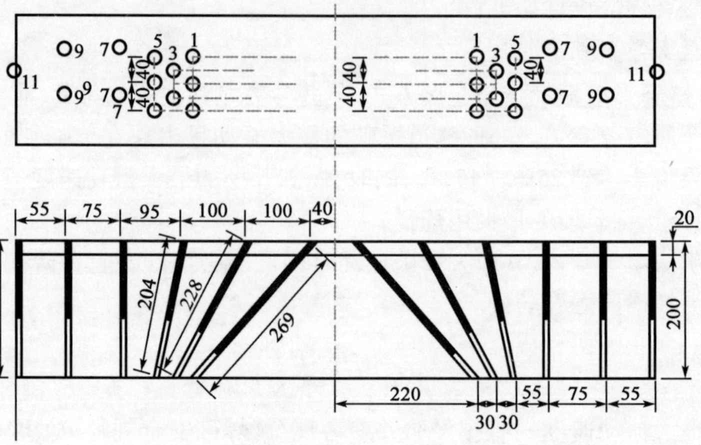

图 5-7　楔形掏槽形式(尺寸单位:cm)

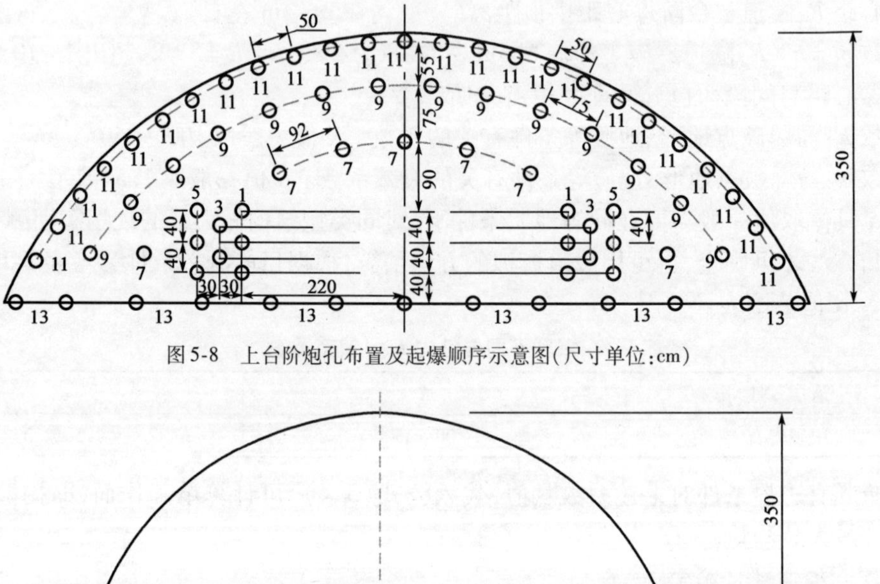

图 5-8　上台阶炮孔布置及起爆顺序示意图(尺寸单位:cm)

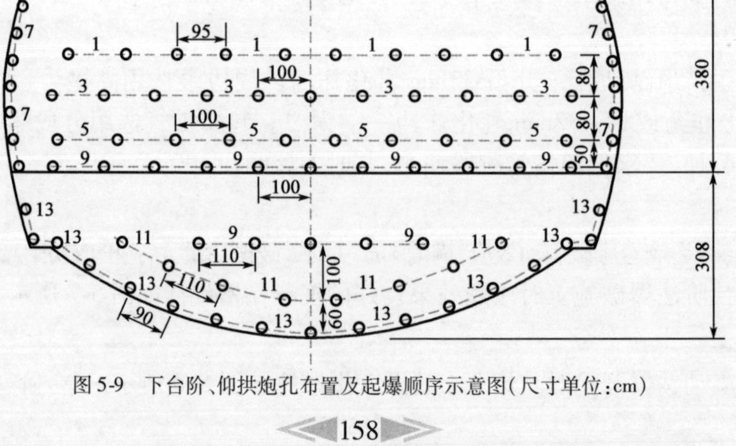

图 5-9　下台阶、仰拱炮孔布置及起爆顺序示意图(尺寸单位:cm)

6)光面爆破技术

(1)常用光面爆破技术

对于水平岩层层间胶结较好的围岩,如果爆破震动不大,拱顶超欠挖等均在可控制范围之内,周边眼可与其他炮孔一样,布置在同一里程断面上,只需合理布置周边眼、周边眼距内圈眼间距以及内圈眼、周边眼起爆时差,即能较容易地实现光面爆破。

水平节理、夹层对光面爆破的影响是显然的,在实际施工中,过于复杂的设计对具体实施是不现实的。因此,应在施工中重视光面爆破参数的调整。

一般情况下,周边眼采用 ϕ25mm × 200mm 小药卷,没有小直径药卷时,则可将常用 ϕ32mm × 200mm 的大药卷沿纵轴一剖为二,采用空气柱间隔装药结构,将药卷间距约 20cm 左右放置的一竹片上,用胶带将导爆索 + 竹片 + 药卷绑扎在一起,形成一个光爆药条。一般在周边眼眼底装一卷 ϕ32mm × 200mm 普通药卷,然后再将制作好的药条装入炮眼中,孔口进行填塞。线装药集中度 0.15 ~ 0.22kg/m,导爆索或非电毫秒管引爆。周边眼装药结构如图 5-10 所示。

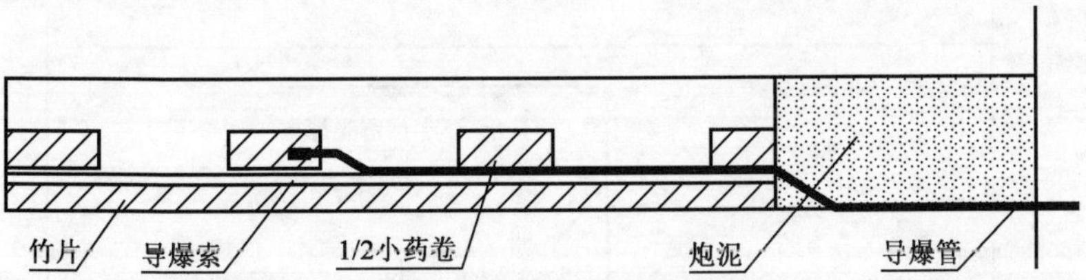

图 5-10　周边眼装药结构示意图

除周边孔采用空气柱间隔装药外,其余各炮孔均采用孔底大药卷连续装药,并将雷管置于孔底倒数第二节药卷上,进行反向起爆。光爆设计参数见表 5-2。

光面爆破技术参数表　　表 5-2

围岩类别	周边眼间距 E(m)	周边眼抵抗线 W(m)	相对距离 E/W	装药集中度 q(kg/m)
强(中)风化岩	0.35 ~ 0.55	0.40 ~ 0.60	0.91	0.20

光面爆破时须注意以下几条:

①周边眼的间距在隧道起拱线附近可比其他地段要小约 10 ~ 15cm,以确保隧道成拱。

②在拱顶,将炮眼位置向设计轮廓线内偏移,适当增大炮眼间距,少装药,减小最小抵抗线。并且在拱顶,由于水平岩层结构面基本上平行于相邻炮眼连心线,在炮眼距离其较近时或者节理面较为发育时,应力波的反射拉伸作用使光爆层沿结构面崩落,并在水平方向延伸很宽,必然造成一定的超挖。因此,适当内移炮眼位置同时减少装药量可减轻对结构面的破坏。当结构面不发育时候,应适当减小最小抵抗线,利于岩石的破碎。

③在拱腰位置,减小周边眼间距,同时减少药量。由于周边眼连心线与水平结构面斜交,沿隧道周边的弧形贯通裂缝难以形成,爆破后易在周边形成锯齿状。为保证拱腰周边炮眼裂隙向着利于轮廓成型的方向发展,应该减小周边眼间距,确保两周边炮眼之间优先成缝。同时,应减小装药量,因为过大的爆破冲击作用可能顺水平结构面深入围岩深处,造成层间松动,产生掉块。

④在边墙位置,可适当使周边眼间距略大于层间厚度,保证单层岩体上至少有一个炮眼。确保边墙岩体既爆得下来,又不产生欠挖。

⑤对于上断面爆破而言，增大内圈眼与周边眼的间距，同时减小内圈眼药量。由于水平岩层中结构面抗压、抗剪强度都很差，胶结作用亦较弱，若内圈眼距离拱部轮廓线很近，过大的装药量可能使光爆层发生超爆甚至围岩松动。因此，在水平岩层中爆破时，增大内圈眼距周边眼的间距，减小内圈眼药量是十分必要的。

⑥扩大掏槽区的掏槽面积，可在单层大掏槽眼内增加一对小掏槽眼，以改善主掏槽眼的负载，达到为主掏槽眼减负减震的目的。且将掏槽眼的位置尽可能降低，有利于缓解或减轻首次掏槽爆破时对拱部水平岩层的震动。

(2)预留光爆层光爆技术

围岩节理发育、裂隙密集地段，需要采用预留光爆层光面爆破技术。即每一循环均将该循环同里程处的侧墙光爆层留出，在下一循环中实施爆破，预留光爆层随掌子面向前推进而推进。或在同循环中采用机械的方法进行强力破除预留光爆层。该方法的优点是较易获得良好的光爆效果，有利于减轻爆破地震动效应。预留光爆层光爆技术如图5-11所示。

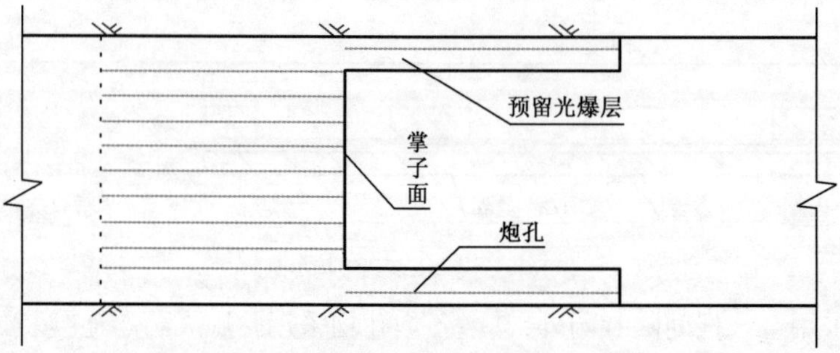

图5-11　预留光爆层的光面爆破技术示意图

(3)聚能切割光面爆破技术

随着材料科学的进步，将聚能切割药包应用于隧道光面爆破的生产实践成为可能。即采用聚氯乙烯材料研制成功了结构简单、造价低廉的“双聚能槽药管”，并且用它制成“双聚能槽药卷”，在隧道施工中成功实现了“双聚能槽管聚能光面爆破”，并完成了生产性的推广应用，使隧道光面爆破有了突破性发展。

聚能切割爆破的机理是药包爆炸后，靠近聚能穴的爆炸能量会朝向穴的轴线方向汇聚，形成一股高密度、高速度、高压力的气体射流。换句话说，当药包存在聚能穴时，在聚能穴方向可以局部聚集、产生超常规的爆破能量。因此，聚能爆破所形成的高密度、高速度、高压力的气体射流能够提高炸药爆炸的效果。

聚能爆破应用于隧道光面爆破时，由于不耦合装药结构以及双聚能槽药卷的聚能作用，在裂缝开始形成的同时，由于高压气体的膨胀作用和高能气流的气刃作用使聚能射流能够沿着裂缝喷射，这样就进一步增强了裂缝的扩展和延伸。这就是聚能光面爆破的机理所在，也是聚能光面爆破能够降低光面爆破的单位面积装药量和单位面积造孔量的关键。

双聚能槽药卷是通过特制的异形管装入粉状或者乳化炸药制作而成，聚能槽的张角以及管截面的长短半轴通过试验确定，其形状如图5-12所示。

孔口的双聚能槽对中是通过特殊设计的孔口对中环来实现的，它可以保证每个聚能药卷的聚槽处于同一个光面爆破面上。而孔内双聚槽药卷的炮孔内对中是通过连接套管和孔内居中置实现的。这比普通光面爆破孔靠将炸药间断绑在竹片上的对中效果要准确得多,孔中对中如图 5-13 所示。

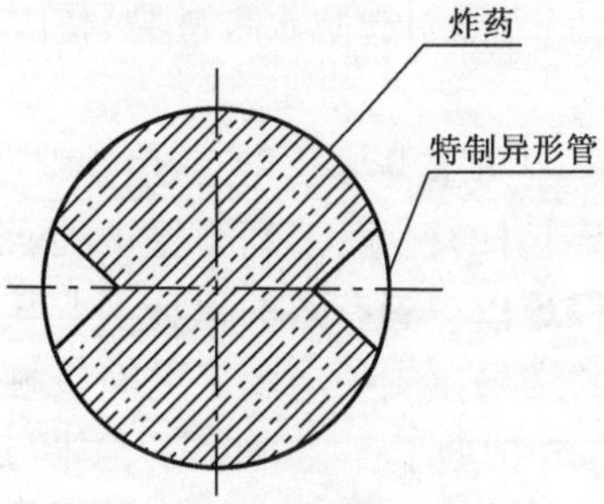

图 5-12 双聚能槽切割药卷示意图

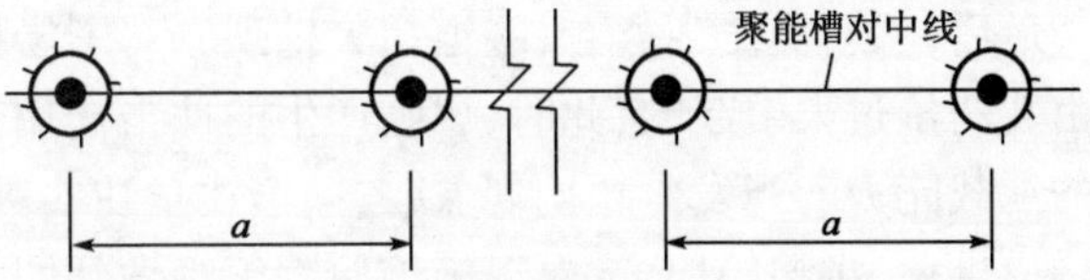

图 5-13 双聚能槽切割药卷孔口对中示意图

a-孔间距

其技术参数如下:

①聚能光爆孔的成孔技术要求与普通光爆孔完全一样,只是炮孔同面性愈好则效果愈佳,掏槽及掘进孔孔网参数按照隧道爆破要求确定,内圈孔的孔网参数等于或者略小于普通爆破。

②装药可事先在炸药库按照需要量灌装完成(标准双槽聚能管每根长 1.5m),引爆前运到工地放入炮孔中,可用连接套管接至需要长度。

③底部加强装药同普通光面爆破孔,将药卷直接送入炮眼底部即可。

④由于聚能药卷是靠双聚能槽管成型,加之药管直径较小,并已经接近临界起爆直径。因此,必须全孔用导爆索引爆。

⑤在双聚能槽管中部及孔口末端套上对中环,在孔口调整对中。

⑥双聚能槽管在炮孔封堵段不能装药,连同管外封堵段一并封堵即可,最后按照单响药量控制分段,用非电雷管引爆。

5.4.4 水平岩层隧道钻爆施工超欠挖控制

在水平或近水平岩层隧道的施工过程中,需要从多方面采取及时有效控制措施,以解决施工中经常出现的超欠挖问题。

1)水平岩层隧道超欠挖危害分析

隧道超挖是以含允许超挖值的设计隧道开挖轮廓线为基准,将隧道实际开挖获得轮廓线与此基准相比较,基准线以外的部分成为超挖,以内的称为欠挖,如图 5-14 所示。

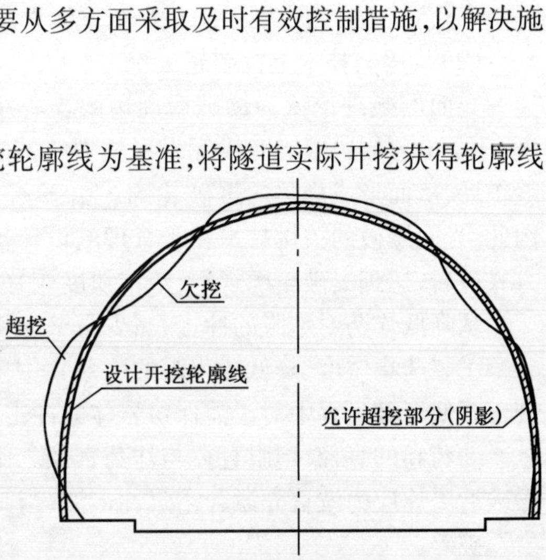

图 5-14 隧道超欠挖示意图

如果隧道开挖施工期间持续出现大量的超欠挖,将带来一系列不利后果,如增加工程量,提高工程成本。超挖将引起出渣量、运输时间增加,影响施工效率。而且,超挖部分需要用混凝土回填。欠挖将造成断面侵入隧道设计净空,直接影响后续模筑混凝土衬砌的厚度。

当初期支护不需要设置钢拱架时,喷射混凝土表面由于超欠挖产生严重的凹凸不平现象,这对后续防水板的铺设工作带来很大的困难。在二次衬砌浇筑过程中，模板台车将对二次衬砌及围岩产生一定的压力，此压力也必将间接作用于初期支护与二次衬砌之间的防水板上。由于喷射混凝土表面不平整，防水板上所受的压力并不均匀，由此可能引起防水板破裂，使隧道的防排水体系失效，引起运营期间衬砌渗水现象。

最后，从新奥法观点看，隧道超欠挖现象对围岩稳定也将产生不良影响。隧道超挖现象往往由装药量过大引起的，此时，爆破产生的冲击作用可能引起围岩的松弛，不利于保护围岩原来的承载能力。当发生超挖现象时，回填质量在实际施工过程难以得到有效的保证。尤其对于隧道拱顶、拱腰等部位，由于施工原因很难做到回填密实，其结果是支护与围岩之间接触不密实，存在空隙甚至较大的空洞。这些空隙和空洞使得围岩与支护处于点接触状态，围岩与隧道支护结构相互作用在存在空洞的条件下，难以起到限制围岩变形的作用，从而引起围岩的过度变形甚至不稳定。在实际施工过程中，表现为后期围岩压力的增长迅速，这违背了新奥法的原则，不利于隧道围岩与支护的稳定。

因此，隧道施工过程中出现超欠挖现象必须采取有效的控制措施，以保证安全、经济、快速施工的目的。

2）水平岩层隧道超欠挖控制措施

（1）从提高钻眼精度上控制超欠挖

大量的工程实践证明，隧道光面爆破质量的好坏，超欠挖的大小，与施工钻眼精度密切相关。钻眼精度愈高，实际爆破效果与爆破设计愈吻合，越容易达到减少超欠挖的目的。然而，钻眼精度与施工人员的技术水平、钻孔机具以及测量放样等因素有关。在实际施工中如果过于片面地强调施工速度，则可能产生施工精度明显下降，降低爆破质量。而过于重视施工精度的提高也会降低施工效率。因此，对于钻孔精度的要求只要满足某一容许范围即认为达到设计要求。这个容许范围可以根据实际施工条件、质量要求等确定。

一般来说，隧道轮廓线的放样误差应尽量减小，不应大于 ± 5cm。周边眼应严格控制，一般情况下，眼口应落在轮廓线上，实际中也可根据围岩条件进行调整。炮眼间距误差 $\leqslant 5$cm，外斜率 $\leqslant 3$cm/m，与内圈眼间最小抵抗线误差 $\leqslant 5$cm。

（2）从爆破技术上控制超欠挖

光面爆破理论认为爆破后周边眼连心线上应力波叠加产生的拉应力将超过岩石抗拉强度，于是沿着周边眼连心线优先形成裂缝，随后产生的爆生气体的“气楔”作用会进一步使裂缝扩展，从而形成规整的爆破轮廓。由于药卷爆炸后产生的冲击作用远远大于岩石的强度。因此，光面爆破的关键技术在于合理的设计各种爆破参数，使炸药能量分配均匀，按照预定的方式破岩，达到爆破轮廓规整、渣堆块度较好、对需保留岩体破坏较小的目的。

从降低炸药对炮眼的冲击，减少眼壁的粉碎性破坏出发，应重视以下参数的选择：

①装药集中度，降低周边眼的装药集中度（必要时应同时减少二圈眼的装药集中度），有利于降低爆破过程中对于需保留岩体的冲击。

②药卷的直径，炮眼直径与炸药直径之比称为不耦合系数，选择合理的不耦合系数可以使爆破后爆炸应力波首先激起空气冲击波，当其作用在眼壁上时，冲击作用已大为缓和，有利于岩石破碎。

③装药结构与堵塞质量，采用空气柱间隔装药同样有助于缓和爆炸应力波的冲击，利用合

理的材料堵塞炮眼口可以充分发挥炸药的能量，对于提高爆生气体压力，增强裂纹增长效果明显。

为了形成规整的轮廓线，应考虑以下参数：

①周边眼间距，在装药集中度一定的前提下，周边眼间距增大，炮眼间的贯穿裂缝难以形成引起欠挖，间距减小，又会形成超爆现象引起超挖。

②最小抵抗线，也称为光爆层厚度，与周边眼间距紧密相关。

③周边眼密集系数，为炮眼间距与最小抵抗线之比。对于特定的围岩条件，周边眼密集系数应在一定范围之内，才能达到光爆层崩落目的。同时，相邻炮眼之间的连心线裂缝的形成。

(3)根据地质条件调整光面爆破参数

一个良好的爆破设计应该建立在现场试验基础上，并根据每施工循环的爆破效果进行调整。因为在实际施工中，隧道开挖总是在一定的地质条件下进行的，地质条件是在漫长的地质年代中逐渐演化形成的，并不受人类活动的影响。而地质情况对爆破效果的影响是最大的。岩石的力学性质、风化程度等、层理节理特征、结构面的性质、缝隙填充状态、空间组合状态及其与隧道的状态关系等因素均与光面爆破相关。从光面爆破的原理上可以看出，围岩性质越均一，光面爆破越容易控制，效果也越好。然而，实际工程中所遇到的水平岩层由于地质构造的原因，往往水平节理裂隙极其发育，而垂直向则不发育，岩体的均一性极差。故对于水平层状岩体而言，更需要根据地质条件调整爆破参数。

(4)强化施工控制和技术管理

提高钻眼精度是防止超欠挖的最重要措施，为了将超欠挖值控制在最小范围内，必须加强对司钻人员的培训，使他们熟练掌握钻孔技术，做到按操作细则、设计要求和布置的孔位施钻，确保达到规定的孔位、孔深、倾斜度等。同时，要严格工序间的检查和监督，坚持按图验收，不合格的坚决严惩，以提高总体劳动成效和管理水平。

在管理方面，施工管理人员必须树立科学的观点，强化施工管理，措施上加大对施工质量监督与质量检查力度，组织上严格认真，行动上齐抓共管。对测量、钻眼和爆破设计，要有措施，有操作细则、有制度、有检查办法、有奖惩办法、定职定岗，形成制度，把各项工作落到实处，只有这样，才能做到控制隧道超挖、降低施工成本。

若水平岩层隧道中半眼保存率达到：拱顶平均50%以上，边墙70%以上，平均线性超挖量小于9cm，最大线性超挖量20cm，则认为是较好地控制了隧道超欠挖。

5.5　水平岩层隧道支护

5.5.1　水平岩层隧道支护施工总原则

(1)水平岩层隧道支护方式及支护时机的选择对水平围岩稳定有较大的影响，水平岩层拱部开挖后应力调整时间较长，塌方易发生在工作面后方。所以，仰拱应尽快紧跟和尽早施工二次衬砌。

(2)初喷混凝土是控制围岩掉块与松动的关键，并在此之前不应进行强找顶，在新奥法施工的基础上，采用台阶法开挖后即紧跟喷锚支护施工；初期支护应及时，且喷射密实，不得在支护与围岩间留有空隙。

(3)锚杆要严格按设计施作到位,拱部锚杆尽量与层理面垂直。

(4)加强拱部围岩支护强度,必要时增设拱部格栅钢架。

5.5.2 水平岩层隧道支护施工

1)喷混凝土支护

喷混凝土支护紧跟开挖面及时施作,尽量减少围岩暴露时间,抑制围岩变形,防止围岩在短期内松弛剥落。喷混凝土应根据现场实际情况采用湿喷工艺或干喷工艺。如果断面较大,可采用机械手进行湿喷混凝土施工,以保证喷混凝土的质量与速度。必须初喷不小于8cm左右厚的C25混凝土,后再补喷至设计厚度。

喷混凝土施工方法及工艺详见第3章3.1.3节。

2)锚杆支护

(1)锚杆组合梁作用

在岩质比较好的隧道中,开挖后往往不需要系统配置锚杆,只是根据围岩受节理裂隙切割的实际情况在局部配置一些单根锚杆,这些锚杆的作用是把可能崩落的不稳定岩块用锚杆固定在围岩深处稳定的岩体上。这样,锚杆是通过悬吊作用而产生支护效果。在这种情况下,锚杆主要应提供足够的拉力,将不稳定岩层的重力传递到深部稳定的岩层。这就要求锚杆有足够的长度,同时隧道围岩存在稳定的岩层以便锚杆锚固。反之,锚杆的悬吊作用无法发挥。

而在水平岩层隧道中,开挖矩形断面后,隧道顶板呈薄层叠合梁状态,如图5-15a)所示。每层岩石都有一定的抗压强度、抗拉强度和抗剪强度,但相互间缺少黏结力或黏结力很弱。无锚杆时隧道顶板岩石为叠合梁结构,在受到竖向围岩压力作用后,各层单独变形,层间不产生应力传递,层与层之间容易产生滑移导致离层,从而变形过大,围岩易失去稳定。而通过在顶板垂直打入锚杆进行支护,锚杆的轴向作用力将顶板各岩层夹紧,各分层相互挤压增强了各分层间的摩擦作用,提高层间抗剪力,如图5-15b)所示。各分层贯穿在一起形成一个厚的组合梁。

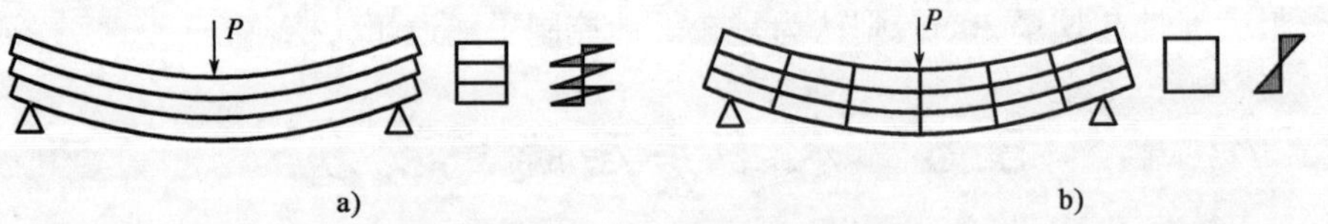

图5-15 锚杆组合梁作用力学示意图

所谓组合梁作用,是指水平层状岩体中的矩形隧道开挖后,系统配置的锚杆所起的支护作用,是锚杆将水平顶板岩层锁紧成较厚岩层。由于薄层岩层抗弯刚度较小,而厚的组合梁抗拉强度、抗弯强度大大提高。同时,当受力围岩发生变形时,在锚杆穿过各岩石层面,锚杆与层理面上的胶结物一起共同阻止岩石层理面的水平错动,提高了岩层水平方向的抗剪强度。当受到竖向围岩压力作用时,组合梁共同抵抗变形,增强了支护的作用。水平岩层隧道锚杆组合梁作用如图5-16所示。

(2)锚杆技术参数的确定

水平岩层中,锚杆的作用非常显著。对于弯张破坏,则主要靠一组与层面相垂直的锚杆把发生弯曲的各岩层“组合”在一起形成“组合梁”作用。其施工技术参数如下:

①锚杆长度的确定。采用下式:

$$L_a = L_w + \sum h_i + L_m \tag{5-5}$$

式中,L_m 为锚杆外露长度;$\sum h_i$ 为锚杆锚固的岩层总长度;L_m 为锚杆的锚固段长度。

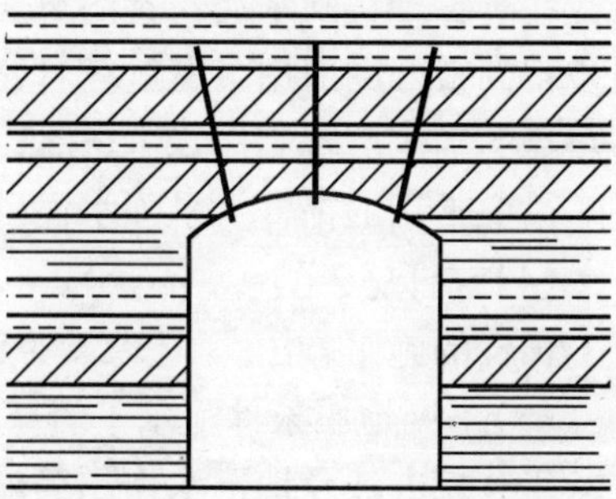

图5-16　锚杆组合梁作用示意图

为避免选取锚杆抗拔力取值的主观性,需要建立数学模型,确立指定的概率特征。根据中心极限理论,由多种随机变量叠加而成的复合随机变量,随着包含有不确定性复合变量数目的增多,其总和的分布将接近于正态分布。用某个参数的平均值来确定数量等级,而其标准变异系数则可以表示这个参数的波动程度。

计算公式如下:

平均值:

$$\overline{X} = \frac{1}{n}\sum x_i \tag{5-6}$$

标准方差:

$$S = \sqrt{\frac{1}{n-1}(\sum x_i^2 - n\overline{X})} \tag{5-7}$$

变异系数为:

$$c_a = \frac{s}{\overline{X}} \tag{5-8}$$

式中,x_i 为第 i 根试验锚杆的测定值。

在施工现场可通过拉力试验确定砂浆树脂锚杆的锚固力,以确定锚固段的长度。

②锚杆平均间距确定。锚杆布置的原则是使提供的抗剪能力大于组合梁弯曲时产生的剪切力。采用下式:

$$a \leqslant d\sqrt{\frac{\tau_a h_{cu}}{3(q_1 + q_2)L}} \tag{5-9}$$

式中,d 为锚杆直径;L 为洞室跨度;τ_a 为杆体抗剪强度;h_{cu}为组合梁计算厚度;q_1、q_2 分别为最上、最下岩层层厚。

(3)锚杆类型选择

根据黏结剂的不同可以分为树脂药卷锚固锚杆和水泥药卷锚固锚杆两种。锚固方式主要是端头锚固。水泥药卷锚固锚杆由快硬水泥卷、杆体、托盘和螺母组成。常用的水泥药卷由国产定型早强水泥和双快水泥按照一定比例混合而成。水泥锚杆是通过锚杆将水泥锚固剂挤入锚孔,快速黏结锚头与孔壁并膨胀而达到产生一定锚固力的作用。树脂锚杆锚固效果好,但是造价较高。

普通螺纹钢水泥砂浆锚杆可以实现端头锚固和全长锚固。该锚杆具有适应性好、锚固迅速可靠,可以施加预紧力,抗振动和冲击等特点,且价格低廉、施工简便迅速。这种锚杆使用的难点在于各种快硬水泥药卷的水泥水化操作比较困难。如果能够保证药卷的质量，这种锚杆可以得到很好的应用。经过综合比选，在一般地段使用这种锚杆。经过现场试验，研究出了经济可靠的锚固药包制作技术，保证了锚杆的使用。

一般常用的锚杆为早强水泥砂浆锚杆。其他锚杆选择见第3章3.1.2节。

(4)锚杆施工

锚杆的施工方法、工艺及要点详见第3章3.1.2节。

(5)不同地质条件下水平岩层锚杆支护

受开挖方法及地下水作用等外因影响，不同地质条件下的水平岩层破坏形态亦有所不同。施工中除遵循前述的开挖方式外，根据不同地层构造应采取不同的锚杆支护加固施工方案，以维护隧道开挖后围岩的稳定。

①贯通构造节理发育而微节理不发育水平岩层支护。

此类地层中，各层间泥质胶结物较少，连接极不紧密。构造贯通节理发育，多成X形张开状，微节理不发育。在有少量地下水作用下，即可将层间胶结物全部冲掉，使层间完全丧失连接能力。如果爆破震动过大、或者爆破后得不到及时支护，顶围岩会在自重作用下大块或大面积坠落，危及施工安全。

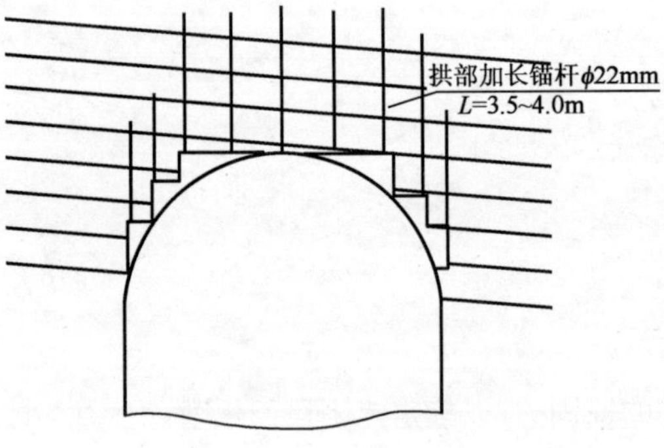

图5-17　拱部加长锚杆布置示意图

对此地层，采用拱部锚杆加长、加密的施工措施如图5-17所示。使锚杆穿透数层岩层，且全长锚固。数层岩体联成组合梁形式，以防止拱部整体平板坠落。锚杆方向尽量垂直岩面，纵横间距0.7～0.8m。对锚杆抗拔力进行严格检测，单根抗拔力不小于5～6t。

②贯通构造节理不发育而微节理发育水平岩层支护。

一般在长石砂岩、页岩、泥岩交错的水平岩层中，贯通构造节理不发育，而微节理十分发育，有少量地下水或基本无水。在微节理密集段落，各层分界形似存在，实际已无连接能力，一经开挖即成极破碎状态，爆破后成碎石或碎石土状，形成塌顶及拱腰呈门框形式破坏，开挖轮廓难以形成。在此种地层内施工难度较大，也十分危险。围岩稳定性差，自稳时间很短，开挖后支护稍不及时即可酿成大塌方。

此种地层开挖采用台阶形式，初期支护内均设有钢格栅，并采用有格栅支撑的超前锚杆支护。

③贯通构造节理不发育而微节理发育的微膨胀性水平岩层支护。

对于细微节理发育，很少有较大贯通节理的页岩、泥岩等，围岩表现出微膨胀性质。并且由于泥、页岩隔水作用，一般无地下水出露或仅有局部微量渗水。此种地层极为软弱，地层松散，爆破后即成土状。公路隧道开挖跨度大，开挖后洞体变形较大，周边稳定性极差，拱部极易坍塌。

通过此种地层，采取先用拱部小管棚稳固地层的措施，防止在爆破中拱部坍塌。在拱部小管棚保护下进行短进尺掘进(一般为1.0m)。爆破后1h之内即赶紧以喷混凝土封闭开挖面，并同时进行锚、喷、网及拱部格栅架立工作。

④具有膨胀性水平岩层支护。

以泥岩和砂岩为主的水平岩层，不但具有一定的膨胀性，而且遇水容易变软崩解，加快了围岩的应力释放，在隧道开挖施工中极易发生塌方掉块，使隧道的初期支护产生严重变形甚至破坏。若采用传统的挂网喷射混凝土的施工方法，在水平岩层围岩膨胀力的作用下，轻者网片成为"粪兜"下垂，重者网片会发生"破兜"掉块，接踵而来是塌方的开始。实践证明，在具有膨胀性的水平岩层条件下，挂普通网+喷射混凝土是难以抵制岩体产生较大的膨胀力的。在此情况下则可采取"蜘蛛网状"锚杆锚固系统进行支护。

蜘蛛网状系统锚固技术是根据蜘蛛织网的力学原理所得。锚杆眼采用人工手持风钻钻设，呈梅花形布置，ϕ22mm 螺纹钢筋为锚杆体插入岩体，并用锚固剂锚固，锚杆必须垂直于岩面，根据围岩级别和水平岩层情况确定锚杆长度和间距，施作完成以后，锚杆与锚杆间用 ϕ22mm 钢筋把每根锚杆连接起来，并焊接构成三维网状整体受力结构。同时，及时喷射混凝土封闭岩体，增强蛛网状系统锚杆的整体强度，提高抵御各种应力释放和剪切破坏的能力。

该系统既具备了较大刚度又具备了较好柔性的特点。连接钢筋的长度，可以根据锚杆间距来确定。因此，施工比较灵活、方便。连接钢筋可供多人进行快速焊接。锚杆插入岩体长度、锚固剂的饱满程度、焊结点是否满焊等决定蜘蛛网状锚固系统能否发挥最大作用的关键所在。隧道拱部蜘蛛网状锚固系统钢筋布置如图 5-18 所示。

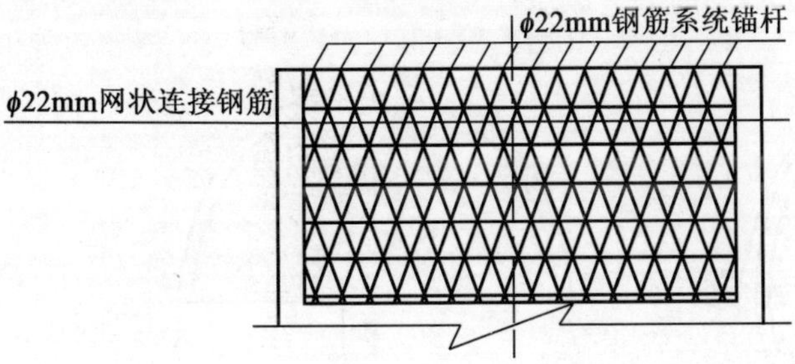

图 5-18 隧道拱部蜘蛛网状系统锚杆展示图

3）格栅拱架支护

水平岩层边墙部位稳定性一般较好，而拱部因为砂岩、页岩、泥岩互层地段，节理较发育，有裂隙水，一般需要采用格栅拱架支护，并加厚网喷混凝土，顶部两边可设置局部锚杆。

边墙部位围岩较好时，可采用扩大拱脚的方法设置成拱部钢格栅支护；当边墙地层不良时可采用拱墙钢架，并做好锁脚锚杆和大拱脚。

拱脚处围岩较好时，拱部 150°钢格栅支护设计如图 5-19 所示；当拱脚处围岩破碎时，则将拱脚下移，采用拱部 180°格栅钢架设计如图 5-20 所示；当隧道拱部围岩为近水平砂岩、砂岩夹页岩（泥岩），或砂泥岩、砂页岩互层，薄层状，节理发育，岩体完整性较差，层间结合差，多有分离现象，以及边墙处软岩有风化现象，稳定性相对较差或基岩裂隙水较发育，局部偶有滴水时，则采用拱墙钢格栅的措施如图 5-21 所示。

对于拱部围岩整体性差，薄层易风化、掉块地段则针对性的采取仅在拱部 150°范围架设大拱脚格栅钢架的措施，加强拱部支护，增强围岩自稳能力。其具体的支护参数如下：格栅拱架或型钢，架设间距 1 榀/1.2m，拱部用长 3.5m 的 ϕ25mm 中空注浆锚杆，间距 1.2m（环向）×

1.0m(纵向),边墙打设长3.0m的普通砂浆锚杆,锚杆间距1.2m(环向)×1.0m(纵向),每边3限;拱墙均挂设ϕ8mm钢筋网,网格间距20cm×20cm,喷射C25混凝土拱部23cm厚,边墙10cm。其他类型支护参数基本同上。

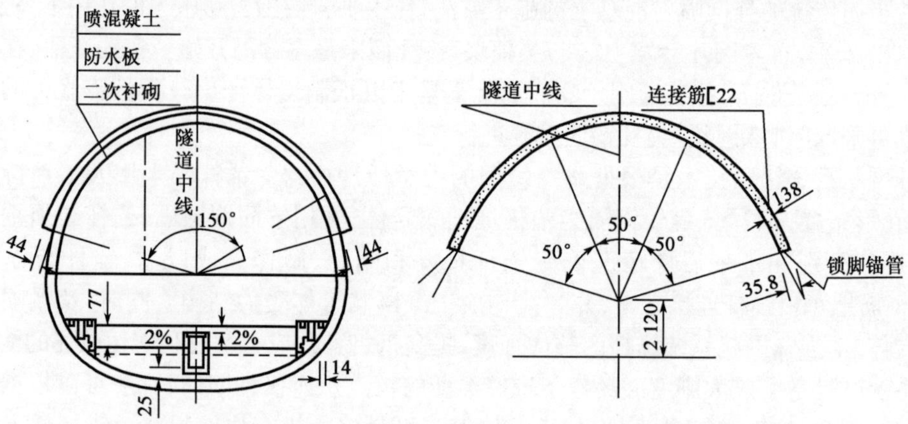

a)设计断面　　b)150°格栅钢架断面

图5-19　拱部150°钢格栅支护设计(尺寸单位:mm)

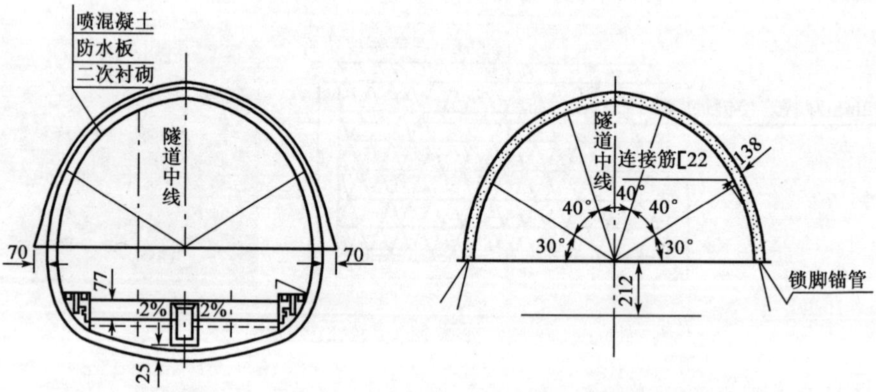

a)设计断面　　b)180°格栅钢架断面

图5-20　拱部180°钢格栅支护设计(尺寸单位:mm)

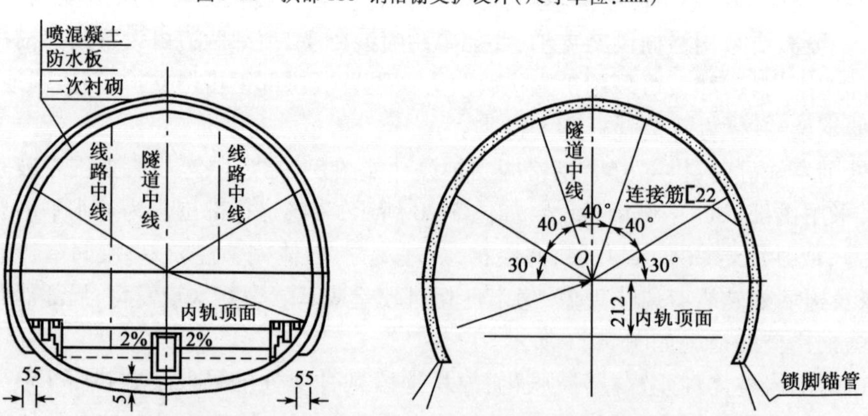

a)设计断面　　b)拱墙格栅钢架断面

图5-21　拱墙钢格栅支护设计(尺寸单位:mm)

如 III 级水平岩层临近断层及影响带时，或拱部岩层厚度较小时，或地下水很大时，需要采用调高围岩级别的方法，加强支护措施以确保施工安全。

格栅钢架按设计预先在洞外钢结构厂加工成型，在洞内用螺栓连接成整体。钢架在开挖或喷混凝土后及时架设。

分部开挖法施工时，钢拱架拱脚打设直径为 42mm 的锁脚锚杆，锚杆长度不小于 4.0m，数量为 2～4 根。下半部开挖后钢架及时落底接长，封闭成环。

施工过程中可能有部分围岩段大拱脚无法开挖成型，则应在每边拱脚处设置 4～6 根 ϕ42mm 的锁脚锚管。

钢架要与喷混凝土形成一体，钢架与围岩间的间隙用喷混凝土充填密实，各种形式的钢架全部被喷射混凝土覆盖，保护层厚度不得小于 5mm。

5.6 工程实例

5.6.1 奉云高速公路凤凰梁隧道水平岩层施工

1）工程概况

凤凰梁隧道为中铁隧道集团公司在重庆市承建的奉云高速公路隧道，该隧道围岩主要水平层泥质灰岩，除了具有水平岩层的施工特点外，由于位于向斜段如图 5-22 所示及泥灰岩的特性及区域地质构造、水文特点，全隧基本存在渗水，局部较大，为全线隧道施工中涌水较大隧道之一。因此，为了确保水平岩层施工安全，确保隧道涌水不至于影响地表环境，该段应尽可能较快地完成衬砌施工，并且提高该段衬砌设计防水等级，且保证能够承受涌水带来的侧压力。

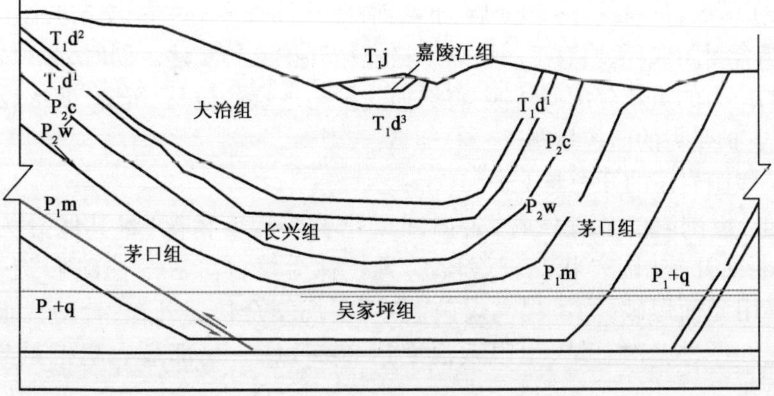

图 5-22　ZK80＋050～ZK80＋550 段地质剖面图

2）水平岩层控制爆破施工

（1）III、IV 级围岩段

开挖主要采用光面爆破。根据地质条件，开挖断面、开挖进尺，爆破器材等条件编制爆破设计。钻爆参数是一动态的参数，根据围岩变化及时调整，进行动态管理。

①根据围岩特点合理选择周边眼间距及周边眼的最小抵抗线，辅助炮眼交错均匀布置，周边炮眼与辅助炮眼眼底在同一垂直面上，掏槽炮眼加深15cm。

②严格控制周边眼的装药量，采用间隔装药，使药量沿炮眼全长均匀分布。

③选用低密度低爆速、低猛度的炸药，本工程采用乳化炸药，非电毫秒雷管起爆。

④采用毫秒微差有序起爆，周边眼采用导爆索起爆，以减小起爆时差。

⑤采用斜眼掏槽，以便减少钻眼数量。

⑥周边眼采用小直径药卷间隔装药，岩石很软时采用导爆索，其余炮眼采用集中装药。

⑦所有装药炮眼用炮泥堵塞，周边眼堵塞长度不小于26cm。

⑧光面爆破参数通过爆破试验确定，见表5-3。

光面爆破参数表 表5-3

岩石种类	周边眼间距 E (cm)	周边眼最小抵抗线 W (cm)	相对距 E/W	周边眼装药参数 (kg/m)
硬岩	55～70	60～80	0.8～1.0	0.25～0.3
中硬岩	45～65	60～80	0.8～1.0	0.2～0.25

(2)Ⅴ级围岩浅埋、破碎段

爆破后开挖轮廓线必须采用人工配合风镐开挖，严禁补炮，炮眼成孔应采用水钻，做好洞内的施工临时排水。

3)水平岩层段施工

(1)Ⅴ级围岩浅埋、破碎段的开挖与支护

上断面进尺1m，开挖后立即对围岩面初喷，顺围岩安设第一层ϕ6mm的钢筋网片，并连接成整体，架设主动及临时支护的型钢拱架，并用ϕ25mm钢筋将拱架与上一榀连接成整体，打孔送入ϕ25mm中空锚杆并压注浆，安设第二层钢筋网片，分层喷护至设计轮廓线，注意每榀拱架背面的密实情况，进尺约5～10m后，下断面开挖支护，采用左右侧错进施工，最后下部隧底开挖，完全结合封闭成环，所有工序必须严格遵循开挖支护步序。同时，必须要有监控量测的数据为基础，应力的重新分配或转换，将增加支护与地层的位移、沉降、变形，拆除前后应加强洞身变形及支护受力的监控量测。

(2)Ⅲ、Ⅳ级围岩段的开挖与支护

根据Ⅲ、Ⅳ级围岩的节理发育、走向和风化脆弱程度情况，将其区分为两种情况对待，一种为全断面开挖(围岩状况较好段)，另一种为短台阶法开挖(围岩状况较差段)。钻爆开挖均采用光面爆破，为了提高爆破效率，实现安全快速开挖，针对光面爆破施工成立技术研讨组。经过多次总结，炮眼残痕率达90%以上，局部最大超挖量为10cm，欠挖量为8cm。

台阶法施工时：上台阶高度4～4.5m左右，下台阶高度4～5m左右，隧底部开挖高度保持在2.0m左右。上台阶长度保持在5.0m范围，缩短各工序的步长关系，便于及时初期支护和二次衬砌工序紧跟。施作时，上下台阶同时钻眼起爆，而后挖掘机扒上部石渣至下台阶处，上台阶随之进行初期支护，下台阶出渣，待下台阶出渣完毕，下台阶喷射混凝土封闭围岩面，完成初期支护后，则进入下一个循环。

台阶法在水平岩层施工中的优点：

①重点突出，有的放矢。减少上部开挖高度，缩小上部开挖断面，减少上部开挖、出渣工作量，达到及时封闭、支护拱部围岩的目的。同时，也利于拱部初期支护能够保质保量的施作到位，成功抑制了拱部围岩变形、掉块现象。

②多工序平行作业能力强，节约循环时间。上下台阶响炮后，利用挖掘机将上部剩余虚渣扒到下台阶，上部就能较快地创造出新的工作面，在下部出渣的同时就可以进行上部拱部围岩的支护工作，拱部支护工序和出渣工序形成平行作业场面，缩短了整个循环的工作时间，工作效率高。

③工序步长更加紧凑，有利于支护结构及时封闭成环。短台阶法开挖，上下台阶的长度一般均保持在5.0m左右，仰拱可以紧随下台阶，达到初期支护及时封闭，下部结构及早成型，有利于围岩整体稳定。

④应急情况处理灵活便利，有助于及时采取强支护措施。由于上下台阶同时掘进，仰拱紧随下台阶，二次衬砌也就可以及时跟进，一旦前方围岩出现变形较大或者初期支护发生开裂、剥落、掉块等危及生产安全的异常情况发生时，则可以及时采取二次衬砌等强支护手段，确保围岩不出现坍塌现象。

Ⅳ级围岩地段拱部增设钢架，加强拱部围岩支护强度。对于围岩整体性好，自稳能力较强的水平围岩地段，其初期支护采用锚喷工艺，即拱部打设长2.5m、直径25mm中空注浆锚杆，锚杆间距1.2m（环向）×1.2m（纵向），边墙打设长度为2.5m的普通砂浆锚杆，锚杆间距1.2m（环向）×1.2m（纵向）；拱墙均挂设ϕ8mm钢筋网，网格间距25cm×25cm，喷射C25混凝土12cm厚。对于拱部围岩整体性差，薄层易风化、掉块地段则针对性的采取仅在拱部150°范围架设大拱脚钢架的措施，加强拱部支护，增强围岩自稳能力。架设间距1榀/1.2m，拱部用长3.5m、直径25mm中空注浆锚杆，间距1.2m（环向）×1.0m（纵向），边墙打设$L=3.0$m的普通砂浆锚杆，锚杆间距1.2m（环向）×1.0m（纵向），每边3根；拱墙均挂设ϕ8mm钢筋网，网格间距20cm×20cm，喷射C25混凝土拱部23cm厚，边墙10cm。

4）施工步距控制

根据围岩变形的时间效应，制定严格的步长控制制度。根据监控量测数据、现场实际观测及前期施工中总结的水平岩层变形特点和规律，围岩在初期支护完成后15d左右，会出现初期支护开裂、剥落甚至掉块现象，初期支护完成20d左右后，变形较大地段就会出现严重掉块，甚至突然发生大面积的围岩失稳坍塌现象。因此，在施工过程中，结合实际的施工进度，制定仰拱工序距离上部掌子面不得超过50m，二次衬砌工序距离掌子面不得超过90m的内控标准，缩短了围岩暴露时间，及时封闭、支护，确保隧道施工安全。

5）施工进度指标

经过凤凰梁隧道整个过程施工，其开挖及衬砌进度指标如下：

Ⅴ级深埋围岩开挖	40～60m/月
Ⅳ级围岩开挖	80～120m/月
Ⅲ级围岩开挖	150～200m/月
衬砌施工	100～160m/月

5.6.2 黔彭二级公路亮垭子隧道水平岩层施工

1)工程概况

亮垭子隧道位于黔(江)彭(水)二级公路D标段,由中铁隧道集团承建,隧道全长850m,为双线公路隧道,净宽10.5m,隧道最大开挖宽度12.8m,最大开挖高度10.35m(含仰拱),扁平率0.66,开挖面积102m^2,属大跨隧道序列。隧道位于桑柘坪向斜近轴部,岩层平缓,产状为130°∠3°。

隧道穿过志留系罗惹坪群地层,由深灰色水云母黏土岩、页岩、粉砂质泥岩夹数层石英粉砂岩组成,以页岩为主。岩层呈薄层状、片状,节理发育,整体性差、易风化,地质条件较复杂。围岩以Ⅳ级为主,出口段为Ⅴ级围岩。

2)施工方案比选

亮垭子隧道为黔彭二级公路控制工程之一,关系黔江区年2003年"4小时通重庆"目标的实现,黔江区政府、交通局对之十分重视。另一方面该项目由于受各种因素制约,形成施工条件时,开工日期已经比原计划延迟了6个月,采取何种可行的方案、防止围岩坍塌、顺利进洞及快速施工,是保证工期的关键性因素。

从收集到的资料看:大跨公路隧道开挖主要采用上台阶法、中壁法、侧壁导坑法施工,且初期支护较强。相应于亮垭子隧道开挖断面及地质情况,推荐施工方法有:①深埋段,采用短台阶法、CD法、CRD法、双侧壁导坑法。②浅埋段,CD法、CRD法、上半断面临时闭合法。实际中已使用方法有:上半断面法(短、超短台阶法)、双侧壁导坑CD法、CRD法。

亮垭子隧道技术设计中,在Ⅳ、Ⅴ级围岩段,采用预留马口的分部开挖;在指导性施组编制中拟采用上、下台阶法及双侧壁导坑法;在实施性施组编制中拟采用上下台阶法及单侧壁导坑法。随着洞口土石方开挖揭示围岩表明设计与实际情况基本吻合,故采用台阶法及单侧壁导坑法均可行,而洞口Ⅴ级围岩段岩石风化程度高,加之为水平薄层产状,开挖后极易坍塌。若用上下台阶法施工,其风险较大,但若采用单侧壁导坑法,需要增加工程费用,更会降低施工效率,影响工期。

研究资料表明,大跨水平岩层隧道结构受力主要有以下特点:应力重分布变差、底脚处的应力集中过大、拱脚不稳定及较大的松弛地压等。亮垭子隧道明洞开挖后暗洞埋深较大,按照常规理论分析,不会产生大的松弛地压等。但已有的施工经验表明:水平岩层状态下,洞室开挖后,拱部会产生松弛,如果围岩状况差,则极容易出现掉块甚至坍塌现象。根据设计文件提供的施工方法、结合自身的实际经验以及工期要求、效益因素等,决定采用台阶法。在洞口Ⅴ级围岩段,将单侧壁导坑法则作为之预备方法。同时,要求在施工中加强监控量测工作,以便作好应变准备。Ⅴ级围岩段下半断面开挖时两侧预留马口,防止格栅钢架失稳,造成塌方。

Ⅴ级类围岩段的掘进进尺控制在0.8~1.0m,人工手持风钻打眼,C40装载机装碴,8t自卸车装运。

3)施工方法

(1)注浆小导管布设

按照设计文件要求,在开挖前用风钻钻孔沿拱部环向布置注浆小导管,注浆小导管采用外径42mm,壁厚4mm的热轧无缝钢管加工制成,长5m,管壁四周钻4排ϕ6mm的压浆孔,钢管外插角为15°,注浆小导管搭接长度不小于100mm,在洞口V级加强段纵向布置3排。

注浆采用水泥—水玻璃双液,其参数为:注浆压力1.0MPa、水泥浆水灰比为1∶1、水泥强度等级为42.5、水玻璃为30Be′、模数为2.4。

虽然有注浆压力的指标,但设计文件中另有达到设计注浆量时即应停止注浆的要求,而实际上由于该段水平岩层节理裂隙发育,软弱夹层较多,浆液没有起到预期的填充、胶结作用,仅导管开口部位开挖轮廓圆顺,超挖控制在12mm以内。但距掌子面0.6m范围内,集中在两拱腰之间有大面积的掉块甚至小型坍塌,造成超挖量大,在20~80cm之间(平均超挖40cm),且基本上都是在找顶时及找顶后发生。

(2)初期支护

V级围岩段采用"锚网喷+格栅钢架"的初期支护类型。格栅钢架采用ϕ22mm螺纹钢,截面为20cm×20cm,间距0.8~1.0m,纵向ϕ12mm拉杆间距1.0m;环向锚杆长3.5m,间距1.0m梅花形布置,挂ϕ6mm钢筋网,网格间距20cm×20cm,喷层厚度20cm。

隧道初期支护(软弱围岩段)一般施作顺序为:初喷→锚杆→钢筋网→复喷→格栅钢架→复喷(至设计厚度)。

初期按照此程序施工,发现找顶后产生新的掉块,甚至大面积坍塌现象,但这并非找顶工人的原因(两个找顶工均有10年以上的找顶经验),在这种情况下,不但施工人员安全无保障,也使施工进度阻滞(超挖回填任务量极大,进洞后5d仅掘进2.5m)。

经过调查论证认为锚杆施作过程中必然会对处于暂时稳定状态的水平岩层产生扰动,而洞口段围岩节理发育,具软弱夹层、有渗水,使得这一现象更加突出。为了克服这一现象,采取了如下施工顺序:

初喷→钢筋网→格栅钢架→锚杆→复喷(至设计厚度)。

该项措施采取以后,超挖量大为减少,基本上控制在10~25cm之间,施工进度亦大大加快,V级围岩段剩余的22.5m在随后的12d内即告顺利通过。

4)施工小结

从2001年9月18日到2001年10月5日,V级围岩段上半断面顺利通过,说明采取的施工方法是可行的,通过该段水平岩层的施工,有如下几点体会:

(1)目前我国在大跨水平岩层隧道方面的施工经验虽然尚未完全成熟,但"管超前、严注浆、短进尺、快支护、紧封闭、勤量测"仍然是水平岩层中隧道施工时必须遵循的方针。单就施工方法而言,台阶法施工是大跨水平岩层隧道施工方法的首选。

(2)注浆小导管的注浆量不能加以量化。反之,极可能出现因浆液太少而达不到效果。注浆后浆液未到达的地方均出现大面积的掉块、小塌方,但实际注浆压力已经达到设计的1.0MPa。

(3)亮垭子隧道的系统锚杆采用带垫板的低预应力锚杆,理论上这种锚杆有利于围岩早一步达到稳定状态,特别是对亮垭子隧道拱顶的水平岩层,低预应力锚杆发挥较大锚固作用。但自拱腰以下,锚杆方向逐渐接近岩层层面,锚杆或在同一岩块内部,或顺软弱岩层面插入,达不到预期的支护目的,但若改变锚杆方向,则锚垫板的设置又达不到施加预应力的目的。

(4)隧道施工中传统的爆破后找顶方式有不适用之处,特别是在水平岩层中尤其不适用。在软弱的水平岩层中,起初找顶很完全,但暴露一段时间后(在初期支护完成之前),围岩应力重新分布,受渗水、节理、软弱夹层的影响,产生新的裂隙。另外,在水平岩层中的隧道拱部由于结构原因会产生松弛更促使裂隙的产生,稍有扰动便会掉块,甚至坍塌。鉴于上述情况,及时完成初期支护(喷混凝土+格栅钢架)是最为有效的措施。亮垭子隧道在掘进一定长度后,及时改变了支护顺序,即在危石浮石清除之后即按照上述支护顺序进行。这样有效地减少了掉块、坍塌现象的发生,保证了围岩的稳定,加快了施工进度。

第6章　岩溶及采空区施工技术

6.1　岩溶施工技术

重庆所在的岩溶地域上包括湖北西部的长江三峡地区、清江流域和与之毗邻的湖南西部的澧水和阮江中上游区域。该地区的碳酸盐岩主要是震旦系、寒武系、奥陶系和三叠系，以寒武系和三叠系分布最广，湘西的碳酸盐岩以寒武系、二叠系和三叠系为主，其次为奥陶系、泥盆系、石炭系。该区褶皱强烈，地质构造复杂，碳酸盐岩层随同非可溶岩夹层被分割得支离破碎，呈现了分布上和岩溶发育特征上一幅相当复杂的图貌。构造对岩溶发育的控制非常鲜明，一个背斜或一个向斜往往构成一个独立的岩溶单元，并有自己的地表和地下岩溶系统特征。此外，重庆与湘西鄂西接触地区有多种岩溶形态发育，如洼地漏斗、坡立谷、干谷、竖井、伏流、地下河、盲谷及洞穴等。地貌形态以溶丘洼地为主，部分地区近于峰丛浅洼地形，许多情况下以切割侵蚀作用、岩溶作用为主导特征。地下岩溶则以大小溶洞、暗河、溶管等为主。

6.1.1　岩溶形态特征及分类

1）地表岩溶形态特征及分类

（1）地表岩溶形态特征

地表岩溶形态是指露于地表的岩溶。地形地貌是影响岩溶山区地表水和地下水汇流及其循环交替条件的重要因素。区域岩溶地貌表征着地表水文网的发育特征，控制着地表水、地下水的运动趋势和方向，从而也控制了岩溶发育的总趋势。地形则反映了地表陡缓程度，直接影响降水在地表的富集程度及入渗量的大小，控制了岩溶水的补给量，并进一步影响地表和地下岩溶发育程度，而地表和地下岩溶发育情况又可以通过地表岩溶地貌形态表现出来。因此，岩溶山区的汇水条件与区内地形地貌，尤其是岩溶地貌发育形态密切相关。

在重庆市碳酸盐岩分布地带，地表岩溶形态主要有以下类型：

①溶隙。溶隙是水流沿碳酸盐岩节理裂隙渗流溶蚀扩大而形成的。其宽度一般来说不超过50cm，而长度可以是几米或者几十米的长条形的裂隙通道，在溶隙密集带常有地下水活动。

②溶沟与石芽。溶沟与石芽是地表岩溶的最初形态。当可溶性岩石在地表出露后，在水流的作用下，发生不均衡的溶蚀，沿层面及其他裂隙较强烈处，逐渐形成许多凹槽，称为溶沟，

其间的突起部分称为石芽，规模从数厘米到数米不等。溶沟间的石芽有裸露的，也有埋藏的。

③落水洞和竖井。落水洞是地表水向地下集中渗流的通道，一般沿裂隙发育，受裂隙的形态控制，可以是垂直的，也可是倾斜的，其宽度比深度小得多，如图 6-1 所示。竖井是暗河顶部崩塌而形成的。缝隙状落水洞在发育过程中，如果崩塌作用显著，也可形成竖井。竖井与一般井状落水洞的区别在于其井壁特别陡直，往往可以从竖井中直接看到暗河的水面如图 6-2 所示。

图 6-1　地表岩溶落水洞

图 6-2　地表岩溶竖井

④漏斗与洼地。漏斗就成因来说，可以分为溶蚀的及塌陷的两种。溶蚀漏斗是碟形或圆形洼地，平面轮廓为圆形，其宽度较深度大，底部常有垂直裂隙或管道与地下暗河相通。塌陷漏斗是由岩溶空洞顶板坍塌后而形成，其底部常为崩积岩块或表水携来的泥土所堆积，形状呈上口圆底部尖，宽度大于深度，漏斗壁较陡如图 6-3 所示。洼地是漏斗进一步溶蚀扩大，并伴随地下水作用而形成，其底部或边缘常继续发育着落水洞和漏斗如图 6-4 所示。

图 6-3　地表岩溶漏斗

图 6-4　地表岩溶洼地

（2）地表岩溶分类

岩溶地貌的形成，主要是在水的溶蚀作用下形成的，但也有水的侵蚀作用和其他外动力的剥蚀作用。在不同的岩溶发育条件下，尤其是在不同的气候背景之下，各种条件所起的作用是不同的。因此，可以按岩溶地貌的成因对其进行划分。

按照形态成因原则，据《岩溶地区工程地质调查规程》，可把西南地区的岩溶地貌划分为溶蚀型、溶蚀—侵蚀型、溶蚀—构造型、溶蚀—侵蚀—构造型。每种类型对应发育着不同的岩溶组合地貌形态，它们的物质组成也有所不同。详细的西南岩溶山区岩溶地貌成因类型划分见表 6-1。

重庆市岩溶山区按地貌成因分类表　　表6-1

成因类型	物质组成	形态组合类型
溶蚀	碳酸盐岩	石林溶沟、溶丘洼地、溶丘谷地、峰丛洼地、峰丛谷地
溶蚀—侵蚀	碳酸盐岩与碎屑岩互层或夹层型碳酸盐岩	峰丛洼地、峰林谷地、孤峰平原
溶蚀—构造	碳酸盐岩夹碎屑岩	垄岗槽谷、断陷盆地
溶蚀—侵蚀—构造	碎屑岩夹碳酸盐岩	山地沟谷(岩溶高山峡谷、岩溶中山峡谷、岩溶低山河谷)

2)地下岩溶形态特征及分类

(1)地下岩溶形态

①溶洞。溶洞又称洞穴,是地下水沿着可溶性岩石的层面、节理或断层进行溶蚀和侵蚀而成的地下管道。溶洞按照含水情况可分为三类:完全的干溶洞、"洪水"溶洞、暗河及其支流的河道。按照空间展布方向可分为:近似水平溶洞、垂直溶洞、倾斜溶洞。按照断面形状可以分为板状溶洞和管状溶洞两大类。按照洞内沉积物可分为化学沉积物溶洞和机械沉积物溶洞。隧道内充填性溶洞及干溶洞分别示如图6-5、图6-6所示。

图6-5　隧道内拱腰位置充填性溶洞

图6-6　隧道内轨面下干溶洞

②暗河管道。暗河是石灰岩地区地下水沿裂隙溶蚀而成的地下水汇集和排泄的通道。岩溶区的地下暗河,按其发育阶段和形态特性可分为三类:a. 与当地侵蚀基准面相适应的地下暗河,多分布在主要河流或沟谷的两岸,规模大,水量丰富,地下河水面与地面高差不大。b. 穿山式地下暗河,这类地下河与地面河水面一致,一般是连接两相邻溶蚀盆地中地表河的通道。c. 悬挂式地下河,规模小,主要分布在峰林洼地区。

③岩溶泉。岩溶泉的形式多种多样,以下降泉居多,上升泉较少。岩溶洞穴的出口处常常形成泉,按泉的涌水特征及成因可分为三种类型:a. 季节性泉,洪水季节才有的泉,如高悬于陡崖之上,从垂直渗流带中流出的间歇性悬挂泉,亦有位于谷底下部季节变动带内的雨季冒水的落水洞泉。b. 周期性泉,水量时大时小,呈周期涌现,来自浅表层岩溶水循环带。c. 涌泉,流量大且稳定,来自水平循环带的深部。

(2)地下岩溶分类

①按岩溶形态分类,可分为溶隙、溶槽、溶管、溶洞、暗河等。有沿线路方向的,有与线路正

交或斜交的，当隧道施工穿过可溶性岩层时，常遇见大小不等，形状各异部位不同，充填物及充填程度和含水率不等的溶隙、溶槽、溶管、溶洞及暗河通道等。

②按有无地下水分类，可分为有季节性流水、长年流水及干溶洞。

③按有无充填物分类，可分为有充填物（干燥充填物或不干燥充填物）、空溶洞。

④按其出露在隧道洞身部位分类，可分为隧道顶部溶洞、隧道底部溶洞、隧道墙部溶洞、贯穿隧道全断面溶洞。

3）岩溶隧道风险等级划分

对隧道进行风险等级划分十分必要，依据勘察阶段工程地质及水文地质评价，在宏观上对隧道风险进行评估，从而引起各方重视，继而制订有效、合理的超前预测预报方法、施工处理方案、应急对策等，并随着工程进展进行必要的动态调整，以规避施工风险，避免或最大限度地减少地质灾害而引起人员伤亡和财产损失，见表6-2。

岩溶隧道风险等级划分　　表6-2

风险等级	评价标准	灾害情况	备注
Ⅰ级风险隧道	长大隧道、隧道穿越碳酸盐岩地层、地表岩溶强烈发育、隧道处于水平岩溶循环带、隧道周围存在暗河系统、隧道穿越背斜或向斜构造、隧道穿越规模宏大的断层、隧道反坡施工	可能出现大规模岩溶突水突泥	满足评价标准的80%以上
Ⅱ级风险隧道	长大隧道、隧道穿越碳酸盐岩地层、地表岩溶强烈发育、隧道处于水平岩溶循环带附近、隧道穿越规模较大的断层	可能出现局部突水突泥或坍塌	满足评价标准的80%以上
一般岩溶隧道	中短隧道、隧道穿越碳酸盐岩地层、地表岩溶发育、隧道穿越垂直岩溶循环带、隧道穿越规模较小的断层	一般不会出现突水突泥但可能出现坍塌	满足评价标准的80%以上

6.1.2　岩溶对隧道施工及环境的主要影响

岩溶的发育开始于水流对可溶岩石原有狭小通道的溶蚀扩展，岩溶体系中地下水通道包括岩体中各种规模的构造裂隙和原生孔隙。溶蚀下来的岩石成分通过水流循环不断被带走，水流通道被加宽。反之，被改造的裂隙网络又作用于地下水流，形成新的水动力场。隧道开挖使得地下水的排泄有了新的通道，破坏了原有的补给循环系统，加速了径流循环。在隧道掘进过程中，现在常见的是先进行超前地质钻孔，然后进行钻爆。对于深埋的岩溶系统来说，一般未贯通的岩溶管道都有一定的隔水层，如黏土层或粉砂泥岩层。如果在施工过程中，破坏了隔水层，使得地下水向隧道方向排放，在水头很大，补给丰富的情况下，就会对隧道施工造成巨大的危害。更有甚者，如果补给源连通了地表水系会造成地表水源枯竭，不仅对隧道工程施工造成严重影响，而且也造成了大的环境地质灾害。动水压力作用能够使岩体裂隙面上的充填物发生变形和位移，导致裂隙再扩展，可能使高水压岩溶管道连通。在特殊的地质构造条件下，造成重大涌水、突泥事故，给隧道施工带来重大损失。

在岩溶这种特殊地质条件下，岩溶对公路隧道造成的影响还具有突发性强、灾害影响范围大、灾害演变速度快的特点。

（1）突发性强。突泥突水等往往发生在隧道开挖至支护完成前这一时段，由于支护结构施工尚未完成，溶洞涌水、突泥突然发生，严重危害隧道结构和施工安全。

（2）难以预测。尽管目前超前地质预报手段较多，但真正管用、能准确预测出隧道岩溶的位置、大小等预报手段不多甚至没有。

(3)难以处理。隧道岩溶充填物一旦被揭露出，特别是在与地表连通且有一定压力的情况下，要想将之堵回去是难上加难。

(4)影响范围大。灾害发生不仅对洞内造成破坏，而且常常使地表出现沉陷、房屋开裂、水田失水等现象，对地表危害极大。

因此，制订科学合理有效的溶岩处理方案对隧道顺利穿越岩溶地段极为重要。

1)岩溶对隧道施工的主要影响

重庆市是碳酸盐岩分布较为广泛的地区，覆盖、掩埋及出露的碳酸盐岩总面积约占其面积的三分之一，随着西部大开发的进程和重庆市高等级公路的大规模建设，在岩溶地区因隧道施工引起的各种地质灾害和生态灾害也层出不穷，见表6-3。

重庆市部分典型岩溶隧道涌突泥灾害情况　　表6-3

序号	线　别	地　名	危害情况	危害原因
1	渝湘高速公路彭武段	中兴隧道	阻止施工正常进行	特大断层破碎带、溶洞群多次发生涌水涌沙
2	渝湘高速公路洪西段	平阳隧道	对隧道施工及周边环境造成了危害	洞内严重的涌水突泥近万方，而洞顶失水
3	渝宜高速公路	摩天岭隧道	4次遇到特大涌水，反坡施工段隧道齐头全部被淹没达到600多米，严重影响了施工，增加了成本	溶洞溶蚀严重，洞内有渗水、堆积体较厚、深度难以探测
4	开县通往城口二级公路	通渝隧道	溶洞突涌造成洞内近百米隧道堵塞，并造成了人员伤亡	地表降雨通过地下岩溶系统涌入隧道，引发已有溶洞大股涌水突泥
5	沪蓉高速公路	明月山隧道	施工中发生了特大涌水、突泥灾害，造成严重坍塌事故	溶洞群通过断层破碎带与地表地下连通

(1)岩溶涌突水

岩溶涌突水是岩溶隧道建设过程中最为常见的地质灾害，岩溶隧道开挖后改变了隧道所在地区地下水原有的运移、排泄条件，开挖的隧道成为新的排水廊道。

隧道施工期间岩溶涌水主要是揭穿型和突破型。岩溶涌水补给来源为大气降雨，从时间特性上来看具有突发性、阵发性、滞后性。涌水和突水多发于节理裂隙密集带、构造形成的风化破碎带；突水灾害多发于岩溶洞穴、溶隙发育地段、含水层与隔水层交界面。浅埋岩溶隧道地下水与地表水系统联系更为密切，往往表现为隧道内发生大的涌突水后在地表出现大大小小的陷坑、陷穴，地表水位下降，地表植物枯死，地表河流断流等现象。

(2)溶洞涌突泥

溶洞涌突泥往往发生在隧道开挖过程中，隧道开挖揭穿了溶洞或岩溶管道，使溶腔内赋存的填充物突然涌出。溶洞涌突泥的发生具有突发性，所以危害较大。溶洞涌突泥既可能造成洞内人员伤亡，机械设备掩埋、破坏，隧道施工的中断，又可能导致地表塌陷的发生。

(3)岩溶塌方

塌方是指溶洞内充填物突涌而造成的突发性坍塌、堆塌、崩塌等破坏性地质灾害，它是岩溶隧道施工中最常见的灾害现象之一。而公路岩溶隧道一般覆岩层薄，受到风化作用和岩溶水的侵蚀作用,岩体结构较差,多为裂隙块状结构、碎裂结构,甚至散体结构。所以,一旦发生指溶洞内充填物突涌即可能引起塌方,小的塌方可能诱导成为冒顶塌方,大的塌方则坍塌范围可能牵连至地表。

2)岩溶隧道对环境的主要影响

隧道的涌突水严重危及隧道施工的安全,影响隧道施工的进度。而且如果处理措施不当,常常会使隧道建成后运营环境恶劣,地表环境恶化,给人们的生产和生活造成重大的损失。

(1)引起岩溶塌陷和地表沉降

岩溶地面塌陷是隧道涌突水突出的地质环境效应,它往往具有突发性、发展迅速、波及范围广、危害性大等特点。对岩溶塌陷分布规律及其与岩溶水关系的分析研究表明,隧道涌水引起上覆松散土层内有效应力的改变和动水压力的增加是岩溶塌陷的根本原因。地下水位急剧变化带和强径流带往往是塌陷产生的敏感区,而水动力条件的改变是产生岩溶塌陷的主要诱导因素,这已被许多实际资料所证实。

(2)造成水资源减少和枯竭

岩溶涌突水使得隧道上方的地下水储存量势必大量消耗,使降落(位)漏斗不断扩展,从而袭夺其影响范围内的补给增量,引起地下水渗流场和补排关系的明显变化,继而导致地表井泉干枯,河溪断流,直接影响当地工农业生产及人民的生活。隧道突水,尤其是岩溶和断裂带的突水,因其量大,影响范围极广。

(3)导致水质污染

隧道涌水造成的水质污染主要有两种方式:①隧道大量涌水,疏干了充水围岩,加速了水交替的速度,利于氧化作用充分进行,从而促使地下水中某些金属元素(Fe、Co、Pb、Zn 等)含量增加或 pH 值发生显著变化。②将受其他水体补给时被污染或在隧道施工环境中被污染的地下水不经处理就直接排入周围环境,引起地表水和地下水二次污染。

3)岩溶对隧道结构的影响

一般公路隧道所遇到的溶洞属河谷浅岩溶,在地下水位线以上,处于饱气带式垂直循环带中,深度数十米至数百米,主要特征是发育落水洞、竖井、溶洞及暗河,钙沉淀物发育。溶洞对隧道的影响主要表现为使建筑物部分及全部悬空,大大降低隧道使用的可靠度;其充填物使隧道围岩的初始应力分布不均,使隧道结构物受力不均,影响结构物的稳定性和可靠性;侵蚀性地下水对结构物产生腐蚀、侵蚀危害,影响其耐久性;溶洞涌泥、季节性的岩溶洞穴涌水,给隧道施工和支护体系带来不安全和不稳定因素。溶洞的存在对隧道具有危害性,是一种地质灾害,特别是特大型溶洞往往给施工带来严重阻碍和重大损失。

隧道施工过程中溶洞突水、突泥如图 6-7 所示。

岩溶对隧道的危害主要分为五种类型:

(1)洞穴的存在使建筑物全部或部分悬空,将极大地降低隧道的使用可靠性。

(2)岩溶水,特别是当 CO_3^{2-} 等可溶性物质含量增高时,水的流通将给隧道结构带来极大的侵蚀作用,影响隧道的使用寿命。

(3)洞穴堆积物因松软易坍塌下沉,改变洞穴周边的应力分布形态,影响隧道的稳定。

(4)施工隧道穿越溶洞时,由于岩溶段围岩的可溶性和地层的透水性,如果处置方案不当就会给施工带来极大的灾难。

(5)隧道中地下水流失,使隧道顶部地面岩溶塌陷,导致环境地质灾害,也是造成隧道结构不稳定的原因。

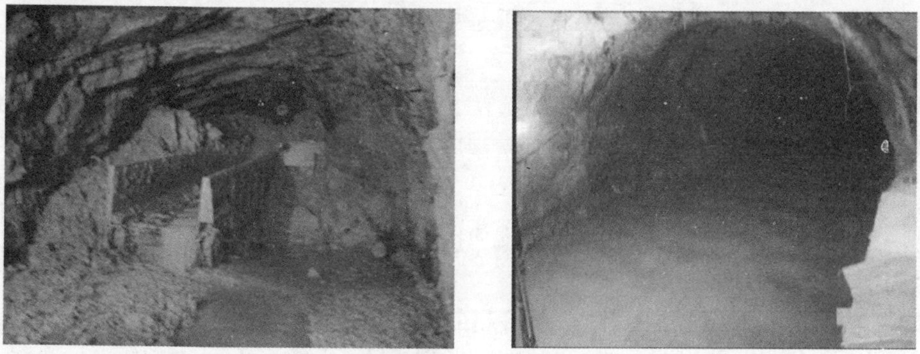

图6-7 隧道施工过程中溶洞突水、突泥

6.1.3 岩溶隧道施工处理原则

根据经验,对岩溶隧道施工处治宜遵循"因地制宜、堵排结合、综合治理"的原则,并达到洞周稳定、外周降压之目的。这一原则既适于隧道施工衬砌前的岩溶突水涌泥的整治,也适于衬砌后的防水治漏。

"因地制宜"就是尽量不改变岩溶水的径流和渗路径,保持地下水的原始循环和贮存状态,根据不同的条件而制订不同的施工措施,从而达到保证施工、结构和环境安全,达到建设绿色环保工程的目标。

"堵排结合"就是根据隧道内涌水量大小、所含泥程度,并考虑隧道运营安全和环境的影响,将堵水与排水结合起来,决定治理方案。"堵"就是对于可能或已涌出掌子面的岩溶水或充填物进行封堵改善围岩的力学性能,提高围岩的抗渗能力,保证开挖安全和隧道建成后的防渗漏等级。但堵并不是全堵,只要能阻断岩水向隧道渗透的主要通路即可,其加固范围一般为道开挖轮廓线外$(0.5 \sim 1.0)D$。对于规模较大的暗河,可采取在隧道外部修建排水系统或在隧道内修建涵管或桥梁进行跨越,既达到了"排"的目的,又保证了施工和运营安全。对环境影响较小的情况下即"排";反之,则"堵"。

"综合治理"就是根据隧道所处的工程地质和水文地质条件及周围环境条件,采取多种方法进行综合治理。例如,当大量的水被封堵在隧道开挖范围以外后,对隧道的局部渗漏水,可采取以堵为主,限量排放的措施。

同时,通过综合治理或排或堵,采用超前管棚、径向注浆和喷锚支护辅助手段加固隧道周边的围岩,防止坍塌;通过换填钻孔桩、粉喷桩、树根桩、注浆等方法加固隧道底部松软地层,提高其强度和整体性,防止基底沉降。离隧道较远的部位,将岩溶水排出或排走,以降低地下水对隧道结构的压力。

岩溶处治时应把防涌水突泥和坍塌作为首要任务,处治时做到地质预报超前、准确、开挖方法合理、谨慎、支护系统满足强度。

6.1.4 隧道岩溶段(采空区)信息化施工技术

1)超前地质预测预报技术

对岩溶隧道及采空区进行超前预测预报是规避施工风险的最主要手段。

(1)超前地质预报项目选择原则

选择经济、合理、可靠的超前预测预报方法,并作出及时、准确的判断,是最大限度地规避施工风险的最有效措施。在隧道岩溶及采空区段施工地质超前预测预报方法选择上采取"五结合原则",即地表和洞内相结合原则、长距离和短距离相结合原则、宏观控制和微观探测相结合原则、构造探测和水探测相结合原则、地质法—物探法—钻探法相结合原则。

(2)超前地质预报分级

根据岩溶隧道(采空区)施工特点,可将超前地质预报划分为A级(包括A+级和A级)、B级、C级,针对不同的地质等级,预测预报项目规划见表6-4。

(3)超前地质预报工作内容与方法

①工作面地质素描预报(必做)。隧道开挖爆破后通过地质素描手段,及时查看工作面地质情况,修正设计阶段的地质信息,经工程地质类比预测隧道前方的地质状况,并为其他超前地质预报方法提供基础资料。进行地质素描前,先搜集隧道前期的勘察设计地质资料,初步了解区域地质和附近大地构造单元及其特征,以及工程范围内的地层岩性、围岩类别、地下水发育特征等。地质素描应在隧道作业每一开挖循环后立即进行,观察中发现围岩条件恶化时,应立即采取相应处理措施;观察后及时绘制开挖工作面地质素描图。有条件时使用数码相机、摄影等工程地质数据采集和编录系统,做到图文并茂。

施工地质分级和对应的预测预报项目 表6-4

等级		工程地质特征	预测预报项目
A级	A+	①极有可能存在重大地质灾害地段,如大型暗河体系,重大软弱、富水、导水性良好的断层。②存在重大物探异常,极有可能发生大于10 000m^3/h的特大型突水突泥。③高地应力、瓦斯等灾害极其严重地段	地质素描、TSP203(100m)、地质雷达(15~30m)、高密度电法、超前水平探孔(30m)6孔、超前浅孔钻探(5m)17孔。必要时采取HSP或孔中CT成像
	A	①可能存在重大地质灾害的地段,如较大规模暗河体系,较大规模软弱、富水、导水性良好的断层。②存在重大物探异常,极有可能发生大于1 000m^3/h的大型突水突泥。③高地应力、瓦斯等灾害严重地段	地质素描、TSP203(100m)、地质雷达(15~30m)、高密度电法、超前水平探孔(30m)6孔、超前浅孔钻探(5m)17孔
B级		可能发生100~1 000m^3/h的小~中型突水突泥地段,存在较大物探异常、断裂带等地段	地质素描、TSP203(150m)、地质雷达(15~30m)、高密度电法、超前水平探孔(30m)4孔、超前浅孔钻探(5m)13~17孔
C级		岩溶水文地质条件较好的碳酸盐岩和碎屑岩地段,发生突水涌泥的可能性不大或规模不大于100m^3/h	地质素描、TSP203(150m)、超前浅孔钻探(5m)5~13孔。必要时采取地质雷达(30m)、超前水平探孔(30m)1孔

地质素描的具体内容主要包括以下几个方面:

a.岩性。应说明围岩岩石的名称、颜色、矿物成分、坚硬程度等,各类岩脉也应对其岩性、出露位置、宽度、接触关系、破碎、风化程度进行描述。

b. 构造。对围岩受地质构造影响程度、延伸性、表面粗糙度、张开性、风化、破碎程度等进行描述，特别是岩体范围内出现的断层、节理、裂隙、软弱夹层等重点进行地质描述。节理裂隙，特别是贯通性节理的产状密度、延伸情况、节理面现状等也要仔细量测和统计。

c. 地下水。围岩含水状态、涌水部位、水量、水压、水温、水质等的描述，并长期跟踪调查是否受季节性影响，特别是大、暴雨后观察涌水部位涌水量有无增减以及该段地表一定范围内是否有水源补给，并做好记录。

d. 围岩变形破坏情况。对开挖段围岩发生塌方和掉块及岩爆等现象的位置、性质、形态、规模做详细记录，必要时附上工程处理措施。常规地质法设备简单（地质罗盘），操作方便，不占用隧道施工时间，提交资料及时，且能为整座隧道提供完整的地质资料。

②高密度电法：

a. 工作原理。高密度视电阻率法是一种阵列勘探方法，也称自动视电阻率系统，是直流电法的发展，其功能相当于四极测深与电剖面法的结合。通过电极向地下供电形成人工电场，其电场的分布与地下岩土介质的电阻率 ρ 的分布密切相关，通过对地表不同部位人工电场的测量，了解地下介质视电阻率 ρ 的分布，根据岩土介质视电阻率的分布推断解释地下地质结构。该方法对围岩的含水情况特别敏感，如果围岩破碎含水，其视电阻率明显降低，完整、坚硬岩土的视电阻率明显高于断层带或破碎带和富水带围岩的视电阻率。高密电法工作原理示意如图6-8 所示。

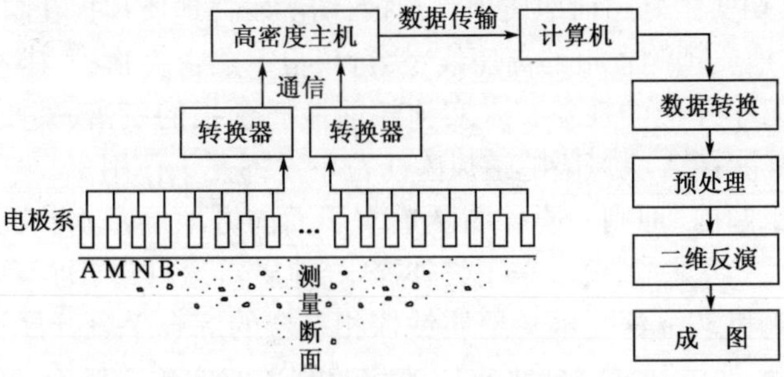

图 6-8　高密电法工作原理示意图

高密度电法勘探的前提条件是地下介质间的导电性差异，和常规电法一样，它通过 A、B 电极向地下供电（电流为 I），然后测量 M、N 极电位差 ΔU，从而求得该记录点的视电阻率值 $\rho_s = K \times \Delta U/I$。根据实测的视电阻率剖面进行计算、处理、分析，便可获得地层中的电阻率分布情况，从而解决相应的工程地质问题。

b. 工作布置。高密度视电阻率法的数据采集是通过阵列电极装置形式来实现的。要先对隧道的尺寸大小和岩溶的分布深度有大致了解，先做试验，然后设计合理的数据采集排列使探测目标体落在排列探测区域的有效范围内。在测线两端的区域，采集数据和进行分析的精确度降低，测线的总长应为探测区域的分布长度 L 加上两侧各 $D/2$ 的长度。虽然高密度电阻率探测结果具有体积效应，但是剖面分析的分辨率仍和最小电极间距相当。从这一点考虑，最小电极间距一般应为探查深度的 $L/15 \sim L/10$。如果电极间距小于探查深度的 $L/15$，测得的结果中就包含一些不稳定随机因素，同时也容易产生“伪象”。

c. 成果解释。高密度电法剖面为视电阻率成像图。高阻区代表岩体致密,完整性好,含水量小。低阻区代表岩体含水、松散破碎或裂隙含水带。岩溶空洞表现高阻区,填充黏土和水的溶洞呈低阻区。多数岩溶洞穴和岩溶裂隙带为部分填充,上部为空洞,下部为松散填充,上部表现为高阻,下部为低阻,构成断续的串珠状组合异常区。

电阻率图像的岩溶解释与判定遵从如下三原则:一是岩溶带上部为空洞,下部为填充,表现为高阻与低阻断续组合的串珠状异常。二是岩溶发育在灰岩中,电阻率具有高阻特征。三是岩溶沿构造破碎带发育,串珠状异常的走向与产状与区域构造一致。符合上述三原则的电阻率异常图像被解释为岩溶。也有部分岩溶是完全填充的,不存在上部空洞,特别是隐伏在地下水位以下的岩溶,完全为松散物和水填充,表现为强烈的低阻特性。

d. 资料处理。高密度电阻率测深法资料处理流程首先将存储在仪器内的测量数据通过传输软件传输到计算机,进行坏点删除、地形校正及格式转换等预处理,将数据进行反演后导入 Surfer 软件,绘成视电阻率等值线图,图中颜色由深蓝色、青色、绿色、黄色、紫色、浅红色、红色分别表示视电阻率值由小到大。依据等值线图上的视电阻率值的变化特征对土(溶)洞现状进行分析,最后利用绘图软件 AutoCAD 绘制出物探成果解释图。

③地质雷达、TSP、地质钻探。地质雷达、TSP、地质钻探等超前探测系统工作方法及工艺详见第 4 章 4.3 节相关内容。

(4)超前地质预测预报控制管理

①制订切实可行的超前地质预测预报管理制度和控制程序,并且严格按《施工地质超前预测预报设计》规定,切实做好超前地质预测预报,切实发挥地质预报在防范高风险的作用。

②建立实施超前地质预测预报的高压线,实行预报一票否决制,严禁未通过超前地质预报领导小组批准、擅自无序开挖的现象。未实施超前地质预报的段落,禁止掘进。施工实践证明,超前地质预测预报能在 A 级风险隧道风险防范中发挥龙头作用。

③严格执行“探水超前”原则。要探明隧道掌子面前方地层富水状况,因此,对于设计划定的风险最高的 A + 、A 级地段,要求采用红外探水、地质雷达、TSP、HSP 等物探手段与地质素描、平行导坑超前探测和 30m 深孔水平地质钻探相结合的综合手段开展预报,尽可能地摸清掌子面前方围岩条件。通过开展综合地质预报和及时采取的预防措施,在施工中化解 I 级风险隧道的突水突泥灾害。

④严格贯彻“处治在前、开挖在后”的原则。在超前地质预报显示掌子面前方可能富水时,首先要采用合理的处理方式进行处治,但原则上不得堵塞暗河,以防区域地下水枯竭。就一般情况而言,受国家环保法规对工程建设环保的要求制约,同时也是基于安全管理、工期控制的需要,隧道施工执行“以堵为主、限量排放”的方略,符合时代要求。

⑤严格执行有关岩溶隧道超前地质预测预报和开挖两大工序的控制流程,如图 6-9 所示。

2)监控量测技术

监控量测是保证岩溶隧道施工安全的一项重要措施,施工过程中应加强洞内外观察,在洞内进行掌子面地质素描,对围岩变形和支护结构压力、应变监测,对地表进行地表沉降、地表井泉水位、降雨量等进行监测,并及时反馈监控信息,实施信息化施工,确保工程安全。

(1)隧道内施工监控量测

①监测量测目的:

a. 掌握溶洞段或采空区围岩和支护结构的动态信息，根据动态管理量测断面信息指导施工正确而经济地进行，保证隧道和围岩的稳定，确保施工安全。

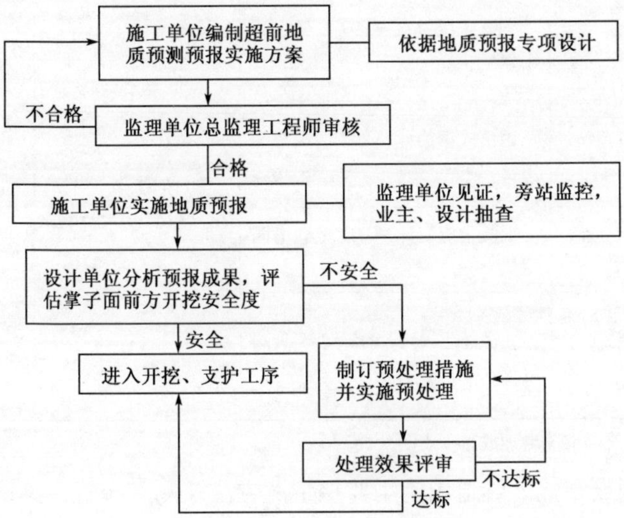

图6-9　控制流程图

b. 对量测数据进行分析处理，必要通过计算来判断、预测和确定溶洞段或采空区隧道围岩及结构最终稳定时间，指导施工工序衔接，确定施作二次衬砌的时间。

c. 通过监测，了解衬砌结构体系受力状态及由于地下水水位恢复、排水系统部分堵塞、失效等因素对衬砌结构体系的影响，适时、合理地确定结构是否需要补强及其补强方式，以确保隧道施工和运营安全。

d. 通过对监测反馈信息的分析，优化衬砌结构体系，在保证衬砌结构安全的前提下，合理运用工程投资。

e. 根据隧道开挖后围岩稳定性的信息进行综合分析，检验和修正施工前的预设计。

②监测项目及监测仪器。监控量测的项目应根据隧道地质条件、围岩类别、围岩应力分布情况、隧道跨度、埋深、工程性质、开挖方法及支护类型等因素确定。一般情况下分 A 项和 B 项监测。A 项监测（必测项目）是用以判断围岩的变化情况和支护结构工作状态的经常性量测，A 项监测内容包括结构侧墙水平收敛量测、拱顶下沉量测等；B 项监测（选测项目）是用以判断围岩松动状态、喷锚支护效果为目的的量测，在重要的、特长的、大断面的隧道中或在有必要进一步检验支护参数和施工稳定性的隧道中应进行设置，B 项监测内容包括围岩压力及初期支护与二次衬砌间压力量测、钢筋应力和应变量测、地下水压力量测、混凝土应变量测等，见表6-5。

隧道岩溶段或采空区洞内监测项目汇总表　　表6-5

序号	监测项目	监测仪器	监测频率	监测目的
1	拱顶下沉	苏光 DSZ-2 型精密水准仪，钢挂尺	初期：1～2 次/d，后期：1～2 次/3d	了解隧道施工过程中支护结构变位情况及规律
2	结构收敛	坑道收敛计		

续上表

序号	监测项目	监测仪器	监测频率	监测目的
3	围岩压力	钢弦式压力盒,XP02 型频率测定仪	初期:1 次/(1 ~ 2d),后期:1 次/5d	了解隧道施工过程中地下水压力、围岩压力、接触应力及结构自身应力大小及分布情况
4	初期支护与二次衬砌间压力			
5	初期支护钢筋内力	钢弦式钢筋计,XP02 型频率测定仪		
6	二次衬砌钢筋内力			
7	二次衬砌混凝土应变监测	混凝土应变计,XP02 型频率测定仪		
8	岩体注浆加固圈及初期支护与二次衬砌间水压力监测	孔隙水压计、XP02 型频率测定仪		

注:可根据施工条件和沉降情况增加或减少观测次数。

③量测方法及测点布置。隧道内施工监控量测方法及测点布置详见第 9 章 9.4.3 节。

(2)隧道周边水文及环境监控量测

①监测量测目的:

a. 将岩溶突水突泥对环境产生的不良影响减到最低。

b. 通过环境监测,有针对性地制订出地表环境保护方法与措施(如连通点位于人口密集区,则要对隧道涌水点进行全封堵;若位于人烟稀小区则可考虑限排措施;对水位下降区则可考虑引水措施等)。

c. 通过监测地表降水量、地表井泉水位、地表悬挂泉、暗河出口水流量、洞内水沟总水流量、洞内涌水点水流量、水压等,必要时亦可进行地表、洞内水质测试,水力连通试验等,确定地表及隧道内岩溶水的连通情况、隧道岩溶发育状况及大小等。

d. 在地表及洞内岩溶水系统已连通的情况下,建立降雨量→涌水量→水压力水文观测关联性数据模型,能确定进洞安全施工条件,从而有效指导岩溶隧道安全施工。如某隧道建立了泄水洞涌水量安全水量施工管理等级,见表 6-6。

某隧道泄水洞涌水量安全施工等级管理 表 6-6

安全等级	降雨量(mm/d)	水压力(MPa)	隧道涌水量(m^3/h)	安全状态	施工措施
一	≤10	0.1	1 000	正常	日常措施,正常施工
二	10 ~ 20	0.15	2 500	警戒	加强观测,做好洞内外沟通,正常施工
三	>20	0.15	3 000	应急	掌子面停工,人员全部撤离

②监测项目。隧道周边水文及环境监控量测主要包括以下内容:

a. 地表沉降监测。隧道施工过程中对涌水的长期大量排泄,地层失水和泥沙携带将引起地表的沉降,将对周围环境及居民生产、生活产生不同程度的影响。因此,必须对地表沉降进行监测和控制。

通过对隧道附近地表沉降的监测及分析，对居民生活影响程度进行预测和评估，及时采取控制措施，减少隧道施工对居民生活的影响。

b. 地表水径流监测。在勘察资料分析及现场情况调查的基础上，对工程区域内地表水径流建立地表及洞内监测网，对水流和水量进行监测。根据监测结果，对隧道涌水量进行合理的预测，为注浆方案与施工措施的制订提供依据，确保岩溶隧道在丰水区域的施工安全。同时，不改变施工区内地下水的径流环境。

在主要井泉及暗河处设立水位及流量观测点，对其进行连续观测，并结合洞内施工及涌水情况，掌握隧道施工涌水对地表水文环境的影响程度及范围，分析隧道与地表的主要水力连通情况，研究提出阻断水路、控制地层失水的方法和措施。并与地表降雨量观测成果对比分析，确定地表井泉水位的补给路线及补给来源。

c. 地表降雨量监测。通过地表降雨规律，寻找全年主要的降雨季节或非雨季，为施工攻坚确定最佳时日。

d. 洞内涌水量监测。在隧道水沟处或固定断面处进行洞内涌水量监测。

③监测方法及频率：

a. 地表悬挂泉、暗河出口、洞内水沟、涌水点水流量。

以上监测项目的共同点是具有流动水。水流量较小时，采用容积法测量，即根据装满一固定容积所需要的时间来计算水流量。水流量较大时则采用三角堰板法或矩形堰板法测量。将堰板埋设在水流经过处，设置成围堰，仅使水流从堰板口处流出，测量过堰口水深，然后对照流量表即可知道泉水或暗河流量的大小。三角堰制作材料为木板，其形状如图6-10所示。

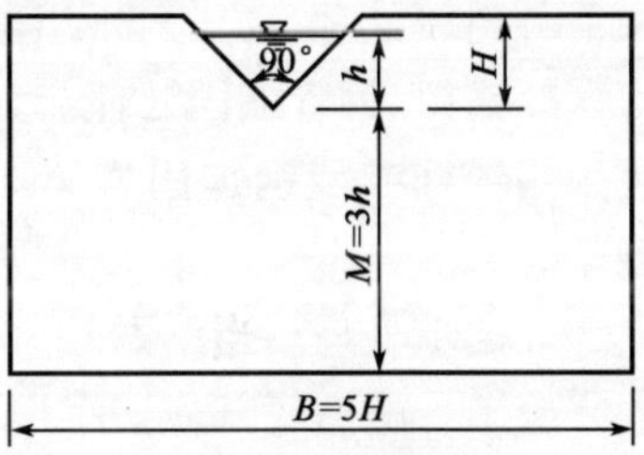

图6-10 测量水流量三角堰尺寸示意图

三角堰的堰口角度为90°，适合于测量较少的流量，只要测得过堰水深 h，就可以从三角堰水头高度与流量换算表中查出相应的流量值。

水流量大时则采用浮球法。即利用较固定的过水断面（如水沟），首先，测量其过水宽度及深度，其次，在固定长度的始端放置浮球，用秒表测量浮球随水流到达终点的时间，进而计算某时间段的平均水流量。

一般地表悬挂泉、暗河出口位于高山悬崖下，路陡而险，平时鲜有人光顾，可将其监测频率控制在2～3次/周。

而洞内水沟、涌水点水流量量测较为方便，视涌水量大小，与地表连通情况，可将其监测频率控制在7～14次/周，甚至更多。

b. 地表井泉水位。首先，用标尺测量出各井泉点底部距地表井口某固定点的深度，将其作为基准值；其次，每次测量该井口固定点距井泉水面的高度，用基准值减去每次测量的高度，即得所需要量测的井泉水位。量测频率为2～3次/周。

c. 地表降雨量。在地表采用一般气象站常用的专用雨量仪进行量测，每天早晚定时观测二次，同时记录天气情况、气温等。地表降雨量监测频率为7～14次/周。

(3)信息反馈程序

信息反馈程序详见第9章9.3.3节。

6.1.5 隧道岩溶处置及安全施工技术

1)隧道岩溶处治技术

公路岩溶隧道处置技术可归纳为岩溶水处治、溶洞处治,洞穴堆积物的处治及隧道支护结构变形、开裂和坍塌等结构破坏处治四大类。

隧道施工中遇到溶洞时,首先要查明溶洞分布范围,类型情况,岩层的稳定程度,溶洞内填充物和地下水流情况等,分别采取截、引、堵、越、绕等措施进行处理和施工。岩溶对隧道施工而言,归结起来主要是溶洞洞穴、溶洞充填物和水的危害,按其性质与隧道的关系采用相应的工程措施。

(1)溶洞洞穴的处理

①洞穴的处理。隧道遭遇到大型溶洞、暗河时,应根据不同情况逐个处理,原则为确保隧道施工安全,衬砌结构有足够的安全度、在可预见期内洞穴的稳定性有保证、原有水流通道不被阻断、方案比较经济适用。

a. 跨越处理。当溶洞规模较大、溶洞内充填物松软、基础处理工程修建困难、耗资巨大,或虽小但要求不堵塞水流时,可根据具体条件采用相应的梁跨、板梁、桩等形式跨越岩溶地段。

b. 封闭处理。已停止发育的干溶洞可采用混凝土、浆砌片石或干砌片石堵塞、充填。

c. 锚杆、钢管加固处理。为了防止洞穴岩壁或顶板坍塌,在清除松动岩石困难的情况下,可采用锚杆或型钢加固岩体。当隧道高度较大时,应设置横撑,宽敞岩溶大厅设人字形钢栅架。

d. 回填处理。当溶洞较大,溶洞围岩破碎、节理发育、水量较小时,可以按明洞的施工方法来施工。隧道底部应该采用钢筋混凝土板,清除地板下的堆积物,回填碎石,并在隧道边墙下架设混凝土梁。

②小型溶洞处置。对出露于拱部、边墙及底板的发育有限的、溶蚀充填物易于清理的小型溶洞,原则上采用回填的方式处理。

a. 当小型溶洞位于隧道顶部时。凿除与喷射混凝土接触的基岩表面的溶蚀物,对溶洞洞壁采用锚杆、钢筋网、喷混凝土封闭支护。为保护隧道衬砌,免受溶洞洞壁破碎岩石的过大压力以及坍塌招致破坏,对隧道衬砌顶部施作 0.8m 厚的护拱,再在护拱上做 2m 厚 M5 的浆砌片石回填,再回填一层 1m 厚的缓冲层(砂子或软土),缓冲土层以上溶洞洞壁采用锚杆、钢筋网、喷混凝土封闭支护。支护参数:C20 喷射混凝土,厚度 10cm,ϕ8mm 钢筋网,网格间距 20cm×20cm,锚杆直径为 22mm 的螺纹钢,间距为 1m×1m,每根长度为 3m,梅花形布设。其施工处置如图 6-11 所示。

在溶洞处理的过程中,根据现场具体情况,采用相应的施工措施。最重要的是保证施工和运营的安全,施工工序做到尽可能的简单。

b. 当小型溶洞位于隧道侧面时。首先清除溶洞内溶蚀物,然后采用干砌片石回填,最后用浆砌片石进行封堵,如图 6-12 所示。

c. 当小型溶洞位于隧道仰拱底的溶洞。当基底溶洞充填物的厚度小于 3m 时,采用换填方法,对溶洞下部采用干砌片石换填,上部 1m 采用 M10 浆砌片石换填。

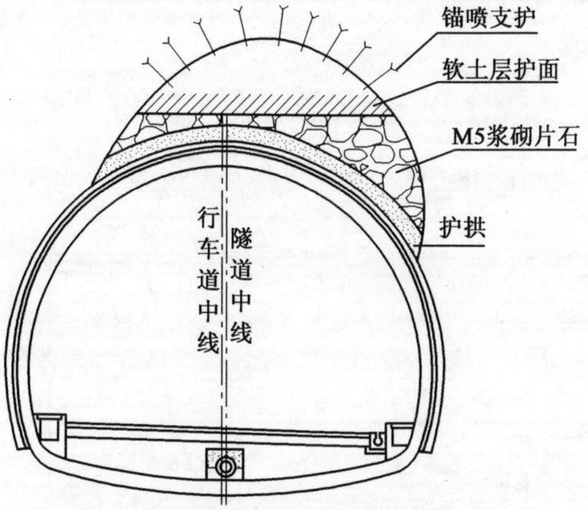

图 6-11　隧道顶部小型溶洞施工处置示意图

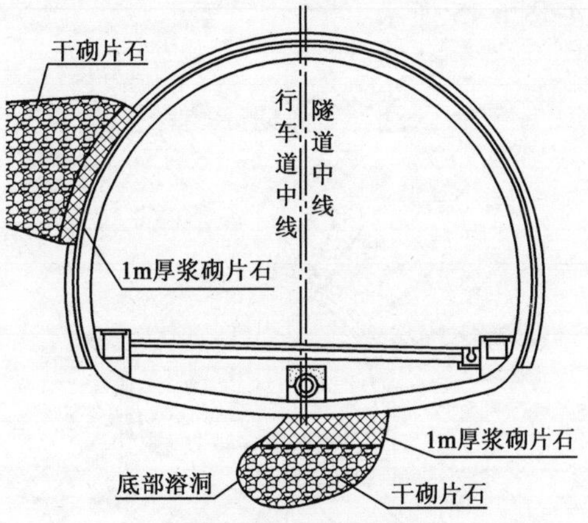

图 6-12　隧道侧面小型溶洞施工处置示意图

当基底溶洞充填物的厚度为隧道仰拱以下 3.0 ~ 10.0m 时，采用钢管桩加固法，选用直径为 ϕ76mm 无缝钢花管，钻孔深入基岩 1m 左右进行注浆加固，注浆材料选用 C30 水泥砂浆，如图 6-13 所示。

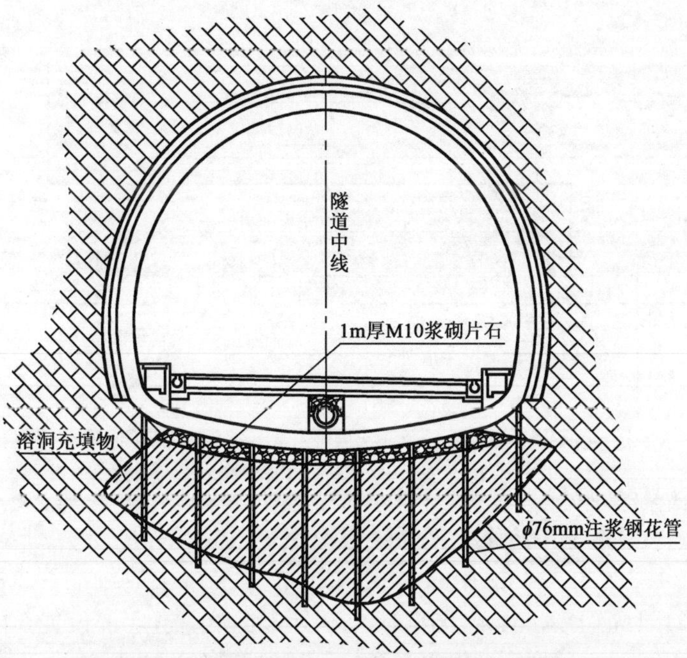

图 6-13　隧道仰拱底部小型溶洞施工处置示意图

③大型溶洞处治。对洞体深浚充填丰满或难于回填或不宜填塞的大型溶洞，原则上应因地制宜进行处理。

a. 洞体深浚、充填丰满的大型溶洞。当溶洞较大，溶洞内充填物松软，基础处理困难时，可根据具体情况采用桩基托梁的形式跨越岩溶地段，同时对松软的充填物进行注浆封闭处理。即隧道从溶蚀充填体中穿过。应按预注浆、管超前、强支护、梁跨越的方式进行处理，如图

6-14、图 6-15 所示。

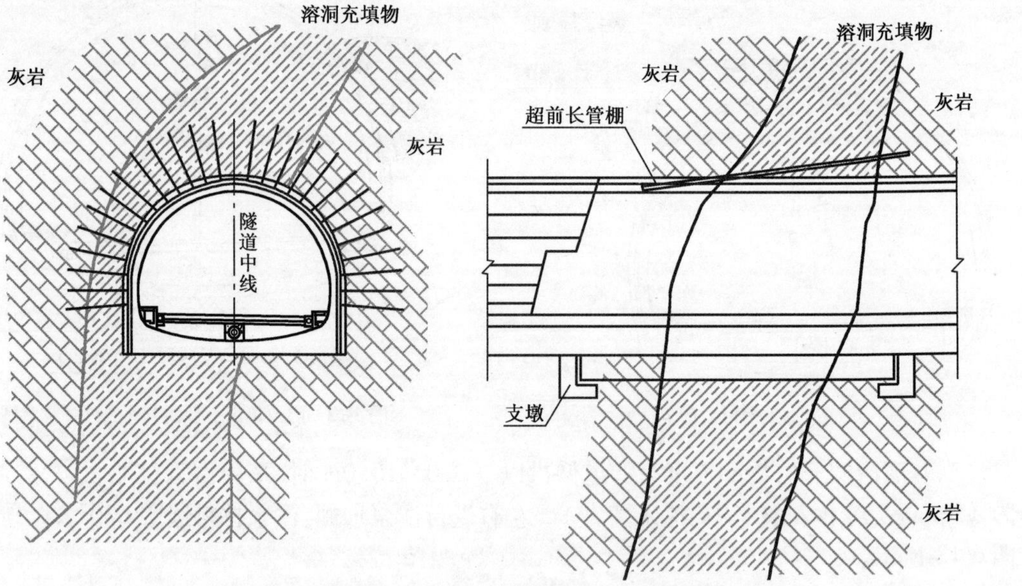

图 6-14　洞体深浚、充填丰满的大型溶洞施工处置剖面图

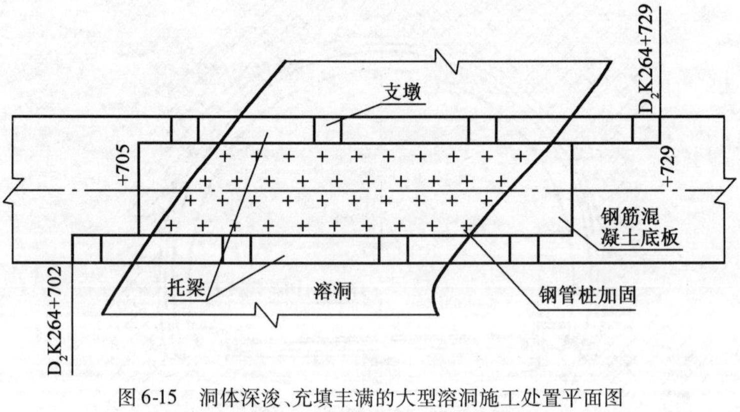

图 6-15　洞体深浚、充填丰满的大型溶洞施工处置平面图

由于溶洞情况复杂，规模又大，隧道恰好在其上方通过。因此，在施工的时候，隧道衬砌基底可采用桩基托梁跨越溶洞的方案。如某隧道跨越一大型溶洞时，采用桩基为 2 排，左右各 4 根，断面为 1.3m×1.3m 的人工挖孔桩，采用 C20 钢筋混凝土连续灌注。托梁两根，断面为 1.3m×1.5m，长 21.1m。D_2K264+705~D_2K264+725 段隧道底部设置 50cm 厚的 C20 钢筋混凝土板。隧道底溶洞充填范围内施作 ϕ75mm 的钢管群桩，并注浆加固，其参数为：钢管壁厚 5mm，管壁上须钻注浆孔，孔径 10~16mm，间距 15~20cm，梅花形布置。钢管的纵向间距为 1m，长度 2~13m 之间，钢管嵌入基岩的深度不小于 1.5m，注浆材料采用水泥砂浆。为防止隧道内渗水渗入溶洞，将溶洞填充物软化，在隧底钢筋混凝土板与两侧衬砌与钢筋托梁交界处设置橡胶止水带。

b. 对横穿隧道洞身、不能阻塞的大型溶洞。应考虑泄水洞的方式进行处理，如图 6-16 所示。泄水洞的平纵面设计应据现场情况而定，其出水口与溶洞（地下暗河）的下游相连或引自地表，应在充分的技术、经济比选后确定。泄水洞净空应考虑排水、施工等因素。

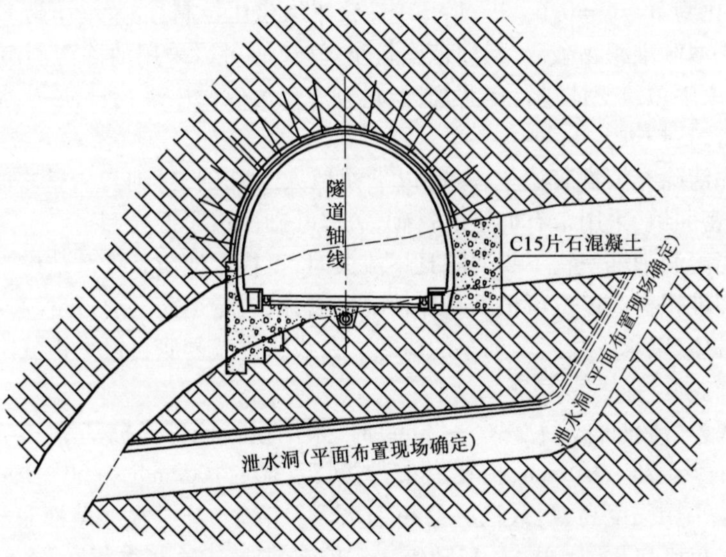

图6-16　横穿隧道洞身的大型溶洞(岩溶管道)处置方案图

当隧道底部遇到较大且有水流的溶洞时，以在隧道底下砌筑支墩，加深隧道基础，支承隧道结构。为了防止溶洞壁坍塌，先在隧道左右侧相应的范围之内采用锚杆、钢筋网、C20喷射混凝土加固。同时，为了提高基底承载力，在线路右侧衬砌边墙下溶洞内设置C20混凝土支墩，将溶洞顶的围岩支顶起来。支墩截面可根据现场实地数据进行确定。基础嵌入基岩深度1m，桩顶用ϕ22mm的砂浆锚杆将其与顶部围岩连接为一体，加强支护整体受力结构，如图6-17所示。

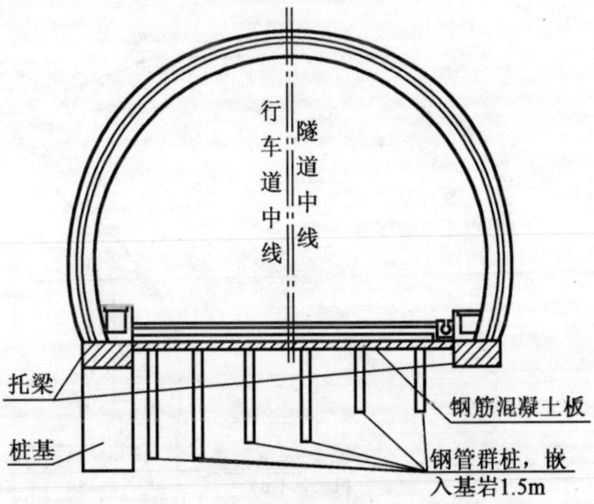

图6-17　断面加固处理示意图

④裂隙溶岩的处理。对于渗水较大的段落采用超前注浆或后注浆的方式进行封堵，并做好排水系统，减少隧道衬砌的水压力。

(2)岩溶洞穴堆积物的处理

洞穴堆积物的特点是松软、下沉量大、强度低、稳定性差。当隧道必须穿过洞穴堆积物地段时，可采用超前支护、注浆加固、桩基、换填等加固岩体的处理措施。

①小导管超前支护。一般充填溶洞，应采用单层或双层小导管(自进式锚杆)注浆超前支护，小导管长一般3~6m，环向布设间距一般10~30cm，纵向搭接长度不小于1m。

②大管棚支护。较大规模充填溶洞宜采用大管棚支护，长度为15~30m，灌注水泥浆加固。大管棚一般采用ϕ108mm钢管，环向间距40cm，外插角5°。

③径向注浆。采用3~6m径向注浆方式，以加强大管棚支护的充填溶腔，加固破碎围岩，避免由于超前预注浆堵水，堵塞水路从而引起掌子面后方水压增大带来的隐患。径向注浆一

般采用 ϕ42mm 钢花管,管长 5m,注浆管梅花形布置,间距 1m×1m。注浆材料采用普通水泥单液浆,浆液配比为 $W:C=0.6:1\sim1:1$。注浆采取定压控制,注浆终压为 1.5～2MPa。

④注浆。当溶洞堆积物破碎,横向范围较小,施工时可以采用清除溶洞填充物后,修筑衬砌仰拱,对底部人工填筑土体进行压浆加固,衬砌底部可以设压浆花管,压注水泥浆,隧道拱部回填块石,浆砌片石护拱。

⑤换填。先清除充填物表层土,基底以下换填人工基础,衬砌与岩壁之间空隙用浆砌片石、干砌片石紧密回填,采用带有仰拱的衬砌,边墙基础襟边紧抵岩壁。

⑥桩基。当溶洞中堆积物不易清除且不流失时,可根据地质条件及结构要求,设计支承桩或摩擦桩来处理堆积物。桩位可根据具体情况来设计,若隧道完全通过溶洞,可在线路中心溶槽部分设一排桩体,以承受线路及列车的荷载。在线路边墙基底另设一排桩体,以支撑衬砌及围岩的垂直荷载。

当隧道基底为溶腔且深度较深(5～30m)时,采用钢管群桩或桩基承台方案,基桩入基岩 1～2m。钢管桩管径 75～108mm,梅花形布置,间距(60～100cm)×(60～100cm)(环向×纵向),注浆材料宜采用强度高、耐久性好的超细水泥单液浆、普通水泥单液浆和 TGRM 浆。普通水泥单液浆水灰比 0.6∶1～0.8∶1;超细水泥单液浆、TGRM 浆水灰比 1∶1～1.2∶1。桩基承台方案中桩基常采用 1.25～2.0m 嵌岩桩。

基底采用“钢管群桩注浆加固”方案,隧道结构加强示意如图 6-18 所示。

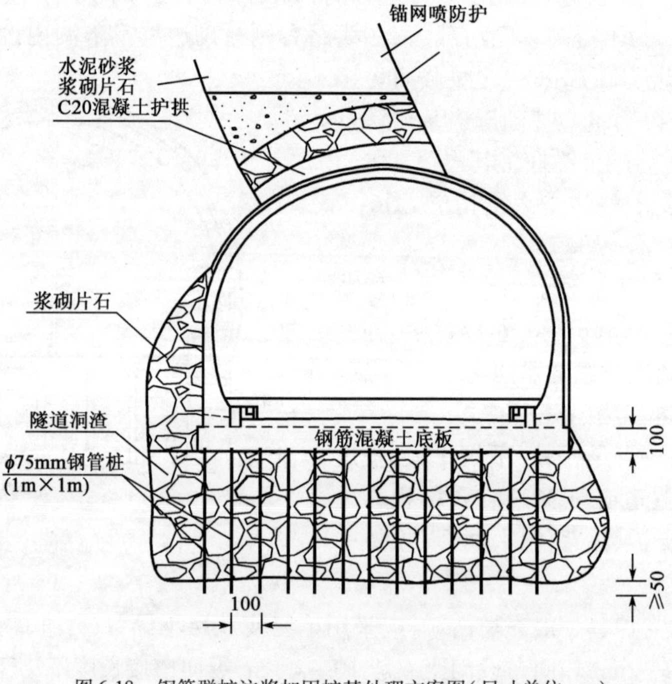

图 6-18　钢管群桩注浆加固桩基处理方案图(尺寸单位:cm)

(3)溶洞水的处理

对岩溶水的处理原则是因地制宜,截、堵、排、防相结合的综合处理措施,尽量保持原有过水通道和储水状态。在摸清水流路径的情况下,后在隧道轮廓线外的适当位置增设辅助过水通道,在隧道周边进行封堵,使岩溶水不进入隧道结构内部。在不影响地表环境情况下,应结合水流特征和出露位置,可选用设置暗沟、预埋管道、修筑涵洞和开凿泄水洞等建筑物,经横洞、平行导坑或其他坑道将水排出洞外。较大涌水溶洞可采用泄水洞和涵洞排水方案。

①泄水洞。当预测到隧道区域的岩溶水量大、水压大,而隧道确实无法避开时或封堵时,需考虑专门设置泄水隧洞,达到排除岩溶水,降低地下水位,保持隧道干燥和施工安全的目的。

泄水洞应位于地下水来向的一侧,为防止岩溶水突然袭击,泄水洞施工中要采用超前钻孔探测,预备足够的抽水设备。

②注浆堵水。施工中遇有大规模充填溶腔,且有充填物含饱和水,易发生突水突泥情况时,要采取预注浆堵水方案。注浆堵水是在隧道开挖线外一定范围制造截水帷幕,从而阻断水流,达到注浆加固堵水要求,截水帷幕形成后,在隧道开挖轮廓线外设置超前支护(大管棚或超前小导管),并通过注浆,营造超前支护体系,以满足隧道安全开挖需求,隧道开挖完成后,在隧道周边采取径向注浆,径向注浆、超前帷幕注浆和抗水压二次衬砌结构共同作用,实现满足隧道抗水压结构。

注浆施作首先封闭掌子面,施作止浆墙,再对掌子面前方采取超前全断面深孔注浆,加固溶洞充填物以及破碎围岩,加固范围应为隧道开挖轮廓线以外1~2倍洞径,注浆段长度一般15~30m,注浆孔孔径为90~108mm,注浆压力应为水压力的2~3倍,浆液扩散半径为0.5~2.0m。注浆材料采用普通水泥单液浆、水泥-水玻璃双液浆,以普通水泥单液浆为主。普通水泥单液浆水灰比一般为0.6:1~0.8:1。

③泄水涵洞。隧道断面与岩溶水相交时,为保证岩溶水畅通,在隧道底部设钢筋混凝土涵。同时,涵洞出入口周边至隧道边墙外缘采用浆砌片石回填密实。

在采用此方案时要正确考虑涵洞过水断面,一般应按富水季节流量考虑。同时,要考虑排水纵坡,防止泥砂沉积堵塞。

(4)岩溶地面塌陷的处理

①隧道从地表高压注浆,固结塌陷松散体,避免出现突泥现象。

②地表用混凝土回填塌陷体洞穴并压实。

③在坑周施工截水沟,防止地表水流入。

(5)迂回导坑施工

当遇到较大的富水溶腔时,为了不影响总的工期,应考虑采用迂回导坑绕过溶腔,开辟新工作面继续向前施工,亦可两方向夹击处理溶腔。施工迂回导坑前必须选好线路,做好超前地质预测预报工作,确保避开溶洞。

①迂回导坑工作原理。迂回导坑是当隧道掌子面掘进遇大型易发生突水突泥高压富水溶腔或暗河后,考虑正面突破难度大、时间长、风险高等特点,并在掌子面左右侧或后方扩大范围超前精确探明岩溶发育规律后,利用岩溶发育较弱地带,见缝插针,设置迂回导坑绕行通过的一项岩溶处理技术。其技术关键是在充分探明高压富水溶腔或暗河及岩溶发育规律后进行躲避、迂回、绕行的一项岩溶处治关键技术。

②作用及意义。遇大型突水突泥溶腔迂回绕行技术有其显著的工程意义:

a.快速迂回绕行超前施工发挥其超前地质探测的作用,为正洞施工提供更为准确的地质预报,规避施工风险,保障施工安全。

b. 可超前正洞向前开辟工作面,加快施工进度。

c. 有利于施工通风和排水,改善掌子面的工作条件。

d. 迂回绕行后采用多方位钻孔对高压富水溶腔进行排泄降压,降低处理风险及难度,可大大降低投资。

e. 有利于施工及运营期间的逃生及救援。

③遇大型突水突泥溶腔迂回导坑绕行躲避技术:

a. 迂回导坑线路设计。在超前地质预报超前探测的条件下,选择无地质风险段、在能保证迂回导坑施工安全且距离大型突水突泥溶腔较短的位置开口,沿隧道掘进方向左(右)侧开设迂回导坑,绕行于溶洞前一定位置返回隧道进行正洞开挖支护作业,迂回导坑出入洞方向均与正洞成45°夹角。

迂回导坑洞口与主洞连接处施工前进行预加固,开洞后要立即进行现浇混凝土衬砌锁口。如某隧道迂回导坑平面布置如图6-19 所示。

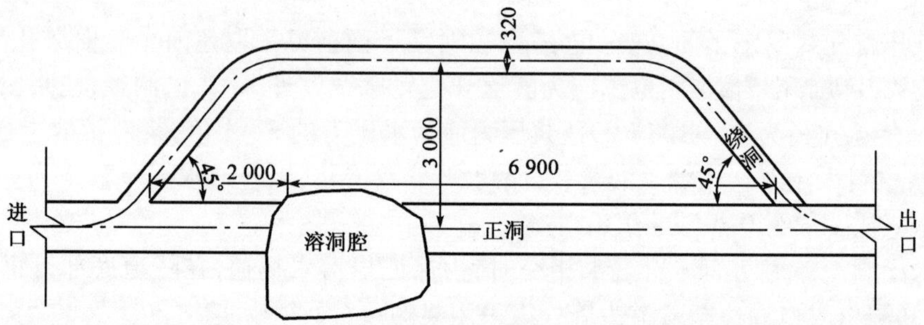

图6-19　某隧道迂回导坑平面布置图(尺寸单位:mm)

b. 侧导洞断面设计。迂回导坑一般设计为圆拱直墙型断面,内净空断面尺寸为3.2m×3.4m,进入正洞后正洞初期支护后断面仍为圆拱直墙型断面,为了方便正洞施工,可适当将断面扩大。全封闭支护结构,以优化结构受力,尽量减小开挖石方量,采用有轨运输的迂回导坑断面尺寸设计如图6-20 所示(迂回导坑的运输方式一般与正洞相同)。

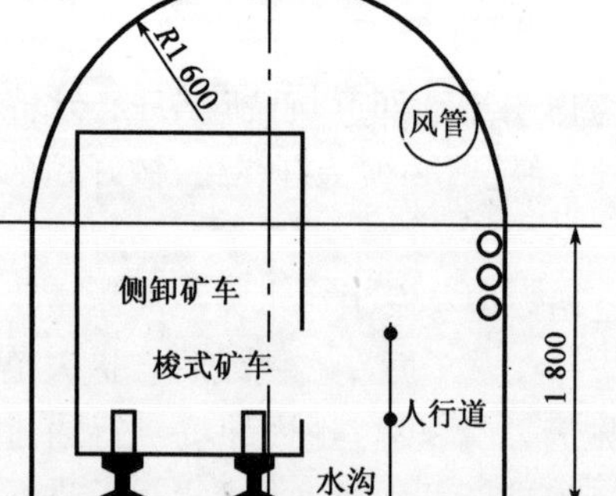

图6-20　迂回导坑净断面设计图
(尺寸单位:mm)

迂回导坑建议断面设计参数见表6-7。

c. 迂回导坑施工步骤:开口位置初期支护或二次衬砌及周边围岩加固→初期支护或二次衬砌拆除及加固→迂回导坑开口→挑顶进入迂回导坑→迂回导坑开口段锁口→人工开挖迂回导坑进口段→钻爆法开挖至迂回导坑出口→迂回导坑出口段锁口→挑顶进入正洞→正洞施工。

▶开口位置管片及周边围岩加固:迂回导坑开口拟拆除正洞一侧墙初期支护,并在开口前位置进行全环周边加压注浆。采用YT28 风钻、自进式锚杆钻孔,锚杆长度1m/节,连接套连接,钻孔深度不低于3m,终孔段1.5m 范围内按间距30cm 梅花形开孔。钻孔完成后,化学注浆加固,注浆效果采用压水试验检查。

迂回导坑开挖及初期支护参数表(建议)　　表6-7

序号	围岩类别	开挖断面宽×高	超前加固	钢筋网	系统锚杆	钢拱架	喷射混凝土
1	Ⅳ	3.5m×3.4m	—	ϕ8mm@15cm×15cm,单层	L=1.5m,ϕ22mm@1.0m×(1.2~1.5)m	—	C20,t=15cm
2	Ⅴ	3.5m×3.4m	L=2.0m,ϕ25mm超前锚杆或ϕ42mm超前小导管@30~40cm	ϕ8mm@15cm×15cm,双层	L=1.5m,ϕ22mm,@1.0m×(1.0~1.5)m	I14型钢拱架@1.0~1.5m	C20,t=15cm

▶测量放线:施工测量放线采用全站仪。进入正洞后,采用以激光指向仪为主进行断面放样,全站仪测量定期复核。

▶超前预加固:Ⅴ类围岩实施超前预加固,按设计参数采用超前锚杆或超前小导管先支后挖,超前锚杆或超前小导管尾部从钢拱架腹部穿过,每茬炮均施作。

▶迂回导坑开口及洞身施工:正洞初期支护采用逐环拆除的方法,拆除前先用ϕ32mm、L=3m长自进式迈式锚杆锚入围岩将保留初期支护(二次衬砌)进行预固定。开口采用人工手持风镐开挖,分部开挖,先开挖一侧及顶部钢架位置,将钢架安装好后再开挖另一侧及顶部钢架位置,钢架全环完成后方进行开口工作。开口时上挑,上挑角度与水平线夹角为7°,直至达到迂回导坑洞顶设计高程,隧道进入迂回导坑上挑如图6-21所示。

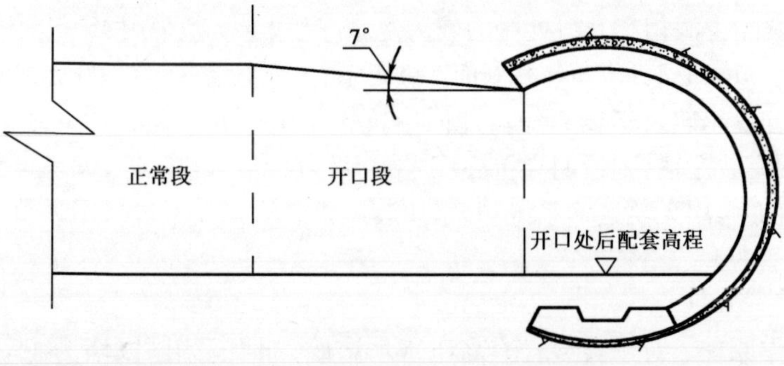

图6-21　隧洞进入迂回导坑上挑示意图

开口后采用I16工字钢做好锁口工作,三角区采用I14钢拱架+锚网支护,拱架扇形布置,迂回导坑开口段锁口如图6-22所示迂回导坑开口及锁口。

迂回导坑开口至迂回导坑与隧洞平行区段前采用人工手持风镐开挖(或弱爆破开挖),迂回导坑与隧洞平行区段至迂回导坑出口段、正洞开挖段均采用全断面光面爆破进行开挖,搭设简易台架,人工手持风钻钻孔。

d.迂回导坑施工注意事项:

▶迂回导坑的施工应在综合地质超前预报手段探明地质条件的前提下再进行施工,准确的超前地质预报是迂回导坑施工的前提条件。每拐角处设3个超前钻孔,钻孔终孔在迂回导坑开挖轮廓线外 1.5m，超出开挖长度不小于 2m。

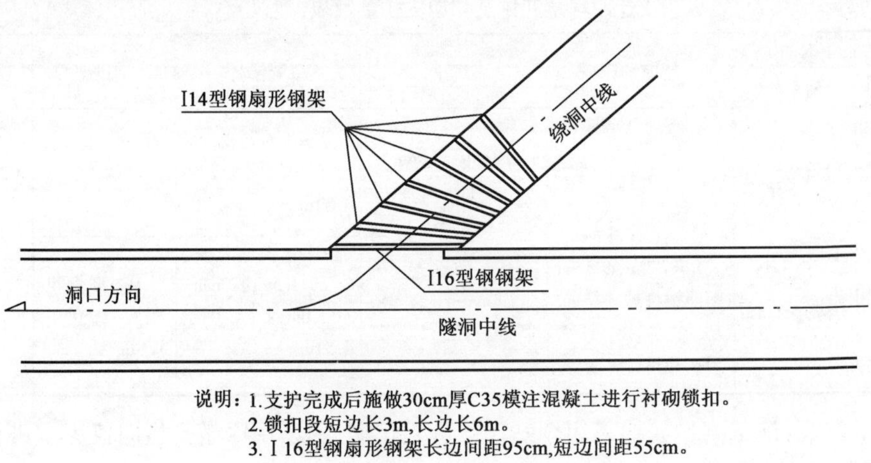

图 6-22　迂回导坑开口及锁口示意图

▶迂回导坑一般与相邻的正洞中线间距 20～30m，迂回导坑中线与平导中线平行掘进，迂回导坑终点根据开挖揭示的地质条件、地下水赋存状况另行确定。

▶迂回导坑已掘进至溶洞区，地质条件极为复杂，在开挖过程中有可能发生坍塌并会影响初期支护结构的稳定性，很可能在完成开挖及支护后沉降及收敛变形大，支护结构强度不够导致失稳。此外，迂回导坑斜交进出主洞开口处受力复杂，且开挖及支护难度大。

▶除要考虑足够大的线间距外，要对迂回导坑开口处前后一定范围已施工的主洞结构进行灌浆预加固及迂回导坑开口方向超前预加固。

▶因迂回导坑与主洞相交开口处受力较为复杂，迂回导坑拟采用 45°斜交进洞，开口段存在 4～6m 斜交过渡段，拟加工 8～10 榀特殊断面钢拱架完成过渡段支护，并做好迂回导坑锁口施工。

e. 迂回导坑开挖出碴及运输组织。迂回导坑施工组织方式与正洞的施工组织方应相配套，如果正洞采用有轨运输，则迂回导坑亦应采用有轨装渣、有轨运输；如果正洞采用无轨运输系统，则迂回导坑亦采用无轨运输系统，并采用装载机装渣。只不过采用无轨运输施工时迂回导坑断面较大。

（6）泄水洞

①泄水洞工作原理。对于大型岩溶高压富水溶腔，如果采用“以堵为主”的整治原则，其难度主要体现在：a. 需采用较强的帷幕注浆设计及抗水压衬砌结构，施工投入大。b. 帷幕注浆工艺复杂，工期长。c. 注浆效果检查及质量保证难度大，注浆盲区及固结地层质量缺陷，仍可在开挖中造成高压水溃破掌子面，造成突发性突水突泥地质灾害。

因此，一般在岩溶隧道施工中，需要根据岩溶涌水及补给源特点，采用“释能降压、注浆加固，综合治理”的治理岩溶涌水的方针。“释能降压”就是针对易形成大规模突水突泥威胁施工及运营安全的高压富水溶腔，通过设置永久泄水洞、与泄水洞相连通的泄水支洞、排水钻孔等手段，达到排水、排泥、排石，降低溶腔充填泥水势能的目的。“注浆加固”就是针对释能降压后的溶腔，充填物不能完全排放，通过注浆可有效改良地层，达到隧道开挖在超前支护等措施下安全快速通过的目的。

②泄水洞释能降压方案。在高压富水深埋充填型溶洞条件下，设置泄水洞进行泄水降压是降低隧道施工难度、保证隧道施工安全、确保施工质量的一项重要措施，施工中应决策准确、及时。针对岩溶发育、涌水特点及岩溶发育规律，在超前地质探测的前提下，选定在正洞外侧距中线20～30m处修建一条平行于隧道的泄水洞，并通过修建具有更大坡度的高位泄水支洞或大直径钻孔连接正洞各溶腔涌水点进行排泄岩溶高压水及充填物，从而达到释能降压目的。

a. 泄水洞断面尺寸。一般情况下，当泄水洞为临时性工程时，内净空断面可设计得较少，断面宜为2.0×2.0m，拱式结构，支护体系主要考虑初期支护，采用无压力式涵洞计算，可满足涌水量大于1 000m^3/h的排水要求；当泄水洞长度大于1 000m，或设计为永久性工程时，应综合考虑工期要求、投入机械设备要求、长期使用要求等，内净空断面可设置得较大，如设置为4.0×4.0m左右，支护应采取二次衬砌结构。如泄水洞净空设计为4m×4.3m（宽×高），采用喷锚支护的喷锚衬砌断面如图6-23所示。

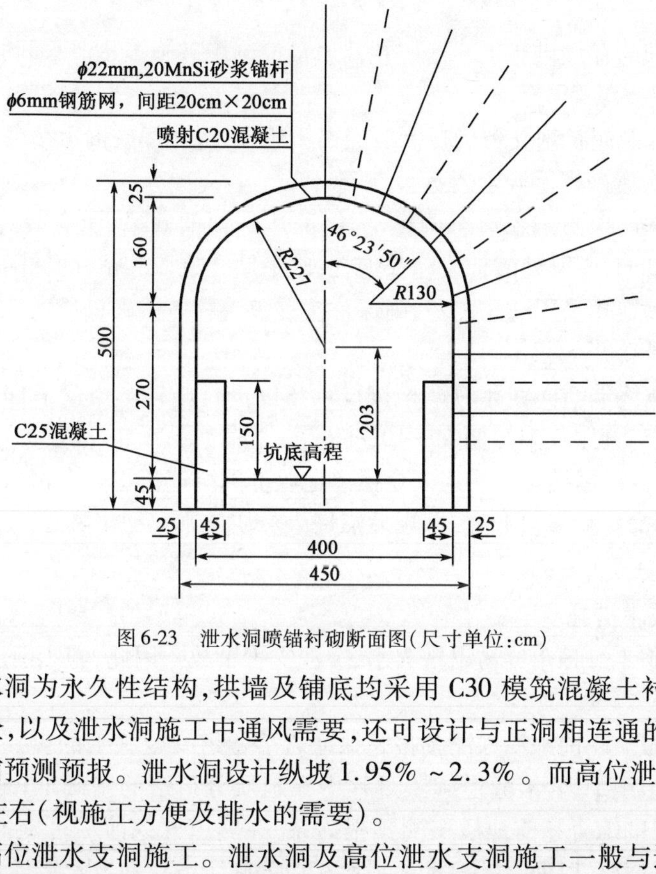

图6-23　泄水洞喷锚衬砌断面图（尺寸单位：cm）

考虑到该泄水洞为永久性结构，拱墙及铺底均采用C30模筑混凝土衬砌。同时，为保证泄水洞的施工安全，以及泄水洞施工中通风需要，还可设计与正洞相连通的横通道，泄水洞施工中采取综合超前预测预报。泄水洞设计纵坡1.95%～2.3%。而高位泄水支洞则坡度要大得多，一般在30°左右（视施工方便及排水的需要）。

b. 泄水洞及高位泄水支洞施工。泄水洞及高位泄水支洞施工一般与迂回正洞施工方法相同。施工采用边探边挖，每个循环均要施钻3个4.5m深的加深钻孔探明前方地质情况，遇有不良地质情况立即采取措施。

泄水洞坡度相对支洞要平缓许多，可采用常规方法施工。而高位泄水支洞一般距离短，坡度大，常采用无轨运输及组织施工。

高位泄水支洞第一段斜坡爬至拱顶设计开挖轮廓线4m高度时变缓坡前进15m，然后停止掘进，钻探探测空洞位置，确定水源后向水源方向掘进，后采用爆破方式揭露溶洞。

高位泄水支洞跨越正洞时需选择较好围岩且保留不小于5m的洞顶厚，如图6-24所示。

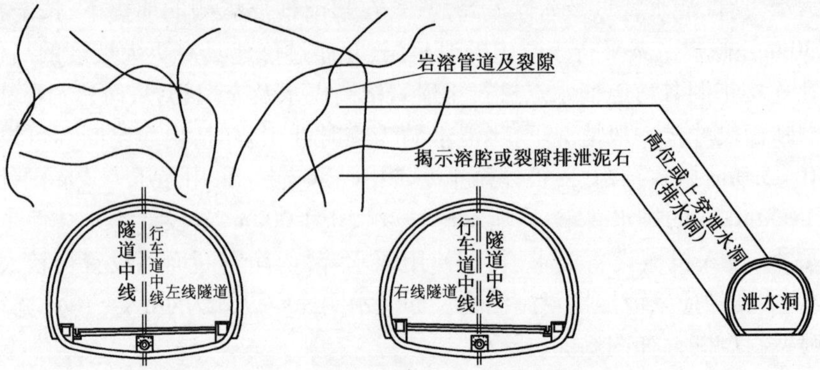

图6-24　高位泄水支洞跨越正洞布置图

c. 揭露溶腔预留岩盘爆破施工。溶腔预留岩盘控制爆破施工是泄水洞能否进行释能降压的关键。其技术要点为：

▶根据水平钻孔及超长炮孔精确探测溶腔揭示边界，优化爆破揭示钻爆设计，根据溶腔充填物势能预留足一次爆破揭示安全岩盘。

▶钻孔深度根据已探明溶腔形态调整，为保证达到预期效果，所有装药孔均不得打穿溶腔，孔底预留岩盘30cm，不明处需补设超长炮孔、水平钻孔或取芯钻，随钻随优化。

▶最后揭示钻爆炮孔采用满孔装药，确保一次爆破溶腔体溃破口最大，以利于溶腔内充填物突出达到最优释能降压效果。

▶高位泄水支洞终端断面钻孔应严格按设计角度进行施钻。当受节理、裂隙影响时可稍稍移动孔眼位置，眼口开眼误差控制在±10cm左右。

▶采用电起爆，将起爆线拉至快速安全撤离地段。网络连接检查合格后，撤离洞内所有设备人员，待发出起爆命令后方可起爆，起爆后点爆人员快速乘车撤出隧道。

2)隧道岩溶安全施工技术

(1)安全施工技术措施

岩溶隧道由于施工过程中容易出现突水、突泥灾害事故。因此，施工前应制订相应的安全施工技术措施。

①超前探测预报。超前地质探测预报是保证岩溶隧道安全施工的重要环节，应作为一道重要工序纳入施工组织中，岩溶隧道施工过程中在地质分析法的基础上，采取“长短相结合、物探与钻探相结合”的综合超前地质探测预报体系，在隧道开挖前尽可能的探明前方地质情况，尤其是岩溶发育情况，以便有针对性地采取相应的施工方法和技术措施。

②安全生产制度及培训。施工前应对进洞作业人员进行安全生产制度培训，特别是应学会判别掌子面风险标记，熟悉逃生线路等。

③设置专职安全员。岩溶隧道施工中，必须设立专职安全员，负责隧道的安全风险识别，负责预警系统和应急照明系统的开启。

④配置逃生工具。在具有突水、突泥风险的岩溶隧道施工中，洞内必须配备逃生工具，逃

生工具包括逃生车辆、救生衣、救生架等。

⑤设立逃生线路标志。在具有突水、突泥风险的岩溶隧道施工中，当遇到大规模的突水、突泥时，应选择逃生。逃生路线是按照隧道的施工现状设计的一种最佳逃生路径。逃生线路应在洞口挂示，洞内设置逃生标志，以使进洞人员一旦遇到险情及时逃生。

⑥逃生通道。当隧道遇到大型岩溶进行处理时，应设计必要的逃生通道。对于有平导的隧道，应在原设计的平导与正洞横通道间增设逃生通道，应满足掌子面退后 1 000m 内通道之间间距不大于 200m，以利于现场逃生。逃生通道断面为 2m × 2.5m（宽 × 高），逃生通道内不得放置杂物和机械，确保畅通。逃生通道处应标明标记，使进洞人员明确通道设计意图。

⑦同声光警系统。对于突水、突泥风险较大的岩溶隧道，在洞内作业人员的位置均应设置同声光警系统，系统应与洞外调度形成网格。施工中一旦任何掌子面发生险情，可以达到洞内采取措施或同步撤离。同声光警系统可以采用电铃系统（简易）或光纤光栅传感系统，无论采取何种方式，均应能达到同步知道险情的目的。

⑧应急照明。当洞内出现突水、突泥灾情时，施工电源会因漏电保护而断电，为保证施工人员撤离迅速，应在洞内重要位置设置应急照明装置。

⑨逃生演练。为确保遇到险情时能够顺利逃生，对于长大复杂岩溶隧道，施工过程中必须要每季度组织一次逃生演练。

⑩逃生组织。洞内逃生应由专职安全员负责，安全员应在掌子面值班。当遇到险情时，安全员应及时起动预警系统，由工班长组织逃生。逃生时必须按照设定的逃生路线逃生，隧道反坡施工时，工班内至少要有两名以上人员具备开车能力，辅助逃生，减少意外发生。

（2）不安全因素辨识

在岩溶隧道施工中，一定要进行不安全施工部位辨识，在不安全状态下施工，极易发生事故。

①隧道突水、突泥关键部位辨识原则。岩溶突水的最可能位置为两种岩层的接触带，大型富水溶腔是最不安全的风险源。

在岩溶隧道施工中，一经发现异常情况，应立即停止所有可能导致岩溶隧道突水的关键部位施工，并进行详查，做到防范工作有的放矢。

岩溶突水、突泥的关键部位主要发生在隧道开挖断面的拱脚处，出水点及与岩层走向有关，一般在顺层的下游。

②隧道突水、突泥临界距离辨识原则。根据施工经验，隧道岩溶突水、突泥临界距离一般为 1.5 ~ 3.5m。因此，超前探孔预测岩溶突水、突泥时，探孔的终孔位置为开挖轮廓线外 2.5m 为宜，也就是说，防止岩溶突水、突泥的隔水岩柱要保证在 2.5m 以上。在探测到前方存在的岩溶且岩溶水压力较大且水量丰富时，要考虑一定的保险系数，保留 3 ~ 5m 的防突岩盘是适当的。

因此，处置岩溶突水的钻孔、注浆等施工必须在隔离岩柱的临界距离之外作业。

③隧道突水、突泥关键工序辨识原则。岩溶隧道突发性涌水、突泥主要发生在开挖和初期支护完成后这两个环节。

隧道开挖后，由于改变了溶洞原来的应力平衡条件，水力特性、环境条件等。因此，容易引发突发性涌水、突泥事故。

④隧道突水、突泥风险状态辨识原则。在岩溶隧道穿越富水构造时，当掌子面有掉块声、

硬塑状涌泥，渗漏水量逐渐变大时，为突水、突泥的前兆，应及时逃生。经观察确实不存在大量突水、突泥时，方可进入工作面。

(3)施工顺序优化

针对岩溶隧道，为保证开挖安全及施工进度，宜对隧道施工顺序进行优化选择：

①一般情况下，在小断面岩溶段经超前预注浆加固及大管棚支护条件下，宜采用全断面法开挖。在大断面岩溶地段，如果溶洞与隧道呈交错位，在采取措施后，宜应优先选择全断面法开挖。

②当岩溶与隧道呈交叉位时，宜采取台阶法开挖。

③当岩溶与隧道呈交叉位时，并且岩溶填充介质为沙层时，宜选择最为安全的分部开挖法施工。

(4)施工季节选择

工程实践证明，对连通型岩溶和半连通型岩溶，避开雨季施工能明显地减小隧道涌水量，甚至可实施干式作业，效果显著。对孤立型岩溶，施工基本上不受季节的影响。因此，查明水力联系，确认是否为连通型或半连通型岩溶，对隧道进行季节性施工意义重大。

(5)先行洞与后行洞协调施工

①坚持"双面夹击、尽快贯通"的施工原则。

②先行洞与后行洞作业面应协调施工，做到"先洞超前、后洞紧跟"的原则，反对先行洞长距离独头掘进。原则上，两洞之间作业面的距离不要超过500m。

③当先行洞遇到特大岩溶时，应优先考虑采取迂回导坑方案，实现两端夹击加固。当确实没有迂回条件或迂回工作量特别大时，才考虑处理措施。

(6)洞内外排水系统设计

反坡施工岩溶隧道时，必须设置足够排水能力的洞内抽水系统。洞口排水系统必须保证畅通。

当反坡施工隧道遇到特大高压富水岩溶，存在突水、突泥可能时，应重新分析隧道工期，如工期能保证，原则上采取反坡端停止施工，仅顺坡端开挖。

(7)支护体系设计

①超前支护体系。当探测到隧道前方岩溶纵向长度小于5m，经确认突发性涌水、突泥可能性不大时，采取注浆小导管超前支护，纵向长度5m，环向间距20～30cm。

当探测到前方岩溶纵向长度大于5m时，经确认存在突发性涌水、突泥风险时，必须采取大管棚超前支护，纵向长度为注浆加固段长度，环向间距30～50cm。

②初期支护体系。溶腔段应采用初期支护加强措施，原则上参考如下要求：

a. 无水溶腔：溶腔规模小于5m，采用I18钢架支护，支护间距1榀/0.5～1m。网喷C25混凝土20cm。

溶腔规模不小于5m，采用I20钢架支护，支护间距1榀/0.5～0.8m。网喷C25混凝土20cm。

b. 有水溶腔：

$p_{水压}<0.5$MPa时，采用I18钢架支护，支护间距1榀/(1～1.2m)。网喷C25混凝土20cm。

0.5MPa$\leqslant p_{水压}<1$MPa时，采用I18钢架支护，支护间距1榀/(0.8～1m)。网喷C25混凝

土 20cm。

1MPa≤$p_{水压}$ <2MPa 时,采用 I18 钢架支护,支护间距 1 榀/0.5m。网喷 C25 钢纤维混凝土 20cm。

2MPa≤$p_{水压}$ ≥2Mpa 时,采用 I20 钢架支护,支护间距 1 榀/0.5m。网喷 C25 钢纤维混凝土 20cm。

(8)二次衬砌紧跟

通过系统研究岩溶突水、突泥与施工工序的相互关系,发现突水灾害主要发生在开挖和初期支护两个环节。因此,当遇到高压富水岩溶时,缩短初期支护单独承载时间,二次衬砌紧跟,并考虑钢筋混凝土衬砌,实施抗水压衬砌等。

3)溶洞地段施工注意事项

(1)施工前对地表进行详勘,注意研究岩溶状态,估计可能遇到溶洞的地段。

(2)了解地表水、出水点情况,并对地表进行必要的处理。

(3)当施工达到溶洞边缘,各工序应紧密衔接。同时,设法探明溶洞的形状、范围、大小、充填物及地下水等情况,据以制订施工处理方案及安全措施。

(4)注意检查溶洞顶板,及时处理危石。当溶洞较大较高时,应设置施工护架,在溶蚀地段的爆破作业,应尽量做到多打眼,打浅眼,并控制药量。

(5)在溶洞充填体中掘进,如充填物松软,可用超前支护法施工。如充填物为极松散的砾、块石堆积或有水,可于开挖前采取预注浆加固。

(6)溶洞未做出处理方案前,不得将弃渣随意倾填于溶洞中。

(7)处理情况复杂的溶洞时根据现场情况制订安全措施,以确保施工安全。

(8)穿越岩溶暗河地段时,应尽量维系岩溶暗河的既有通道,严禁随意封堵。

6.2 采空区施工技术

6.2.1 采空区形态特征及分类

1)采空区形态特征

采空区是由人为挖掘在地表下面产生的“空洞”。一般采空区位于矿区,是由采矿后所遗留下的地下空间,其空间特征由矿体走向与人类开采活动所决定的。

重庆市矿产资源十分丰富,类型多,在国内占有重要地位。已发现矿产 75 种,是全国特大城市中矿产资源最丰富地区。在各种矿产开采过程中形成了地下采空区,采空区的存在使得高速公路建设、运营过程中面临很大的安全问题,所以必须采取有效的采空区处理措施。

2)采空区成因分析

重庆市的矿业开采历史较长,最初开采为 20 世纪 30 年代。中华人民共和国成立后,由国家或集体开采,进入 20 世纪 80 年代后,又有个人或私人业主零星开采。由于个人或私人业主的无规划、无序开采,使矿体的巷道顶板多处被采空,或与正在施工中的隧道及地下工程相邻或侵限。结合矿石的成因及开采情况可做如下分析:

(1)由于矿体呈脉状及透镜体状、楔状等,并据调查,个人开采基本不考虑顶板问题,即哪有矿挖哪,故采空区的分布极不规则。

(2)由于开采历史较长,故采空区在竖向上分布不止一层。

(3)由于开采过程中巷道内可能有矿渣等堆积物,以及后来巷道的塌落和地下水的水力搬运,采空区中可能有堆积物。

3)采空区特点

采空过程是一个地质体因受扰动而平衡态被破坏到应力重新分布达到新的平衡态的过程。矿体开采导致应力重新分布:围岩剪应力随着工作面推进形成应力平衡拱,由于应力集中导致覆岩破坏,从矿体的直接顶板岩层开始由下而上依次位移离层。采空区一旦形成,岩层即发生移动至移动停止,按破坏程度不同大致分为三带:冒落带、裂隙带、弯沉带。开采过程中工作面的推进距离越大,下沉越大,三带的范围也随之扩展。当冒落带最大下沉值超出临界值时发生顶板冒落,三带向上递进。临近采空区的顶板岩石应力状态变化最大,直接失去支持力,容易发生垮落。如果与隧道近邻,则会因采空区的原因而使得围岩发生相应的水平和侧向位移。

采空区具有隐伏性强、空间分布特征规律性差、采空区顶板冒落塌陷情况难以预测等特点。因此,如何对采空区的分布范围、空间形态特征和采空区的冒落状况等进行量化评判,一直是困扰工程技术人员进行采空区潜在危害性评价及合理确定采空区处治对策的关键技术难题。

4)采空区分类

按照采空区与隧道的位置关系可分为采空区位于隧道洞身上方、采空区位于隧道的底板以下、采空区位于隧道边墙部位、采空区贯穿隧道洞身。按照采空区填充情况可以分为无填充采空区、充水采空区、充填泥石采空区。

6.2.2 采空区对隧道施工造成的主要影响

1)引发地面塌陷

按采空区塌陷在地面造成破坏的主要表现不同,可将采空区塌陷面分为中心区地面下沉并伴随挤压带和外围形成同心环状裂缝带及张拉带。

采空区塌陷一般是突发性和随机性的。塌落边界多沿一个或多个采掘盘区的边界发育,平面呈椭圆形或圆形,剖面上呈“反漏斗”状或圆桶状。地面反映为环状裂缝带。地面下沉范围与地下对应关系明显,几乎是呈圆柱体整体下陷,持续时间短。塌陷面积一般为0.1~0.5km^2,并且伴随有塌陷地震和有害气体的外溢。

2)引发工程结构本身缺陷

在隧道建设中穿越采空区对施工过程中、隧道后期运营过程中带来非常大的安全隐患。

在选线时由于初勘资料的不足,再加上详勘工作跟不上,致使隧道在施工过程中,穿入采空区。如果施工前探查不清,施工准备不足,穿入采空区将会发生大的坍塌、突泥、涌水、初期支护结构变形侵限等重大事故,给施工带来极大的困难。在后期运营中,因交通量大,行车速度快,要求运行质量高,隧道建成后将出现衬砌结构破坏,隧道轮廓侵入界限,路面、路基下沉,造成线路纵向不平,侧沟排水不畅,一旦发生这些病害,将危及行车安全,影响高速公路的正常运营。同时,使隧道的养护工作和维修都将十分困难。

6.2.3　采空区隧道施工处理原则

由于高速公路交通量大，行车速度快，要求运行质量高，遇到大的采空区在选线时应尽量绕避。由于某种原因无法绕避或因选线对路址地质情况和地下采空区分布了解不详时，在隧道施工过程中遇到未充填的采空区和采矿巷道时，必须采取措施慎重处理，以确保隧道的稳定性与运营时的安全畅通。

根据经验，对隧道采空区的施工处治宜遵循“以防为主、综合加固”的原则。

除遵循以上施工原则外，对采空区的处治还应采取以下技术原则：

1）根据矿床的赋存条件采用相应的处理措施

由于矿床的厚度、倾角以及倾向的不同，使采空区所处于隧道断面内的位置各异，对隧道稳定性的影响也不相同。因此，应根据矿床的赋存条件及采空区的状态不同，采用相应的处理措施。

2）根据隧道开挖应力重分布提出处理方法

隧道开挖引起的隧道应力重新分布，当隧道围岩应力大于该处岩体强度时，使隧道周边围岩产生松动破坏与塑性变形，形成塑性区（包括松动区）。一般认为，隧道开挖后引起的塑性扰动范围为隧道轮廓线外2～3m。因此，应对这一范围内的采空区加强支护以防止隧道产生大变形，以避免破坏范围的扩大。而塑性区的范围可在现场，通过量测获得。也可用下式计算塑性区半径R_0的大小。

$$R_0 = a\left[\frac{p + c\cot\varphi}{p_i + c\cot\varphi} \times (1 - \sin\varphi)\right]^{\frac{1-\sin\varphi}{2\sin\varphi}}$$

式中：a——隧道开挖面半径；

p——原岩应力；

p_i——支护对隧道围岩的反力；

c——隧道围岩的黏聚力；

φ——隧道围岩的内摩擦角。

6.2.4　隧道采空区的处置及安全施工技术

由于采空区所处于隧道断面内的位置各异，使采空区对隧道稳定性的影响也不相同。因此，应根据采空区的状态不同，采用相应的处理措施。

采空区对隧道的影响主要表现在对围岩及隧道支护结构的影响，采空区自身的稳定性和对施工的干扰，以及采空区坍塌及填充物的处置以及可能存在水害、气害及洞顶地表沉陷等。

采空区处置原则是“以防为主、综合治理”。施工中应通过超前地质预报，探明地质情况后，根据探测结果，采取加强超前支护、注浆等措施，对于无充填的采空区，采用浆砌片石、片石混凝土等回填密实，通过采空区。

采空区位于隧道底部、中部、顶部的情况均有可能，故必须采取相应的施工对策予以处理。

采空区的回填无一定的规律，各处回填的密实程度不一，并均达不到承载的强度要求，故采空区上部岩体包括隧道在内仍有继续下沉的可能。为了确保隧道的稳定，需对隧道以下一定范围内的采空区充填物进行注浆充填与加固，使之达到一定强度，从而保证隧道衬砌结构安全。下采空区治理采用在隧道内注浆加固,注浆加固范围应保证隧道左右边墙以外各有5m宽的围护带,并以70°倾角向下扩散形成隧底以下保护加固带。

1)采空区位于隧道下方的处置

采空区位于隧道下方时,关键在于对隧底的加固,在未揭穿采空区前,随时注意采空区与隧道的相对位置,确保施工安全,避免造成采空区的坍塌。

(1)采空区深度浅且未被揭露

采空区位于隧道底板以下未在隧道断面内出露或出露很少,且距隧道底部较近时,可在隧道内钻孔注入C10水泥砂浆,提高采空区原充填料的强度,水泥砂浆固结后采用仰拱通过,仰拱厚45~60cm。

注浆孔的布设分为边缘孔和中间孔两类。边缘孔布置在注浆区段的四周,共设两排,其纵向间距为2m,排距为2m,外排为1序孔,内排为2序孔,相互交错布置。中间孔布置在注浆区段的中间部位,共设5排,其纵向间距为3m,排距为1m,分为1、2序孔,呈梅花形布置。钻孔时钻孔必须抵达采空区底板以下至少0.5m,以便确定钻孔是否穿入采空区,注浆孔开孔直径为110mm,终孔直径不得小于75mm,钻孔倾角随布孔位置和采空区埋深的变化而变化,但必须保证采空区底板处的钻孔间距不得大于3m。

考虑注浆材料的耐久性,加固区中间孔选用纯水泥浆。但为了防止串浆,边缘孔选用有速凝性能的水泥—水玻璃双液浆。注浆顺序应首先施作边缘1序孔,再交错施作2序孔,以便迅速封闭隧道采空区四周,防止后续孔注浆时漏浆和串浆。在边缘1、2序孔注浆后约1~2d后方可钻孔灌注中间孔,中间1序孔灌注纯水泥浆,1序孔注完后施作2序孔,2序孔内灌注超细纯水泥浆。

为了防止采空区回填料在钻孔中坍塌,应利用注浆花管注浆,另外在采空区顶板内设置止浆塞,采用后退式注浆,主要灌注采空区段。注浆前应对各孔段进行洗孔,并对部分中间孔作分段压水试验,以便作检查孔时对比,洗孔压力及压水试验压力为注浆压力的70%。设计注浆压力为0.4~1MPa,首次注浆压力适当减小,第二轮注浆压力适当加大,边缘孔注浆压力应适当减少,中间孔注浆压力适当增大。固结注浆在规定的注浆压力下注浆孔(段)注入率不大于1.0L/min,再持续注入10min即可结束。全孔注浆结束后,应排除孔内稀浆,换填1∶1水泥砂浆($W/C=0.5$)将全孔封堵密实并将孔口抹平。在注浆施工完成7d后,对采空区布设的检查孔必须进行注浆质量检查。

(2)采空区深度浅且已被揭露

揭穿采空区顶板后,采空区未坍塌充填时,采用抛填片石及钢花管对基底压浆加固处理,如果采空区已坍塌充填,且隧底距离采空区底板小于3m时,在隧道开挖后清除隧底煤层采空区填充物,并采用C20混凝土回填,回填混凝土基础嵌入基岩内50cm。

如果已填充的采空区底板距离隧道底部大于3m但小于10m时,采取对隧道基底进行注浆加固。采用ϕ75mm钢花管压注水泥浆进行加固,钢花管按纵横向间距1m,梅花形布置,管壁厚5mm,管壁上钻注浆孔,孔径10~16mm,孔间距为15~20cm,呈梅花形布置,尾部1~1.5m范围不留注浆孔,作为止浆段。注浆终压1.0~1.5MPa。

施工时注意注浆钻孔要钻至煤层采空区底部基岩,下管注浆完毕后,钢花管留置孔中,管中注满浆,钢管嵌入基岩不小于50cm。

基底注浆完毕后,对注浆过程中的各种记录资料综合分析,并每5~10m设一检查孔,取岩芯,观察浆液充填情况,必要时补充注浆。

(3)采空区深度深范围大且已被揭露

当采空区距隧道底部较深时,一般超过15m以上时,这时在洞内钻孔注浆,往往施工难度较大,且很不经济,不仅注浆量增大,同时也延误工期。如果条件允许,根据隧道所处的地形地貌,可在隧道侧掘一小平导或小斜井,在平导、斜井侧向隧道采空区内注浆加固。当隧道内施工条件允许时,也可采用旋喷桩固结隧道底岩体。当需处治的采空区范围较大时或用跨梁结构,如采用厚50cm钢筋混凝土行车道板通过。

采空区位于隧道底板下的处置方案如图6-25所示。

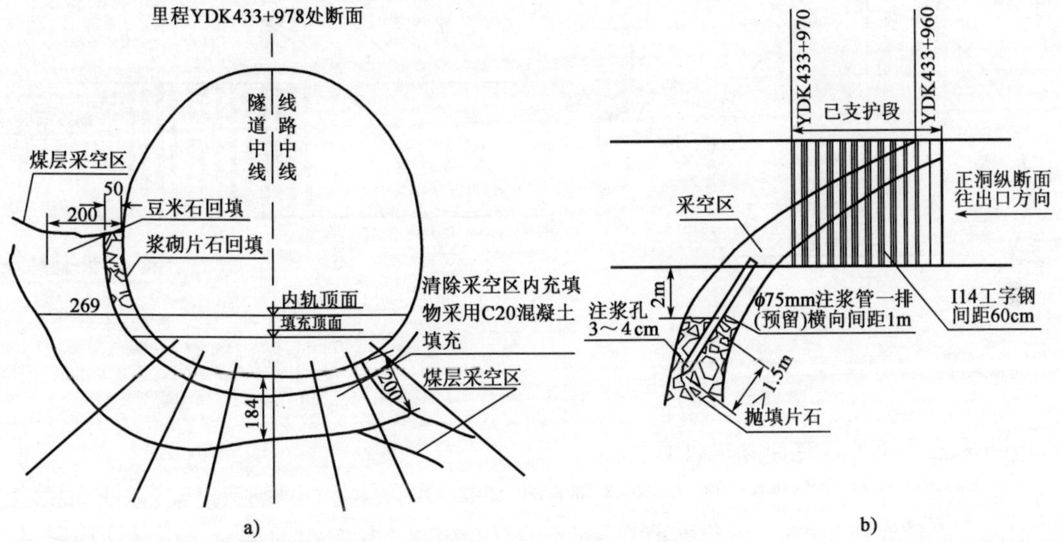

图6-25 采空区位于隧道底下方处置方法示意图(尺寸单位:cm)

2)采空区位于隧道边墙部位的处置

在未揭开煤层采空区前,先进行超前探测,对未坍塌充填但有水的地段,采取钻孔排水的方式放水,对已经坍塌充填的地段,采取超前支护,有水时采取超前注浆固结堵水等手段加固。

揭开煤层采空区后,有充填物的,先挖除充填物3~5m(没有则不挖除),换填密实的浆砌片石或素混凝土,以便提高隧道开挖后所形成的塑性区范围内的支撑强度,防止出现大的变形。

采空区位于隧道断面上部时,在隧道拱部施作1m后的C15混凝土护拱,并加强支护的格栅拱架也打入护拱内,护拱上设干砌片石缓冲层。

在隧道衬砌边墙两侧施作厚度2m的M10浆砌片石护墙,护墙外侧采用土石回填,厚度3m。

3)煤层采空区位于隧道顶部的处理

采空区位于隧道顶部,在未揭穿前超前探测揭示的情况属于未充填时,特别是近水平、缓倾斜的采空区且距隧顶较近时,必须采用加强支护,即在隧道拱部设管棚,管棚用格栅钢架支撑,格栅钢架纵向间距按60~80cm/榀设置、管棚可用ϕ89mm长15m的钢管,环向间距40cm,管内压注水泥—水玻璃浆,管内注浆参数水泥浆的水灰比为0.6∶1,水玻璃为35Be′,其与水泥浆体积比为0.4∶1,两组管棚间末端搭接长度不小于100cm。并应设WTD25、长3.5m的注浆锚杆,锚杆可按梅花形布置,横向间距为80cm,纵向间距为80cm。

揭示的采空区属于坍塌充填时,采取超前注浆固结,堵水,防止突水、突泥,然后采用台阶法开挖,超前小导管注浆预支护,并在施工中全环架设格栅拱架。

采空区处置技术如图6-26所示。

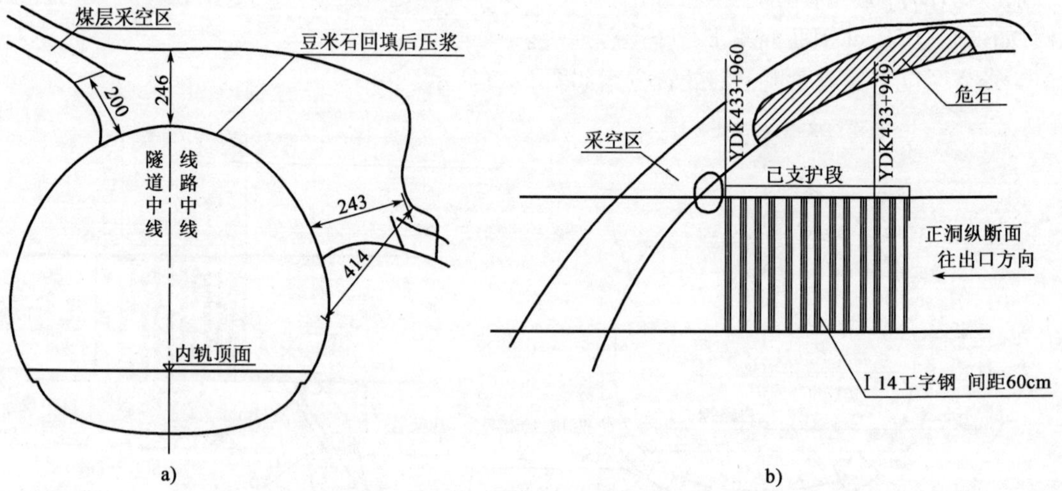

图6-26　采空区位于隧道底上方处置方法示意图(尺寸单位:cm)

4)采空区贯穿隧道洞身工作面

采空区贯穿隧道洞身时,顶、底部分别治理,拱部用大管棚或小导管、拱架、锚杆、混凝土护拱加固。隧道底板采空区,可用换填片、石、块石、素混凝土后采用仰拱或用跨梁结构通过,常见处理措施如图6-27所示。

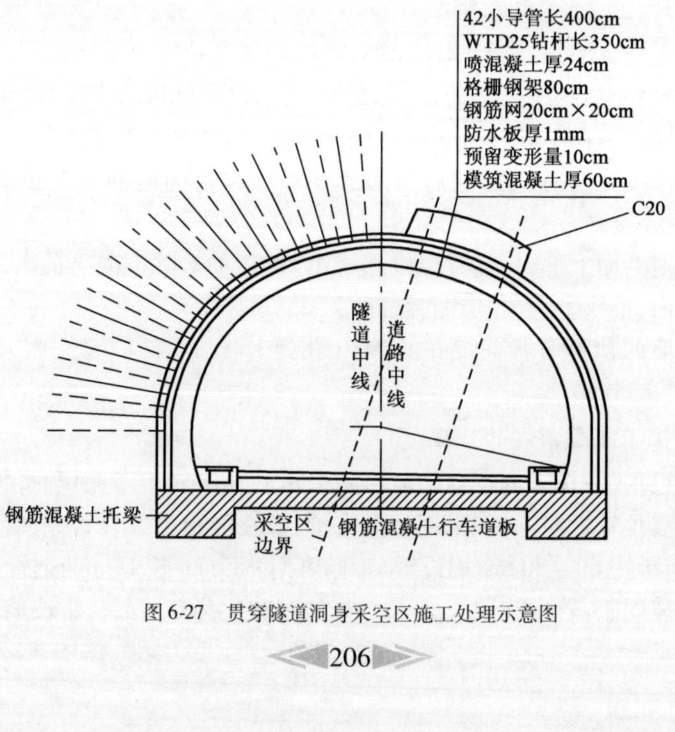

图6-27　贯穿隧道洞身采空区施工处理示意图

5)采空区处置施工注意事项

(1)施工中要随时监测围岩的变化,及时处理采空区顶部危石,加强超前支护及初期支护,适时衬砌跟进,对已探测出的瓦斯积聚区,应先钻孔排泄,后再进行施工处理。

(2)煤层采空区的施工难度主要取决于采空区的性质,多数煤层采空区都是多年废弃的坑洞,其具体位置和边界、深度都无法在勘察阶段摸清,且绝大部分都已坍塌和充水,对地下工程的修建构成极大困难,必须紧紧依靠综合超前地质预测预报技术,并结合施工图纸及开挖揭示的情况,尽可能详细明确采空区的性质。

(3)查明采空区的情况,防止突泥、透水是安全快速施工的前提,并制订切实可靠的施工技术方案,并按照预先制订的施工方案稳扎稳打,步步为营。

(4)真正把“安全施工、支护宁强勿弱”放在穿越采空区的全过程。

6.3 工程实例

6.3.1 某隧道岩溶处治施工技术

1)工程概况

某隧道位于重庆市开县与城口交界的雪宝山地区。隧道为单洞两车道双向行驶公路隧道,全长4 279m。

隧址区岩层主要为石灰岩,占隧道围岩的70%左右,岩溶发育,特别是地表浅部溶蚀洼地、落水洞、漏斗成片出现,再加上隧址区处于向斜地质构造,极利于地下水的汇集,且汇集的地下水形成岩溶水使隧道施工的难度增大。因此,岩溶及岩溶水问题是该隧道修建中的最主要的不良地质现象。

现场调查表明,K21 + 776 ~ K21 + 785 段右侧围岩,形成了纵向最长约9m,高达拱顶的坍塌穴口,部分初期支护钢拱架已变形破坏,且溶洞空腔向围岩深部延伸。其后又发生了数次小规模的涌泥事故,其突水涌泥灾害现场如图6-28所示。

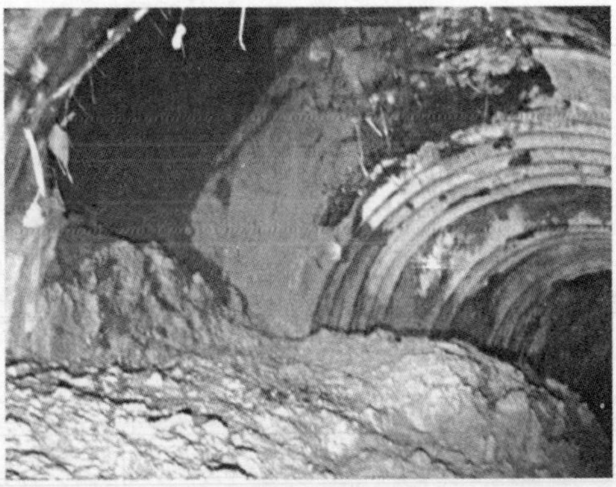

图6-28 突水涌泥现场

经过对现场监控量测数据及对场区地质条件的分析,灾害系由多天降雨形成的岩溶水头压力过大。导致涌水突泥,诱发了此次突发性的灾害。

灾害发生后,为尽快安全地处理好此次事故,起动“抢险”机制,迅速展开了后续的一系列工作。

2)抢险处治方案

由于事故发生后,现场堆积了70m长的坍塌渣体,无法形成处治的良好施工平台。因此,针对是否清除(部分或全部)坍塌渣体,又或者需要修建临时挡墙(或水泥堡)等影响处治时机和制订方案的问题进行了审慎考虑。

通过对该隧道的地质特征及前期涌水特点的仔细分析,并结合以往大规模涌水、突泥事故后围岩能暂时自稳的工程经验，作出了“先立刻清除全部塌体，并搭建2m高、稳固的跳板施工平台，后着手三方面的处治：先加固、再封堵、后排水”的处治方案，从速进行抢险施工。

为防止坍塌穴口周边的隧道围岩壁继续变形破坏，导致塌穴增大，需首先对坍塌口两侧的围岩进行加固，如图6-29所示。

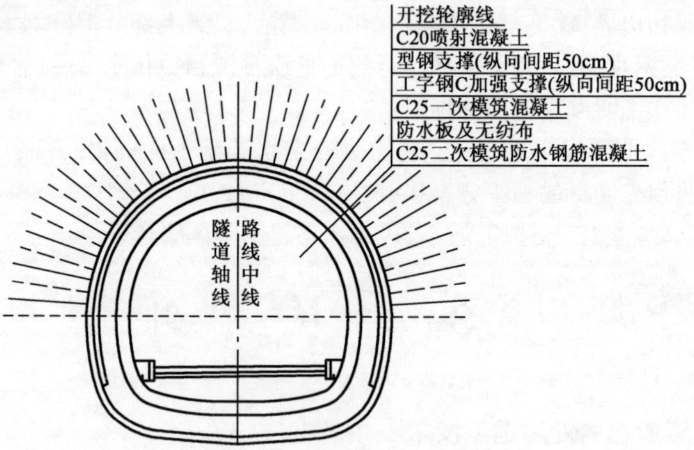

图6-29　加固设计横断面图

为防止溶洞的充填碎屑物甚至溶洞壁失稳破坏的岩石块体由于失去支撑或地下水的诱发等因素再次塌方，需针对溶洞空腔及涌出口进行封堵如图6-30所示，措施如下：

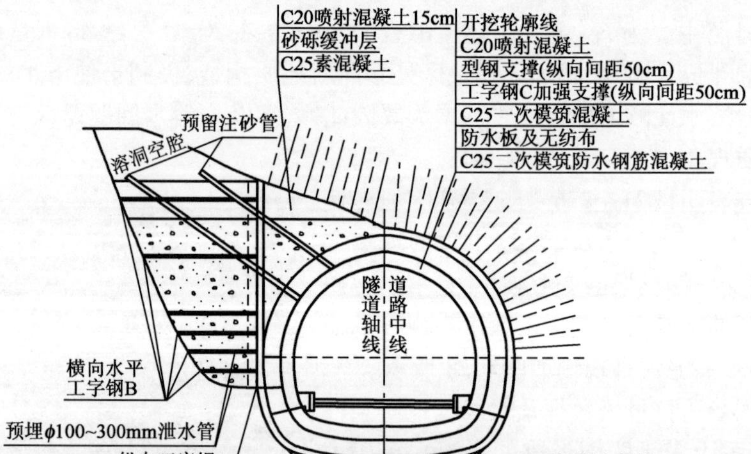

图6-30　封堵设计横断面图

(1)在涌出口的两侧对原初期支护加强，紧贴原初期支护再增加一层钢拱架支撑(加强工字钢C)，钢拱架根据现场条件采用20b工字钢制作。增设范围为K21+764~K21+776和K21+785~K21+820，纵向间距50cm。

(2)施工顺序是由涌出口向两侧施作，作完12m后，应立即施作100cm厚C25一次模筑混凝土，纵向长度大于10m。从超出涌出口缘1m开始往两两侧施作，以适当缩小涌出口径。同时，其余加固范围应继续架立钢拱架。

先加设纵向工字钢，并加设临时斜支撑固定，然后架立钢拱架、横向水平工字钢，接着向溶洞空腔中泵送 C25 混凝土，同时预埋 ϕ100～300mm 的泄水管，泄水管分上下两排，环向间距 1.5m，纵向间距 1.5～2m，灌注混凝土达一定高度后，架立模板，浇注 C25 一次模筑混凝土。在浇筑一次模筑混凝土的同时，将泵送混凝土灌注至设计高度，并预留两排，共计 6 个灌砂孔，以作为向衬砌拱背吹填 2m 厚的砂砾缓冲层，吹填砂砾至拱背，形成一定厚度的缓冲层。同时，增长泄水途径，降低水压，并于下部打泄水孔，使其泄水减压，然后挂防水板，浇筑 60cm 厚的 C25 二次衬砌防水钢筋混凝土。

以上工序应根据现场实际条件作相应调整。

为降低水头值，减小水压，减轻支护结构承受的静（动）水压力，采取切实可行的排水措施，具体如下：

（1）预埋两排泄水管，上下间距 1.5m，纵向间距 1.5～2.0m。

（2）引出水至一次模筑混凝土后，接硬管引入洞内侧埋式水沟中。

（3）于 K21＋772～K21＋788 段，采用无缝钢管连通两侧的水沟，并在钢管下设置从右至左 2% 的下坡混凝土基座，纵向间距 2.0m，共 8 道，以便与两侧水沟形成排水系统，增加泄水口，缓解水压力。在两次衬砌间增加环向排水管的密度。纵向间距为 1.0m。该封堵设计横断面如图 6－30 所示。

3）处治结果及体会

在实施上述处治方案，安全封堵涌出口，施作完毕隧道的二次衬砌后，经雨季的考验，衬砌表面现已无明显渗水痕迹，表明隧道已安全通过涌水段。

在此次灾害的抢险处治过程中，主要形成了几点认识：

（1）在岩溶地区的隧道建设，应做好施工前的勘探和水文地质分析及在施工阶段的超前地质探水工作。

（2）涌水段开挖后，应立即施作初期支护，尽快跟进二次衬砌，以形成完整的支护结构。

（3）涌水、突泥现象具有突发性，但大规模涌水、突泥后往往有一段稳定期，应抓住时机，及时处治施工。

（4）溶洞空腔宜尽可能充填，如施工条件难以满足，设置一定厚度的砂砾缓冲层也是一条良好途径。

（5）在起动“抢险”机制的同时，需要根据现场施工环境和条件，制订合理、安全、快速的处治方案。

6.3.2　玉峰山隧道岩溶地层施工技术

1）工程概况

玉峰山隧道位于四川盆地东南部、重庆市北郊，分属重庆市渝北区管辖。是重庆外环绕城高速公路北段的重要组成部分。隧道穿越重庆市渝北区玉峰山，玉峰山隧道地理位置如图 6-31所示。

玉峰山隧道为左右线分离式隧道，左线 LK11＋896～LK15＋598，全长 3 702m，右线 K11＋911～K15＋582，全长 3 671m，属特长隧道。自右线为 K14＋050，左线为 K13＋600 处划分为两个标段 N4、N5，其中 N4 为中铁隧道集团施工，承担约 2 000 多双线米的施工任务（期间被迫加过施工任务）。

图6-31　玉峰山隧道地理位置平面图

玉峰山隧道区属构造剥蚀低山地貌及岩溶槽谷地貌。隧道横穿铜锣峡背斜形成的背斜山，中部为三叠系下统嘉陵江组四段（T_1j^4）及中统雷口坡组（T_2l）灰岩岩溶槽谷，槽谷宽约1.5km，槽谷中溶蚀残丘、落水洞发育，山的两侧为20°～50°的顺向斜坡地形，两侧斜坡与中部槽谷间形成呈“驼峰”状的“双脊”。

隧道穿越的地层有侏罗系下统自流井组（J_1zl）、侏罗系下统珍珠冲组（J_1z）、三叠系上统须家河组（T_3xj）、三叠系中统雷口坡组（T_2l）、三叠系下统嘉陵江组（T_1j）。其中三叠系中统雷口坡组（T_2l）为灰、黄灰色白云岩、白云质灰岩，中部夹岩溶角砾岩，风化表面具刀砍纹；三叠系下统嘉陵江组（T_1j）为中～厚层状灰岩、白云质灰岩，具岩溶突水涌特征。

本工程为交通运输部的典型示范路和科技示范路，也是交通运输部唯一的一条绕城示范路。业主期望高，施工中对施工单位要求也高。玉峰山隧道为三车道大跨特长隧道，是重庆目前跨度最大的隧道，最大跨度达18m，矢跨比为0.65，开挖断面为150～195m^2，施工技术难度相当大。隧道穿越岩溶、暗河、煤窑采空区、煤层、突泥突水等不良地质和含瓦斯、硫化氢气体地层，腐蚀性地下水地段，施工技术难度大。如何安全穿越以上不良地质段，保证工程顺利交验是本工程的难点。

玉峰山隧道灰岩地层岩溶十分发育，特别是嘉陵江组与雷口坡组交接部位，岩溶发育的规模很大，开挖揭露出溶腔大于一万方的溶洞就有 7 个，最大溶洞纵向长 64m，横向宽约 100m，竖向约 45m。溶腔几乎为全充填，充填物为黏土夹岩溶碎砾石，且溶腔内地下水发育，地下水与地表有较好的连通性，处治难度很大。

2）岩溶地层施工指导思想

本隧道岩溶全为充填型溶洞，处治时把防涌水突泥和坍塌作为首要任务，处治时做到技术超前，即超前地质预报超前、准确，开挖方法合理、谨慎，支护系统满足强度。

3）地质超前预测预报

玉峰山隧道岩溶地层主要结合了长期与短期预报手段，采用物探与超前探孔相结合的方式，通过地表高密度电法对隧道岩溶地层做了整体预报，对地表高密度电法探测出的可疑地段再提前做 TSP 与地质雷达，并通过常规的地质素描及地质超前探孔预测出溶洞的规模、形态及与隧道周边的关系。

其具体探测技术如下：

（1）地表调查

玉峰山隧道隧址区可溶性碳酸盐岩石占隧道总长度的 61%，岩溶发育。岩溶的发育受岩性与构造的控制，主要发育在铜锣峡背斜两翼三叠系雷口坡及嘉陵江组地层中。根据地下水水质分析得出的结果，SO_4^{2-} 达到结晶类二级腐蚀标准，隧址区岩溶水主要沿走向方向径流，在统景温塘河一线有泉和暗河集中排泄，排泄口标高 180～200m 之间，隧道所处的水文地质单元水平循环带高程 200～400m，隧址区位于地下水近分水岭地带，隧道路面设计高程为 312～345m，属岩溶水影响范围内。

（2）洞内地质素描

根据玉峰山隧道施工情况看，每次溶洞的出现，往往伴随着隧道围岩的变化，地下水突然增大，岩层裂隙变大，裂隙中含有黏土填充物或填充物变厚等变化往往是溶洞出露的前兆。因此，岩溶地层施工中必须坚持做好地质素描工作。

（3）物探手段

①高密度电法：由于玉峰山隧道地质复杂多变，有些地段甚至是一炮一变，为确保施工安全，委托物探单位采用高密度电法对隧道全程的地表进行探测。高密度电法是一种阵列勘探方法它通过电极向地下供电形成人工电场，其电场的分布与地下岩土介质的视电阻率 ρ_s 的分布密切相关，通过对地表不同部位人工电场的测量，了解地下介质视电阻率 ρ_s 的分布，根据岩土介质视电阻率的分布推断解释地下地质结构。该方法对围岩的含水情况特别敏感，围岩破碎含水，其视电阻率明显降低，完整、坚硬岩土的视电阻率高于断层带或破碎带和富水带围岩的视电阻率。这种方法原理清晰、图像直观，是一种分辨率较高的物探方法。根据开挖揭露出的溶洞位置，在高密度电法成果图上都有一定的显示和揭露，对施工具有较强的指导意义。

②TSP 及地质雷达探测技术：根据高密度电法探测出的成果，我们对岩溶地层地下水发育及电阻异常地段采取了在距 100m 左右采用 TSP 验证，在距 20m 左右采用地质雷达进一步验证，有效揭示了前方地质溶洞发育情况。

（4）超前探孔

①超前探孔揭露出的地质情况是隧道围岩最直观也是最准确的预报方式，所以在岩溶地层必须坚持打设超前探孔。在玉峰山隧道施工中我们采用长短结合的方式施作探孔，长探孔

采用钻机施作，一般在物探成果反应有异常段打设。在掌子面拱顶、底板及两侧拱腰分别打设30m 探孔。短探孔采用将周边眼加深的办法施作，施工时采用风钻每开挖循环打设 6m 探孔，要求在整个灰岩地层全部打设，按环向间距 5m 打设，具体个数根据长探孔探出的情况而定。

②在探孔施工过程中，技术人员全程值班，并记录冲洗液成分、地下水情况、掘进速度等参数，以判明前方是否有溶洞发育。

③具体施工工序。溶洞发现后，应立即加设探孔，探孔布置图如图 6-32 所示。如果溶洞构造复杂，应对该段进行物探验证。当采用 TSP 和雷达或探孔与物探成果不一致时，应委托地勘单位做相应的补勘，以保证对溶洞的规模、形态等要素有准确清晰的认识。

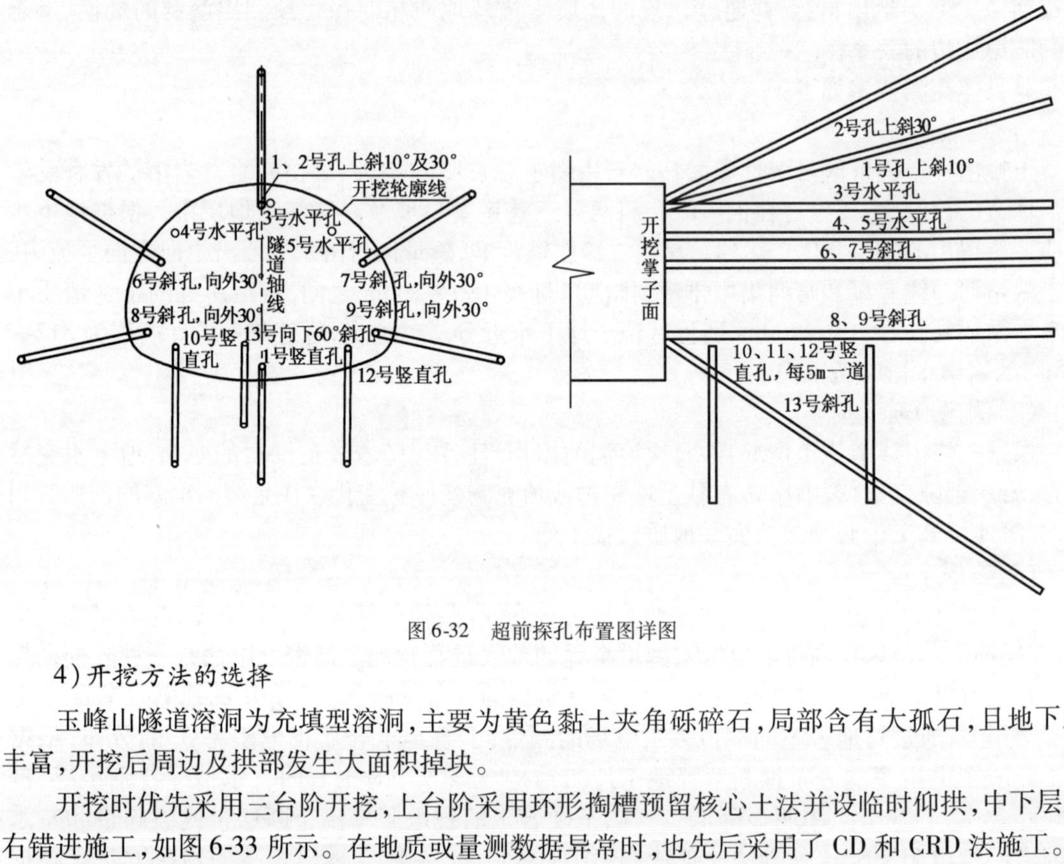

图 6-32 超前探孔布置图详图

4）开挖方法的选择

玉峰山隧道溶洞为充填型溶洞，主要为黄色黏土夹角砾碎石，局部含有大孤石，且地下水丰富，开挖后周边及拱部发生大面积掉块。

开挖时优先采用三台阶开挖，上台阶采用环形掏槽预留核心土法并设临时仰拱，中下层左右错进施工，如图 6-33 所示。在地质或量测数据异常时，也先后采用了 CD 和 CRD 法施工。

开挖采用微台阶施工，控制台阶长度在 4 ~ 6m，中下层左右错进距离控制在 3 ~ 5m。开挖进尺控制 1.0m 左右。如拱脚承载力达不到要求，应对拱脚采取加垫混凝土的方式增大受力面积。

该地段仰拱必须紧跟，尽早落底成环，仰拱施工面距离下层开挖断面不得大于 5m，仰拱采用左右错进，错进距离控制在 3 ~ 5m。

5）辅助施工措施的选择

考虑到大管棚工作间不易开挖，采用设置 $R76$ 自进式锚杆作为管棚超前预支护。自进式锚杆长 15 ~ 20m，环向间距 40cm，纵向搭接 5m。为防止开挖过程中溶洞充填物自管棚间滑出，在管棚之间设置超前小导管辅助注浆加固，以保证在开挖轮廓线外形成 1 ~ 2m 的注浆加固圈。施工时小导管沿隧道开挖外轮廓线周边以 15°～30°的外插角打入岩层中，小导管长 4.5m，环向间距 40cm。中下层超前支护采用 ϕ42mm 注浆小导管超前预注浆加固，小导管长 4.5m，环向间距 40cm，纵向间距 2.0m，外插角 30°，以便在上断面拱脚形成扩大基础，防止出现塌拱现象，如图 6-34、图 6-35 所示。

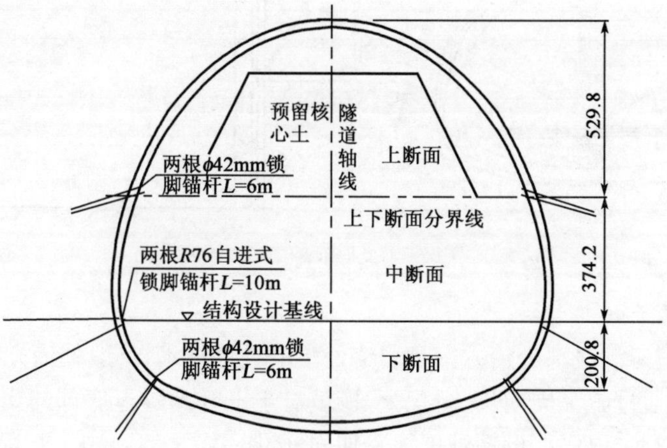

图 6-33 溶洞段开挖断面图（尺寸单位：cm）

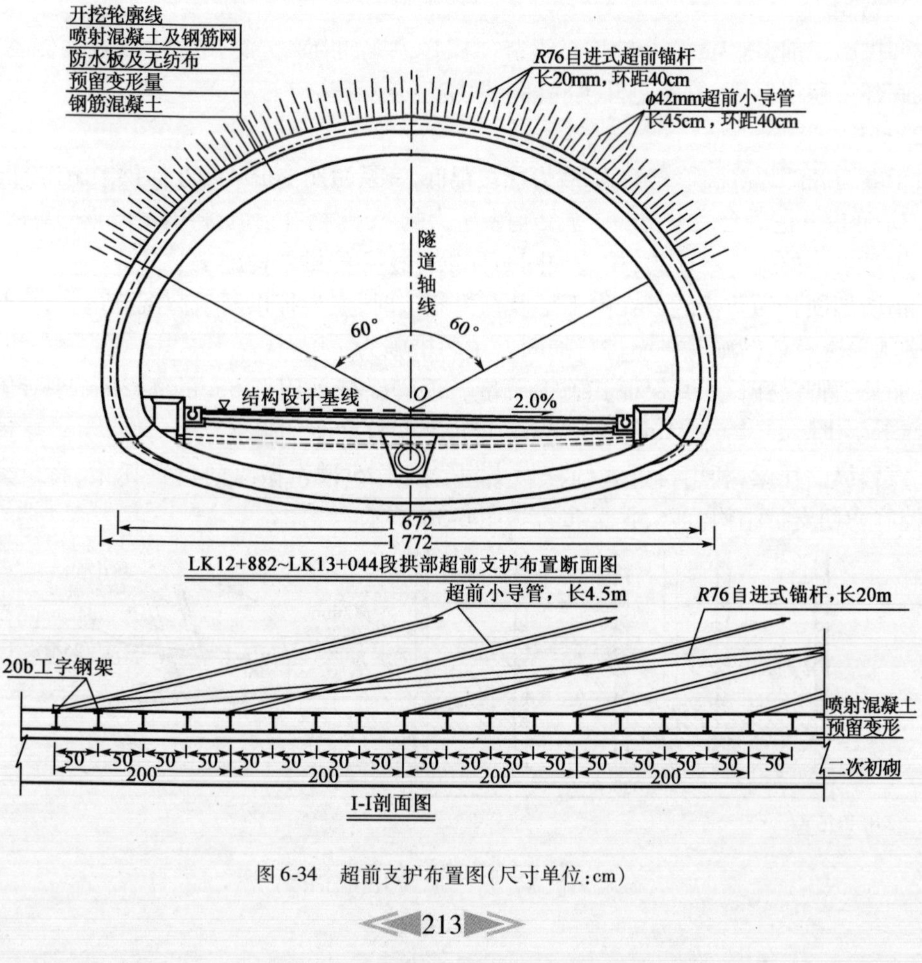

图 6-34 超前支护布置图（尺寸单位：cm）

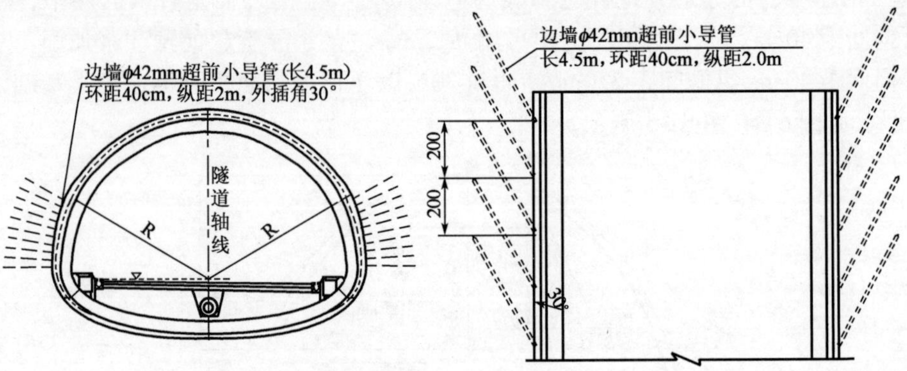

图6-35　中下层超前支护布置图(尺寸单位:cm)

6)仰拱底部岩溶充填物处治

隧道穿越充填型溶洞底部处治方案是岩溶处治的关键技术,一般处治方案有架梁通过,换填和底部改良,架梁通过施工周期长、干扰大,换填对于玉峰山隧道底部约30m的填充物是不现实的。实际施工中,采取底部设钢管桩注浆加固,既避免了施工干扰,又节约了时间和投入,取得了良好的社会和经济效益。

(1)底部探测

在仰拱施工前,每5m一个断面钻设竖向探孔,一个断面布置三个,中线及两侧各一个,探明仰拱底部堆积层厚度,以确定仰拱底部注浆范围及深度。

(2)仰拱施工

由于隧道底部为溶洞填充物,承载力往往很低,一是初期支护结构在仰拱未施作期间沉降量很大,二是仰拱开挖后会诱发初期支护结构发生大的变形,稍有不慎,将引发严重的事故。

仰拱过溶洞的施工顺序为:拱墙加固→仰拱开挖→仰拱结构施工。

①拱墙加固。为防止隧道在中下层及仰拱施工时,发生掉拱及引起沉降过大,而导致坍塌事故,必须采取有效措施对拱墙进行加固。主要措施为:

a.加长锁脚锚杆长度并保证其施工质量。锁脚锚杆采用长6m的ϕ42mm小导管注浆加固,并在下层拱脚处设置长10m的R76mm自进式锚杆注浆加强。

b.设置纵向托梁,利用自进式锚杆做支撑,采用25槽钢做纵向设置托梁,将拱架连成整体,以控制初期支护结构沉降,托梁布置如图6-36所示。

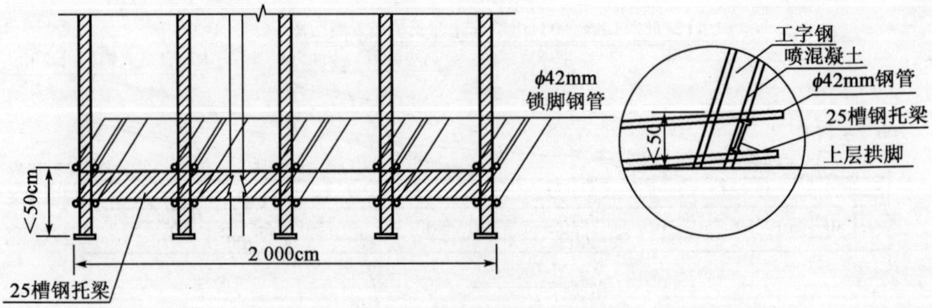

图6-36　托梁布置示意图

②仰拱开挖。该段仰拱必须紧跟，尽早落底成环，仰拱施作长度控制在 3m 内，左右错进距离控制在 3 ~ 5m。

③仰拱结构施工。仰拱开挖后，按要求施作初期支护及二次衬砌仰拱，施作时采用 ϕ150mm 钢管按间距 1.5m × 1.5m 梅花形预留底部钢管桩。初期支护仰拱支护参数为：I20b 工字钢@ 50cm，挂双层钢筋网，ϕ25mm 连接筋@ 50cm 内外侧交错布置，喷 C20 混凝土 28cm；二次衬砌仰拱支护参数为：ϕ25mm 主筋@ 20cm，接头采用焊接，70cm 厚 C30 防水混凝土，抗渗强度等级为 P8，混凝土要求掺加防水减水共效的膨胀防水剂。施工时保证二次衬砌仰拱左右幅同时施工，不得采用半幅施工，以保证其整体性。

(3)钢管桩施工

仰拱施工完毕且待混凝土强度达到设计强度的 70% 后立即进行钢管桩作业，钢管桩分区作业，分区按纵向 10m 布置，钢管桩按 1.5m × 1.5m 梅花形布置，如图 6-37 所示。

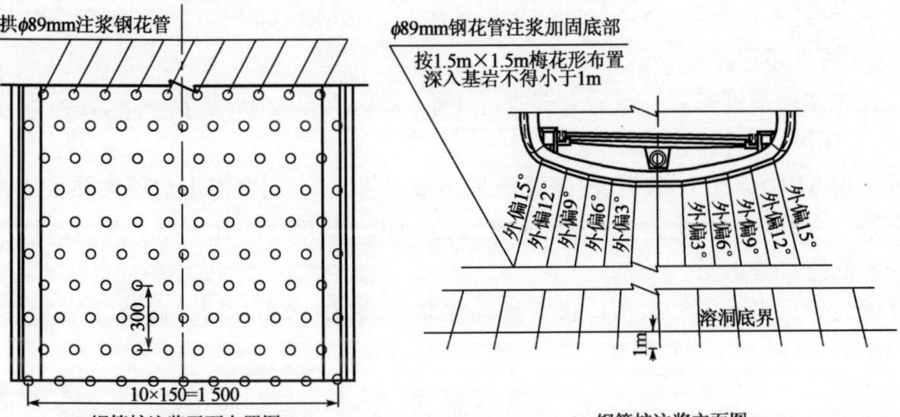

a) 钢管桩注浆平面布置图　　b) 钢管桩注浆立面图

图 6-37　钢管桩布置图(尺寸单位：cm)

①钢管桩材料及加工。钢管采用 ϕ89mm、壁厚 4mm 的无缝钢管，按标准长加工，采用小直径钢管丝扣连接，钢管分为 A、B、C 三种型号加工。A 型为孔口管第一节，长度为 1 ~ 3m；B 型为桩中钢管，长度分为 3m；C 型为桩头管，长度为 3m，前端加工成圆锥状，圆锥长度为 30cm，如图 6-38 所示。

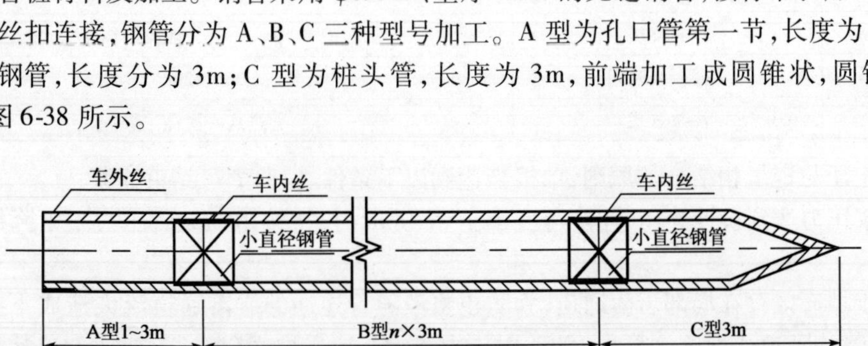

图 6-38　钢花管加工及连接大样图

钢管桩管体加工溢流孔，以利于注浆施工，孔口 1m 范围内不加工溢流孔，溢流孔间距 25cm，溢流孔直径 8mm，设置 4 排。溢流孔加工成 TSS 孔模式，即在溢流孔外面加铣孔，铣孔直径 12mm，外贴 12mm 贴片，起到单向阀作用，防止出现串浆，如图 6-39 所示。

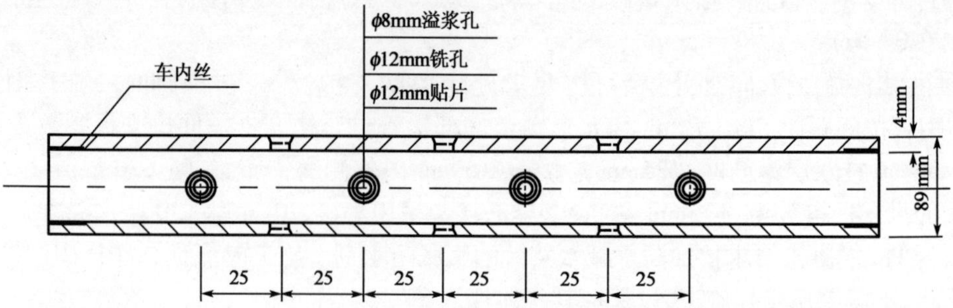

图6-39　钢管桩溢流孔大样图(尺寸单位:cm)

②钻孔、下管。成孔采用GY-100型工程地质钻机钻ϕ108mm孔,钻孔采用分区纵横向错孔间隔钻进,钻孔时从仰拱预留孔位钻孔,钻孔深度深入基岩1m,如存在塌孔现象,应全部跟管作业钻进,钻孔采用干钻,避免基底持力层被破坏。成孔后即开始下管,下管完毕后抽出跟管,连接注浆机准备注浆。

③深孔注浆。钢管安装到位后立即进行注浆,采用成孔一个,注浆一个,注浆顺序与钻孔顺序一样,采用纵横向错孔间隔注浆。

注浆采用KBY50/70注浆机,注浆浆液采用水泥浆,对个别岩溶出水较大孔采用水泥—水玻璃双液浆。水泥浆水灰比为0.6~1,水玻璃为35Be′,双液体积比C/S为0.7~1,水泥采用P.O32.5普通硅酸盐水泥。

注浆参数详见表6-8,注浆前应进行现场注浆试验,根据实际情况调整注浆参数,取得注浆施工经验。

注浆参数表　　表6-8

序　号	参数名称	参数值
1	浆液扩散半径	R=1.5~2m
2	注浆速度	10~100L/min
3	注浆终压	静水压力的2~3倍,一般控制在3~5MPa
4	注浆凝结时间	30~120s
5	注浆方式	前进式一次性注浆

采取定压与定量相结合的原则,单根当达到以下条件之一,即可结束注浆:

a.注浆压力达到设计终压,注浆速度小于5L/min时,持续10min后压力不下降即可结束注浆。

b.由于填充区存在局部岩溶通道,为防止浆液随着连通的岩溶通道流失造成不必要的浪费,当注浆量达到单孔理论计算量100%时压力未上升应采取间隔注浆,如达到单孔理论计算量120%后压力仍未上升即可结束注浆。

7)地表处治

由于玉峰山隧道地表为典型的喀斯特地貌,洞身灰岩地层岩溶管道延伸至地表,地下水直接受地表水补给。隧道开挖后由于降低了地下水基准面,地表水大量流失,洞顶地表发生塌陷,并形成数量众多的落水洞。经连通试验,确定地表塌陷与隧道溶洞连通。为防止地表生态环境进一步恶化和保证村民生命财产安全，决定对出现的落水洞采取回填处理，并对地表槽巴河经过洞身段进行混凝土铺砌封闭。

(1)槽巴河处理

对槽巴河隧道影响段采用80cm厚C20片石混凝土铺砌封闭，铺砌前必须对河沟内落水洞采用混凝土回填密实。河沟铺砌如图6-40所示。

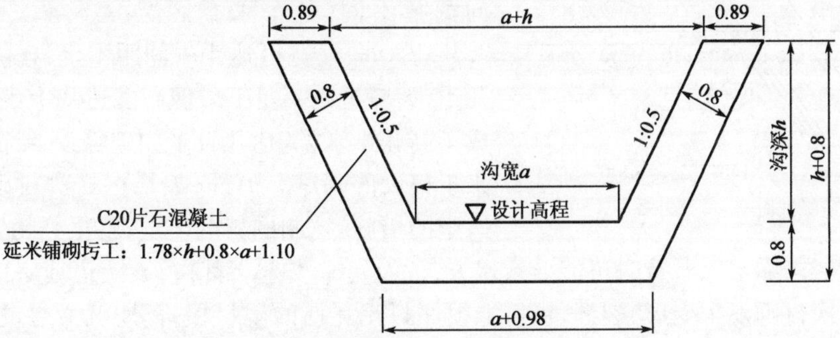

图6-40　槽巴河隧道影响段铺砌处理示意图(尺寸单位:m)

(2)落水洞处理

清除落水洞杂物，然后对落水洞依次采用大块石、黏土隔水层、耕植土进行回填。

6.3.3　某隧道采空区施工处治技术

1)工程概况

某隧道全长2 099m。道路等级隧道二级，设计行车速度为40km/h，行车道宽度为7.5m；隧道建筑限界：净宽9.5m，净高5.0m。采用复合式衬砌结构，初期支护和二次衬砌之间设置塑料板作为防水层。

全隧道1998年5月建成通车，但由于受煤层采空区地下水及其他因素的影响，K140+527~K140+608段二次衬砌混凝土发生裂纹，钢筋剪断弯曲水沟边墙开裂；1998年8月中旬，K140+550.5处隧道左侧拱腰二次衬砌出现三角形掉块，被迫关闭交通，并由我集团科研所承担对隧道病害和K17-1、K21、K24煤层采空区进行治理的任务(原工程非我集团施工)。

2)采空区工程地质和水文地质

采空区(K140+527~K140+608)隧道围岩属珍珠冲组(J_1zh)下部及须家河组第7段($T_{3x}j^7$)地层，岩性主要为砂岩、泥岩、泥质粉砂岩、粉砂质泥岩和煤层。其中砂岩主要为珍珠冲组底部的细中粒砂岩与须家河组第7组二亚段的粉细粒砂岩。泥质粉、砂岩、粉砂质泥岩及煤层与砂岩相间分布，单层厚度较小，一般为0.1~0.5m岩层走向北东向，与隧道轴线夹角为94°~102°，倾角为64°~66°岩石为软质岩夹少量硬质岩，岩石力学强度随采煤而变化较大。因受煤层采空区的影响，围岩节理、裂隙发育程度与不均一性明显，远离煤层采空区的岩石节理、裂隙较发育，岩体完整性好或较好。靠近煤层采空区的岩石节理、裂隙发育，呈碎石状压碎结构或块状镶嵌结构，采空区呈空腔或局部充填状态严重病害段地质纵剖面图如图6-41所示。

3)采空区特征

本隧道采空区没有进行地质勘测，设计上对于采空区的规模和程度也没有详细说明，施工

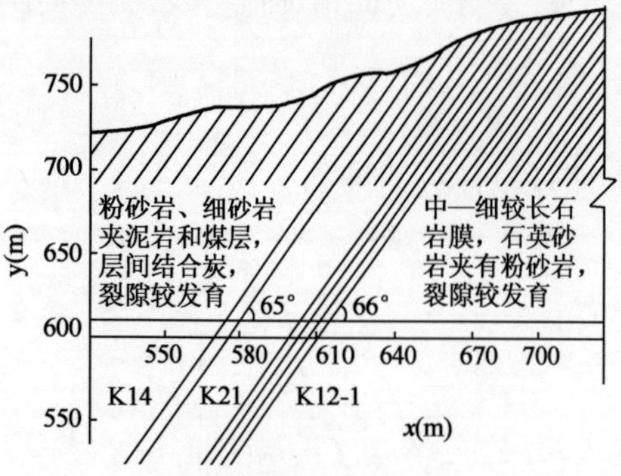

图6-41 采空区段(K140+527~K140+608)地质纵剖面图

中发现隧道纵向穿越煤层采空区,即煤层被采空后形成的一道道空层,空层中填塞着大量的松散的石渣、杂物。由于长时间的山体挤压、水浸及风化作用,造成采空区的底板上弹、顶板下陷、岩体破碎、风化严重,施工稍有不慎极易产生崩塌。由于煤层走向宽窄不同,各个采空区宽度不等,一般宽度为0.4~2.0m,最宽可达4m,间距不定,相隔较远的有几十米,较近的不足1m,但高多达几十米,这样就形成了高几十米,宽达几百米的破碎带,给隧道施工带来了很大的困难。另外,如果在二次衬砌前不采取一定的措施,控制围岩的变形,就很可能导致二次衬砌的混凝土开裂、漏水。严重时可能导致塌方,危及行车安全。其次,某隧道地层中含有一定量的瓦斯,二次衬砌发生变形、裂缝,极可能损坏封闭瓦斯的塑料板,瓦斯就会通过裂缝溢出,甚至发生瓦斯爆炸,对通车后的运营带来隐患。

4)采空区原处理方法

为了确保工程质量和工期,安全稳妥地攻克采空区这道难关,施工、建设、设计、监理等单位一起多次到现场共同分析研究,反复比选施工方案,根据地质情况、环境条件,建设和设计单位的要求,以及施工单位的既有设备情况,最后确定施工方案为在掘进上采用上弧导先拱后墙法,侧壁导坑预留核心土法,采用对塌体压浆固结及小管棚注浆超前支护,格栅钢架支撑,网喷混凝土初期支护,模筑衬砌紧跟的办法。

(1)采空区延长段的加固

对塌体压浆前,为了防止采空区坍塌,导致塌方向后延伸,首先要把采空区后端加固处理加固长度要大于5m,加固的方法是在拱部45°范围内设置两排超前锚杆,格栅钢架支撑,模筑混凝土衬砌。锚杆长3m,环距0.4m,梅花形布置,外插角10°~15°。格栅钢架支撑中工字钢拱架和花拱架间隔布置,其间距为50cm。

通过采空区重新进入围岩开挖前,对采空区前端加固处理,方法同前端加固处理。

(2)塌体压浆固结及小管棚注浆超前支护

当施工掘进到采空区边缘时,空层内松散的石渣就会滑塌,如果采取清渣处理,不仅出渣时间长、费力,而且随着石渣的滑塌,采空区顶板、底板和两坑道间的岩墙可能失去原有的平衡,极可能导致发生更大的塌方。因此,采取对隧道断面内的整个塌体及开挖线外范围内的采区的松散体压浆处理。通过压浆使塌体具有一定的承压能力,保证开挖到采空区时,其内的石渣能自稳不坍塌。

(3)对腔内腔壁挂网、喷射混凝土及注浆加固

另外一种情况是采空区出现后,隧道断面内坍塌下来的石渣量很少,在采空区内形成了一个空腔。施工中首先对空腔内腔壁的围岩喷射混凝土,使围岩能暂时稳定。然后进行注浆处理,挂设钢筋网,并将钢筋网与注浆管焊在一起。最后再进行喷射混凝土,两次喷层的厚度大于20cm。钢筋网用ϕ8mm的钢筋绑扎,网格尺寸为20cm×20cm。压浆管采用ϕ42mm钢管,长3m,前端1.5m范围内钻7排ϕ5mm的出浆孔,每排间距20cm,梅花形布置。压浆管用人工

打入，打入深度大于2.5m，压浆管间距布置为30～40cm，且梅花形布置。水泥浆的水灰比为1∶0.5，压时采用先下后上、先外后内的原则，每个压浆管压浆时都要以浆液流出为止。压浆深度不小于2m。

(4)拱顶压浆及灌注干砂

整个采空区及延长段通过后，在原有对采空区处理基础上进一步对采空区固结体做压浆或对采空区空腔灌注干砂，压浆范围拱顶以上不能小于3m，注砂厚度以填满空腔或大于2m为宜，以保证采空区段的稳定、安全。

(5)隧底采空区处理

由于大多数采空区都与隧道轴线基本正交，为了防止路面鼓起或下沉，对于隧底处的采空区做如下处理：如空腔内松散石渣较多，先进行注浆固结，再根据采空区的长度及宽度在基岩上设置钢筋混凝土盖板，在二次衬砌时，将原设计的仰拱C25混凝土改为钢筋混凝土。如空腔内松散的石渣不多，可先将石渣填入该空腔内，再按上述处理方法施作。

(6)开挖

压浆24h后即可开挖。开挖为上弧导先拱后墙法及预留核心土环形开挖配合。首先在固结体的侧壁周圈开挖，开挖使用风镐，严禁放炮以免固结体受扰动后不稳定而使石渣重新滑塌。开挖进尺控制在0.5m以内，以避免固结体过薄造成掌子面前方的松散体滑落。

(7)支护

架设格栅、挂网喷混凝土。格栅的布置及间距同前。钢支撑纵向用ϕ22mm螺纹钢筋连接，钢筋环距1m，之后支立模板，人工灌注混凝土。

由于隧道开挖采用半断面开挖法，为使钢支撑整体性更好，保证在下半断面马口开挖时拱圈稳定，须在钢支撑的底脚处纵向放一根C14槽钢与拱架焊接。另外将开挖线以外的压浆管与拱架焊接牢固，使之能起到管棚作用，抵消采空区石渣的一部分压力，使固结体不被破坏。

模筑前一定要检查开挖的净空断面，保证钢支撑支好后，不侵入二次衬砌，然后再灌注混凝土。混凝土强度等级为C20，其厚度采空区空腔部分为1m，两侧延长段厚度为0.5m，混凝土应两侧对称灌注。模筑混凝土封顶后，待混凝土强度达到设计强度的70%以上时，再进行下一次循环施工，直至通过采空区。

5)采空区注浆加固技术

采用上述采空区处治技术，在建成通车2年后，由于受煤层采空区地下水及其他因素的影响，隧道结构出现安全隐患，影响了隧道运营，需要对其进行病害治理。

(1)采空区加固范围的确定

①由于隧道裂缝主要集中在K140+527～K140+580段。因此，对该段的采空区及其顶底围岩应进行重点治理，以防止其进一步变形和破坏。

②考虑到在K17-1、K21、K24三个采空区中，K24采空区宽度最大，对隧道稳定性的影响也最大。因此，K24采空区应作为注浆加固的重点。经现场数据计算后可知，距采空区20m左右的顶板岩层容易发生破坏，需要进行加固。同时，为了兼顾K17-1、K21采空区及其附近岩体的加固，所以把纵向注浆加固范围确定为K24采空区左侧20m以及K17-1和K21采空区之间的岩体。

③采空区方向加固深度应大于顶板岩层的垮落步距，即20m。由于K24、K17-1采空区与

隧道路面相交的桩号分别在 K140 + 567 和 K140 + 608 左右。因此,综合考虑以上 3 种因素,加固范围定为纵向 K140 + 547 ~ K140 + 608 共 61m,沿采空区方向加固深度为 26m。

(2)灌注材料的选取

①选择灌注材料的总原则应该是可灌性、抗渗性、耐久性好,强度高,无毒、无污染材料,来源丰富,价格较低,灌注工艺相对较简单。

②在采空区空腔中注浆,冒落充填物的空隙大小及连通情况决定着注浆材料的选取,在节理、裂隙岩体中,节理、裂隙的宽度和粗糙程度是决定因素。

③灌注材料的粒径选取:对土体进行悬浮液灌浆时,采用土体中颗粒的粒径 15mm 和悬浮液中固体颗粒的粒径 85mm 之比 N 值作为判断可灌性的标准。当 $N = 15$ 时,灌浆是可行的。在节理裂隙岩体中应遵守的准则是,节理裂隙的宽度应比灌浆材料的代表粒径大 5 倍左右,至少应大 3 倍,灌浆才是可行的。

根据上述三个原则,并结合病害段的工程地质条件及水文地质条件,采空区空腔应选择大颗粒材料,采空区附近的节理、裂隙岩体应选择小颗粒材料,灌注材料的名称配比及性能见表 6-9。

灌注材料配比及材料性能 表 6-9

灌注部位	灌注材料	材料配比	终凝时间(min)	28d 抗压强度(MPa)
采空区空腔	砂石混合物	(1 ~ 2):(2 ~ 4)		
	米石混凝土 + 外加剂	1:2:2	120 ~ 720	20
	水泥浆 + 外加剂	1:(2 ~ 4)	120 ~ 720	20
节理,裂隙岩体	水泥浆 + 外加剂	0.6:1 ~ 1:1	120 ~ 720	20
	水泥浆 + 水玻璃浆	0.75:1 ~ 1:1	1 ~ 30	20

(3)采空区空腔灌浆参数的确定

灌浆参数应依据地层条件和注浆材料的性能进行选取,一方面灌注压力应使灌注材料在地层中能达到一定程度的扩散半径,起到加固采空区及其附近围岩的目的;另一方面应避免由于灌注压力过大,造成对地层的破坏和浆材不必要的浪费。

由于本次灌注的地层较为复杂,灌注材料也较多,给灌注参数的选取带来了一定的困难。因此,需借鉴国内外比较成熟的灌注经验,并通过现场试验、理论分析确定灌注压力和扩散半径。

采空区空腔的灌注方法为:首先采用人工从孔口灌注砂石混合物,当路面 18m(斜距为 20m)以下加固完成后,再灌注米石混凝土或注入水泥砂浆。灌注压力为砂石混合物和米石混凝土在下落过程中其自重所产生的冲击力。灌注量为所加固的空腔体积。水泥砂浆的灌注压力由灌浆泵提供,灌浆量由加固体的空隙决定。具体计算公式如下:

①砂石混合物及米石混凝土的灌注量。

根据动能及动量定理有:

$$p_1 = m\sqrt{2gh}St$$

根据楔体体积公式有:

$$Q_1 = \alpha b h_1 l/2$$

式中：p_1——灌注压力；

m——下落物质量；

S——接触面积；

g——重力加速度；

h——下落高度；

t——作用时间；

Q_1——灌注量；

b——加固体宽度；

h_1——加固体高度；

l——加固体底边长；

α——充填系数，本文取0.6。

假设一直径为30mm的石子沿采空区空腔下落26m高度与堆积体碰撞，作用面积为其表面积的一半，作用后，速度减小为零，取作用时间为0.5ms，则其作用力p_1=1.1MPa。

砂石混合物及米石混凝土在采空区空腔中自然堆积，假设堆积体呈45°角，自然稳定采空区宽度为0.3m，加固体高度为26m，则最大的单孔灌注量Q_1=60.8m³。

②水泥砂浆的灌注。水泥砂浆主要用来灌注采空区内的冒落充填物，其灌浆机理为渗透灌浆，依据经验，其灌浆压力定为1.0～1.5MPa，浆液的扩散半径为0.8～1.5m，灌浆量由下列公式确定：

$$Q = e\pi R^2 h_2 \alpha\beta$$

式中：e——地层孔隙率，取30；

R——扩散半径，取1.0m；

h_2——加固深度，取8.0m；

α——浆液充填系数，取0.6；

β——浆液损耗系数，取1.2。

则灌浆量为：

$$Q = 0.3 \times 3.14 \times 1.0 \times 1.0 \times 8.0 \times 0.6 \times 1.2 = 5.42\text{m}^3$$

(4)节理裂隙岩体灌浆参数的确定

节理、裂隙岩体主要采用单液水泥浆和双液水泥—水玻璃浆灌注。依据经验，其灌浆压力定为1.0～1.5MPa，浆液扩散半径定为0.6～1.2m。由于压力较低，其灌浆机理近似为黏度随时间变化的宾汉流体的渗透扩散。该地层孔隙率较小，故在相同的钻孔孔径、灌浆材料配比压力下灌浆量也相对较小。为了使浆液达到较大的扩散半径，应加大灌浆压力，选用合适的浆材及配比。

(5)布孔及灌浆方式

按设计图纸，第一次在采空区顶、底板呈梅花形布置直孔，孔距及排距均为1.5m，孔径为56～60mm，孔深7～12m，沿K17-1、K21、K24各布置一排斜孔，孔深26m，直径为75.5mm。安装灌浆花管后，采用后退式灌浆，灌浆结束后经钻孔取芯和压水试验检验采空区灌浆效果不理想。因此，决定进行第二次补充灌浆。

为了确定K24采空区的准确位置,将隧道K140+563~K140+577段的路面板及仰拱拆除,补充布置1排斜孔和3排直孔,斜孔共6个沿采空区方向钻进,孔径均为ϕ150mm,孔距为1.0~2.0m,孔深为24~26m;直孔孔径为130mm,孔距为1.0~2.0m,排距为3.0m左右,孔深为7~21m。

K24采空区及其附近围岩补充钻孔纵断面布置如图6-42所示。注浆方式为顶板直孔以后退式灌浆为主,斜孔采用分段前进式钻孔,孔口灌注;钻一段注一段,注好一段后再钻下一段。每段长为8.0m左右,止浆方式如图6-43所示。第二次灌浆后又进行了钻孔取芯和压水试验。结果表明,各孔中均发现了强度不等的水泥浆胶结体,其压水试验结果见表6-10,从中可以看出注浆后岩石透水率和灌浆之前相比,其数值大大降低,说明灌浆起到了充填采空区和加固围岩的作用。

6)施工体会

(1)力学计算及分析表明:煤层采空区会对隧道的稳定性产生不良影响,易引起工程病害。因此,在隧道选线时应尽量避开煤层采空区。

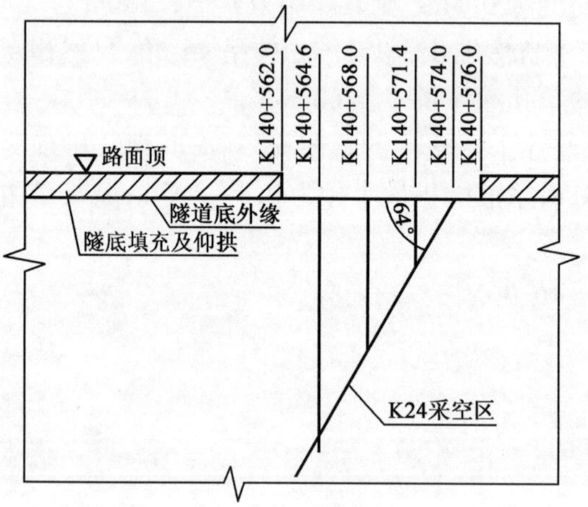

图6-42　K24采空区补充钻孔纵断面图

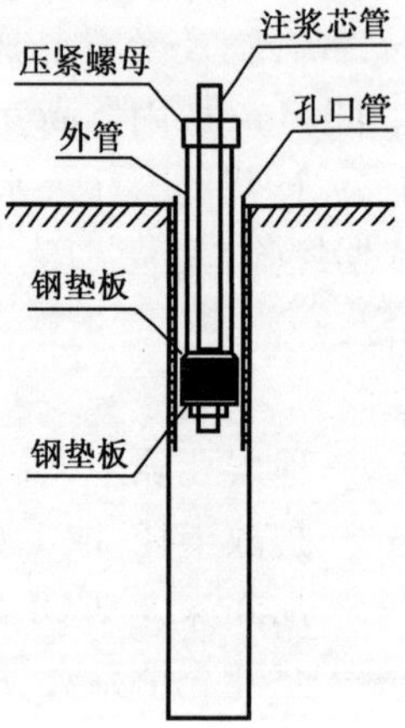

图6-43　止浆方式示意图

注浆后采空区压水试验结果　表6-10

孔号	项目	试验段位置(m)	水压力(MPa)	透水率(Lu)
K24	检1-1	7.80~16.44	0.315	9.85
		16.5~22.6	0.308	0.11
	检1-2	11.4~14.86	0.310	0.09
	检1-2$_1$	14.0~21.78	0.307	2.43
K_{22}	检1-3	2.97~6.47	0.313	4.94
	检1-4	3.85~7.36	0.326	3.50
	检2-1	14.5~21.38	0.407	7.50
K_{17-1}	检1-5	3.92~7.04	0.314	2.65
	检1-6	4.20~10.14	0.321	3.78
	检2-2	15.5~22.77	0.384	13.14

(2)注浆前应详细了解工程地质和水文地质条件,必要时可进行现场试验或室内物性指

标测试和力学试验。从而选择合适的注浆方式、材料参数工艺及机具设备,这是保证采空区注浆加固效果的前提条件。

(3)对于煤层采空区空腔的灌浆加固,为了便于灌注粗集料和浆液较大范围的扩散,采用大直径钻孔比小直径钻孔效果要好。

(4)对于破碎岩层,由于成孔困难采用前进式注浆方式较好;对于较完整的岩层,可采用后退式注浆。当注浆部位较深时,气囊或水力膨胀式止浆塞优于橡胶挤压式止浆塞,前者安装比较简单,止浆效果也较好。

(5)对于煤层采空区的治理,国内外可供借鉴的实例尚不多见,需不断研究和探索。实践证明:该工程采用多种注浆材料、多种注浆工艺相结合的注浆方式起到了充填采空腔及加固其附近岩体的目的,取得了成功的经验可在类似工程中应用。

(6)灌浆过程中应加强隧道支护结构的受力和变形监测,及时了解围岩和支护结构的稳定情况,以防止隧道支护结构突然恶化危及施工安全。

第7章 煤层瓦斯及有害气体隧道施工技术

重庆市煤炭资源的成煤时代主要为二叠系上统龙潭组和吴家坪组(高瓦斯),瓦斯资源蕴藏量较丰富,以多生高储为主的生、储类型,具有良好的保存条件,所以瓦斯抽排和综合利用的发展前景较好。其他瓦斯含量相对较低的地层有上统须家河组(低瓦斯)、志留系页岩(裂隙瓦斯)和栖霞组瘤质灰岩中浅层(天然气)。目前,重庆市已经修建的含有瓦斯及有害气体的公路隧道也比较多,其中比较典型的有成渝高速公路中梁山隧道(龙潭组,高瓦斯),渝湘高速公路肖家坡隧道(瓦斯浓度高),重庆外环高速公路玉峰山隧道(须家河组,瓦斯),渝沙高速公路白云隧道(吴家坪组)和羊角隧道(栖霞组),石忠高速公路方斗山隧道(龙潭组和须家河组)等。多数瓦斯隧道都是多种有害气体并存的,区别在于有害气体含量不同、危害性大小不同。

7.1 隧道煤层瓦斯

7.1.1 瓦斯概念、性状及危害

瓦斯是一种有害气体,是在隧道施工过程中从煤、岩内涌出的以甲烷(CH_4)为主的各种有害气体的总称,所以狭义上把甲烷(CH_4)称作瓦斯。甲烷(CH_4)是一种无色、无味的气体,具有很强的扩散性,同时具有可燃性和爆炸性,因此,它所造成的危害是相当严重的。瓦斯对隧道施工的危害主要表现在以下几点:

(1)瓦斯窒息。甲烷本身虽然无毒,但空气中甲烷浓度较高时,就会相对降低空气中氧气浓度,在压力不变的情况下,当甲烷浓度达到43%时,氧气浓度就会冲淡到12%,人就感到呼吸困难;当甲烷浓度达到57%时,氧气浓度就会降到9%,这时人若误入其中,短时间内就会缺氧窒息,导致人员伤亡。

(2)瓦斯燃烧爆炸。当瓦斯与空气混合达到一定浓度时,遇到高温火源,瓦斯就能燃烧或发生爆炸,一旦形成灾害事故,会造成大量隧道内作业人员伤亡,严重影响和威胁公路隧道施工安全,给国家财产和职工生命造成巨大损失。

(3)瓦斯排放到大气中,既污染环境,又能形成温室效应。

7.1.2　瓦斯喷出、煤(岩)与瓦斯突出

瓦斯喷出或者煤(岩)与瓦斯突出是引起以上危害的主要原因,下面分别对其进行介绍:

(1)瓦斯喷出是指大量承压状态的瓦斯从煤、岩裂缝中快速喷出的现象。它是瓦斯特殊涌出的一种形式。其特点是瓦斯在短时间内从煤、岩层的某一特定地点突然涌向工作空间,而且涌出量可能很大,工作空间中的瓦斯突然增加。由于喷出瓦斯在时间上的突然性和空间上的集中性,可能导致喷出地点人员的窒息,高浓度瓦斯在流动过程中遇高温热源有可能发生爆炸,有时强大的喷出还可以产生动力效应并导致破坏作用。瓦斯喷出与瓦斯突出的区别在于喷出的物质只有气相,而突出的物质同时包括气相(瓦斯)和固相(煤岩)。

(2)煤(岩)与瓦斯突出是在施工过程中,在很短时间(数分钟)内,从煤(岩)壁内部向工作空间突然喷出煤(岩)和瓦斯的动力现象,人们称之为煤(岩)与瓦斯突出,简称瓦斯突出或突出。突出能摧毁洞内设施,破坏通风系统,使工作空间充满瓦斯和煤(岩)抛出物,能造成人员窒息、煤流埋人,甚至可能引起瓦斯爆炸与火灾事故,导致施工中断等,因此它是瓦斯隧道最严重的灾害之一。

瓦斯燃烧爆炸也是对隧道施工造成的最严重的灾害之一,瓦斯爆炸即为甲烷(CH_4)燃烧,化学方程式为 $CH_4 + 2O_2 = CO_2 + 2H_2O$。但是引起瓦斯爆炸是需要一定条件的,这也是防止瓦斯爆炸所需控制的内容,具体条件如下:

(1)瓦斯浓度。瓦斯爆炸有一定的浓度范围,我们把在空气中瓦斯遇火后能引起爆炸的浓度范围称为瓦斯爆炸界限。瓦斯爆炸界限为5% ~16%。当瓦斯浓度低于5%时,遇火不爆炸,但能在火焰外围形成燃烧层;当瓦斯浓度为9.5%时,其爆炸威力最大(氧和瓦斯完全反应);瓦斯浓度在16%以上时,失去其爆炸性,但在空气中遇火仍会燃烧。瓦斯爆炸界限并不是固定不变的,它还受温度、压力、煤尘、其他可燃性气体,以及惰性气体的混入等因素的影响。

(2)引火温度。瓦斯的引火温度,即点燃瓦斯的最低温度。一般认为,瓦斯的引火温度为650 ~750℃,但其受瓦斯的浓度、火源的性质及混合气体的压力等因素影响而变化。当瓦斯含量在7% ~8%时,最易引燃;当混合气体的压力增高时,引燃温度降低;在引火温度相同时,火源面积越大、点火时间越长,越易引燃瓦斯。高温火源的存在,是引起瓦斯爆炸的必要条件之一。隧道内吸烟、电气火花、违章爆破、煤炭自燃、明火作业等都易引起瓦斯爆炸。

(3)氧的浓度。实践证明,空气中的氧气浓度降低时,瓦斯爆炸界限随之缩小,当氧气浓度减少到12%以下时,瓦斯混合气体即失去爆炸性。

从上面的三个条件看,前两项是可以人为控制的,可以采取加强通风,降低瓦斯浓度,以及控制火源,使瓦斯不会燃烧爆炸的措施,而第三项是不可控的,因为氧气浓度不低于20%是相关规范的基本规定。瓦斯(CH_4)浓度在相关规范中对不同工作条件下的限值均有详细规定,这里不再赘述。

7.1.3　瓦斯隧道其他有害气体的主要性状及危害

1)一氧化碳(CO)

一氧化碳(CO)为无色、无味、无臭的气体,相对密度为0.97,微溶于水,易溶于氨水,与酸、碱不起反应,能被活性炭少量吸附,能与空气均匀混合。一氧化碳能燃烧,当空气中一氧化碳浓度在13% ~75%时有爆炸危险。一氧化碳对人体的最大危害是与其人体血液中血红素

的亲和力比氧大250～300倍，进入人体后使血液失去输氧功能，从而造成人体血液“窒息”，也就是一氧化碳中毒，其中毒症状与浓度的关系见表7-1。

一氧化碳中毒症状与浓度的关系 表7-1

一氧化碳浓度（体积%）	主要症状
0.02	2～3h内可能引起轻微头痛
0.08	40min内出现头痛，眩晕和恶心。2h内发生体温和血压下降，脉搏微弱、出冷汗，可能出现昏迷
0.32	5～10min内出现头痛、眩晕。0.5h内可能出现昏迷并有死亡危险
1.28	几分钟内出现昏迷和死亡

2）硫化氢（H_2S）

硫化氢（H_2S）无色、微甜，有浓烈的臭鸡蛋味，当空气中浓度达到0.000 1%即可嗅到，但当浓度较高时，因嗅觉神经中毒麻痹，反而嗅不到。其相对密度为1.19，易溶于水，在常温、常压下1体积的水可溶解2.5体积的硫化氢，所以它能积存于积水中。硫化氢能燃烧，空气中硫化氢浓度为4.3%～45.5%时有爆炸危险。

硫化氢有剧毒，有强烈的刺激作用，不但能引起鼻炎、气管炎和肺水肿，而且还能阻碍生物的氧化过程，使人体缺氧。当空气中硫化氢浓度较低时，其主要以腐蚀刺激作用为主；硫化氢浓度较高时，其能引起人体迅速昏迷或死亡，腐蚀作用往往不明显。其中毒症状与浓度的关系见表7-2。

硫化氢中毒症状与浓度的关系 表7-2

硫化氢浓度（体积%）	主要症状
0.002 5～0.003	有强烈臭味
0.005～0.01	1～2h内出现眼及呼吸道刺激症状，臭味“减弱”或“消失”
0.015～0.02	出现恶心、呕吐、头晕、四肢无力、反应迟钝，眼及呼吸道有强烈刺激症状
0.035～0.045	0.5～1h内出现严重中毒，可能发生气管炎、支气管炎及肺水肿，有死亡危险
0.06～0.07	很快昏迷，短时间内死亡

3）二氧化氮（NO_2）

二氧化氮（NO_2）是一种褐红色气体，有强烈刺激气味，相对密度1.59，易溶于水，溶于水后生成腐蚀性很强的硝酸，对眼睛、呼吸道黏膜和肺部组织有强烈的刺激及腐蚀作用，严重时可引起肺水肿。二氧化氮中毒有潜伏期，有的在严重中毒时尚无明显感觉，还可持续工作，经过6～24h后发作，中毒者手指头出现黄色斑点，并出现严重的咳嗽、头痛、呕吐，甚至死亡。二氧化氮中毒症状与浓度的关系见表7-3。

二氧化氮中毒症状与浓度的关系 表7-3

二氧化氮浓度（体积%）	主要症状
0.004	2～4h内可出现咳嗽症状
0.006	短时间内感觉喉咙刺激、咳嗽、胸疼
0.01	短时间内出现严重中毒症状，引起神经麻痹，重者咳嗽、恶心、呕吐
0.025	短时间内可能出现死亡

4)二氧化硫(SO_2)

二氧化硫为无色、有强烈的硫磺气味及酸味的气体，当空气中二氧化硫浓度达到0.000 5%即可嗅到，其相对密度为2.22，在风速小时易积聚于巷道的底部。二氧化硫易溶于水，在常温、常压下1体积水可溶解4体积的二氧化硫，其遇水后生成硫酸，对眼睛及呼吸系统黏膜有强烈的刺激作用，可引起喉炎和肺水肿。当空气中二氧化硫浓度达到0.002%时，眼及呼吸器官即感到有强烈的刺激，浓度达到0.05%时，短时间内即有生命危险。

5)氨气(NH_3)

氨气是一种无色、有浓烈臭味的气体，相对密度0.596，易溶于水，空气中氨气浓度达到30%时有爆炸危险。氨气对皮肤和呼吸道黏膜有刺激作用，可引起喉头水肿。

6)氢气(H_2)

氢气为无色、无味、无毒的气体，相对密度为0.07。氢气能自燃，其点燃温度比甲烷低100~200℃。当空气中氢气浓度在4%~7%时有爆炸危险。

7)氡气(Rn)

氡位于元素周期表第Ⅵ周期零族，其化学性质不活泼，氡气是由放射性元素镭衰变产生的自然界唯一的天然放射性惰性气体，它没有颜色，也没有任何气味，氡在空气中的氡原子的衰变产物被称为氡子体，为金属粒子。氡气的相对密度为7.54、熔点-71℃、沸点-62℃，溶于煤油、甲苯、血、水、CS_2，易被脂肪、橡胶、硅胶、活性炭吸附。常温下氡及其子体在空气中能形成放射性气溶胶而污染空气，它对人体健康的危害主要有两个方面，即体内辐射和体外辐射。体内辐射主要来自于放射性辐射在空气中的衰变，从而形成的一种放射性物质氡及其子体。氡在作用于人体的同时会很快衰变成人体能吸收的核素，进入人体的呼吸系统造成辐射损伤，诱发肺癌。体外辐射主要是指天然石材中的辐射体直接照射人体后产生一种生物效果，会对人体内的造血器官、神经系统、生殖系统和消化系统造成损伤。

隧道空气中各种有害气体的安全标准值见表7-4。

隧道空气中有害气体的最高允许浓度　　表7-4

有害气体名称	符　号	最高允许浓度(%)	有害气体名称	符　号	最高允许浓度(%)
一氧化碳	CO	0.002 4	硫化氢	H_2S	0.000 66
二氧化氮	NO_2	0.000 25	氨气	NH_3	0.004
二氧化硫	SO_2	0.000 5			

氡气限值基本都是对住房和室内环境作了多种规定(见表7-5)，而且国内外多数限值都是100Bq/m^3(即每秒钟一次衰变)，对隧道等地下作业空间未作明确规定，可参考室内环境规定限值。

各国氡浓度限值标准　　表7-5

标　准	氡的浓度限值(Bq/m^3)		
美国标准	平均150	住房和学校100	企业用房300
德国标准	居住环境100	—	—
世界卫生组织	发达国家100	其他可放宽到300	—
国际放射防护委员会	新建住宅270	—	—
中国标准	新建住宅100	旧住宅200	—

7.1.4 瓦斯隧道分类及瓦斯地段等级划分

瓦斯隧道分为低瓦斯隧道、高瓦斯隧道及瓦斯突出隧道三种，瓦斯隧道的类型按照隧道内瓦斯工区的最高级确定。瓦斯工区又分为非瓦斯工区、低瓦斯工区、高瓦斯工区、瓦斯突出工区四类。低瓦斯工区和高瓦斯工区可按绝对瓦斯涌出量进行判定，当全工区的瓦斯涌出量小于0.5m^3/min 时为低瓦斯工区，而大于或等于0.5m^3/min 时为高瓦斯工区。另外，瓦斯隧道只要一处有突出危险，该处所在的工区即为瓦斯突出工区，判定瓦斯突出必须同时满足下列四个指标：

(1)瓦斯压力大于或等于0.74MPa；

(2)瓦斯放散初速度大于或等于10；

(3)煤的坚固性系数小于或等于0.5；

(4)煤的破坏类型为三类及以上。

根据瓦斯工区含瓦斯的情况，可将瓦斯地段划分为非瓦斯地段和三级、二级、一级三种含瓦斯地段，并分别采用不同的衬砌结构。含瓦斯地段的等级应按表7-6确定。

瓦斯地段等级　　表7-6

地段等级	吨煤瓦斯含量(m^3/t)	瓦斯压力(MPa)	地段等级	吨煤瓦斯含量(m^3/t)	瓦斯压力(MPa)
三	<0.5	<0.15	一	—	>0.74
二	0.5	0.15~0.74			

7.2 瓦斯超前探测及预报

瓦斯及有害气体隧道超前地质预报是指在分析既有地质资料的基础上，采用地质调查、物探、超前地质钻探、超前导坑等手段，对隧道开挖工作面前方煤层瓦斯和有害气体的工程性质、位置、产状、规模等进行探测，分析判释及预报，并提出技术措施及建议。

7.2.1 瓦斯隧道超前地质预报的主要内容

煤层瓦斯预报应探明煤层分布位置、煤层厚度，测定瓦斯含量、瓦斯压力、涌出量、瓦斯放散初速度、煤的坚固性系数等，判定煤的破坏类型，分析判断煤的自燃及煤尘爆炸性、煤与瓦斯突出危险性，评价隧道瓦斯严重程度及对工程的影响，提出技术措施及建议等。

瓦斯隧道超前地质预报包括下列主要内容：

(1)瓦斯地层岩性预测预报。瓦斯常伴生于有机黏土、油页岩、煤层、含碳及沥青质页岩、泥灰岩等岩类中，且集中分布于石油、天然气、煤炭、褐煤分布地区及富含有机物的泥炭层、腐殖土等地区。通常将煤层中的瓦斯称为煤系地层瓦斯，而储存于一般岩石中的瓦斯称为非煤系地层瓦斯。在隧道施工过程中，经常会遇到两种类型的瓦斯赋存地层，瓦斯隧道多数穿越地层为煤系地层，少数为非煤系地层，但仍然与附近煤系地层有关。

(2)瓦斯地质构造预测预报。煤化过程产生的各种气体中，甲烷仅有部分能保持在煤层内，大多数气体则会流失到大气中或溶解于循环的地下水中而被转移。在有利的地质条件下被保存下来的甲烷将转移到煤层周围高孔隙率的沉积岩层内，在适当部位富集。因此，决定有害气体储存的主要因素是地质构造及覆盖层厚度、岩性等因素。最适合有害气体储积的是背斜构造（或穹隆构造），有害气体常分布于成层的盖、底板之间。

（3）瓦斯涌出量及压力预测预报。多数隧道瓦斯是在成煤过程中形成的，经断层、裂隙运移至断层带，以游离状态存在于裂隙和溶洞内。各地层段瓦斯涌出是不均匀的，隧道穿过充满瓦斯的裂隙和溶洞时，会出现短时间的异常瓦斯涌出（瓦斯涌出量很大，甚至发生瓦斯喷出），在其他地层段，瓦斯涌出量不大。

7.2.2　瓦斯地层岩性预测预报

瓦斯地层岩性预测预报主要采用地质调查法和超前钻探法两种。

1）地质调查法

地质调查法是根据隧道已有勘察资料、地表补充地质调查资料和隧道内地质素描，通过地层层序对比、地层分界线及构造线地下和地表相关性分析、断层要素与隧道集合参数的相关性分析、临近隧道内不良地质体的前兆分析等，利用常规地质理论、地质作图和趋势分析等，推测开挖工作面前方可能揭示的地质情况的一种超前地质预报方法。

地质调查法的内容包括隧道地表补充地质调查和隧道内地质素描等。

（1）瓦斯隧道地表补充地质调查

瓦斯隧道地表补充地质调查应包括下列主要内容：

①对已有的地质勘探成果的熟悉、核查和确认。

②地层、岩性在隧道地表的出露及接触关系，特别是对标志层的熟悉和确认。

③断层、褶皱、节理密集带等地质构造在隧道地表的出露位置、规模、性质及产状变化情况。

④地表岩溶发育位置、规模及分布规律。

⑤煤层、石膏、膨胀岩、含石油天然气、含放射性物质等特殊地层在地表的出露位置、宽度及其产状变化情况。

⑥人为坑洞位置、走向、高程等，分析其与隧道的空间关系。

⑦根据隧道地表补充地质调查结果，结合设计文件、资料和图纸，核实和修正超前地质预报重点区段。

（2）瓦斯隧道内地质素描

瓦斯隧道内地质素描是将隧道所揭露的地层岩性、地质构造、结构面产状、地下水出露点位置及出水状态、出水量、煤层、溶洞等准确记录下来并绘制成图表，是地质调查法工作的一部分。隧道内地质素描应包括下列主要内容：

①地质岩性及地质构造：地层时代、岩性、层间结合程度、风化程度、褶皱、断层、节理裂隙特征、岩层产状等。

②岩溶及特殊地层：描述岩溶规模、形态、位置、所属地层和构造部位，充填物成分、状态，以及岩溶展布的空间关系。对煤层、沥青层、含膏盐层、膨胀岩和含黄铁矿层等应单独描述。

③描述有害气体及放射性危害源存在情况。

④其他因素:包括人为坑洞、地应力、塌方等。应记录塌方部位、方式与规模及其随时间的变化特征,并分析产生塌方的地质原因及其对继续掘进的影响。

⑤水文地质情况:包括地下水的分布、出露形态及围岩的透水性、水量、水压等,判定地下水对结构材料的腐蚀性。

2)超前钻探法

超前地质钻探是利用钻机或其他钻孔设备对隧道开挖工作面前方进行钻探获取地质信息的一种超前地质预报方法。其包括超前地质钻探和加深炮孔探测。

(1)超前地质钻探适用于各种地质条件下的隧道超前地质预报,在富水软弱断层破碎带、富水溶岩发育区、煤层瓦斯发育区、重大物探异常等地质条件复杂地段必须采用。其主要采用冲击钻和回转取芯钻两种方法,两者应合理搭配使用,提高预报准确率和钻探速度,减少占用开挖工作面的时间。

(2)加深炮孔探测是利用风钻或凿岩台车等在隧道开挖面钻小孔径浅孔获取地质信息的一种方法。

超前钻探法,尤其是中、长孔探测是隧道施工中最常用和重点采用的探测煤层瓦斯和有害气体的预报方法。

7.2.3 地质构造预测预报

地质构造预测预报主要采用地质调查法、超前钻孔法、弹性波和电磁波反射法。其中地质调查法和超前钻孔法与7.2.2节介绍内容相同。

1)弹性波反射法

弹性波反射法是利用人工激发的地震波、声波在不均匀地质中所产生的反射波特性来预报隧道开挖工作面前方地质情况的一种物探方法,它包括地震波反射法、水平波剖面法、负视速度法和极小偏移距离高频发射连续剖面法(简称陆地声呐法)等方法。在实际工作中,地震波反射法的应用相对普遍和成熟。

弹性波反射法适用于划分地层界限,查找地质构造,探测瓦斯和有害气体地质体的厚度和范围,并应符合下列要求:

(1)探测对象与相邻介质应存在较明显的波阻抗差异并具有足以被探测的规模。

(2)断层或岩性界面的倾角应大于35°,构造走向与隧道轴线的夹角应大于45°。

2)电磁波反射法

电磁波反射法超前地质预报主要采用地质雷达探测,地质雷达探测时利用电磁波在隧道开挖工作面前方岩体中的传播及反射,根据传播速度和反射脉冲波走时进行超前地质预报的一种物探方法。

电磁波反射法主要用于岩溶探测,也可用于断层破碎带、软弱夹层等不均匀地质体的探测,对煤层和有害气体地层也可进行辅助探测,并应符合下列要求:

(1)探测目的体与周边介质之间应存在明显介电常数差异,电磁波反射信号明显。

(2)探测目的体具有足以被探测的规模。

(3)不能探测极高电导屏蔽层以下的目的体。

7.2.4　瓦斯涌出量及压力预测预报

瓦斯涌出量及压力预测预报即在开挖未进入煤层瓦斯和有害气体岩层前，利用超前探孔探明前方煤层、瓦斯浓度、有害气体浓度以及岩层（包括采空区）规模等情况，进行煤和瓦斯突出性危险性预测分析，以便采取合理的施工措施保证安全。由于煤矿采空区由于长年弃用，采区内往往含有丰富的地下水和瓦斯等有害气体，如不采取有效的超前探测手段，将会发生严重的安全事故。

在开挖工作面距设计煤层15～20m时，沿隧道前进方向在开挖面上打一水平穿透煤层全厚且进入煤层底板不小于0.5m的地质钻孔，以初测煤层的位置。在工作面距煤层位置10m（垂距）时，打2～3个穿透煤层全厚且进入煤层底板不小于0.5m的探测钻孔，以确定煤层的走向、倾角、厚度及顶底板岩性等赋存情况，获得地质构造资料。

接近突出煤层前，必须对设计标示的各突出煤层位置进行超前探测，标定各突出煤层准确位置，掌握其赋存情况及瓦斯状况。

超前探孔施工应符合下列规定：

（1）接近突出煤层前，应在距设计煤层位置15～20m（垂距）处的开挖工作面上打超前探孔1个，初探煤层位置。

（2）在距初探煤层位置10m（垂距）处的开挖工作面上打3个超前探孔，并取岩（煤）芯，分别探测开挖工作面前方上部及左右部位煤层位置。

（3）掌握并收集探孔施工过程中的瓦斯动力现象。

（4）各探孔应满足下列条件：

①每个探孔应穿透煤层并进入煤层顶（底）板不小于0.5m。

②各探孔直径不宜小于76mm。

③钻孔过程中应观察孔内排出的浆液、煤屑变化情况，并做好记录。

④探孔孔径为80mm时，所有孔应取芯样并保证芯样完整，进入煤层后要求干钻取芯。

7.2.5　瓦斯突出危险性分析预测

所有钻孔详细记录岩芯资料，观测是否有喷孔、卡钻、顶钻等异常现象，并做好详细记录。根据探测所得的资料，结合现场实际情况，做以下分析预测：

①依据前面的钻孔记录按各探孔见煤、出煤点复核计算煤层厚度、倾角、走向及与隧道的关系，并分析煤层顶底板岩性。

②对瓦斯含量、压力、涌出速度等指标进行测量和分析，以掌握瓦斯的动力现象。钻孔过程中出现顶钻、夹钻、喷孔等动力现象时，应视该开挖工作面为突出危险工作面。

③针对探明的情况进行瓦斯突出危险性评价，危险性预测评价方法应从下列5种方法中选用2种方法，相互验证。石门揭煤可采用瓦斯压力法、综合指标法或钻屑指标法，对于煤巷掘进宜采钻孔瓦斯涌出初速度法或"R"指标法。

1）瓦斯压力法

煤层瓦斯压力的测定可采用专用的机械装置测压、液体测压、水泥砂浆封孔测压及勃土测压等方法。采用勃土测压法时，可按下列步骤进行：

(1)在测压钻孔内插入带有压力表接头的紫铜管,管径为6~8mm,长度不小于7m。

(2)将特制的柱状黏土(含自然水分经炮泥机挤压成形的炮泥)送入孔内,柱状黏土末端距紫铜管末端0.2~0.5m,每次送入0.3~0.5m,用堵棍捣实。

(3)每堵1m黏土柱打入1个木塞,木塞直径小于钻孔直径10~15mm。打入木塞时应保护好紫铜管,防止折断。

(4)在孔口0.5~1.0m处用水泥砂浆封堵。经24h水泥凝固后,安上压力表测压,并详细记录压力上升与时间的关系,直到压力稳定为止。稳定后的压力即为煤层瓦斯压力。

2)综合指标法

采用综合指标法对煤层进行工作面的煤与瓦斯突出危险性预测时应符合下列要求:

(1)在岩石工作面向突出煤层应至少钻2个测压孔,测定煤层瓦斯压力,其测压方法按照《铁路瓦斯隧道技术规范》附录D介绍步骤进行。

(2)在钻测压孔的过程中,每米煤孔应采取一个煤样,测定煤的坚固性系数(f),坚固性系数测定方法按照《铁路瓦斯隧道技术规范》附录F介绍步骤进行。

(3)应将2个测压孔所得的坚固性系数最小值平均,作为煤层软分层的平均坚固性系数。

(4)应将坚固性系数最小的2个煤样混合后,测定煤的瓦斯放散初速度指标(ΔP)。

煤层突出危险性,可按下列2个综合指标(D、K)判断:

$$D = (0.0075H/f - 3)(P - 0.74) \tag{7-1}$$

$$K = \Delta P/f \tag{7-2}$$

式中:H——开挖工作面埋深,m;

P——煤层瓦斯压力,取2个测压钻孔实测瓦斯压力的最大值,MPa;

ΔP——软分层煤的瓦斯放散初速度指标,mmHg;

f——软分层煤的平均坚固性系数。

用综合指标D和K预测煤层突出危险性的临界值应符合表7-7的规定。

综合指标D、K的临界值 表7-7

煤层突出危险性综合指标D	煤的突出危险性综合指标K	
	无烟煤	其他煤种
0.25	20	15

注:1.当$D=(0.0075H/f-3)(P-0.74)$中两个括号内的计算值都为负时,则不论D值多少,都为突出威胁煤层。
2.地质勘探进行煤层突出危险性预测时,突出威胁应为无突出危险煤层。

3)钻屑指标法

(1)钻屑量可用质量法或容量法测定

质量法:每钻1m钻孔,收集全部钻屑,用弹簧秤称量质量。

容量法:每钻1m钻孔,收集全部钻屑,用量具测量钻屑体积。

(2)钻屑解吸指标(Δh_2)的测定步骤

钻孔时,在预定的位置取出钻屑,用孔径1mm和3mm的筛子筛分,将筛分好的粒径1~3mm的试样装入MD-2型解吸仪的煤样瓶中,试样装至煤样瓶刻度线水平(10g左右),自钻孔钻至该采样段起经3min后，起动秒表，转动三通阀，使煤样瓶与大气隔离，在2min时记录解吸仪的读数，该值即为Δh_2，单位为Pa。

(3)钻屑解吸指标(K_1)测定步骤

钻孔取样同(2)，使用WTC型突出预测仪，测定时每钻进2m，取一次钻屑作解吸特征测定。取样时，应备好秒表、筛子，钻孔钻到预定深度时，用组合筛子在孔口接钻屑，同时起动秒表，一面取样，一面筛分，当钻屑量不少于100g时，停止取样，并继续进行筛分，最后把已筛分好的直径1～3mm的煤样装入WTC仪器的煤样罐内，盖好煤样罐，准备测试。当秒表走到t_0时(通常规定t_0为1～2min)，起动仪器采样键进行测定，经5min后，当仪器显示t_0时，用键盘输入t_0，按监控键，仪器显示L_0，输入L_0按监控键，仪器进行计算，并显示F_j，此值即为K_1值。

4)钻孔瓦斯涌出初速度、瞬间解吸压力、钻粉量测定方法

(1)钻孔瓦斯涌出初速度、瞬间解吸压力、钻粉量测定可采用1.2kW电煤钻、42mm直径麻花钻杆10m，镀锌白铁皮水桶、弹簧秤(量程25t)、初速度测定装置一套、水银温度计(0～50℃)、管钳、秒表、高压气枪、煤气表等仪器设备。

(2)测试过程中，当钻孔进入煤层后，应换电煤钻钻孔，并起动秒表，钻进速度宜控制在1m/min左右，每钻完1m煤孔后，应立即撤出钻杆，插入钻孔瓦斯涌出初速度测定装置。在2min后开始读取瓦斯涌出量值，然后关闭通向煤气表的阀门，读出压力表上显示的瞬间解吸压力值。在测定瓦斯涌出量前，测定K_1值，煤样采集与钻粉量的收集应一并完成。当钻孔瓦斯涌出量大于6L/min时，在第5min后应继续读取1min瓦斯涌出衰减量，衰减系数a应大于0.65。当$a<0.65$时，煤层有突出危险。

(3)钻孔速度必须严格控制，钻杆拖动排煤粉时，必须控制孔径，防止孔径扩大。

(4)孔位应选在排放(或抽放)孔之间或瓦斯排放空白区煤层的软分层中。

(5)钻杆进尺应有明确标记，接煤粉的容器应保证煤粉能够全部进入容器内。

(6)初速度测定装置的封孔压力必须保持0.25MPa，保证封孔严密，初速度测试结果准确。

(7)初速度测定装置各段连接处，必须配有胶垫，保证气密性。测试管胶端的小孔必须通畅无阻，应避免煤粉堵塞小孔，造成涌出量降低。

5)"R"指标法

采用"R"指标法进行防突措施效果检验时，应按下列步骤进行：

(1)在工作面钻不少于3个直径为42mm，深度为10m的钻孔，钻孔应在软分层中，一个钻孔位于巷道工作面中部，并平行于掘进方向，其他钻孔的终孔点应位于隧道轮廓线外的2～4m处。

(2)钻孔每打1m，测定一次钻屑量和钻孔瓦斯涌出初速度，根据每个钻孔的最大钻屑量和最大瓦斯涌出初速度按下式确定各孔的R值：

$$R = (S_{max} - 1.8)(Q_{max} - 4) \tag{7-3}$$

式中：S_{max}——钻孔最大钻屑量，kg/m；

Q_{max}——钻孔最大瓦斯涌出初速度，L/min。

(3)临界指标R_m取6，当任何一个钻孔中的$R \geqslant R_m$，则该工作面为突出危险工作面，当R

为负值时，用单项(取公式中的正值项)指标。

7.2.6 突出危险程度分级

突出危险性预测方法中有任何一项指标超过临界指标，该开挖工作面即为有突出危险工作面。其预测时的临界指标应根据实测数据确定，当无实测数据时，可参照表7-8中所列突出危险性预测指标临界值。

突出危险性预测指标临界值　　表7-8

序号	预测类型	预测方法	预测指标	突出危险性临界值
1	石门揭煤突出危险性预测	瓦斯压力法	P(MPa)	0.74
		综合指标法	D	0.25
			K	20(无烟煤)、15(其他煤)
		钻屑指标法	Δh_2(Pa)	160(湿煤)、200(干煤)
			K_1[mL/(g·min$^{1/2}$)]	0.4(湿煤)、0.5(干煤)
2	煤巷开挖工作面突出危险性预测	钻孔瓦斯涌出初速度法	Q	4
		"R"指标法	R_m	6
		钻屑指标法	Δh_2(Pa)	160(湿煤)、200(干煤)
			K_1[mL/(g·min$^{1/2}$)]	0.4(湿煤)、0.5(干煤)
			最大钻屑量(kg/m)	6

突出危阶性预测是防突综合措施的首要工作，预测的目的是确定突出危险的区域和地点，以便使预防突出措施的执行更加有的放矢。

国内外多年来开采突出煤层的实践表明，突出呈现区域分布，在突出煤层开采过程中，只有很少的区域和区段才发生突出。因此，不论是否有突出危险，在突出煤层采掘过程中，普遍采取防突措施是不经济合理的，这样实施的结果使防突工作带有一定的盲目性，且由于原本无突出危险的区域采用防突措施，必然导致人力和财力的浪费。对于隧道揭煤的突出危险性预测，更需慎重。

7.3 石门揭煤

石门揭煤，即石门从最小岩柱起，揭开煤层，煤门掘进，石门全断面进入顶(底)板岩石2m止的整个过程。石门揭煤突出危险性比掘进工作面更高。石门揭煤工作面发生的煤与瓦斯突出特点是突出强度大、瓦斯涌出量多、突出瓦斯波及范围广，危害严重。石门揭煤施工应采取相应的防治煤与瓦斯突出措施。

7.3.1 揭煤防突综合措施实施程序

1)突出危险性预测

突出危险性预测按照7.2.5节介绍的方法进行预测。

2)防治突出措施的选用

通过突出危险性预测,判定施工区段和地点揭煤有突出危险时,应采取防治突出的措施,根据煤层的赋存条件,瓦斯压力,瓦斯浓度的大小,煤、岩层性质等,选用一种或多种防突措施。

防突措施的选择,首先应选用较为简单的防突措施,一般先用钻孔排放煤层瓦斯作为防突的主要手段,排放前应钻孔实测煤层瓦斯的排放有效半径,据以调整排放钻孔的有效参数。

排放瓦斯的结束标准为瓦斯压力小于1MPa,且不具突出危险性。排放过程中,每月须打检测孔,按预测方法进行煤与瓦斯突出危险性检测。排放后仍有突出威胁或突出危险时,可视排放效果改用抽放瓦斯或水力冲孔。采用钻孔排放瓦斯需要较长的排放时间,尤其是当隧道所穿过煤层的上(下)部未经采动时,所需时间会更长。如果隧道受工期限制,揭煤施工期限较短,钻孔排放瓦斯无效时,可采用水力冲孔的方法防止煤与瓦斯突出。

因为隧道断面较大,受爆破条件的制约以及通风条件的限制,一般多采用分台阶、分段揭煤施工。首次揭煤排放瓦斯后,隧道其他部分是否进行瓦斯排放,应视首次排放的效果、工期及相邻煤体瓦斯突出的影响程度确定。

3)防突出措施效果检验

各种防突措施的作用效果,绝大多数是起到卸压和排放瓦斯的作用,但在实施过程中,可能由于某种原因而使防突措施未能达到应有的效果(作用范围)。因此有必要在措施实施后进行措施效果检验。

防突措施效果检验的目的在于确保措施防突效果。实践表明,各种防突措施特别是局部防突措施,尽管经科学实践证实,防突措施是有效的。但在实际应用中,由于某种原因,有可能发生少许的突出,这就使人们对措施本身的防突效果产生了疑问,即使在同一突出煤层,在此地段证实所采取的措施是有效的,但在另一些地段有可能无效,其原因在于洞内条件的复杂性,诸如煤层的赋存条件的变化、地质构造变化以及施工工艺的改变等。因此,防突技术措施实施后,如检验防突措施无效,就必须采取附加防突措施,如果措施有效,可在执行安全防护措施的情况下,继续进行掘进作业。

防突措施效果检验的实质是在防突措施实施后,对隧道工作面前方煤体进行再次突出危险性预测,观测预测突出指标是否降到突出危险的临界值以下,因此防突措施效果检验方法与突出预测方法基本上是相同的。按照《防治煤与瓦斯突出细则》的规定,检验孔孔数为4个,其中隧道中间1个,并应位于措施孔中间(以见煤点计),各项检验指标的检验效果都在突出危险性临界值以下时,则认为措施有效;反之,则认为措施无效,必须采取补救措施,直至各项预测突出危险性指标均小于其相应的临界值,确保完全消除突出的危险和揭煤过程的施工安全,方可揭煤。

4)揭煤的安全技术措施与组织管理

在有煤与瓦斯突出的隧道施工,必须认真贯彻和切实执行安全生产方针,坚持群众路线,大力加强安全技术管理工作,开展科学实验,研究突出规律,不断地完善和创新突出预报工作和行之有效的预防突出措施,这对消除事故的发生,保证安全生产是非常必要的。

(1)安全技术措施

实施安全技术措施的目的,在于当突出预测失误或防突措施失效发生突出时,避免人身伤亡事故。由于煤与瓦斯突出是一种极其复杂的瓦斯动力现象,在当前科学发展水平尚难以完全避免突出发生的现实情况下,采用安全技术措施是必需的。

为了保证隧道揭煤的顺利实施,在安全上必须采取以下技术措施:

①加强通风管理。隧道开挖作面供风量必须满足或大于按瓦斯隧道有关各项通风量计算的最大值,确保工作面瓦斯浓度不大于1%,距工作面后方20m回风流中的瓦斯浓度不大于0.75%,整个隧道中无瓦斯积聚。

②加强瓦斯管理。工作面及隧道中各作业点及其工作范围内,配备专职和兼职瓦斯检查员,认真负责工作环境瓦斯的检测工作,若瓦斯浓度超限(进风侧瓦斯浓度限值为0.5%,回风侧瓦斯浓度限值为0.75%),应立即停止工作,向调度室汇报,及时采取措施。

③加强隧道内所有电气设备、照明线路及灯具管理。必须采用矿用防爆型装备和设施,随时由专人检查维护,不得失修。

④加强隧道揭煤地段(从隧道工作面距煤层前10m开始,至过煤后30m止)约40m长的隧道爆破管理,特别是揭煤爆破作业应有专门设计,采用洞内全部撤人,洞内设岗,洞外爆破。揭煤爆破要求一次性揭开所规定的岩柱,要求不留门坎和门帘。揭煤前须做爆破试验,为揭煤爆破作业设计提供依据。

⑤揭煤前的保安岩柱般为2~2.5m(垂距),在刷斜面时,应准确无误地设计炮眼布置深度及装药量,以防误穿或提前揭煤,爆破时必须停电停风。

⑥爆破前工作面不装药的钻眼应用黄泥堵塞全孔。

⑦加强揭煤地段作业时的矿山救护及工地安全员、瓦检员值班力度。做到"一炮三检制"(即在钻眼前、装药前和起爆前均应进行瓦斯浓度检测)及巡回检查隧道风流中瓦斯浓度,检查是否有瓦斯局部积聚,观察有无瓦斯突出预兆,一旦发生异常情况应及时处理,并做到现场交接班,不得漏检。

⑧爆破揭煤40min后,由矿山救护队队员6~8人携带灭火器材、呼吸器等首先进入工作面,经检查无异常后,由救护队负责人下达恢复供电、供风指令。工作面及回风流瓦斯浓度不超限,又无其他异常时,待救护队负责人下达指令后,方可恢复洞内各项作业。

⑨在揭煤地段,要求进入隧道的工作人员必须佩戴个体自救器,并事先应掌握其使用方法,以便突出事故发生时自救。

⑩加强揭煤地段特别是隧道岩层与煤层相交处的支护工作。

⑪隧道内电气设备应安装瓦电闭锁设施。

⑫通风与瓦斯连锁,根据瓦斯含量决定起动风机台数。

⑬有关安全技术措施未尽事宜,按有关行业规程、规范、细则执行。

(2)组织管理

组织管理是技术措施执行质量的保证,为了安全揭煤,杜绝瓦斯事故的发生,实现突出的预测预报、防突技术措施、措施效果检查及安全技术措施等"四位一体"的综合治理方案有序的进行,应建立揭煤领导小组及揭煤工作组,各组的职责分别为:

①揭煤领导小组:一般由隧道项目部主要领导组织,负责揭煤工作的协调和指挥,组长为揭煤安全的第一责任者。

②揭煤工作组:一般由隧道项目部总工程师为组长组成专业工作组,可分为通风安全、机

电防爆、瓦斯监测、爆破、开挖与支护管理等专业，做到分工协作，层层把关，并由施工方技术组负责填绘和掌握揭煤工艺施工设计进度管理图，随时掌握揭煤及过煤地段情况，从而为确保安全施工提供可靠的决策依据。

采用防突综合措施，全面而系统地进行防突工作有以下优点：

①使防突措施更加有的放矢。防突措施仅在突出层有突出危险的工作面才采用，在预测有突出威胁的工作面用工作面预测来代替防突措施，这将大大缩小突出危险煤层开挖时防突措施的使用范围，从而使突出煤层掘进速度提高。

②提高措施的防突有效性。在每次实施防突措施后，都要进行效果措施检验，检验结果若无效，则采取补充防突措施，直至有效为止，这将大大提高防突措施的可靠性，从而顺利通过煤层。

③提高经济效益。按照综合防治程序，依次实施有关防突工作，可以避免大量人力、物力和财力的消耗，从而可以大量节省防突措施费用。

7.3.2　防突措施的制订

1）防突措施制订的原则

根据当前对煤与瓦斯突出的认识，认为地应力和煤层瓦斯压力是突出的主要动力，煤体是受力体，是突出时破碎和抛出的对象，施工工艺条件是诱导突出的外部因素。为了防治突出，可归纳为以下几个基本原则：

（1）部分卸除煤层或掘进工作面前方煤体的应力，将煤体中集中应力带移至煤体深部。

（2）部分排除煤层或掘进工作面前方煤体中的瓦斯，降低瓦斯压力，减小工作面前方的瓦斯压力梯度。

（3）增大工作面附近煤体的承载能力和稳定性。

（4）改变煤体的力学性质，使其不易于发生突出，如煤层注水后，煤体湿润，弹性减少，塑性增大，使突出不易发生。

（5）改变施工工艺条件，使工作面前方煤体应力和瓦斯动力状态平缓变化，达到工作面本身自我卸压，如间歇作业等。

上述前两个原则的目的是减小发生突出能源，是“釜底抽薪”的办法，它是绝大多数防突措施的主要依据。诸如预抽瓦斯、超前钻孔、多排钻孔、水力冲孔以及松动爆破等，都是建立在卸压和排放瓦斯基础上的防突措施。第三个、第四个原则目的是增大发生突出的阻力，抑制突出的发生，其制订的防突措施有超前支架、管棚支撑（金属骨架）、注浆加固煤体等。实践表明，通过增大煤体稳定性的办法来防治小型突出，特别是倾出类型的突出是有效的，但对大型突出起不到防突的目的。

以上是编制防突措施的总体原则，在隧道揭煤防突设计的编制时，应考虑以下几方面问题：

（1）由于隧道断面较大（近 $100m^2$），为减少揭煤过程中一次落煤量，以缓解施工通风困难，一般多采用分部开挖，视具体情况可采用上下台阶分部揭煤、上中下台阶三部开挖和上下断面四部开挖，以及小导坑施工等揭煤方法。

（2）揭煤设计施工全过程应分为煤层定位、煤与瓦斯突出危险性预测、瓦斯排放、煤与瓦斯突出检测、施工防突措施以及揭煤施工等。

(3)隧道施工过程中,对煤与瓦斯突出危险性预测,按《煤矿安全规程》、《防治煤与瓦斯突出细则》要求进行。

(4)当隧道揭煤采用分部开挖时,经第一分部断面预测煤层具有突出危险性,则其他各分部均认为有突出危险性,经钻孔排放,第一分部揭煤通过后,其余分部揭煤前应进行检验性预测,据以调整揭煤防突措施。

(5)对预测有突出危险的煤层,从工作面距煤层顶面不小于5m(垂距)处开始,至穿过煤层进入底板岩层不小于2m(垂距)的全部作业过程,均必须采取防突措施。

(6)对于复合煤层(含分岔),如间距不大,设计仍按同一层煤考虑防突措施。如果间距较大,当另作考虑。

2)揭煤防突施工实施前的准备工作

隧道揭煤前需进行以下方面的工作,即钻凿与布置控制突出煤层层位、产状的超前钻孔,钻凿与布置突出的预测钻孔,随后根据防突预测结果,列出防治突出的技术措施,在防突措施实施后进行防突技术措施效果检验,以及准确确定安全岩柱的厚度等。揭煤防突施工实施前的准备工作具体如下:

(1)控制突出煤层层位、产状的超前探孔布置。准确摸清煤层赋存情况,是保证顺利揭煤的先决条件。利用探钻摸清煤层具体形态,弄清隧道范围内煤层的厚度、倾角、倾向、走向、煤质、顶底板岩层结构、岩性、地质构造以及有无涌突水等,为有效揭开煤层提供可靠的设计依据。如果煤层赋存情况不清,造成安全岩柱留设不准,将给揭煤带来不必要的困难。

(2)预测钻孔布置。当隧道工作面距煤层5m(垂距),停止掘进,钻凿预测钻孔,以便进行煤的瓦斯压力测定及打钻取煤样,以全面测定瓦斯参数,同时观察在打钻过程中是否有瓦斯喷孔、卡钻、顶钻等现象,为综合评价煤层突出危险程度提供依据,从而做到有针对性地选用防突及安全技术措施。一般情况下预测孔不少于3个,测压孔不少于1个,预测钻孔必须有2个或2个以上,终点应控制在隧道断面周边2~3m以外。

(3)准确确定预留安全岩柱。对所揭煤层实施防突措施后,经检测已消除突出危险性时,应留出安全岩柱,安装金属骨架,并施作超前支护及对外注浆,为震松性爆破做好工作面的准备。

7.3.3 揭煤防突措施施工流程

根据煤层与瓦斯预测的参数数值,决定采用的防突措施,防突措施实施后经检验效果有效,即可采用震动爆破揭开煤层,其揭煤防突施工作业流程如图7-1、图7-2所示。

7.3.4 石门揭煤防突技术

1)石门揭煤防突技术的发展历程

20世纪50~60年代,石门揭煤防突技术是用瓦斯压力预测石门揭煤工作面突出危险。当瓦斯压力大于1MPa时,石门揭煤工作面预测为突出危险工作面,采用震动爆破或辅以金属骨架技术揭煤。震动爆破属于诱发突出技术,因此采用震动爆破石门揭煤技术频繁发生煤与瓦斯突出。

20世纪70年代,开始进一步研究石门揭煤防突技术,先后研究出水力冲孔、排放钻孔和预抽瓦斯等方法,这些技术的应用大大降低石门揭煤工作面煤与瓦斯突出发生频率,特别是降低了石门揭煤工作面的特大型煤与瓦斯突出发生频率。

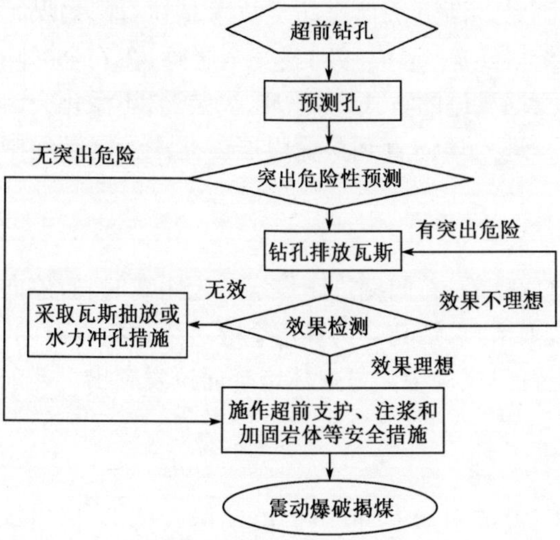

图7-1　首次揭煤作业流程

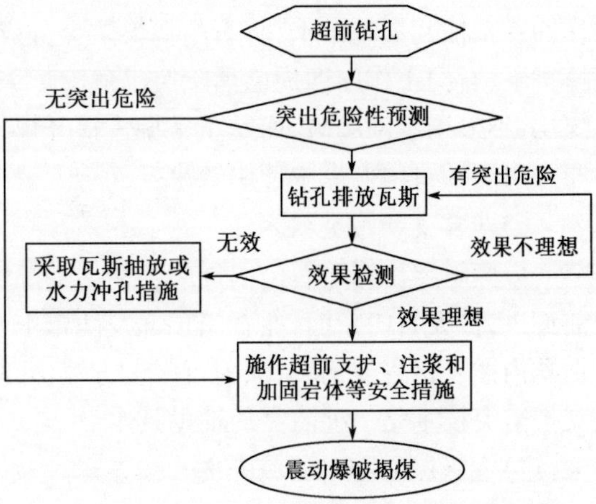

图7-2　扩大开挖揭煤作业流程

20世纪80年代,开始研究预测石门揭煤工作面突出危险预测技术。经过多年的努力,研究出预测方法及参数临界指标。预测突出危险技术的应用,使石门揭煤防突工作克服了盲目性,提高了防突技术措施的针对性。

2)水力冲孔防突技术

该技术措施借助岩柱作为安全屏障,向具有煤与瓦斯突出的原始煤体穿透钻孔,然后采用一定高压水射流冲击煤体,诱发小型突出,并利用密封管道将突出的煤、水、瓦斯引向回风系统中的分离沉淀池。冲孔工作的延续、煤和瓦斯连续喷出,周围的煤体向孔道挤动,原始煤体的紧张状态得到松弛,突出的潜能得到释放,从而在孔道周围一定范围内,使本来具有突出危险的煤体失去了突出能力。这一技术措施用于石门揭煤工作面,可防止煤与瓦斯突出,特别能防止特大型煤与瓦斯突出。该技术用于具有自喷能力和特大型煤与瓦斯突出危险的倾斜煤层效果较好。大倾角、急倾斜强突出煤层,不宜选用水力冲孔防突技术措施。

3)排放钻孔防突技术

该技术措施借助岩柱作为安全屏障,向具有煤与瓦斯突出的原始煤体穿透若干钻孔,煤体瓦斯通过钻孔排出,随着时间延续,钻孔周围煤体瓦斯含量减小,瓦斯压力降低,地应力紧张状态得到松弛,从而在钻孔周围一定范围内,使本来具有突出危险的煤体失去了突出能力。排放钻孔技术的布孔可分为网格式和双环圈两种:网格式布孔,在石门和石门两帮、上部、底部一定范围内,沿煤层走向倾斜间隔2m布置一个钻孔;双环圈布孔,以石门为中心,石门外四周布置内外两圈钻孔,在石门上部除环圈钻孔外再布置一些钻孔。排放钻孔防突技术,在重庆市急倾斜、倾斜煤层防治石门工作面煤与瓦斯突出收到好的效果。

4)预抽瓦斯防突技术

在石门揭煤工作面排放钻孔基础上,封密钻孔,抽放瓦斯。实质是加速瓦斯排放,缩短排放时间,减少钻孔工程量,是一种快速揭煤防突技术,使用效果好。

5)渐近法防突技术

缓倾斜中厚突出煤层,煤门长达数十米,按过去做法,在石门5m岩柱处,施工防突技术措施难度大,特别是控制石门底部煤体的长钻孔更困难。渐近法揭煤防突技术是在石门揭煤工作面在预抽瓦斯基础上,将石门揭煤防突分成若干段实施,形成移动式安全屏障,在安全屏障掩护下,石门工作面四周已消除突出危险。采取浅掘浅进的方式,多循环、少装药,不激化突出煤层,不采用震动爆破,而是正常掘进揭开煤层后,进入煤体直到揭完煤层。此法在缓倾斜中厚突出煤层石门揭煤中使用效果好。

6)超前支护防突技术

急倾斜突出煤层石门揭煤防突措施消除突出危险后,石门掘进距煤层一定距离时,暂停向前掘进,扩大石门断面,在石门顶部及两帮上侧施工钻孔,钻孔穿透煤层全厚进入顶板岩石内,钻孔内插入钢管或钢轨,加固石门上方煤体,防止石门掘进中上方煤体垮落而诱发突出。超前支护防突技术是一种防突的辅助技术。

7)直眼深孔全断面揭开突出煤层爆破技术

石门揭煤突出煤层,一般采用多打眼、多装药、大范围撤人、停电的震动爆破技术,但组织指挥复杂、影响生产。为此,20世纪70年代研究成功了在石门采取防突措施后,实施直眼深孔一次全断面揭煤爆破技术。使用该技术一个石门只需放两次震动爆破:一次为揭开煤层;一次为破顶(底)板岩石,即可完成揭煤爆破工作。该爆破技术多用于倾角小、门坎长的石门揭煤。具体操作需要在专业人员设计和指导下进行。

8)石门揭煤防突技术综合利用

上述石门揭煤防突技术,在使用上可综合应用。急倾斜近距离煤层群采用多煤层联合预抽瓦斯;综合防突技术,如水力冲孔辅以超前支护,在排放钻孔基础上加预抽瓦斯;先预抽瓦斯,后打排放孔,再架设超前支护。

7.3.5 石门揭煤爆破开挖技术

石门揭煤宜采用微震动爆破。石门揭煤开挖工作面距煤层的最小垂距:急倾斜煤层2m,倾斜和缓倾斜煤层1.5m。如果岩层松软、破碎,还应适当增加垂距。不同倾角、厚度的煤层可用下列方法揭煤:

(1)急倾角和倾斜的薄煤层,应一次全断面揭穿煤层全厚。

(2)急倾角和倾斜的中厚、厚煤层,一次性全断面揭入煤层的厚度宜为1~1.3m。

(3)缓倾斜煤层,应一次全断面揭开岩柱。当倾角小于12°,岩柱水平长度大时,可刷斜面揭开煤层。

1)钻孔装药

(1)震动爆破炮眼数目和装药量必须经过专门设计,并绘制炮眼布置图和装药结构图。为了确保钻孔质量,保证良好的爆破效果,应在打孔前开挖工作面的断面上,由工程技术员按照炮眼布置图的眼孔,用红油漆作标记,以便工作人员用风钻准确打眼和用钻机打孔。

(2)为了打底板ϕ76mm煤眼,在工作面掘一个钻机地坑。

(3)断面钻眼要求:岩眼眼底距煤层0.1~0.2m,煤眼眼底超过煤层底板0.2m。岩眼由于不便准确掌握,当ϕ42mm钻头见煤层时立即停钻,用炮泥充填0.1~0.2m。

(4)断面上的所有炮眼,必须采用ϕ20mm金属风管,插入孔底,加压风清孔。

(5)钻孔装药要求:根据地质钻孔资料提供的参数,当炸药装至煤岩交界处时,必须采用炮泥充填0.20m隔断后,才能继续装药。

(6)一律采用正向装药结构,即电雷管和炸药的聚能穴与传爆方向一致。眼孔装8号毫秒电雷管时,禁止跳段使用。

(7)炸药长度分配雷管的原则:ϕ42mm眼孔炸药每1.4m配一发电雷管,ϕ76mm眼孔捆绑炸药每1.8m配一发电雷管。ϕ76mm眼孔采用3条炸药呈"品"字形,用细麻线或ϕ0.5mm包皮胶线捆绑后送入。为了把每条炸药送入眼孔内紧密相接,使用顶端嵌入ϕ32mm×200mm圆的金属炮棍,炮棍长6 000~8 000mm。每条炸药送入孔内时,特别注意对电雷管脚线的保护,防止电雷管脚线或加长脚线拉断。

(8)炮泥采用黏土和砂子,按1∶3比例搓成ϕ25mm×100mm潮湿混合物预制卷。所有炮眼都在炸药与炮泥间装1~2条水炮泥,水炮泥上必须采用炮泥密实地充填到孔口。

2)爆破器材与材质要求

(1)8号纸壳煤矿许用毫秒延期电雷管,1~5段(延期时间<130ms)。

(2)许用安全炸药,ϕ32mm×200mm(0.20kg/条)。

(3)ϕ0.50mm单铜芯塑料包皮线。

(4)ϕ1.78mm(2.5mm^2)两铜芯爆破母线(200m)。

(5)绝缘胶布。

(6)砂布,0号。

(7)遥控发爆器(脉冲电压1 500V)。

(8)雷管必须是同一厂家,同一品种,同一期产品;电雷管使用前,应当按"物资计划申请表"的雷管数量发放,并提前检验每发电雷管全电阻,全电阻差小于0.1Ω。

(9)许用安全炸药受潮硬化,禁止使用。

3)爆破网络计算、连线和检查

(1)网络计算

先采用2发电雷管并联一组,后采用组与组串联的连线方式。

$$I = E/(n' \times r \div m' + r_0) \tag{7-4}$$

式中:I——通过并串联电路中的总电流;

E——爆破电源电压;

n'——串联电雷管组数;

m'——每组并联电雷管数;

r——单发电雷管全电阻,4.3~6.3Ω,取6.3Ω;

r_0——ϕ1.78mm两铜芯爆破母线200m(7.6Ω/km),加上各个连接头,取50Ω。

准爆电流$mI^{\circ}=2\times$单个雷管准爆电流1.2A=2.40A,当$I>mI^{\circ}$时满足要求。

(2)连线方法

①电雷管脚线剥出40mm长绝缘层,用细砂纸打光并在一起,在1/2处折转180°,顺时针

方向扭转拧紧，然后用胶布包扎。脚线与脚线之间的接头必须悬空，不得同任何物体相接触。

②电雷管脚线和爆破母线的绝缘层各剥去50mm长，用细砂纸打光，接着将脚线搭在连接线外露部分1/2处绕3圈后，把爆破母线转180°并相互紧靠，然后将脚线与连接线拧紧，用绝缘胶布包扎。

③为了避免雷管脚线错联，每装入一发雷管时，脚线距线头0.5m处应打结区别。

④爆破母线与母线的绝缘层各剥去50mm长，用细砂布打光，然后交叉拧紧，用钳子截去剩余线头，夹紧，用绝缘胶布包扎。

(3)爆破网络检查

电雷管并串联线完毕(尚未与爆破母线连接前)，必须先用BC-2电雷管导通表进行检查，确认网络导通后，再与爆破母线相接。相接后在爆破母线的发爆端铜线，采用数显电雷管测量仪检查爆破网路总电阻，爆破网络总电阻与计算爆破网络总电阻应当小于10%时，才符合设计规定。

4)在半煤半岩和全煤层中开挖应符合的要求

(1)揭开煤层后，应检验开挖工作面前方10m上、中、下、左、右范围内煤与瓦斯突出的危险性，如各项指标均符合要求，可开挖5m，再检验10m，再开挖5m，即应始终保持工作面前方有5m的安全区。如任意指标达到或超过临界值时，应采取补充防突措施，直到有效。

(2)每循环进尺不宜超过1.0m，在全煤层开挖应少钻孔、少装药，且必须采用煤电钻钻孔。

(3)在半煤半岩中开挖应在岩石炮眼中装药，其总药量为普通爆破药量的1/3或1/2，煤层中如煤质坚硬，需爆破时，必须采用松动爆破。

(4)在软弱破碎岩层或煤层中开挖，应采用超前支护或预注浆，防止坍塌，引起突出。

(5)爆破后应喷锚支护，及时封闭瓦斯。

7.4 瓦斯监测

瓦斯监测是防止瓦斯事故的重要措施之一。其监测方法主要有两种：实验室分析和现场监测。实验室分析的方法就是从坑道中取出空气试样，送实验室用气体分析器、气相色谱仪进行成分分析。这种方法测定精度高，但需要时间较长，主要对隧道内存在的一些特殊气体进行鉴定，对于快速施工过程来说，不利于现场根据实际情况，及时做出处理，所以其应用具有一定的局限性。工程实践中应用得比较多的是现场监测，而现场监测又分为人工监测和自动监测。

7.4.1 人工监测

人工监测就是采用光学瓦斯检测仪、便携式自动报警仪和气体检测仪，对隧道内的有害气体进行检测。

1)仪器的选择

瓦斯检测仪器种类繁多，按产地有国产和进口之分，国产仪器结构简单，性能稳定，操作方便，而且价格适中。按测量原理，瓦斯检测仪器分光干涉、热催化、热导、气敏、红外等类型，前3种在瓦斯隧道施工监测中应用较多。由于测量原理不同，各种仪器各有其优缺点，所以一般在瓦斯隧道施工中同时使用上述两种仪器，可以集仪器之所长，弥补其不足，检测结果可以相互参照，彼此验证。

2）检测地点

（1）隧道内各工作面（掌子面开挖、掌子面初期支护、仰拱开挖、仰拱混凝土施工、防水板挂设、二次衬砌立模、二次衬砌混凝土灌注、隧道散水治理）。人工检测时，每个隧道断面均采用五点法（见图7-3）检测瓦斯，取最大值作为该断面瓦斯浓度。掌子面瓦斯检测在执行"一炮三检制"时，瓦检员应在响炮通风30min后，带好防护用品进入掌子面检查瓦斯，检查瓦斯时瓦检员把便携式瓦检仪打开，边走边观察便携式瓦检仪的读数，当发现异常时，用光干涉甲烷测定器复测，并及时撤离开挖工作面。

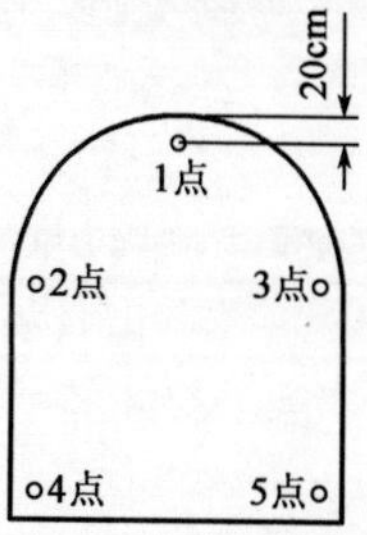

图7-3　五点法瓦斯测量示意图

（2）瓦斯可能产生积聚的地点（二次衬砌台车部位、隧道内避车洞室和综合洞室的上部、隧道内具有明显凹陷的地点）。

（3）隧道内可能产生火源的地点（电机附近、变压器、电气开关附近、电缆接头的地点）。

（4）瓦斯可能渗出的地点（地质破碎地带、地质变化地带、煤线地带、裂隙发育的砂岩、泥岩及页岩地带）。

（5）在隧道进行水平钻孔时，必须在水平钻孔附近进行瓦斯检测。

（6）被特批允许的洞内电气焊接作业地点、内燃机具、电气开关、电机附近20m范围内必须进行瓦斯检测。

3）检测频率

瓦斯检测实行三班制巡回检查制度，正常施工中除了执行"一炮三检制"外，每班还应对新暴露的开挖工作面每小时检查一次。检测过程中，当发现瓦斯浓度出现异常时，应随时检查，检查作业不得离开该工作面。

4）检测分析处理

根据工程的具体情况，成立专业检测小组，接受项目部的领导。检测小组由具有丰富检测经验、取得相关资质、分析能力强的技术人员担任组长，成员由经培训考核合格的人员组成。

瓦斯监测系统是一个动态体系，包含监测、反馈和超限处理等工作程序，监测流程如图7-4所示。

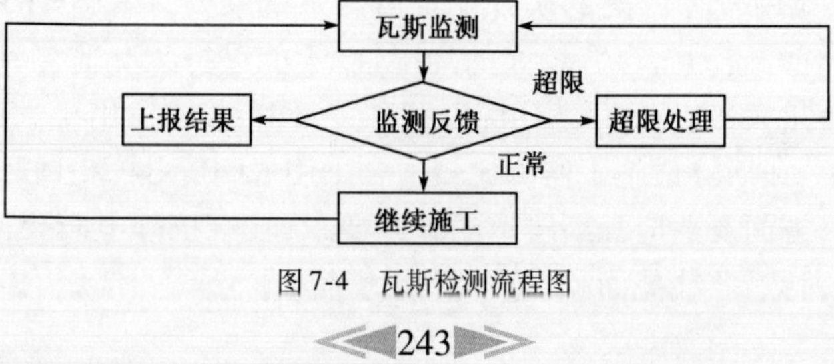

图7-4　瓦斯检测流程图

隧道内瓦斯浓度的大小是危险程度的标志，施工中必须将瓦斯浓度控制在安全的限值以内。隧道施工控制瓦斯限值及超限处理措施见表7-9。

瓦斯浓度控制标准和瓦斯超限处理措施表　　表7-9

序　号	地　点	限值(%)	超限处理措施
1	低瓦斯工区任意处	0.5	超限处20m范围内立即停工，查明原因，加强通风监控
2	局部瓦斯积聚(体积大于$0.5m^3$)	2.0	超限处附近20m停工、断电、撤人进行处理，加强通风
3	开挖工作面风流中	1.0	停止电钻钻孔
		1.5	超限处停工、撤人、断电，查明原因，加强通风等
4	工作面回风流中	1.0	停工、撤人、处理
5	爆破地点附近20m风流中	1.0	严禁装药爆破
6	煤层爆破后工作面风流中	1.0	继续通风不得进入
7	局部通风机(局扇)及电气开关10m范围内	0.5	停机、通风、处理
8	电动机及开关附近20m范围内	1.5	停止运转，撤出人员，断电，进行处理
9	竣工后洞内任何处	0.5	查明渗漏点，进行整治

7.4.2 自动监测

自动监测就是利用自动化遥测仪或监测系统，远距离、定点、长期连续、自动记录显示其瓦斯浓度，如果某种气体超过规定时可报警或自动断电。并建立风、声、光报警系统。

1)瓦斯自动监测系统选取原则

瓦斯自动监测系统的选择要依据施工隧道的整体状况，根据煤层瓦斯状况、隧道的施组设计、施工通风方式等条件确定监测系统的规模和监测设备的类型。

瓦斯自动监测系统的选择还要考虑隧道施工的技术管理水平，瓦斯自动监测在煤矿是比较成熟的技术，但瓦斯隧道施工中瓦斯管理技术水平就不那么成熟，甚至要借鉴煤炭矿井的经验，若盲目选择技术先进的监测系统，除给技术管理增加难度外，还会造成较大的经济浪费。

2)瓦斯自动监测系统的选型

(1)我国目前的瓦斯监测系统简介

目前我国在煤矿应用较为广泛的矿井安全监测系统主要有KJ70、KJ4、TF200、A-1、KJ54等型号。其中A-1系统的监测内容有较大的局限性，不能进行工况监测；KJ54是其他系统的更新换代产品，系统容量大，适用于大型、特大型矿井；KJ4系统适用于大中型矿井；TF200系统适用于中小型矿井。瓦斯隧道施工监测比较适合采用KJ70、KJ4和TF200监测系统。

传输线的选择，一方面要适应瓦斯隧道的施工要求，具有抗静电阻燃的性能；另一方面要满足信号传输对导线对数、芯线截面积、抗干扰能力等要求。

(2)传输系统的选择

瓦斯隧道施工相对煤矿生产而言,修建时间比较短,瓦斯危害比较低,隧道施工中的瓦斯自动监测相对于煤矿生产中的瓦斯自动监测而言,规模较小,系统布置简单,监测系统的运转时间也短。因此在选择瓦斯监测系统时要结合隧道自身特点,选择经济合理的传输系统。

遥测传输系统的传输方式主要有空分制传输、频分制传输、时分制传输、频分时分混合传输四种形式。空分制传输方式中的一对传输线只能传输一个信息,对于较多信息量传输的系统已基本上不再采用;频分制、时分制传输方式中的一对或几对传输线可传输多个信息。现在的遥测传输系统中普遍采用频分制或时分制、混合制传输方式。

各种传输系统的成本随监控信息量的大小而改变,空分制系统一对导线传输一路信号,成本大小与信息量成正比,只有1~2路信息传输时空分多路传输系统成本较低频分制系统的分站多占一定成本,信息量增加时只需增加部分组件,成本增加不多,但分站信息量有限,适用于10路左右的信息量传输。时分制系统分站和总电路板所占成本较大,信息量增加时分站成本增加很少,但信息量较少时不能通过减少分站总电路板来降低成本,信息量在20路以上时采用时分制传输系统更加经济。瓦斯隧道施工中一般4~5个瓦斯监测信息基本就能反映全隧的瓦斯状况,加上断电控制信息和风速等信息,通常信息总量低于20路,因此瓦斯隧道施工中瓦斯自动监测系统选用频分制传输方式较为合适。传输系统的传输线选择,一方面要适应瓦斯隧道的施工要求,具有抗静电阻燃的性能;另一方面要满足信号传输对导线对数、芯线截面积、抗干扰能力等要求。

(3)传感器的选择

①传感器类型的选择应根据《矿井通风安全监测装置使用管理规定》的要求,必须设瓦斯和风速传感器,其他类型监测传感器可根据隧道施工实际需要选择。施工隧道中的瓦斯自动监测技术相对简单,选择瓦斯和风速传感器基本上就能够满足要求,如隧道内有其他有害气体,可以按需要选择CO、H_2S、SO_2等类型的传感器。确有必要还可考虑选择温度、压力、设备开停等类型的传感器。

②瓦斯传感器国内煤矿使用较多的一般有催化燃烧型(黑、白元件)与红外线两类传感器。红外传感器使用寿命长、安全可靠、全量程、耐冲击,基本上没有飘移,实际上无需校正,考虑到《煤矿安全规程》要求,可以在规程允许的最长时间内校正。但红外传感器适宜在高瓦斯矿井使用,而且红外传感器探头易受空气中灰尘影响,应使用在灰尘较小之处。因为瓦斯隧道瓦斯浓度一般较低,而且隧道内空气质量得不到有效保障,所以隧道一般选用有催化燃烧型传感器,这种瓦斯传感器选择性好、反应准确、稳定性好,能够定量检测,不易产生误报,控制可靠,使用方便,价格便宜。

③瓦斯传感器数量的确定取决于隧道施工组织安排,一般而言瓦斯隧道施工通风多采用巷道式通风方式,整个隧道自然的分为进风区、回风区、总回风区,在相应的区域配备瓦斯传感器,即可了解全隧的瓦斯状况,全隧4~5个传感器就能满足要求。如果施工组要求加强其他地段的瓦斯监测,可以相应增加瓦斯传感器数量,以满足施工组对特殊瓦斯监测要求。其他类型传感器的数量根据隧道具体要求确定。

(4)瓦斯传感器的设置

瓦斯传感器的设置可以根据《煤矿安全监控系统及检测仪器使用管理规范》的要求，对传感器的报警浓度、断电浓度、复电浓度和断电范围进行设置。

①隧道在穿越煤气地层时，这时的瓦斯浓度相对较低，瓦斯传感器应尽量靠近工作面设置，其报警浓度为1.0% CH_4；断电浓度为1.5% CH_4；复电浓度为1.0% CH_4。断电范围为工作面及回风巷中全部非本质安全型电设备。

②隧道穿越煤层，在揭煤时，掘进工作面瓦斯传感器的设置如图7-5所示。其中 T_1 和 T_2 报警浓度均为1.0%；断电浓度 T_1 为1.5%，T_2 为1.0%，复电浓度 T_1 和 T_2 均为1.0%。断电范围为工作面及回风巷中全部非本质安全型电设备。

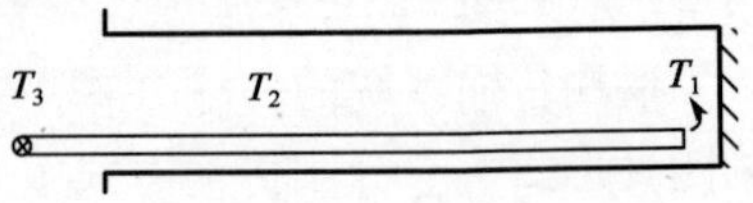

图7-5 掘进工作面瓦斯传感器的设置

③其他检测地点瓦斯传感器的设置见表7-10。

其他检测地点瓦斯传感器的设置　表7-10

甲烷传感器设置地点	报警浓度	断电浓度	复电浓度	断电范围
开挖工作面回风向	≥1.0% CH_4	≥1.0% CH_4	<1.0% CH_4	工作面及其回风向内全部非本质安全型电气设备
高瓦斯、煤与瓦斯突出隧道工作面回风中部	≥1.0% CH_4	≥1.0% CH_4	<1.0% CH_4	工作面及其回风向内全部非本质安全型电气设备
高瓦斯隧道双洞掘进工作面混合回风流处	≥1.5% CH_4	≥1.5% CH_4	<1.0% CH_4	包括局部通风机在内的巷道内全部非本质安全型电气设备
回风流中的机电硐室的进风侧	≥0.5% CH_4	≥0.5% CH_4	<0.5% CH_4	机电硐室内全部非本质安全型电气设备
矿用防爆特殊型蓄电池电机车内	≥0.5% CH_4	≥0.5% CH_4	<0.5% CH_4	机车电源

(5)瓦斯传感器的布置(基本要求)

①垂直悬挂在巷道顶板、顶梁下(距顶板、顶梁不大于300mm，距巷道侧壁不小于200mm)。

②在有风筒的巷道中，严禁挂在风筒出口和风筒漏风处。

③瓦斯传感器布置在巷道顶板坚固、无淋水、安装维护方便处。

④传感器设置的报警浓度、断电浓度、复电浓度和断电范围符合《煤矿安全规程》规定。

⑤高瓦斯和煤与瓦斯突出隧道开挖工作面长度大于1 000m时，必须每隔500～1 000m增设一台甲烷传感器。

⑥行走机械设备必须设置机载式甲烷断电仪或便携式甲烷检测报警仪。

⑦开挖工作面回风向、总回风向应设置甲烷传感器。

⑧回风向内临时施工的电气设备上风侧10～15m处应设置甲烷传感器。

(6)断电装置的选择

瓦斯断电仪的选择要能够满足瓦斯超限报警、自动断电等功能，还应考虑为监测系统提供可靠的数据信号，保证监测系统运行的连续性和可靠性。

7.5　施工通风

良好的隧道施工环境是保证隧道工程质量、安全,提高施工效率,维护施工人员身心健康,实现工厂化施工的重要条件。关注作业环境已成为隧道工程技术发展的永恒课题。

7.5.1　公路隧道施工环境控制标准

根据现行《公路隧道施工技术规范》(JTG F60—2009)的要求,隧道作业环境应符合下列卫生及安全标准:

(1)空气中的氧气含量在作业过程中始终保持在 19.5% 以上。严禁用纯氧进行通风换气。

(2)空气中的一氧化碳(CO)、二氧化碳(CO_2)、氮氧化物(NO_2)等有害气体浓度必须符合表 7-11 规定。

工作场所空气中有毒物质允许浓度(单位:mg/m^3)　　表 7-11

名称			MAC	TWA	STEL
二氧化氮			—	5	10
二氧化硫			—	5	10
二氧化碳			—	9 000	18 000
一氧化氮			—	15	30
一氧化碳	非高原		—	20	30
	高原	海拔 2 000 ~3 000m	20	—	—
		海拔 >3 000m	15	—	—

注:MAC-时间加权平均允许浓度(8h);TWA-最高允许浓度,指在一个工作日内任何时间都不应超过的浓度;STEL-短时间接触允许浓度(15min)。

(3)空气中的粉尘浓度应符合有关规定。

(4)有害气体和粉尘的测定方法应按《工作场所空气中有害物质监测的采样规范》(GBZ 159—2004)执行。

(5)噪声不应大于 90dB。

(6)隧道内气温不易高于 28℃。

(7)隧道内瓦斯浓度低于 0.5%。

7.5.2　公路瓦斯隧道施工通风方式

1)基本通风方式

隧道施工通风的基本方式主要有送风式、排风式、送排混合式、送排并用式和巷道式。其中排风式必须有污风经过风机,在公路瓦斯隧道施工中不适用,所以排风式和与其有关的通风方式不再过多赘述,只详细介绍送风式和巷道式通风。

(1)送风式

送风式又叫压入式,管路的进风口设在洞外,出风口设在掌子面附近,在风机的作用下,新鲜空气从洞外经管路送到掌子面,稀释有害气体,污浊空气则由隧洞排至洞外。送风式通风布置方式如图 7-6 所示。

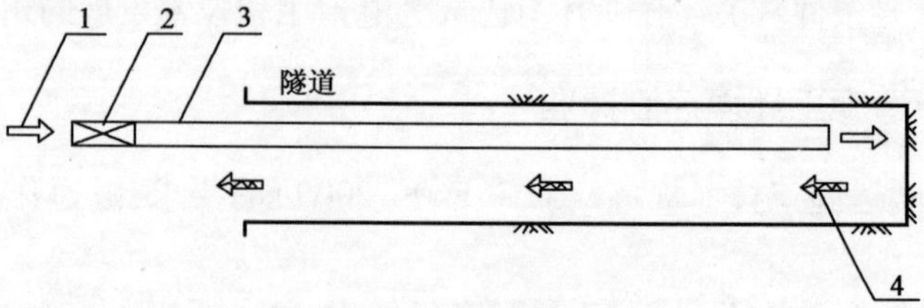

图 7-6　送风式通风示意图

1-新鲜空气;2-风机;3-风管;4-污浊空气

(2)巷道式

巷道式分为射流巷道式和主要通风机(主扇)巷道式。

射流巷道式是在射流风机的作用下,新风从一个隧洞进入,污风从另一个隧洞排出。新风由送风管路送到掌子面。射流巷道式通风系统布置如图 7-7 所示。

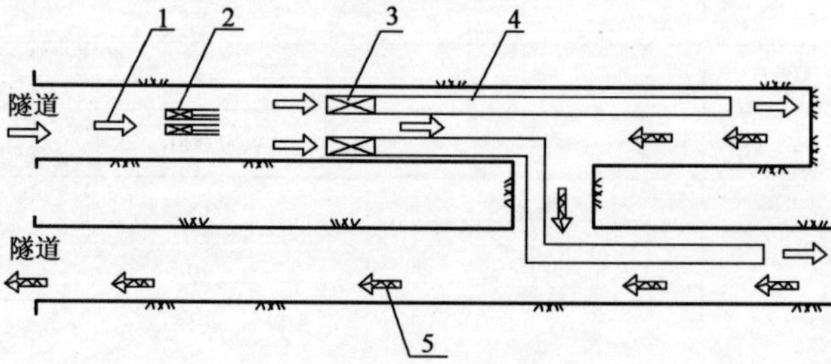

图 7-7　射流巷道式通风示意图

1-新鲜空气;2-射流风机;3-风机;4-风管;5-污浊空气

主扇巷道式是在主扇的作用下,新风从一个隧洞进入,污风从另一个隧洞经风道排出。新风由送风管路送到掌子面。主扇巷道式通风系统布置如图 7-8 所示。

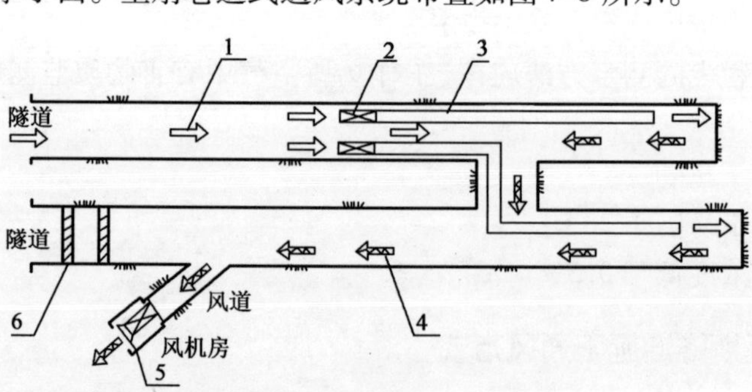

图 7-8　主扇巷道式通风示意图

1-新鲜空气;2-风机;3-管路;4-污浊空气;5-主扇;6-风门

2)瓦斯及有害气体隧道适用的通风方式

瓦斯及有害气体隧道施工为满足防爆要求,多数采用有轨运输方式,如果防爆换装满足要求的也可以采用无轨运输方式。因为，是否存在瓦斯及有害气体，采用哪种运输方式，以及辅助坑道设置方式等均对适用的通风方式有较大影响。

(1)送风式适用于各种施工条件。因为，送风式将开挖面排出的污风污染了整个成洞段后才排出洞外，所以，在瓦斯及有害气体隧道如果没有其他通风方式可供选择时采用此方式。

(2)排出式比较适合瓦斯及有害气体隧道施工，因为有燃爆危险的污风全部经由管道排出洞外，不会污染全隧，但是风管必须采用抗静电阻燃型风管。另外，抽出式因为需要采用刚性负压风管，安装、运输和维护不便，并且风机也需要采用防爆型风机，风险性较大，所以现在很少采用，瓦斯隧道几乎不用。

(3)混合式是单洞隧道中最适合瓦斯及有害气体隧道施工的，因为此方式不但可以控制污染范围，而且还可能缩短管道送风距离。但同样是以采用送风式+排出式为主，涉及抽出式的就很少采用。

(4)如果是平行双洞，那么射流巷道式通风是最优选择，因为主扇巷道式需要单独设置风道、风机房、风门和大功率主扇，经济性较差且管理不便，现在已经很少采用。

(5)如果存在其他辅助坑道(斜井、竖井、横洞等)，也可以依据现场条件因利施导，针对瓦斯及有害气体隧道采用合理的通风方式，可以将多种通风方式联合使用。

7.5.3 公路隧道施工通风计算

1)隧道施工工作面需风量的计算

隧道施工工作面的风量按下列因素分别计算，取其最大值。其中瓦斯隧道必须充分考虑瓦斯涌出量因素，且相关参数必须准确。

(1)按洞内同时作业人数计算

$$Q = Nq \tag{7-5}$$

式中：Q——工作面同时作业人员所需风量，m^3/min；

N——工作面同时作业人数；

q——每人供应新风量，$4m^3/min$。

(2)按开挖面爆破排烟计算

$$Q = \frac{7.18}{t}\sqrt[3]{A(F \cdot L)^2} \tag{7-6}$$

式中：Q——爆破排烟所需风量，m^3/min；

t——通风时间，30min；

A——一次爆破炸药消耗量，kg；

F——开挖断面面积，m^2；

L——通风换气长度，m。

(3)按内燃机械作业计算

$$Q = \sum_{i=1}^{N} \alpha \times k \times N_i \tag{7-7}$$

式中：Q——内燃机械作业所需风量，m^3/min；

N_i——内燃机械总功率；

N——各种设备的台数；

k——单位内燃机械作业供风量，3m³/(min·kW)；

α——内燃机械的工作效率，取0.75。

(4)按瓦斯涌出量计算需风量

$$Q = k\frac{V}{M} \times 100 \tag{7-8}$$

式中：Q——防瓦斯所需的通风量，m³/min；

V——瓦斯涌出量；

M——瓦斯浓度法定值，取0.5；

k——瓦斯涌出不均衡系数，1.5~2.0。

(5)按风速进行验算

$$Q = 60 \times v \times S \tag{7-9}$$

式中：Q——风速检验需风量，m³/min；

v——最小允许风速，m/s；

S——隧道断面面积，m²。

一般来说，瓦斯隧道多数采用有轨运输方式，高瓦斯隧道的需风量往往由瓦斯涌出量决定控制风量，大断面瓦斯隧道可能以瓦斯涌出量和风速为主要因素决定控制风量，无轨运输隧道基本上是内燃机械因素决定需风量。

2)通风阻力的计算

(1)管路摩擦阻力计算

在紊流条件下，摩擦阻力和局部阻力与风量的平方成正比，即 $h = RQ^2$。其中管路摩擦阻力按下式计算：

$$h_f = \frac{400\lambda\rho}{\pi^2 d^5} \cdot \frac{(1-\beta)^{\frac{2L}{100}} - 1}{\ln(1-\beta)} \cdot Q_f^2 \tag{7-10}$$

式中：h_f——风管的摩擦阻力；

λ——摩阻损失系数；

β——风管百米漏风率；

d——风管直径，m；

Q_f——风机风量，m³/min；

ρ——空气密度，kg/m³。

$$\rho = 0.003\,484\frac{p}{273+t}\left(1 - \frac{0.378\phi p_s}{p}\right) \tag{7-11}$$

式中：p_s——温度为 t 时饱和水蒸气分压力，Pa；

ϕ——空气相对湿度。

(2)管路局部阻力计算

管路局部阻力计算：

$$h_1 = \sum \frac{8\xi_i\rho(1-\beta)^{\frac{x_i}{50}}}{\pi^2 d^4} \cdot Q_f^2 \tag{7-12}$$

式中：h_1——风管的局部阻力；

ξ_i——局部阻力系数；

ρ——空气密度，kg/m^3；

β——风管百米漏风率；

x_i——局部阻力产生处距离风机出口的风管长度，m；

d——风管直径，m；

Q_f——风机风量，m^3/min。

由于局部损失的形式多样，局部流场也很复杂，多数情况下由试验确定，隧道施工通风中常用的局部阻力系数可按以下计算公式取值：

①突然扩大的异径管接头，$\xi=(1-A_1/A_2)^2$，A_1、A_2分别为进出接头的管道截面。

②突然缩小的异径管接头，$\xi=0.5(1-A_2/A_1)^2$，A_1、A_2分别为进出接头的管道截面，计算时对应小断面动压。

③管道转弯时，$\xi=\frac{0.008\alpha^{0.75}}{n^{0.8}}$，式中$\alpha$为转弯角度；$n=\frac{R}{d}$，$R$为转弯处的曲率半径，$d$为管道直径。

④管道入口，$\xi=0.6$。

⑤管道出口及分岔处，$\xi=1.0$。

由上可得风管总阻力$h_t=h_f+h_1$。

由于隧道的断面面积远远大于通风管路的断面面积，在计算通风阻力时通常会忽略不计，但当风管的直径相对隧道的断面面积较大时，或隧道很长时，隧道的通风阻力就不能忽略。

7.5.4　公路瓦斯隧道施工通风设备选择

1）选择风机的主要原则

选择风机的主要原则如下：

（1）风机应能满足最大送风距离的供风需要。

（2）风机工作点不能处在湍振区，并尽可能靠近最高效率点。

（3）选择高效节能风机。

（4）瓦斯隧道设置在洞内的风机应选择防爆型，抽出式（排出式）风机必须选择防爆型。

2）选择风机的步骤

通风机的选择与风管的选择密切相关，在风管选定以后，风机的选择步骤如下：

（1）根据所需通风量、风管的漏风和摩擦系数，以及最大送风距离，计算出需要的风机出口风量和风压。

$$Q = F_Q(x_1, x_2, x_3, x_4) \tag{7-13}$$

$$H_t = F_H(x_1, x_2, x_3, x_4) \tag{7-14}$$

(2)根据所需要的风机供风量和风压,计算出需要的风机的有效功率。

$$N_t = Q \cdot H_t \tag{7-15}$$

(3)根据风机的全压效率 η_t、电动机的效率 η_m、传动效率 η_{tr},算出电动机的输入功率为 N_m(kW)。

$$N_m = \frac{Q \cdot H_t}{\eta_t \cdot \eta_m \cdot \eta_{tr}} \times 10^{-3} \tag{7-16}$$

(4)根据所需要的风机供风量、风压和功率,确定备选的风机。

(5)根据备选风机的特性曲线和风管的特性曲线,确定工作点。

(6)根据风机工作点的风量和风压反算作业面的有效风量,看能否满足需风量,如满足,就确定所选择的风机。

国内外选择风机的方法很多,但主要区别在于步骤(1)中,即由于对管路漏风的认识不同,而产生的对需要的风机出口风量和风压的计算方法不同,其他步骤无区别。

7.5.5 公路隧道施工通风管理

公路隧道施工通风管理措施如下:

(1)由专业队伍进行现场施工通风管理和实施,风管安装必须平、直、顺,通风管路转弯处安设刚性弯头,并且弯度平缓,避免转锐角弯,以减小管路沿程阻力和局部阻力,并且要加强日常维修和管理工作。

(2)必须配有专业技术人员对现场通风效果和瓦斯涌出状况进行检测,测定气象参数、风速、风量、瓦斯、一氧化碳、硫化氢等参数,根据检测结果,及时调整通风机的运行状态。

管道通风监测:用比托管、U 形压力计以五环 10 点法测试管道全压和静压,用比托管、DGM-9 型补偿式微压计测试通风管内风的动压。

通风量监测:与管道通风测点相同截面用电子风速仪以 9 点法测试风速、风量。

气象条件测试:用数字式温度计测试管道内、外气温,用空盒气压表、干湿球温度计测试巷道内各点气压的湿度值。

隧道内炮烟及有害气体含量测试:用 P-5 型数字粉尘计自动记录各测点烟尘每分钟浓度值。TX2000 测隧道内一氧化碳、氮氧化物、氧气、硫化氢、二氧化硫浓度。通风检测设备见表 7-12。

通风检测设备　　表 7-12

序号	名称	型号	单位	数量
1	毕托管		个	2
2	压力计	U 形	个	2
3	补偿式微压计	DGM-9	个	1
4	风速仪		台	1
5	温度计	数字式	个	2
6	气压表	空盒式	个	2
7	干湿球温度计		个	2

续上表

序　号	名　称	型　号	单　位	数　量
8	粉尘计	P-5型数字式	套	2
9	CO检测仪	TX2000	台	2
10	二氧化氮仪	TX2000	台	2
11	硫化氢	TX2000	台	2
12	二氧化硫	TX2000	台	2
13	氧气	TX2000	台	2
14	二氧化碳	TX2000	台	2

(3)必要时可以根据检测结果及时对通风系统作局部调整，必须保证洞内瓦斯浓度不超过1%，气温不得高于28℃，一氧化碳(CO)和二氧化氮(NO_2)浓度在通风30min后分别降到62.5mg/m^3和5mg/m^3以下，以满足施工需要。

(4)风机必须配有专业风机司机负责操作，并作好风机运转记录。上岗前必须进行专业培训，培训合格后方可上岗。

(5)对施工的要求：

①为了保证通风机能够正常起动和运转，必须为通风机提供合适的供电设备，按规定要配备双回路电源。

②加强日常通风检测，保证足够的风量和风压，并且要爱护通风管路，避免对通风管路的破坏，降低漏风率。

③洞口风机需要安设在距离洞口30m以外的上风向，避免发生污风循环；风管出风口距开挖工作面的距离不超过10m。

④因为所选择的风管直径较大，必须保证隧道断面有足够的净空，避免过往车辆和机械刮破风管而影响施工。

7.5.6　隧道瓦斯及有害气体的处治措施

在前面介绍的超前探测及预报、危险性分析、石门揭煤和监测等措施外，还应采取以下具体的主动处治措施。

(1)施工通风是第一必选措施，也是对任何有害气体都行之有效的措施。因为它可以直接稀释有害气体，使有害气体浓度降低。对于有些气体(CH_4、CO、H_2和Rn等)没有其他降解措施，或者降解措施昂贵，不易实现，只能依靠施工通风。

(2)水溶解措施，因为有多种有害气体(H_2S、NO_2、SO_2和NH_3等)是易溶于水的，在施工过程中通过水幕和渣石上洒水等措施可以溶解部分有害气体，但必须考虑其污水排放的控制标准，及其可能对自然环境造成的污染。

(3)注浆封闭措施，对于剧毒、极易扩散或者易聚集燃爆的有害气体，为了防止其大量泄漏溢出，可对围岩进行预注浆封闭。

(4)预抽排措施，在条件允许的情况下，可对地层内的有害气体进行深孔预抽排，以降低隧道施工时的释放量。

(5)针对各种有害气体的特性,采取有针对性的处治措施。例如,对硫化氢(H_2S)气体采用生石灰进行中和,对含有氡气(Rn)的渣石进行土体掩埋,以降低其释放和放射量等。

7.6 机械设备配置

根据《铁路瓦斯隧道技术规范》要求,隧道内非瓦斯工区和低瓦斯工区的电气设备与作业机械可使用非防爆型。隧道内高瓦斯工区和瓦斯突出工区的电气设备与作业机械必须使用防爆型。

长大公路瓦斯隧道施工必须配备大型配套的机械化施工设备,以达到安全、快速和高效的施工目的。公路瓦斯隧道施工要想全部选用防爆设备只能用有轨运输,这对于断面较大的长大公路隧道而言很不利。因此,如何选择一种合理设备配套方案显得极为重要。

7.6.1 设备配套原则及技术要求

1)施工机械及电气设备配备

(1)瓦斯隧道应采用以电力为动力的有轨运输及与其配套的施工机械。在采取高效的通风方式,并实行自动监测和风、瓦、电连锁,以及一整套安全技术管理措施的前提下,可根据现场实际情况,使用改装后的柴油内燃机为动力的机具,严禁使用汽油内燃机械设备。

(2)机械设备配备投入遵循合理、配套、综合效率高以及节能环保的原则。

(3)进入隧道的施工机械及电气设备应具有防爆或隔爆性能机具,外表应标有明显的“KA ”、“KB ”、“KH ”、“EX ”或“MA ”等标志。

2)供配电系统

(1)对瓦斯隧道的施工用电,根据《煤矿安全规程》第四百四十一条规定,应设有双回路电源,当一路发生故障停止供电时,另一回路能担负全部负荷。但根据隧道施工的具体情况,架设双回路线路有困难时也可就近建设发电站作为备用电源,其负荷可只考虑与安全有关的少数重要部门用电。

(2)瓦斯隧道内供电系统应做到“三专两闭锁”,即专用变电器、专用开关、专用供电线路和瓦斯浓度超标时与供电的闭锁、局扇通风与供电的闭锁,以保证瓦斯隧道安全施工。

(3)瓦斯隧道内供配电电压应符合《煤矿安全规程》及《铁路瓦斯隧道技术暂行规定》的要求。

(4)电压波动范围高压为额定值的 ±5%,低压为额定值的 ±10%。

(5)频率波功范围为(50 ±1)Hz。

(6)隧道内敷设的电缆应符合《煤矿安全规程》第四百四十四条规定,高压电缆应使用有屏蔽的监视型橡套电缆,低压电缆应使用不延燃配套电缆,各种电缆的分支连接,必须使用与电缆配套的防爆连接器、接线器和插销。

7.6.2 瓦斯隧道挖、装、运及施工通风设备的机械配套

1)开挖机械

钻孔和凿岩设备技术参数见表 7-13。

钻孔和凿岩设备　　表 7-13

工　序	机 械 型 号	备　　注
钻孔	①7655 和 YT28 型风动凿岩机(风钻) ②揭煤时,可用煤电钻 ③353E/H178 三臂凿岩台车 ④进口大型隧道凿岩台车(液压,如瑞典阿特拉斯)	必须满足防爆要求或采取相应防爆措施
切削	TBM 和盾构掘进机	

表 7-13 所列出的机械配套模式有些适合普通机械化水平的施工单位,当然如果有防爆型的小断面(导坑)钻孔台车,也可以代替 7655 气腿式凿岩机。从施工速度的要求来看,由于煤系地层不允许大断面深孔大药量爆破,为防止煤层突出以及从保证巷道稳定出发,应采用"小断面、短进尺、弱爆破"方式,因此采用钻孔台车的优越性并不突出。但是,公路隧道一般断面均较大,所以在设备选用上需大小兼顾,既要满足全断面开挖,又要兼顾分断面和导洞开挖,表 7-13 所列设备并不全面,各工程可根据自身特点和施工组织规模进行合理配置。

2)装渣机械

(1)防爆型装渣设备

目前,大断面隧道常用的大容量装渣设备防爆型的较少,但是,一般通用设备进行相应的防爆改装处理也可满足瓦斯隧道施工要求。如果瓦斯隧道要求较高,也可从厂家定制相应要求的防爆型大容量装渣设备。

一般常见防爆型装渣机械设备技术参数见表 7-14。

装渣设备技术参数　　表 7-14

型　　号	技 术 参 数
LZ-120B	装载效率:120m^3/h;装载宽度:4 100mm;扒取高度:2 800mm;下挖:310mm;卸载高度:1 840mm;转弯半径:12m;外形尺寸:6 910mm × 1 910mm × 2 460mm;电机功率:45kW;机重:11 800kg
LZB-150	装载效率:150 m^3/h
ZCB100	装载效率:100 m^3/h

(2)改装防爆型挖掘机及装载机

防爆型装渣设备由于效率低,机动性差,在公路隧道施工中受限制。在现在正在施工或已完工的高瓦斯和瓦斯突出的公路隧道中也有用改装防爆装载机和挖掘机的实例,也取得了良好的使用价值,保证了瓦斯隧道的施工安全。

①预置改装目标。作业机械设备进场前对所有容易引起火花、高温等可能诱发瓦斯燃烧和爆炸的部件全部进行防爆改造或更换,其他部件则不作改装。防爆改造主要从动力系统和电力系统两方面着手,其主要目标是:

a. 机械排气温度不超过 70℃;

b. 水箱冷却水温度不超过 95℃;

c. 机体表面温度不超过 150℃;

d. 电气系统采用防爆装置；

e. 起动系统采用防爆装置；

f. 以上各项设定值是光指标、声报警，延时 60s 自动停车；

g. 防爆柴油机采用低水位报警和温度过高报警；

h. 排气系统中一氧化碳、氮氧化物含量不超过国家设定排放标准；

i. 改装柴油机防爆系列符合国家柴油机的技术规范和标准。

②防爆改造技术关键：

a. 动力系统。本系统主要由防爆柴油机、排气处理系统、排气连接管、进气连接管、进气箱、水散热器、空气滤清器、补水箱等组成。其改造要点是：

▶柴油机起动方式为防爆电起动；

▶排气处理系统由水夹层排气管、水夹层波纹管、废气处理箱及补水箱等组成。水夹层排气管、水夹层波纹管将柴油机排出的废气引至废气处理箱，其水夹层可以起到降低排气温度及保证排气管表面温度不超过 150℃的作用，水夹层波纹管同时对废气处理箱的安装误差进行补偿。废气处理箱采用层套式水冷却净化方式；

▶柴油机排出的废气从进气口进入废气处理箱，经过层套式水冷却后，通过防爆栅栏由排气管排出。废气处理箱的作用是进一步冷却和洗涤废气，清除炭烟及溶解废气中的部分有害气体，并经防爆栅栏熄灭废气中的火焰，以保障废气排放符合《煤矿安全规程》及排气安全。

b. 电气系统。本系统由隔爆发电机、隔爆起动电机、机车照明、防爆蓄电池、防爆起动开关等组成，其改造要点是：

▶隔爆发电机采用蓄电池充电；

▶起动电机采用隔爆起动机；

▶机车前后各设置 2 个防爆照明，车尾设置 2 个防爆信号灯；

▶机车使用的蓄电池设置在专门设计的隔爆电池箱中，为柴油机隔爆起动机、机车照明、监控等提供动力电源。

c. 改装实现的技术指标及部分实物：

▶有关设备改装部件细目见表 7-15。

设备改装部件细目 表 7-15

序号	名　　称	数量	材料	序号	名　　称	数量	材料
1	防爆照明灯与支架	4	组件	11	离合器透气栅栏	1	组件
2	电气防爆开关与支架	1	组件	12	防爆蓄电池与支架	1	组件
3	电气线路图	1		13	补水箱与支架	1	组件
4	监控仪	1	组件	14	防爆信号灯与支架	2	组件
5	发电机整流器	1	组件	15	废弃处理箱与支架	1	组件
6	熄火电磁阀与阀板	1	组件	16	排气管	1	焊接件
7	油杯与支架	1	组件	17	排气波纹管	1	组件
8	防爆电器动器	1	组件	18	防爆发电机与支架	1	组件
9	熄火液压缸与支架	1	组件	19	三通	1	焊接件
10	橡胶塞	1	组件	20	监控表与支架	1	组件

▶实施上述防爆改装后，达到的技术指标见表7-16。

机械设备改装一览　　表7-16

序　号	改 装 项 目	所实现的技术指标
1	起动方式	隔爆电起动
2	排气方式	水洗式
3	系统电压	24V、直流
4	发电机功率	200W
5	照明灯具	隔爆灯
6	排气温度	(70 ±2)℃
7	机体表面温度	(150 ±5)℃
8	冷却水温度	(95 ±2)℃
9	机油压力	设定最低压力值
10	柴油机转数	设定最高转数值

▶部分改装实物见图7-9、图7-10。

图7-9　改装后的挖掘机

图7-10　改装后的装载机

③改装后装渣设备管理：

a. 出场控制。在将机械设备改装中的上述零部件改装完毕后，在改装机械设备出厂之前，改装厂家必须进行防爆性能检测。确认合格后出具具有瓦斯防爆性能的检验报告或改装合格证，并在改装部件外壳醒目位置张贴"防爆"标志后方可出厂。

b. 进场验收。经过改装的机械设备进场时。必须对改装的零部件清单、改装合格证或防爆性能的检验报告以及"防爆"标志张贴情况进行验收，经确认全部满足要求后，方可进场和投入作业。

c. 维护管理。经防爆改装的作业机械。在使用过程中必须设置专门维护机构，配置专职维护人员，对改装的防爆元器件进行经常性检查（全面核查每月不得少于1次），发现失效部件，立即更换，以防不测。

④装渣设备防爆改装后存在的缺陷：

a. 工效有所降低。

b. 改装后的防爆发电机及防爆起动器使用寿命短，往往每3个月要全部更换一次。

c. 改装后的排气管道抗疲劳性能差，开裂现象时有发生。

d. 改装后的报警传感器性能不稳定，损坏频率高。

3）运输设备

（1）防爆蓄电池车牵引防爆梭式矿车运输设备

防爆蓄电池车参数见表7-17，防爆梭式运渣矿车参数见表7-18。

防爆蓄电池车参数 表7-17

型号	质量(t)	轨距(mm)	牵引力(kN)	速度(km/h)	电压(v)	功率(kW)	长度(mm)	宽度(mm)	最小曲线半径(m)
XK5-7.9/90-KBT	5	762 900	7.06	7	90	7.5×2	2 850	1.105 1.243	6
XK5-7.9/88-KBT	5	762 900	7.06	7	88	7.5×2	2 970	1.105 1.243	6
XK8-7.9/132-1A	8	762 900	11.18	7.5	132	11×2	4 430	1 354	7
XK8-7.9/132-KBT	8	762 900	11.18	7.5	132	11×2	4 416	1 356	7
XK8-7.9/132-1KBT	8	762 900	11.18	7.5	132	11×2	4 460	1 356	7
XK8-7.9/140-KBT	8	762 900	12.83	7.8	140	15×2	4 490	1 192 1 330	7
XK8-7.9/144-KBT	8	762 900	12.83	7.8	144	15×2	4 470	1 212 1 350	7
XK12-7.9/192-KBT	12	762 900	16.48	8.7	192	22×2	4 885	1 212 1 350	10
XK12-7.9/192-1KBT	12	762 900	16.48	8.7	192	22×2	4 885	1 212 1 350	10
XG12-7.9/256	12	762 900	18.93	9.6	256	30×2	5 250	1 450	15
CDXT2-8/8J	8	762 900	11.6	7.8	120	12.5×2	4 500	1 212 1 350	7

防爆梭式运渣矿车参数 表7-18

型号	容量(m^3)	外形尺寸(mm)
BS-14	14	11 125×1 710×1 860
STB-8	8	9 600×1 560×1 700
KSCB8	8	9 600×1 560×1 890

采用有轨运输方式，受现场条件限制，制约因素很多，机动性差。尤其在大断面软岩的施工中，隧道开挖常采用长台阶法，由于有轨运输设备的爬坡能力差，严重影响了施工进度。

（2）改装防爆型运输设备

运输设备的改装与挖装机改装方法相同。

4）衬砌设备

混凝土运输设备可采用防爆型蓄电池车牵引防爆型混凝土运输车，或者用改装防爆型混凝土运输汽车。混凝土输送泵及衬砌台车采用防爆电机。衬砌设备配置见表7-19。

衬砌设备　　表7-19

名　称	参　数	名　称	参　数
衬砌台车	自制,电机防爆	有轨混凝土运输车或改装的运输汽车	厂制或改装
防爆混凝土输送泵	厂制	防爆式振捣器	厂制

5)其他设备

其他设备的有关要求如下:

(1)喷射混凝土及注浆设备采用防爆型。

(2)所有进隧道的通风设备都必须采用防爆型,并有一定的备用量。通风管选用阻燃防静电的风管。

(3)进入隧道的所有小型机具都必须是防爆型。

7.6.3　供配电

1)外部电源

《煤矿安全规程》第四百四十一条及《铁路瓦斯隧道技术暂行规定》第10.2.1条规定,瓦斯隧道施工必须要求具备双回路外部电源,但一般公路隧道建设工期短,又地处荒山僻野,要具备互相独立的两套外部电源,在工期和投资上都是不现实的。以家竹箐隧道为例,如在既有电源之外再架设一条35kV的线路,耗资将达百万元以上。还有工期与地方电力部门是否愿意等问题,通过经济技术比较,决定在隧道的进口瓦斯工区各建一座柴油机发电站,每座电站容量480kW(4台120kW机组),当外部电源发生故障,要求电站在10min内可开动供电,备用电站的供电范围可仅限于通风主扇及局扇、瓦斯抽放泵站、抽水泵站、照明系统这几个重要部门(家竹箐隧道进洞人员均配备矿灯,事故用电不含照明)。

2)电压

瓦斯隧道洞内各级配电和机电设备额定电压,限制如下:

(1)高压不大于10 000V;

(2)低压不大于380V;

(3)照明、手持用电设备、电话、信号供电不大于127V;

(4)远距离控制线路不大于36V。

3)照明供电

瓦斯隧道施工时,由于施工机械工作引起电压降及"漏电保护"、"风电"、"瓦电闭锁"动作时,均会间断性地引起洞内停电,影响正常的照明。为保证正常工作照明人员的安全撤出及出现险情时的险情处理,采用了单独的照明系统。其设置是在洞外设照明专用变压器,降压后经矿用防爆主电缆送入洞内,在各相应地段设置照明及信号专用ZXZ8-2.5I型综合保护装置,将380V三相中性点不接地电源降压为127V,用分支电缆、防爆接线盒接入保护装置。防爆防尘荧光灯灯具及防爆投光灯、防爆白炽灯,满足了道路和施工照明需要。该"综合保护器"除具有常规保护外,另有高灵敏度可调漏电保护装置,当照明灯具、电缆等因绝缘变低超限或受损坏发生漏电等情况时,能可靠动作,停止供电,以保证防爆要求和人身安全。

4)供电设备的“三专”、“两闭锁”

“三专”——专用变压器、专用开关、专用线路。根据《煤矿安全规程》要求,对瓦斯隧道施工的重要机电设备,必须实行“三专”措施,以确保安全施工。其措施是“由 10kV 电力接干线 10kV/6kV 洞口专用变压器,由配电室 KYGG-6 型矿用开关柜经 VGSP6kV 矿用监屏橡套电缆送电至洞内 KBSGZY 隔爆动力专用移动变电站,降压为 380V 后,再由各防爆馈电开关及防爆电缆完成向各工点的供配电。

“两闭锁”——“瓦电闭锁”与“风电闭锁”。

瓦电闭锁原理如图 7-11 所示。

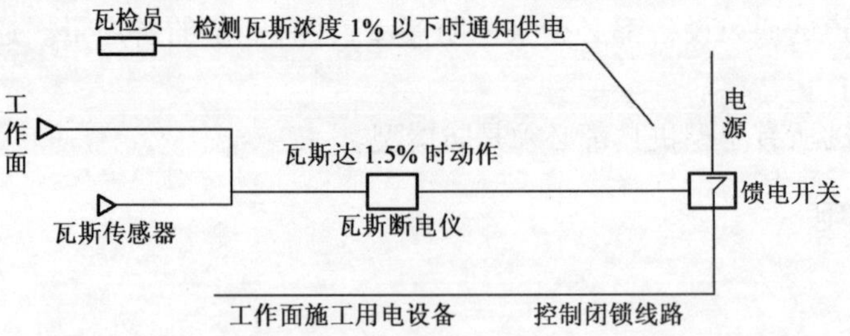

图 7-11 瓦电闭锁原理

瓦斯隧道施工中,在煤系地段因为通风不良或其他原因,会在短时间内大量聚集瓦斯,引起瓦斯超限,此时如操作电气和机械设备,可能会因漏电、短路、操作电弧等原因产生火花,引燃、引爆瓦斯,故采取在区域供电主开关处设置 AXJ-2 型瓦斯断电仪,将其探头设在有瓦斯突出及工作面适当地方。当瓦斯超限时,该探头能发出报警信号,同时经断电仪控制迅速切断供电主开关;瓦斯浓度未降到要求标准时,断电仪能控制主开关不会合闸送电,即实现瓦斯超限时与供电主开关的闭锁功能,从而保证了施工顺利进行和人身安全。

风电闭锁原理如图 7-12 所示。

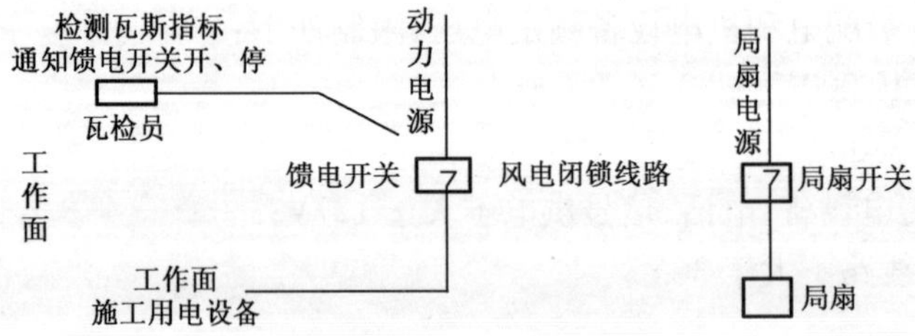

图 7-12 风电闭锁原理

瓦斯隧道施工中,因停电、爆破等原因各局扇及机电设备要停止使用,这时可能某些部位瓦斯会聚集超限,当恢复供电后如同时起动机电设备和局扇,或在局扇之前起动机电设备均可能会因机电设备、电缆线路的漏电、短路,操作产生火花电弧,引燃、引爆瓦斯。因此,必须是局扇先行起动,进行通风,稀释瓦斯达到标准后,动力设备才能起动操作。在局扇和动力设备主开关间设有电气闭锁线路,即“风电闭锁”。任何情况下,局扇停止,则动力设备即停止工作,局扇起动时,其他动力设备不会同时起动,以保证安全。此安全措施,即为“风电闭锁”。

5)其他安全措施

其他安全措施包括以下几方面：

(1)洞外电力变压器由 RW-10 跌落式熔断器作常规保护。

(2)洞内 6kV 开关柜对 6kV 电缆作漏电时的断电保护。

(3)洞内移动式变电站为中性不接地专用变压器，设有高灵敏度漏电保护，并实施瓦电、风电闭锁。

(4)所有供电装置均为中性接地供电，能将漏电电流限制为最小引燃电流，消除跨步电压及杂散电流。

(5)设置独立的接地保护网，所有机电设备外壳与保护网都采用截面面积大于 $16mm^2$ 的软铜线连接。

(6)为防止洞外杂散电流经钢轨进入洞内，洞门位置的钢轨连接处设置绝缘接头，并将洞外轨端接地。

7.7　结构处理

隧道开挖后应立即进行支护，特别是应及早进行洞身衬砌封闭，以阻止瓦斯外泄。

7.7.1　瓦斯地段结构处理措施

瓦斯地段的结构处理措施可按照第 7.1 节介绍的等级划分进行分级处理，一级、二级瓦斯地段应采用复合式衬砌，其初期支护和二次衬砌应根据埋置的深度、围岩级别、工程地质和水文地质条件、瓦斯严重程度，按全封闭原则进行设计。

瓦斯隧道的衬砌结构应有防瓦斯措施，宜按表 7-20 选用。确定防瓦斯处理范围时，瓦斯较重、等级较高地段应向瓦斯较轻、等级较低地段适当延长。

衬砌防瓦斯措施　　表 7-20

封闭措施	瓦斯地段等级		
	三	二	一
围岩注浆	—	—	选用
喷射混凝土中掺气密剂	—	选用	采用
设置瓦斯隔离层	—	采用	采用
模筑混凝土中掺气密剂		采用	采用
模筑混凝土中掺钢纤维	—	—	采用
施工缝气密处理	采用	采用	采用

7.7.2　对初期支护及模筑混凝土的施工要求

对初期支护及模筑混凝土的施工要求如下：

(1)含瓦斯地段的喷射混凝土厚度不应小于 15cm，模筑混凝土衬砌厚度不应小于 40cm。

(2)喷射混凝土中掺用气密剂后，透气系数不应大于 10^{-10} cm/s，模筑混凝土中掺用气密剂后，透气系数不应大于 10^{-11} cm/s。

(3)在穿煤处及其前后各 20m 采用沿衬砌外轮廓满铺防水层，沉降缝和施工缝采用止水带和膨胀水泥砂浆封堵严密。

(4)掺气密剂的混凝土施工材料应符合下列规定：

①水泥宜选用强度等级为 32.5 普通硅酸盐水泥，不得采用其他水泥；

②砂的细度模数 $M_x \geqslant 2.7$，含泥量不大于 3%，不得使用细砂；

③石子的最大粒径 $D_{max} \leqslant 40$mm，级配宜为 2~3 级，含泥量不大于 1%，不得有泥土块，或泥土包裹石子表面，针片状颗粒含量不大于 15%；

④气密剂宜选用 FS-KQ 型，掺量应符合设计要求(气密剂为硅灰、粉煤灰及高效减水剂的复合剂)。

(5)掺气密剂的混凝土施工应符合下列要求：

①原材料应按以上配合比进行称量，水的允许偏差为 ±1%，水泥及气密剂的允许偏差为 ±2%，砂石允许偏差为 ±3%；

②原材料采用强制式搅拌机搅拌，不得采用人工拌和；水泥、气密剂及砂应先干拌 1~1.5min，达到颜色均匀后，再加入石子及水搅拌 1.5~2.0min，形成均匀的拌和物；

③混凝土拌和物从搅拌机卸出至灌注完毕所需时间宜为 40~60min；

④采用机械振捣，不得用人工振捣；

⑤连续养护时间不得少于 28d。

(6)全封闭防瓦斯地段有地下水时，宜采取在左右边墙下部外侧铺设纵向透水管，将地下水引离含瓦斯地段的排水措施。透水管终点宜设置气水分离装置，分离出的瓦斯气体可用管道引出洞外在高处放散。

7.7.3 气密性混凝土衬砌施工缝处理及质量控制

1)施工缝的处理

为了保证衬砌的整体气密效果，必须加强对施工缝的处理。目前一般有以下几种处理方法：

(1)喷涂 JCL 水泥浆。JCL 水泥浆系用水泥、硅灰、增效剂和水按照一定比例拌和而成。喷涂前将施工缝混凝土表面凿毛，清除其上的污物、浮渣和松石，并用水冲洗干净，稍后即喷涂 JCL 浆液 2 道(每道厚度不小于 2mm，两道间隔不超过 120min)，喷完后 120min 浇筑新混凝土。

(2)设置止水带。设置止水带宜采用在止水带两边分立封头板的方法，加强振捣，以保证止水带与混凝土密贴。在浇筑新混凝土之前，应将露在旧混凝土外面的止水带清洗干净。

(3)喷涂环氧树脂。衬砌拆模后，将施工缝两边 10cm 范围内的混凝土表面用钢丝刷去浮浆，再用水冲洗干净，待干燥后喷涂环氧树脂混合液一道，固化后(约 24h)再喷涂一道，每道厚度不小于 1mm。环氧树脂混合液由环氧树脂、固化剂(T13 或 AJ)、增韧剂(二丁酯)、稀释剂(丙酮)混合而成。其中，第一道喷液丙酮的掺量为 20%，第二道为 10%。配制好的环氧树脂应在 120min 内用完。喷涂过程中如因施工不当造成涂层起泡时，应重喷，重喷前应将气泡划破，放出气体。

2)施工质量控制

气密性混凝土施工质量控制措施如下:

(1)降低水灰比,最大限度地减少毛细孔数量。

(2)引入活性组分,提高水泥的水化程度和水化 C-S-H 凝胶的生成量,最大限度地填充凝胶孔。

(3)减少水泥的干燥收缩,防止发生收缩裂纹。

(4)气密性混凝土在拌和前应检查混凝土配合比是否正确,确认无误后,方可进行混凝土搅拌。

(5)气密性混凝土应采用强制搅拌机搅拌,施工时应尽量减少施工缝。

(6)加强混凝土早期养护,尽量减少混凝土的裂纹。

7.8 安全措施及应急预案

7.8.1 施工安全技术措施

施工安全技术措施如下:

(1)开工前必须对施工作业及管理人员进行安全技术培训。爆破、电工、瓦检等特种作业人员必须持证上岗。

(2)瓦斯隧道应建立专门机构进行通风、防突、防爆及瓦斯检测工作,设置消防设施。高瓦斯工区及瓦斯突出工区应配备救护队。

(3)在揭开有煤与瓦斯突出危险的煤层时,应遵守下列安全规定:

①开挖工作面出现下列煤与瓦斯突出预兆时,应立即报警,停止工作,撤出人员,切断电源,并上报有关部门。

a. 瓦斯浓度忽大忽小,工作面温度降低,闷人,有异味等;

b. 开挖工作面地层压力增大,鼓壁,深部岩层或煤层的破裂声明显、响煤炮、掉渣、支护严重变形;

c. 煤层结构变化明显,层理紊乱,由硬变软,厚度与倾角发生变化,煤由湿变干,光泽暗淡,煤层顶、底板出现断裂、波状起伏等;

d. 钻孔时有顶钻、夹钻、顶水、喷孔等动力现象。

②石门揭煤爆破时,应在洞外起爆,洞内必须停电,停止一切作业,人员撤至洞外。在煤层中开挖时,可在洞内远距离爆破。

③揭煤爆破 15min 后,应由救护队员佩戴防毒面具或自救器到开挖工作面对爆破效果、瓦斯浓度等进行检查,确认安全后通知送电,开动局部通风机。通风 30min 后,由瓦检人员检测开挖工作面、回风道瓦斯浓度,当开挖工作面瓦斯浓度小于 1.0%,二氧化碳浓度小于 1.5% 时,方可通知工地负责人,允许施工人员进洞。

④揭煤时,主风机正常运转,备用主风机及二路电源应保持待起动状态。

⑤揭煤工作应由揭煤领导小组统一协调指挥。揭煤时救护队员及设备在洞口待命,一旦发生险情立即投入抢救。

(4)在瓦斯隧道顶部进行作业时,应随时检测作业范围的瓦斯浓度,尤其应注意检测塌空区、拱顶、脚手架顶、台车顶等易于形成瓦斯积聚且风流不易到达的地方。当瓦斯积聚体积大于 $0.5m^3$、浓度大于2%时,附近20m范围内必须立即停止作业,撤出人员,切断电源,进行处理。

(5)在有煤尘爆炸危险的煤层开挖过程中,除加强通风外,爆破前后在开挖工作面附近20m内必须喷雾洒水。

(6)高瓦斯工区及瓦斯突出工区,不应进行电焊、气焊、切割等工作。当情况特殊不可避免时,在焊接、切割等工作地点前后20m范围内,风流中瓦斯浓度不得大于0.5%,并不得有可燃物,两端应各设一个供水阀门和灭火器,并在作业完成前由专人检查,确认无残火后方可结束作业。

(7)隧道内瓦斯浓度限值及超限处理措施应符合表7-9的规定。

(8)在高瓦斯工区和瓦斯突出工区施工期间,应利用避车洞或横通道设置避难所,并应有向外开启的隔离门和电话,所内应有安全设施和足够数量的自救器。

7.8.2 电气及设备安全

有关电气及设备安全规定如下:

(1)所有洞内机电设备,不论移动式或固定式都必须采用安全防爆类型。

(2)在进风巷道中,可采用安全型照明灯,但在工作面或回风巷道中,必须采用矿用防爆型照明灯。

(3)禁止洞内电气设备接零。

(4)检修或迁移电气设备(包括电缆移动、更换防爆灯泡)必须停电进行,不准带电作业。普通型测量仪表(电压、电流功率表等)只准在瓦斯浓度1%以下地点使用。

(5)蓄电池机车的电气设备,只准在洞外检修。

(6)电缆的连接或分路时,必须使用防爆接线盒;电缆与电气设备的连接,必须用与电气设备性能(防爆型或矿用型)一致的接线盒。

(7)电气设备定期检查、调整详见表7-21。

电气设备定期检查、调整一览表 表7-21

序号	项 目	检查周期	备 注
1	使用中防爆设备的防爆性能检查	每月一次	分片负责的电工应每日检查一次
2	配电系统继电保护装置检查调整	每季一次	负荷变化时应及时调整
3	高压电缆的泄漏和耐压试验	每年一次	
4	主要电气设备绝缘电阻检查	每月一次	
5	固定电缆的绝缘和外部检查	每季一次	每周由专职电工检查外部和悬挂情况一次
6	移动式电气设备的橡胶电缆绝缘检查	每月一次	每班由当班司机或专责电工检查一次外壳有无损害
7	新安装的电气设备绝缘电阻和接地电阻的测定		投入运行前

(8)洞内任何操作人员(包括电、钳工)不得擅自打开电气设备进行处理。电气设备的修理工作应在洞外进行。

(9)不准使用不合格的绝缘油。

(10)瓦斯隧道供电,应采用双回路直供电源线路。

(11)为了防止地面雷击波在隧道中引起瓦斯爆炸,必须注意以下几点:

①经由地面架空线路引入隧道中心的供电线路,必须在隧道洞口外安设避雷装置。

②由地面直接铺入隧道的轨道、露天架空引入(出)的管路,都必须在隧道口附近将金属体进行不小于两处的良好的集中接地。

③通信线路必须在洞口处装设熔断器和避雷装置。

④每月必须测定一次接地电阻值。接触网上任意一个保护接地点的电阻值,不得超过2Ω,每一移动式和手持式电气设备同接地网之间的保护接地用的电缆芯线(或其他相当接地导线)都不得超过1Ω。

(12)防爆性能受到破坏的电气设备,应立即处理更换,不得继续使用。

(13)洞内使用的各种机械设备,必须安装自动报警断电装置。

(14)洞内各种机电设备的开关、保险丝盒等均应密闭,主要闸刀应有加锁装置。

(15)防爆类型标志见表7-22。

防爆类型标志一览表　　表7-22

序　号	类　型	标　志	标志的含义
1	防爆安全型	KA	Kuang(矿)An(安)
2	隔爆型	KB	Bao 爆
3	防爆充油型	KC	Chong(充)
4	防爆通风充气型	KF	Feng(风)
5	安全火花型	KH	Huo(火)
6	防爆特殊型	KT	Te(特)
7	矿用一般型	KY	Yi(一)

7.8.3　照明安全及人员管理

1)使用电灯照明的规定

(1)电压不得超过127V。

(2)输电线路必须使用密闭电缆,严禁使用绝缘不良的电线及裸体线输电。

(3)使用的灯头、开关、灯泡等照明器材必须为防爆型。

2)使用矿灯照明的规定

(1)在下列情况下不准发出使用:

①充电没有达到规定时间,充电不足;

②电压不足;

③灯头玻璃及胶壳有破裂;

④电源损坏或接头不良;

⑤点火有溢漏现象；

⑥矿灯未加锁和未加铅封。

(2)在使用过程中禁止拆开和敲打。

(3)领灯人员在领灯时，必须当场检查，如发现所领灯有问题时，应立即向灯房换灯，不得将有问题的灯发给工人使用。

(4)矿灯使用后必须交给灯房。

3)使用手电筒及空气电池照明灯的规定

(1)所有使用接触导电的部件，必须进行焊接。

(2)不准在隧道内进行装拆、敲打、碰击。

(3)使用前必须检查电池是否拧紧，不得有松动情况。

4)矿灯房的安全措施

(1)灯房不易靠近洞口。

(2)灯房取暖应采用蒸汽或热水管式的设备。

(3)灯房应有良好的通风装置。

(4)灯房内严禁烟火，并应备有灭火器材。

(5)严格执行领退制度。

(6)灯房不准堆放任何其他器材，并禁止非工作人员入内。

5)进洞人员管理

(1)工作人员进入隧道前，必须进行登记和接受洞口值班人员的检查。

(2)不准将火柴、打火机、损坏的灯头及其他易燃物品带入洞内。

(3)严禁穿化纤衣服进洞。

(4)上下班人员应遵守下列规定：

①由班组长点名后进洞；

②执行进洞挂牌、出洞摘牌制度；

③携带工具应防止敲打、撞击，以免引起火花；

④不得在洞内玩耍，大声喧哗；

⑤洞内遇有险情或警报信号发出后，应绝对服从有关人员指挥，有秩序地撤出危险区；

⑥进洞实习或参观人员，应先进行有关防治瓦斯安全常识的学习，并遵守有关防爆安全规定。

7.8.4 煤层及煤尘防爆防燃措施

1)防止煤层爆炸的措施

(1)减少煤尘的生成和空气中含尘量。

(2)煤尘注水，湿润煤体。

(3)采用水封爆破及水泡泥。

水封爆破是在炮眼凿好后，先注入高压水(不超过5MPa)，直到煤壁见水为止，然后装入防水炸药，再将注水器插入炮眼进行水封，水封压力不超过0.35MPa。

(4)进行喷雾洒水捕捉悬浮尘粒。

(5)合理控制风速,防止粉尘飞扬。从防尘角度要求,工作面风速以控制在1.2~1.6m/s为宜。

(6)隧道内不得沉积大量的煤尘,应随时清理。

2)煤尘爆炸及预防措施

煤被破碎成煤尘后,其比表面积显著增大,与氧的接触面积及吸附氧分子的数量也相应增加。在高温热源作用下,氧分子与碳发生氧化反应而生热,并促进了煤尘粒子在高温下的热分解而产生可燃气体,如挥发分含量为20~26%的1kg焦煤,受热后能放出可燃气体295~350L,这些可燃气体与空气混合后便着火燃烧。局部燃烧放出的热量以分子热传导、辐射、对流等复合传热方式传给附近悬浮着的煤尘,使这些煤粒粒子受热分解,产生可燃气体而着火燃烧,于是燃烧便如此循环地继续下去,随着每个循环的逐次进行,反应速度也逐次加快,定常燃烧非常迅速地转变成激烈的非定常燃烧,从而在极短的时间内,使空间气体的压力猛烈增高,形成了煤尘爆炸。

(1)煤尘爆炸特点及必备条件

①煤尘爆炸的特点:易产生连续爆炸,产生黏块与皮渣,产生大量有毒有害气体,挥发分含量减少。所以煤尘爆炸的危害性更大,必须采取严格预防措施。

②煤尘爆炸必须具备三个条件:煤尘自身具有爆炸性,悬浮在空气中并具有一定的浓度,有引燃煤尘爆炸的热源。

(2)预防煤尘爆炸措施

煤尘爆炸的必备条件也就是预防煤尘爆炸措施的基本控制点,根据对煤尘爆炸事故的统计,瓦斯爆炸和不正规的爆破作业,是引爆煤尘的两个主要火源,因此防止瓦斯爆炸和严格执行有关爆破作业的规定是非常重要的。预防煤尘爆炸的基本措施如下:

①减、降尘措施:具体措施就是前面介绍的煤层注水、水封爆破、喷雾洒水和防止大风速卷扬等,以此来减少煤尘产生量和降低空气中悬浮煤尘含量。

②防止煤尘引燃的措施:防止煤尘引燃的措施与防止瓦斯引燃的措施大致相同,但是同时要特别注意的是,瓦斯爆炸经常会引起煤尘爆炸。此外,煤尘在特别干燥的条件下可产生静电,放电时产生的火花也能自身引爆。

③隔绝煤尘爆炸的措施:隔绝煤尘爆炸主要是为了降低爆炸威力、隔绝爆炸范围和防止煤尘爆炸蔓燃,主要措施有定期清除落尘,撒布岩粉,设置岩粉棚,设置水棚和设置自动隔爆棚。

3)洞内火灾及预防措施

煤层瓦斯隧道产生火灾的原因分为内因(自燃)和外因。内因火灾是指煤炭接触空气后,因煤自身氧化产生热量,热量聚集使煤炭自然发火而产生的火灾。外因火灾是由于外部热源如明火、瓦斯煤尘爆炸、爆破、机械冲击与摩擦、电流短路、静电、烧焊、吸烟等引燃可燃物造成的火灾。隧道内主要预防的是外因火灾。

产生外因火灾的三个必要条件:有可燃物存在、有足够的氧气和足以引起火灾的热源,也称火灾三要素,缺少任何一个要素,火灾都不能发生,或者正在发生的火灾也会熄灭,所以预防和控制火灾就应该从这三要素入手。

预防火灾的技术措施:

(1)为防止内因火灾的发生,掌子面开挖后渣石及时运出洞外,暴露的岩面喷水淋湿,并及时进行封闭(初期支护),避免长时间暴露,与空气接触。

(2)严格控制洞内明火,洞内禁止吸烟,喷灯、焊接和切割等明火作业必须在有效监控下进行。

(3)合理控制电能热源,定期检修洞内电线线路和电气设备,防止故障产生的电火花或导体过热事故发生。

(4)定期检修机械设备,防止摩擦热和火花的出现。

(5)爆破按照规程和规范的要求操作,避免爆破引燃。

(6)各作业面必须配备灭火系统和设施,并组织作业人员进行防火和灭火培训,加强相关安全教育。

7.8.5 瓦斯爆炸应急预案

为加强隧道瓦斯爆炸事故应急救援工作,有效预防和控制事故造成的灾害,根据《中华人民共和国安全生产法》、《煤矿安全规程》及《铁路瓦斯隧道技术规范》等法律法规规定,结合公路隧道实际情况,按照"安全第一、预防为主、快速有效、救人第一"的方针,以最大限度减少人员伤亡和财产损失为原则,特制定公路隧道瓦斯爆炸事故应急救援预案。

1)建立应急处理机制

在指挥部建立以指挥长为组长,副指挥长、总工程师为副组长的应急领导小组,各工区建立相应的应急小组,指挥部与就近矿山救护中队及地方医院签订救护协议,各工区建立抢险队。

应急领导小组的组织机构见图7-13。

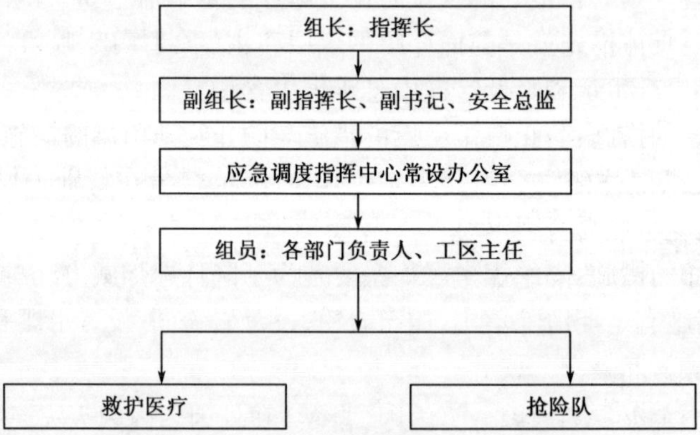

图7-13 应急领导小组的组织机构图

应急领导小组的主要职责:

(1)负责制订、完善瓦斯爆炸事故应急救援预案,监督、检查、指导事故应急救援预案的制定和落实情况,统一协调指导事故现场的应急救援工作,调动各方面力量快速有效处理事故,控制事故的蔓延和扩大。

(2)根据事故现场情况,对抢险救灾方案进行决策指导,对应急救援工作中发生的争议问题进行裁决和紧急处理。

(3)及时协调解决抢险救灾所需物资和救援队伍。

(4)对事故抢险救灾所需的物资储备、应急经费、信息传递、事故善后处理、伤员医疗救护、矿区秩序维护等工作进行监督检查。

(5)组织、指导干部、职工进行事故应急救援知识的普及及教育,不断提高应急能力。

(6)督促、检查、指导各单位提高事故的防范能力,组织事故应急救援技术演练。

2)应急救援体系

(1)一旦发生瓦斯爆炸事故,必须立即起动应急救援预案,实施抢险救灾,当本级应急救援预案不能满足救灾需要时,必须及时请求集团公司进行支援。

(2)签订合作救护协议的煤矿救护中队及辅助救护队必须提高应急救援装备水平,确保抢险救灾装备及药品等物资储备,定期组织应急救援预案的训练和演习。

(3)物资供应单位必须按照年度灾害预防与处理计划中的规定,备足、配齐、配足瓦斯爆炸事故所需的物资储备,做到随时可用。

(4)指挥部应根据每年的安全费用资金计划,预留出一定数额的资金作为瓦斯爆炸事故应急救援专项经费,做到专款专用。

3)应急处理程序

应急处理程序见图7-14。

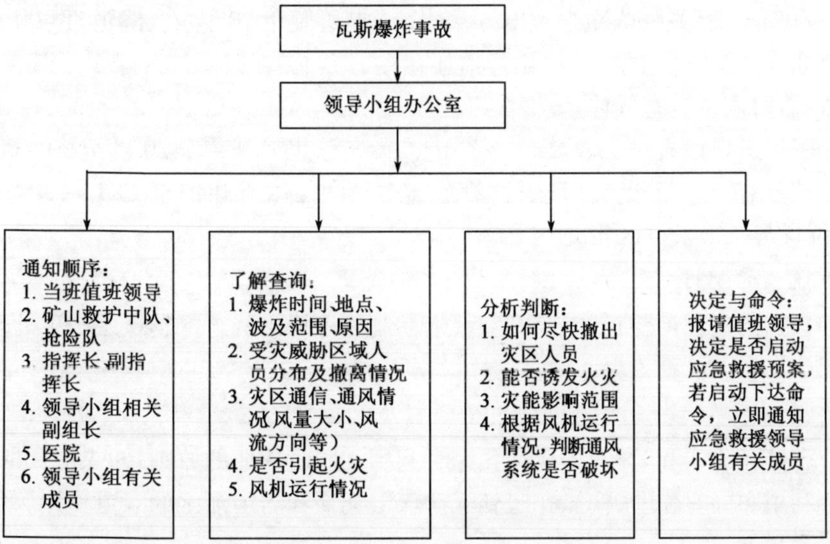

图7-14 应急处理程序图

4)应急处理措施

(1)一旦发生瓦斯爆炸后,立即佩戴好自救器或用湿毛巾快速捂住鼻口,就地卧倒,如边上有水坑,可侧卧于水中。听到爆炸时,应赶快张大口,并用湿毛巾捂住口鼻,避免爆炸所产生强大冲击波击穿耳膜,引起永久性耳聋。瓦斯爆炸后,遇险人员应情绪镇定,切忌乱跑,在带班领导的统一指挥下,向有新鲜风流的方向撤退,至安全地区后,立即清点在场人员名单并登记,如有人员不齐,立即向应急领导小组汇报,以便起动下步搜救方案。

(2)切断风机电源以外的所有电源,防止瓦斯的再次聚集造成二次爆炸。

(3)应急领导小组接通知后,立即起动应急抢险救灾程序,积极组织人力、物力、财力进行救援工作。同时向地方政府或相关职能部门报告,并请求紧急救援,并做好相应的配合救援的各项准备工作。

(4)加强隧道内通风,随时检测隧道内瓦斯浓度,当瓦斯浓度降至安全值以内时,救援人员方可进洞进行救援。

(5)当抢救出伤员时,由医务人员及时施救。

7.9 工程实例

7.9.1 玉峰山隧道穿越煤层施工技术

1)工程概况

玉峰山隧道为左右线分离式隧道,左线 LK11 + 8 967 ~ LK15 + 598,全长 3 702m,右线 K11 + 911 ~ K15 + 582,全长 3 671m,属特长隧道。

玉峰山隧道穿越三叠系上统须家河组五段($T_{3x}j^5$)灰、浅灰色页岩、泥岩,含煤层,岩层产状为 124°∠80°,呈潮湿状,煤层厚度 0.5 ~ 1.2m,煤层倾角 70°左右,隧道近 400m 高瓦斯段,瓦斯浓度最高为 0.75%。同时玉峰山隧道还存在 H_2S 有害气体,H_2S 除少量赋存于煤系地层外,主要为古岩溶水中有害气体。

玉峰山隧道进口段有一工农煤矿与之相交,由于该煤矿开采于 20 世纪 50 ~ 60 年代,巷道具体走向不清且存在许多支巷,且煤窑存在老窑积水,隧道开挖至 LK12 + 458、K12 + 480、K12 + 680 位置与煤窑采空区相交。

2)处理流程的制订

总结和参考已建瓦斯隧道的成功经验,提前制订玉峰山隧道穿越煤层施工处理流程,具体流程详见图 7-15。

3)超前探测

为了节省钻孔成本和时间,采取钻孔综合利用和同时作业的原则,即煤层瓦斯探孔与超前探水孔综合利用和同时作业,使探孔起到探测煤层瓦斯和岩层涌水的双重作用,其具体探孔布置情况如图 7-16 所示。

具体操作过程如下:首先,在开挖工作面距设计煤层里程 15 ~ 20m 时,沿隧道前进方向打一水平穿透煤层全厚且进入煤层底板不小于 0.5m 的探测孔,以初测煤层的位置;其次,在工作面距煤层位置 10m 时,打 2 ~ 3 个穿透煤层全厚且进入煤层底板不小于 0.5m 的探测孔,以确定煤层的走向、倾角、厚度及顶底板岩性等赋存情况及地质构造;最后,在工作面距煤层 5m 时,打 2 ~ 3 个穿透煤层的预测钻孔,进行煤层突出危险性预测预报。所有钻孔详细记录岩芯资料,观测是否有喷孔、卡钻、顶钻等异常现象,并做好详细记录。为了提高保险系数和获得详细准确的探测结果，玉峰山隧道煤层瓦斯超前钻探设计施作 4 个 ϕ80mm 探孔（拱顶、底板和两边墙），并且在掌子面同时施作 7 个 ϕ108mm 探水孔（兼排水和排放瓦斯）。

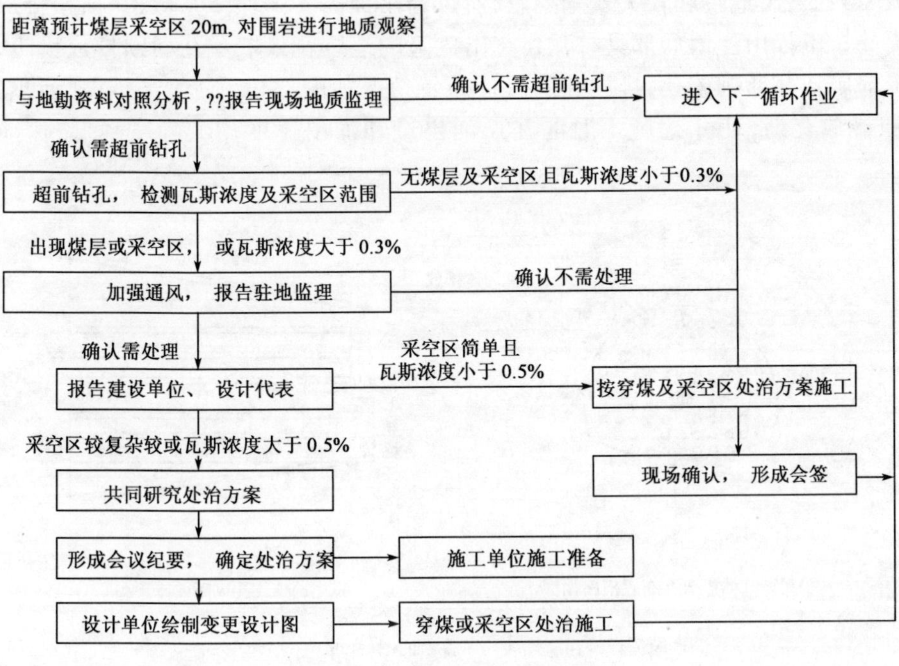

图 7-15　煤层地段施工流程图

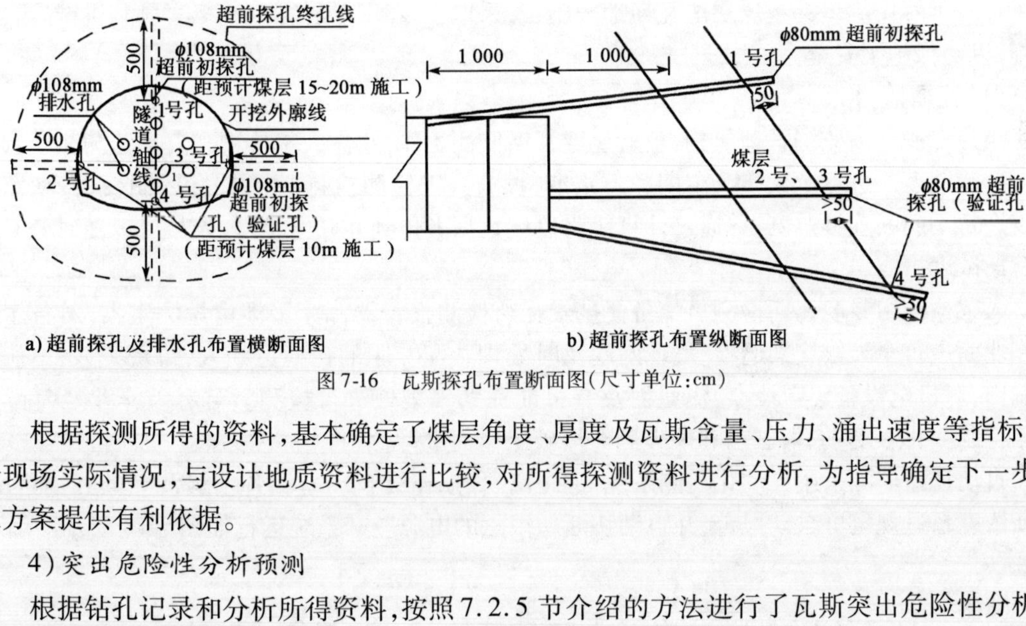

图 7-16　瓦斯探孔布置断面图（尺寸单位：cm）

根据探测所得的资料，基本确定了煤层角度、厚度及瓦斯含量、压力、涌出速度等指标，结合现场实际情况，与设计地质资料进行比较，对所得探测资料进行分析，为指导确定下一步施工方案提供有利依据。

4）突出危险性分析预测

根据钻孔记录和分析所得资料，按照 7.2.5 节介绍的方法进行了瓦斯突出危险性分析预测。对存在突出危险的地段按照 7.2.6 节介绍的方法进行了突出危险等级划分。最后根据探测所得的资料，结合现场实际情况，提前设计石门揭煤方案。将所有分析预测结果及设计方案向相关部门汇报审批，按流程准备下一阶段施工。

5)瓦斯预排放

根据前面的超前探测和分析预测结果,有些个别地段的瓦斯含量、压力、涌出速度等指标均较大,存在突出危险和较大安全隐患,所以为了提高安全保障系数,瓦斯预排放措施是很有必要的。玉峰山隧道局部具有瓦斯突出危险的地段就采取了瓦斯预排放措施,在开挖掌子面提前施作瓦斯排放孔,排放孔的具体布置情况如图7-17所示。通过瓦斯预排放,及时泄压和排放瓦斯,使开挖施工时的瓦斯涌出量和涌出速度均大幅度降低,保证了施工安全。

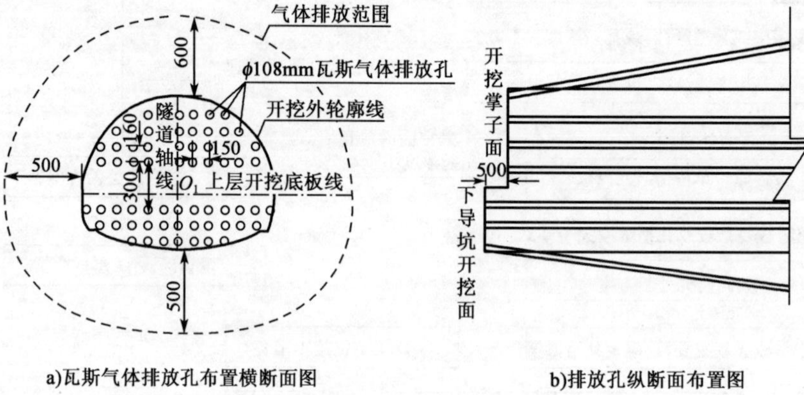

a)瓦斯气体排放孔布置横断面图　　b)排放孔纵断面布置图

图7-17　瓦斯排放孔布置断面图(尺寸单位:cm)

6)瓦斯监测、施工通风和机械配套等措施

针对玉峰山隧道穿越煤层的瓦斯地段施工,采取了专项瓦斯监测、施工通风和机械配套等措施,以确保施工安全。

(1)瓦斯监测

组建专职瓦斯监测管理机构,负责全隧瓦斯监测工作,建立人工检测和自动监测相结合的瓦斯监测制度。进行全天24h定期和不定期检测,人工检测执行"一炮三检"制度,自动监测系统进行不间断连续监测,并通过计算机将监测数据上传到互联网,管理人员可以随时查看洞内瓦斯浓度。

人工检测由专职瓦斯检测员配备便携式瓦斯检测报警器和光干涉甲烷测定器,对各个施工作业面进行全天候交叉巡检,发现问题及时处理。配专职的瓦检员6人,每班2人,由洞外向洞内,对机电设备集中地点,作业面及有可能瓦斯聚集处进行检测。对爆破作业,实行"一炮三检制",即装药前、爆破前和爆破后对爆破工作面进行检测。

自动瓦斯监测采用自动化遥测系统,远距离、长期连续自动检测各个检测点的瓦斯浓度,瓦斯浓度超过规定可自动报警,并自动切断超限点的电源。其系统运行如图7-18所示。

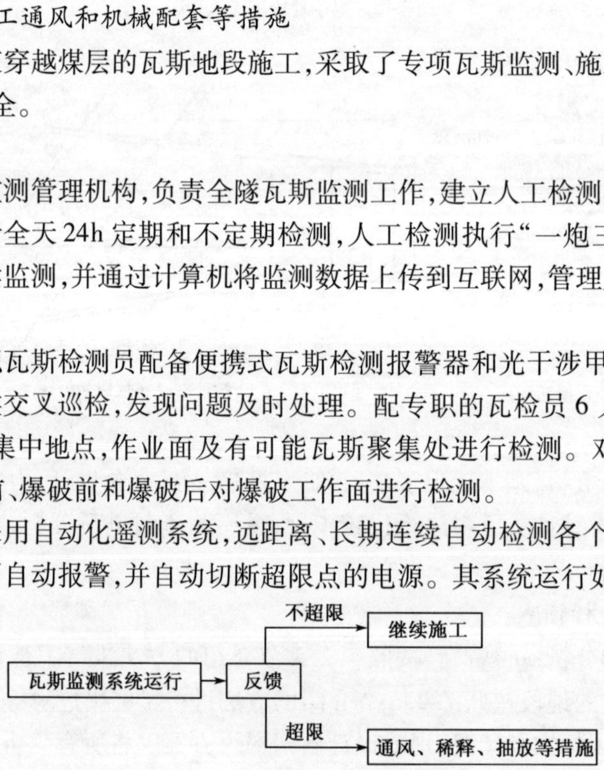

图7-18　瓦斯监测系统运行图

(2)施工通风

根据通风方案,结合施工段落划分,确保掌子面有足够的新鲜空气稀释瓦斯。设置合理的机械通风系统,根据要求分别计算需要的风量,其最大值作为设计风量,经过计算,选择配备2台咸阳风机厂生产的SDDY-INO11A型风机,此风机供风量为2 000～82 000m^3/h,风压500～4 900Pa,能满足通风要求。为了最大限度降低瓦斯对全隧的污染,采用了混合式通风方式,开挖面涌出的瓦斯大部分由排出式风机通过风管排出洞外,衬砌台车附近还设置了射流风机防止瓦斯积聚,其中布置在洞内的风机全部为防爆型。其通风布置如图7-19所示。

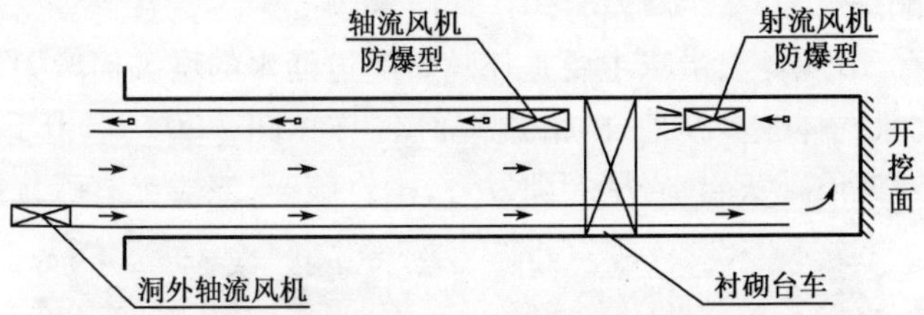

图7-19　通风系统布置图

(3)机械配套

装渣和扒渣机械设备均进行了防爆改装,开挖面150m范围内的全部采用防爆型电器和电缆。如外露传动机械加装护罩,电缆采用铠装不延燃橡套电缆,采用防爆型接线盒,照明采用EXd I型矿用防爆照明灯等。

7)结构处理措施

结构处理措施如下:

(1)在穿越煤层处及其前后各20m采用沿衬砌外轮廓满铺防水层,沉降缝和施工缝采用止水带和膨胀水泥砂浆封堵严密。

(2)在穿越煤层处及其前后各20m二次衬砌中掺加气密剂,气密剂采用抗腐气密共效的YBQK抗腐蚀气密混凝土泵送剂,掺量为10%～15%(内掺法,等量替代水泥),要求混凝土透气系数不大于10^{-11}cm/s。

8)安全措施及应急预案

按照相关规定制定了施工安全技术措施,电气及设备安全配置措施,煤层瓦斯防爆防燃措施等,还设计和组建了瓦斯爆炸应急预案、应急处理机制、应急救援体系、应急处理程序和措施等。很多应急预案还组织进行了演练,并结合施工中发现的问题,不断补充和完善各项应急预案和措施,真正实现了安全管理和快速施工同步进行。

7.9.2　玉峰山隧道硫化氢气体施工技术

1)处理方案介绍

针对硫化氢特性,确定采取"强通风、预排放、勤检测、全封闭"措施对硫化氢气体进行处治,以确保施工及运营安全。

2)玉峰山隧道硫化氢情况介绍

(1)施工情况介绍

玉峰山隧道右线自2006年4月开工，当隧道开挖至K13+189～K13+235段时，隧道涌水量突然增加，最大涌水量达到850m^3/h，涌水中散发着浓烈的刺鼻味道（臭鸡蛋味），水质浑浊，作业人员出现了不同程度的眼睛红肿、流泪不止、视物不清等不良反应，因此停止了隧道内施工。

(2)气体检测

2006年7月24日，煤炭科学研究总院重庆分院技术人员对现场气体做了检测，确定不明气体为硫化氢(H_2S)，最大浓度达8.1×10^{-5}，国家标准最大浓度为6.6×10^{-6}。

(3)泄漏源探测

根据现场情况看，出现臭鸡蛋味主要是伴随着隧道涌水的增大而增大，根据便携式检测仪检测的结果看，硫化氢气体主要从掌子面左侧涌出（详见图7-20），但由于K13+189～235段开挖时围岩为泥灰岩夹角砾灰岩，岩层裂隙发育，围岩破碎，该段也有硫化氢气体涌出。

图7-20　泄漏口图示

(4)产生气体原因分析

①掌子面区段围岩特点及地面调查。该段地处铜锣峡背斜（K13+189～K13+235），为黄色泥灰岩夹角砾灰岩，岩性较软，裂隙发育，且多有泥质充填，围岩稳定性差，地下水丰富。

山上地表塌陷区段（轴线里程K12+980～K13+000）表层均覆盖黄土，且覆盖层相对较厚。对地表塌陷点的进行堵水后，K12+945附近区段的隧道内涌水量明显减少。据地勘资料和现场询问山上农民，灰岩区段不含煤，H_2S气体的来源可能相对较远。

地下水具有一定的腐蚀性，掌子面初喷混凝土经水流后呈现墨绿色。

②区域地质背景介绍。玉峰山隧道位于新华夏系次级沉降带之四川盆地东南缘，为川东南弧形构造带之宣汉—重庆平行褶皱束。隧道穿越的构造为铜锣峡背斜，铜锣峡背斜轴大致呈NNE—SSW向延伸，延伸长达200km，在SW端的铁山坪一带向南西倾伏，倾伏角达30°。区域内未发现明显的斜交铜锣峡背斜的构造，区域地质整体较稳定。

铜锣峡背斜核部的T_1j赋存地热水资源，沿背斜轴部有海棠晓月、望江铜锣峡、铁山坪和统景一带均利用钻孔开采地热水资源。目前隧道掘进临近背斜轴部，具备地热水产生基础。据望江铜锣峡温泉出水水温在45℃，含硫磺气味。

③初步原因分析。此段岩溶不发育，且未见明显的岩溶管道中常见的黄泥、砂（圆）砾和

腐殖质等，基本排除直接由岩溶形成的补给水源。从本段裂隙较发育，推测地下水以构造裂隙水为主。

据地表调查情况，K13 +235 的突水水源基本与 K12 +945 区段的补给水源为两个基本独立的水源。

从玉峰山隧道的周边环境看，灰岩区段自身含 H_2S 气体的可能性相对较少，但不排除局部的泥灰岩区段中泥炭质含量突变引发的 H_2S 气体赋存。

地下水的补给来源主要来源于铜锣峡背斜轴部附近的裂隙水，且据温泉的主水道有一定距离。

H_2S 气体与温泉水有一定的联系，但不排除局部泥灰岩地段泥炭质含量较高或由其他未知构造引发。

(5)应急处理措施

根据硫化氢气体的特性，采取了以下应急处理措施：

①停止掌子面施工，将施工人员撤离现场。

②加强隧道内通风，杜绝隧道内明火作业，确保现场施工安全。

③人行横洞、车行横洞立即封闭，防止硫化氢扩散至左洞。

3)具体施工技术介绍

(1)施工准备

①组织对隧道施工人员进行安全教育，特别是对硫化氢气体的危害及有关防护知识分工区、班组进行教育，必须保证工班每个操作人员认识到硫化氢气体的危害及熟知相关的防护知识。

②制定硫化氢气体施工的安全预案，并组织全体隧道施工人员进行演练。

③隧道洞口设置管制哨及警示标志，进出隧道人员须做进出管制并登记姓名，管制非施工人员入内。

④施工现场配备足够的防护服及防护面罩，并训练现场工作人员如何操作，以供紧急状况时使用。

⑤硫化氢气体浓度未降至允许 6.6×10^{-6} 以内，任何人员严禁进入隧道，如有必要进入，必须按要求配备防护服及防护面罩后方可进入。

(2)强通风

由于硫化氢气体为有毒气体，为了不影响左线隧道的正常施工，通风系统的调整不考虑巷道式通风，而采用增加通风设备的方式解决。

①采用洞外压入及洞内抽排相结合的原则进行双向通风。洞外采用一台 75kW ×2 轴流式通风机压入新鲜空气，洞内安装两台 30kW 射流式通风机及一台 55kW ×2 轴流式通风机将洞内气体抽排。

②对局部有毒气体易汇集的地方增加射流风机吹散和稀释。

③建立系统的通风管理，专门设立通风班对风机及风管进行日常的管理和维护，保证通风效果。

④通风机除必要的检修可以停止外，其余时间必须保证通风机运转，检修期间人员全部撤离至洞外。

(3)预排放

①向前施工必须打设超前探孔,探测前方有毒气体的浓度、围岩及地下水情况。超前探孔采用地质钻机钻孔,在掌子面拱部、腰部及底部打设,孔深30m、预留10m打设下一环探孔,打设后采用便携式检测仪在孔口进行检测,超前探孔布置详见图7-21。

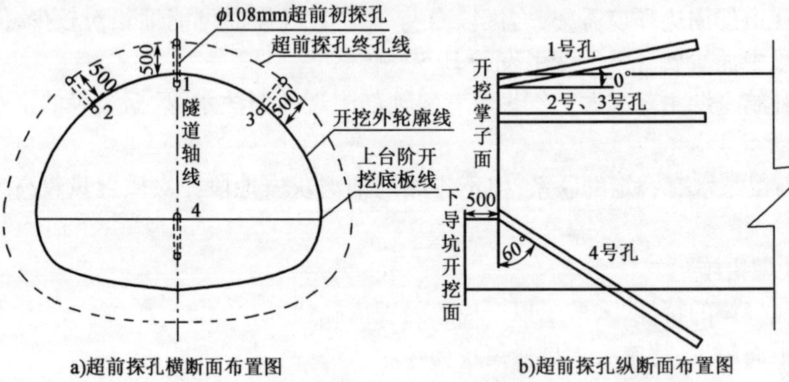

图7-21 超前探孔布置图(尺寸单位:cm)

②如果探测孔气体浓度超标,必须打设排放孔,将在前方围岩中的有毒气体超前排放,防止有毒气体突然涌出导致人员伤亡。排放孔采用地质钻机钻孔,孔长根据超前探孔所探实际情况确定,一般排放孔采用30m打设一环、预留5m打设下一环。排放孔采用直径108mm孔,横向间距为1.5m,竖向间距为1.5m,上下断面排放孔间距控制在3m,排放孔具体布置情况详见图7-22。

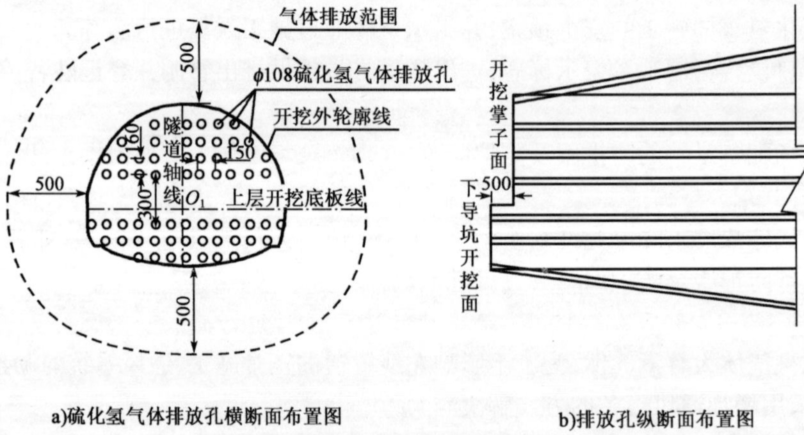

图7-22 硫化氢气体排放孔布置图(尺寸单位:cm)

(4)勤检测

①采用固定式与移动式相结合的方式进行监测。固定式采用自动化系统24h不间断检测,将探头安装在人员作业区及气体泄漏段,具体位置为距掌子面5m、20m、50m,以及仰拱和衬砌作业面,安装高度为距地面0.5m,通过数据线将检测的数据传至洞外计算机。配备便携式检测仪6台,由开挖及衬砌工区领工员、工班长、质检员佩戴,24h跟班作业。

a.设置固定式自动检测器的要求及注意事项:

▶检测器电线应高于施工电缆；

▶每月定期对感应器进行检查；

▶系统设置后应检查指示器是否有不稳定的情况；

▶作业段附近的感应器，须配合施工进度移动；

▶感应器分别在上断面、下断面、仰拱面、衬砌防水板台架前、台车前及横洞口设置，高度在距地面0.5m处。

b.使用便携式检测器时的注意事项：

▶检测员须熟知检测器的性能、使用方法、检测方法等，且尽维护管理之责；

▶须明确规定并记录检测场所、检测点及检测频率等；

▶检测器不可任意放置在隧道内，必须由检测员随身携带，进行归零与整备；

▶必须注意电池弱时，干扰信号会模糊量测结果，以及及时更换除湿剂与碳酸吸收剂，同时避免水分渗入检测器内；

▶进行检测的地点，包括每个作业面，隧道内气体容易滞留的低凹处、钻探孔处、出水口、电动机器的放置场所、使用烟火的地方、油类储存场所等；

▶开始作业或作业中，必须检测气体浓度，若因作业需要，必须使用烟火时，须在旁监督检测。

②检测记录。检测员须将检测值记录在检测记录本上，且要标明检测时间与检测地点等，并且提出报告。同时应记录当时的大气压、温度、气候等。

(5)警报系统。

警报系统必须与自动化系统同步安装，其目的在于迅速掌握可燃性气体浓度的异常变化，尽快采取避难或切断电源等应对措施。

设置固定式检测器时，在洞口值班室及隧道内必要地方设置连动式警报装置，并设置电源自动切断装置，气体浓度一旦超标立即切断电源，施工人员通过有应急照明的逃生通道撤至衬砌作业面，由在洞口值班的运输车运出。

(6)全封闭

①全断面注浆封闭。全断面超前预注浆是在沿开挖轮廓线内2m范围内环向布孔，注浆目的一是起到封堵岩层裂隙，二是堵水，从而起到封堵气体的作用，注浆加固范围为隧道开挖面及开挖轮廓线外5.0m，注浆段长30m，即K13+245～K13+275段。如隧道继续向前开挖时超前探孔探出前方围岩中仍有硫化氢气体，则进行第二次循环全断面超前预注浆。

②开挖后注浆。由于硫化氢气体发生泄漏时K13+189～K13+235段已开挖初期支护成型，但该段开挖时地下水丰富，岩体破碎，初期支护表面出现了大面积涌流水现象，且水中含有硫化氢气体。根据现场情况，确定对该段采用开挖后注浆以封堵硫化氢气体，防止硫化氢外泄。

(7)其他处理措施

①硫化氢为酸性气体，生石灰呈碱性，在洞内喷洒生石灰水，其与硫化氢发生中和反应，也可以降低硫化氢浓度。

②佩戴防护用品。隧道施工人员进洞必须配齐防护面罩、防护服，以抵制硫化氢气体对人体的伤害。

③为进一步阻止硫化氢气体泄漏，拱墙和仰拱全断面铺设 EVA 防水卷材，所有施工缝安装 E 型橡胶止水带和膨胀水泥砂浆封堵严密。

④二次衬砌采用气密性混凝土，气密性混凝土采用添加抗腐蚀气密的 YBQK 混凝土气密剂，YBQK 掺量为 15%，内掺法等量替代水泥，以保证混凝土漏气系数不大于 10^{-11}cm/s，以阻止硫化氢气体泄漏。

4）施工废水处理

①必须疏通隧道内涌水排水系统，将地下水汇集统一由中心排水沟排放，防止地下水到处漫流，导致硫化氢气体四处弥散。

②隧道内地下水全部排放至洞外沉淀池，经处理达标后排放。

③处理措施：由于造成硫化氢污染的废水主要是酸性废水，采用加入生石灰进行中和处理。在中和阶段，pH 值低会有部分硫化氢气体逸散至大气中，同时利用中和反应产生的热量也会增加硫化氢的释放速度。

5）安全保证措施

安全保证措施如下：

（1）实行领导干部值班制度，项目部领导及部门人员靠前指挥，随时应对突发事件。

（2）制定专门的硫化氢有毒气体防治的安全预案并进行演练，隧道施工全程采用固定式与移动式监测，根据监测浓度，采取合理的处治措施。

（3）隧道内涌水必须归位，将涌水统一引排至一条水沟，经收集处理后排放。

（4）配齐有毒气体防护设备，进洞人员必须佩戴防眼罩、防毒口罩，着防护服进行作业。

（5）现场必须建立紧急情况响应制度，如隧道内硫化氢浓度超过安全标准，立即将人员撤离现场。

（6）洞口设置医疗救护站，配齐救护设备，将中毒人员立即撤离至空气新鲜处，并进行针对性的治疗及抢救。

（7）加强富水段监控量测，量测桩点 10m 埋设一组，并增加量测频率，及时将量测数据反馈至现场，以指导施工，现场随时根据量测数据修改支护参数。

（8）在富水地段施工时，必须严格进行超前探水，并及时排除前方围岩中的含水。

（9）施工中加强防火管理，杜绝一切明火。

第8章　双连拱隧道施工技术

公路双连拱隧道是指两座隧道连成一体的单线双洞隧道。新中国成立前因隧道断面较小是单洞双向行驶，后来在一些断面较大的隧道内允许双向同时行驶。新中国成立后，尤其是改革开放以来，公路交通量的迅猛增加和安全行驶的需要，公路隧道发展用双洞上下行分离式隧道行驶。在一些特殊地形条件下，线路分离困难，或占用土地太多，拆迁量大，分离式隧道线路建造价格昂贵，于是产生了双连拱隧道形式。我国最早成形的公路连拱隧道，是建于1993年的广州市白云山三车道连拱隧道，其跨度达到31.5m。

连拱隧道在最初多是以双连拱两车道结构为主，后来由于交通量增加，不断出现三车道甚至四车道连拱隧道，如京珠高速公路广东段的五龙岭隧道、广东深圳科苑立交及福州市二环路象山的四连拱隧道等。

目前在四川、重庆等省市已建、在建和拟建的高速公路中大量采用了连拱隧道方案，如四川广元的石梯沟连拱隧道、重庆万县的金竹林连拱隧道、重庆宜宾的鞋底坡连拱隧道、重庆渝湘高速窑坪、彭武段新开洞连拱隧道、重庆渝黔高速天坪丘连拱隧道、重庆渝邻高速李子林连拱隧道等。

我国采用连拱隧道虽然起步较晚，但到目前为止已建和在建的总数位居世界之首，修建技术也快速发展，如采用复合式中墙修建双连拱隧道已基本解决了双连拱中隔墙渗漏水、开裂等问题，采用无导洞法或大中洞法施工加快了双连拱隧道成洞速度、节约工期造价等。但是对于在软弱围岩地段中，目前国内在建和拟建的连拱隧道普遍存在施工方法单一，总体支护体系普遍过强，但局部位置又相对较弱，已修筑的衬砌产生大面积裂缝，衬砌接头处严重漏水，进出口浅埋段及围岩条件较差段工程造价过高等问题。

8.1　公路双连拱隧道基本特征及分类

8.1.1　公路双连拱隧道基本特征

公路连拱隧道的基本特点，突出地表现在其形态上的两洞洞身紧紧相连，只有一墙相隔，两洞的拱脚共同搭建在钢筋混凝土中墙之上，这是其基本特征之一。

连拱隧道在高速公路中主要修建在埋深不大的山岭重丘区和市区受特殊地理条件限制或

有特殊要求的区域，这是其基本特征之二。

连拱隧道通常不长，大多在500m以内。因多数连拱隧道长度较短，具有围岩强烈风化破碎、地质条件差等一系列特点。经过调查，我国连拱隧道一般埋深在30m内的占80%以上，且一般不超过60m。埋深浅、长度短，这是其基本特征之三。

连拱隧道开挖跨度大，二车道的跨度超过20m，三车道的跨度大于30m，易产生偏压，施工工序较多，施工难度较大，工期较长，这是其基本特征之四。

8.1.2 公路双连拱隧道分类

公路连拱隧道至今尚无一个统一的分类方案，当前只能根据不同的要求和目的进行分类，如按所处位置、长度、埋深、连拱数量、车道数量等进行分类。但常见的是按隧道结构进行分类。

按隧道结构划分是依据中隔墙的特点划分为不同的类型：整体式与复合式。

1）整体式中墙

国内已建成的公路双连拱隧道基本上都采用了整体式中墙的断面形式，在该种断面形式中根据中墙形状的不同又可分为直中墙和曲中墙两种。图8-1为国内整体式直中墙双连拱隧道的各种断面形式。广东京珠高速公路五龙岭、猫山大跨连拱隧道、江鹤高速公路莲花山连拱隧道，以及云南玉元、大保、昆石、元磨高速公路的练江、砖房、老苍山、水磨房、清水沟、岔河、南溪河等25座连拱隧道的断面结构形式如图8-1a）所示；北京城市铁路地下区间隧道的断面结构形式如图8-1b）所示；金丽温高速公路二期的双港口一号、双港口二号、里东等20座连拱隧道的断面结构形式如图8-1c）所示；三福高速公路的龙慈隧道的断面形式如图8-1d）所示。

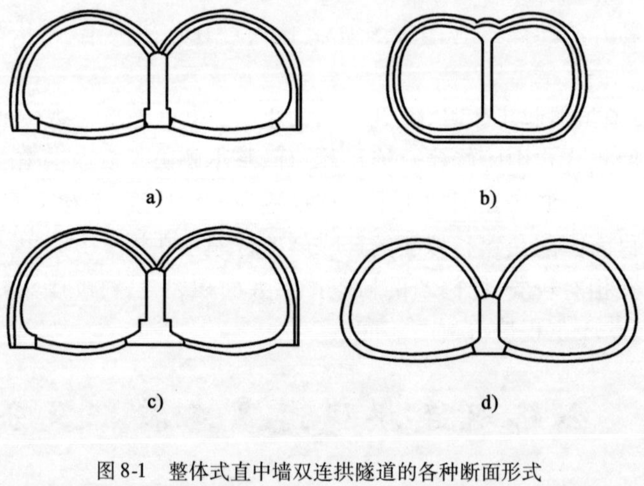

图8-1　整体式直中墙双连拱隧道的各种断面形式

国外许多整体式中墙双连拱隧道断面都采用曲中墙，图8-2为当前整体式曲中墙双连拱隧道的各种断面形式。如日本的飞鸟山隧道的断面结构形式如图8-2a）所示；大代古填隧道的断面结构式形式如图8-2b）所示；小束山隧道的断面结构形式如图8-2c）所示；日本阪神高速公路的北须磨隧道的断面结构形式如图8-2d）所示。

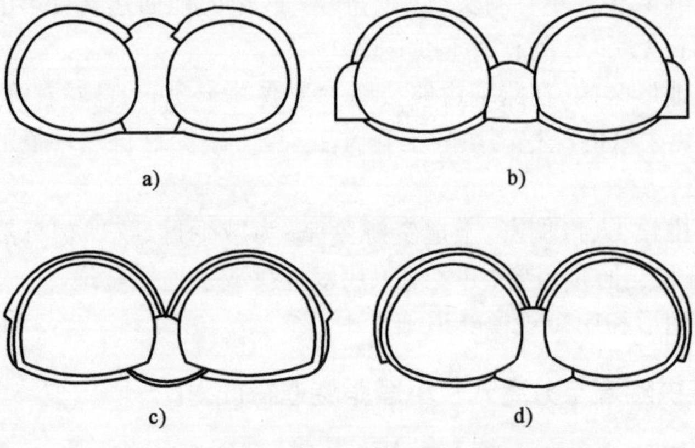

a)　b)　c)　d)

图 8-2　整体式曲中墙双连拱隧道的各种断面形式

2）复合式中墙

复合式中墙断面形式较整体式中墙断面形式出现得晚。因复合式中墙在结构整体受力及中隔墙排水等方面克服了整体式中墙断面形式的不足，故国外已普遍采用。近年来国内也有从整体式中墙断面向复合式中墙断面形式转化的趋势。到目前为止，所有复合式中墙均采用曲中墙断面形式。

目前，我国福建省在建高速公路中的双连拱隧道、浙江省龙丽一级公路的西凹口隧道、日本 185 国道的修山隧道、103 国道的山管隧道的断面采用如图 8-3a）所示的结构形式，日本九里浜田浦高速公路中的阿部仓隧道许多断面结构形式如图 8-3a）所示，采用三导洞施工的洞口段双连拱隧道的断面结构形式如图 8-3b）所示，日本下到津高速公路的下到津隧道的断面结构形式如图 8-3c）所示，我国玉凯高速公路双连拱隧道的断面结构形式如图 8-3d）所示。

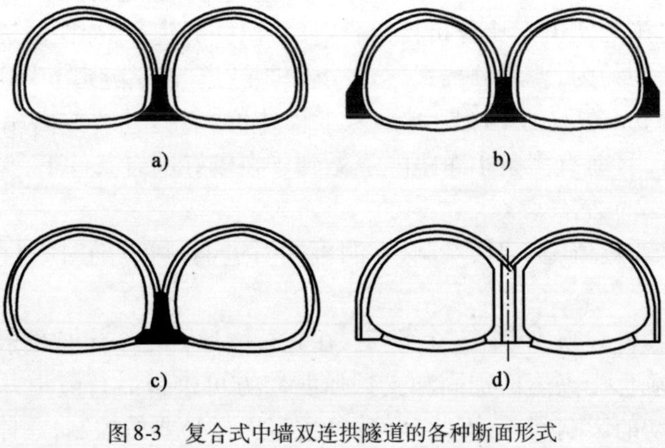

a)　b)　c)　d)

图 8-3　复合式中墙双连拱隧道的各种断面形式

8.1.3　双连拱隧道适用范围

连拱隧道的适用范围如下：

（1）洞口地形狭窄和地质条件在 V 级围岩以下（可含少量 VI 级）的岩石地层，宜采用连拱隧道。

(2)采用分离式隧道导致左右洞长度相差很大,或造成地面建筑受影响,或洞外路基工程量过大,经济上明显不合理时,宜采用连拱隧道。

(3)在山岭重丘地形区内,在路基边坡长度大于或等于50m,且左右路幅难以拉开成独立的左右线时,或为避免大量的深挖高填的土石方工程量,减少对自然环境的破坏,适宜采用成群成组兴建连拱隧道。

(4)在城市周边山丘,人口稠密,土地资源紧张,为减少拆迁,保护自然景观和名胜古迹,满足日益增长的人流和交通量需要,更多地采用双连拱或多连拱隧道。

(5)多用于特殊地形和中短规模隧道施工中。

8.1.4 公路连拱隧道与分离式及小净距隧道特征对比

公路连拱隧道与分离式及小净距隧道的特征对比见表8-1。

公路连拱隧道与分离式及小净距隧道特征对比表　　表8-1

序　号	对比项目	连拱隧道	分离式隧道	小净距隧道
1	双洞边墙间距(m)	0	$>1.5B$	$\leqslant 1.5B$
2	结构与受力	结构复杂,受力不稳定	简单、稳定	较简单、较稳定
3	工序、工期与难度	工序多、工期长,难度大	少、短、小	较少、较短、较小
4	围岩扰动次数	多	少	较少
7	适用范围	城市和山丘	山区	较广
8	占地面积	最少	多	较少
9	地下空间利用	最好	差	较好
11	经济评估	每延米造价高	每延米造价低	造价较低

注:B-隧道开挖断面宽度。

(1)双连拱较小净距及分离式隧道造价较高、工程量较大、进度慢。

①国内有人通过施工实例对比分析得出:普通分离式隧道、小净距隧道、连拱隧道、主洞延米工程造价的比值平均约为,普通分离式隧道:小净距隧道:连拱隧道=100:130:170。

②中夹岩厚度为5m左右的小净距隧道在工程造价、工程进度方面相对于双连拱隧道而言,具有一定的优势。目前有多条小净距隧道做到了在较好围岩条件下,采取了加固中夹岩措施将最小净距控制在2m左右。

③施工进度。普通隧道施工时,左洞、右洞可同时进洞,可以随时平行进行开挖、支护,施工工序安排正常。

小净距隧道施工时,必须先施工先行隧道,在先行隧道开挖一定长度(约30m以内),并进行了必要的支护后(确保中夹岩的加固和支护强度),方可进行后行隧道开挖。由于两隧道相隔太近,存在爆破震动的影响问题,因此,爆破参数需进行必要的控制,总体上每循环进尺平均略小于普通隧道。

连拱隧道采用三导洞法施工时,必须先开挖中部导洞,施工中隔墙,待中隔墙达到一定强度后,方可施工左右洞,总体上隧道正洞在正常掘进每循环进尺上小于小净距隧道。因此,可以得到以下结论:

在相同长度、相同地质条件下,普通隧道施工工期<小净距隧道施工工期<连拱隧道施工

工期。

(2)双连拱隧道中隔墙施工质量较难保证。中隔墙是连拱隧道最重要的部分,连拱隧道中隔墙施工的好坏常常决定隧道整体的工程质量的好坏。主要表现在中隔墙是连拱隧道的传力和承力部位,其是维系结构整体稳定的中枢,也是连拱隧道防排水的重点设置部位,是连拱隧道中最重要的结构。现有的国内外连拱隧道资料表明:连拱隧道裂缝、渗水80%以上都出现在中隔墙部位,中隔墙顶部回填由于其施工质量较难控制,施工缝、变形缝不易处理,容易出现裂缝、渗水等情况。但目前随着连拱隧道施工经验的增多及施工技术的进步,采用分片(复合)式中隔墙可从根本上解决中隔墙渗漏水的"通病"。

(3)比选结论。双连拱隧道作为一种较新的隧道结构形式,存在施工工期长,工序繁琐,防水施工技术要求高等缺点,特别是对于整体式中隔墙双连拱隧道施工而言,其左右洞开挖与支护交错进行,导致围岩应力变化和衬砌荷载转换复杂化,使得中隔墙墙体易开裂,并存在失稳的可能;中隔墙顶部围岩受多次开挖爆破的扰动,受力最不利,两侧正洞开挖特别是上台阶开挖时,会对中隔墙顶部围岩扰动较大,极易发生塌方。

建议:隧道宜近不宜连,可采用小净距隧道或采用复合式中隔墙代替整体性中隔墙连拱隧道。

8.2　公路双连拱隧道施工方案

8.2.1　施工方案的确定

1)基本技术原则

连拱公路隧道施工方案的确定,涉及因素很多,主要取决于隧道断面结构和面积、开挖跨度、围岩级别、隧道埋深、施工单位的设备和技术水平、工期和施工环境等施工条件、开挖方式等。

无论采用何种工艺方案,在选择和确定施工方案时,除遵循浅埋暗挖隧道、小净距隧道施工的基本原则外,还应遵循下列技术原则:

(1)左、右主洞前后错开施工,开挖中应尽可能减少围岩扰动;各洞在软弱围岩段开挖应遵循"管超前,严注浆;弱爆破,短进尺;强支护,早封闭;二次衬砌紧跟和勤量测"的技术原则。

(2)尽可能地采用较大断面开挖,尽早封闭开挖断面。尽量先施工仰拱,应当改变只重视拱部,忽视底部的做法;所采用的技术方案,应具有可操作性,施工尽量简便。

(3)二次衬砌要紧跟,尤其是围岩变形较大时,更应尽快施作二次衬砌;要保证施工作业安全及建成后的隧道在结构上是稳定的。

(4)注意减少后行隧道对先行隧道的各种不利影响,因连拱隧道支护力学状态有多次转换变化,应注意其力学平衡和稳定。同时,左右主洞开挖步距通常控制在3倍的单洞隧道直径即30m左右。至少在先行隧道初期支护位移基本稳定之后,或在先行隧道的仰拱封闭施作完工之后,再进行后行隧道施工。总的要求是必须确保隧道结构和施工安全。

2)主要施工方案

目前连拱隧道开挖方法分为两大类;一类是以按两个独立单洞考虑的开挖方法;另一类则

是先开挖中导洞再修建中隔墙的开挖法。前一类工艺方法只适用于较好的围岩条件，不需要单独先开挖中导洞；中隔墙是在先行隧道开挖中修筑，但施工中回填量较大，并且，目前随着软弱围岩地层中超前加固技术的发展，无中导洞施工方法会越来越多。对于浅埋和软弱围岩条件，则只能按先开挖导洞后开挖主洞的方法进行施工。因此，根据我国目前连拱隧道施工实际情况，并结合国外经验，按开挖步序不同，把公路连拱隧道施工，主要分为以下3大类：

(1)三导洞方案

三导洞方案即中导洞先行，进行超前开挖，双侧导洞随后跟进的方案。有时也可先挖双侧导洞，后开挖中导洞。在三导洞方案中，可再根据主洞施工方法不同，再细分为以下两种形式：

①三导洞+主洞分块式先墙后拱二次衬砌施工；

②三导洞+主洞整体式拱墙二次衬砌施工。

(2)中导洞方案

中导洞方案即只有中导洞先行超前开挖，而无需侧导洞的方案。根据主洞施工方式不同，可再细分为以下3种形式：

①中导洞+主洞台阶法开挖整体式拱墙二次衬砌施工；

②中导洞+主洞全断面开挖整体式拱墙二次衬砌施工；

③中导洞+其他型。

(3)无导洞方案

无导洞方案，即直接开挖一侧大主洞(含中隔墙)，再开挖另一侧主洞，而无导洞的方案。

(4)其他方案

对于围岩较好地层，也可采用双主洞平行施工方案，采用预留岩柱为中隔墙的形式进行施工；但最常见的施工方法仍是三导洞与中导洞法，无导洞法适用于较好的隧道围岩施工中。

还应指出：作为安全可靠的开挖方法，要很好地处理左右主洞拱部施工，做好由不对称性受力体系到对称结构体系的转换，减少由于工序多而造成增加施工缝的现象，以及尽可能地避免防水板接头质量和中隔墙质量产生问题，同时又要兼顾施工中使用的现有机械设备。

连拱隧道施工常采用下列基本技术措施：先行隧道产生较大变形时，采用增大先行隧道衬砌结构的刚性和控制水平位移措施；后行隧道产生较大变形时，采用对后行隧道进行超前加固围岩、分割开挖断面、尽早闭合断面和加强初期支护，或强化结构基础等措施；后行隧道施工对先行隧道或中隔墙产生振动影响时，采用控制爆破震动和机械开挖等措施；有水害影响时，采用排水和止水措施。

8.2.2 三导洞施工方法

在软弱围岩地段，双连拱隧道绝大多数均采用三导洞施工方法。

1)施工方法简介

工艺原理：把大洞室分解为若干小洞室，利用小洞室开挖的有利条件，构成稳定的初期支护，即大洞小作，积小成大。其工艺特点是先进行中导洞开挖和支护，在中导洞贯通和中隔墙施作完工后，进行左右侧导洞前后错开开挖和初期支护。然后再进行左右侧主洞的台阶法开挖及初期支护，形成主洞初期支护成环结构，最后视情况进行分块式先墙后拱法或整体式拱墙二次衬砌。

中导洞超前是为了提供中隔墙支撑,两侧导洞超前是为解决侧墙落脚支撑。中导洞和侧导洞的开挖及初期支护,在围岩条件较差时可用台阶法,在围岩条件较好时可用全断面法;主洞常采用台阶法开挖,但也可视超前加固效果或地层情况决定二次衬砌是采用分块式先墙后拱法或是整体式拱墙法进行施工。分块式先墙后拱法适用于较差围岩条件隧道,对施工人员和工程安全较有保障。而是整体式拱墙法施工速度快,施工质量有保障。另外是整体式拱墙法要求主洞初期支护结构承担围岩绝大部分荷载。

(1)三导洞+主洞分块式先墙后拱二次衬砌施工

该施工方法也常称为三导洞工法中的二次衬砌小模板法,是指中导洞超前开挖,两侧壁导洞跟进,中导洞贯通后浇筑中隔墙混凝土,两侧导洞贯通后浇筑边墙混凝土,主洞采用保留核心土的台阶式开挖及初期支护,最后浇筑拱部二次衬砌和仰拱。其核心在于"主洞分块式先墙后拱法"施工。

(2)三导洞+主洞整体式拱墙二次衬砌施工

该施工方法亦常称为三导洞工法中的模板台车法,是指中导洞超前开挖,两侧壁导洞跟进,中导洞贯通后浇筑中墙混凝土,开挖主洞并进行成环初期支护,施工仰拱,最后模板台车全断面施工二次衬砌。

2)适用条件

(1)采用二次衬砌小模板的"三导洞+主洞分块式先墙后拱二次衬砌施工"适用Ⅴ、Ⅵ级围岩富水破碎带。

(2)采用模板台车的"三导洞+主洞整体式拱墙二次衬砌施工"适用于地质情况差、偏压或埋深较浅的软弱围岩(Ⅳ、Ⅴ级)中。

前者虽经过优化也还有15步,这样繁琐的工序,在Ⅲ级及以上围岩中,直接影响着隧道的工期和造价。故对于软弱围岩,在有改良地质及加强超前支护的前提下,尽可能采用"三导洞—主洞整体式拱墙二次衬砌施工"或中导洞法施工。

3)优缺点

(1)优点。三导洞法中三条导洞可同时用作探洞,可超前探明隧道地质情况,为主洞安全施工创造条件;能确保隧道施工中采用"整体式衬砌"或"先墙后拱"的形式;小断面多次支护,在地质条件较差的情况下,可确保施工安全可靠;能较好地处理左右拱部在施工初期的不对称性到施工完毕后的对称结构体系转换,以确保结构在施工过程中的安全;能通过左右导洞开挖顺序和进尺的调整,对于偏压地形具有一定的适应性,可有效地防止偏压裂缝和隧道滑坡的出现,但务必注意,覆土较浅的一侧或靠河侧或偏压外压主洞必须先行施工。

(2)缺点。由于施工工序多,对围岩和已建结构存在多次扰动,不同部位衬砌间隔时间长,使得围岩变形增加,荷载增加。工序衔接不合理时,易造成衬砌开裂等病害;对于较早采用的二次衬砌小模板法,拱墙衬砌分步施工,防水系统施工质量难以保证,特别是中墙顶、拱墙顶处施工缝易出现渗漏水现象,同时二次衬砌施工易在接头处出现错台。采用全断面模板台车法可解决该问题,特别是采用复合式中隔墙结构形式时,效果更加显著。从经济上考虑,由于多导洞开挖和支护,增加了成本,隧道造价高;从工期上考虑,多导洞施工工序多且互相干扰,工期相对较长;多导洞分部开挖施工断面小,不利于大型机械作业。

4)施工工艺及步序

(1)三导洞—主洞分块式先墙后拱二次衬砌施工

图8-4为较典型的在偏压状态、软弱围岩条件下的三导洞—主洞分块式先墙后拱二次衬砌施工工艺流程。应特别注意,在偏压状态下,外侧导洞或正洞必须先行施工。

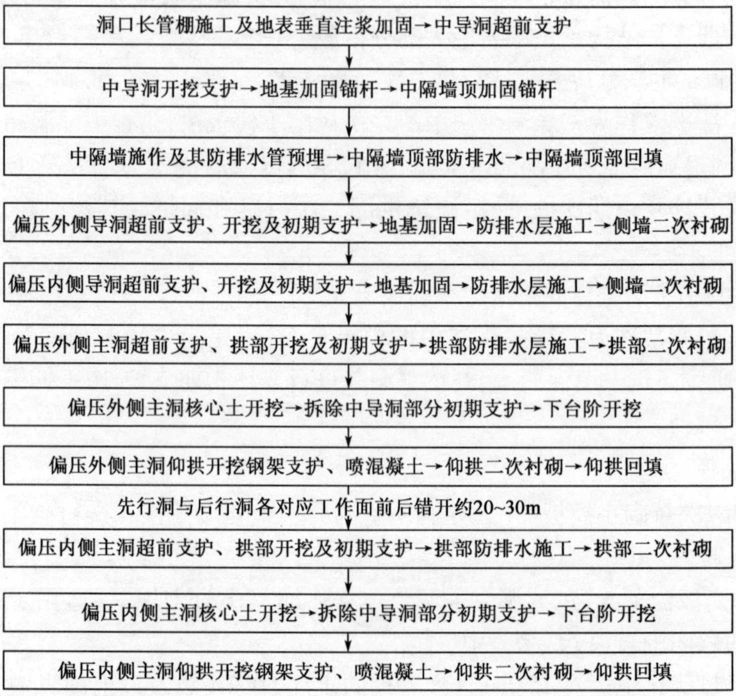

图8-4 偏压软弱围岩三导洞+主洞分块式先墙后拱二次衬砌施工工艺流程图

隧道洞口浅埋段,或断层构造破碎带时,中导洞、侧导洞和主洞应采用短台阶法开挖,并进行加强超前支护和初期支护。主洞的二次衬砌不仅仅是结构上的安全储备,还要承载部分荷载。

Ⅴ级围岩主洞开挖进尺宜控制在0.5~0.8m,Ⅳ级围岩开挖进尺宜控制在0.8~1.5m。左右主洞开挖面不宜相距太远,一般控制在20~30m左右。二次衬砌宜紧跟开挖面,相距开挖面不应超过30m。仰拱及其回填也应随之跟上。

这种工艺仍属初期的或传统的工艺方案,施工场地小,不能用大型机械作业,只能用小钢模板二次衬砌,工期长,效率低。

图8-5为国内连拱隧道在早期主要采用三导洞先墙后拱施工方法和典型施工步骤。中隔墙在中导洞中的位置有居于正中和偏于一侧两种。

(2)三导洞+主洞整体式拱墙二次衬砌施工

三导洞+主洞整体式拱墙二次衬砌施工工艺流程:中导洞开挖、支护和中隔墙施工,以及双侧导洞开挖、初期支护后暂不进行外侧墙的二次衬砌,而是在主洞开挖、初期支护和仰拱施工完成后,用整体式衬砌台车进行全断面二次衬砌。图8-6为偏压状态、软弱围岩条件下其施工工艺流程图。同样,偏压状态软弱围岩条件下的连拱隧道,要先行施工偏压外侧主洞,后施工偏压内侧主洞。

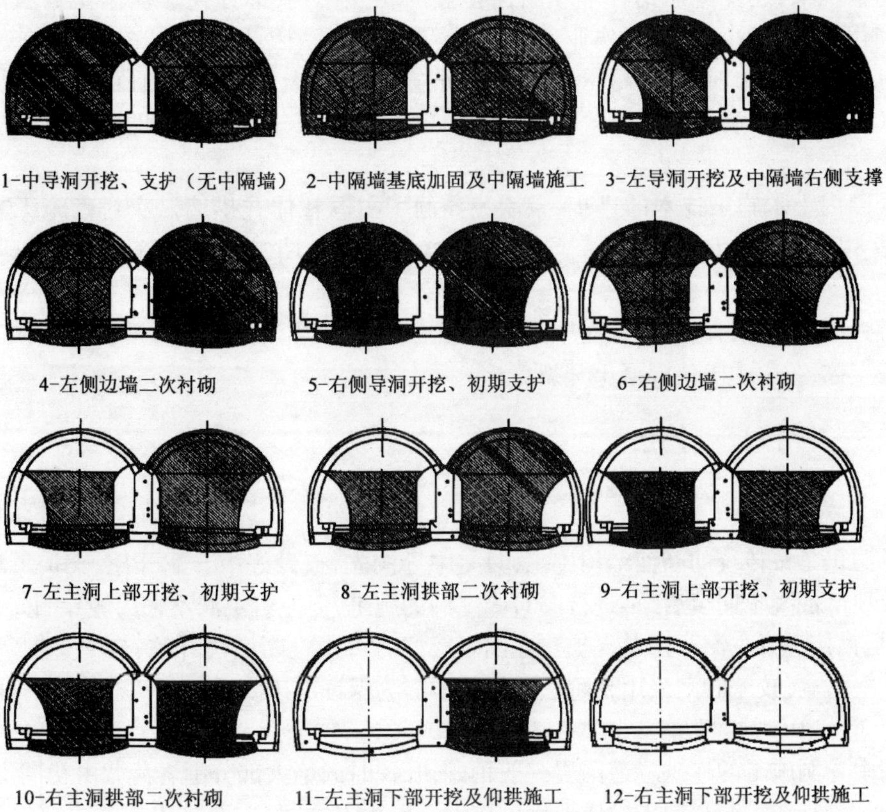

图 8-5　三导洞先墙后拱步序

洞口长管棚施工及地表重直注浆加固→中导洞超前支护

↓

中导洞开挖支护→地基加固锚杆→中隔墙预加固锚杆

↓

中隔墙施作及其防排水管预埋→中隔墙顶部防排水→中隔墙顶部回填

↓

偏压外侧导洞超前支护、开挖及初期支护→外侧导洞地基加固

↓

偏压内侧导洞超前支护、开挖及初期支护→内侧导洞地基加固

↓

偏压外侧主洞超前支护、上部开挖初期支护→下部开挖→拆除外侧导洞及中洞临时支护

↓

偏压外侧主洞仰拱开挖、钢架支护、喷混凝土→仰拱二次衬砌→仰拱回填→全断面二次衬砌

先行洞与后行洞各对应工作面前后错开约20~30m

偏压内侧主洞超前支护、上部开挖初期支护→下部开挖→拆除内侧导洞及中洞临时支护

↓

偏压内侧主洞仰拱开挖钢架支护、喷混凝土→仰拱二次衬砌→仰拱回填→全断面二次衬砌

图 8-6　偏压软弱围岩三导洞 + 主洞整体式拱墙二次衬砌施工工艺流程

不同的开挖方式对施工工序、技术、机械、人员等因素有不同的要求。三导洞施工时，总体是各工作面狭窄，施工难以发挥大型机械的作业能力。尽管施工可以多点展开，在分

块开挖的情况下,还要考虑到各个小断面作业的相互影响,即开挖支护作业必须错开一定距离,同时只能使用小型机具,作业环境恶劣,效率低下。因此,在围岩条件允许,施工安全及质量有可靠保证的前提下,尽量采用大断面施工,使用大型机械作业,可以达到快速施工的目的。很明显,主洞采用整体式拱墙二次衬砌法比主洞分次先墙后拱二次衬砌法具有较大的技术优势。

随着国内土木施工技术的进步,采用三导洞 + 主洞整体式拱墙二次衬砌施工方法更为常见。图 8-7 为国内目前常见的三导洞 + 主洞整体式拱墙二次衬砌施工方法和典型施工步序。

有时为了平衡先行隧道开挖对中隔墙的侧压力,在中导洞内后行隧道侧采用横支撑加强对中隔墙支撑,减少中隔墙混凝土开裂。

8.2.3 中导洞施工方法

1)施工方法简介

中导洞仍是按传统的断面结构施工,只是中导洞先行,做好中导洞开挖、支护贯通和中隔墙衬砌及顶部混凝土回填后,再进行左右侧主洞的施工,但左右主洞不采用侧导洞先行的施工方法,而是直接进行主洞开挖及支护。在围岩较好时可用全断面法开挖、初期支护,然后进行全断面二次衬砌;较差时则采用台阶法开挖支护。为保证施工安全,先行隧道与后行隧道开挖面应保持 20 ~ 30m 的间距。

采用中导洞施工的连拱隧道围岩一般稍好,开挖时的绝大部分围岩荷载由初期支护承载。故中导洞法均是在主洞初期支护成形后一次性全断面二次衬砌,其施工方法主要以开挖及初期支护方法不同进行分类。

(1)中导洞 + 主洞台阶法施工。先贯通中导洞并浇筑中隔墙混凝土,然后采用台阶法开挖及初期支护左右主洞,最后分别进行全断面二次衬砌。

(2)中导洞 + 主洞全断面施工。先贯通中导洞并浇筑中墙混凝土,然后采用全断面开挖及初期支护左右主洞,最后分别进行全断面二次衬砌。

2)适用条件

一般而言,中导洞法适用于 IV 级或以上围岩,也可适用于经过改良加固后的 V 级围岩。根据施工方法不同,各种中导洞法的适用条件分别为:

(1)中导洞 + 主洞台阶法施工,适用于 III、IV 级围岩,也可适用于经过改良加固后的 V 级围岩。

(2)中导洞 + 主洞全断面法施工,适用于 II、III 级围岩,也可适用于经过改良加固后的 IV 级围岩。

相对三导洞施工,中导洞施工法减少了 2 个侧导洞的施工,拱墙采取整体一次衬砌,具有工序较简单,机械化程度较高,初期支护工作量小,施工进度较快,节约成本的特点。而且中导洞先施工,起到了超前探明隧道地质情况的作用,为左右正洞施工创造了条件。

只要条件许可,目前国内许多双连拱隧道均采用中导洞法进行设计及施工,其是一种较常见的双连拱隧道施工工法。

施工步序	示意图	说明
第1步		三导洞开挖、初期支护
第2步		中隔墙混凝土施工
第3步	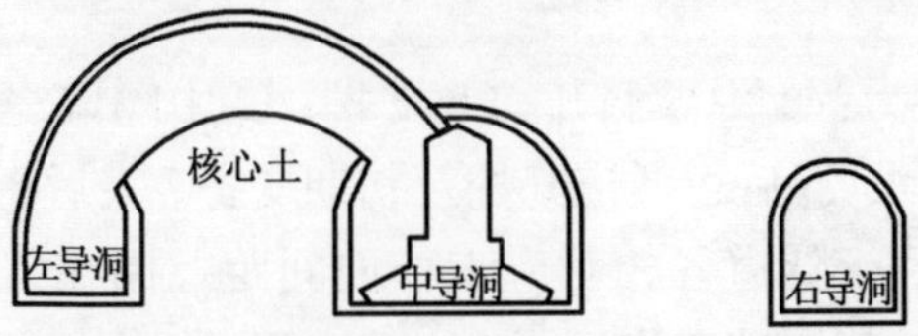	先行隧道预留核心土拱部开挖及初期支护（连中隔墙及左导洞边墙初期支护）
第4步	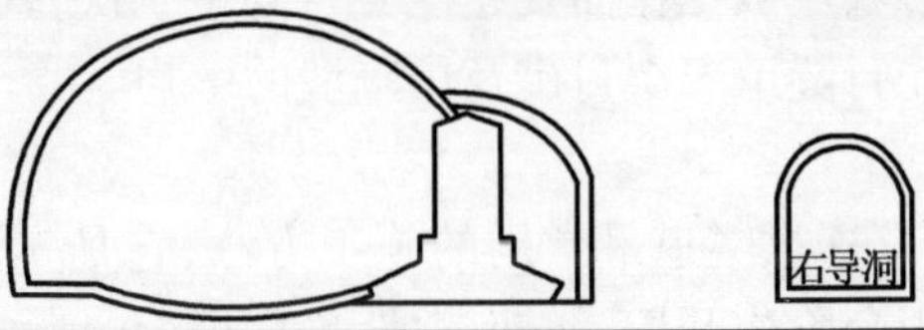	左主洞下半断面开挖及仰拱施工
第5步	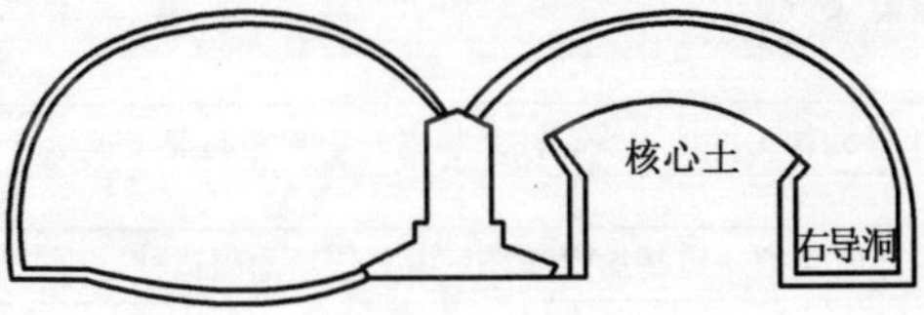	后行隧道预留核心土拱部开挖初期支护（连中隔墙及右导洞边墙初期支护）
第6步	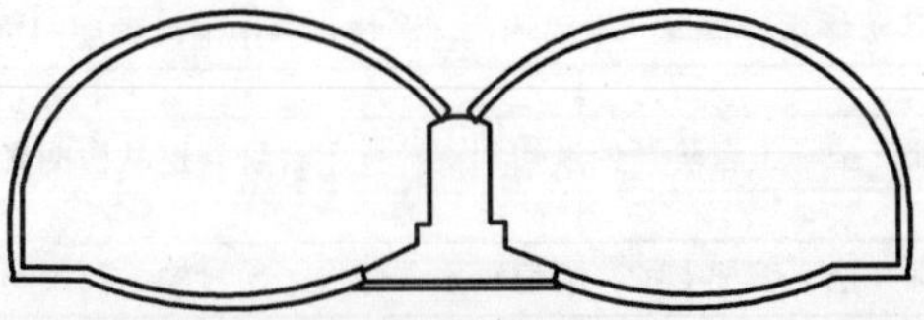	后行隧道下半断面开挖及仰拱施工
第7步	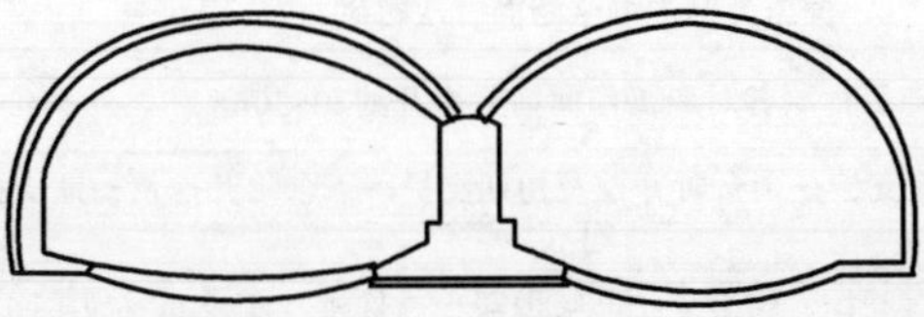	先行隧道二次衬砌
第8步	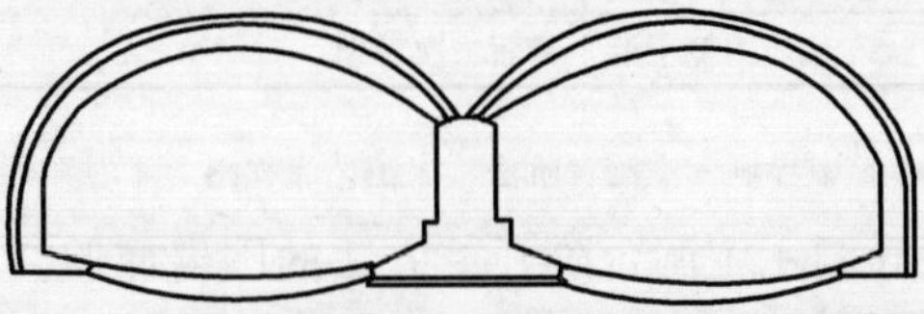	后行隧道二次衬砌

图 8-7　三导洞 + 主洞整体式拱墙二次衬砌施工步序

3）优缺点

（1）优点。工序简单、隧道变形易于控制，施工干扰少，临时支护量小，因而节约成本，质量易于保证；减少了两个侧导洞的施工，节约了造价，缩短了工期；拱墙能进行整体一次衬砌，具有工序较简单，施工干扰少，机械化程度较高，临时初期支护工作量小，施工进度较快的特点，因而节约成本，质量易于保证；中导洞先施工，起到了超前探明隧道地质情况的作用，为左右正洞施工创造了条件。

（2）缺点。在围岩条件较差、遭遇断层破碎带、隧道浅埋、偏压或者地表对变形控制要求较严格的情况下，采用中导洞台阶或全断面开挖可能产生大变形、连通地表的塌方和边坡滑移等地质灾害。

4）施工工艺及步序

中导洞施工法总的施工顺序为：①中导洞开挖及支护；②中隔墙浇筑；③先行隧道开挖及初期支护；④先行隧道二次衬砌；⑤后行隧道开挖及初期支护；⑥后行二次衬砌。

需要注意的是：先行隧道与后行隧道各相对应工作面间距控制在 20～30m 之间，并同步向前推进。后行隧道爆破开挖时，其爆破工作面要超前先行隧道二次衬砌工作面至少 30m 以上，以降低后行隧道爆破震动对先行隧道二次衬砌及中隔墙的影响。

（1）中导洞＋主洞台阶法施工

中导洞＋主洞台阶法开挖是双连拱隧道最常用的施工方法，它是先贯通中导洞并浇筑中墙钢筋混凝土，然后左右主洞采用台阶法开挖、初期支护，最后进行全断面二次衬砌。

其偏压状况下工艺流程如图 8-8 所示。

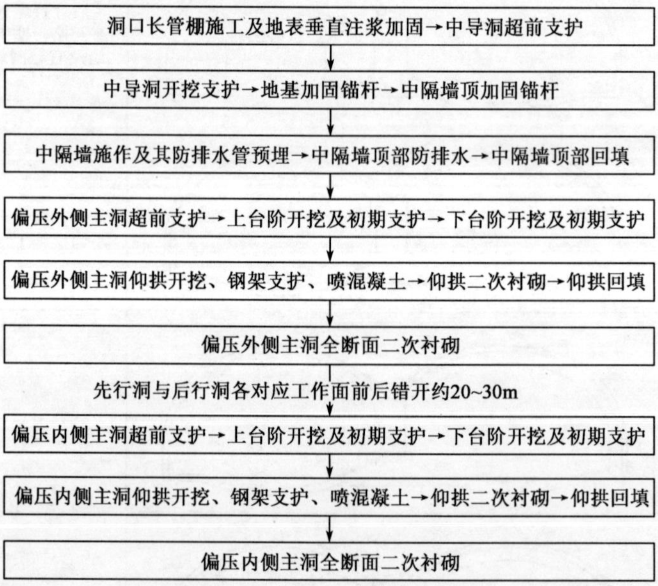

图 8-8　中导洞＋主洞台阶法施工工艺流程图

国内有人对三导洞方案与中导洞＋主洞台阶开挖方法的围岩屈服接近度进行对比，得出两者差别不大，并经实践证实，对于经过地层改良加固及超前支护的Ⅴ级围岩中取消左右两个侧导洞，进行中导洞法施工是可行的。

中导洞 + 主洞台阶施工法具有很好的灵活性，向上可以转化为中导洞全断面施工方法，向下可以转化为三导洞施工方法。当围岩向着好的方向发展时，局部可以转化为中导洞全断面施工法，当围岩向着差的方向发展时，局部可以转化为三导洞施工方法：在偏压软弱富水 V 级或 V 级以下围岩为主的隧道中，应选用三导洞施工法；在 III 级及以上围岩为主的隧道中，选用中导洞全断面施工法。

图 8-9 为常见的中导洞 + 台阶法施工方法和典型施工步骤。

(2)中导洞 + 主洞全断面法施工

中导洞 + 全断面施工法是当围岩条件较好时采用，与台阶法相比，其工序更为简单，施工中干扰更少，施工质量易于保证，工效高，成本低。其与台阶法相比，其不同之处在于左右主洞的开挖方法是由台阶法变为全断面法开挖及支护。

图 8-10 为中导洞 + 全断面法施工方法和典型施工步骤。

5)中导洞 + 其他工法施工工艺及步序

中导洞施工时，对于需要减震控制爆破地段，主洞开挖还可采用下导先行、后续扩挖法进行施工，这种工艺的优点是有利隧道光面爆破及在不良地质地段的预注浆，做到封闭及时，有效防止松弛变形，结构刚度可靠；不足之处是增加了一些工序，工期较长，经济效益较差。

中导洞施工三车道大断面及软弱地层连拱隧道时，还可对主洞采用中隔壁(CD) 法或中隔壁 + 临时仰拱法施工。主洞中隔壁法施工步序如图 8-11 所示。

首先进行中导洞开挖、支护及中隔墙施工，接着进行主洞中隔壁施工，然后按台阶法开挖左洞左侧部分，并及时进行左侧初期支护及右侧临时支护。同此法进行右洞施工。为了减少地面累计叠加沉降，工序 3 与工序 5、工序 6 和工序 7、工序 8 与 9 至少应前后错开数十米以上。左右洞应及时施作仰拱和二次衬砌，尽早形成闭合环受力。这种方案适用于软弱围岩和地质条件差，隧道断面大，地表下沉有严格要求的情况，尤其是洞口段，以保证施工安全和施工质量。不足之处在于工序多而复杂，影响进度，增加了围岩扰动次数，增加施工成本。

8.2.4　无导洞施工方法

1)施工方法简介

无导洞施工方案，即无导洞先行开挖的施工方案。

连拱隧道结构形式按两个独立的单洞考虑，具体表现为两个独立的单洞结构，左右主洞的防排水各成系统。施工方法上采用两主洞分开开挖，具体开挖方法结合地形地质条件，参照单洞开挖方式(全断面、台阶法等)进行，原则上是先行隧道按正台阶法或全断面法开挖，后行隧道按正台阶法松动爆破开挖，尽量减小对先行隧道的大扰动和损坏。

无导洞方案的特点是不需用导洞先行开挖，直接进行包括中导洞在内的较大断面开挖(为叙述方便起见，在此称之为先行大洞)。先行大洞的开挖和初期支护，可以是全断面一次完成，也可以分部进行开挖和初期支护。先开挖中隔墙和主洞拱部部位，然后开挖其余部分。主洞上下部开挖台阶不宜过长，目的是尽早把中隔墙做起来。主洞下部开挖和初期支护后，应及时施作二次衬砌，以最大限度提供抗力和缩短不对称结构存在的时间。另外，后行隧道的施工，应在先行隧道包括仰拱在内的主体结构完全封闭，受力条件改善后进行。从而克服两个主洞开挖不同步，易引起中隔墙受偏压而产生倾斜或开裂，也不需要采取中导洞回填或钢支撑，

施工步序	示意图	说明
第1步		中导洞开挖及初期支护
第3步		中隔墙混凝土施工
第5步	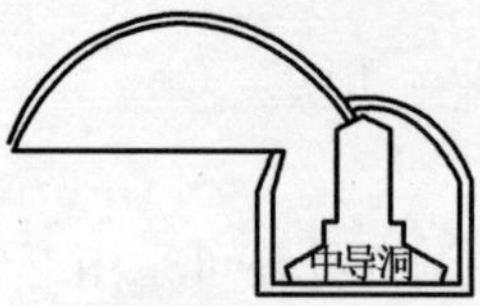	先行隧道上台阶开挖及初期支护
第6步	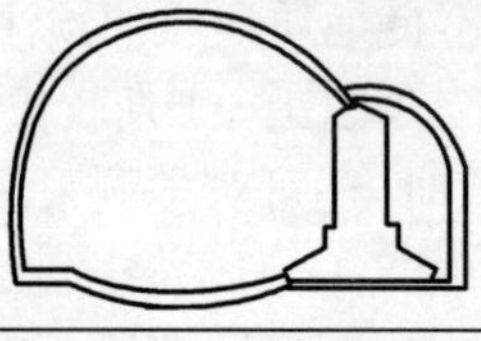	先行隧道下台阶开挖及初期支护、仰拱施工
第8步	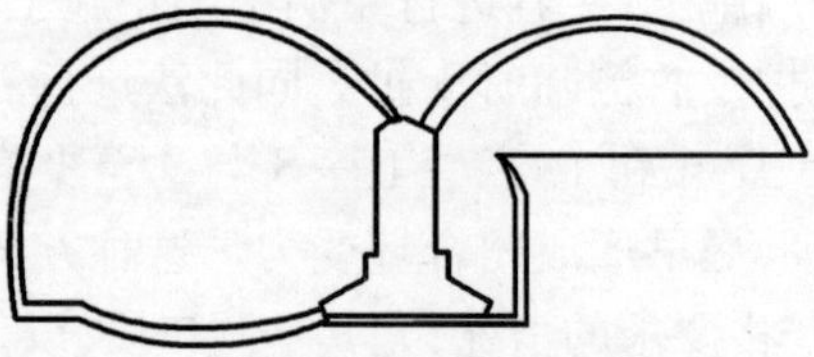	后行隧道上台阶开挖及初期支护
第9步	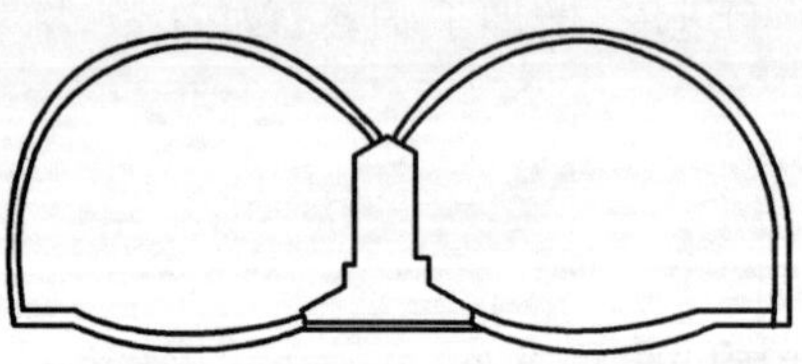	后行隧道下台阶开挖及初期支护、仰拱施工
第10步	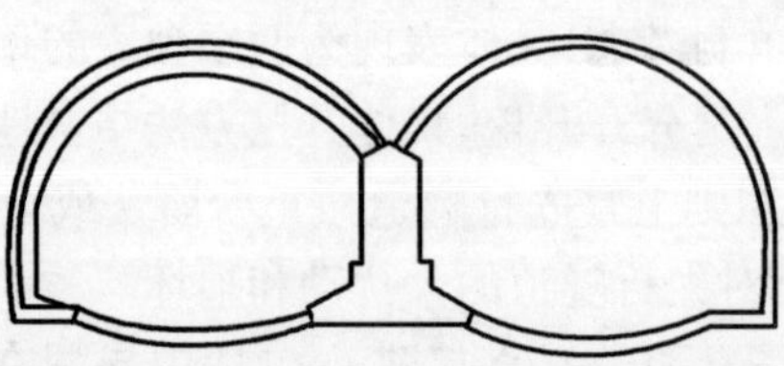	先行隧道全断面二次衬砌
第11步	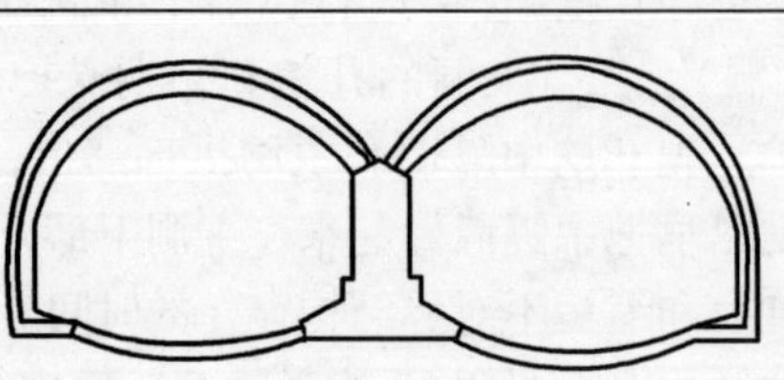	后行隧道全断面二次衬砌

图 8-9　中导洞—台阶法施工步序

减轻了施工难度,并可避免中隔墙渗漏水病害。

施工步序	示　意　图	说　　明
第1步		中导洞开挖及初期支护
第3步		中隔墙混凝土施工
第5步	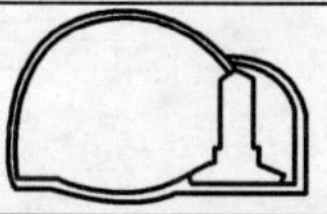	先行隧道全断面开挖及初期支护、仰拱施工
第7步	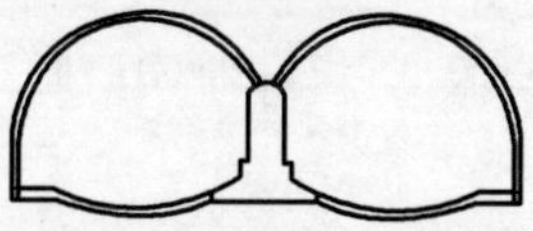	后行隧道全断面开挖及初期支护、仰拱施工
第8步		先行隧道全断面二次衬砌
第9步		后行隧道全断面二次衬砌

图 8-10　中导洞 + 全断面法施工步序

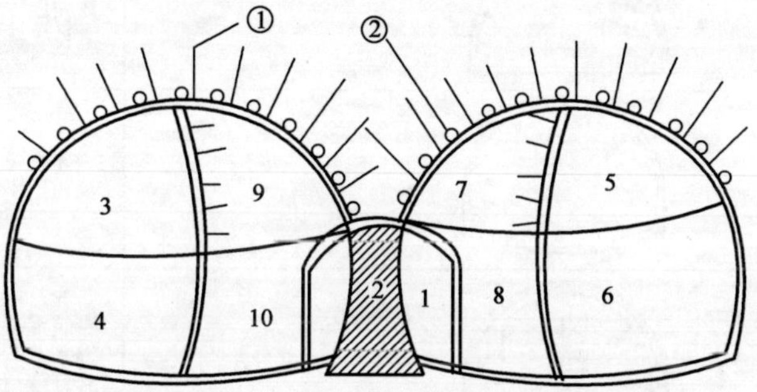

图 8-11　中导洞 + 主洞中隔壁法施工步序图

2)适用条件

无导洞施工方法只能在岩质较好的围岩中进行,或只能是在经过超前支护或整体性较好的 IV 级围岩中,或直接在 III、II 级围岩中进行施工。不设导洞先行施工,直接进行包括中隔墙在内的一个单侧大主洞开挖,先行大洞可采取全断面法或台阶法施工等。

3)优缺点

优点:工艺步序最少,对围岩扰动次数最少,免去了中导洞和侧导洞单独开挖和临时支护拆除工序,因而进度最快,缩短了全断面结构的成形时间,保证了连拱隧道防排水的施工质量和排水效果,造价低,效益好。

缺点：只适用于较好的围岩中，中隔墙顶部回填量较大。

4）施工工艺及步序

采用无导洞法施工双连拱隧道将会越来越多，工艺会越来越成熟。其主要应用在地质条件较好、地下水发育，地表降雨量较大的地区，以克服连拱隧道常见的渗漏水病害。

其工艺流程如图 8-12 所示。

图 8-12　无导洞法施工工艺流程图

对于连拱隧道中的单洞施工，可根据围岩情况采用全断面法、台阶法和其他分步施工方法（如 CD 法、CD + 临时仰拱法等），但先行隧道与后行隧道工作面前后应错开一定的距离。施工时要注意如下事项：

（1）先行大洞、中隔墙部分应一并开挖支护和衬砌，中隔墙顶部围岩应根据具体情况加强支护。

（2）中隔墙顶部采用锚杆与围岩连接，给先施工的洞室提供支撑力，保持结构平衡。

（3）后行隧道则应注意不对称受力的影响，要确保先行大洞及中隔墙在时间和空间上的安全性。后开挖的主洞，在开挖靠中隔墙部分的围岩时，可以通过控制爆破，减少对中隔墙的破坏。下台阶开挖时可采取先施工远离中隔墙一侧围岩，增加靠中隔墙一侧围岩爆破临空面。

施工步序	示意图	说明
第1步	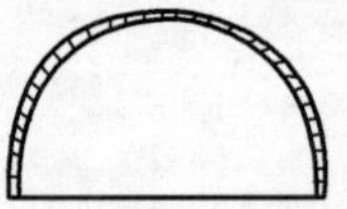	先行隧道上台阶开挖及初期支护，必要时施工长管棚超前支护
第2步	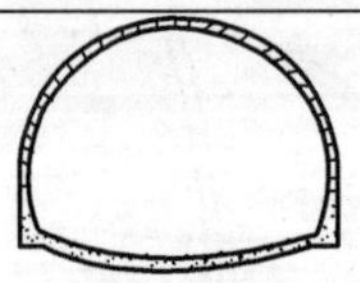	先行隧道下台阶开挖及初期支护及仰拱施工
第3步	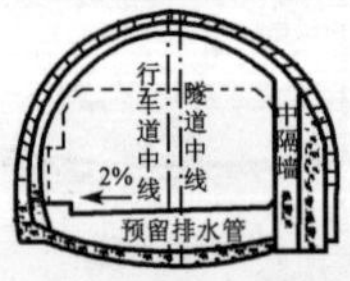	先行隧道二次衬砌，并浇筑混凝土中隔墙，预留排水孔和焊接螺栓，确保后行隧道施工时排水系统和二次衬砌的完整性
第4步	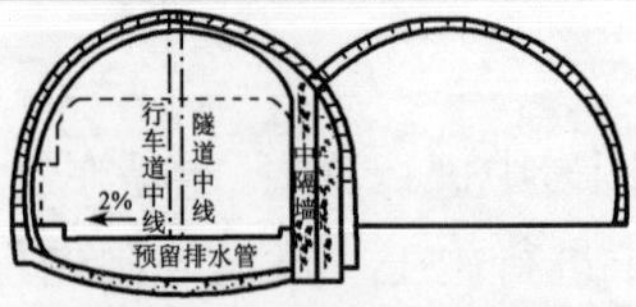	后行隧道上台阶开挖及初期支护，通过焊接与先行隧道相连
第5步	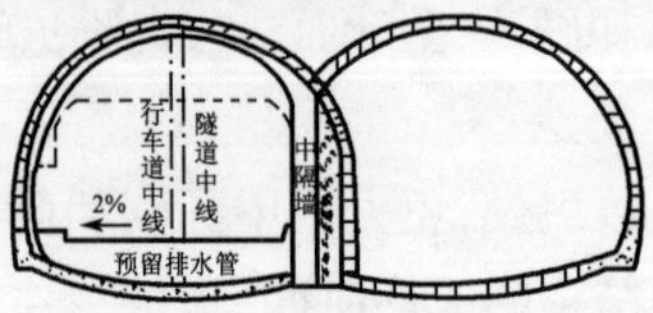	后行隧道下台阶开挖及仰拱施工

图　8-13

施工步序	示　意　图	说　　明
第6步	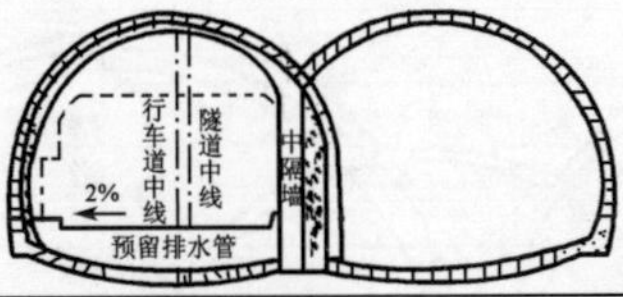	拆除先行隧道预留在后行隧道的初期支护
第7步	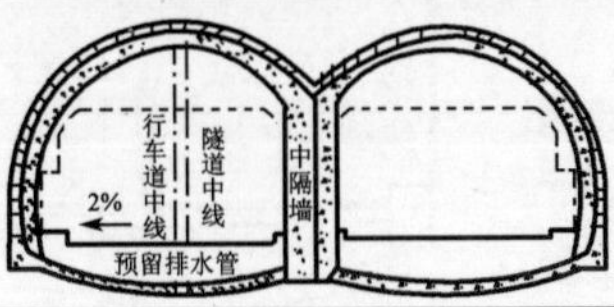	后行隧道全断面二次衬砌，通过预留螺栓与中隔墙连成一体，同时把排水系统与中隔墙的排水孔相连接，完成连拱隧道施工

图 8-13　无导洞法施工步序图

图 8-13 为无导洞法施工方法和典型施工步骤。

8.3　公路双连拱隧道导洞及中隔墙施工技术

对于连拱隧道而言，毫无疑问中隔墙是其最重要的部分，中隔墙施工质量决定双连拱隧道的质量。本节重点对连拱隧道导洞施工（断面尺寸、导洞开挖及超前地质预报意义）、中隔墙施工（施工顺序、中隔墙地基处理与沉降控制、中隔墙滑模施工）等方面进行总结。

8.3.1　导洞施工

导洞开挖的断面形态和尺寸，随导洞在隧道断面内的位置和作用不同而不同。在连拱隧道中较常用的有中导洞和侧导洞两种，有时也用下导洞，甚至还用上导洞。过去设计和施工的中导洞、侧导洞断面面积普遍偏小，不便使用较大型的机械施工，且不利于后续段隧道施工，应适当加大导洞断面，以方便大型机械设备施工，加快施工速度，缩短工期，提高工效，增加经济效益与社会效益。

1）中导洞断面形式、尺寸及位置

中导洞常采用半圆拱顶直墙形式，尺寸大小要根据中隔墙设计尺寸及考虑施作中隔墙的作业空间而定。确定中导洞断面参数时常采用下列原则：

（1）满足模筑混凝土及其模板和预埋件的必要空间要求，中导洞中线宜偏离中隔墙路线 1m 左右，也可不偏离。

（2）满足中导洞出渣与中隔墙混凝土浇筑平行作业所需要的空间。

（3）尽可能保持半圆拱形直墙断面形式。

（4）在保证施工空间的前提下，尽可能减少中隔墙顶部和右侧不必要的开挖空间，以减少回填。如中导洞开挖尺寸可为宽 4.5～6.5m，高 5.2～7.0m，拱部为 $R=2.225\sim3.5$m 的半圆弧。

当中隔墙位于中导洞中线时，圆中心落在中墙的中心线上。另一种情况是中导洞中心线偏离中隔墙 1m 左右，如此设置更有利于中导洞前方工作面甚至非连拱段工程的进行，并有利于减少中隔墙一侧偏压回填的工作量，方便中隔墙浇筑钢筋混凝土时的材料运输和人员进出等，提高施工效率，减少窝工现象。

图 8-14 是双连拱隧道中隔墙偏离导洞中心线断面示意图。

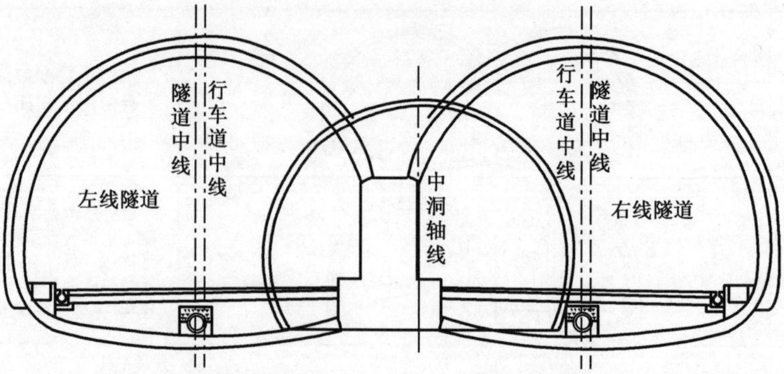

图 8-14　中隔墙偏离导洞中心线上断面示意图

2）侧导洞断面形式、尺寸及位置

侧导洞断面多采用尖桃形，尖端向上，有时也采用半圆拱门形。尺寸大小要根据外侧墙初期支护和二次衬砌厚度及施工作业空间而定。如果是尖桃形，则外侧墙的弧半径和圆中心应与主洞圆半径和圆中心一致，达到主洞二次衬砌内侧面圆顺，并保证隧道断面净空面积。在确定侧导洞断面参数时常采用以下原则：

（1）当二次衬砌采用先墙后拱工艺时，则竖向高度应满足侧边墙模筑混凝土及其模板尺寸和钢筋预留长度的必要空间要求。

（2）横向宽度应满足模筑混凝土及其模板和开挖运输的必要空间。

（3）结构轮廓尽可能圆顺。

图 8-15 为侧导洞断面设计图。

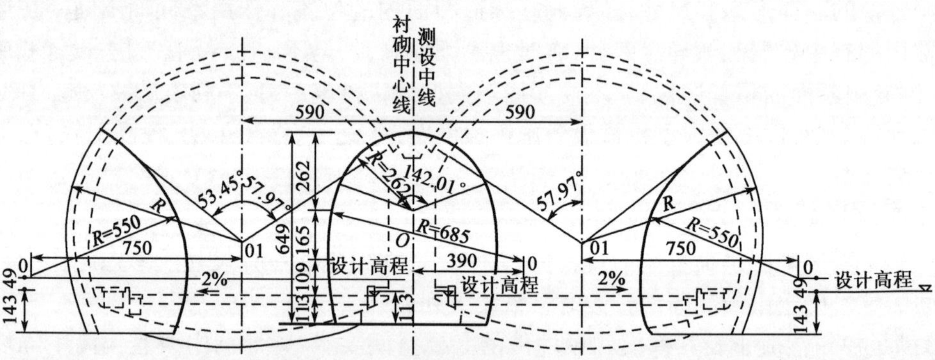

图 8-15　侧导洞断面设计图（尺寸单位：cm）

侧导洞内侧墙属临时支护性质，外侧墙二次衬砌完工后，在主洞开挖至此相应里程时即行拆除。

侧导洞的作用，主要是把主洞大断面的开挖、初期支护、甚至二次衬砌分解成小块进行，并为主洞开挖施工提供更详细的地质预报，保证在软弱围岩条件下安全、顺利完成主洞施工。尤其在围岩条件差时，不仅在侧导洞内对外侧墙初期支护进行地基加固，而且常常还要为外侧墙的二次衬砌地基进行超前预加固。

当围岩条件稍好时，尽可能不在侧导洞内单独浇筑侧墙，进行二次衬砌钢筋混凝土支护。

3）导洞开挖支护

（1）导洞施工方案

导洞由于断面较小,可采用全断面开挖或台阶法开挖。侧导洞与中导洞开挖及支护方案基本相同,本节仅以中导洞为例进行说明。

如果中导洞断面较小,中导洞开挖及中隔墙施工只能按次序施工,不能平行作业;即中导洞开挖完成后才能进行中隔墙混凝土施工,并且只能等中隔墙达到一定强度后才能进行先行主洞施工。

如果导洞断面较大且偏离中隔墙中心线,则可在不影响前方工作面开挖掘进的前提下同时施作中隔墙。待中隔墙施作完毕并达到设计强度后,再施作先行主洞,以加快施工进度,确保作业工序的连续性。

(2)中导洞开挖

在施工中考虑到中导洞顶的回填量及前方工作面的施工运输平行作业,可将中导洞断面适当放大,视围岩情况决定是否采用爆破开挖,若采用爆破开挖,其钻爆设计如下所述。

爆破开挖可采用上下对掏楔形掏槽技术,在断面较窄的情况下能取得较好的爆破效果。其钻爆设计如图8-16所示。其周边眼装药结构示意如图8-17所示。

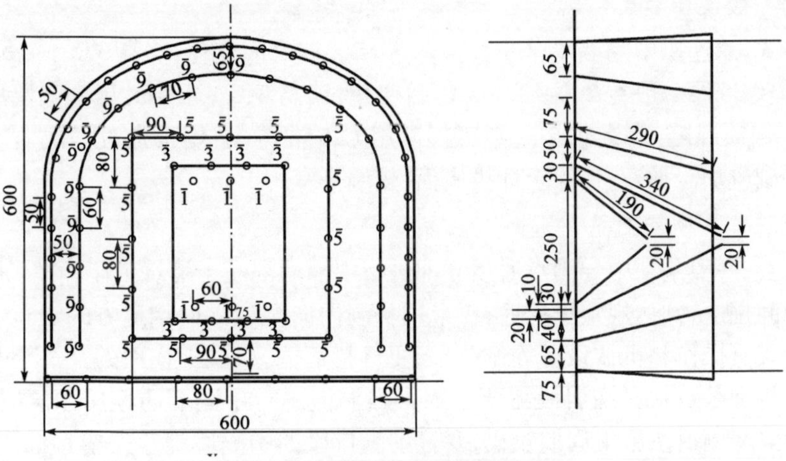

图8-16 中导洞炮眼布置图(尺寸单位:cm)

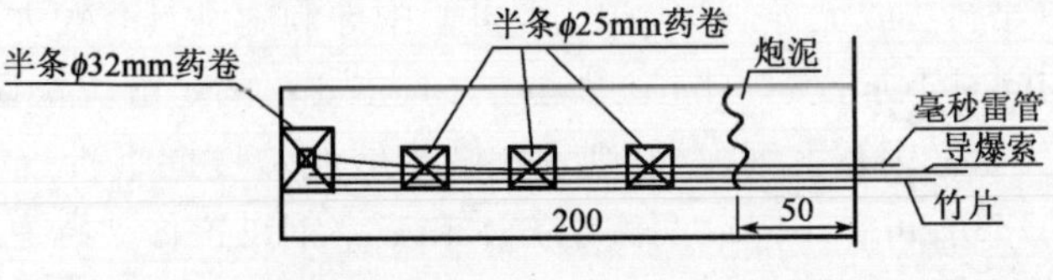

图8-17 周边眼装药结构示意图(尺寸单位:cm)

中导洞开挖过程中应采用光面爆破技术,尽可能保护好中隔墙上部的围岩,防止其发生过度的损伤,并应杜绝由于超挖导致回填片石的现象发生,以避免降低围岩结构的承载能力。

(3)中导洞支护

考虑到承载及围岩强度较弱,双连拱段中导洞初期支护一般架立I16或I18型钢拱架,纵向间距0.6~1m。拱架之间采用ϕ22mm螺纹钢连接,环向间距1.0~1.5m,在路面2m以上拱架间纵环向铺设ϕ6mm钢筋网,喷射混凝土厚10cm(拱架间内凹)。在每榀拱架脚趾位置每侧施作数根2.5~3.5m长锁脚锚杆。

(4)中导洞出渣运输

如果中导洞施工长度较长或前方还有小净距隧道或正洞需要施工,为了提高工效,不窝工,可将中导洞适当放大,中隔墙置于一侧,在较宽的一侧布置一条运输线,在进行中隔墙施工的同时进行前方工作面渣石、材料的运输。

如果中导洞施工长度不长,则可进行单工序作业,采用开挖完成后再进行中隔墙施工,此时可采用装载机直接装渣出洞,也不需要加大中导洞断面。

8.3.2 中隔墙施工

中隔墙完工后在左右主洞施工过程中,受到压拉弯扭、剪应力作用,并承载着隧道拱部的荷载及从两侧传递来的部分荷载。因此,中隔墙施工质量必须引起高度重视。有关文献表明,中隔墙以承载竖向压应力为主,在整个施工阶段由轴心受压逐渐转化为偏心受压,后又恢复为轴心受压。最大弯矩出现在先行隧道完成二次衬砌时,最大轴力出现在隧道施工完工后。故在施工过程中应考虑中隔墙的抗倾覆、抗开裂等问题。

1)中隔墙一般设计参数

对于整体式,双连拱中隔墙墙厚一般在1.5~2.5m之间变化,墙高3.5~4.5m;对于复合式,双连拱中隔墙墙厚一般在2.0~2.5m之间变化,墙高3.5~4.5m;当中隔墙厚度小于2m时可采用C25钢筋混凝土,大于2m,则可仅采用C25混凝土,墙顶加设一层ϕ10mm的钢筋网。中隔墙基础应加深加宽,加深至仰拱底面,较墙身宽约1.0m。

2)中隔墙施工工序及流程

中隔墙施工,一般是在中导洞贯通后立即进行中隔墙混凝土浇筑工作。如果隧道较长,可自进出口向中间掘进,到达规定里程后,再采用从洞内向洞口方向倒退方式进行中隔墙施工,其优点是便于人员操作和机械设备等作业,方便材料运输,减少工作面的交叉干扰,混凝土的浇筑也方便。特别是对软弱围岩段需要运入大量洞渣进行中隔墙防偏压回填时更显其优越性。缺点是中隔墙倒退法施工周期较长,要等到洞口段的中隔墙浇筑完毕且混凝土达到设计强度后,主洞才能开挖进洞,从而导致总工期延长。而前进式施工则刚好相反。

如果采用的增大中导洞法或无导洞法施工,则可使中导洞施工具有较大的施工空间,方便在中隔墙混凝土施工的同时不干扰前方的施工运输。其主要目的是解决快速施工问题。

中隔墙混凝土施工,如采用宽大钢模板,则宜顺隧道线路坡度向下推进施工,以有利于大钢模板的运移。模板的移动,可在中隔墙两侧用方木和工字钢设置移动滑道,其长度不小于钢模板的2倍,以保证模板在滑道上的纵向移动。大钢板的支撑以外支撑为主,内拉为辅,对大钢板进行稳定及加固,确保中隔墙混凝土浇筑时不跑模。

采用组合式钢模板则机动灵活,占用施工空间小,不干扰前方隧道开挖支护。

中隔墙施工工艺流程如图8-18所示。

3)中隔墙施工工艺要点

(1)中隔墙施工缝是受力软弱面,每施工缝处必须凿毛处理,并埋设止水条,预埋的连接筋应严格按规范要求焊接牢固。施工中要严格控制中隔墙顶部高程,才能使主洞二次衬砌圆顺和保证主洞净空面积。

(2)中隔墙混凝土施工可采用桥墩混凝土施工技术,两侧钢模板之间采用 ϕ12mm 拉杆对拉。在正洞侧内路面1.5m以上采用横向支撑,以对模板进行稳定及加固,以防止跑模。同时可在主洞开挖时平衡其侧向受力。连拱隧道中隔墙混凝土模板拼装加固示意图如8-19所示。

(3)中隔墙钢筋混凝土施工,由于基础和墙身两部分的断面形状和尺寸大小不同,从立模板和施工方便考虑,宜先后分两次施工。先从基础做起,然后再做墙身。中隔墙每节钢筋混凝土的长度,取决于中墙钢模板长度和主洞二次衬砌台车长度。每节中隔墙的长度,应与主洞二次衬砌的长度相一致,便于中隔墙与主洞的施工缝里程合拍,及两者止水条带紧紧对接。

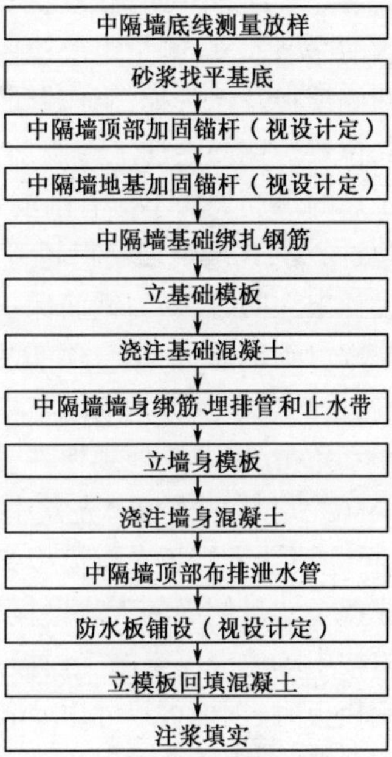

图8-18　中隔墙施工工艺流程

(4)预埋件预埋:底部注浆导管施作及早进行。浇筑混凝土前按交底要求预埋 ϕ50mmPVC 塑料盲管,要十分注意预埋排水管里程和墙顶高度,使其准确无误,预埋排水管要顺畅,在混凝土灌注过程中不能出现错位。中隔墙基础顶面无接茬筋的地方要安放接茬石,接茬石质地坚硬,无风化,表面干净,呈长条状,嵌入上下层混凝土各一半左右,间距20~30cm,接茬石周围混凝土要振捣密实。基础与左右侧正洞仰拱连接处要预埋 ϕ22mm 接茬钢筋(长60cm)。

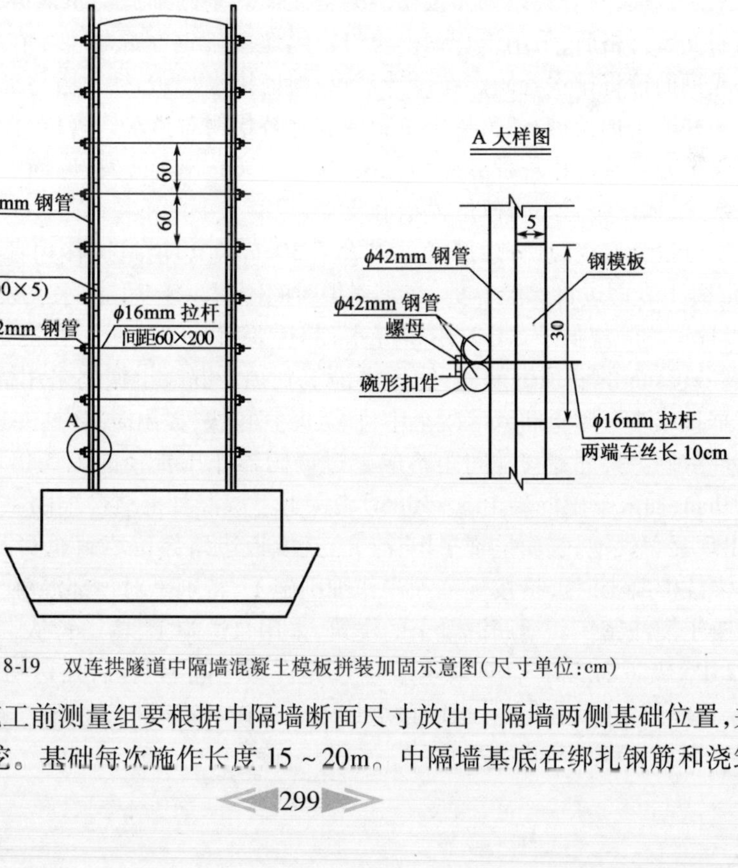

图8-19　双连拱隧道中隔墙混凝土模板拼装加固示意图(尺寸单位:cm)

(5)钢筋绑扎:施工前测量组要根据中隔墙断面尺寸放出中隔墙两侧基础位置,并根据高程,检查基底有无欠挖。基础每次施作长度15~20m。中隔墙基底在绑扎钢筋和浇筑混凝土前要清理干净,不得有虚渣、积水、杂物,不得有欠挖。钢筋保护层厚符合设计要求,为保证水沟内的净空尺寸,测量组放线要精确。墙身混凝土施工时钢筋混凝土地段先制作钢筋骨架,再立两侧模板及挡头板,制作钢筋骨架前,测量组要先在基础上放出墙身立模边线,并用墨线弹出其位置。钢筋在加工弯制前应调直。钢筋表面的油渍、水泥浆、浮皮、铁锈等应清除干净。加工后的钢筋表面不应有削弱钢筋截面的伤痕;当采用冷拉矫直钢筋时,其伸长率Ⅰ级钢筋不得超过2%,Ⅱ级钢筋不得超过1%。钢筋安装时,钢筋位置和保护层厚度不应小于设计要求。当设计未注明时,受力钢筋保护层厚度不应小于30mm。应特别注意在基础部位预埋两侧仰拱二次衬砌钢筋,在墙身顶部两侧预埋左右主洞二次衬砌钢筋,并预留出按设计图要求的足够长度,目的在于预埋钢筋能与主洞二次衬砌的主筋很好焊接。钢筋绑扎到位后,即埋设排水管和止水条带,以及其他预埋件,然后立中隔墙模板。

(6)立模:立模板时先立中隔墙两侧模板,在测量校正模板中线、高程、尺寸及平整度到位后,再立两端木模板。钢模板又分两种,一种是过去常用的小块钢模板,另一种是用大钢板焊接成整个墙身侧面的大块模板,可视情况选用。中隔墙施工模板关模尺寸要准确无误,关模要严格按中隔墙混凝土施工模板加固方案施作。两侧立模要牢固,不得跑模。墙身模板采用组合钢模板时,钢模板尺寸30cm×100cm×50cm,每次施作长6~8m。模板加固采用ϕ16钢筋拉杆配合横撑加固(横撑采用ϕ125钢管或10cm×10cm方木)。拉杆横向间距60cm,纵向间距200cm,立模前模板要清理干净并刷油,模板安装时要挂线施工,做到接缝横平竖直,不允许错缝。模板接缝要严密不漏浆,支撑牢固不变形。墙身混凝土浇筑前基础要清理干净并浇水润湿。

(7)中隔墙混凝土浇筑:分三步浇筑,洞外拌和站拌和混凝土,混凝土运输车运送混凝土,混凝土输送泵入模,附着式振捣器振捣混凝土完成。基础部分浇筑混凝土时要保护好竖向排水管。钢筋安装合格后,采用组合钢模浇筑中隔墙基础钢筋混凝土。在安装钢筋、排水管时,用细铁丝或钢筋箍将排水管固定在设计位置,保证排水管、等径三通与等径接头在浇筑混凝土时不移位。并适当加长排水管,用土工布或其他替代物对排水管管口封闭,以防混凝土堵塞排水管。混凝土必须按操作规程分层均匀振捣密实,防止出现蜂窝、麻面。混凝土浇筑采用混凝土输送泵泵送,输送泵管不得碰触模板和支撑,混凝土下落不得超过2m,否则要接串筒。大体积混凝土要分段分层浇筑,分层厚度不得大于30cm,并边浇筑边移动管。混凝土浇筑完后的12h要对混凝土表面进行保湿养护,浇水养护时间不得少于7d,浇水次数以混凝土处于湿润状态为准;当日平均气温低于5℃时不得浇水;养护要有施工记录。在浇筑到距墙顶还剩10cm高时,安设ϕ10mm的墙顶钢筋网,然后再浇筑到顶。混凝土振捣采用插入式捣固棒,插入式振捣器应垂直或略有倾斜插入混凝土中,插入时宜稍快,提出时略慢,并边提边捣固,以免在混凝土中出现空洞。捣固器移动间距不应超过捣固器作用半径的1.5倍(50cm左右),与侧模保持5~10cm,插入下层混凝土5~10cm,确保上下层混凝土结合牢固。当混凝土表面停止下沉、不再出现显著气泡,表面呈现平坦、泛光,且模板边角部位填满充实混凝土时,表明混凝土已密实。灌注混凝土时严格按规范和操作细则施工,特别是对顶部混凝土必须认真处理,保证拱顶部混凝土灌注密实。钢筋混凝土的浇筑,采用泵送施工,输送管从端头进入模板。混凝土可选用C25P6级防水混凝土(或以上级别),先浇筑中隔墙基础,在达到设计强度后可做施工作业平台,再浇筑中隔墙墙身。当墙顶浇筑施工达设计高程时,中部留成凹形槽以利排水,顶部斜面设置钢板,以便于同主洞初期支护钢板对接。

(8)中隔墙基础顶面立墙身模板的地方要严格控制高程,并收光抹平,便于立墙身模板。当混凝土强度达到2.5MPa后,方可拆模,拆模时注意不损坏混凝土的棱角。混凝土拆模后在主洞衬砌前中隔墙基础左侧采用I18工钢支撑(纵向间距2m/根)后,再用洞渣进行回填压实,回填高度以基础混凝土顶面为准。

(9)洞内围岩有明显的软硬变化处(可能引起衬砌沉降变形),以及图纸要求处,均设置沉降缝。

4)中隔墙顶部回填

在中隔墙防排水板和有关预埋件及两侧斜面初期支护钢板或螺栓设置到位,以及顶部回填的模板支立完成后进行中隔墙顶部回填,并用与中隔墙同标号混凝土浇筑。在实际施工中因中隔墙顶部空间小,回填混凝土量不大,常用与混凝土强度相同的喷混凝土代替。在施工中为了省去拆除回填模板这一工序。在施工中采用水泥石棉瓦作模板。在回填喷混凝土达到强度并在主洞初期支护完成后,才能拆除中导洞的边墙及部分拱部的临时支护。

顶部回填施工工序如下:

混凝土灌筑至顶部后预埋ϕ50PVC管作为墙面渗水通道,将其一半埋于衬砌混凝土中,另一半外露并用塑料布包裹,以防混凝土堵塞通水孔,并用三通与纵横向排水管连通。立顶、肩部专用模板并铺设防水层。混凝土灌注好后(初凝前)在肩部施工缝处埋设遇水膨胀止水条。终凝拆模后撕去上部包裹ϕ50mmPVC管及塑料布,在ϕ50PVC上每10cm设梅花形0.6~0.8cm小孔。试验确定混凝土达到一定强度后,对中隔墙顶部进行回填处理:底部浆砌30cm厚M7.5片石,顶部用C25喷混凝土回填密实。中隔墙模筑时,顶部易脱空,以采取加高中导坑开挖高度20~30cm,保证中隔墙的设计结构尺寸,待两单洞支护完成后压注水泥砂浆,将顶部不密实处充填密实。施工时,可间隔4m在中隔墙顶部加高部位预埋两排ϕ25mm钢管作为注浆孔和排气孔。

5)中隔墙防偏压处理

根据连拱隧道的结构特点,在中墙混凝土施作完成之后,将进行侧导洞(中洞法时无,下同)和正洞的开挖支护。由于左右两洞的不对称施工,以及爆破的震动,分步施工的反复扰动,通过侧导洞和正洞的初期支护将压力传递到中隔墙,易造成中隔墙受力的不平衡。当中隔墙不能抵抗这种单侧推力而发生较大位移时,将会引起中隔墙失稳而开裂,造成严重后果。故必须在先行主洞开挖前进行中隔墙防偏压处理。采取的措施是在中隔墙一侧加撑或进行回填,即在先行隧道中隔墙的相反一侧作回填。理论上只有在左右主洞初期支护同时架设于中隔墙之上,且受力大小相同时,才能达到受力平衡,但在实际施工中,左右主洞施工不可能同步进行,即不可能存在这种理想的中隔墙受力条件,在此情况下只能采用加撑防止中墙偏移的措施。

随条件不同,中隔墙加撑防偏压方式不同,常用的有以下6种:

(1)圆木支撑方式。它是最简易最常用的方式,是用直径大于20cm圆木,以两排横撑于中隔墙中偏上部,上下排距为100cm左右,上排高度离中隔墙顶部水槽底面1.5m,纵向间距为2~3m。为保护中隔墙表面不受损害,常在中隔墙一侧先垫一块木板,如图8-20所示。采用此方式的条件是具有支撑能力的IV、III级围岩。

(2)工字钢支撑方式。用一排工字钢代替圆木,其余同第一种方式。

(3)回填C10混凝土。适用于V级软弱围岩条件,即先在加固的墙身一侧垫一层土工布,防止损坏中隔墙墙面。然后回填土,并夯实,直至达到中隔墙顶部下3m的高度。在回填土层顶面再回填厚 80 ~ 150cm 的 C10 混凝土,以防止土层向上拱起。回填混凝土顶面高度,应达到距中隔墙顶部水槽底面 1.5m,如图 8-21 所示。

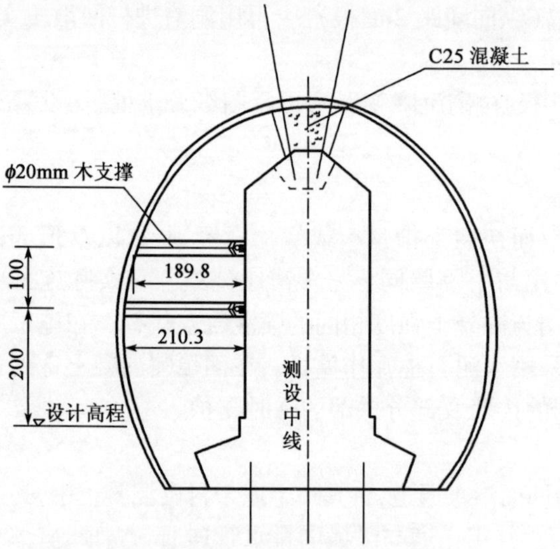

图 8-20　中墙用圆木支撑防偏压(尺寸单位:cm)

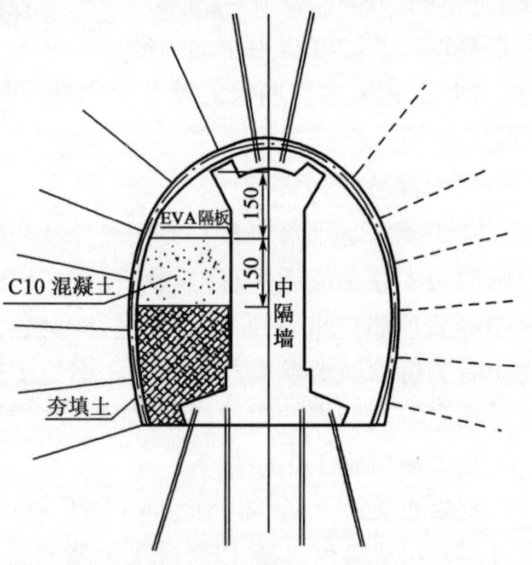

图 8-21　中隔墙侧用回填法防偏压(尺寸单位:cm)

(4)回填密实碎石方式。在受偏压一侧或两侧回填碎石,并密实防偏压。

(5)浆砌片石回填方式。在受偏压一侧回填浆砌片石,适用于 V 级围岩。

(6)工字钢架上回填 C15 混凝土方式。由于中导洞在中隔墙施工后两侧空间狭小,不能用汽车运土或碎石回填,而人工操作困难,进度很慢,影响工期,可用型钢制作直角三角形钢支撑架,尖头一端焊接在中导洞临时支护的钢架上,另两端点用型钢连接,并紧贴靠在中隔墙墙身,底部焊接一块平底小钢板,防止损坏中隔墙基础。在钢架支撑上垫厚木板,然后用泵送浇筑 80 ~ 150cm 厚 C15 混凝土。

无论采用何种防偏压措施,其拆除的时间宜在后行隧道开挖超过相应里程之后进行。

6)中隔墙地基处理与沉降控制

中导洞贯通后,中隔墙施工前首先要对中隔墙的中线进行复测,然后清理中导洞基底的残渣积水。如果墙体地基不够坚固,为了防止中隔墙下沉,要在基底清理好以后施设基础锚杆,具体参数视具体地质情况决定。为了有利于中隔墙基础与基底能连成整体,宜用高标号的砂浆找平基底,然后再铺设一层混凝土。在中隔墙混凝土施工前,对中隔墙基底承载力及基底是否存在溶隙和溶洞进行检查,对于基底承载力不足的地段采用扩大基础,基底增设锚杆或树根桩等进行加强,对存在溶隙和溶洞的地段采用回填或设梁,以确保中隔墙施工而引起的受力转换不会因基底承载力不足而沉降,从而导致支护失稳。

8.4　公路双连拱隧道结构防排水及渗漏水治理

8.4.1　隧道防排水

连拱隧道防排水,是隧道设计和施工中的重点及难点之一,也是造成连整体式中隔墙连拱隧道突出的质量通病根源所在。

连拱隧道防排水,涉及有地表及洞内纵向、环向和垂向三维防水、排水,有洞内隐蔽管道、暗沟和洞外明沟的防水排水,因而是立体空间防排水系统工程。连拱隧道的防排水与普通隧道的不同之处,在于它的重点与难点集中在中隔墙防排水问题上。

鉴于目前在已通车和修建中的整体式中隔墙双连拱隧道发生的病害数量及其严重性,国内大量学者对病害产生的原因进行了分析并提出相应的防治措施。事实上,连拱隧道的防排水与连拱隧道特点密切相关。隧道浅埋意味着地表水容易下渗到隧道周边的围岩内,中隔墙顶部的复杂结构构造使该部位的防排水系统难以较好地布设;施工工艺复杂使连拱隧道的防排水工程施工质量不易得到保障。中隔墙顶部回填由于其施工质量较难控制,施工缝、变形缝不易处理,容易出现裂缝、渗水等情况。现有的国内外连拱隧道资料表明,连拱隧道裂缝、渗水80%以上都出现在中隔墙部位。

1)隧道防排水原则

隧道的防排水应遵循"防、排、截、堵结合,因地制宜,综合治理"的原则,牢固树立"有水必治、无水要防、用水必管、积水必排"的思想,保证隧道结构和营运设备的正确使用和行车安全。

防——要求隧道衬砌、防水层具有防水能力,防止地下水透过防水层、衬砌结构渗入洞内。众所周知,地下水的渗入,不仅降低岩石结构面的强度,导致围岩强度降低,而且岩体遇水膨胀和软化,造成初期支护非常困难。因此,隧道防水是首要的,要做到以防为主。

排——隧道应有畅通的排水设施,将二次衬砌背后、路面结构层下的积水,以及隧道内的污水,尽快地引入中央排水管或路侧边沟,把水排至洞外,不积留在隧道内,保持隧道干燥无水。

截——对易于渗漏到隧道的地表水,应采用设置截、排水沟,清除积水,填筑积水坑,封闭渗漏点等措施。

堵——针对围岩有渗漏水地段,采用注浆、喷涂、堵水墙等方法,将地下水堵在围岩内,而不侵入隧道。

隧道防排水分为防水型和排水型两类,两者区别在于前者承受水压的作用,后者不承受水压作用。我国目前的连拱隧道大都为浅埋及位于潜水面以上的山岭隧道,故多属排水型隧道。而对于位于潜水面之下的隧道则需要进行防水,否则对地面生态和建筑将造成重大影响,或者地下水位特别高,以及当隧道围岩含较多黄铁矿等导致地下水对钢筋混凝土腐蚀较严重时,就应属防水型隧道。因此,确定隧道是属排水型还是防水型,是进行隧道防排水设计和施工的首要条件。

2)隧道防排水要求

隧道的防排水应满足下列要求:拱墙、路面、设备箱洞无渗水;洞内和人行横洞拱部不滴水;洞内设置的纵向排水系统应能保证地下水、营运清洗污水、消防污水排水畅通,防止洞内积水。

总之,隧道防排水要做到防水可靠,排水畅通,运营期间洞内无渗漏,路面基本干燥。

(1)洞外防排水

洞外防排水是根据地形条件,在洞口边仰坡开挖界线外5m,设置与地形相适应的截排水沟,将边仰坡水沿截排水沟引出隧区,进入天然排水沟谷,减少地表水渗入基岩的裂隙水的补给和保证地表水不流入洞口。洞外水不应流入隧道,避免将洞外泥沙和杂物带入洞内,堵塞洞内排水系统。排水沟常采用方形断面,尺寸为50cm × 50cm,也可采用矩形或梯形断面。截排水沟迎水一侧沟壁不得高于坡面。在隧道地表有洼坑、沟谷、渗水对隧道有影响时，应采用疏导、铺砌和填平等处治措施。对废弃坑穴、钻孔进行封填。隧道附近有水库、溪流、沼池和地下水，并影响隧道施工和营运时，应采取防治和处理措施。由此可见，连拱隧道洞外防排水与分离式隧道无实质性区别，只是防排水的面积范围大些。

(2)洞身防排水

洞身防排水比较复杂，工序较多，包括洞内超前支护对围岩进行注浆加固，并充填基岩裂隙，在某些程度上起到堵水作用。如果在初期支护后见有渗漏水较集中处，应安设半圆形弹簧导水管，把水引至二次衬砌外侧墙底脚外侧和中隔墙纵向导水管上。纵向导水管采用直径10cm的带孔双壁波纹管引排水。在初期支护与二次衬砌之间，纵向上每隔10m设置一条环向透水软管或MF7塑料盲管，两端用三通与中隔墙及边墙的纵向导水管相连接，并用直径为5cm的导水管将纵向导水管内的水引入隧道排水边沟。另外在全隧道二次衬砌外侧面铺设一层300g/m^{2}的无纺土工布和厚度不小于1.5mm的防水板组合的防水层(图8-22)。

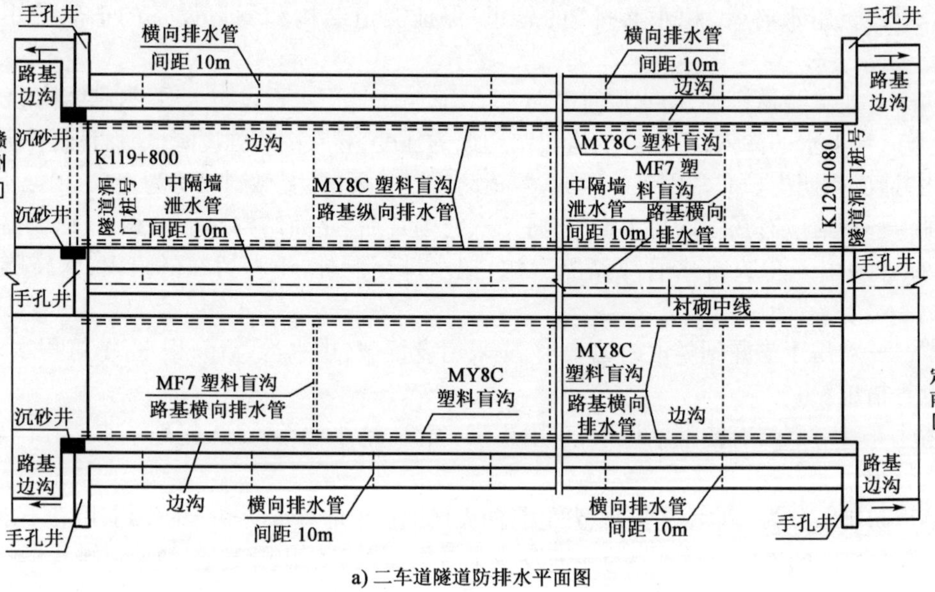

a) 二车道隧道防排水平面图

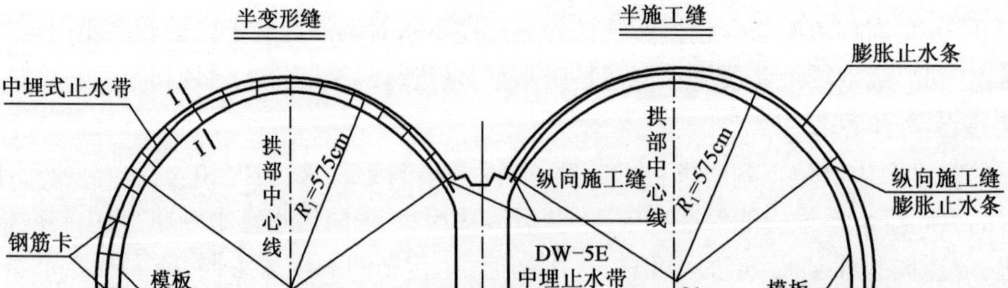

b) 变形缝施工缝防排水断面图

图8-22 连拱隧道洞身防排水示意图

对二次衬砌的混凝土防水等级采用 P6 ~ P8,施工缝和沉降缝处理与明洞相同。隧道路面两侧的排水沟,贯穿全隧道纵向全长,暗洞的排水设置与明洞相同。

隧道两侧应设纵向排水沟,引排营运清洗水、消防水和其他废水。隧道纵向排水沟坡率应与隧道纵坡一致,隧道侧边沟可设置开口式明沟或暗沟,当边沟为暗沟时应设沉砂池,其间距为 25 ~ 30m。检修道或人行道的道面,宜设 0.5% ~ 1.5% 的横坡,以利道面清洁排水。或在墙脚侧设纵向凹槽排水沟。

8.4.2 连拱隧道中隔墙防排水

1)连拱隧道中隔墙墙顶防排水总体原则

连拱隧道中隔墙墙顶防排水总体原则如下:

(1)对于浅埋及位于潜水面以上、渗漏水量不大的山岭隧道,连拱隧道中隔墙墙顶防水的总体原则是"以排为主、以防助排"。

(2)对于位于潜水面之下,排水对地面生态和建筑将造成重大影响,或者地下水位特别高、渗漏水量较多的双连拱隧道,连拱隧道中隔墙墙顶防水的总体原则是"以防为主、以排为辅,刚柔结合、多道防线、综合治理"。

2)双连拱中隔墙墙顶防排水施工

(1)"以排为主、以防助排"施工方案

根据双连拱隧道结构特点,一般中隔墙墙顶结构防排水施工方案有以下 3 种。

①第一方案。第一可选方案为较常见的中隔墙墙顶铺设防水板施工方案,中隔墙墙顶设防水板的排水系统布置如图 8-23 所示。

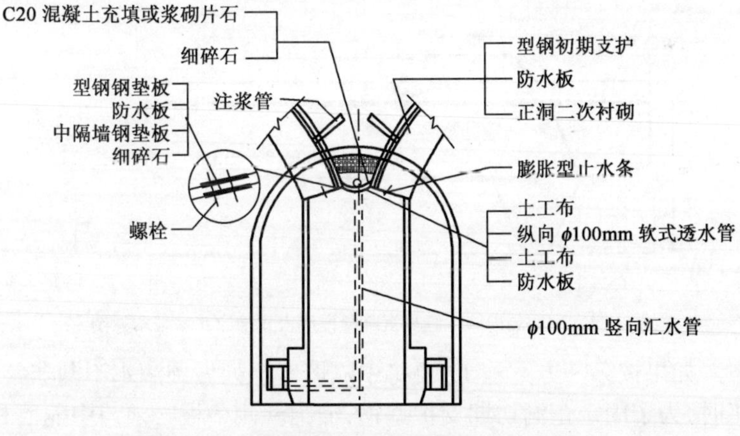

图 8-23 中隔墙墙顶设防水板防排水系统布设图

该方案所采取的施工防排水技术措施主要为以下几个方面:

a. 中隔墙混凝土宜采用 P6 级抗渗混凝土。

b. 隧道两次支护间铺封闭的复合防水板,将地下水拒之于初期支护表面。

c. 由于地下水大部分汇集于中隔墙墙顶的 V 形汇水区,因此 V 形汇水区处理是关键。但从目前情况来看,一般是在中隔墙墙顶设置纵向盲沟,盲沟应低于中隔墙墙顶的纵向施工缝,并与竖向引水管相连,再将水排往洞内侧边水沟中。但在实际工程中隔墙墙顶的盲沟大多与纵向施工缝平齐,甚至高于纵向施工缝,这是国内双连拱隧道中隔墙普遍渗水的主要原因。

d. 正洞初期支护施工时,其初期支护型钢拱架要与中隔墙墙混凝土闭合成环,中隔墙墙顶防水板势必将被型钢穿破。为减少漏水隐患,在中隔墙混凝土浇筑施工时,宜于中隔墙墙顶与两侧正洞初期支护型钢对接的部分分别预埋钢垫板,使得 PVC 复合防水层从预埋钢垫板和正洞型钢拱架垫板间穿过,防水板只在螺栓处被穿破,并且在穿破处用细石混凝土掺水玻璃和抗渗剂封堵,变不封闭的防水板为封闭的防水板。

e. 主洞初期支护完成后,在墙顶初期支护后打 ϕ42mm 注浆导管 $L=4$m,竖向三排, 梅花形布置,以加固中隔墙墙顶松散围岩。

f. 正洞拱部初期支护施工时,技术流程为在中隔墙墙顶设置土工布→直径 100mm 纵向软式透水管→防水板→土工布组成的 PVC 复合防水层。同时在透水软管上部施作 30cm 厚的土工布碎石盲沟,其余空间用片石或 C20 混凝土回填。软式透水管与中隔墙混凝土中直径 100mmPC 竖向排水管相连(每隔 10 ~15m 预埋一根),再通过墙脚横向排水管汇入边沟内排走。

g. 由于受开挖方案的限制,双连拱段中隔墙墙顶与正洞拱部衬砌之间,形成两条纵向施工缝,施工时采取沿纵向施工缝埋设遇水膨胀止水条的方法进行处理。施工步骤如下:在中隔墙混凝土浇筑完后 1h 左右,用 2cm ×3cm 木条沿中隔墙顶部压槽,木条要刨光并可在槽内移动,保证压成的槽侧壁平顺,止水条吸水膨胀后能与混凝土密贴,起到止水作用。

h. 环向施工缝和沉降缝设埋入式橡胶止水带。台车就位后在安装挡头板前要先安装止水带:用 ϕ8mm 钢筋做成如图 8-24 所示的钢筋卡,沿台车环向每 1m 布置一道,一端顶至岩面,另一端顶至台车内表面,间距不能过大,过大容易造成止水带偏位,再放入止水带,并夹在钢筋卡之间,由于止水带质量大,安装时先将止水带铺在台车内侧表面,钢筋卡从拱脚开始向中间安装。止水带要按设计长度留 10cm 富余量。

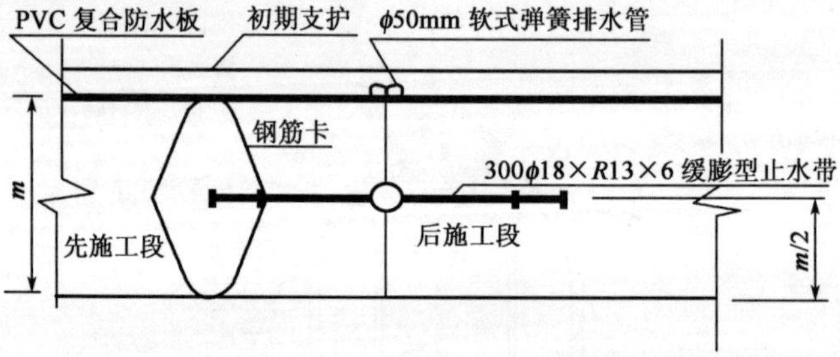

图 8-24 主洞环向施工缝或沉降缝设埋入式橡胶止水带示意图

②第二方案。如果按第一方案施工,要将中隔墙墙顶处做到滴水不漏非常困难,因为在正洞初期支护施工时,为了固定正洞初期支护型钢,型钢一侧垫板必须与中隔墙相连,这样一来,每隔 50cm 或 80cm 将有 4 ×2 =8 个(两主洞型钢垫板)ϕ22mm 的螺栓穿过防水板。同时,沿中隔墙墙顶铺设幅宽仅 2.5m 的防水板,要在穿过螺栓后再压型钢垫板,拧紧螺栓,其工艺复杂,特别是中隔墙墙顶空间狭小,施工操作极其困难,从而使防水板与螺栓连接处的防水质量难以保证,某连拱隧道中隔墙墙顶防排水按第一方案施工后,在地下水的作用下,突出表现在中隔墙两侧拱脚部位、中隔墙裂纹、施工缝等处渗漏水,渗漏水呈点状、线状沿中隔墙两侧流淌。

鉴于此,可在连拱段中隔墙墙顶不设防水板,而是加强排水功能,以排为主,以防助排,即第二方案。

与第一方案相比，仅仅是取消了中隔墙墙顶的防水板，代替的是在拱部与中隔墙接缝处设直径50mm透水软管，用土工布包裹，半边嵌入中隔墙，半边嵌入拱部二次衬砌，再用ϕ50mm引水管引至中隔墙墙身预埋的塑料管，以排为主。另外，在二次衬砌完工后，局部渗水处可从拱脚凿纵槽，埋入ϕ50mm透水软管，并用抗渗混凝土抹平，透水软管的流水用半边ϕ50mm钢管由中隔墙墙身凿槽引至排水沟。

中隔墙墙顶不设防水板，以排为主的第二防排水系统布置如图8-25所示。

③第三方案。由于不能保证在墙中埋设排水管的质量，对于浅埋或及位于潜水面以上、渗漏水量不大的连拱隧道，可对第二方案进一步简化，即取消墙中排水管的设置，将沿纵向排泄水管设为两排并分布于两洞初期支护拱脚下。第三方案防排水施工体系如图8-26所示。

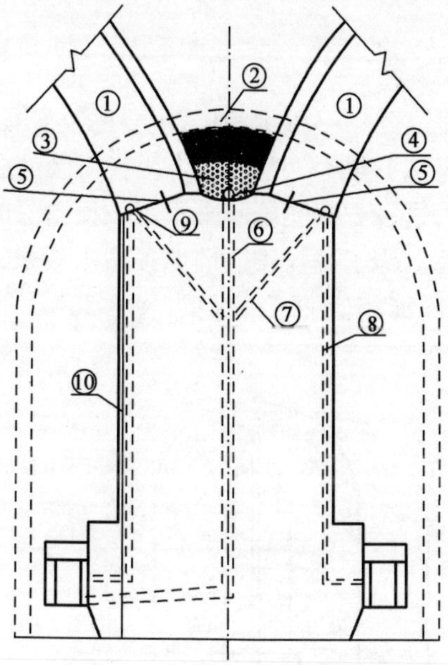

图8-25 中隔墙墙顶不设防水板的第二防排水系统布置
①-拱部二次衬砌；②-浆砌片石或C20混凝土；③-土工布碎石盲沟；④-ϕ100mm纵向排水管；⑤-止水带；⑥-ϕ100mm引水管；⑦-ϕ50mm引水管；⑧-半ϕ50mm×4mm钢管；⑨-ϕ50mm透水软管；⑩-中隔墙衬砌钢筋(ϕ22mm)

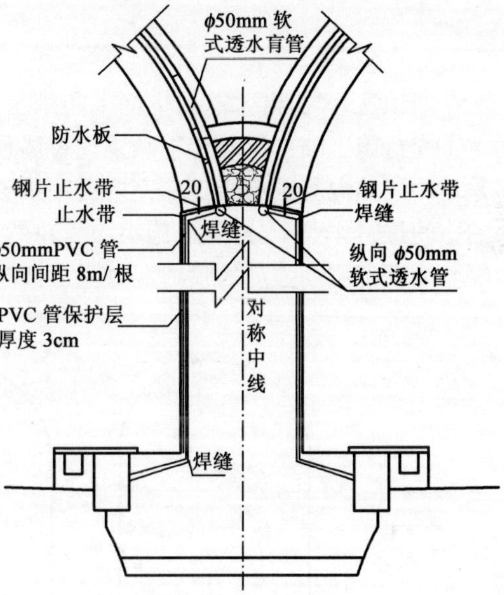

图8-26 墙顶不设防水板改型防排水体系
(尺寸单位:cm)

因第三方案经济适用，施工工艺水平能够达到要求，故在双连拱隧道施工中采用的第三方案较为可行且常见，即加强型的"以排为主、以防助排"排水体系。

(2)"以防为主、以排为辅"施工方案

对于位于潜水面之下、排水对地面生态和建筑将造成重大影响，或者地下水位特别高、渗漏水量较多的双连拱隧道，则需要采用"以防为主、以排为辅"的施工方案。

在第一方案的基础上，代替浆砌片石在中隔墙墙顶喷射混凝土形成与原三角区断面相似的下凸纵梁，同时在中隔墙墙顶铺设防水板防水、在主洞初期支护后预埋注浆管，采取注浆堵水等措施。并在施工中充分考虑工序衔接和操作细节，达到合理有效、切实可行的目的。以防为主的中隔墙墙顶防排水系统设计如图 8-27 所示。

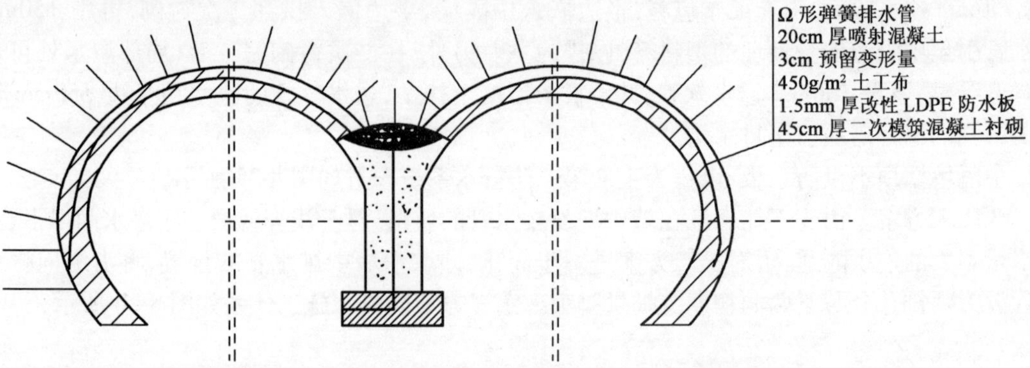

图 8-27　以防为主的中隔墙墙顶防排水系统设计简图

在墙顶这一局部区域,自上而下防排水是先防后排。与第一方案相比,主要的改变有:

①先行施工喷射混凝土下凸梁代替墙顶回填片石。目前直立中隔墙墙顶三角区的施工,多是在中隔墙混凝土已经浇筑完毕后用浆砌片石回填,这种方法实施起来很不方便,在如此狭小的空间进行作业十分困难,施工质量自然也不易保障。为了确保中隔墙墙顶防水效果,可在中隔墙墙顶部用高强度的喷射混凝土形成与原三角区断面相似的下凸纵梁(图 8-28)。

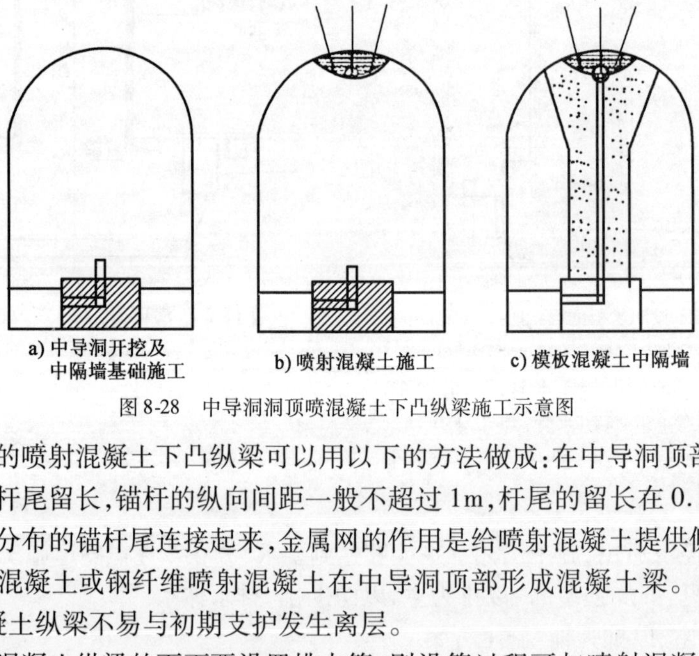

图 8-28　中导洞洞顶喷混凝土下凸纵梁施工示意图

中导洞顶部的喷射混凝土下凸纵梁可以用以下的方法做成:在中导洞顶部支护过程中,在拱顶正中央将锚杆尾留长,锚杆的纵向间距一般不超过 1m,杆尾的留长在 0.5m 左右;用金属网将沿隧道纵向分布的锚杆尾连接起来,金属网的作用是给喷射混凝土提供侧向喷射的条件;用 C20 以上喷射混凝土或钢纤维喷射混凝土在中导洞顶部形成混凝土梁。由于有锚杆的悬吊作用,喷射混凝土纵梁不易与初期支护发生离层。

如果在喷射混凝土纵梁的下面要设置排水管,则设管过程可与喷射混凝土的施工同步进行。因为施工条件较好,所以容易保证排水管路的安装质量。如果在喷射混凝土纵梁的下面要铺设防水层,为了防止防水层在隧道建成后因地层压力而受到损伤,可在防水层铺设前用砂浆给喷射混凝土梁罩面。

②加厚喷射混凝土下凸纵梁的防水垫层厚度。为了加强该部位的防水,应加厚防水层垫层的厚度。可行的做法是先用一层土工布将喷射混凝土梁覆盖,然后再用复合式防水层做常

规防水，这样，在中隔墙墙顶局部防水层即由两层土工布和一层防水板构成。

局部采用两层土工布有3个作用：一是重点保护中隔墙墙顶部的防水板。如果防水板一直能完好地服务，即使隧道运营期间中隔墙出现裂缝，隧道中隔墙也不会出现严重渗漏。二是增加中隔墙墙顶局部防水板内侧的透水性。三是减少爆破震动对隧道衬砌结构的影响。先行洞的衬砌完成后，后行洞还要用爆破的方法开挖，在初期支护与二次衬砌之间增加缓冲介质，可以降低衬砌爆破震动。

8.4.3　公路连拱隧道中隔墙渗漏水治理

连拱隧道由于跨度大，埋深浅，结构复杂，工序多，围岩开挖爆破扰动破坏次数多，所以常见的病害种类及病害发生率，远比分离式隧道多。常见的病害种类有传统的整体式中隔墙渗漏水。

在整体式中隔墙连拱隧道中，由于中隔墙顶部排水管易被堵死、戳破和防水板连接质量难以得到保障，以及中隔墙墙顶部容易造成大量积水形成高压水，再加上中隔墙顶部与二次衬砌连接处施工缝等薄弱环节的存在，往往容易导致中隔墙墙顶部与二次衬砌连接部位发生大面积渗漏水现象。

中隔墙渗漏水主要表现为：隧道中隔墙墙顶水平施工缝和竖向沉降缝渗漏水，中隔墙墙面片渗和点渗。同单洞隧道边墙、拱部一体衬砌相比，双连拱隧道中隔墙与隧道拱部结合处的防排水是隧道设计、施工的一个薄弱环节，也是隧道防排水系统容易失效，造成隧道渗漏水的主要部位。

1）整体式中隔墙墙顶渗漏水主要原因

整体式中隔墙墙顶渗漏水主要原因如下：

（1）止水带处渗漏水

为保险起见，连拱隧道的变形缝通常设有多道防线，使用较多的是中埋式止水带，防水板等，但变形缝处渗漏几率仍然很高，主要是因为中埋式止水带存在搭接问题。另外，止水带破损、位置设置不正确，以及止水带周围混凝土未能振捣密实，尤其是在拱部止水带的下侧会疏松和积聚相当多的气泡以致形成水的通路，这些都是造成变形缝渗漏的重要因素。施工缝处渗漏原因与变形缝类似。

（2）衬砌混凝土结构自防水失效

衬砌混凝土结构自防水是连拱隧道防渗漏的第二道防线，也是最后一道防线。防水混凝土根据其配制方法的不同，可分为三类，即普通防水混凝土、外加剂防水混凝土和膨胀水泥防水混凝土，目前隧道上应用较多的是后两类。尽管采用了种种方法和措施配制了防水混凝土，但是最终混凝土结构还是出现了渗漏，究其原因主要有以下几个方面：

①对混凝土结构自防水的认识有些片面。在工程实际中，往往只侧重于混凝土的抗渗等级，认为混凝土的抗渗等级越高结构越能自防水，而忽视了施工与养护的重要性。其实，结构自防水并非单纯提高混凝土的抗渗等级就能做到。

②混凝土施工过程中存在一定的缺陷。混凝土在硬化过程中多余水分蒸发，形成透水的开放性毛细管路，尤其是混凝土拌和物在沉降泌水过程中，析出的水分部分被挤向上面，部分聚集在集料颗粒的下面，导致衬砌混凝土存在泌水管路。防水混凝土必须认真施工，才能防

水,那种在混凝土中加泥夹砂,振捣不够,漏振、走模、漏浆等因素都有可能导致防水混凝土的抗渗强度达不到要求。

③衬砌混凝土结构出现裂缝。公路隧道衬砌混凝土的裂缝一般表现为拱部、墙部的环向裂缝及纵向裂缝。如拱顶衬砌不密实,当围岩压力过大时,导致拱腰部位衬砌出现纵向拉裂,拱顶衬砌压碎掉块;混凝土水灰比过高,养护不当,使混凝土中的水泥在硬化过程中体积收缩引起干缩裂缝;施工中较大的温差导致混凝土的收缩裂缝等。如果衬砌结构一旦出现贯穿裂缝,那么抗渗等级再高的混凝土也做不到自防水,所以从某种意义上抗裂比抗渗更重要。

总之,二次衬砌后,隧道渗水的主要部位集中在中隔墙墙顶的纵向缝。

(3)施工原因导致墙顶渗漏水

连拱隧道施工采用先开挖中导洞,施作中隔墙,再分部开挖左、右洞的施工顺序,这种工序必然造成中隔墙与拱圈衬砌之间形成纵向施工缝,使外贴防水板在此处断开,而成为整个防水体系的薄弱环节。同时,连拱隧道的施工特征是先开挖中导洞,再进行两侧隧道施工,由于中导洞施工过程中开挖面不规则,导致岩体破碎,在隧道中常见小规模的超挖现象。同时,中导洞空间狭窄,中隔墙墙顶部混凝土回填困难,无法振捣密实,很容易成为渗水通道。中隔墙处存在纵向施工缝,其上部覆盖层具有汇聚大气降水的条件。

(4)其他原因

影响中隔墙防水效果的因素还有以下几个方面:

①中隔墙墙顶部凹槽的深度以及槽底纵向平顺度;

②墙顶纵向透水盲管的透水功能;

③墙顶防水板对来水的封闭性和导引功能;

④中隔墙内预埋竖向排水管必须畅通;

⑤拱架与墙顶连接处防水板的防漏水处理;

⑥拱部透水管与墙顶纵向透水盲管的连接;

⑦墙顶拱部回填圬工的选择。

因此,中隔墙处成为连拱隧道二次衬砌防水的薄弱部位,是整个防水体系的关键。

2)连拱隧道中隔墙渗漏水治理

通常隧道病害的治理,首先是进行详细的现场调查,认真科学地分析病害产生的原因,针对病害的不同程度和具体情况,因地制宜,提出分类治理病害的措施原则、方案对比、采用工艺方法及材质等,最后是治理效果及其评价。

同样,中隔墙渗漏水治理也遵循中隔墙墙顶施工防排水原则,即对于浅埋及位于潜水面以上、渗漏水量不大的山岭隧道,应“以排为主、以防助排”;对于位于潜水面之下、排水对地面生态和建筑将造成重大影响,或者地下水位特别高、渗漏水量较多的双连拱隧道,应“以防为主、以排为辅”。

(1)“以排为主、以防助排”渗漏水治理

中隔墙墙顶排水治理措施较为简单,主要有:

①钻集水孔排水:沿中隔墙顶部纵向施工缝钻径向孔,孔径直径30~50mm,孔深以穿过支护并深入到中隔墙上部回填混凝土内一定长度为准,孔距3~5m,左右洞交错布设。

在渗水量大处可适当加密，这样使大部分滞水从集水孔排出。集水孔位置布设如图 8-29 所示。

②凿纵向盲沟：沿中隔墙墙顶纵向施工缝凿出小槽（图 8-30），槽体应清理干净，并用一半圆形塑料管（ϕ50mm），扣住施工缝，再用铁丝把塑料半圆管固定，然后分层抹压防水砂浆，把槽体填平。盲沟槽体应包住各集水孔尾部，汇聚钻孔流水及纵向施工缝的渗水，然后再经竖向盲沟排到洞内水沟。

③凿竖向盲沟：在竖向施工缝和有裂缝处，每隔 10m 凿竖向小槽，槽宽 40mm、深 30mm（图 8-31），槽体应清洗干净，并在口部扣上一镀锌铁板，形成竖向盲沟，然后分层抹压防水砂浆把槽体填平。墙体竖向盲沟应与墙顶纵向盲沟顺接，并把中隔墙渗漏水引至洞内排水沟，排出洞外。

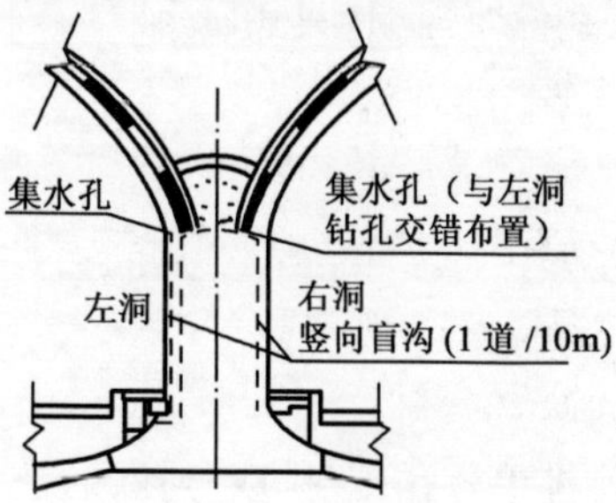

图 8-29 集水孔位置布设

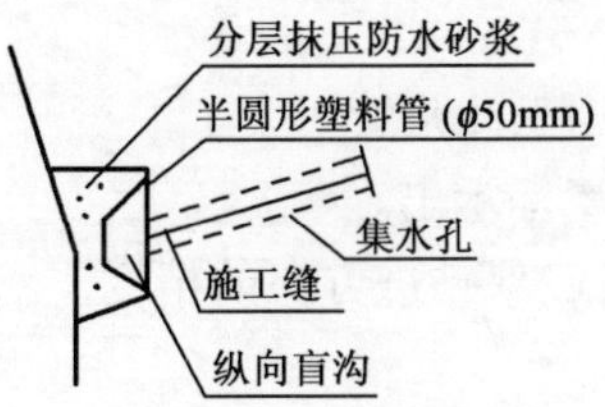

图 8-30 纵向盲沟垂直断面图

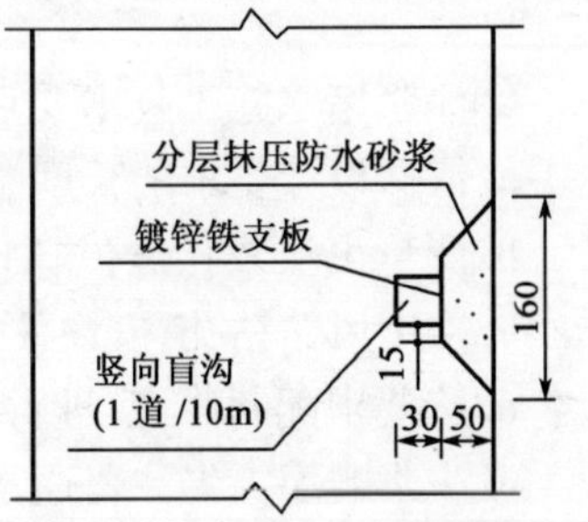

图 8-31 竖向盲沟水平断面结构（尺寸单位：mm）

④注浆堵水：对于水量较大的地点，可沿纵向施工缝钻孔，钻孔参数与集水孔相同，只是钻孔间距改为 1.5m，水量大时可适当加密。然后注水灰比为 1:1 的微膨胀水泥浆，注浆顺序为由进口端向洞内，反复进行，直至把水堵住为止。

（2）“以堵为主、以排为辅”渗漏水治理

①治理技术方案。治理的具体方案：先注浆堵截，后完善排水系统，注浆堵截是关键。注浆堵截，是在大面积渗漏水区段前后各 5m 范围的中隔墙上方 V 形区，当有大空洞时先泵送混凝土充填，然后进行注浆处理。松散区进行充填和压密注浆，以提高抗渗指标，堵截地下水相汇通道，使地下水不再向 V 形区内渗透，改变地下水的渗流方向，使其向左右两边墙隧道区外排泄。

浆液采用普通水泥浆和超细水泥浆，水灰比为（0.6～1.5）：1，加入专用添加剂，其量为水泥用量的 3%～10%，视需求而定，目的是防止离析和微膨胀，抗收缩和调节浆液凝胶时间等。注浆终压为 0.6～1.2MPa，注浆压力达到设计终压，稳定 2min 以上即可结束该孔注浆。

在大面积渗漏水区段，注浆堵截完成后，如仍有少量渗漏水时，则进行引排水。即沿中隔墙两侧顶部凿纵向槽，每隔 30m 设置洞穿初期支护的泄水孔，使中隔墙上方少量水流入纵向排水系统。同时，沿中隔墙墙角用砖砌水沟，并在边墙上凿竖向槽，在槽内埋设排水管，将剩余水引至排水沟，排出洞外。注浆管采用 ϕ42mm 钢管，长为 1～5m，注浆孔采用梅花形布设，纵向、横向间距均为 1.2m。管壁梅形钻直径 6mm 的注浆孔，管尾 50cm 长度不钻孔。根据现场实际情况，先进行普通水泥注浆充填，然后再用超细水泥进行压密注浆。注浆孔位布置如图 8-32、图 8-33 所示。

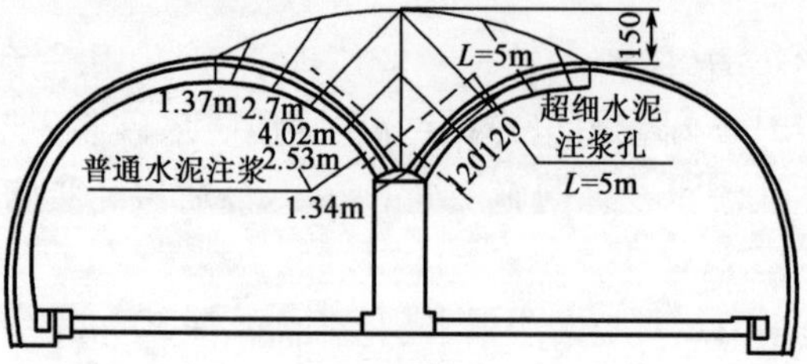

图 8-32　中隔墙墙顶部注浆堵水断面示意图

（尺寸单位：cm）

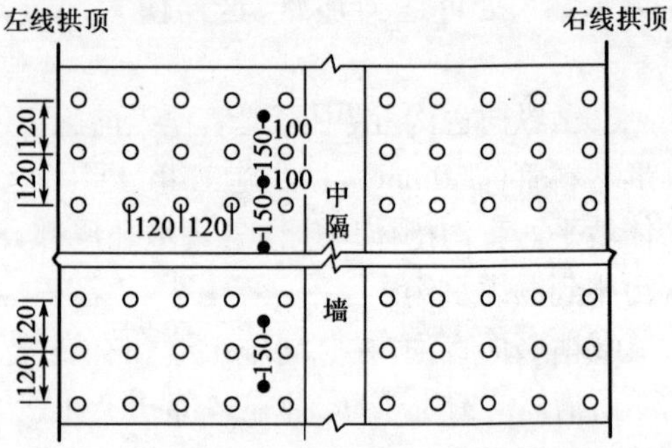

图 8-33　中隔墙墙顶部注浆堵水孔位布置平面

（尺寸单位：cm）

注：○-普通水泥注浆孔；●-超细水泥注浆孔

②注浆堵水施工技术要点：

a. 依据设计要求的长度、规格加工注浆管。

b. 测量出注浆孔位，并用红油漆标示出。

c. 采用风钻钻孔，安设注浆管，确保钻进方向的精度。

d. 按要求配制浆液，进行注浆。

e. 注浆顺序。先注普通水泥浆，采用隔排跳孔顺序，即先注单排单号孔，双排双号孔，后注单排双号孔、双排单号孔。在此之后再进行超细水泥压密注浆。

f. 在注浆时应进行疏导注浆。即先注稀浆，当渗漏水中有浆液溢出时，则逐渐改变浆液浓度，调节浆液的凝胶时间，使渗漏水处通过注浆由内向外疏导封堵，否则在渗漏点设孔进行注浆。

g. 注浆结束标准。当确定有空洞或注浆量较大时，先注浆孔采用注浆量控制标准，后注浆孔采用压力控制；当渗漏水较大时，可调小凝胶时间，采用间歇式注浆办法控制浆液的扩散范围。

完善排水系统，是对注浆未能完全封堵住的小股渗漏水或点状渗漏水，采用引排方法将地下水引向排水沟。而对于无渗漏水地段，也同样采用预设和完善排水系统，以有备无患。

（3）完善排水系统技术要点

①注浆结束后，沿中隔墙两侧顶部凿纵向槽设置排水系统。

②在中隔墙墙壁凿竖向槽，在路面下埋设钢管，中隔墙墙顶部渗漏水通过泄水孔、排水槽及路面下的钢管，引入排水沟。

③纵向排水槽必须用水准仪每隔 10m 进行高程标定，以确保排水畅通。

④采用人工手执切割机切槽，规格为宽 5cm、深 10cm。

⑤在槽内扣入排水管前，应用钢刷清除槽内浮渣等，并用清水冲洗后在所剔槽内涂 2 次防水涂料。

⑥采用透水软管外扣半剖 PVC 管的排水管材，以确保排水畅通。

⑦采用膨胀止水条和环氧砂浆进行封堵，环氧砂浆厚度不小于 3cm。

用于注浆的管头，应用砂轮磨平，并与槽体表面一起用防水涂料抹面，使其形成柔性防水层，以延长封堵材料的耐久性。防水涂料固化后，在其外侧涂刷防水砂浆找平层，并用水养护 7d，然后涂刷涂料，使其与周围颜色一致。

8.5 工 程 实 例

8.5.1 重庆渝宜高速公路金竹林双连拱隧道施工(非中隧集团施工)

1)工程概述

在重庆市高速公路施工过程中,早期的连拱隧道施工方法均较为保守,采用了三导洞先墙后拱法施工,如在20世纪90年代修建的渝宜高速金竹林双连拱隧道。

金竹林双连拱隧道位于国道主干线上海至成都公路重庆万县至梁平高速公路第K合同段的中部,里程为K50+605~K51+050。隧道为双连拱复合式衬砌结构,全长445m,隧道净跨度为2×9.75m,衬砌内净高为6.90m,中隔墙厚1.42m。Ⅳ级围岩衬砌结构大部分不设仰拱,只在局地段设仰拱。隧道最大埋深100m左右,最小埋深3~5m,隧道洞身均为砂泥岩互层。进口55m、出口30m为Ⅴ级围岩,洞身360m为Ⅳ级围岩。全隧无明显不良特殊地质现象。隧道衬砌横断面及纵断面示意如图8-34所示。

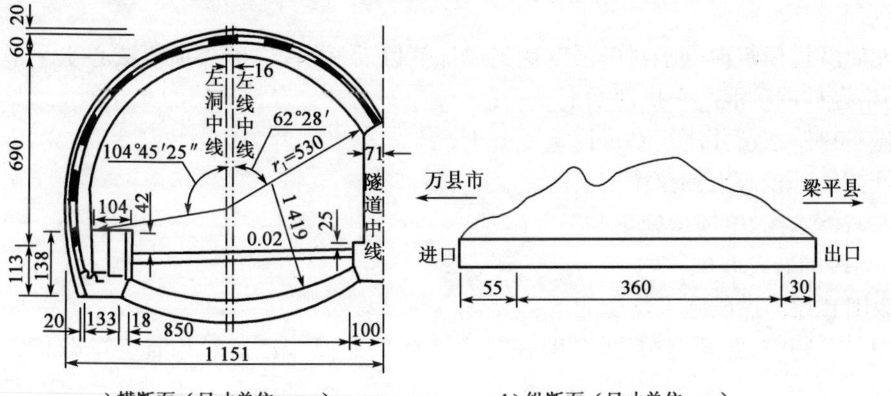

a) 横断面(尺寸单位:cm)　　b) 纵断面(尺寸单位:m)

图8-34　金竹林双连拱隧道衬砌横断面及纵断面示意图

2)总体施工方案

(1)根据工程沿线纵断面图和土石方调配要求,金竹林隧道的全部开挖渣子需调到出口附近作路基填料,由于隧道不长,为非控制工期工程,故决定采用由出口向进口单向掘进的方案进行施工。

(2)金竹林隧道为双跨连拱结构,采用三导洞法开挖及施工,Ⅳ级围岩地段与Ⅴ级圈岩地段施工方法略有所不同:

对于Ⅴ级围岩地段,采用中导洞超前,两侧导洞滞后开挖的方法进行施工;然后浇筑中隔墙及边墙衬砌;下部开挖及时施作仰拱,待左主洞衬砌达到设计强度后施工右主洞,步骤与左主洞相同,最后施工左右侧水沟、电缆槽施工及路面。

对于Ⅳ级围岩地段,采用中导坑超前,侧导滞后施工;中导坑贯通后,由进口方向进料,向出口方向倒退浇筑中隔墙;中隔墙与核心岩柱之间可支顶紧密后,才可浇筑左主洞衬砌,左主洞衬砌达到设计强度后,方可浇筑右主洞衬砌;最后施作水沟、电缆槽及路面。

(3)采用钻爆法施工,光面爆破,无轨运输,压入式机械通风。

3)施工步序

IV 级、V 级围岩的施工实施步骤基本上是一样的,施工步序如图 8-35 所示。

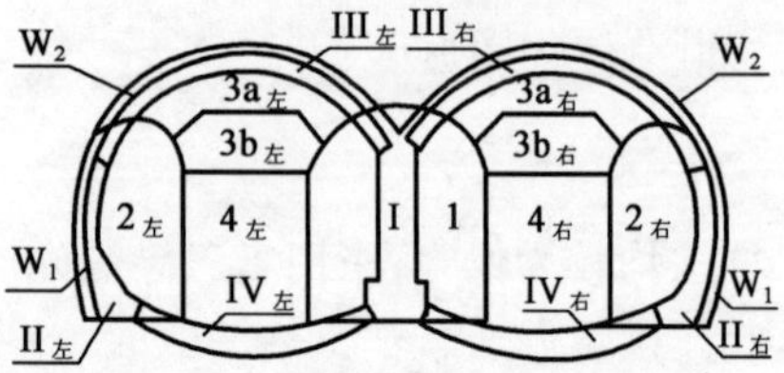

图 8-35 IV、V 级围岩施工步序图

1-岩体开挖;2-混凝土施工;W-初期支护

(1)IV 级类围岩地段

IV 级类围岩地段施工实施步骤如下:

①中导坑超前,并开挖左导坑,做好左侧边墙支护、防水层,并灌筑左墙和中隔墙模筑混凝土;

②为平衡左侧隧道拱圈推力,在左隧拱部开挖前完成中隔墙墙顶部防水层,回填混凝土,并在中隔墙上部右侧用钢管等支顶,确保中隔墙墙顶不发生水平位移;

③左拱部预留核心土环形开挖,做锚杆、钢筋格栅挂网喷混凝土拱形初期支护,并进行中隔墙上方的填充注浆;

④做左拱防水层井灌筑左拱模筑混凝土;

⑤开挖拱部核心土和拉中槽至隧底,做左隧仰拱。与此同时开挖右侧导抗,并作好右墙支护、防水层和衬砌;

⑥左侧隧道模筑混凝土衬砌强度达到设计值以后,做右隧拱部顶留核心土环形开挖和锚杆、钢筋格栅挂网喷混凝土拱部初期支护;

⑦做右拱防水层并浇筑右拱模筑混凝土;

⑧开挖拱部核心土和拉中槽至隧底,作右隧仰拱;

⑨左右侧水沟、电缆槽施工和路面施工。

(2)V 级围岩设仰拱段

V 级围岩设仰拱段施工步骤如下:

①中导坑超前,并开挖左导坑,做好左边墙初期支护、防水层,并灌筑左墙和中墙模筑混凝土;

②为平衡左侧隧道拱圈推力,在左隧上台阶开挖前完成中隔墙顶部防水层、回填混凝土,并在中隔墙上部右侧用钢管等支顶,确保中隔墙墙顶不发生水平位移;

③左洞上台阶开挖,做锚杆、钢筋格栅挂网喷混凝土拱部初期支护,并进行中隔墙上方的填充注浆;

④做左拱防水层并浇筑左拱模筑混凝土;

⑤开挖下台阶至隧底,做左主洞仰拱,与此同时开挖右侧导坑,并做好右墙支护、防水层和衬砌;

⑥左侧主洞模筑混凝土衬砌强度达到设计值以后,做右主洞上台阶开挖和锚杆、钢筋喷混凝土拱部初期支护;

⑦做右主洞拱部防水层,并灌注右拱模筑混凝土;

⑧开挖下台阶至隧底,做右主洞仰拱;

⑨左右侧水沟、电缆槽施工和路面施工。

4)施工方法

(1)开挖

加工制作简易组合台架,分层采用多台气腿式凿岩机钻孔。进洞时采用减震爆破,根据实际地质情况,采取周边眼不装药或间隔装药的办法。在隧道进出口端强化"短开挖,弱爆破,强支护,快衬砌"的原则,采用光面爆破。由于隧道不长,为非控制工期工程,故考虑循环进尺为1.5m。主要施工机具有气腿式凿岩机、空压机(置在洞外)等。爆破施工设计如下:

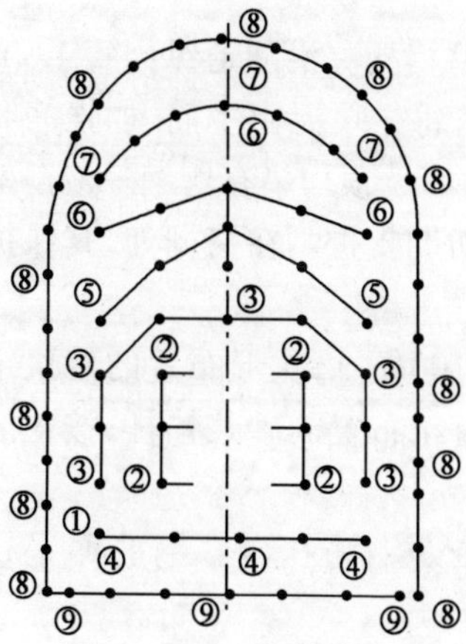

图8-36 炮眼布置

①IV 级围岩地段:

a. 中导坑:中导坑开挖宽度取4.0m,开挖高度取6.0m。炮眼深约1.6~1.7m,炮眼布置如图8-36所示,装药参数见表8-2。

b. 左侧导洞:开挖跨度拟定于4.0m,开挖高度取6.0m,左侧开挖轮廓与左主洞轮廓一侧边墙相一致。爆破共有77个炮眼,总装药量为38.09kg。

c. 左主洞弧形开挖:拱部弧形开挖共有81个炮眼,总用药量为37.89kg。

d. 左主洞上部核心土开挖:上部核心土开挖的炮眼总数为35个,总用药量为18.38kg。

e. 左主洞拉槽至隧底:拉槽的炮眼数量为62个,总用药量为33.62kg。

f. 右主洞开挖:右主洞各部开挖的钻爆设计及施工与左主洞基本上相同。

装药参数 表8-2

炮眼名称	雷管段别	炮眼个数	单孔药量(kg)	单段药量(kg)
掏槽眼	2	6	4.5	4.05
掘进眼	3	9	3.5	4.73
掘进眼	4	5	3.5	2.63
掘进眼	5	5	3.5	2.63
掘进眼	6	7	3.5	3.68
掘进眼	7	7	3.5	3.68
周边眼	8	29	3.5	15.23
底眼	9	7	4	4.20
合计		75		40.83

②III 级围岩地段。III 级围岩地段的爆破设计与IV级围岩地段基本类似,只是III级围岩地段单位岩体的炸药用量比IV级围岩地段要大一些,在此不再赘述。

所要说明的是以上所述的爆破设计是初步的设计,实际施工时应根据具体地质情况,做几个断面的爆破试验后作适当修正,以取得最佳爆破效果。

(2)通风降尘

爆破后应作通风降尘工作。通风为压入式机械通风,主要设备为可逆型子午系列通风机和ϕ1 000mm的通风管。降尘则采用洒水喷雾的方法。

(3)装渣运输

导洞和隧道开挖中的出渣采用无轨运输方式进行。主要机械设备为轮胎式蟹爪装渣机和

VOLVO 双向自卸汽车。洞渣运至出口洞外，用作路基填料。

(4)支护

施工时根据设计图纸要求和实际情况，对IV级围岩的导坑和隧道采用锚杆、钢筋格栅喷混凝土(局部加设钢筋网)作为初期支护，对III级围岩的导坑和隧道采用锚杆、喷混凝土(局部加设钢筋网)作为初期支护。

①钢筋格栅：钢筋格栅采用 $4\times\phi25$mm，18cm×18cm 的四肢型格栅。沿隧道纵向每 1.2m 设一榀。每榀钢筋格栅根据不同的开挖部位由 2～3 个单元组成，每个单元由主筋、加强筋和连接角钢焊接而成，单元之间采用螺栓连接。边墙底、中隔墙及边墙墙顶均垫有槽钢。格栅架立之前先喷一层厚约 5cm 的混凝土，然后架立格栅，完成喷锚网初期支护。在格栅处，其保护层厚度不小于 3cm。

②锚杆：IV级岩地段采用 $\phi22$mm，$L=300$cm，间距 100cm×100cm 梅花形布置的砂浆锚杆；III级围岩地段采用 $\phi22$mm，$L=250$cm，间距 120cm×120cm 梅花布置的砂浆锚杆；按先灌后锚法施工。工艺过程为：钻孔—清孔—灌浆—插入杆体。

③钢筋网：施工时，视实际情况，局部地段的初期支护需加设钢筋挂网。钢筋网采用 $\phi8$mm，间距 25cm×25cm。

④喷射混凝土：采用 HPJ-II 型潮喷机组，用潮喷法喷射混凝土。要严格控制水灰比，并根据实际情况调节工作风压，喷射路线自下向上，范围每次长 1.5～2.0m，高 1.0～1.5m。复喷应划分区段，每段长不超过 6m，先喷凹面，后喷凸面。一次喷层厚度拱部控制在 5～7cm，边墙 7～10cm。喷射距离保持在 60～100cm，困难时(如拱顶部位)可放宽为 100～140cm。需要加设钢筋网的部位，注意钢筋保护层的厚度不小于 2cm。

(5)衬砌

根据设计图纸，隧道衬砌设计为复合衬砌。锚杆、钢筋格栅、钢筋挂网、喷混凝土等为初期支护，模筑混凝土为二次衬砌，初期支护和二次衬砌之间设防水层。防水材料为 CCRPII 型橡胶板和无纺布。防水层的施作应在初期支护变形基本稳定后和二次衬砌灌注前进行。

(6)施工用水及照明

施工用水由专门设在隧道出口上方高位蓄水池提供，洞内采用高压钠灯照明。

(7)隧道主体工程进度安排

隧道主体工程在 1 年零 1 个月内完成。

(8)施工监测

为了掌握连拱隧道施工过程中围岩及支护体系的稳定状态，检验各项支护手段的效果，以指导施工，需要作施工监测。监控量测的主要项目有拱顶下沉、水平收敛，以及中隔墙墙顶的水平位移。主要测试仪器有精密水准仪、精密水准尺和收敛计等。

5)施工小结

经检索，金竹林双连拱隧道修建时，我国修建双跨连拱高速公路隧道数量不超过 5 座，国内尚未积累丰富的连拱隧道施工经验，此连拱隧道修建成功是国内连拱隧道修建的一座里程碑。

金竹林隧道采用较为保守的三导洞施工方法、符合当时的实际情况，代表了当时的施工水平。

8.5.2　渝宜高速公路筲箕湾双连拱隧道施工(非中隧集团施工)

1)工程概况

20世纪末,重庆渝宜高速公路施工过程中,万县的筲箕湾双连拱隧道采用了三导洞施工方法,并取得了成功。

筲箕湾隧道为连拱双洞单向交通隧道,其总长为2×168=336m;开挖宽度为22.18m,最大开挖高度为8.44m;其行车道中线相距10m,隧道中线相距11m;洞身衬砌按矿山法施工工艺进行洞身结构设计,即采用先墙后拱,以系统锚杆、喷混凝土、格栅钢架组成初期支护、二次模筑混凝土相结合的复合衬砌形式;因洞口段围岩较破碎,两端洞口段可采用超前支护辅助施工措施进洞,洞身深埋地段围岩条件较差时也可以采用超前支护辅助措施加强。

隧道穿越的岩性为粉砂质泥岩,隧区无大的断裂构造,其受构造影响轻微;岩层内裂隙不很发育,仅表层的网状风化裂隙发育,发育深度一般为3~5m。隧区水文地质条件简单。由于受地形的切割影响,在第四系冲洪积层和残坡积层中主要为低液限黏土,其透水性较差,不利于地下水的渗透。第四系下4~6m为厚的细中粒砂岩,砂岩下为粉砂质泥岩,属孔隙裂隙水。受地表层岩性和基岩岩性及其产状的限制,基岩内裂隙不发育,产状平缓,故而地下水渗透能力差。地下水主要接受降水补给,部分通过水田及水塘渗透补给。通过对钻孔的水文地质分析认为,隧道区地下水贫乏。

2)施工方法

重庆渝东高速公路万县筲箕湾双连拱隧道采用三导洞先墙后拱工艺施工全过程,其分为12个步序(图8-37),但其与通常已有的三导洞方案的步序有所不同,即先进行左右侧导洞开挖、初期支护和二次衬砌,后进行中导洞的开挖、支护和中隔墙衬砌。中隔墙滞后侧导洞方案与传统的中隔墙先于侧导洞方案相比,二者的围岩变形量变化不大,只是在中导洞底部稍有上鼓,中导洞上部变形不大。但由于岩体中常有裂隙存在,实际上会增加中导洞的侧向应力和侧向变形。中隔墙滞后侧导洞施工中若遇到强风化围岩,只要注意维护侧导洞与中导洞之间的岩体,及时做好临时支护和初期支护,并注意开挖过程中的监控量测,中隔墙滞后侧导洞方案即是可行的。这一新工艺步序与上述传统的三导洞工序相比,简化了施工工序,缩短工期。

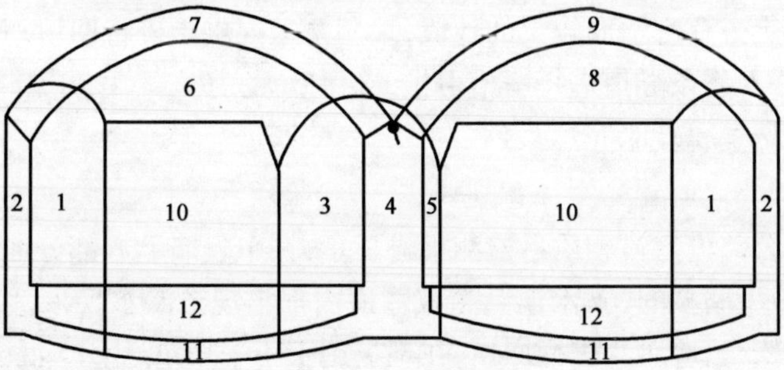

图8-37　筲箕湾隧道三导洞方案施工工序图

1-左右侧导洞开挖;2-左右边墙初期支护和二次衬砌;3-中导洞开挖和支护;4-浇筑中隔墙;5-中隔墙墙顶部回填及右侧支撑;6-左洞上半部开挖和初期支护;7-左洞拱部二次衬砌;8-右洞上半部开挖和初期支护;9-右洞拱部二次衬砌;10-左右洞核心土开挖;11-左右洞仰拱施工;12-左右洞仰拱填充

3)施工小结

(1)施工监测得知:无论是在中隔墙的顶部还是在底部,其最大应力值分别为12.2MPa、13.36MPa,均超过了C25强度的允许应力值,应采用钢筋来加强。

(2)核心岩石开挖后会使隧道底部隆起从而产生拉应力,为了提高隧道的稳定性,设置仰拱是必须的。

(3)在拱顶衬砌的下部与仰拱的上部都存在拉应力,用钢筋混凝土的衬砌代替素混凝土的衬砌比较合理。

(4)岩石存在拉应力,但都比较小,没有超过岩石的抗拉强度。

(5)为了提高边墙及中隔墙的整体稳定性,应合理设计墙趾长度。

8.5.3 金竹林隧道渗漏水治理(中隧集团施工)

1)病害现状及成因分析

在金竹林隧道建成后,但尚未正式投入运营时,发现中隔墙顶部以下多数地段,特别是洞口段存在大量的渗漏水现象,现场调查的渗漏水分布如图8-38所示。无雨时表现为渗水,下雨时有喷水或流水现象,造成中隔墙湿渍,路面积水,给以后行车带来了一定程度的安全隐患。究其原因主要为:①由于中隔墙其特殊的倒八字形结构和在开挖施工时对其上方岩体的扰动,使这个区域形成了1个汇水漏斗,再加上此处为“直弧”交接,造成排水不通畅;②中隔墙顶部施工工序繁多,防水施工工艺复杂,现场施工往往达不到设计要求;③中隔墙上方局部地段没有回填密实,有空洞,形成暗藏的蓄水池,加剧了隧道渗漏水的严重程度。

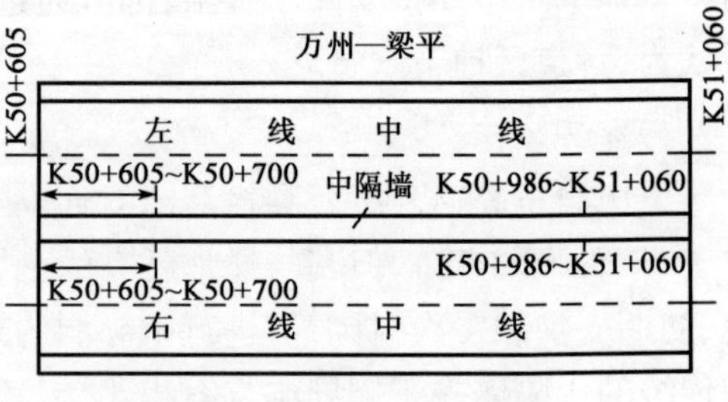

图8-38 隧道渗漏水分布示意图

2)治理原则及方法

对隧道渗漏水的治理本着“一次根治,不留后患”的原则,在确保工程安全与质量的基础上,保证工期。在施工中,从技术的可行性和经济的合理性出发,对不同的情况采取不同的治理方法。对中隔墙上方存有空洞较大的地段,采用泵送混凝土进行回填;对于渗漏水严重的地段采取注浆封堵,并对整条隧道进行凿槽引排,确保万无一失。

3)渗漏水治理的施工技术

(1)空洞回填

根据万梁高速公路隧道衬砌质量检测报告显示,在中隔墙上方部分地段存有空洞,时间一长,这些空洞就形成了暗藏的“蓄水池”,造成隧道内都出现渗漏水现象,为避免这种现象发生和隧道主体结构的安全,应对其进行回填,在现场施工中采用泵送C15混凝土进行回填。

(2)压密注浆及孔位布置

因隧道进出口端渗漏水现象非常严重,决定在隧道进口60m、出口70m段,对中隔墙上方围岩进行压密注浆,对其上方围岩裂隙进行充填,堵塞渗水通道,提高围岩的抗渗性能。

注浆管采用ϕ42mm无缝钢管,长度1~5m不等,管壁钻直径6mm溢浆孔,管尾1/5长度不设溢浆孔。注浆孔呈梅花形布设,纵横向间距均为0.6m。

(3)注浆施工

注浆采用全孔一次性注浆施工工艺,注浆时先使用普通水泥单液浆,在其压力达到0.8~1.0MPa时,改注超细水泥单液浆进行压密,其注浆终压为0.5~0.8MPa。注浆顺序为先单数排,后双数排;先奇数孔,后偶数孔,层层渐进,逐渐压密。

(4)渗漏水引排施工

注浆结束后,沿中隔墙两侧顶部凿纵向槽设置排水系统,其具体步骤为:①用水准仪每隔10m按纵坡放出高程;②用切割机沿直线剔5cm宽、10cm深的纵向槽;③沿纵向槽每30m设置1个ϕ50mm泄水孔(泄水孔打穿初期支护面),孔内安装透水软管;④清除槽内残渣,并涂刷防水涂料2~3次,然后依次安设透水软管,外扣PVC管,遇水膨胀型腻子止水条,并将其固定,抹环氧砂浆,最后用防水砂浆抹平。中隔墙墙顶防排水系统如图8-39所示。

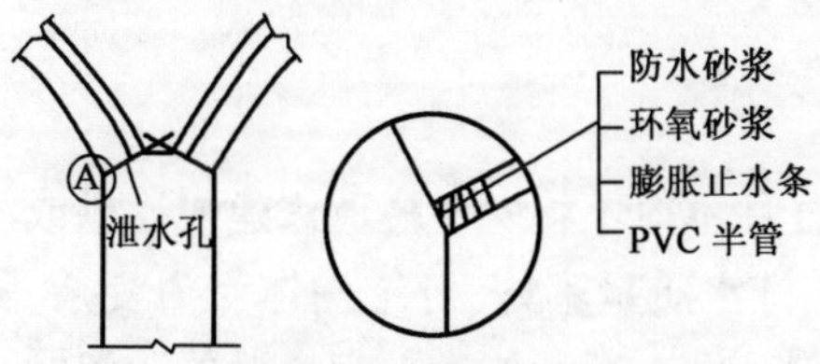

图8-39 中隔墙墙顶防排水系统示意图

4)病害治理效果及施工体会

金竹林双连拱隧道渗漏水治理结束至投入运营后,隧道内不管晴天、雨天都无渗漏水现象,中隔墙无湿渍,达到了预期的日的,起得了较好效果。

(1)通过本工程施工,为今后类似工程施工提供了借鉴参考的依据。

(2)在注浆时要严格控制注浆压力,压力过大,一方面对隧道主体结构造成破坏;另一方面可能会造成浆液扩散过远,对隧道原有排水系统造成破坏。

(3)在双连拱隧道防排水施工中,中隔墙墙顶的防排水是重中之重,应严格做好施工工序,做好中隔墙墙顶防排水的系统设计及施工工作,最好是以排为主,并在施工中保证墙顶排水系统的畅通,以杜绝渗漏水现象的发生。

第 9 章　小净距隧道施工技术

在山区修建公路，由于受地形限制和交通的要求，往往不得不将两座隧道修建成连拱或小净距形式。从实施效果看，由于连拱隧道存在中夹岩防排水质量不好，且结构体受力复杂，隧道施工工序转化较多等问题，因此，受到了越来越多限制。而小净距隧道具有良好的防渗漏水性、造价相对较低、两隧道施工相对独立及工艺相对单一等优点。另外，从增加路线布线的自由度，减小分离式路基的规模，减少隧道洞口的开挖工程量，有利于环保等因素综合考虑，小净距隧道成为近年来我国在山区特殊地质及地形条件下修建公路的主要隧道结构形式之一。表 9-1 所列是近几年来重庆高速公路隧道所修建的小净距隧道。

重庆高速公路小净距隧道　　表 9-1

序号	隧道名称	净间距（m）	围岩级别	备注
1	渝湘高速沙帽坡隧道	6.14	Ⅴ级	预留核心土环形台阶法，低震动爆破技术，超前加固
2	渝湘高速葡萄山隧道	5	Ⅳ、Ⅴ级	大管棚，短进尺掘进
3	渝湘高速武隆隧道	5.079	Ⅲ、Ⅳ级	浅埋段循环进尺 1m
4	渝湘高速鹰嘴岩隧道	4.8 ~ 6.56	Ⅲ、Ⅳ、Ⅴ级	台阶法，低震动爆破技术，超前加固
5	垫邻高速大地坡隧道	8.56	Ⅲ、Ⅳ级	台阶法，低震动爆破技术
6	绕城高速九龙隧道	6.0	Ⅲ、Ⅳ级	台阶法，低震动爆破技术

《公路隧道设计规范》（JTG D70—2004）规定：当双线净距不能满足表 9-2 的要求时，即为小净距隧道或连拱隧道。

分离式隧道独立双洞间的最小净距　　表 9-2

围岩级别	Ⅰ	Ⅱ	Ⅲ	Ⅳ	Ⅴ	Ⅵ
最小净距（m）	1.0B	1.5B	2.0B	2.5B	3.0B	4.0B

注：B-隧道开挖断面宽度。

单纯从定义而言，净距小于规范规定的隧道均可称为小净距隧道，但从替代连拱隧道而言，净距在 5m 左右的隧道具有很高的经济和工程价值，故本章所述的小净距隧道多指最小净距不超过 10m 的隧道。

小净距隧道，尤其是中夹岩厚度为 5m 左右的小净距隧道不同于普通隧道，在选择开挖方法时必须慎重，同时还必须在工序、循环进尺、爆破设计等多方面进行严格控制。施工经验表明，对于小净距隧道而言，其施工关键技术是，围岩条件较差的小净距隧道在于开挖方法的选择，而围岩条件较好的小净距隧道在于对爆破震动的控制。

9.1　公路小净距隧道基本特征及分类

9.1.1　公路小净距隧道的基本特征

《公路隧道设计规范》(JTG D70—2004)规定："一般高速公路和一级公路设计为上下分离的两座独立隧道，相邻隧道最小净距以不受相互施工影响为原则，并依据围岩级别、断面尺寸、施工方法、爆破震动等因素确定。"因此，在已建的公路隧道中，大多采用上、下行分离的双洞形式，间距 30 ~ 50m，这对一般地形条件下的长隧道而言是合理的。但是，目前高速公路和高等级公路建设中常常会遇到长度 500m 左右甚至不足 100m 的短隧道，如果依据规范设计成双洞分离的形式，其洞口两端引线长度与隧道长度相比，在土地利用和工程造价上显得很不经济。此外，当土地征用受到严格限制时，如市区和城郊区域，场地狭窄，引线布置困难，拉开左右路幅需增加较大路基工程量和拆迁量；或是在地形、地质条件复杂的山岭重丘区，如横坡陡、穿越小垭口或沟谷相间地带，线路平面位置可移动的范围较小，线位在纵断面上或是高填深挖或是桥隧相连，难以设计成满足规范要求的分离式双洞隧道，就必须设置成小净距隧道或双连拱隧道，将上、下行隧道间距降低到合理宽度，充分利用中夹岩的承载作用形成小净距隧道，目前国内小净距隧道的中夹岩厚度一般为 4 ~ 8m，在一定程度上节约了工程造价。即小净距隧道中夹岩厚度较小(一般小于 10m)是其基本特征之一。

正是由于中夹岩厚度较小，小净距隧道通常需要对中夹岩进行加固处理，其是小净距隧道的基本特征之二。对中夹岩加固施工难度较大，特别对于软弱围岩隧道，将会大幅度增加投资，在一定程度上限制了小净距隧道的应用。同时，对中夹岩加固的方式也存在着不同的看法。我们认为，小净距隧道中夹岩不宜采用水平预应力贯通式锚杆进行加固。对于软弱围岩，进行注浆加固即可；对于中等强度的围岩，减少爆破对其的扰动，保持其稳定即可，而不必将中夹岩钻穿，安装贯通式锚杆进行加固，因为小净距两隧道本来是两个独立的个体，若人为地采用安装贯通式锚杆将两隧道初期支护结构连接在一起，一旦其一产生变形，另一个隧道结构受到影响，反而不利。

小净距隧道是空间近距离双向隧道在同一平面上布置，其结构介于双孔平行分离式隧道和双连拱隧道之间。由岩石隧道力学的基本原理可知，在轴对称情况下圆形孔洞开挖后周壁径向应力降为零，而切向应力在周壁达到最大，一般为原岩应力的 2 倍，只有距离开挖洞壁足够远时才恢复为初始应力状态。为了最大限度地减小双洞开挖的相互影响和降低围岩二次应力场的不利叠加，只有两洞净间距超过其各自的震动影响宽度之和，两隧道施工才相互独立、互不影响，塑性区不连通。很明显，小净距隧道是属于近距离施工问题，两隧道即相互独立，又相互影响，且塑性区连通，既体现了独立两洞的特点，但两条隧道又同时共享一个围岩中壁，此是小净距隧道的基本特征之三。

小净距隧道围岩的受力、变形特征与隧道断面形式、断面尺寸、围岩级别、隧道埋深、中夹岩柱体厚度、开挖方式、支护形式和参数选取等众多因素有关。其中,小净距隧道与普通分离式隧道的主要区别是,前者中夹岩柱体的厚度较薄,因施工过程中的多次扰动而成为受力薄弱环节。当围岩较差,岩柱较薄时,其中夹岩柱体将形成贯通的塑性区,严重影响围岩的稳定性。一般而言,小净距隧道随着中夹岩柱体厚度的减小,其围岩的受力状况变得越来越不利,尤其是中夹岩柱体的受力。即小净距隧道中夹岩受力环境复杂是其基本特征之四。

9.1.2 公路小净距隧道之间相互影响

确定小净距隧道之间相互影响时,应根据隧道结构稳定、建筑限界的要求等设定允许值,在施工过程中进行安全监测,以确保施工和隧道结构的安全。从隧道结构稳定出发,后行隧道对先行隧道的影响以应力增加的允许值为基准。根据相关施工监测经验,可参考以下基准:拉应力的允许增加值为0.5MPa,压应力的允许增加值为2.0MPa。

我国有在Ⅲ、Ⅳ级围岩净距3.5~4.2m下修建小净距隧道取得成功的实例,监测结果表明后行隧道开挖对先行隧道纵向影响范围约为开挖面前后各2.0~3.0倍洞径,地表沉降的纵向影响范围约为开挖面前后4.0~5.0倍洞径,且地表沉降变化幅度最大的影响范围在开挖面前后1.5倍洞径;在横截面上,后行隧道开挖对先行隧道影响较大的范围是在隧道间净距0.4~0.7倍洞径之间,并非出现在隧道间净距最小的地方,而在隧道间净距超过0.7倍洞径后,后行隧道开挖对先行隧道结构内力影响减弱。

对于普通两车道隧道,20m净距时,后行隧道开挖时将不会对先行隧道产生相互影响或影响甚弱。对于普通三车道隧道,33m净距时,后行隧道开挖时将不会对先行隧道产生相互影响或影响甚弱。

9.1.3 公路小净距隧道分类

通过综合调查、数值分析、模型试验、现场测试等研究成果,在现行规范的基础上,国内有关单位将小净距隧道细分为A、B、C三类,见表9-3。

国内小净距隧道分类 表9-3

围岩级别	小净距隧道类别			分离式隧道	备　注
	A类	B类	C类	无影响范围	
Ⅲ	≤0.25B	(0.25~0.5)B	(0.5B~2.0)B	≥2.0B	1.B为隧道开挖跨度 2.考虑地下水,围岩破碎情况可以增加0.05B
Ⅳ	≤0.25B	(0.25~0.75)B	(0.75~2.5)B	≥2.5B	
Ⅴ	≤0.5B	(0.5~1.0)B	(1.0~3.5)B	≥3.5B	

对于A类小净距隧道,相互影响较为严重,一般情况下不宜采用,如特殊情况需采用时,宜与连拱隧道进行经济性对比分析,并对其长期安全性进行评估,取得可靠资料的情况下采用。同时,加强施工中的监控量测。

对于B类小净距隧道,其相互影响一般,需考虑选择合理的中夹岩加固方案,选择合适的支护体系和施工方案,加强现场的监控量测。

对于C类小净距隧道,其相互影响较弱,可以在设计中不考虑对中夹岩进行加固,采取与普通分离式隧道类似的支护体系和施工方法。施工仍分先行隧道与后行隧道,避免两洞平行开挖作业。并且需加强现场的监控量测，根据监控量测反馈的信息，调整设计、施工，以及监控量测方案。

不同类别的小净距隧道，其相互影响程度是不同的，应在施工中采取相应的中夹岩加固对策、支护体系对策、施工对策，以及现场监控量测体系对策和标准。

9.1.4　三种隧道形式的比较

根据目前的隧道设计和施工经验，相对分离式隧道而言，小净距隧道具有两端接线难度较小、施工质量易控制、占地较少、工期较短、造价较低的特点，适用于公路平面线形受限、场地难以按正常双线布置、工期要求紧而又严格控制造价的中短公路隧道。对近距离双线隧道，选择连拱隧道还是小净距隧道在国内外仍然存在一定争议。表9-4将分修双洞隧道、小净距隧道和连拱隧道三种结构形式的一些技术指标进行了对比。由表9-4中数据可以看出，无论哪一种隧道结构形式，都有自身的优缺点和适用条件。因此，有学者提出隧道组合设计的方案，采用连拱形式逐步过渡到分离式隧道形式，过渡段采用小净距隧道设计，便于线路连接，减少了引线占地面积，将这三种隧道形式的优势充分加以利用，扬长避短。

三种隧道形式的技术指标比较　　表9-4

结构形式	分修双洞隧道	小净距隧道	连拱隧道
双洞最小间距	$(1.5\sim5.0)B$	$3m\sim1.5B$	中隔墙宽度
占地宽度	$(2.5\sim7.0)B$	$2B+(3m\sim1.5B)$	$2B+3m$
接线难度	较大	较小	较小
施工技术难度	较小	较小	较大
施工工序	按单洞考虑	较多	多
工期要求	T	约$1.3T$	约$1.7T$
工程造价	M	约$1.1M$	$(1.3\sim1.5)M$
质量控制难度	容易	易	较难
应用概况	主要应用于长大隧道，对围岩条件要求不高，应用极多	中、短隧道，围岩条件和爆破技术要求较高，工程实例较多	一般长度小于500m，各种地质条件均有修建的实例，爆破技术要求高

注：表中B表示单洞跨度，T和M分别表示分修双洞隧道的工期和造价。

根据国内已建的小净距隧道的工程实例及成功经验，小净距隧道一般具有以下适用特点和优势：

(1)小净距隧道受地形条件限制小，线形顺畅，引线占地相对较少，解决了地形复杂地段修建分离式隧道存在的困难，因此具有地形条件限制相对较小的优点。相对于大开挖的路堑方案，不仅减少了对自然景观的破坏，而且避免了高边坡的不稳定给安全营运带来的隐患。与分修双洞隧道相比，小净距隧道对两端洞口的接线地形要求不高，与洞外线路连接方便，且线形较为顺畅，避免了洞口路基或大桥分幅，便于公路桥特别是跨河(谷)大桥和站隧相连。在洞口位置的选择上，小净距隧道具有一定的灵活性和优越性，并且可减少隧道长度和洞口接线的工程量。

(2)相对于分离式隧道而言，其接线难度和施工技术难度等相对较小，地质灾害发生的几率相对较低。特别是在围岩条件差、雨水量较多的地区，若采用普通的连拱隧道施工，中隔墙渗水和中隔墙开裂一直是困扰其安全运营的大问题(采用复合式连拱隧道可有效避免此类问题),特别是在偏压地形中,中隔墙的稳定性难于保证,中隔墙易开裂而渗水。而且,连拱隧道通风的交叉污染也较为突出。因此,相对于连拱隧道,采用小净距隧道可大大降低地质灾害发生的几率。

(3)施工周期较连拱隧道短,有利于对工期有严格要求的隧道工程。小净距隧道施工时,在先行洞开挖一定长度(约 30m),并进行了必要的支护后,即可进行后行洞开挖;连拱隧道三导洞法及中导洞法施工时,必须先挖中部导洞,施工中隔墙,待中隔墙达到一定强度后,方可施工左右洞,而且拱隧道一般长度不大,因此通常情况下,连拱隧道多在中隔墙施工完成后再进行正洞开挖,且先行洞超前于后行洞的距离比小净距隧道大。由于连拱隧道相隔太近,存在爆破震动的影响问题,爆破参数和掘进期间每循环进尺均进行必要的控制。后行洞爆破时,爆破断面附近的先行洞施工应适当暂停。因此,在相同长度、相同地质条件下,由于连拱隧道一般跨度大,结构相对复杂,施工工序比较繁琐,导致小净距隧道施工工期小于连拱隧道施工工期。

(4)工程造价相对较低,便于控制工程总投资,小净距隧道比分修双洞隧道的施工工程量少,城市中小净距隧道可以大大减少拆迁和环境植被破坏,便于紧急时交通疏散与管理,降低工程运营费用,具有一定的环境效益和社会效益。资料显示,在京福高速公路福建段的建设中,隧道主洞每延米工程造价的比值平均约为普通分式隧道:小净距隧道:连拱隧道 = 100:130:170。

故在一定的条件下,可优先考虑采用小净距隧道。

尽管小净距隧道具有以上的优点,但由于小净距隧道的中夹岩的厚度远小于普通双洞隧道,隧道的围岩稳定与支护结构受力要比普通分离式隧道复杂得多。因此,选择修建小净距隧道应该有合适的净距及合理的地质条件。

若洞口围岩很差且存在偏压,采用小净距隧道施工风险性极大,在施工过程中不仅要采用洞外地表注浆加固和管棚进行超前支护,还需要对中夹岩进行加固,这不但要增加工期,同时也大大地增加了隧道的工程造价,因此选择合适的地质条件、合理的隧道净距、合适的进出口位置是保障小净距隧道的施工安全,降低工程造价的关键。

9.2 公路小净距隧道施工方案

9.2.1 小净距隧道施工基本原则

基于小净距隧道一般所处围岩软弱段,除按浅埋、大跨隧道施工外,还应按以下基本原则组织施工。

(1)合理控制后行洞工作面距先行洞工作面的间距,要确保后行洞的爆破震动对先行洞的二次衬砌结构影响最小。即先行洞二次衬砌工作面要滞后后行洞爆破工作面约 30m 以上。对先行隧道而言,二次衬砌不能紧跟初期支护,否则后行隧道施工将对其产生较大影响。

(2)为确保先行隧道的结构安全,在限制范围内或变形显著,先行隧道应采取增加初期支护结构抗力(加密初期支护拱架间距,提高拱架强度及刚度等),对初期支护背后进行回填注浆。在围岩较好地段(III、IV 级),先行隧道初期支护结构一般能够承担围岩荷载。

(3)中夹岩的稳定性是小净距隧道是否成功施工的关键,应根据围岩情况决定是否对中夹岩柱体采用小导管预注浆,自进式中空注浆锚杆进行加固,要慎用水平贯通式锚杆、大吨位预应力锚索等加固技术。

(4)为减轻后行隧道对先行隧道的影响,主要应控制采用的开挖方法所引起的围岩位移,如改变开挖方式,改变分部尺寸,改变支护衬砌结构形式等。

(5)仰拱对减小、抑制围岩的变形,改善支护结构的受力有重要作用,因此,对于小净距隧道宜考虑设置仰拱,并使其尽早闭合。

(6)岩柱厚度对支护结构、围岩的受力和变形,特别是岩柱体的稳定有重要的影响。因此,无论何种围岩,中夹岩厚度均不宜过薄。

9.2.2　公路小净距隧道施工方案的选择

小净距隧道开挖方法的选择应首先着眼于结构的安全性,然后再根据各级围岩特性、施工能力、施工机具配置、工序转换等方面的因素加以综合考虑。

小净距隧道的施工方法与普通分离式隧道相比差别不大,但由于中夹岩厚度较小,在施工过程中,其是受力薄弱部位,稳定性较差,因此,在施工中对中夹岩柱体的保护将非常重要。

小净距隧道施工的难点、重点是合理选取开挖顺序,控制爆破震动,确保隧道开挖过程围岩的稳定,减小两隧道之间由于净距较小引起的围岩变形、爆破震动等不利因素。对于围岩条件较差、软弱、破碎围岩来说,重在确定合理的开挖顺序,减少对围岩的扰动;对于围岩条件较好、坚硬、完整围岩,重在控制爆破震动对围岩稳定性的影响。

为确保开挖过程中围岩的稳定性,减小因隧道间距过小而引起的围岩变形、爆破震动等不利因素,满足小净距隧道中夹岩特有的加固要求,一般情况下,Ⅶ、Ⅴ级围岩采用单侧壁导洞+临时仰拱法的开挖方法,Ⅳ级围岩采用上下台阶分别与正、反向单侧壁导洞组合法,以及上下台阶法的开挖方法,Ⅰ、Ⅱ、Ⅲ级围岩采用超前导坑预留光面层与上下台阶法的开挖方法。表9-5为双车道小净距隧道推荐采用施工方法。

双车道小净距隧道推荐采用施工方法　　表9-5

围岩级别	施工方法	开挖顺序图例(以左洞先行为例)		
		1	2	3
Ⅵ	单侧壁导洞+临时仰拱法	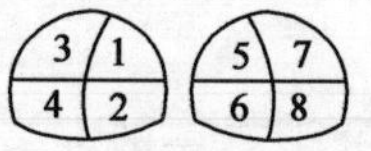		
Ⅴ	①单侧壁导洞+临时仰拱法 ②台阶与正向侧壁导洞法	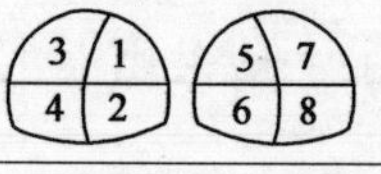	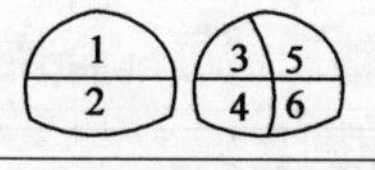	
Ⅳ	①台阶法与正向侧壁导洞法 ②台阶法与反向侧壁导洞法 ③台阶法	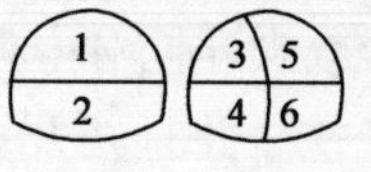	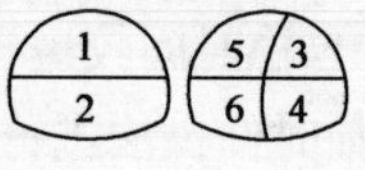	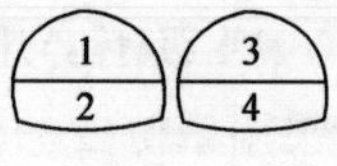
Ⅲ	①下导先行预留光爆层法 ②台阶法	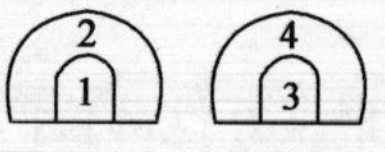	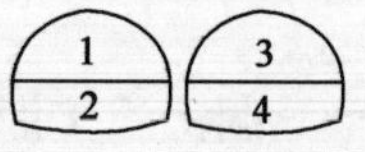	
Ⅰ、Ⅱ	①下导先行预留光爆层法 ②全断面法	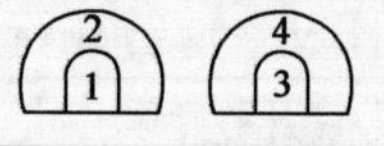	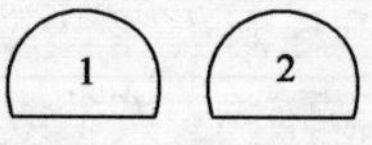	

(1)对于VII、V级围岩,宜采用正向单侧壁导坑+临时仰拱法,或CRD工法,该法有利于及早对中夹岩柱进行加固,及早对中夹岩柱进行监控量测,为开挖后存在的风险提供超前预报,以便及时处理。

当遇隧道断面较大、围岩条件较差、隧道浅埋、地下水丰富时,围岩难以自稳,应对围岩进行超前预加固、地表加固或对单侧侧壁的上、下台阶进一步采用分部开挖。

当围岩状况较好,掌子面稳定性好,为发挥大型设备的优势,加快施工进度,也可以将单侧侧壁的上、下台阶合为一步开挖或采用上下台阶与正向单侧壁导坑组合法,但应控制开挖进尺。

(2)对于IV级围岩,宜采用反向单侧壁导坑,有利于减小爆破震动对中夹岩柱的影响。当围岩条件较好、掌子面易稳时,对于土质、软质岩石条件,可采用上下台阶与正向单侧壁导坑组合法;对于硬质岩石条件,可采用上下台阶与反向单侧壁导坑组合法或上下台阶法。

(3)对于I、II、III级围岩,宜采用超前导坑预留光面层的开挖方法,增加开挖临空面,降低爆破对岩柱的影响。I、II、III级围岩自稳定性好,开挖的关键在于减小爆破震动对岩柱的影响,由于超前导坑的存在,二次扩挖(预留光爆层)的爆破装药量可大大减小,从而降低爆破对岩柱的影响。对于岩柱较厚时,可采用上下台阶法和全断面开挖法。

(4)小净距隧道后行隧道对先行隧道的影响较大,因此,在两孔隧道地质条件不同的情况下,先开挖地质条件较差的地段较有利。

(5)与双连拱隧道相同,在偏压地段,更应该先行施工地质较差的偏压外侧的小净距隧道,稳定了偏压外侧围岩侧脚后,再施工偏压内侧或地质稍好段的另一条小净距隧道。

9.2.3 公路小净距隧道施工方案

1)单侧壁导洞法或单侧壁导洞+临时仰拱法

单侧壁导洞施工方法适应于隧道跨度大、扁平率低、围岩条件较差、地下水丰富、地表下沉需控制的小净距隧道。工艺原理:以岩体力学理论为基础,应用新奥法指导施工,充分发挥围岩自承能力,运用光面爆破技术,及时进行喷锚初期支护,防止围岩松动,应用监控量测及时反馈信息,充分发挥围岩和初期支护作用。

采用该方法开挖时,单侧壁导洞超前的距离一般在1.5倍洞径以上,为稳定工作面,经常和超前小导管预注浆等辅助措施配合使用,一般采用人工开挖,人工和机械混合出渣的方式。同时,还需要增加临时仰拱支护。

V、VI级围岩开挖后自稳时间较短,为减少开挖对中夹岩的扰动,发挥中夹岩的自承能力,一般采用单侧壁导洞+临时仰拱法进行开挖。并且在开挖前,应按设计进行围岩超前预加固和地表加固。

当后行洞采用单侧壁导洞法施工时,根据开挖部位的不同可分为正向单侧壁导洞法(图9-1、图9-2)和反向单侧壁导洞法(图9-3、图9-4),若先行侧导洞靠近中夹岩柱则为正向单侧壁导洞,该情况一般为软岩施工,人工或机械开挖,重点是需要及时对中夹岩进行加固;反之,则为反向单侧壁导洞，该情况一般为中硬岩施工，需要进行弱爆破开挖，先行施工的侧导洞远离中夹岩，后施工的侧导洞在先行洞开创出的临空面情况下进行弱爆破分块开挖。

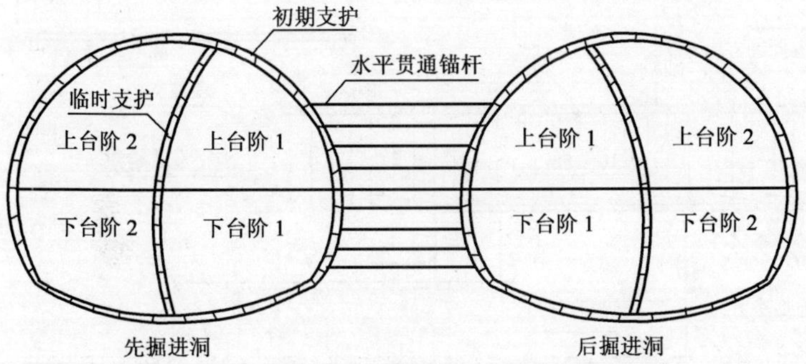

图 9-1　常见正向单侧壁导洞开挖工序横断面布置图

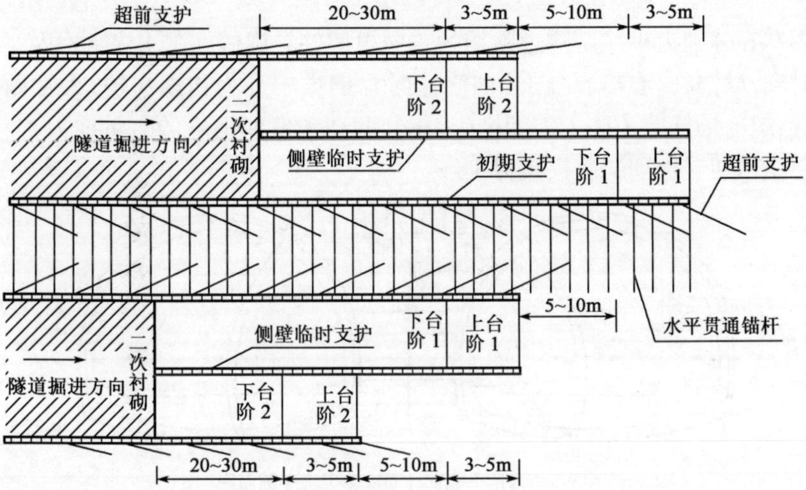

图 9-2　常见正向单侧壁导洞开挖工序平面布置示意图

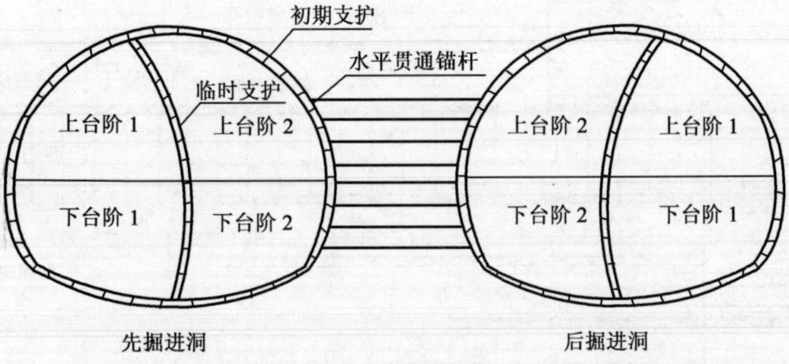

图 9-3　常见反向单侧壁导洞开挖工序横断面布置图

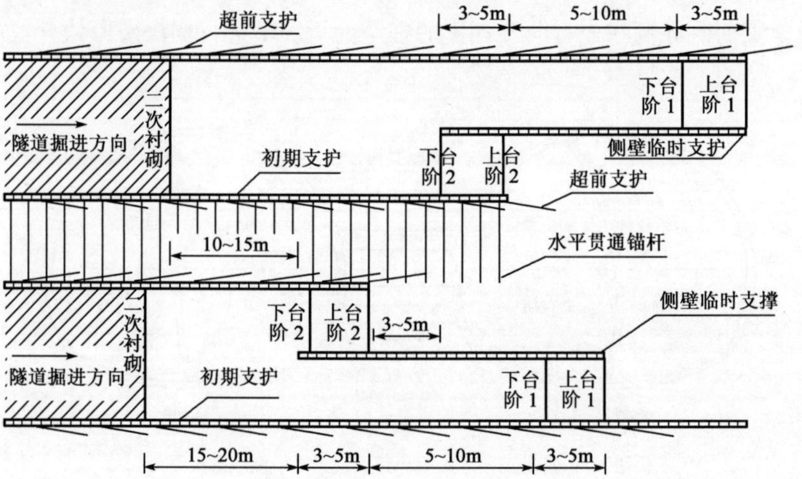

图9-4　常见反向单侧壁导洞开挖工序平面布置示意图

图9-5、图9-6分别为小净距隧道常用的正向单侧壁导洞法施工工序剖面及平面图。隧道采用复合式衬砌，以锚杆、湿喷混凝土（钢筋挂网）、钢拱架等为初期支护，大管棚、中管棚、超前注浆小导管、超前锚杆等为施工辅助措施，充分调动和发挥围岩的自承能力，在监控量测信息的指导下施作初期支护和二次模筑衬砌。

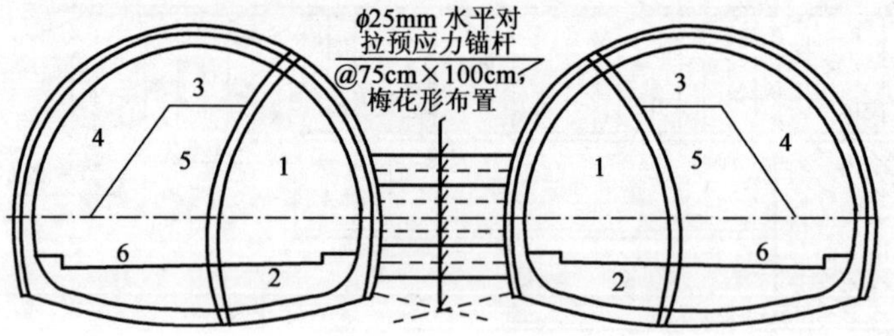

图9-5　常见单侧壁导洞法施工工序剖面图

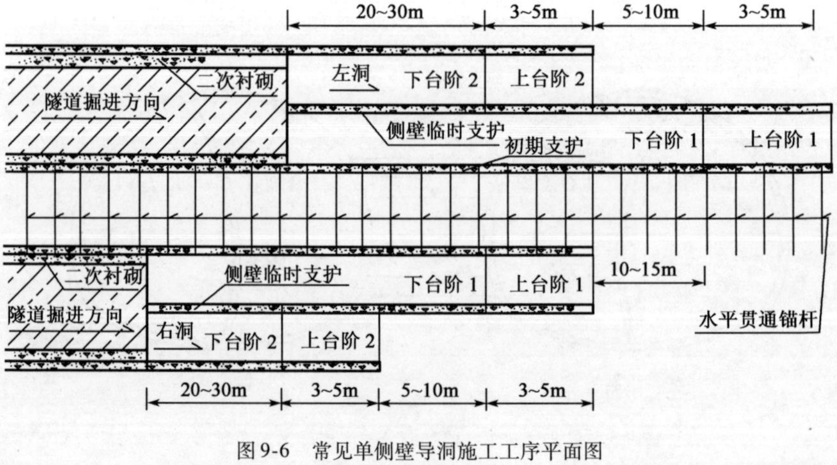

图9-6　常见单侧壁导洞施工工序平面图

如果围岩软弱，建议进行人工或机械开挖，且中夹岩不打对拉式预应力锚杆加固为宜，尽量避免将 2 个隧道的初期支护结构人为地连在一起，进行注浆加固为宜。

如果围岩较硬，需要进行爆破开挖，为尽量减少爆破对中夹岩扰动，开挖采用微震动爆破技术，严格控制进尺和装药量。

在一般情况下，要求先行侧导坑开挖施作锚杆后，对锚杆进行初次张拉，后行洞开挖暴露锚杆端部后对锚杆施加预拉力至设计值的 50%，并对先行洞锚杆补张拉至设计值，但此施工方案存在以下缺点：先行的侧导坑工作面狭小(3.4 ~ 5.2m)，不方便施作长预应力锚杆(6.5 ~ 8m)，在此情况下，可采用自进式中空注浆锚杆并配置一次性耐磨自进十字钻头替代对拉式预应力锚杆。自进式锚杆的标准长度为 2m、3m、4m、6m 四种，并配有连接套，故可根据需要接长，达到钻进一段接长一段，在施作空间有限的情况下使用较为方便。图 9-7 为小净距隧道侧壁导坑法现场施工图。

图 9-7 小净距隧道侧壁导坑现场施工图

2) 台阶法

台阶法就是将开挖断面分成两部分，即分成上下两个工作面，分部开挖。在 III、IV 级围岩条件下，小净距隧道先行洞一般采用台阶法施工，该施工方法能较早使支护闭合，有利于控制其结构变形及由此引起的地表沉降，上台阶长度(L)一般控制在 1 ~ 1.5 倍洞径，但必须在地层失去自稳能力之前尽快开挖下台阶，支护后形成封闭结构。若地层较差，为了稳定工作面，也可辅以小导管超前支护等措施。

台阶法具有足够的施工速度，作业较快。台阶有利于开挖面的稳定性，尤其是上部开挖支护后，下部作业较安全，该开挖方法的缺点是上下部施工作业相互干扰，应注意下部作业时对上部稳定性的影响，而且台阶增加对围岩的扰动次数等。

对于较好的中硬岩，中夹岩不形成贯通的塑性区，位移较小。也可不打设对拉式预应力锚杆，可采用 ϕ50mm、@ 50cm × 100cm 梅花形布置、长 5m 注浆的小导管对中夹岩进行加固即可，并喷厚度 28cm，C25 混凝土进行支护。

宜应用微震爆破技术进行分部开挖，对于一般的二车道公路小净距隧道，可将开挖断面划分为 4 个台阶组织施工。第 1 个台阶高 3.7m；第 2 个台阶高 2.9m；第 3 个台阶高 2.1m；第 4 个台阶为仰拱落底开挖，高 1.6m。1 ~ 3 台阶长控制在 2 ~ 5m。上部开挖每循环进尺控制在 0.8m 以内，并预留核心土，核心土及下部开挖应在前步工序稳定后，方可进行。为防止上台阶初期支护下沉、变形，于每榀钢架底部两侧各设置数根锁脚锚杆与钢架焊接牢固，锚杆布设俯角宜为 45°，其施工工序剖面及平面如图 9-8、图 9-9 所示。

3) 下导洞先行预留光爆层法

在 I、II、III 级围岩地质条件下，采用超前导洞预留光爆层的开挖方法，主要基于以下原因：

(1) I、II、III 级围岩自稳性较好，可采取全断面的开挖方式。

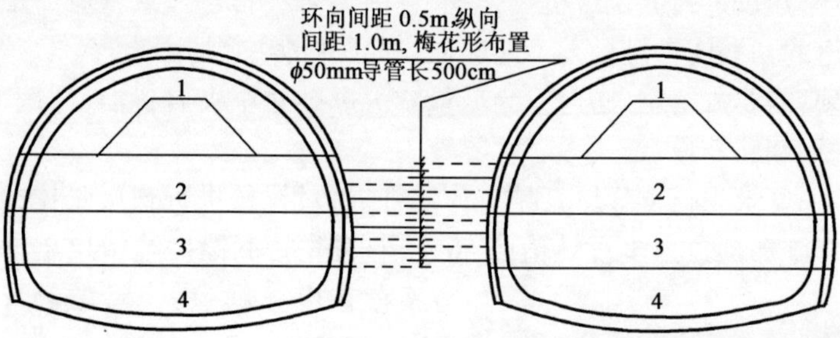

图 9-8　台阶法开挖工序剖面布置图

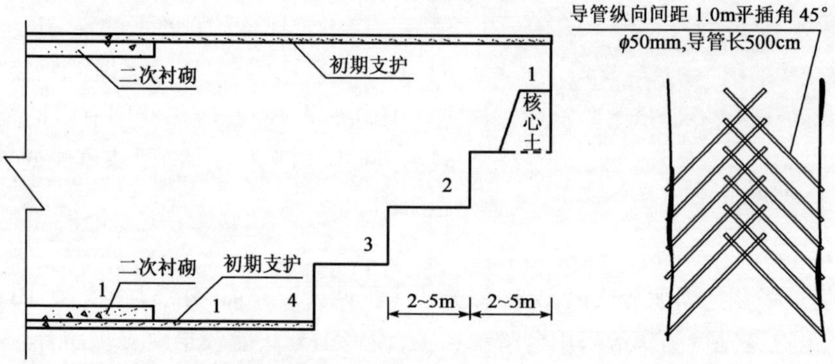

a) 单洞施工工序平面示意图　　b) 中夹岩导管俯视图

图 9-9　台阶法开挖工序平面布置图

(2)由于超前导洞临空面的存在,二次扩挖(预留光爆层)的爆破装药量可大大减少,同时爆破震动也可减小,从而减小了爆破震动对中夹岩稳定性的影响。

(3)根据国内有关测试结果,预留光爆层的爆破方法对开挖轮廓以外围岩(围岩松弛带)的破坏较普通爆破和光面爆破小。

采用超前导洞预留光爆层法进行开挖时,爆破震动控制技术要求相对较低,较全断面一次爆破易取得较好的经济效益。图 9-10、图 9-11 分别为超前导洞开挖工序及横断面布置图、平面布置图。

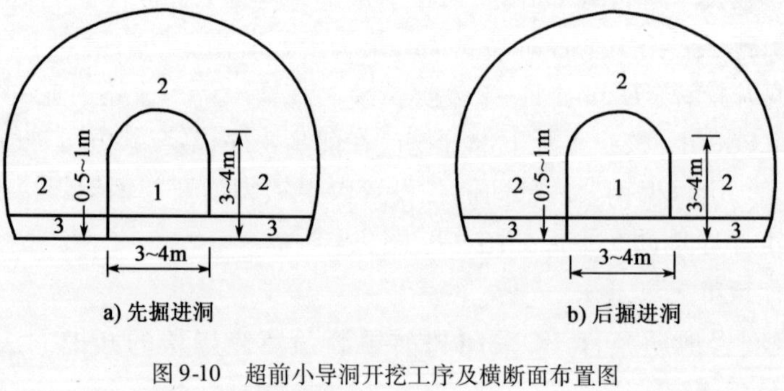

a) 先掘进洞　　b) 后掘进洞

图 9-10　超前小导洞开挖工序及横断面布置图

(图中数字为开挖步骤)

4)全断面法

全断面一次开挖法就是将全部设计断面一次开挖成形,再修筑衬砌。一般适用于II、III级围岩,并配有钻孔台车和高效率装运机械的石质隧道。全断面开挖具有以下主要优点:

(1)施工工序少,相互干扰较少,便于施工组织和管理。

(2)开挖一次成形,对围岩扰动小,有利于围岩稳定。

(3)开挖工作面较大,钻爆施工效率高,可以采用深眼爆破的方法,加快掘进速度。

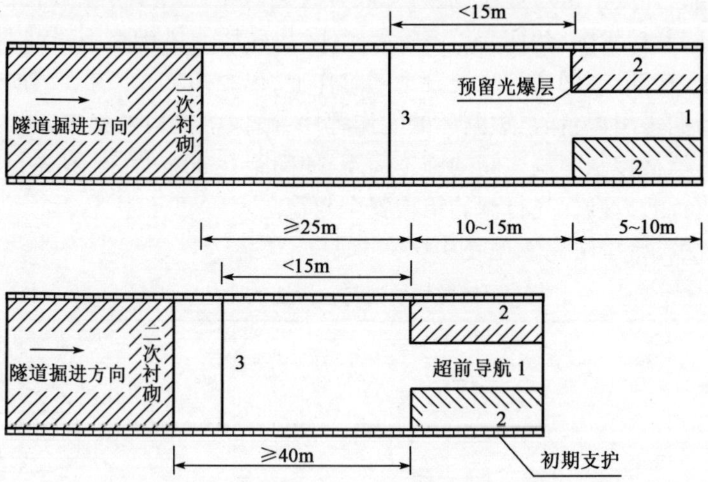

图9-11 超前小导洞开挖工序平面布置示意图

(4)隧道空间较大,便于采用先进大型施工机械设备,实现综合机械化施工,从而可以提高施工劳动效率,劳动条件好,可以减轻工人劳动强度,降低工程造价,施工速度快,质量好。

小净距隧道开挖采用全断面开挖时,为了减少后行洞爆破开挖对先行洞的影响,相邻两隧道开挖掌子面之间应保持一定距离,研究表明宜大于2倍洞径。图9-12、图9-13分别为全断面开挖工序及横断面布置图、平面布置图。

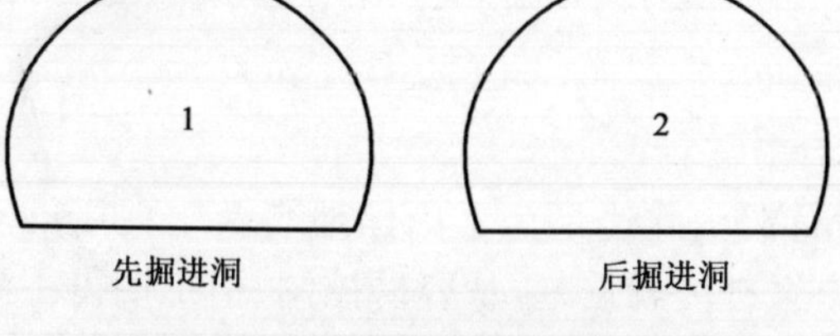

图9-12 全断面开挖工序及横断面布置图

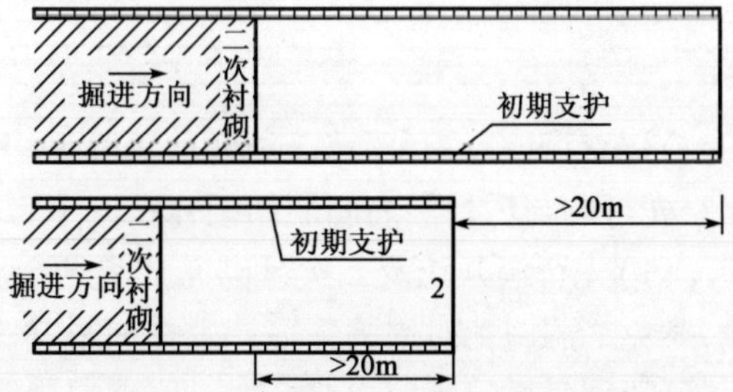

图9-13 全断面开挖工序及平面布置图

小净距隧道施工的成功在于保证中夹岩的稳定,因此减少开挖对中夹岩的扰动,发挥中夹岩的自承能力成为小净距隧道选择开挖方法的原则。

综上所述,在VII级围岩段一般采用单侧壁导洞+临时仰拱法(CRD法)或单侧壁导洞进行开挖。在开挖前,应按设计进行围岩超前预加固或地表加固。当围岩级别为V级的土质隧道、浅埋隧道、偏压隧道时,或在赋存地下水的情况下,宜采用单侧壁导洞;在石质V级围岩中,为方便大型设备发挥其优势,同时为方便工序的转换,开挖方法也可选用上下台阶与正向侧壁导洞组合法,其中台阶法施工中必须注意上台阶长度对围岩稳定性的影响;在浅埋、偏压或土质、软质岩石的Ⅳ级围岩地质条件下,推荐采用上下台阶与正向单侧壁导组合或上下台阶法与反向侧壁导洞组合法的开挖方法;在Ⅲ级围岩地质条件下,采用超前导洞预留光爆层的开挖方法或上下台阶法;为发挥大型设备施工的优势,Ⅱ、Ⅲ级围岩段一般采用全断面法或超前导洞预留光爆层法施工。但在施工措施中着重强调以下几点:做好光面爆破,炮眼布置及装药量均严格控制,并严格按短进尺掘进,一般开挖进尺不超过2.0m,以控制爆破规模,并使之形成较为平顺的开挖轮廓;初期支护一定要紧跟,爆破后通风排险不超过1h,及时用喷混凝土封闭开挖周边。锚杆、挂网亦与喷混凝土同时作业,以缩短初期支护设置时间,尽早维护围岩稳定;强调后行洞采用短台阶、短循环的工作程序,确保中夹岩的稳定,同时有效地控制拱、墙变形增长速度;严格控制两洞之间的施工间距,使间距在30m以上,在先行洞初期支护封闭成环后再施工后行洞,以确保先行洞的结构安全与稳定。

单侧壁导坑法与台阶法比选见表9-6。

单侧壁导坑法与台阶法的比选 表9-6

开挖方法	单侧壁导坑法	微台阶预留核心土法
开挖示意图	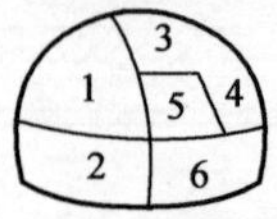	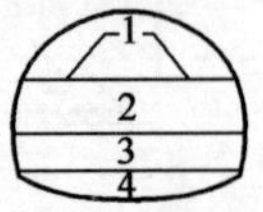
适用范围	围岩差,两洞室净间距<6m	围岩稍好,两洞室净间距≥6m
中夹岩加固措施	初期支护+注浆+水平贯通预应力锚杆	初期支护+注浆
工法安全性	安全	安全
施工技术难度	难度高,施工经验缺乏	难度低,施工经验丰富
机械适应性	中、小型	大、中型
施工工序、效率	工序干扰大,作业效率低	工序干扰小,作业效率高
工期	工期长	工期短
造价	高,增加了临时支撑的施工量和拆除量	低

5)先行洞与后行洞施工间距的选择

先行洞与后行洞之间的间距存在以下三种选择方法:

(1)先行洞开挖及二次衬砌完成后再施工后行洞。此法是为了确保地表及中夹岩的安全,避免二洞施工对周围环境产生叠加影响。此方案进度较慢,质量容易控制,但工期得不到保障,特别是对拉预应力锚杆在一侧围岩稳定后才施作,起不到应有作用,尤其在岩质隧道中,后行洞爆破对中夹岩及先行洞二次衬砌造成不利影响,开挖必须采用控制爆破技术。

(2)先行洞超前后行洞30m以上,双洞同时施工。先行洞所有工作面超前后行洞相对应工作面30~40m;两侧导坑、主洞,仰拱及时封闭成环,先行洞的二次衬砌滞后后行洞开挖工作面约30m的距离,确保后行洞爆破施工对其影响最少。此方案能提高进度,预应力对拉锚杆及时施作,能有效加固中夹岩,保持其稳定,也避免洞室多次应力重分布问题,但对拉锚杆受空间限制,不易施作。

(3)先行洞与后行洞工作面同里程施工。中夹岩两侧导坑同时施工,施作对拉锚杆,对拉预应力锚杆施工完成后再开挖各洞其余工作面,此方案基本上为使用对拉式预应力锚杆而设。

实际上,第二种两洞施工间距控制方案更为常见,也更为实用,应为推荐方案。第一种施工间距控制方案对结构的影响较大,第三种更是少见,均为不推荐方案。

9.3　公路小净距隧道关键性施工技术

对于小净距隧道施工而言,毫无疑问,确保中夹岩的稳定是其最重要的部分,中夹岩加固施工质量决定小净距隧道的质量。同时,控制后行隧道爆破开挖对先行隧道结构的震动影响也是小净距隧道施工的关键技术。

9.3.1　中夹岩加固技术

1)国内中夹岩加固技术实例

中夹岩的加固是小净距隧道设计中的关键步骤和设计理念的精髓。中夹岩在小净距隧道双拱结构中部,起着极其重要的支撑作用,小净距隧道施工过程中二次应力场在中夹岩叠加,极有可能出现应力集中现象,因而设计时应着重考虑对中夹岩进行加固。从我国已建的小净距隧道统计资料可以看出(表9-7),中夹岩的加固方式主要采用以下两种:超前预注浆加固、低预应力水平对拉锚杆加固。

国内部分公路小净距隧道中夹岩加固措施调查　　表9-7

隧道名称	最小净距(m)	围岩级别	中岩墙加固措施
宁波镇海招宝山隧道	2.98	IV、III级	极浅埋段预设铅垂向锚桩 预拉力对拉锚杆加固
都汶国道董家山隧道	3.75	V～III级	局部长锚杆和地表深孔注浆 预应力对拉锚杆加固
京福高速金旗山隧道	5.08	IV、III级	超前小导管注浆加固 预应力对拉锚杆加固
京福高速里洋隧道	5.86	V、IV级	超前小导管注浆加固 预应力对拉锚杆加固
泉州市丰泽街隧道	6.44	III级	超前预注浆加固 预应力对拉锚杆加固
井冈山市石狮隧道	8.2	III～V级	超前小导管注浆加固 低预应力对拉锚杆加固
十漫高速花园隧道	1.8	V级	超前预注浆加固 低预应力对拉锚杆加固

2)中夹岩加固技术

中岩柱所处的部位和其受力特点决定了小净距隧道中岩柱加固是设计和施工的关键。在施工过程中,中岩柱加固技术和加固时机选择是否合理,都直接影响到小净距隧道施工的安全。

从中岩柱力学分析情况来看,对于IV、V级围岩,中岩柱未加固前都会产生蝶形塑性区,而且随着施工的进行,蝶形塑性区由小到大甚至贯通,及时加固处理后,塑性区明显变小,甚至消失。

对于III级围岩的力学分析表明,即使采用全断面法开挖,一般也不出现塑性区,但安全系数只略高于临界安全系数,因此也应对其进行加固处理;对于Ⅱ级围岩,如果中岩柱厚度达4m以上,则不需对中岩柱采取特殊的加固措施,依然可保证施工安全。

以上情况表明,对于Ⅲ、Ⅳ、Ⅴ级围岩,在施工过程中必须与所采用的开挖方式相配合,选择合理的加固时机和加固方式,对中岩柱进行加固处理,才能确保施工的安全。

目前,对中岩柱的加固,人们提出了多种加固技术,如中空锚杆(管)注浆加固技术、水平预应力对拉锚杆加固技术(不提倡使用)等。同时,中岩柱同其他围岩部位一样采取喷、锚、网、架设钢支撑等初期支护措施。

以上几种方法应视围岩状况进行合理选择,如对于Ⅴ级围岩来讲,可采取中空注浆锚杆(管)或系统锚杆和水平预应力对拉锚杆的方法对中岩柱进行加固。对于Ⅳ、Ⅲ级围岩来讲,通常只选用中空注浆锚杆(管)对中夹岩注浆加固即可。对于Ⅱ级围岩可不采用加固措施。

(1)中空注浆锚杆(管)加固

注浆加固是通过一定的压力和路径把具有一定强度和胶结性能的浆液注入岩体裂隙或孔隙中,排出充填的空气或水,把松散(或碎裂的岩体)胶结成一个整体,能大大提高岩体的力学指标,提高围岩级别。注浆技术有着上百年的历史,在胶结材料、钻注设备和施工工艺等方面都有较成熟的经验,在国内外的岩土加固中广泛采用,目前应用最多的注浆材料是普通硅酸盐水泥浆液。

小净距隧道岩柱注浆加固工艺:左洞(先行洞)开挖支护后,在中夹岩上布设注浆孔,采用小导管(或中空锚杆)注入水泥浆液,注浆范围超过岩柱厚度,使岩柱在右洞(后行洞)到来前就得到加固;当右洞开挖和支护完成后,根据监测到的岩柱稳定情况,决定是否采取像左洞一样的补充注浆加固,以达到提高岩柱岩体的力学指标,保持稳定的效果。

与预应力锚杆加固岩柱方法相比,注浆加固是后洞到达前(即岩柱形成前)完成的,加固的时效性强;与常规的注浆锚杆的施工方法相同,注浆加固可在开挖面钻爆期间完成,施工工艺简单,操作性强,易组织,浆液充填了岩体空隙,加固后岩柱的岩体完整性从根本上得到改善,岩体强度大大提高。注浆加固更加符合新奥法"保护围岩、利用围岩"的精髓,减小了作用在支护结构上的荷载等。当采用小导管注浆加固或中空注浆锚杆进行注浆加固时,锚管本身抗拉强度高的特点,又能大大提高岩柱抵抗侧向膨胀变形的能力。故可在施工中采用中空注浆锚杆替代预应力对拉锚杆,对小净距隧道的岩柱进行加固。

有关中空注浆锚杆(管)的加固技术详见第三章3.1.2节,本处略。

图9-14～图9-17为有关中空注浆锚杆在现场中的施工图。

图9-14　捆扎好的排气管中空注浆锚杆

图9-15　安装中空注浆锚杆

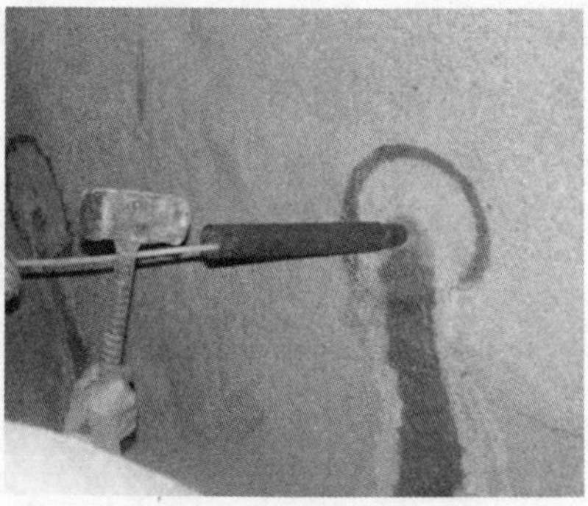

图 9-16　安装中空注浆锚杆止浆塞

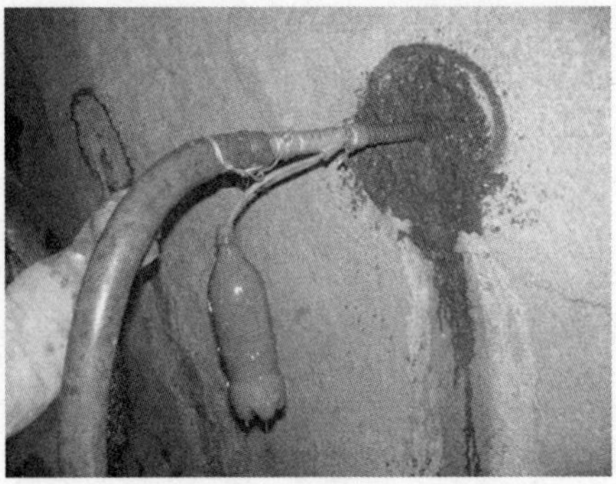

图 9-17　中空锚杆注浆

(2)低预应力水平贯通式对拉锚杆加固

①结构特点。按杆体结构区分,低预应力水平贯通式对拉锚杆主要由内锚段、张拉段和外锚段组成。

②施工工艺:

a. 预应力锚杆安装:采用风钻钻孔并彻底清孔,在锚杆内锚段杆体的端部戴上锚头,将戴好锚头的锚杆装入锚孔,并通过锚头将其固定在锚孔内。再将止浆塞装上锚杆,然后采用较稠的浆液进行注浆。

b. 预应力施加:注浆结束 24h 后,即可进行预应力施加,安装顶应力专用垫板和锚具,采用专用工具拧紧锚具上的螺帽达到设计所需预应力即可。

③锚杆注浆。同普通中空锚杆。

④对拉预应力水平锚杆张拉施工。目前主要有后张拉法与二次张拉法两种。这两种施工工艺均存在工序多,工艺复杂,加固不及时等主要缺点,单独使用效果不理想,实践中常与注浆加固配合使用。后张拉法是在后行洞开挖后进行的,这时地层应力已调整释放完毕,大部分变形已经发生,但后张拉法存在注浆体破坏等问题。其施工工艺分述如下:

a. 后张拉法。后张法施工预应力锚杆安装断面如图 9-18 所示,后张法预应力锚杆由锚头、锚固段两部分组成,锚头长约 0.5m,全长带丝,锚固段长度取决于岩柱厚度。

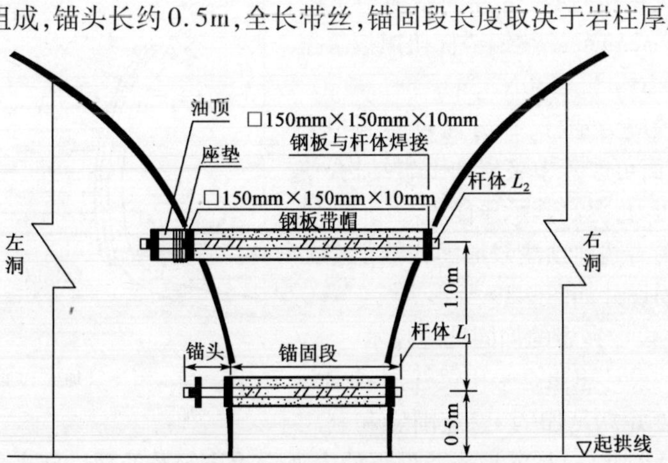

图 9-18　预应力锚杆安装断面示意图

在后行洞上半断面开挖支护后，用钻机钻穿岩柱，由左洞送入锚杆。在右洞将锚杆锚固端的垫板与锚杆杆体焊接，并喷射混凝土封闭孔口。从后行洞（张拉端）用注浆机向孔内注浆，注浆材料一般选用灰砂比为1∶1.2、水灰比为0.40的水泥砂浆，当孔口溢出浆液时停止注浆。

注浆后安装锚杆拉拔器立即张拉至设计预应力，用扭矩扳手双螺母锁定。施加预应力时，先将中心带孔的约150mm×150mm×10mm钢板套在左侧孔口的杆体根部，带上螺帽，然后将锚杆拉拔器油顶套在锚头上，锚头端部加钢板、螺帽，固定油顶后开始预加应力，预加应力至设计值后，保持5min，然后将锚头根部的钢板螺帽用扭矩扳手上紧，扭紧力矩≥100N·m。

最后拆卸钢板、拉拔器，割除多余锚头，封闭孔口，完成锚杆施工。

b.二次张拉法。二次张拉工艺施工低预应力锚杆，是在先行洞开挖后，先初喷钢纤维混凝土层，再钻孔“穿”至后行洞初期支护轮廓线内，施打水平贯通式预应力锚杆加固中夹岩体。将锚杆前端（后行洞端）端头车丝并包装保护后，送入锚杆孔内；在锚杆孔内灌注水泥砂浆，待锚杆钻孔内水泥砂浆强度达到其设计强度后，在先行洞通过扭矩扳手对锚杆进行初次张拉。后行洞开挖暴露锚杆端部后，拆除预安装的丝扣保护包装，通过扭矩扳手施加预拉力至设计值。

张拉设备可为扭矩扳手，锚固时，一端采用锚垫板固定，另一端进行张拉。

锚杆呈梅花形布置，环纵向间距均为80cm。锚杆成孔选用YG型重型凿岩机，锚杆选用ϕ25mm精轧螺纹钢，两端为螺纹结构。锚杆固定端和张拉端沿纵向间隔一排布置，在同一截面上间隔进行张拉，以避免产生局部压应力集中现象。当拉杆应力稳定后，利用注浆机通过预埋的注浆孔对拉杆孔道进行注浆处理，最后将锚杆端部用C20混凝土喷平。

施工工艺流程如下：钻孔—除锈—涂防锈漆—涂黄油—套PVC管—安装锚杆—注浆—扭矩扳手施加预应力。

采用扭矩扳手与ML-20型锚杆拔力计配合，测得几组数据。根据所测数据，综合考虑锚杆与围岩、喷射混凝土、钢板、螺栓之间的摩擦造成的预应力损失，确定ϕ25mm螺纹钢锚杆扭矩扳手扭矩值为275×(1+20%)=330N·m

通过施作低预应力锚杆，一方面可限制中夹岩的变形；另一方面可改善中夹岩的围岩结构，使中夹岩承受双向压力，提高其承压能力。

具体中夹岩围岩超前预注浆加固和低预应力水平对拉锚杆加固设计如图9-19所示。

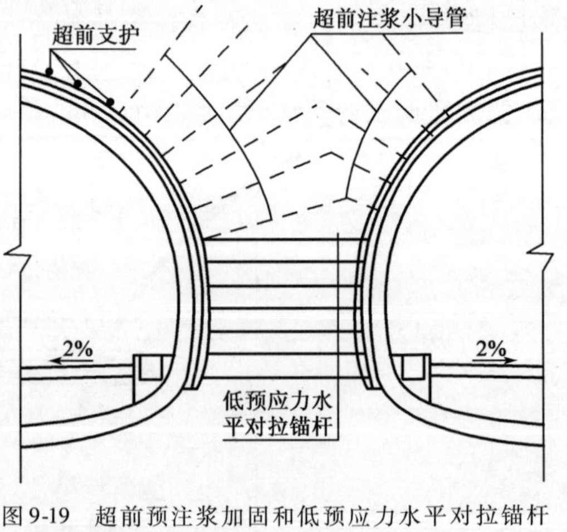

图9-19　超前预注浆加固和低预应力水平对拉锚杆加固

（3）特殊地质段中夹岩的加固处理技术

小净距隧道的设计思想是采用梁柱法或中壁法，保留中夹岩柱，并立足加固、稳定围岩和利用围岩自身承载力。因此，对特殊地质条件下的中夹岩的稳定及处理措施提出了更高的要求。

①在V、VII级围岩段，仅靠水平贯通预应力锚杆或中空注浆锚杆对中夹岩进行加固是不

够。针对这些极软弱岩体段，在两隧道相邻拱部的格栅拱架或钢架下设置为0.5m/榀的钢筋混凝土立柱，并及时完成喷射混凝土层，利用这种较强大的钢筋混凝土的侧墙支护，提高中夹岩处隧道拱脚自承荷载，转移和减少中夹岩的应力。

②当小净距隧道通过膨胀性围岩、含水未固结围岩、溶洞、松散地层时，应采用人工和机械方法施工，特别要保护好围岩，尽量减少两隧道间中夹层的破坏，应对围岩进行预加固、超前支护或止水。

9.3.2　爆破震动控制技术

1)基本要求

小净距隧道开挖中的爆破震动主要是指后行洞爆破时在先行洞二次衬砌和中夹岩产生的震动。对于隧道开挖来讲，岩石的破坏程度主要取决于：

(1)在岩石中引起的应变。

(2)岩石的裂隙程度及地质结构面的产状。

(3)爆破震动。

小净距隧道由于中夹岩的厚度一般较小，后开挖隧道的爆破震动对前开挖隧道产生较大影响，应将前开挖隧道衬砌处的振动速度控制在一定范围以内，并以此作为后开挖隧道各段爆破药量的计算依据。为避免振动波的叠加，必须采用微差控制爆破，各段起爆时间应根据振动测试试验确定，或按经验公式值确定。IV级以上围岩地段尽可能采用机械或人工开挖，III级以下围岩地段施工采用预留光爆层或导洞先行后续光爆扩挖法。

2)国标规范允许爆破震动控制标准

我国国家标准《爆破安全规范》(GB 6722—2003)中对不同保护对象的爆破安全允许振速值作了规定，具体见表9-8。由表9-8可知，我国《爆破安全规程》(GB 6722—2003)对交通隧道二次衬砌结构的最大安全允许振速值(10~20cm/s)进行了限定，但并没有直接对小净距隧道中夹岩的爆破安全允许振速值进行界定。

爆破安全允许振速值　　表9-8

序号	保护对象类别	安全允许振速(cm/s)		
		<10Hz	10~50Hz	50~100Hz
1	土窑洞、土坯房、毛石房屋	0.5~1.0	0.7~1.2	1.1~1.5
2	一般砖房、非抗震的大型砖块建筑物	2.0~2.5	2.3~2.8	2.7~3.0
3	钢筋混凝土结构房屋	3.0~4.0	3.5~4.5	4.2~5.0
4	一般古建筑与古迹	0.1~0.3	0.2~0.4	0.3~0.5
5	水工隧道	7~15		
6	交通隧道	10~20		
7	矿山巷道	15~30		
8	水电站及发电厂中心控制室设备	0.5		

续上表

序号	保护对象类别	安全允许振速(cm/s)		
		<10Hz	10~50Hz	50~100Hz
9	新浇大体积混凝土 龄期:初凝~3d 龄期:3~7d 龄期:7~28d	 2.0~3.0 3.0~7.0 7.0~12		

注:1. 表列频率为主振动频率,是指最大振幅所对应波的频率。

2. 频率范围可根据类似工程或现场实测波形选取。选取频率时也可参照下列数据:硐室爆破<20Hz 深孔爆破10~60Hz,浅孔爆破40~100Hz。

a. 选取建筑物安全允许振速时,应综合考虑建筑物的重要性、建筑质量、新旧程度、自振频率、地基条件等因素。

b. 省级以上(含省级)重点保护古建筑与古迹的安全允许振速,应经专家论证选取,并报相应文物管理部门批准。

c. 选取隧道、巷道安全允许振速时,应综合考虑构筑物的重要性、围岩状况、断面大小、埋深大小、爆源方向、地震振动频率等因素。

d. 非挡水新浇大体积混凝土的安全允许振速,可按本表给出的上限值选取。

(1)中夹岩最大安全允许振速

对于小净距隧道,由于中夹岩厚度较小,是结构的薄弱部位,爆破震动影响也最为明显。中夹岩的损伤,将对小净距隧道的长期安全性构成巨大的威胁。因此,对小净距隧道爆破震动控制来讲,宜从严控制。考虑到中夹岩是经过中空锚杆注浆的加固体,可对照表9-8中所列的第3项钢筋混凝土结构房屋的最大安全允许振动值(3.0~5.0cm/s)对中夹岩的最大安全允许振动值进行限定,即可将中夹岩的最大安全允许振速限定在3.0~5.0cm/s,依此值对隧道爆破最大单段药量进行计算并控制。

(2)先行洞二次衬砌结构最大安全允许振速

由表9-8可知,我国《爆破安全规程》(GB 6722—2003)对交通隧道二次衬砌结构的最大安全允许振动速度值限定在10~20cm/s之间,即对小净距隧道而言,后行洞爆破对先行洞的二次衬砌结构的最大值不得超出20cm/s。

3)爆破震动测试目的

现场测试拟达到以下目的:

(1)通过最大振动速度测试,为依托工程提供爆破测试结果,指导承包人修正爆破参数,以确保施工安全。

(2)收集现场爆破震动各项技术要点,对测试结果进行汇总分析,回归确定振动速度方程中的K、α值,为将来的施工应用提供更多参考依据。

(3)了解振动速度在隧道内的空间分布规律,以便明确施工布置上应注意的问题。

(4)通过实测,明确安全起爆段差。

(5)通过实验测试,确定安全振动速度。

4)爆破震动测试方法

小净距隧道钻爆施工质量好坏直接关系到隧道施工的成败。因此,有必要采取措施,对钻爆施工进行严格的监测和控制。

震动测试系统是爆破震动自测仪和相关的爆破振动波分析软件。传感器为水平向速度计和垂直向速度计,传感器频率响应范围为 20 ~ 1 000Hz。

小净距隧道爆破施工中,后行隧道爆破开挖对先行隧道或后行隧道迎爆侧影响较大。同时在隧道的纵向,与爆破掌子面对应前后 1B(B 为隧道开挖跨度)范围也受影响较大。因此,在爆破震动监控量测中,应重点监控量测先行隧道与后行隧道掌子面对应断面的迎爆侧。同时也要加强对掌子面前后 1B 范围内的监控量测。

测试的项目主要有振动速度的测定和爆破振动持续时间的测定。

振动速度的测定采用振速测试仪,对隧道周壁围岩震动进行测试。测试可分两步进行:首先在先行洞中进行测试,然后在后行洞中开挖时测试振动速度。

①在先行洞进行测试,测试点布置位置详见图 9-20。

②在后行洞中开挖时测试振动速度,测点布置详见图 9-21。

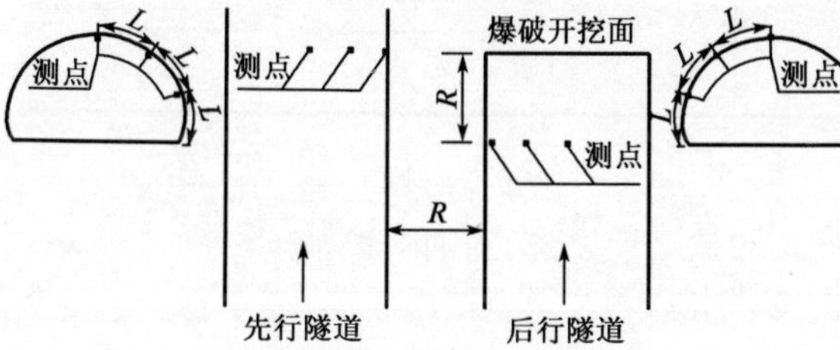

图 9-20　先行洞爆破振速测点位置示意图

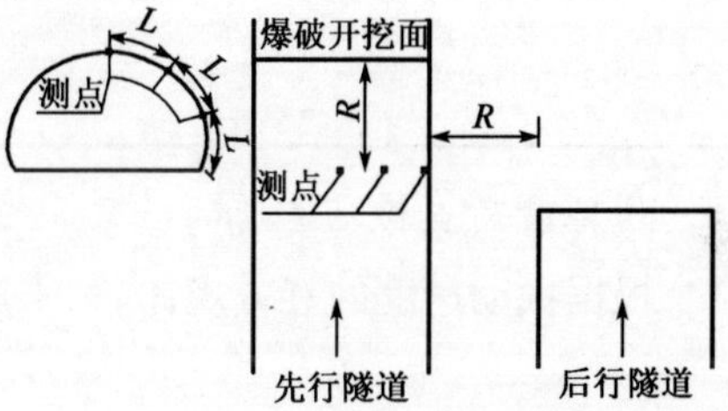

图 9-21　后行洞爆破振速测点位置示意图

现场测试工作主要包括以下内容:掌子面场地及爆破要素记录(表 9-9、表 9-10)、传感器安设、振动数据自记仪采集、振动数据计算机录入分析等。

爆破震动测试(D 型量测断面)场地要素记录表　　表 9-9

表格编号

<table>
<tr><td>工程名称</td><td>东楼隧道</td><td>测点桩号</td><td></td><td>爆破点桩号</td><td></td><td></td></tr>
<tr><td colspan="4" rowspan="6">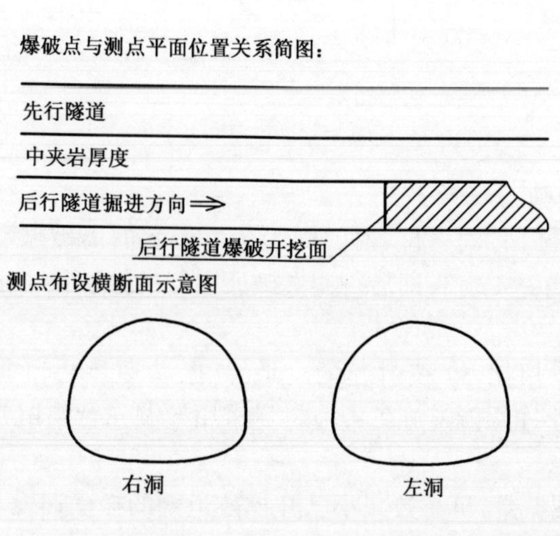
</td><td>中夹岩围岩类别</td><td colspan="2"></td></tr>
<tr><td>中夹岩岩性及围岩状况描述(含节理状况)</td><td colspan="2"></td></tr>
<tr><td>节理、层理产状</td><td colspan="2"></td></tr>
<tr><td>已成洞支护情况</td><td colspan="2"></td></tr>
<tr><td>爆破后先行洞状况</td><td colspan="2"></td></tr>
<tr><td>爆破测试结果</td><td colspan="2"></td></tr>
</table>

爆破震动测试(D型量测断面)爆破要素记录表 表9-10

表格编号

<table>
<tr><td>工程名称</td><td></td><td>测点桩号</td><td></td><td>爆破点桩号</td><td></td></tr>
<tr><td colspan="3" rowspan="9">炮孔布设简图：
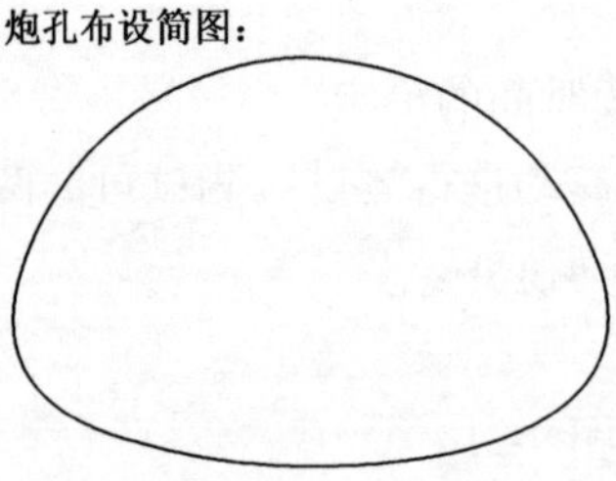</td><td colspan="2">打眼深度</td><td></td></tr>
<tr><td colspan="2">炸药名称</td><td></td></tr>
<tr><td colspan="2">装药形式</td><td></td></tr>
<tr><td colspan="2">单孔装药量</td><td></td></tr>
<tr><td colspan="2">单段最大装药量</td><td></td></tr>
<tr><td colspan="2">不耦合系数</td><td></td></tr>
<tr><td colspan="2">封孔长度</td><td></td></tr>
<tr><td colspan="2">该炮进尺情况</td><td></td></tr>
<tr><td colspan="3">装药形式简图
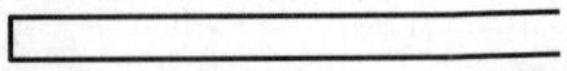
孔底 孔口</td></tr>
</table>

5)爆破质点振动速度的计算

根据振动速度的衰减规律,可采用下列公式对振动速度进行预估计算:

$$v = K(Q^{1/3}/R)^{\alpha} \tag{9-1}$$

式中:v——质点振动速度,cm/s;

K——与爆破场地有关的系数;

Q——装药量(齐发爆破时为总装药量,延发爆破时为最大一段装药量),kg;

R——从测点到爆破中心的距离,m;

α——与地质条件有关的系数。

式(9-1)中K值可按表9-11选取,也可通过类似工程选取或现场试验确定。

爆区不同岩性的K、α值与岩性的关系 表9-11

岩性	K	a	岩性	K	a
坚硬岩石	50~150	1.3~1.5	软岩石	250~350	1.8~2.0
中硬岩石	150~250	1.5~1.8			

6)减震爆破施工经验

通过对小净距隧道施工及监测,得到如下经验:

(1)由于存在另一个临空面,后行洞在同一断面、同一位置处,同等药量引起的爆破振动量是先行洞开挖时引起振动量的2~6倍,最大可达12倍,即后行洞爆破所引起的振动量小于先行洞。

(2)导洞先行预留光面层爆破与普通爆破相比,爆破引起的(质点)振动速度可降低10%~24%。因此,在围岩条件允许的情况下,小净距隧道施工中应尽量采用导洞先行预留光面层爆破技术。

(3)在靠近已开挖隧道一侧设置空孔爆破减振带,可有效减小已开挖隧道壁的振动速度。

(4)采用减轻振动的掏槽方法,可较好地减小振动。

(5)后行洞爆破震动对先行洞中夹岩侧洞壁的影响范围，主要集中在掌子面前后3m范围内(爆破孔孔深3.5m左右时)，超出这一范围后振动速度将有较大衰减。

(6)只要每段爆破时差在100ms以上，实际施工时使用的毫秒雷管(5段以上的)段差在2段或以上，各段爆破将不会出现爆破振动波重叠加大现象，同一段一段进行分开起爆一样安全。

7)减震爆破技术措施

在地下工程及隧道工程中普遍存在爆破开挖岩石和保护围岩这一互相矛盾且必须解决的问题。炸药在岩体内爆炸时，在将开挖范围内的岩石爆破下的同时，必然要对保留岩体造成损伤和破坏，从而影响工程岩体的稳定性。

爆破对工程岩体稳定性的影响主要体现在两方面：一是使岩石的力学性能劣化，使岩石的强度和弹性模量降低；二是在围岩内产生裂纹或使围岩中原有裂纹扩展，从而影响岩体的完整性，以上两个方面都将降低岩体基本质量指标，从而影响围岩的稳定性。爆破开挖对工程岩体的影响程度与采用的爆破方法和爆破参数有直接的关系。合理选择爆破方法和爆破参数可以最大限度地降低爆破对围岩的损伤作用。

由于隧道间距小，洞身采用钻爆开挖必定会对中夹岩稳定产生很大的破坏作用。为了使爆破对围岩的扰动降低到最低程度，在小净距隧道开挖过程中应采用微震爆破技术。所谓微震爆破，就是要控制爆破产生的振速，从而降低爆破对围岩的干扰。微震爆破主要采取以下技术措施：

(1)减少循环进尺，从而减少每循环开挖的炸药总用量；IV级围岩的开挖进尺控制在0.8～1.2m以内，III级围岩的开挖进尺控制在1.2～1.5m以内。

(2)炮眼采用线性布置，光面微差爆破。

(3)分部爆破。在局部破碎地段，采用分部爆破的方式，即在开挖面分部装药，各部间采用高段级毫秒雷管串接，防止各部同时起爆。在围岩破碎地段采用小导洞分部开挖方式；在围岩较好地段采用台阶法环向切槽法。

(4)将一次爆破的所有炮孔分成多段，按顺序起爆。段数越多，单段爆破药量越少，爆破最大振速将会明显降低。

(5)在选择雷管段数时，应加大相邻段的段位差，采用毫秒雷管和半秒雷管配合使用的方法，增加雷管段别；应尽可能考虑掏槽区跳段排列雷管，这样做，有利于相邻两段振动的主振相分开，避免微差爆破延时不够或延时误差造成应力波叠加，从而使振动加强，以上措施也利于为后排爆破创造更充分的临空面，减轻爆破夹制作用。

(6)在减震要求较高地段，除应适当减小炮孔内线装药密度外，还可多设周边空孔阻隔爆破地震波向外传播。

(7)若采用空孔直眼掏槽爆破方案，应增加空孔数量或增大空孔直径，以加大临空面，这对减小夹制作用，降低掏槽爆破的振动强度十分有效。

(8)采用合理的不耦合装药和空气间隔装药结构，也可以降低爆破振动强度。

(9)提高钻孔的准确性。影响钻孔效率和准确性最重要的因素体现在最低限度的超欠挖，根据设计的炮孔布置形式进行更准确和快速的炮孔排列，最佳的装药，对于不同的地层条件以最适宜的速度掘进多样化的炮孔等。

(10)先行隧道初期支护及时封闭对降低爆破振动强度效果明显。因此,先行隧道初期支护宜及时封闭,后行隧道应在先行隧道初期支护完成后通过。先行洞二次衬砌宜在后行洞通过后浇筑。

(11)从控制小净距隧道爆破震动影响来讲,后行洞爆破开挖宜采用上、下台阶法。当采用侧壁导坑法开挖,考虑到增加临空面对减振的有利影响,宜先开挖远离中夹岩侧。

(12)若软弱围岩(如V级围岩),宜采用机械开挖为主,辅以弱爆破。

(13)小净距隧道爆破开挖施工中,后行洞爆破开挖进尺不宜大于隧道净距的1/3,同时,掏槽眼布置宜远离中夹岩,使中夹岩处于应力波作用范围以外(120~150倍药包半径)。为了减小小净距隧道爆破开挖的相互影响,两隧道开挖掌子面之间的距离宜保持在2B以上。

9.3.3 施工监测技术

1)监测的必要性

出于工程本身和设计的要求,应实施施工监测。

(1)工程本身的要求。小净距隧道工程主要特点:跨度较大、覆土较薄、地质条件差(常位于洞口,穿越地层黏结力弱,地层自稳力差、承载力低,开挖后变形快,稍有不慎极易产生坍塌或出现大的下沉)。为及时掌握小净距隧道施工过程中隧道支护结构的稳定状态和施工对周围环境的影响,需对施工全过程进行全面的监控。

(2)设计的要求。由于地下工程的复杂性,特别是地质条件的多变及施工方法的多样化,因而在设计计算时难以模拟“围岩—支护”体系的相互作用,导致了目前的隧道工程在结构设计时仍以半概率定值设计法、工程经验类比法为主,对此,国内相关的地下工程设计规范都有明确的规定。

《锚杆喷射混凝土支护技术规范》(GBJ 86)规定:锚喷支护的设计,应采用工程类比法,必要时,还应辅以监控量测及理论的检算。

2)监测的目的

实施监控量测的目的:

(1)通过监控量测了解各施工阶段地层与支护结构的动态变化,把握施工过程中结构所处的安全状态。

(2)通过对监测数据的处理、分析,采取工程措施来控制结构位移,确保施工安全及结构安全。

(3)用现场实测的结果弥补理论分析过程中存在的不足,并把监测结果反馈设计,指导施工。

(4)通过监控量测对工程施工可能产生的环境影响进行全面的监控。

(5)通过监控量测进行隧道日常的施工管理。

(6)通过监控量测了解该工程条件下所表现、反映出来的一些地下工程规律和特点,为今后类似工程的施工或该工法本身的发展提供借鉴依据和指导。

3)监控量测项目的选择

监控量测的项目主要根据小净距隧道工程的地质条件、围岩级别、跨度、埋深、开挖方法和支护类型等综合确定。而且，在隧道工程中进行量测，绝不是单纯地为了获取信息，而是把它作为施工管理的一个积极有效的手段，因此量测信息应具有以下特点：

（1）能确切地预报破坏和变形等未来的动态，对设计参数和施工流程加以监控，以便及时掌握围岩动态而采取适当的措施（如预估最终位移值，根据监控基准调整、修改开挖、支护的顺序和时机等）。

（2）满足作为设计变更的重要信息和各项要求，如提供设计、施工所需的重要参数（初始位移速度、作用荷载等）。

根据小净距隧道工程特点，监测项目以位移监测为主，同时在整个区间布置数个综合测试断面，辅以应力监测，计算结构实际受力状况，同时也使各种监测数据能够相互印证，以确认监测结果的可靠性。

小净距隧道一般监测项目、测点布置原则及数量、监测仪器、监测频率见表9-12。

小净距隧道现场监控量测项目及量测方法 表9-12

序号	监测项目	监测仪器	测点布置原则及数量	监测目的与要求	监测频率
1（必测）	地表沉降、地面建筑物沉降	精密水准仪、铟钢尺或全站仪等	沿小净距隧道地表纵向间隔布点，以及周围受影响的建筑物	掌握小净距隧道开挖时对周围土体、建筑物的影响程度，确保安全	正常情况下：1次/1～2d 特殊情况下：1～2次/d
2（必测）	拱顶下沉及底板隆起	水准仪、钢挂尺、铟钢尺等	沿隧道中线（底板）方向间隔一定间距布点	了解施工中结构的变形情况，确保施工安全	正常情况下：1次/1～2d 特殊情况下：1～2次/d
3（必测）	小净距隧道净空水平收敛	收敛计或全站仪	拱腰部位埋设，与拱顶点对应在同一断面		
4（选测）	初期支护与围岩接触应力、初期支护及二次衬砌应力、锚杆轴力	频率接收仪、土压力计、钢筋应力计等	选择代表性区段埋设3个测试主断面	了解施工中结构的受力情况，确保施工安全	正常情况下：1次/3～4d 特殊情况下：1次/d
5（必测）	爆破震动监测	震动监测仪	在中夹岩及先行洞侧壁上，以爆破点为中心，等距纵向布点	掌握后行洞爆破对先行洞结构及中夹岩稳定的影响	正常情况下2～3次/周
6（选测）	中夹岩围岩内部位移	多点位移计	垂直于中夹岩钻孔布设多点位移计	掌握后行洞施工对中夹岩及先行洞结构稳定性影响	正常情况下2～3次/周
7（选测）	中夹岩声波波速监测	声波波速仪	垂直于中夹岩钻孔布设声波测孔	掌握后行洞施工对中夹岩及先行洞结构稳定性影响	正常情况下2～3次/周
8（必测）	洞内观察、地质素描	罗盘等	在开挖面进行现场观察记录地质情况及支护状态	掌握开挖面的围岩地质情况，提前做好施工措施	每次开挖后进行

4)监控量测断面的确定

根据隧道工程地质情况和大跨度小净距隧道围岩与支护结构的受力特点,为满足隧道数据采集和保证施工安全,根据围岩级别与支护类型将量测断面分为四种,分别为A型、B型、C型、D型。

A型量测断面(必测+选测项目):适用于隧道Ⅳ级围岩段、洞口段及破碎带。具体量测项目包括洞内地质与支护观察、净空变位及拱顶下沉、中夹岩围岩内部位移、中夹岩声波波速、锚杆轴力、钢支撑应力、初期支护与围岩之间的压力、初期支护与二次衬砌之间的压力、爆破震动测试。

B型量测断面(必测+部分选测项目):适用于Ⅲ级围岩。具体量测项目包括洞内地质与支护结构观察、净空变位及拱顶下沉、中夹岩围岩内部位移、锚杆轴力、初期支护与围岩之间的压力、初期支护与二次衬砌之间的压力、爆破震动测试。

C型量测断面(全必测项目):适用于隧道各类围岩段。具体量测包括洞内地质状态与支护结构安全性观测,净空变位及拱顶下沉。

D型断面量测(爆破震动测试+中夹岩围岩内部位移监测):D型断面为振动波及中夹岩围岩内部位移监测,适用于隧道各级围岩段。设置该量测断面的目的是为了测试后行洞在爆破中对先行洞的影响。

5)量测方法和测点布置

施工监控量测方法和测点布置具体如下:

(1)洞内观察。对新开挖断面的岩性、岩层产状、结构面、断层等工程地质和水文地质情况,以及初期支护完成后喷层表面的裂缝状况进行观察和描述。同时观测有无锚杆被拉脱或垫板陷入围岩内部现象,锚杆和喷层有无施工质量问题。

(2)水平收敛及拱顶下沉量测。在确定量测的新开挖断面拱顶及轴线左右设3个带挂钩的锚桩,测桩埋设深度30cm,用快凝水泥或早强锚固剂固定,测桩头设保护罩。用收敛计或全站仪量测洞壁收敛位移。

(3)地表沉降观测。在选定的量测断面区域,先设置一个通视条件较好、测量方便、牢固的基准点。测点布置在隧道轴线及其两侧,每个断面根据实际情况设7~11个测点。测量范围为隧道底两侧向上45°与地表相交,测点埋设水泥桩,用红色油漆做标记,并加以编号,用精密水准仪或全站仪测量。

(4)锚杆轴力量测。根据围岩岩性实际情况,在隧道选取10个断面,每个断面在拱顶、拱腰、拱脚打5个测孔,孔深3.7~5m,钻孔直径50~60mm。每个测孔内设4个测点并安装上传感器,每个断面一共20个测点。用千分表读取位移,用钢筋计量测轴力。

(5)初期支护与围岩之间应力、二次衬砌之间应力量测。沿隧道周边拱顶、拱腰埋设传感器,将压力盒分别埋设在围岩与喷射混凝土之间、喷射混凝土与二次衬砌之间。围岩与喷射混凝土之间的应力盒在喷射混凝土之前埋设,喷射混凝土与二次衬砌之间的应力盒在挂防水板之前进行安装。

(6)爆破震动、声波波速、中夹岩内部位移监测。爆破震动测点沿中夹岩壁进行布点,置于初期支护的表面;声波及围岩内部位移监测则需要钻测试孔,测孔在中夹岩墙中由先行隧道拱肩向下倾斜钻孔,孔底接近于后行隧道轮廓而不钻穿。采用多点位移计测试中隔墙围岩内部位移，以及声波计测试声波波速。该3项内容的监测测点（孔）布置如图9-22所示。

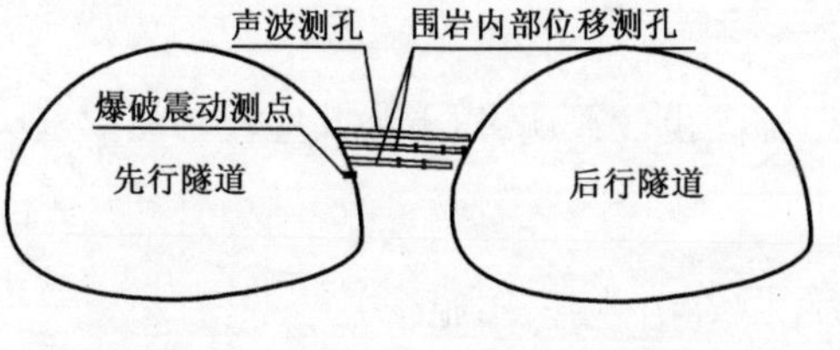

图9-22　中夹岩稳定性监测测点布置示意图

6）量测频率和时间

对于每一断面，在量测初期应予以实时监控，待应力、应变逐步稳定后可降低量测频率。

7）数据采集及仪器装备

现场监控量测工作人员根据规范和监控量测计划规定的频率坚持每天到洞内采集数据，并将采集的数据及时绘出或输入计算机进行处理。如果发现量测数据出现异常变化，则及时分析引起变化的原因，使问题能得到有效处理。

监控量测仪器及主要传感器如下：精密水准仪、全站仪、振弦频率监测仪、隧道收敛计、百分表、锚杆测力计、压力盒、爆破震动自记仪、机械式多点位移计、地质罗盘、温度计、速度传感器（水平、垂直）等。

8）监测控制标准及反馈程序

（1）控制标准

在信息化施工中，监测后应对各种监测数据进行整理分析，判断其稳定性，并及时反馈到施工中以指导施工。一般采用《铁路隧道喷锚构筑法技术规则》（TBJ 108—1992）的III级监测管理，并配合位移速率作为监测管理基准，即将允许值的2/3作为警告值，允许值的1/3作为基准值，将警告值和允许值之间称为警告范围，实测值落在此范围，应提出警告，说明需商讨和采取施工对策，预防最终位移值超限；警告值和基准值之间称为注意范围；实测值落在基准值以下，说明隧道和围岩是稳定的。小净距隧道监测的III级管理见表9-13。

监测管理表　　表9-13

管理等级	管理位移	施工状态	管理等级	管理位移	施工状态
III	$U_0 < U_n/3$	可正常施工	I	$U_0 > U_n 2/3$	应采取加强支护等措施
II	$U_n/3 \leqslant U_0 \leqslant U_n 2/3$	应注意，并加强监测			

注：U_0-实测位移值；U_n-允许位移值，U_n的取值也就是监测控制标准。

（2）反馈程序

在取得监测数据后，要及时进行整理，绘制位移或应力的时态变化曲线图，即时态散点图。

为确保监测结果的质量，加快信息反馈速度，全部监测数据均由计算机管理，每次监测必须有监测结果，及时上报监测日报表，并按期向施工监理、设计单位提交监测月报，并附上相对应的测点位移或应力时态曲线图，对当月的施工情况进行评价并提出施工建议。监测反馈程序如图9-23所示。

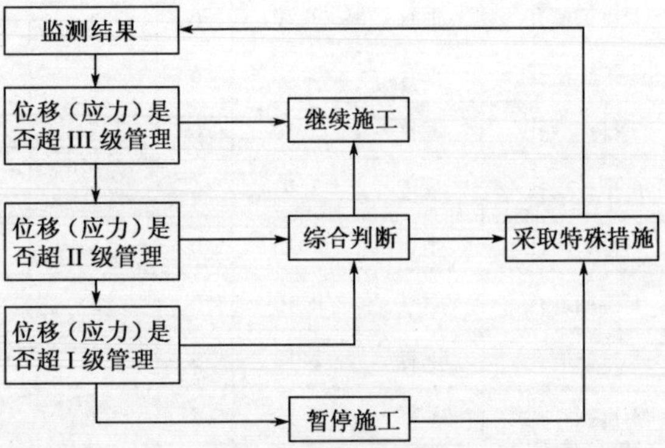

图9-23　监测反馈程序框图

9.4 工程实例

随着重庆市高速公路的快速发展,其小净距隧道施工也较普遍,以下为几座较常见的重庆市高速公路小净距隧道施工实例。

9.4.1 重庆渝湘高速公路武隆小净距隧道施工(非中隧集团施工)

1)工程概述

武隆隧道位于渝湘高速公路武隆至水江段的第 B2-1、B2-2 合同段内,出口受土坎乌江特大桥限制,设置为小净距隧道,出口段最小净距 6.0m。进口段小净距隧道围岩以 III、IV 级围岩为主;出口段小净距隧道围岩以 IV、V 级围岩为主。

武隆隧道小净距段采用爆破方法开挖时,为了防止隧道围岩和中夹岩岩柱的垮塌,在设计中对爆破施工提出了如下几点要求:

(1)小净距双洞施工不能平行爆破作业,前洞应超前 30~50m。

(2)必须采用光面爆破技术,严格控制围岩的超挖量。

(3)在爆破过程中,尽量保护中夹岩岩柱不受破坏,确保中夹岩柱的稳定。

(4)爆破开挖时应控制爆破震动,一般要求爆破振动速度不超过 20cm/s。

2)隧道 7~12m 净距段的掘进爆破技术

(1)爆破参数和爆破施工设计

隧道开挖爆破均使用钻头直径为 38mm 的风动凿岩机钻孔,所有炮孔直径以 40mm 计,爆破参数见表 9-14,炮孔及掏槽眼布置分别如图 9-24、图 9-25 所示。

隧道净距为 7~12m 时装药参数表 表 9-14

炮孔类型	钻孔角度	炮孔长度(m)	孔数(个)	单孔装药量			装药量(kg)	起爆顺序	雷管段别
				药卷数(卷)	质量(kg)	装药长度(m)			
中心掏槽孔	60°	2.66	12	8	1.6	2.00	19.2	1	2
辅助掏槽孔	75°	2.20	8	4	0.8	1.00	6.4	2	4
1 排扩槽孔	垂直	2.10	6	5	1.0	1.25	6.0	3	6
2 排扩槽孔	垂直	2.10	6	5	1.0	1.25	6.0	4	7
3 排扩槽孔	垂直	2.10	6	5	1.0	1.25	6.0	5	8
4 排扩槽孔	垂直	2.10	6	5	1.0	1.25	6.0	6	9
5 排扩槽孔	垂直	2.10	6	5	1.0	1.25	6.0	7	10
1 排掘进孔	垂直	2.10	6	5	1.0	1.25	3.0	3	6
2 排掘进孔	垂直	2.10	5	5	1.0	1.25	5.0	8	11
3 排掘进孔	垂直	2.10	7	5	1.0	1.25	7.0	9	12
4 排掘进孔	垂直	2.10	9	5	1.0	1.25	9.0	10	13

续上表

炮孔类型	钻孔角度	炮孔长度(m)	孔数(个)	单孔装药量			装药量(kg)	起爆顺序	雷管段别
				药卷数(卷)	质量(kg)	装药长度(m)			
5 排掘进孔	垂直	2.10	11	5	1.0	1.25	11.0	11	14
周边孔	外 5°	2.10	42	6	0.6	1.20	25.2	8.12	11.15
底板孔	下 5°	2.10	12	5	1.0	1.25	12.0	7	10
总计	炮孔总数:139			钻孔总长:299.42m			127.8kg	单耗:0.759kg/m³	

注:1. 掏槽孔垂直尝试 2.3m,其他炮孔垂直深度 2.1m。
2. 周边孔用直径 25mm 的乳化炸药,100g/卷 20cm;其他炮孔用直径 32mm 的乳化炸药,200g/卷 25cm。

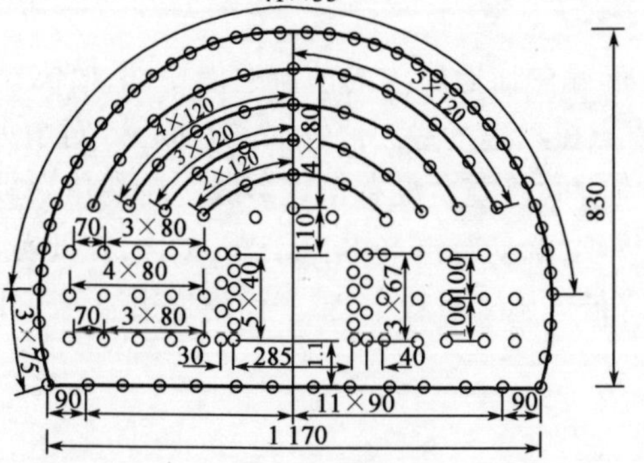

图 9-24　净距为 7 ~ 12m 时炮眼布置图(尺寸单位:cm)

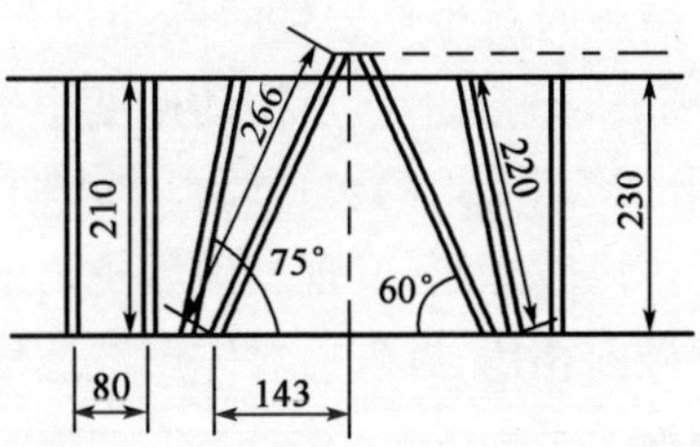

图 9-25　净距为 7 ~ 12m 时掏槽眼布置(尺寸单位:cm)

所有炮孔采用非电导爆管一次点火、孔内毫秒延期起爆,每个炮孔内装入 1 发非电导爆管毫秒雷管,并采用簇并联方式连接,主传导爆管用火雷管引爆。并保证各段的延迟时间间隔大于 50ms,以避免地震波叠加而产生过大的振动强度。按此起爆网络,隧道 7 ~ 12m 净距段掘进爆破的单段最大装药量为 19.2kg,即为中心掏槽孔爆破的总装药量。

(2)爆破技术的应用效果

武隆隧道 7 ~ 12m 净距段掘进爆破设计单循环进尺 2.1m,实际单循环进尺为 2.0m 左右,炮眼利用率约 95%。从现场观察来看,爆破后岩体块度较小,爆堆较为集中,大部分爆堆位于距掌子面 5 ~ 6m 范围内,岩块的最大水平抛距小于 15m。爆破后,开挖边界较为平整、光滑,除几处由于软弱岩层的影响而出现局部超挖 0.25m 左右,开挖误差都控制在 0.1 ~ 0.15m 范围内,未出现欠挖情况。单循环爆落岩石量约 $164m^3$,其实际炸药单耗为 $0.78kg/m^3$。

爆破时对中夹岩岩柱的振动进行监测,测点布置在临近后洞的前洞边墙中部,监测结果表明,爆破时测点的质点振动速度最大值为 16.75cm/s,未超过我国《爆破安全规程》(GB 6722—2003)安全允许振速(10 ~ 20cm/s)。对中夹岩柱表面的初期支护的宏观调查也表明,初期支护喷射的混凝土没有出现裂缝,爆破对初期支护没有产生任何危害。对隧道爆破前后的岩体声波探测,发现爆破后围岩的扰动范围较小,扰动范围基本在 50cm 以内,在此范围内,与爆破前相比,爆破后岩体声波速度没有明显降低。施工过程中,掌子面附近边墙未出现垮塌情况。

3)隧道4~7m净距段的掘进爆破技术

相对于7~12m净距段,武隆隧道在4~7m净距段由于中夹岩柱宽度更小,在该段的爆破震动控制要求也更加严格。为了确保施工安全,在7~12m净距段爆破控制技术的基础上,须将单段药量进一步减小。在武隆隧道4~7m净距段的后洞开挖采用进尺为1.3m的短进尺、弱爆破的掘进方法。

武隆隧道4~7 m净距段掘进爆破设计单循环进尺1.3m,实际单循环进尺为1.2m左右,炮眼利用率约92%。从现场观察来看,爆破后岩体块度较小;爆堆较为集中,大部分爆堆位于距掌子面4m的范围内;岩块的最大水平抛距小于10 m;爆破后,开挖边界较为平整、光滑,开挖误差控制基本在0.15m范围内,未出现欠挖情况;单循环爆落岩石量约$100m^3$,其实际炸药单耗为$0.77kg/m^3$。

爆破时对中夹岩柱的振动进行监测,测点布置在临近后洞的前洞边墙中部,监测结果表明,爆破时测点的质点振动速度小于15cm/s,质点振动速度最大值为12.07cm/s。对中夹岩柱表面的初期支护的宏观调查也表明,初期支护喷射的混凝土没有出现裂缝。对隧道爆破前后的岩体声波探测,发现爆破后围岩的扰动范围较小,扰动范围基本在35cm以内,在此范围内,与爆破前相比,爆破后岩体声波速度没有明显降低。施工过程中,掌子面附近边墙均未出现垮塌情况。

4)施工小结

(1)武隆隧道小净距段的中夹岩柱在爆破地震作用下的振动为高频振动,振动主频普遍在100Hz以上,爆破地震主频波与隧道中夹岩柱产生共振的可能性较小,爆破地震的这种主频特征有利于震害的控制。

(2)隧道爆破中掏槽孔爆破的耗药量不是最大,但产生的振动强度最大,降低或消除小净距隧道爆破震害的关键是控制掏槽孔爆破的振动效应。

(3)在距离爆源水平距离20m内,无论是在隧道掘进方向还是其反方向上,中夹岩柱的振动速度沿隧道轴线的变化并不随着水平距离的增大而出现减小的趋势,这可能是由于前洞开挖过后,小净距隧道的中夹岩柱已不是自然状态下的岩体结构,而成为一种起到支撑作用的厚板形工程结构。相对于自然状态下的岩体结构,这种类似于工程结构的岩柱在爆破震动作用下的振动特性已经发生改变。

(4)在小净距段进行掘进爆破时,为保证各段装药量引起的地震波不致发生明显的相互叠加,以便更好地控制爆破震动,相邻段别的微差时间应不小于50ms。

(5)在隧道净距7~12m和4~7m处分别采用单循环进尺为2.1m、1.3m的全断面爆破方案是可行的,其相应的单段最大药量应分别控制在19.2kg和9.6kg内。炮孔布置方式和起爆方法能保证炮孔利用率达到90%以上,爆破岩块的块度适中,便于铲装、运输,又能使隧道开挖边界平整,避免出现严重超挖。掘进爆破的振动监测表明,隧道净距为7~12m和4~7m时,临近后洞掌子面的前洞边墙最大振动速度为16.75cm/s和12.07cm/s,满足《爆破安全规程》的振动控制标准。

9.4.2　重庆渝宜高速公路张家山小净距隧道施工(非中隧集团施工)

1)工程概述

张家山隧道位于重庆云阳县境内,设计为分离式隧道,穿越的地层是III级~V级侏罗系中统上砂溪庙组砂岩、泥岩和砂质泥岩,该隧道左线长1 386m,右长1 436m,最大埋深约为135m,其中隧道两线进口段K183+180~K183+600的420m区段内,左右线中夹岩柱厚度为由洞口的9.0m渐变至K183+600的28.8m。其为小净距隧道。

2)小净距隧道爆破施工中存在的难点

现行的公路行业标准《公路隧道施工技术规范》(JTJ 042—1994)没有对小净距隧道施工做出任何规定,所以在施工中只能参考类似工程,尝试性地制定作业方案,遵循分台阶开挖、弱爆破、强支护、勤量测的原则,同时对爆破震动采取严密观测和加强数据处理。施工中主要存在以下难点:

(1)在小净距隧道的爆破施工中,先行洞开挖时其围岩出现了首次应力重分布,当后行洞爆破开挖时,先行洞围岩出现再次应力重分布,所以后行洞的爆破直接影响先行洞的围岩稳定。

(2)在小净距隧道两洞开挖时,后行洞靠先行洞侧的中夹岩柱实际上是处于悬空状态,后行洞爆破时,可能对中夹岩柱造成严重的二次扰动,导致中夹岩柱破坏。

(3)张家山小净距隧道单洞最大开挖断面面积为102.9m^2,毛洞最大开挖跨度12.4m,大断面因素增加了施工中控制爆破的难度。

(4)在小净距段,隧道处于浅埋偏压位置且隧道轴向与岩层产状小角度相交,这些地质方面的不利因素也增加了爆破施工的难度。

在尽量保证施工安全的前提下,如何有效控制爆破,确保施工进度,先行隧道及中夹岩柱的稳定就成为小净距隧道爆破施工控制的重点和难点。

3)后行洞开挖钻爆设计

小净距段隧道的先行洞施工与普通单行隧道一样,但后行洞必须落后先行洞一定的距离,其距离随围岩级别不同而不同。一般对于V类围岩,先行洞开挖断面超前后行洞的开挖断面35~45m;对于IV类围岩,控制在30~40m;对于III类围岩,控制在30~35m。在爆破施工中,对先行洞影响最大的爆破参数是最大段装药量和间隔时间,其次就是掏槽形式、炮眼布置、炮眼深度及起爆网络等。下面介绍后行洞在不同类别围岩下的钻爆设计。

(1)段最大装药量

如果采用的雷管不出现延时或窜段现象,先行洞内最大振速出现在装药量最大段位。在小净距段要求光面爆破的张家山隧道,IV、III级围岩装药量段位布置见表9-15、表9-16。

IV 级围岩装药参数表 表 9-15

开挖方式	部位		炮眼名称	段位	炮眼个数	炮眼深度（m）	单孔装药量（kg）	段最大装药量（kg）
台阶分部法	上部断面	I	掏槽眼	1	6	1.2	0.6	3.6
			辅助掏槽眼	3	6	1.2	0.6	3.6
			辅助周边眼	5	23	1	0.45	10.35
			辅助周边眼	7	32	1	0.45	14.4
			周边眼	9	45	1	0.15	6.75
			底板眼	11	21	1	0.6	12.6
		II	辅助眼	1	8	1.8	0.9	7.2
			辅底眼	3	9	1.8	0.9	8.1
			底板眼	5	15	1.8	0.9	13.5
	下部断面	III	辅助眼	1	16	1.8	0.9	14.4
			辅助眼	3	17	1.8	0.9	15.3
			辅助眼	5	16	1.8	0.9	14.4
			辅助眼	7	15	1.8	0.9	13.5
			辅助眼	9	10	1.8	0.9	9
			周边眼	11	16	1.8	0.3	4.8
			底板眼	13	25	1.8	0.9	11.5

III 级围岩装药参数表 表 9-16

开挖方式	部位	炮眼名称	段位	炮眼个数	炮眼深度（m）	单孔装药量（kg）	段最大装药量（kg）
短台阶上下断面法	上部断面	掏槽眼	1	6	1.8	1.2	7.2
		辅助掏槽眼	3	4	1.5	1.2	4.8
		辅助眼	5	9	1.5	0.75	6.75
		辅助眼	7	14	1.5	0.75	10.5
		辅助眼	9	17	1.5	0.45	7.65
		辅助周边眼	11	26	1.5	0.6	15.6
		周边眼	13	35	1.5	0.3	10.5
		底板眼	15	26	1.5	0.9	23.4
	下部断面	辅助眼	1	13	1.5	0.75	9.75
		辅助眼	3	14	1.5	0.75	10.5
		辅助眼	5	12	1.5	0.75	9
		辅助眼	7	10	1.5	0.75	7.5
		辅助眼	9	4	1.5	0.75	3
		周边眼	11	24	1.5	0.9	21.6
		底板眼	13	10	1.5	0.3	3

(2)间隔时间

合适的间隔时间既可避免爆破震动的叠加,也可以获得光面爆破的最好效果。这样一方面保证了先行洞的安全稳定,另外还可以取得最优的经济效果。以往的实践经验表明:普通毫秒雷管的振动波形叠加较多,特别在低段位时;25ms 等间隔高精度毫秒雷管只在个别段位出现叠加,也是出现在低段位;50ms 等间隔高精度毫秒雷管基本不叠加。因此,选用 50ms 等间隔高精度毫秒雷管,即在后行洞爆破中,段间隔采用 50ms 较合适。

(3)爆破参数

鉴于两线隧道间距较小,从振动安全角度考虑,爆破规模较大的全断面开挖显然不能有效控制爆破震动。所以,结合已有隧道施工的经验,对Ⅳ级围岩段采用台阶分部法,Ⅲ级围岩段采用台阶法爆破掘进的方案,施工工序如图 9-26、图 9-27 所示。

①掏槽形式。楔形掏槽具有掏槽效果好,能为辅助眼爆破创造较好的临空面等特点,可以减少辅助眼爆破时的振动强度,在工程实践中得到了广泛的应用。根据张家山隧道的地质条件、开挖方法、机械设备以及工人的技术水平,决定采用楔形掏槽。

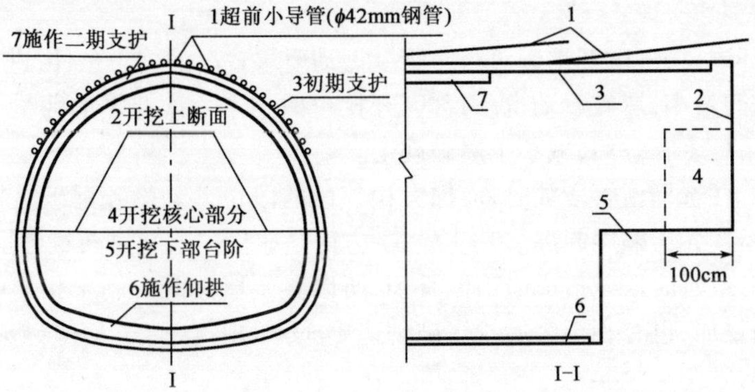

图 9-26　Ⅳ级围岩施工工序示意图

②炮眼布置。根据经验,选用下列软岩光爆参数:装药不耦合系数 $D=2.0$,周边眼间距 $E=40\text{cm}$,周边眼最小抵抗线 $W=50\text{cm}$,相对距 $E/W=0.8$,装药集中度 $q=0.15\text{kg/m}$。小净距段后行洞炮眼布置如图 9-28、图 9-29 所示 。

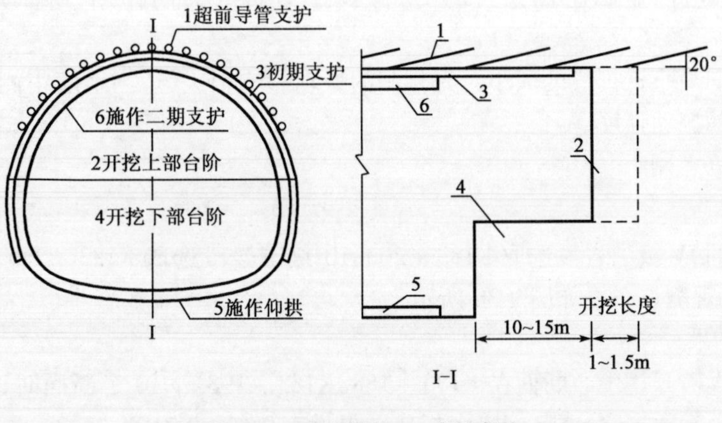

图 9-27　Ⅲ级围岩施工工序示意图

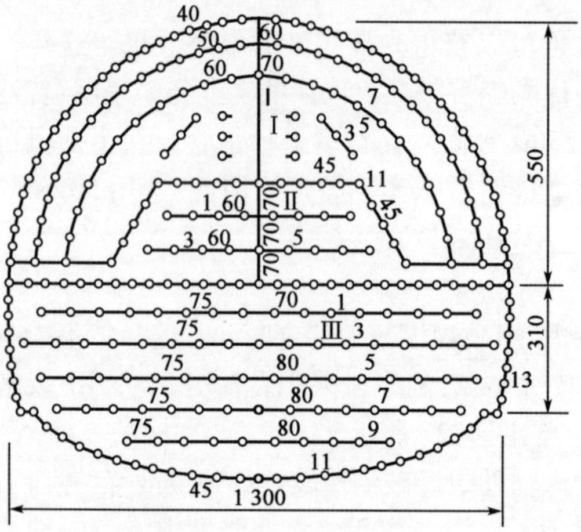

图 9-28 Ⅳ级围岩炮孔布置图(尺寸单位:cm)

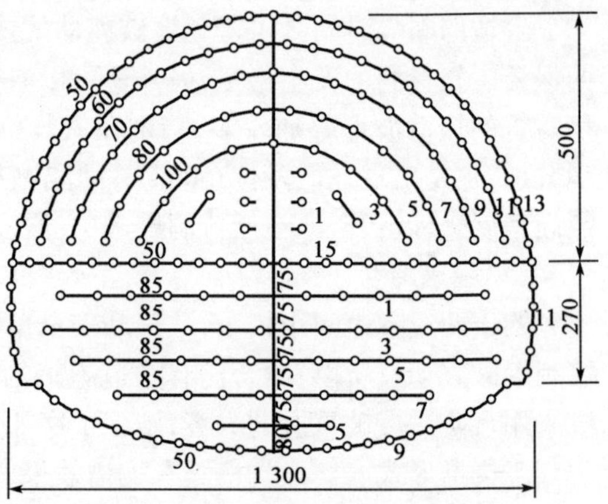

图 9-29 Ⅲ级围岩炮孔布置(尺寸单位:cm)

(4)减震措施

①采用小循环进尺,分区开挖。对小净距及振动要求较高的施工条件,进尺小则循环爆破方量小,一次爆破药量小,爆破震动也小;分区开挖也减小了一次起爆的药量。该措施为后续的分区爆破创造了更多临空面,减小了爆破震动。

②微差爆破。在选择雷管段数时,应加大相邻段的段位差。微差爆破是把一次起爆的许多炮孔分为若干组按先后顺序起爆。其实质,一方面是减少一次起爆药量,另外是为避免微差爆破延时时间不够或延时误差造成应力波叠加,所以微差爆破既有利于相邻两段振动的主振相分开,避免振动叠加,也有利于为后排爆破创造更充分的临空面,减轻爆破夹制作用,达到降低爆破震动的目的。

③加强炮孔堵塞。加强炮孔堵塞可以提高炸药能量利用率,有效地降低单位耗药量,减小爆破震动。

④预留光爆层。对于光面爆破,一方面,主爆破孔爆破时,光爆层有效地保护设计轮廓线以外岩石,使主孔爆破对围岩的损伤明显的降低,减小了主孔爆破对先行洞围岩的振动;另一方面,光爆层由于临空面条件较好,减少了岩石的夹制作用,所以减振效果也较为显著。

⑤炮孔侧向最小抵抗线的大小对先行洞的振动影响很大,适当地缩小侧向最小抵抗线有利于减小隧道的振动强度。

4)爆破震动监测

(1)测点布置

在先行洞的Ⅳ级围岩段选取 K183 + 203、Ⅲ级围岩段选取 K183 + 245 两个断面布设爆破震动观测点,观测点布置如图 9-30 所示。

(2)监测结果

当后行洞爆破开挖中心断面在 K183 + 188、K183 + 198 等 10 个断面时,对先行洞的两个振动量测断面采集数据,分区区间最大振速结果见表 9-17、表 9-18。

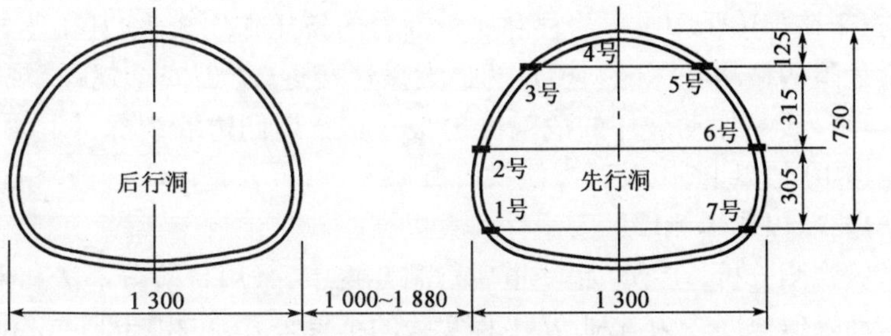

图9-30 先行洞爆破震动观测点布置图(尺寸单位:cm)

后行洞爆破时先行洞 K183+203 监测断面最大振速(单位:cm/s) 表9-17

开挖方式	后行洞爆破孔里程及部位			炮眼名称	段位	爆心距 R(m)													
						1号	2号	3号	4号	5号	6号	7号	1号	2号	3号	4号	5号	6号	7号
台阶分部法	K183+188	下半断面	Ⅲ	辅助眼	3	25	25	26.4	29.5	32.6	34.3	34.3	5.78	8.95	8.85	6.28	5.72	0.77	0.65
	K183+198		Ⅲ	辅助眼	3	20.9	20.9	22.7	26.3	29.8	31.7	31.7	6.24	10.4	9.75	7.26	5.87	0.68	0.43
	K183+203		Ⅲ	辅助眼	3	20.5	20.5	22.4	26	29.7	31.5	31.5	6.95	12.7	11.8	8.6	6.22	1.85	1.81
	K183+208		Ⅲ	辅助眼	3	21.2	21.2	23.1	26.6	30.2	32.1	32.1	6.91	12.1	11.4	9.6	6.65	1.13	1.43
	K183+218		Ⅲ	辅助眼	3	25.7	25.7	27.3	30.4	33.6	35.3	35.3	5.77	7.8	7.5	6.1	4.9	1.24	1.1
短台阶上下断面法	K183+238	上半断面		底板眼	15	41.1	41.1	42.1	44.5	46.6	47.9	47.9	4.7	6.7	6.4	5.1	4.2	0.97	0.89
	K183+245			底板眼	15	47.2	47.2	48.1	50.1	52.2	53.3	53.3	3.9	5.2	5	4.74	3.8	0.67	0.56

后行洞爆破时先行洞 K183+245 监测断面最大振速(单位:cm/s) 表9-18

开挖方式	后行洞爆破孔里程及部位			炮眼名称	段位	爆心距 R(m)													
						1号	2号	3号	4号	5号	6号	7号	1号	2号	3号	4号	5号	6号	7号
台阶分部法	K183+203	下半断面	Ⅲ	辅助眼	3	47.3	47.3	48.1	49.9	51.9	53	53	2.45	3.95	3.67	3.28	2.66	0.35	0.45
	K183+208		Ⅲ	辅助眼	3	43	43	44	45.9	48	49.2	49.2	2.83	4.26	4.35	3.8	3.32	0.44	0.38
	K183+218		Ⅲ	辅助眼	3	35	35	36.1	38.5	41.1	42.5	42.5	3.63	5.32	5.14	4.61	3.88	0.97	1.26
短台阶上下断面法	K183+238	上半断面		底板眼	15	23.7	23.7	25.5	29	32.5	34.3	34.3	9.38	14.4	13.7	11.9	8.93	3.56	3.93
	K183+245			底板眼	15	22.7	22.7	24.6	28.2	31.9	33.7	33.7	9.89	14.8	14.5	13.3	8.77	3.56	3.93
	K183+255			底板眼	15	25	25	26.7	30.2	33.6	35.4	35.4	8.83	13.7	13	10.3	8.15	3.04	2.94
	K183+275			底板眼	15	37.9	37.9	39	41.6	44.3	47.7	47.7	4.87	6.96	6.67	6.11	5.28	1.04	1.26
	K183+295			底板眼	15	55	55	56.2	58	60	61	61	2.71	4.78	4.54	4.19	3.87	0.62	0.69

(3)监测结果分析

由表9-17、表9-18可知:先行洞迎爆侧边墙上的振速最大,其值为14.8cm/s,小于《爆破安全规程》的允许[v]=15cm/s;迎爆侧拱肩处为第二峰值区,约为最大振速的92%;拱顶处的为第三峰值区,约为最大振速的80%;迎爆侧底角和背爆侧拱肩处的为第四峰值区,约为最大振速的65%;背爆侧边墙中部以下直到底角部位的振速最小,不到最大振速的10%。

①先行洞迎爆侧边墙上振速最大，此区正是爆炸波正入射作用点。迎爆侧底角虽然应力水平很高，但由于该部位受中夹岩岩柱和底板围岩的挤压作用较大，其振速相对较小，故迎爆侧底角不是最危险的振动破坏区。拱顶的最大振速接近《爆破安全规程》规定的交通隧道的允许振速[v]=15cm/s，振动破坏的危险性也很大。背爆侧边墙中部以下区域的峰值振动速度小于最大振速10倍以上，以及背爆侧拱肩振速不大，主要是由于已开挖完毕的先行洞起到了减震沟的作用，所以背爆侧墙的安全性大大提高。

②通过试验观测分析，在小净距隧道后行洞开挖中，采用台阶分部法和上下台阶开挖法，对降低爆破振动峰值速度较为有利，从工程实践的结果来看，在相同药量、相同净距、相同支护条件下，上下台阶开挖最大振动速度比全断面开挖明显减小，而对软弱的Ⅳ级围岩段，宜采用台阶分部法开挖，能有效地控制先行洞围岩的振速。

③对于先行洞迎爆侧边墙，爆破震动在掌子面前方测得的振动速度比后方要小，可能是由于在掌子面后方的双洞开挖形成中夹岩柱整体力学性能降低造成的。

5）施工小结

（1）通过对先行洞不利断面的爆破施工产生的振动监测，发现其最大振速小于相关规范的允许值，同时爆破过程中未出现支护结构开裂和大的变形，证明在张家山隧道小净距段采取的爆破控制技术是成功的。

（2）小净距段爆破产生的振动与掏槽形式、单段装药量的多少、起爆顺序、周边眼的爆破方式、段间隔时间和爆破的规模（一次爆破的总药量）等因素有关。采用爆破震动控制技术，可较大幅度地降低爆破震动。

（3）在小净距隧道的施工中，后行洞爆破开挖将对先行洞产生极大的影响。受影响最大的部位是先行洞的迎爆侧边墙，迎爆侧边墙峰值振速是远离爆破侧峰值速度的10倍以上，这也说明在施工过程中，迎爆侧边墙是爆破开挖控制的薄弱部位，应重点对迎爆侧水平方向振速进行监控，了解结构的力学状态，及时处理反馈信息。

（4）对净距较小及震动要求高的爆破施工，进行分区开挖，短进尺多循环的施工方案是切实可行的，不仅可以减小爆破震动，还可以显著地降低爆破炸药单耗。

（5）采用合理的段间隔时间、适当的预留光爆层厚度等多项减震措施，可有效阻隔爆破能量的传递，显著降低爆破效应危害的范围及程度。

（6）采用低威力、低爆速炸药或采用小直径不耦合装药，降振率可达20%～30%。

（7）在爆破体与保护体之间钻凿不装药的单排、双排防振孔，降振率可达15%～25%。

9.4.3 重庆绕城高速公路放施家梁小净距隧道施工（中隧集团施工）

1）工程概述

重庆外环高速公路北段起于鱼嘴长江大桥北岸新龙湾（起点桩号K0+000），经新龙湾、复盛镇、龙兴镇、王家场镇、水土镇、施家梁镇，至终点朱家坪，止点桩号K49+285.619，路线全长49.285 619km。施家梁隧道左洞长4 303m，右洞长4 267.5m，属特长隧道，为全线最长隧道，也是全线控制性工程。

施家梁隧道隧址区地面最大高程665.60m，最低点位于隧道进出口，为250m左右，相对高差多在100～300m之间，为中～深切低山地貌。山脉展布方向多成北东～南西分布。地形具有明显的成层性，每层均有相应的剥离面及溶洞层。隧道洞身穿越砂质泥岩、粉砂岩、页岩、含煤层及灰岩段，地下水较丰富，但对混凝土无腐蚀性，具突发性、灾害性。隧道主要的不良地质现象有岩溶与岩溶水、煤层瓦斯，本区抗震设防烈度为6度。

施家梁隧道在左线LK44+657~LK44+717(60m)、右线K44+690~LK44+750(60m)，分别上跨遂渝铁路龙凤山隧道及影响段，两隧道最小距离19.07m，为上下小净距隧道。新建公路隧道与既有运营铁路隧道相互关系如图9-31所示。

图9-31　新建公路隧道与既有运营铁路隧道相互关系示意图

在施工中，为减小施工以及运营后的影响，采取了"先探测、弱爆破、短进尺、勤监测、强支护、全封闭"的施工原则，确保了施工和铁路后行隧道运营安全。

2)上跨既有铁路隧道小净距段施工方案

西南大学对本小净距段进行了施工安全评估，依据"施家梁隧道上穿遂渝铁路龙凤山隧道交叉接近施工安全评估报告"结论，隧道爆破施工时，龙凤山隧道拱顶爆破振速控制在10cm/s内，龙凤山隧道施工是安全的。

由于本隧道为三线大跨隧道，开挖断面较大，必须采用分部减震爆破开挖方法施工。本小净距段采取中导洞法开挖，依照"弱爆破、短进尺、强支护、全封闭"的原则施工，循环进尺控制在1.0~1.5m以内，左右线必须错开爆破，严禁同时起爆。

本小净距段施工前，云南航天质量无损检测站有限公司对该段围岩用TSP法做了地质超前预报，提前掌握了围岩情况，然后在影响范围前方进行了3次爆破试验。通过重庆市交通规划勘察设计院对爆破振动速度的检测，不断调整爆破设计，选取了最佳爆破参数，使铁路隧道拱顶爆破振速不大于10cm/s。开挖后及时进行支护，初期支护辅以超前小导管注浆加固围岩以及全封闭I18工字钢，二次衬砌采用50cm厚钢筋混凝土，使该段隧道围岩、初期支护、二次衬砌形成一个全封闭复合结构，最大限度减小上穿隧道施工对铁路隧道结构的影响。施工中加强监控量测，并且加强对既有铁路隧道应力应变、爆破振速的监测，及时提供准确的围岩—支护体系的变形、支护受力、线路变形及爆破震动量测等现场量测数据，确保施家梁隧道施工过程中龙凤山隧道的运营和结构安全。

采用导坑先行后续扩挖法进行施工，首先开挖隧道中导洞部分，中导洞高5m、宽7m，循环进尺1.5m(即中导洞超前1.5m)，爆破后清除导洞以外石渣(导洞内石渣先不清除)，再开挖隧道周边部分，出渣后及时施作初期支护。此段开挖完成后，及时施作隧道仰拱。在爆破施工中根据爆破震动监测数据，及时调整爆破设计参数，确保铁路隧道拱顶处爆破振速不大于

10cm/s。

本小净距段开挖顺序示意如图 9-32 所示。

3)上跨既有铁路隧道小净距段爆破设计及震动监测

(1)减震控制爆破基准

爆破对既有铁路隧道拱顶二次衬砌的振动速度控制在 10cm/s 以内。

(2)控制爆破设计

①循环进尺。根据地质条件,严格控制每一循环爆破进尺在 1.5m 以内。

②爆破器材选择。选用乳化炸药,周边眼选用低爆速、低密度、高爆力、小直径、传爆性好的炸药。起爆雷管选用毫秒微差非电毫秒雷管。毫秒微差爆破中,各相邻段间的爆破间隔时间的选择十分重要,间隔越长,振动信号越不易叠加,但爆破效果差,不利于施工进度和质量控制;反之,信号叠加范围越大,但不利于降低振动速度,借鉴以往经验,采用相邻两段爆破间隔时间大于 50ms 的非电毫秒微差雷管,以大大减少振动波的叠加而不产生较大的震动。

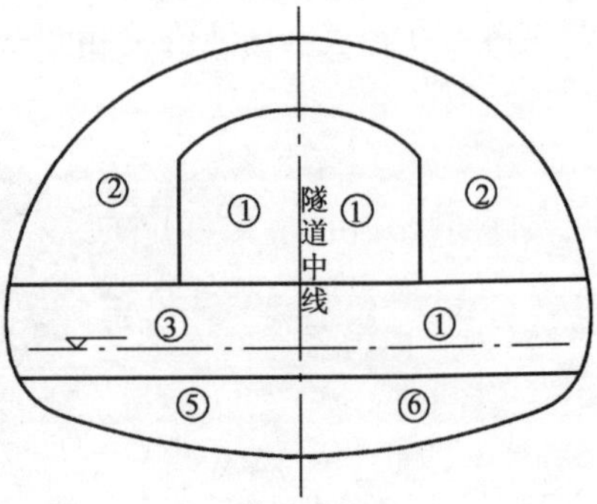

图 9-32　上跨运营铁路隧道小净距段施工顺序
(图中序号为开挖顺序)

③单段允许药量的限制。根据萨氏公式 $V=K(Q^{1/3}/R)^{\alpha}$,爆破振动量值与起爆方式、装药参数、地质情况、爆破点与测量点的距离有关。当边界条件相同时,爆破开挖的最大振动速度值不取决于一次起爆的总药量,而决定于某单段的最大起爆药量。利用萨氏公式,参考重庆地区所取得的 K、α 值,反算出所允许的单段药量 Q,在施工中根据现场实验调整相关爆破参数,特别测试出爆破地震波衰减系数 K、α 值,以调整最大段允许装药量。

④掏槽方式选择:采用斜眼楔形掏槽。

⑤周边眼布置形式:周边眼采用不耦合间隔装药,为实现间隔装药,使药卷居中在孔内,采取预先加工周边眼药串的办法,按设计将药卷用传爆线串联在竹片上,让药串架空居中于钻孔中心。

⑥起爆顺序:掏槽眼→辅助眼→底板眼→周边眼。

(3)爆破震动监测

①成立爆破监测小组,专门负责爆破震动监测,洞内(外)爆破前 30min,由调度通知监测小组,监测小组做好准备,开启仪器,爆破前 5min,调度再通知小组准备爆破,爆破后 5min 再通知爆破结束,整理数据,关闭仪器。

②监测系统。爆破振动速度监测,是监测由爆破地震波引起的周边质点振动的速度。振动速度是个空间向量,测试时一般测试 3 个分量,即垂直分量 v_z、水平径向分量 v_r(水平面上测点与爆源连线方向的振动情况)、水平切向分量 v_τ(水平面上与径向分量垂直方向的振动情况),要求这 3 个分量的峰值均不超过安全允许标准。

爆破振动速度检测设备由振速采集设备(传感器)、振速记录设备(TOPBOX 20016 爆破振动速度测试仪)、数据处理设备(计算机)、输出设备(打印机)组成。爆破震动监测系统如图 9-33所示。

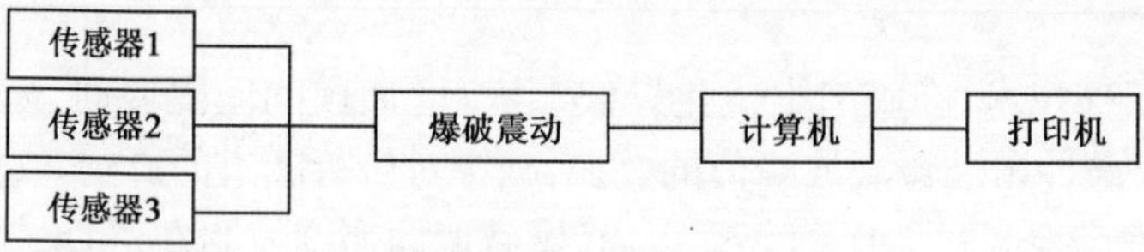

图 9-33　爆破震动监测系统示意图

③测点布置。根据地震波是按球形波传递的原理，在距爆破点的距离与铁路隧道等距离的断面位布设爆破振动速度监测点。

④量测数据的处理与应用。应用公式 $V=K(Q^{1/3}/R)^{\alpha}$ 及一元回归方法对建筑物所测得的数据进行回归分析，得到与介质、地形有关的系数 K、α，从而得到质点振速的衰减规律，然后根据公式、允许最大振速和爆距，反算出所允许的装药量 Q。

(4)爆破炮眼布置图

小净距段爆破开挖时各部爆破炮眼布置如图 9-34 ~ 图 9-37 所示。

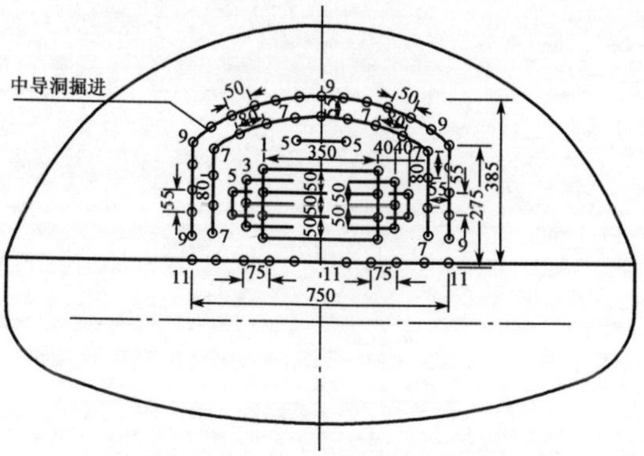

图 9-34　中导洞钻爆设计(尺寸单位：cm)

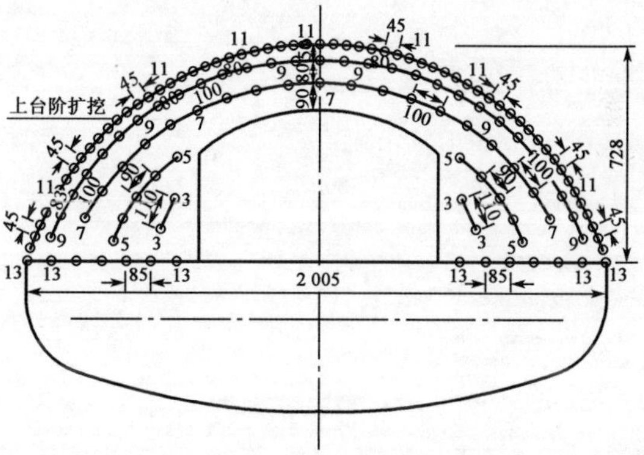

图 9-35　上台阶钻爆设计(尺寸单位：cm)

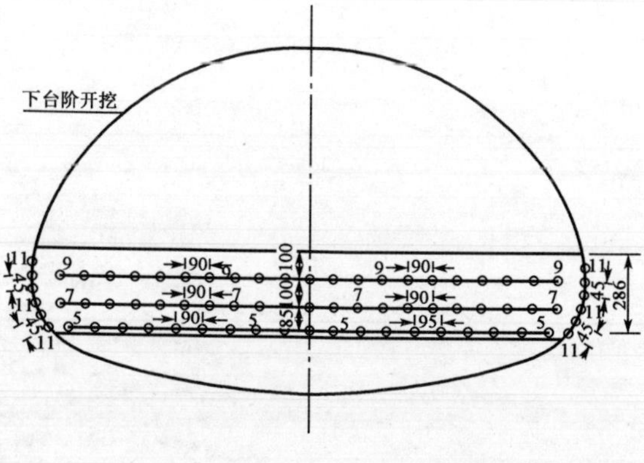

图 9-36　下台阶钻爆设计(尺寸单位：cm)

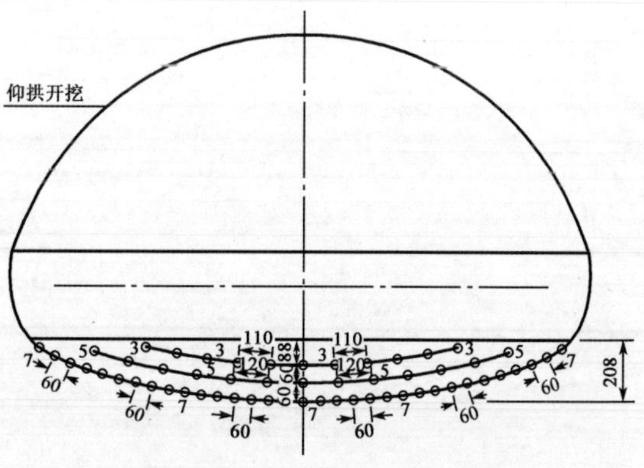

图 9-37　仰拱钻爆设计(尺寸单位：cm)

4)上跨即有铁路隧道小净距段施工安全措施

承建单位项目部对此上跨既有铁路小净距段施工高度重视，成立了“上跨龙凤山隧道段减振爆破施工”的专项 QC 小组，项目总工程师任组长，项目经理任副组长，在施工中采用了以下措施：

(1)采用光面爆破技术,在施工中优化爆破参数,增加段间间隔时间,采用微震控制爆破技术,以减弱单次爆破冲击和爆破波峰值的叠加,减少对后行隧道的影响。

(2)开挖循环进尺控制在1.0~1.5m以内,爆破振动速度控制在10cm/s以内。

(3)为确保钻爆施工所产生的振动不影响下部铁路隧道结构安全,施工期间,每炮进行爆破震动监测,及时调整钻爆参数,减轻震动,确保先行施工隧道的安全与结构的稳定。

(4)依据后行隧道列车通过时刻安排爆破时间,选择列车通过间隔时间实施爆破。同时严禁左右线同时爆破,以防爆破峰值的叠加。

(5)开挖后立即进行初期支护作业,控制应力释放和地层位移。

(6)加强监控量测工作,提供及时准确的量测数据,必要时及时调整支护参数及施工方法,确保施工过程中既有铁路隧道的运营和结构安全。

第10章　运营通风通道施工

在长大公路隧道中,多采用运营通风通道来解决运营通风问题。运营通风通道主要由通风道和地下风机房两大部分组成。通风道是连接地下风机房与地面间的空气流动的通道,根据形式分为斜井和竖井;地下风机房紧连隧道,内安装通风设备,通过风机辅助对隧道进行空气送排。通风通道在隧道施工期间可用作辅助通风,以改善施工隧道内的空气质量,也可以用来增加施工工作面,实现长隧道的分段开挖,缩短施工工期。

通风道应根据隧道所处地形地质条件、工期进度要求及运输方案等因素进行技术经济比较后选择适合的形式,主要有横洞(坡度小于2%,采用汽车运输)、缓坡斜井(坡度小于15%,采用汽车运输)、陡坡斜井(坡度在30%~47%,即为16°~25°,采用提升机有轨运输)、竖井(坡度90°,采用提升机垂直提升运输)等形式。横洞和缓坡斜井尚未在长公路隧道中应用,陡坡斜井由于对地形地貌的要求相对较低,施工运输能力又明显大于竖井,其成为长隧道施工中最常用的一种运营通风通道;竖井由于有良好的通风效果,也得到了一些应用。

10.1　陡坡斜井

斜井采用锚网喷初期支护,边拱部铺设防水板,钢筋混凝土二次衬砌。运营通风斜井断面一般在中部设置中隔墙,中隔墙采用钢筋混凝土或砖砌结构,将斜井断面分为两半,一侧作为送风道,一侧作为排风道。

10.1.1　设计方案的优化

斜井在施工前,先根据施工工期、技术经济指标、施工经验、设备配置等因素,对设计的井身位置、坡度和断面等进行优化、调整,为斜井的快速施工创造条件。

1)斜井坡度的确定

陡坡斜井的坡度一般不宜超过25°,因为一般的行走机械长距离有效爬坡能力不会超过25°,超过会加大施工的难度。在《矿山井巷工程施工及验收规范》中规定,坡度大于30°的斜井,不宜采用矿车提升。坡度过大,对提升机的能力要求太高,经济效能比较差;坡度较小,对目前国产定型设备(提升机、矿车)的提升能力又有较大的浪费。目前,国内斜井出渣矿车一般的最大斗容为$10m^3$。最大提升速度在《公路工程施工安全技术规程》中已有明确规定:斜井的牵引速度不得超过 3.5m/s，接近洞口与井底时不得超过 2m/s，升降加速度不得超过 $0.5m/s^2$。这种提升能力，现有国产设备在坡度 25°以下时均能满足。

如果地形地质条件允许，陡坡斜井的坡度在 25°以内越陡，井身长度越短，有利于缩短施工工期，降低能耗。在陡坡斜井井底，为了便于出渣、进料的立体转载，也需要在井底设一段长度约 25m 左右的平坡段，平坡段坡度在 2% 左右，满足排水即可。井身的其他地段一般无需设置平坡段。斜井井口可以根据轨道布置、排水等要求，视情况设缓坡段。

2）斜井长度的确定

承担地下风机房、正洞开挖任务的斜井，施工任务重。为加快施工进度，需要采用容量为 $10m^3$ 矿车提升。要实现 $10m^3$ 矿车的提升运输，就要选用直径相对较大的钢丝绳，目前国内的定型提升机的容绳量长一般不超过 1 000m，也就是说从提升机到井底的长度不得超过 1 000m，除掉井口提升机布置占用的约 100m，实际斜井的净斜长不得超过 900m。

如斜井只承担自身的施工任务，工期相对不紧，就可以采用 4 ~ $8m^3$ 矿车进行提升运输。由于牵引力的减少而使用较小直径的钢丝绳，提升机的容绳量就相应变大，斜井的长度也可以相应增加，但长度过长时，其运输效率降低，施工工期加长，施工成本加大，故不宜加长过多。

3）斜井断面的确定

陡坡斜井的断面尺寸，应满足各种管线、人行步梯、有轨运输车辆的安全限界。同时考虑建井施工机械的行走空间、正洞施工时的各种设备车辆进入的限界。另外，要考虑文明施工的各种灯箱、视频监控系统等的要求。从正洞施工的出渣、进料能力考虑。如斜井只承担自身的施工任务，只开辟一个开挖作业面，可采用有轨运输两车道；如承担地下风机房等额外施工任务，根据开辟多个作业面的情况可采用有轨运输两车道或四车道。

当采用有轨运输两车道布置时，一般为 1 台双滚筒提升机牵引运输；采用三车道时，需要采用 1 台单滚筒提升机和 1 台双滚筒提升机，但滚筒提升机主要运输初期支护材料，双滚筒提升机主要用于出渣；采用四车道时，需要采用 2 台双滚筒提升机运输，1 台用于出渣，1 台用于运送材料。如果地下风机房等的围岩较差，支护量较大时，就要优先选用材料运送量较大的四车道布置。斜井作为通风道，其断面尺寸在满足施工任务的同时，更应能满足通风的需求，一般公路隧道的通风斜井断面均较大，能满足三车道，甚至四车道的布置。

如图 10-1 ~ 图 10-3 所示，分别对初期支护后的斜井断面进行了一般布置。

4）井底车场的设计

如斜井承担地下风机房、隧道正洞的施工的运输任务，就会出现斜井内的提升机有轨运输与风机房等段的汽车无轨运输之间的相互转载。为实现在斜井井底两种不同运输方式间的快速转载，就必须在斜井与风机房连接处设置井底车场。两种运输方式是利用井底高差将矿车内的材料卸入汽车或将汽车内的洞渣卸入出渣矿车来实现快速转载。

接料和出渣两个通道立体交叉，接料通道伸入斜井斜坡段下，这样处于斜井斜坡段上的矿车就能将材料卸入位于接料通道内的汽车上；出渣通道对应处设置渣舱，渣舱要伸入出渣通道的下面，这样处于出渣通道内的汽车利用渣舱就能将渣卸入矿车内。渣舱为一钢结构漏斗，可以将汽车内的洞渣通过漏斗顺利卸入矿车。接料道由于伸入斜井斜坡段内，在轨道跨接料道处采用钢梁栈桥通过，当矿车行驶至栈桥上时，接料汽车等候在栈桥下，矿车此时侧卸将料转载到汽车中。

图 10-4、图 10-5 分别为井底车场布置示意图，井底车场进料、出渣转载示意图，图 10-4、图 10-5 中斜井为四车道布置，三车道布置时将材料车道改为单车道即可。

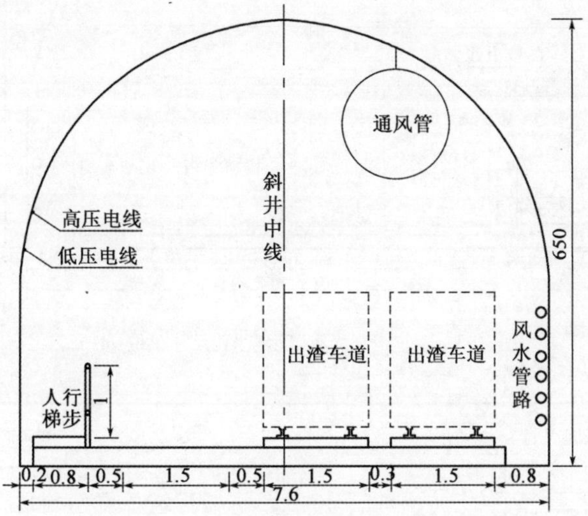

图 10-1　两车道断面布置示意图(尺寸单位:m)

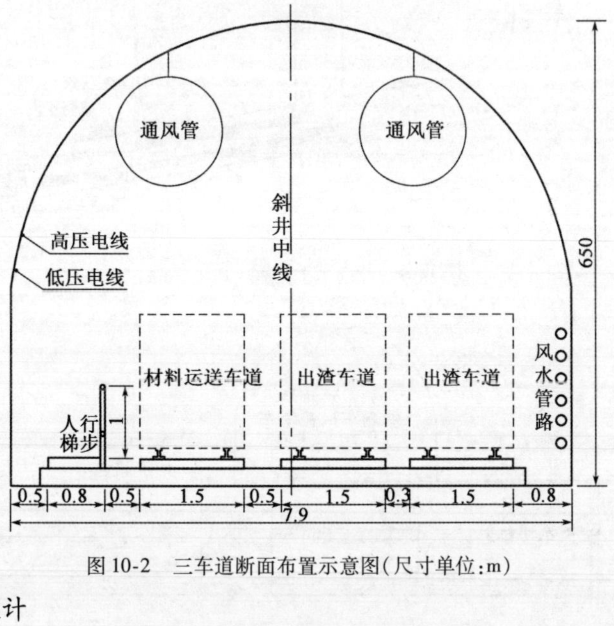

图 10-2　三车道断面布置示意图(尺寸单位:m)

5)辅助洞室的设计

斜井井身根据需要的不同，需要设置不同作用的辅助洞室，一般有泵站、变电站、避人洞、操作洞及安全物资洞等，各种洞室可以随着施工进度调整功用。

在各种洞室中，泵站是施工的重点，尤其在涌水量较大的斜井中，就更应作为施工的重点。泵站一般布置在有排水管路的一侧，下半部用作集水池，上半部安装抽水机，泵站间的距离视分级抽水的需要确定。电力供应是正常排水的保障，要与泵站设置相结合。

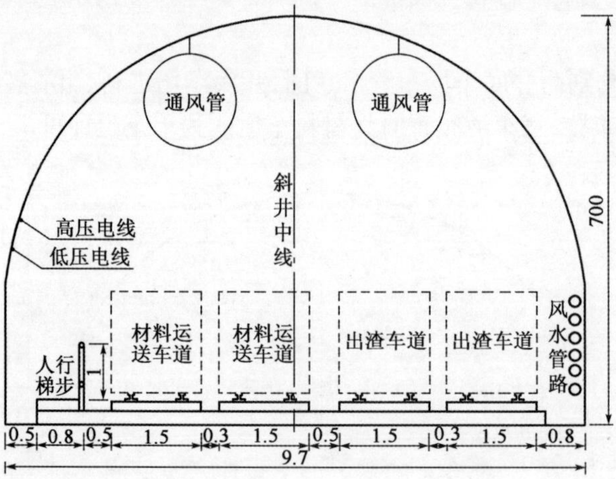

图 10-3　四车道断面布置示意图(尺寸单位:m)

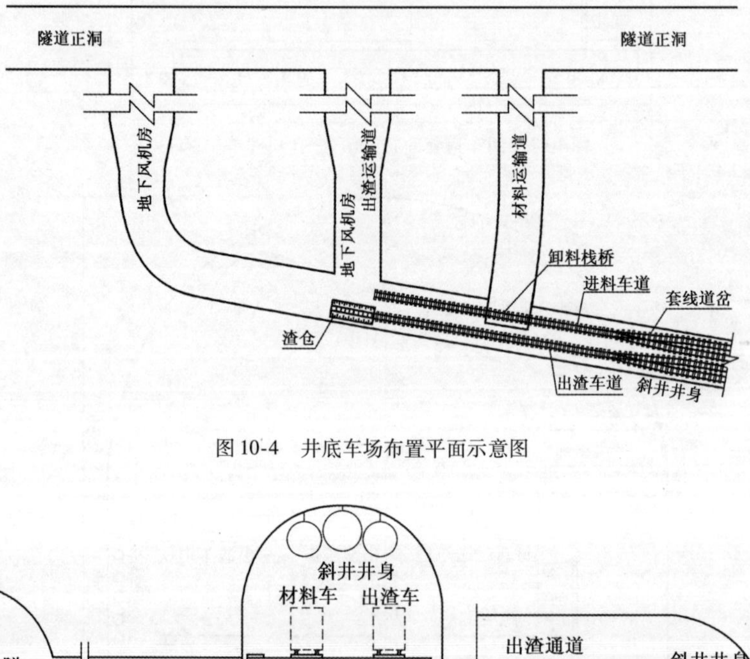

图 10-4　井底车场布置平面示意图

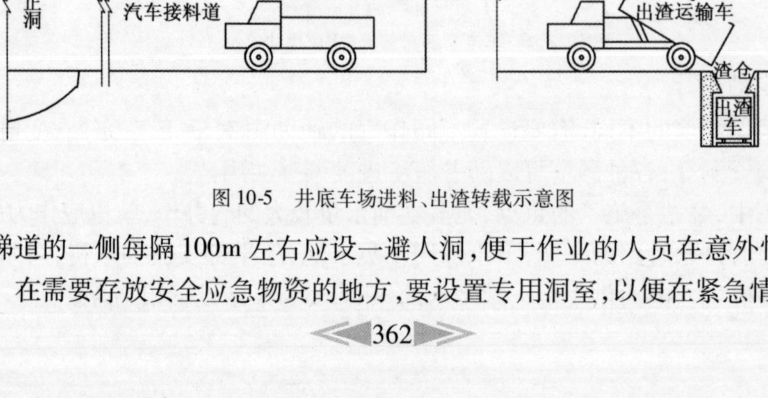

图 10-5　井底车场进料、出渣转载示意图

在人行梯道的一侧每隔 100m 左右应设一避人洞,便于作业的人员在意外情况下躲避,确保人身安全。在需要存放安全应急物资的地方,要设置专用洞室,以便在紧急情况下使用。

在井底车场附近，要设专门的操作洞室，操作洞室内根据需要安装信号设施或用于转载的装置，这样井底车场的人员在洞室内操作，在完成井底顺利转载的情况下，确保了意外情况下的人身安全。

10.1.2 井口提升系统布置

1)过渡提升系统布置

斜井在井外场地施工达到条件后，就要立即进行有轨提升系统的建设，一般正式有轨提升系统的修建时间约1个半月左右。在此期间，由于没有安全的提升运输的方式，斜井施工一般会暂停，这就浪费了工期。为解决这个问题，在施工过渡期间，采用临时卷扬机过渡提升运输，确保施工不因洞外提升系统修建而中断。临时提升设备采用10t卷扬机（功率75kW）牵引$4m^3$侧卸式矿车。由于卷扬机施工简单，能快速投入使用，尽快发挥提升能力。临时提升系统修建与正式提升系统相结合，即临时提升系统布置在正式提升系统的一段上，这样能实现过渡与正式提升的快速换装，如图10-6所示。

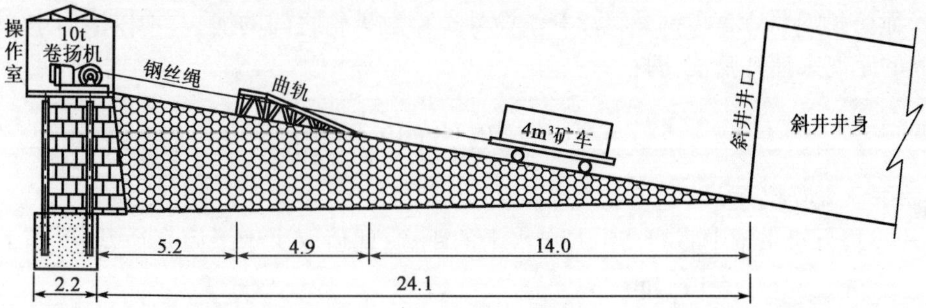

图10-6 过渡提升卷扬机安装纵断面示意图（尺寸单位：m）

2)正式提升系统布置

提升系统在洞外的主要结构物有绞车房、天轮架、栈桥。绞车房内安装1台或2台提升机，一台用于出渣运送，另一台用于材料、人员的运送。天轮架上对应有轨运输车道安装游动天轮，用于钢丝绳的转向。栈桥是出渣矿车卸渣的场所，栈桥下方即为渣舱，渣舱一般有敞开式和漏斗式，敞开式就是在栈桥下方直接存渣，运输汽车行至栈桥下附近时，利用装载机装渣；漏斗式即在栈桥下方用钢结构制作一漏斗，漏斗内一般可以存储$30m^3$左右的渣，矿车从栈桥上将渣侧卸入渣舱内，渣舱的渣门一般处于关闭状，当汽车运行至渣舱下时，打开渣舱门卸渣装车。敞开式渣舱的优点是：存渣量较大，一般可以存渣300～$500m^3$；管理难度小，无需对渣舱进行维修和管理；施工干扰小，无需使出渣汽车与矿车之间一对一配合，一般不会出现由于井口汽车原因影响斜井出渣。缺点是：需要用装载机进行二次装渣，增加了施工成本。漏斗式渣舱的优点是无需洞渣的二次装车，减少装车费用。缺点是存渣量太小，管理不到位时会影响斜井的出渣；当弃渣场离斜井洞口较远时，宜采用敞开式渣舱，减少运渣汽车的数量，降低汽车运输费用。

出渣选用侧卸式矿车，侧卸式矿车利用曲轨在运行过程中自动可以完成卸渣工作，车体结构简单，容积一般可以达到4～$10m^3$，满足长大隧道快速施工的要求。栈桥的跨度要满足侧卸式矿车卸渣的长度，栈桥的跨度一般不小于2倍的矿车车厢长，如方斗山隧道采用的矿车车厢净长为6.5m，栈桥的跨度不宜小于13m，但方斗山斜井的井口场地比较狭小，为了减短栈桥的跨度，采用了台阶式曲轨，栈桥的跨度缩短了2m。台阶式曲轨制作示意如图10-7所示。

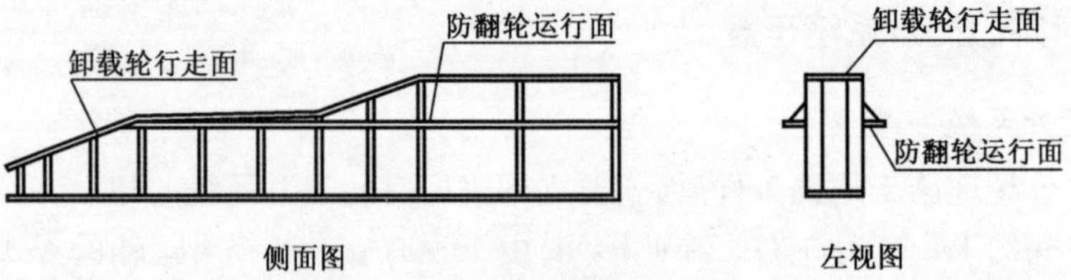

图10-7　台阶式曲轨制作示意图

绞车到天轮的距离，由两个因素控制，即绳偏角和出绳角。绳偏角为钢丝绳的弦长与天轮平面的夹角，偏角有两个，α_1 称外偏角，α_2 称内偏角，根据《煤矿安全规程》规定，内、外偏角不得超过1°30′（小于1.5°），否则绳与天轮轮缘的磨损过大，易发生钢丝绳跳出天轮的事故，且钢丝绳在卷筒上缠绕时容易乱绳，甚至出现"咬绳"现象，严重损伤钢丝绳。

钢丝绳弦长 L_x(m)是指钢丝绳离开滚筒处至接触天轮之间的绳长，均以滚筒中心至天轮中心之间的距离来计算弦长，即：

$$L_x = \sqrt{(H_j - C_0)^2 + \left(L_s - \frac{D_t}{2}\right)^2}$$

式中：H_j——天轮架高度；

C_0——提升机主轴中心线高出井口水平的距离，此值取决于滚筒直径、地形和土壤等情况，一般 $C_0 = 1 \sim 2$m；

L_s——滚筒中心到天轮架的水平距离；

D_t——天轮直径。

钢丝绳的弦长不能过长，过长则钢丝绳振动增大，钢丝绳有跳出天轮轮缘的危险，因此，一般不超过60m。

最大外偏角：

$$\alpha_2 = \arctan \frac{\frac{s-a}{2} - \left[B - \left(\frac{H+30}{\pi D} + 3\right)(d+\varepsilon)\right]}{L_x}$$

最大内偏角：

$$\alpha_1 = \arctan \frac{B - \left(\frac{s-a}{2}\right) - 3(d+\varepsilon)}{L_x}$$

式中：B——卷筒宽度，m；

s——两天轮间的距离，m，其值取决于容器的规格及提升容器在井筒内的布置，可查提升机规格表中两滚筒中心距；

a——两滚筒之间的间隙，m，其值可查提升机规格表；

ε——钢丝绳绳圈之间的间距，一般取2～3mm。

出绳角 β（或称下绳仰角），钢丝绳弦与水平之间的夹角称滚筒钢丝绳的出绳角，出绳角大小影响提升机主轴的受力情况。β 大于零时，钢丝绳拉力有一向上的分力能抵消一部分主轴的重力，减少它的重力弯矩，相对提高了主轴的强度。另外，下出绳角过小，钢丝绳有可能与提升机基础相接触，会增大钢丝绳的磨损。为此出绳角不应小于提升机规格表中规定值。对于JK 型提升机出绳角不应小于 15°，即出绳角 β 值为：

$$\beta = \arctan\frac{H_j - C_0}{L_s - R_t} + \arcsin\frac{D_t + D}{2L_x}$$

天轮与栈桥之间的距离由矿车的过卷距离决定，从矿车的牵引头到天轮中心的距离即为过卷距离。过卷距离在相关技术资料中无详细的计算过程，根据实际情况总结出了如下的计算方法：

《煤矿安全规程》规定：①过卷距离根据轨道的倾角、设计荷载、最大提升速度和实际制动力等参数计算确定，并有 1.5 倍的备用系数。②当提升容器提过正常卸载位置 0.5m 时，必须自动断电，并能使保险闸发生作用。所以，过卷开关距停车点的距离 $s_1 = 0.5\text{m}$。③保险闸空动时间：闸瓦式制动闸不得超过 0.5s，盘式制动闸不得超过 0.3s。过卷开关开始动作起至闸瓦刚刚接触到闸盘，容器走过的距离分别为 $s_2 = 0.3V_{max}$。④闸瓦失效，在重力作用下提升容器借助惯性自由减速所走过的距离 s_3 为：

$$s_3 = \frac{v_{max}^2}{2g(\sin\alpha - f\cos\alpha)}$$

式中：v_{max}——矿车在栈桥上运行的最大允许提升速度；

g——重力加速度；

α——栈桥的倾角；

f——矿车与钢轨的摩擦系数，一般取 0.015。

综合以上计算公式，过卷距离为：

$$s = 1.5(s_1 + s_2 + s_3)$$

栈桥到井口的距离由栈桥的高度，以及洞外轨道的甩车、上料等因素决定，计算原理较简单，这里不再赘述。图 10-8 为某斜井的提升系统洞外布置纵断面示意图。

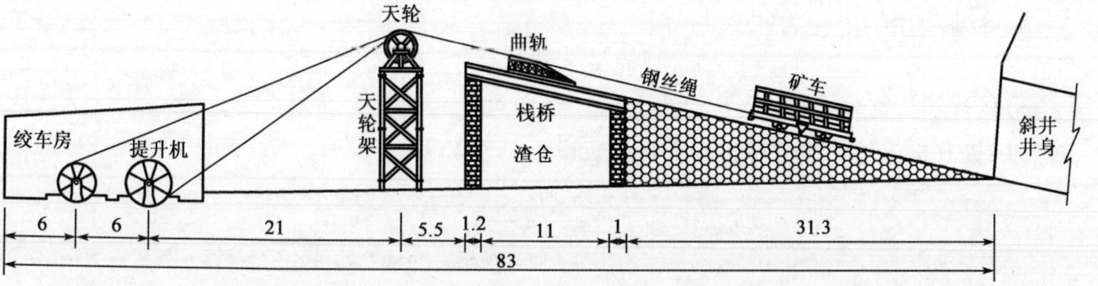

图 10-8　提升系统洞外布置纵断面示意图(尺寸单位：m)

斜井井身施工中采用小型挖掘机装渣，挖掘机型号一般为 PC100 ~ PC130。采用 2.5 ~ 3.0m直径提升机提升 4 ~ 10m³ 侧卸式矿车承担出渣和材料运输任务。在 2 车道布置的斜井中，由于施工任务较轻，采用 2.5m 直径双滚筒提升机即可满足提升运输要求。在 3 ~ 4 车道布置的斜井中，由于施工任务较重，一般需采用 3m 直径双滚筒提升机承担出渣运输任务，另采用2.5m单滚筒或双滚筒提升机承担材料运输任务。人员在提升机出渣、材料运送间隙穿插运送。当有专用的材料运送车道时,人员运送主要和材料共用一车道。无论何时,人员不得和材料、洞渣等混装在同一车内。

为便于混凝土在井口快速装到矿车上,最好将搅拌站直接安装在井口轨道旁,避免混凝土在井口转运。为实现搅拌机的连续搅拌,在搅拌混凝土的搅拌机下设一储料 $4m^3$ 左右的料舱,混凝土从搅拌机出料后暂存在料仓里,在料仓下设皮带输送机等装车设施。

10.1.3 提升设备选型

陡坡斜井机械设备的配置是能否快速施工的先决条件。由于斜井作业面较小,设备行走困难,一旦设备在作业面出现故障,只能就地排除故障后才能恢复施工。为了减少因设备故障对施工的影响,配置的设备一定要是机况良好,最好是新设备,并要重视设备的维护和检修,尤其是装渣的挖掘机。

1)提升方式的确定

为降低能耗并提高设备使用寿命,提升设备以电动液压为首选,选用JK型绞车。由于箕斗提升能力大,运转费较低,在控制上易于实现自动化,故采用箕斗提升方式。由于井下出渣、进料量大,为提高生产效率,多采用双钩提升。

2)提升容器的容积

装渣容器采用侧卸式矿车。侧卸式矿车结构简单,使用方便,侧卸时可以采用曲轨、电动葫芦等使其侧翻。

$$V_{双滚筒} = \frac{V_1 t k_2}{3\,600 k_1 T}$$

式中:V_1——隧道每天出渣量;

T——隧道每日出渣时间,h;

k_1——容器装满系数,取0.9;

k_2——提升不均衡系数,取1.15~1.25;

t——一次提升时间,s。

隧道每天出渣量 V_1 为:

$$V_1 = 最高月开挖量 \times 松散系数 \div 月工作天数$$

3)提升钢丝绳的选择

(1)提升机钢丝绳的单位长度重力(P_k)

$$P_k = \frac{n(Q_1 + Q_2)(\sin\alpha + f_1\cos\alpha)}{\dfrac{110\sigma}{m} - L(\sin\alpha + f_2\cos\alpha)}$$

式中:Q_1——提升容器及连接装置的自重,kg;

Q_2——提升容器的有效载重,kg;

L——钢丝绳的提升长度,m;

α——斜井倾角,(°);

σ——钢丝绳的公称抗拉强度,$170kg/mm^2$;

f_1——提升机的阻力系数，取0.01～0.015；

f_2——钢丝绳的移动的阻力系数，取0.25～0.4；

m——安全系数，提升人时为9，提升物时为6.5；

n——一次提升车数，取1。

(2)钢丝绳校核

钢丝绳在工作过程中，产生许多复杂的应力，如静应力、动应力、弯曲应力、扭转应力、挤压应力及接触应力等，这些应力的反复作用，必将引起钢丝的疲劳、损坏。另外钢丝绳还受到磨损及腐蚀，这也导致钢丝绳的损坏。如此复杂的影响因素，计算时不能一一考虑。因此，《煤矿安全规程》规定，计算钢丝绳时按最大静载荷计算并考虑一定的安全系数，且规定：单绳缠绕式提升装置如专为升降人员的，安全系数不得小于9；升降人员和物料共用的，升降人员时不得小于9，提升物料时不得小于7.5；专为升降物料用的，不得小于6.5。

根据上式计算的数值，从钢丝绳规格表中选择标准钢丝绳 P_k，并按下式验算安全系数：

$$m_a = \frac{Q_p}{n(Q_1 + Q_2)g(\sin\alpha + f_1\cos\alpha) + P_k gL(\sin\alpha + f_2\cos\alpha)} \geqslant \text{《煤矿安全规程》规定值}$$

4)提升机的选型

(1)提升机滚筒直径 D

D 是计算选择提升机的主要技术数据，以钢丝绳缠绕时不产生过大的弯曲应力为选择的原则。钢丝绳的弯曲试验表明，当 $D/d=80$ 时（D 滚筒直径，d 钢丝绳直径），弯曲应力 σ_w 较小，D/d 再增大，σ_w 并无显著下降；D/d 继续减小，σ_w 将会引起急剧增加，因此《煤矿安全规程》规定：

井上提升机的滚筒直径为：

$$D \geqslant 80d$$

$$D \geqslant 1\,200\delta$$

式中：δ——钢丝绳中最粗钢丝的直径，mm。

(2)提升机滚筒宽度 B

提升机滚筒宽度 B 的尺寸，以能容纳应缠绕的钢丝绳为原则，应包括相当于提升高度 H_m，还包括规定每半年剁钢丝绳绳头一次做试验（一次5m），如果按绳的寿命3年考虑，则缠绕滚筒上做试验用的钢丝绳长为30m。另外，滚筒表面应保留3圈钢丝绳做摩擦圈，以便减轻绳与滚筒固定处的拉力。

滚筒的计算宽度 B(mm)为：

$$B = \left(\frac{H+30}{\pi D} + 3\right)(d + \varepsilon)$$

式中：H——提升长度；

d——钢丝绳直径，mm。

(3)最大静张力($F_{最大}$)和静张力差($F_{差}$)

最大静张力($F_{最大}$)：

$$F_{jzd} = n(Q_1 + Q_2)(\sin\alpha + f_1\cos\alpha) + P_k L(\sin\alpha + f_2\cos\alpha)$$

静张力差($F_{差}$)：

$$F_{czd} = n(Q_1 + Q_2)(\sin\alpha + f_1\cos\alpha) + P_k L(\sin\alpha + f_2\cos\alpha) - nQ_1(\sin\alpha - f_1\cos\alpha)$$

(4)电动机的选择

$$N = \frac{K_{备} \times F_{最大} \times v_{最大}}{102\eta}$$

式中：$K_{备}$——电动机功率备用系数，可取1或2；

η——传动效率，一级传动为0.9，二级传动为0.85；

$v_{最大}$——最大提升速度，m/s。

5)天轮直径(d)选择

采用游动天轮，提升天轮使用的钢丝绳直径不允许小于该天轮所允许的绳径。游动天轮 $d = (40 \sim 60)\phi_{绳}$。

10.1.4 轨道及信号

采用38～43kg/m的钢轨，钢轨采用专用夹板配螺栓连接。轨枕采用14号～16号槽钢加工，也可采用木材加工成横截面为150mm×150mm的方木，轨枕长1600mm左右。考虑到矿车运行的稳定性，轨距宜采用900mm，采用螺栓或道钉将钢轨固定在轨枕上，轨枕间距不宜大于800mm，轨道铺设参数应符合有关规范要求。轨道道心采用较小的洞渣或碎石作道砟填充。为了保证矿车牵引钢丝绳不与地面及轨枕摩擦，在轨道中心每间隔16m左右设置一个地辊(在纵向变坡点附近要适当加密)，地辊安装高度要低于矿车车轴下50mm高度。为防止矿车在停车或其他意外情况下发生溜车，要在井口停车位附近设置挡车器，挡车器采用型钢加工而成，由专人负责管理，在矿车非运行时间均处于关闭状态。为防止铺设的轨道整体移动，每隔一段，需采用长度不小于500mm、直径22mm砂浆锚杆将钢枕锚固于底板基岩上。在轨道上每隔20m左右设一横杆，横杆可以采用ϕ22mm的钢筋加工，横杆从两侧钢轨的腹板中穿过，两端用螺栓分别固定于钢轨上。横杆的位置要高于轨枕和道砟，当矿车在意外情况下出现溜车时，横杆可以挂住矿车上自带的防溜车钩，避免危险的发生。

提升运输采用专用的信号统一调度，信号以电铃为主，辅以指示灯、电话、对讲机及视频监控系统。信号在提升机司机、井口信号工、井底信号工间传递，信号发给提升机司机后，司机必须在回复确认后才能进行矿车运行。轨道上每隔一段安装一摄像头，摄像头采集的视频及时传至井口的提升机房内，由副提升机司机负责监视，发现异常及时提示主司机停车。

10.1.5 开挖及初期支护施工

斜井采用钻爆法开挖，简易作业台架辅助，YT-28风钻钻孔，人工装药爆破。爆破后小型挖掘机装渣，矿车运渣出井。初期支护锚杆采用风钻钻孔，人工安装杆体；型钢钢架和钢筋网片在洞外加工成形，运至作业面人工安装；喷射混凝土采用PZ-5喷射机喷射。斜井的施工难度较大，作业方法不易掌握，对作业人员的要求较高，主要施工人员最好选用有斜井施工经验的熟手。斜井开挖时，钻孔、出渣、支护等工序是主要耗费时间的工序，只有缩短主要工序的作业时间和协调各工序作业，才能节约作业时间，加快施工进度。

1)超前地质预报

由于斜井的坡度较大，施工人员在遇到危险时逃生困难，施工前必须进行超前地质预报，以便对不良地质段提前做好各项施工准备，确保施工安全。超前地质预报以 TSP、高密度电法等物探手段为先导，以超前钻孔为主。超前钻孔分为深孔和浅孔，深孔需采用液压地质钻机等专用设备施作，一次钻孔深度为 30～50m。浅孔即采用风钻钻孔，钻孔的深度为 5～6m。深孔由于施作复杂，需要占用开挖施工时间，一般只在区域较大不良地质段施作；而浅孔施作方便，在钻爆作业时可以一并施作，不影响开挖施工，要按照施工工序来管理，保证每循环都要进行超前探测。

2）开挖施工

陡坡斜井的坡度过大，隧道开挖使用的固定式作业台架因移动、避车困难等问题而无法使用。开挖方法主要围绕开挖台架的搭设而确定，施工中尝试过的开挖方法有 3 种，分别为台阶法、L 形法和全断面法，三种方法施工示意图分别如图 10-9～图 10-11 所示。

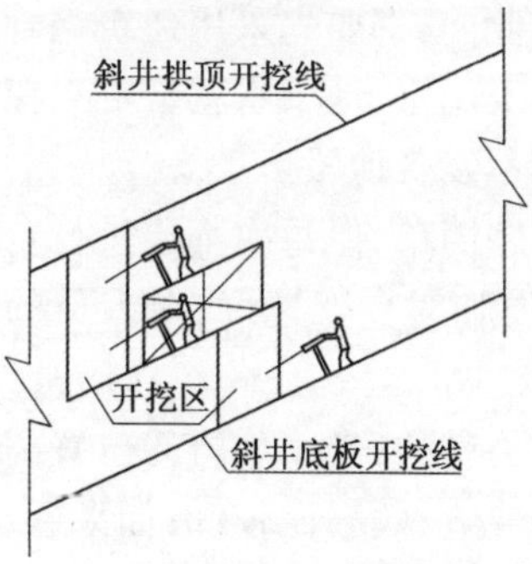

图 10-9　台阶法开挖作业示意图

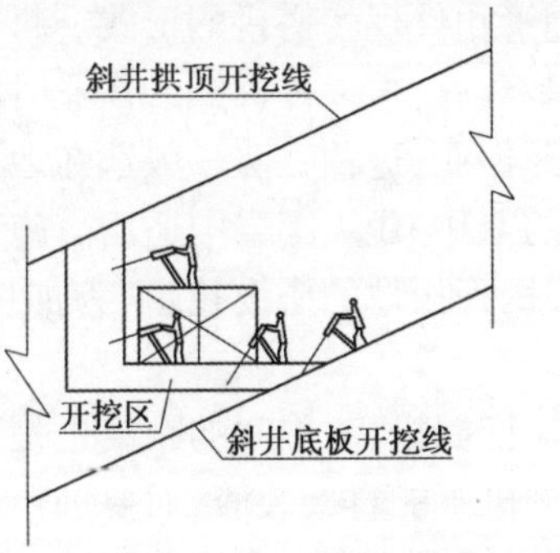

图 10-10　L 形法开挖作业示意图

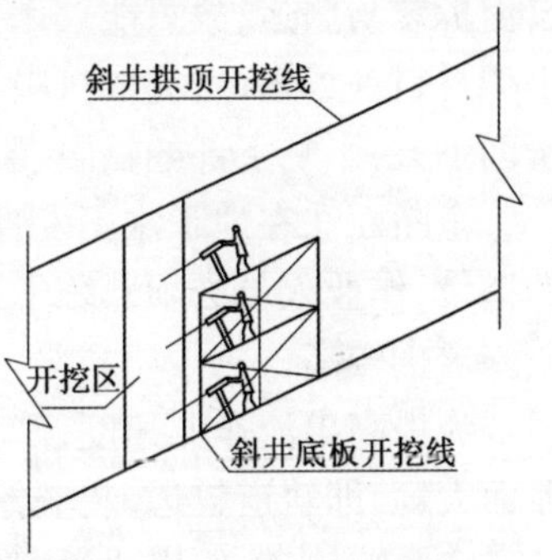

图 10-11　全断面法开挖作业示意图

（1）台阶法

台阶法为隧道施工短台阶法在斜井中的应用。将斜井开挖断面分成上下两层分别开挖，上台阶的高度控制在 4m 左右，台阶长度控制在 6m 左右。上台阶的高度不易过高，满足简易台架的拼装要求。作业台架采用简易的可拼装结构，在作业前进行拼装，作业后及时拆除，拆除后的台架堆放在开挖面附近，但不要影响爆破、出渣作业。台阶长度不宜过长，可用挖掘机的臂长来控制，以实现挖掘机从掌子面取渣后一次装入矿车内为宜，避免出现翻渣装车现象。

在确保安全的前提下，作业时上下台阶的工序可以分别进行。上一循环爆破出渣出至上台阶高度时，上台阶即可开始拼装作业台架、支护等工作，下台阶继续出渣。当下台阶出渣完成并排完集水时，上台阶的支护也基本完成，支护人员就到下台阶支护，而上台阶则可以开始进行钻眼、爆破工序。由于下台阶的支护量较小，支护完成后也开始进行下台阶的钻眼工序。上台阶虽然钻眼开始时间早，但由于上台阶的钻眼数量较大，完成钻眼时间就与下台阶的完成时间基本相当，这样就可以实现上下台阶的同时爆破。通过上下台阶的分工序作业，节约了每循环的作业时间，提高了施工进度。

台阶法在地下水不发育的 III、IV 级围岩中适用，施工进度较快，但施工管理难度大，作业不便，对作业人员的体力、技术要求较高。

（2）L 形法

L 形法是把斜井作业变为平洞作业的方法，即将斜井距掌子面 6m 左右的底面开挖成平面，所有人员在该平面上作业，每次作业都要在开挖掌子面的同时要注意落底，始终保持底面的大致水平。作业台架也需要采用拆卸便利的简易可拼装结构,为使作业台架每一部分都能便于人员搬运、安装与拆卸,每一部分的质量均不能太重,这就限制了台架的高度,一般台架的高度约为2m,整个掌子面的高度一般控制在4m左右。在平台的后方适当位置设置集水坑,坑内安装潜水泵将水排至固定泵站内。

L形法对地质条件要求较低,底平面的形成降低了作业难度,但增加了捡底工序。在不良地质段施工和涌水量较大的情况下,应用该法更能体现其优势。

(3)全断面法

全断面法即将斜井的整个断面按照设计循环进尺一次爆破成形的开挖方法。全断面开挖最主要的是解决好台架和排水问题。由于掌子面高度一般都在6m左右,作业台架就必须分成两层,简易拼装式台架的主要部分的质量就会偏大,无法实现人员在无机械配合的情况下的自由拆装与搬运,故只能采用钢管扣件现场搭拼的形式。每次作业前,都要先采用建筑钢管脚手架材料现场搭设,完成打眼、装药后,再逐件拆卸。作业时的施工用水、地下水就会汇集在掌子面下方,影响下部的钻眼、装药作业,这种方法一般选在地下水不发育地段。

全断面法在地下水不发育的Ⅰ、Ⅱ、Ⅲ级围岩中适用。施工工序简单,但每次都要进行台架的搭设,作业人员必须熟练掌握钢管扣件的搭设技术,为加快搭设临时台架速度,对人员的素质要求也较高。

为提高出渣作业速度,矿车、挖掘机、渣堆间的距离也是比较关键的,矿车装渣的位置离作业面太远,即轨道较远,装渣挖掘机不能直接装渣,而要进行走行装渣,效率比较低;如太近,爆破又会影响轨道,所以要根据施工情况确定一个比较合适的位置,以加快装渣。井口卸渣宜采用曲轨自动卸载,曲轨卸载最大的好处是卸渣不另占时间,在单桶提升时,其优势更加明显。

3)初期支护施工

斜井的初期支护比较困难,开挖后要及时施作。由于作业台架的限制,支护不宜与掌子面拉开,否则以后补做难度大。锚杆宜采用操作简便的水泥砂浆药卷锚杆,安装前用水浸泡锚固剂,将锚固剂人工填塞入钻孔,再插入锚杆杆体,戴上锚杆附件即可。喷射混凝土由井口附近的搅拌站拌制,为使矿车行至井口装车位时能快速装车,需要在装车位上方设一储料仓,储料仓容积与矿车相当。如搅拌站离井口较远,可以通过车辆、带式输送机等转运至储料仓;如搅拌站就在轨道旁,搅拌站的出料口处可以设置溜槽,直接将喷浆料放于储料仓中。运送喷浆料的矿车需要专门加工,此矿车的车帮不能过高,最好不超过1m,以便于人员能从矿车上直接上料给喷射机。喷射机沿轨道旁放置,一般可以放置2台,支护较多时可以2台同时施作。

10.1.6 二次衬砌施工

二次衬砌施工按照捡铺底→挂防水板→边拱部模筑混凝土→中隔墙模筑混凝土→沟槽及面层的顺序分部组织施工,衬砌分部施工如图10-12所示。二次衬砌施工时,需要拆除矿车运行的轨道,所以只能在开挖全部完成后再进行衬砌施工。衬砌由井底向井口方向连续施工,各作业面拉开一定的距离平行作业,斜井衬砌各作业面平行施工示意如图10-13所示。衬砌施工至井口时拆除提升设备,施作井口风塔。

1)捡铺底施工

捡铺底施工包括底板开挖、出底渣、仰拱浇筑、填充浇筑。捡铺底总体自下向上(从井底向井口)施工,每次分段长度以10m为宜。采用风钻浅孔松动爆破,小型挖掘机后退开挖装渣,提升机有轨运输运渣至洞外。开挖到设计高程后,用人工将松渣清理干净。有仰拱地段需要先施作仰拱,再施作填充。仰拱有钢筋段,先在井口加工厂按照设计尺寸下料,再通过矿车运送至作业面,现场通过绑扎、焊接,安装到位。两侧的纵、横向排水管要提前安装并固定牢固,在混凝土浇筑时防止堵塞。混凝土浇筑时,防止因混凝土流动而造成无法浇筑成形,要适当控制混凝土的流动性,并放缓一次浇筑的时间。沟槽处立模要适当放大,防止因模板变形而出现侵限。铺底前拆除的轨道,在铺底后及时在混凝土面上恢复,一般恢复一个车道,该车道用来给衬砌作业面运送材料、工具配件等。

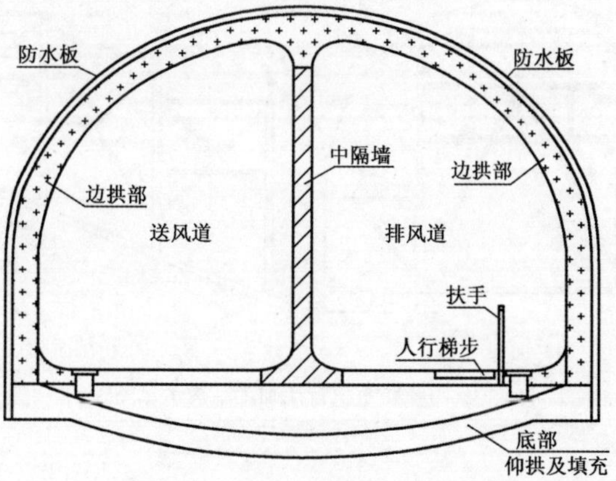

图10-12 衬砌分部施工示意图

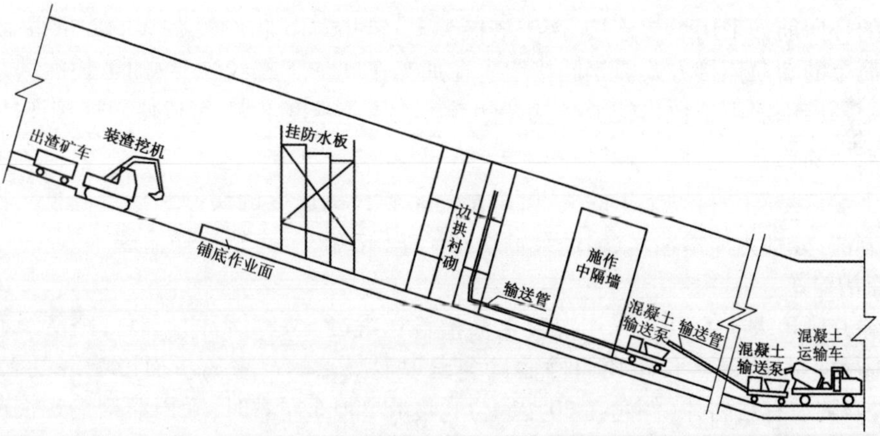

图10-13 斜井衬砌各作业面平行作业示意图

2)防水板铺设

作业方法与一般隧道基本相同,但考虑到斜井坡度陡的特殊性,可设计制作专用雪橇式防排水作业台架,初期支护表面清理、安设环向透水盲管、复合防水板铺设均在台架上作业。为有利于在陡坡上台架的支撑和固定,走行系统难以采用传统的轮式,因而采用雪橇式移动和固定装置,即在台架底部用槽钢制作一个钢雪橇,加大台架与铺底的接触面。在台架前方一定距离的混凝土铺底面上设置2根ϕ22mm钢筋的锚桩,锚桩上分别挂一5t手拉葫芦,手拉葫芦分别连于台架的两侧雪橇上，人工通过手拉葫芦就可以实现台架在陡坡上的向上移动。如台架需要局部向下移动时，要在台架的上方用钢丝绳系于锚桩做安全绳，防止出现台架失控向下溜滑事故。台架到位后，要采用锚桩、钢丝绳等固定，确保台架安全稳定。无纺布、防水板等材料通过铺底面上的轨道送至作业面附近，人工搬运铺设，铺设一般超前边拱部衬砌 1 ~2 个循环。所使用防水板与一般隧道使用的尺寸相同，铺设的防水板从斜井纵断面看是垂直斜井井身纵坡，而非竖直向下，故要注意边墙的挂点不可过少。排水盲管也要随防水板，与斜井井身纵坡垂直。防水板台架加工结构示意如图 10-14 所示。

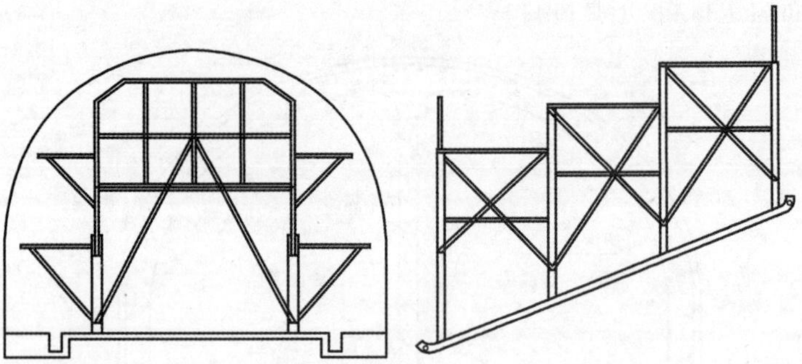

a)立面图　　b)侧面图

图 10-14　防水板台架加工结构示意图

3）钢筋制作与安装

钢筋按照设计先在井口加工，通过矿车送至作业面，利用钢筋作业台架人工安装。钢筋数量较少时可利用防水板台架；钢筋数量较多时可专门加工一台，结构形式与防水板台架类似。衬砌钢筋的环向筋如采用焊接连接，由于搭接头多、斜井内作业不便，焊接的质量很难保证，宜采用安装简单的套筒连接方式。钢筋接头先在加工车间加工螺纹，螺纹加工长度满足套筒连接要求。中隔墙钢筋由于数量较少，施工进度较快，作业难度不大，可以使用焊接连接。

4）混凝土输送

混凝土输送是斜井衬砌施工的关键，直接关系到衬砌进度的快慢和质量高低。混凝土输送有三种方法，分别为溜槽输送、输送泵输送和矿车（或罐车）有轨运输输送。

（1）溜槽输送

陡坡斜井倾角大于 55°时，采用混凝土溜槽输送混凝土是可行的。但公路隧道有轨斜井一般最大倾角不超过 25°，长距离溜槽输送会出现混凝土的严重离析而影响混凝土的质量。根据经验，当陡坡有轨斜井（倾角在 20°以上）长度在 200m 左右时，采用溜槽输送混凝土时出现离析较少，可以直接入仓浇筑。当长度较长时，则会出现较严重的离析现象，不能直接使用，需要将输送的混凝土二次搅拌后再使用。

因此，溜槽输送混凝土只适用于长度不超出 200m 的有轨陡坡斜井，对于长度较长的陡坡有轨斜井则不适用。

另外，如斜井只承担自身的混凝土衬砌任务，不便于二次搅拌混凝土，不宜选用溜槽输送的方法。

（2）输送泵输送

输送泵长距离输送混凝土主要是从下向上输送，从上向下因易出现堵管一般不宜采用。

在斜井中使用输送泵输送混凝土，也主要从井底向井口输送，这要求正洞已开挖到斜井井底，并开挖了对应地下风机房部分，使正洞、地下风机房与斜井连通。混凝土在正洞洞外搅拌站拌制，使用罐车通过隧道正洞、地下风机房运送至斜井井底附近，再由井底向井身或井口运输。斜井井底设一台高压输送泵，罐车内的混凝土放入该输送泵向上泵送。

国内性能较好的高压输送泵在斜井中从下向上一般可以输送350m（斜长），实际施工时按照300m计算，超过300m左右可采用2台输送泵接力输送。接力的输送泵与井底输送泵同一型号，配置输送管路也是同一型号。同理可以再向上输送300m，即为从下向上的300～600m段。如斜井总斜长为900m，剩余的600～900m段可用输送泵从上向下输送，即混凝土在斜井井口拌和站拌制，通过斜井口的输送泵从井口向井下输送。在向下输送的过程中，混凝土中集料下流较快而砂浆下流较慢，致使混凝土出现离析，离析出的碎石就会集中在管道中某部位而出现堵塞，致使输送失败。为解决向下输送的堵管问题，可在管路上每隔100m左右设一回头弯。总体施工安排如图10-15所示。

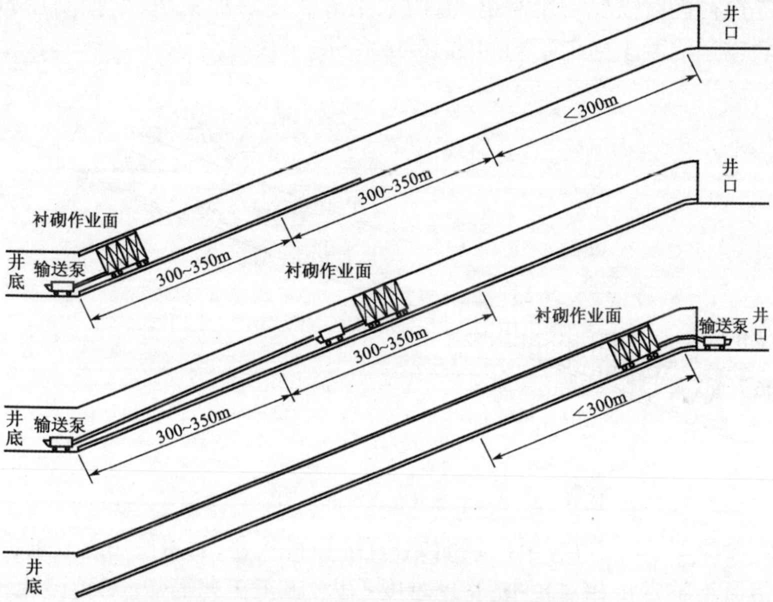

图10-15　输送泵在斜井中输送混凝土示意图

输送后，输送泵管道内还存有满管混凝土，为不浪费管道内混凝土，可在浇筑的最后一次输送砂浆，再加水输送，使管中留存的混凝土排出，就可避免管道中留存混凝土而造成的浪费。

输送泵输送混凝土，对输送泵、管路的要求较高，要选用质量可靠的设备。输送过程中，要专人操作、管理，出现堵管要及时处理。输送开始时，要先在泵中输送一盘砂浆，充分润滑管道。

输送泵输送混凝土的成本较高、技术复杂、管理难度大、管路维护人员多，但输送能力大，能满足正洞衬砌快速施工的要求。

（3）矿车或混凝土搅拌车有轨输送

混凝土在斜井井口拌和站拌制，通过斜井内的矿车或混凝土罐车有轨运输至作业面上部约40m处，再将矿车或混凝土罐车内的混凝土放于溜槽中，混凝土最终从溜槽进入仓内完成浇筑。为提高运送能力,采用两车道运送。井口拌和站如在轨道附近,可在拌和站下设置一储料仓,拌和站搅拌好的混凝土先储存在储料仓中,待矿车或混凝土罐车行至上料处时,打开储料仓卸料口,混凝土直接卸入矿车或混凝土罐车中。如拌和站离井口稍远,就需要采用混凝土输送车倒运,在斜井井口边坡下,用钢结构设置一卸料台,卸料台与井口平坡段基本相平,矿车轨道从下穿过。装满混凝土的输送车行至卸料台上等待,当矿车到达卸料台下时,输送车自卸通过漏斗将混凝土卸入矿车内,实现混凝土快速装入矿车混凝土罐车。

矿车宜采用普通矿车改装。将矿车的车帮适当加高,不使混凝土从车帮上流出。在矿车下端车帮上开一卸料口,卸料口门关闭紧密,不漏浆。

轨行式混凝土罐车的上料、出料时间较长,浇筑进度较慢。

矿车输送混凝土虽然不能像轨行式罐车一样在运行过程中不停地旋转搅拌,但由于输送的距离不长(一般运行时间只持续几分钟),且行驶平稳,混凝土不致出现严重的离析,不影响浇筑质量。

浇筑斜井二次衬砌时需要采用溜槽,溜槽采用薄铁皮等加工,长度控制在50m以内。矿车在斜井中有轨输送混凝土施工工艺如图10-16所示。

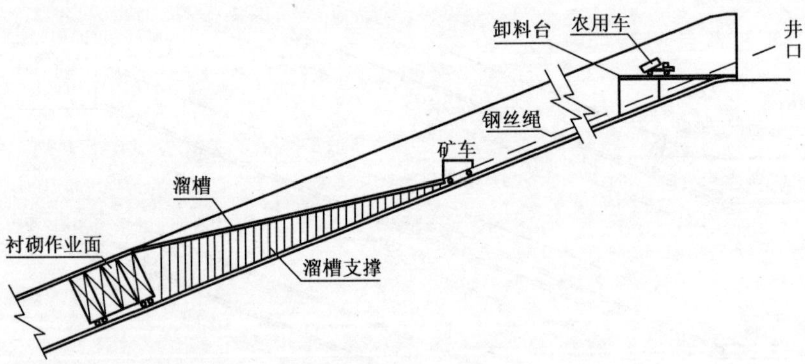

图10-16　矿车在斜井中有轨输送混凝土示意图

铺底浇筑混凝土时,矿车可行至浇筑面处,直接卸料入仓,无需使用入仓前的溜槽。

有轨运输混凝土输送量相对较小,管理难度不大,施工工艺简单,对混凝土的流动性要求较低,这种方法在斜井衬砌施工中使用较普遍。但有轨运输运送成本较高,运输安全性较低。

5)斜井边拱衬砌

斜井边拱衬砌由井底向井口方向连续施工。若由井口向井底方向进行衬砌,施工时浇筑的混凝土会给衬砌台车下端的挡头模板较大的压力,就会使挡头模板加固很困难,且存在台车受力下滑、混凝土爆模等安全隐患。如果由井底向井口方向施工,除在井底的第一模会存在上述问题之外,其余每组均以前一组已浇筑的混凝土为下端挡头,避免了在下端堵头支模板。

衬砌台车需要先在井底拼装。为满足台车拼装的空间要求,在开挖井底平坡段时,将断面按照台车吊装的方案相应扩大。台车拼装后在斜坡上行走时,为了保证轨道及衬砌台车在施工过程中不下滑,在钢轨底面每隔100cm焊接一个锚垫板,锚垫板上设ϕ30mm锚孔4个,钢轨铺设后用50cm长、ϕ25mm锚杆将钢轨固定于铺底混凝土面上。

衬砌模板台车长度6.0～9.0m。台车采用槽钢、工字钢、角钢等材料制作，由专业厂家设计加工，模板由10mm厚的钢板制作，结构形式与一般隧道衬砌模板台车基本相同，主要行走机构由轮式改为步进式。模板台车在井底平坡段用手拉葫芦等机械进行拼装，然后行走到施工工位。在陡坡上衬砌模板台车处于斜置状态，其固定和挪移位置的方法与平坡地段不同。为此在台车底部安装两组伸缩式液压缸，每组伸缩式液压缸推力为台车下滑力的2倍。两组液压油交替推进，将台车顶至预定位置后，用固定丝杠将台车锁定在轨道上。固定丝杠、伸缩式液压推进缸均用插销与轨道连接固定。这样，固定丝杠与行走油缸同时抵抗台车与混凝土的下滑力。为增大抗溜、抗滑性，在台车前部用钢丝绳系在地锚上。衬砌模板台车固定后，用横向摆动液压缸移动衬砌模板，调整到设计位置后用螺杆固定。边拱部衬砌模板台车如图10-17所示。

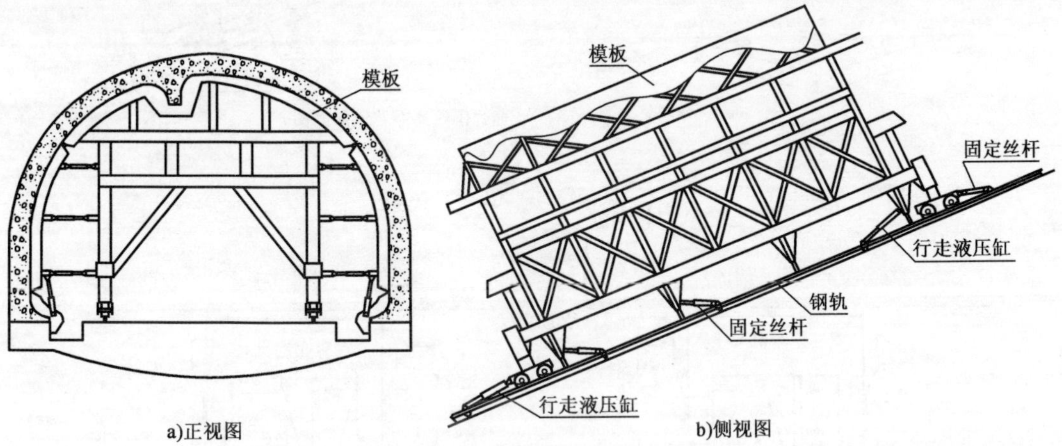

图10-17 边拱部衬砌模板台车示意图

6)中隔墙衬砌

中隔墙衬砌也由井底向井口方向连续施工，滞后拱墙衬砌3个循环后平行施工。中隔墙衬砌模板台车要专门设计加工。台车的行走、固定与边拱部衬砌台车相似。中隔墙模板台车由两个独立的台车组成，施工时两个台车的模板可采用钢筋对穿相拉，形成一个受力整体。边拱部衬砌时在中隔墙顶端头预留了钢筋接头，在衬砌台车就位前，需要先将钢筋安设到位。中隔墙衬砌模板台车如图10-18所示。

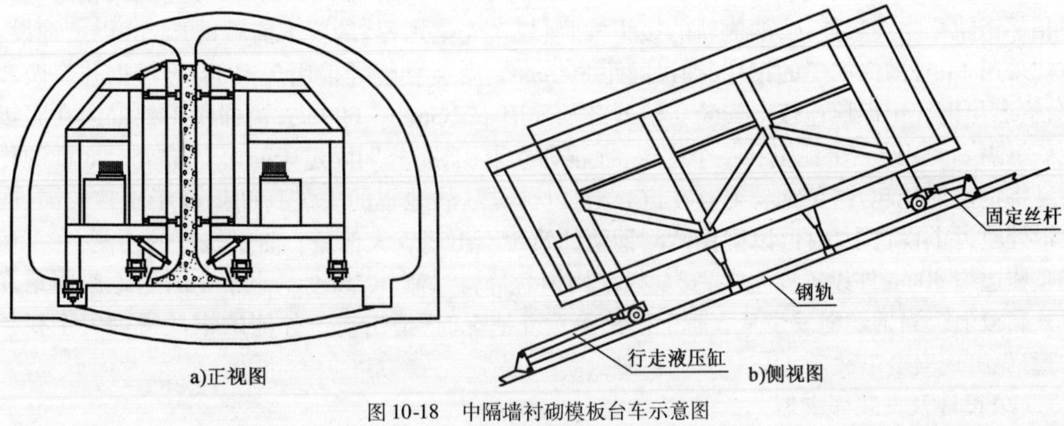

图10-18 中隔墙衬砌模板台车示意图

10.1.7 曲线段施工

沪蓉国道主干线石柱至忠县高速公路方斗山隧道斜井的右线设有一段曲线，曲线半径为150m，曲线段纵坡为22°，对应井身长度为127m。经过技术攻关，最终采用五花立辊成功完成了施工任务，斜井曲线段有轨运输示意如图10-19所示。

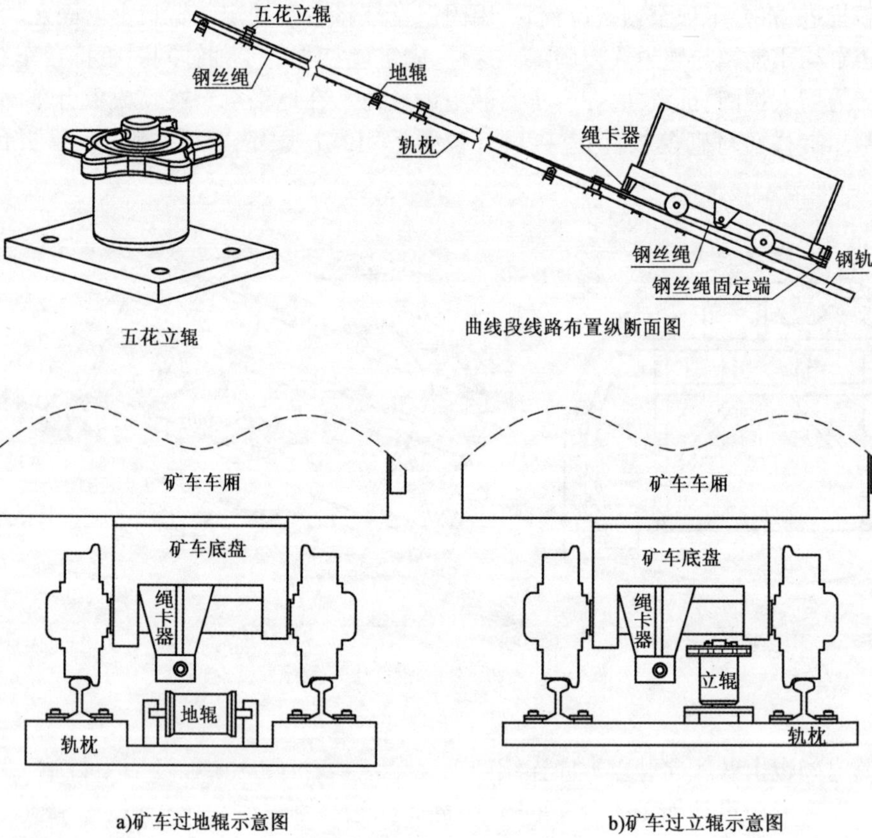

图10-19 斜井曲线段有轨运输示意图

(1)轨道铺设

为了确保安全，曲线段采用单车道，$4m^3$ 侧卸式矿车。钢轨型号、轨距与直线段相同。两根相邻钢轨采用夹板连接，两侧轨的接头按照《煤矿安全规程》的要求前后错开2m以上铺设。轨枕采用14号槽钢加工的钢枕，铺设间距800mm。安装立辊处采用2根14号槽钢并焊做轨枕，轨道与钢枕用螺栓连接。安装立辊处必须采用 $\phi22mm \times 1\,000mm$ 锚杆将钢枕锚固在底板上。每隔8m安设一个地辊和一个立辊，地辊和立辊相邻，分别固定于一个轨枕上。地辊的作用是将钢丝绳托起，避免钢丝绳落在道心与轨枕摩擦，故地辊的安装高度要高于轨枕的高度。立辊处轨道上设轨距拉杆，以确保两侧钢轨的轨距不出现较大偏差。曲线轨道的内侧，在离矿车车厢边缘30cm外设置安全栏，安全栏采用钢管等材料制作，高度不小于1m，用地锚固定在斜井底板上。当钢丝绳发生从立辊上滑出等意外情况时，滑出轨道外侧的钢丝绳被安全栏挡住，避免出现安全事故。

(2)设计及安装绳卡器

矿车在直线段运行时,钢丝绳直接与矿车底盘的上端头连接。由于矿车底盘远高于轨道,钢丝绳也相应高出轨道。钢丝绳受自身重力,约在离矿车 15 ~ 30m 距离时下落在道心的地辊上。曲线段在 15 ~ 30m 距离时钢丝绳将严重偏离道心,立辊将无法约束钢丝绳,致使运输失败。为了使钢丝绳尽早进入立辊的约束区,采用绳卡器将钢丝绳与矿车连接处的高度降低,从而使牵引钢丝绳沿立辊运动。

受空间限制,绳卡器的体积很小,受到矿车运行牵引力时易出现钢丝绳掉头而发生意外,将钢丝绳绳头固定在矿车下端头的底盘上,绳卡器只起压低钢丝绳高度的作用。为防止钢丝绳在绳卡器的绳孔中挤压而影响钢丝绳的寿命,同时防止绳卡器松动或在意外冲击力下钢丝绳在绳槽中滑动磨损钢丝绳,在绳卡器绳孔内镶嵌一个两半圆形紫铜套。紫铜质地较软,在夹紧力作用下能与钢丝绳紧密接触,形成足够的摩擦力,以保证钢丝绳不受损伤。同时,为消除绳卡器绳孔两端对钢丝绳的剪切力,两端制作成圆滑过渡喇叭形,将绳卡器对钢丝绳的损伤降至最小。紫铜套与绳卡器之间设有矩形槽,相互镶嵌其中,以防止紫铜套从绳卡器中滑出。

绳卡器安装时,绳孔的高度要低于立辊的凸缘。绳孔要偏离立辊凸缘外,偏离的尺寸为钢丝绳从前一个立辊到此立辊处时偏离的值。绳卡器与立辊的凸缘、地辊等的安全间隙为 30mm。为使矿车受到的牵引力平衡,绳卡器尽量靠近矿车的中心位置,但由于矿车底盘下的空间有限,可少量偏移。

(3)设计及安装立辊

立辊总高度不能超过矿车车轴的下线高度,否则矿车便无法通过立辊。立辊的安装高度为:

$$H_{总} = H_1 - H_2$$

式中:H_1——轨枕面与矿车轮轴下线间的距离;

H_2——立辊顶端与矿车轮轴下线之间安全距离,取 20mm。

钢丝绳在立辊上滚动的有效区高度(自由区间)为:

$$H_{效} = H_{总} - H_3 - H_4$$

式中:H_3——立辊顶端至五花凸缘下缘尺寸;

H_4——立辊基座底面至地辊上平面的距离。

钢丝绳在牵引运动中受外界因素影响较多,运行中经常产生跳动现象。为确保牵引钢丝绳不从立辊约束区域内滑出,在立辊顶端设一厚 20mm 凸缘。为减少凸缘对钢丝绳的连续摩擦,将凸缘设计成五瓣。经现场实验,凸缘尺寸应大于钢丝绳直径 1.5 倍,这样凸缘既能有效约束牵引钢丝绳,又能使矿车底盘有足够空间通过凸缘部分。

立辊安装的位置与绳卡器的位置相关,结合矿车底盘下的空间,与绳卡器保持一定的安全间隙即可。

(4)提升运输要求

矿车在曲线段运行要平稳、慢速通过,车速控制在 1.5m/s 以内。曲线段运行时加减速度的加速度不宜过大,且不可紧急刹车、猛速提升。在曲线段设视频监控,如出现意外要及时停车。在安装立辊后,要经过反复试车无异后,方可投入使用。

10.1.8 斜井反向开挖

在个别隧道,通风斜井的井口位置地形复杂,施工便道修建困难,井口附近无适宜的弃渣场地、与竖井井底相连的斜井段,斜井长度不太长,以及隧道正洞已开挖到斜井井底开口附近等情况下,可考虑斜井的反向开挖。

反向开挖时,开挖采用人工风钻开挖,可拼装式作业台架辅助作业。每次爆破后,利用掌子面的渣垫作为作业平台。出渣采用溜槽,溜槽的坡度不宜小于20°,溜槽用钢板加工,每节溜槽上均安装一台附着式振捣器。要注意控制洞渣的块度,较大的要进行爆破解小后再上溜槽运输。小型挖掘机将渣放入溜槽内下溜至斜井井底,井底采用装载机配合自卸汽车装运出洞外。为确保小型挖掘机安全,在斜井中作业时要设地锚栓安全绳连接挖掘机,以免挖掘机不慎下溜。

在斜井中铺设轨道,加工简易的运料车装运支护材料,用小型提升机提升运输。小型提升机在开挖面附近的避车洞内简易安装,斜井每开挖50m左右向上移动一次提升机,钢丝绳出提升机卷筒后,利用导向轮改变方向,沿轨道中心牵引。喷射混凝土可以从矿车运送至轨道尽头,直接利用喷浆机进行喷射作业。其他材料运送至轨道尽头后,需要人工搬运至作业面。

斜井使用的风、水、电等也从隧道经过斜井井底向上接至作业面。斜井开挖全部完成后,再进行衬砌施工,衬砌施工方法与上述方法相同,混凝土输送采用输送泵接力运送。

10.1.9 辅助施工措施

斜井施工中,如出现地下水丰富、围岩破碎等,可采用各种注浆措施。注浆方法有超前预注浆、超前局部注浆、开挖后径向补充注浆等,可根据情况选用。由于斜井排水困难,要把注浆堵水作为首要问题,如超前预报探明前方水量超过50m^3/h,就需考虑采用超前帷幕注浆。注浆的工艺、技术与一般隧道施工相同。

10.1.10 排水及通风

斜井采用梯级分段排水。在斜井井身根据所有抽水机的扬程每隔200m左右开挖一洞室,洞室内作为固定排水站泵。洞室上层安装抽水机与供电设备,下层为集水坑,泵站采用大功率固定式抽水机。在固定泵站之间设移动泵站,采用潜水泵抽水,距离较长时可以采用潜水泵接力抽水至固定泵站。通过固定泵站与移动泵站的配合,将井下涌水排出。斜井梯级排水示意如图10-20所示。

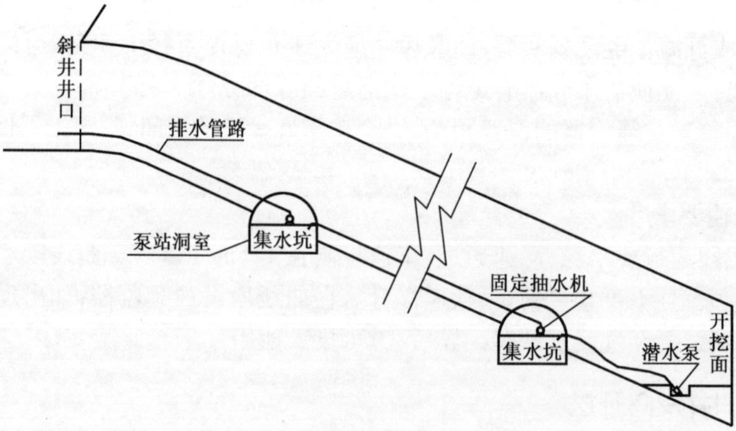

图10-20 斜井梯级排水示意图

排水是斜井施工关键因素之一，为确保排水顺利，井下配置的水泵、管路的排水能力最好能大于2倍涌水量。电力保障是排水的关键，要在井外配置备用发电机组，在网电停电时可为排水设备提供动力，确保不出现淹井事故。

可采用洞口压入式通风，用一台220kW轴流风机配ϕ1 500mm的风管为开挖作业面送风。洞外风机进风口至洞口距离大于35m，风管出风口至掌子面距离小于或等于15m。

10.1.11　溜车原因分析及防控措施

溜车是斜井有轨运输中最主要的风险因素，如何防控溜车事故的发生是有轨运输斜井施工及运输安全管理的“重中之重”。

(1)溜车原因分析

①钢丝绳断裂。钢丝绳是提升运输最重要的部件，将提升机的转动力传递给车辆进行提升运输。钢丝绳断裂是有轨运输中最重要的安全隐患。运行时钢丝绳在自身重力的作用下，会落于轨道中心的地辊上而与地辊产生摩擦，其外层钢丝的直径就会变小，甚至会出现断丝。提升机的运输量大，长期疲劳运行也会出现内层钢丝的疲劳、屈服、断裂，当断丝达到一定程度，在突然外力或紧急变速时就有可能出现钢丝绳断裂而导致溜车事故的发生。

②钢丝绳绳卡损坏。钢丝绳绳头采用卡子固定连接，卡子在运行过程中会与地辊等发生撞击、摩擦，造成卡子损坏或螺母松动，可能会突然发生钢丝绳抽头而导致溜车事故发生。

③车辆牵引销子损坏。车辆与钢丝绳采用销子连接，销子一般采用圆钢加工。在长期使用中销子会出现磨损；在长期突然外力作用下也会因疲劳而出现销子内部损坏；在运行中销子也有可能突然上窜。在这些情况下，车辆都会脱离钢丝绳而出现溜车事故。

④车辆掉道。出渣车辆在运行过程中，难免会有个别块石因车辆抖动而掉落在轨道附近，其他车辆在运行过程中发生碰撞后，就会出现车辆掉道，掉道后很难及时发现而继续牵引钢丝绳，就有可能出现牵引某损坏的部件而导致溜车事故的发生。

轨道的养护力度不够。提升机长期的运行，会使轨道道钉、螺丝等松动，出现轨距偏差，轨道两侧高低不平，甚至出现钢轨接头等处的损坏，如这些问题不能及时消除，快速运行的车辆就会发生掉道而出现危险。

在铺设轨道时，要注意轨道上钢轨的型号要统一，同一条轨道上不可出现不同型号钢轨的混连，由于轨道型号的不同，造成两钢轨连接处的突变。车辆快速运行时，对轨道的冲击荷载较大，尤其在钢轨连接处，易发生车辆掉道。

⑤车辆相碰撞。为方便车辆的快速装卸，或由于装卸位置的限制，两股轨道在特定位置上会使用道岔。在道岔处操作过程中，因为操作失误和机械故障(尖轨与钢轨不密贴)，会出现两车进入同一轨道，如不能及时发现，两快速运行的车辆就会相撞，就有可能导致某连接部件的损坏而出现溜车事故。

斜井内采用有轨运输三车道或四车道，每个车道上均有车辆独立运行。在车辆运行过程中，由于轨道不平顺而导致车辆出现偏斜，在偏斜较大，并且安全距离不是足够大的情况下，两相向运行的车辆在错车时就会出现碰撞，就有可能导致脱轨翻车、掉道及某连接部件的损坏而出现溜车事故。

⑥调换车辆。车辆在长期使用需要进行维修时，为不影响提升运输，一般会更换一个备用

的车辆，而将需维修的车辆进行调换。在有的轨道上，需要多种车辆进行运输，如车辆不采用串车方式连接，就必须经常进行调换。在调换过程中，牵引钢丝绳解开后，就有可能发生溜车事故。

⑦安全设施未发挥作用。在车辆运行的终点，一般都会设置防过卷开关等安装装置，装置外一般会安装强制停车的阻车器。当安全装置失灵而又操作不当时，车辆就会直接碰撞阻车器。在钢丝绳牵引方向上出现这种情况时，如阻车器牢固而又没有及时发现该情况，就有可能拉坏牵引部件而出现溜车事故。

在洞口一般都要设安全挡车门，在车辆停止后，一般都要关闭挡车门，防止车辆自溜进入洞内发生事故。当挡车门损坏或未及时关闭时，就有可能出现安全事故。

车辆上一般会有断绳保护装置，一般为落地抓钩，抓钩连接于车辆的牵引头处，在正常情况下搭放于钢丝绳上，在钢丝绳等损坏而使车辆出现溜车后，抓钩就会借助重力落下而钩住轨枕，阻止矿车下溜。但在抓钩损坏、抓钩与车辆连接不牢固、道心内道砟完全覆盖住轨枕等情况下，抓钩就会失去作用，就无法阻止车辆的下溜。

⑧操作失误。在轨道上临时进行矿车检修、作业、调车等时，由于提升机司机和信号工的失误或没有听清信号等原因，在不具备车辆运行的条件下拉动车辆，造成牵引部件的损坏而可能出现溜车事故。

(2)溜车防控措施

从以上主要原因出发，要对有轨斜井施工及运输安全加强管理，并在技术上采取一系列行之有效的防控措施和办法，把出现溜车的可能降到最低程度，以保证有轨斜井施工及运输的安全。

①加强对钢丝绳的安全检查。钢丝绳每天必须由专职的钢丝绳检测人员进行检测，检测方法有人工法和仪器法两种。人工法以人工查看钢丝绳外观断丝情况和用游标卡尺测量钢丝绳直径为主；仪器法采用 TCK-BX 和 TCK-RC 系列钢丝绳自动探伤仪来自动检测钢丝绳的各项参数。两种方法必须配合使用，现场操作以仪器法为主，人工法为辅，两种方法互相验证，确保检测的准确性。在钢丝绳受到突然停车等猛烈拉力时，必须进行检查。当钢丝绳的磨损和断丝达到报废标准后，要及时更换，不得继续使用。

②重视绳卡的日常检查。必须使用经技术监督部门检测合格的重型钢丝绳卡子，确保卡子的质量。卡子的使用要规范，一个绳头布置不得少于 6 个，卡子间的距离应按卡子直径的 6 倍控制，拧紧度以压钢丝绳 1/3 为宜。在使用过程中，必须坚持每天对卡子进行检查，查看是否松动或损坏，确保不出现钢丝绳抽头。

③严防销子脱落。销子的直径要与穿孔的直径相配合，间隙不宜过大，避免在牵引时销子与孔频繁相撞而出现损坏。在销子的上方一定要设置门锁，防止销子上跳。销子的日常检查一定不能忽视，要仔细查看磨损和损坏情况，发现问题要及时更换。

在车辆的牵引头附近，应设置一个备用销子，在钢丝绳绳头上同样多绑一小段安全钢丝绳，安全钢丝绳与备用销子连接，如出现牵引销子失效，备用销子就可以发挥作用，紧急将车拖住，避免出现溜车事故。

④防治车辆掉道。在提升机运行期间，专职的巡道工坚持巡道，巡道工要配置对讲机等通信设备，以便及时联系。在提升机运行线路上每隔一段安装一台摄像头，对轨道进行时时监

控，发现安全隐患及时排除，减少车辆掉道发生的可能。应及时发现车辆掉道并紧急停车，避免出现溜车事故。

安排专业的养道人员，配备相应的养护、检测工具，在运行间歇及时对轨道进行养护，确保轨道几何尺寸正确和正常维护。

要保证轨道的铺设质量，同一轨道上一定要采用同一型号的钢轨。要减少车辆运行中的冲击，车辆最好有减震装置。由于木枕富有弹性，在有条件时，可优先采用木枕而尽量不用钢枕。

⑤消除车辆相互碰撞。要使车辆不相撞，就必须保证两辆车不能同时在一条轨道上不同向运行，应主要加强道岔处的管理。在允许的地方，要尽量使用套线道岔，避免扳道引起的安全隐患。在无法使用套线道岔的地方，要加强道岔的管理，要有专人检查巡视道岔，避免道岔处出错而导致车辆相撞。

要使车辆在错车时不出现相互碰撞，要保证轨道的质量和错车位置的安全距离。轨道在铺设后，要由专职人员，使用专业的检测工具进行养护，要达到轨道的平、顺、直、实。两车辆错车的安全距离，要满足相关规范的要求，同一提升机的主副车辆的错车安全距离不小于30cm，不同提升机的两相邻车辆的安全距离不小于50cm。

⑥安全调换车辆。车辆调换一般要在光线充足的洞口进行，频繁调换的车辆要有调车线，调车线不能直接对着井口，这样即便发生溜车，车辆也不会进入洞内而发生安全事故。在没有调车线的轨道上，一般用吊车等直接将车辆吊离轨道，再将另一个车辆吊上轨道。在整个吊车过程中，要先将钢丝绳与车辆在安全地方连接牢固，以防吊车过程出现问题而发生溜车。在轨道上一定要用阻车器，将出现的溜车车辆挡住。

虽然可采取一些安全措施，但频繁调换车辆还是存在着极高的安全风险，最好能在施工中加以避免，将不同的矿车在不同的车道上使用。

⑦加强对安全设施的管理。对于过卷等安全装置，在每个作业班接班后，要先试过卷开关是否正常。在确认过卷开关正常后，方能运行提升机。过卷开关要由专职的电工进行维修保养，使其真正起到作用。

洞口的挡车门要有人专门负责启闭，在车辆停止后及时关闭。发现损坏要及时维修，保证随时能使用。

车辆的抓钩要与车辆连接牢固，连接部位必须使用专制的销子，不得用铁丝等简单捆绑。抓钩在使用中如出现变形等损坏情况时，要及时修复。轨道道心的道砟要经常清理，要做到轨枕高于道砟，不得出现道砟完全覆盖轨枕。

⑧加强对操作人员的管理。提升机提升系统是一个特殊的工作，对所有操作人员均要进行严格的岗前培训，并取得相应的操作资格证书后，方能进行操作。

建立健全有轨运输斜井安全管理体系，完善各项管理制度及相应的奖惩机制，严格贯彻落实各项管理制度和规定，要做到科学规范、严谨细致、扎实认真，不可存在侥幸心理。所有的操作人员要责任明确，各负其责，所使用的工具等要落实到人。主管人员在日常操作过程中要进行巡检，发现工作不积极主动、注意力不集中的作业人员，要立即进行批评教育，甚至撤换工作岗位。

日常操作中遇到一些小的故障、事件等要及时组织大家分析总结学习，指出并认识到问题的关键，拿出相应的纠正防范措施并及时整改。每周要进行安全学习，专门学习有关提升机的运转、操作等的原理和需注意的安全事项等。

在提升机运行时，车辆下方尽量不要安排人员作业。在轨道上进行维修和检查时，要设专人进行守望，发现异常情况及时躲避或疏散。严格交接班制度，工作人员交接班时要清楚详细情况，并说明需要注意的问题。

采用多种信号制度，信号以电铃+指示灯为主，辅以对讲机、电话等，在未听清楚信号和出现异常情况时可以及时联系，避免事故的发生。

10.2 竖井施工

竖井与斜井相比，主要有以下差别：竖井的开挖施工难度较大，运输能力弱，通过竖井展开隧道主体施工的效率较低；竖井由于井身较短，通风阻力较小，烟囱效应明显，更有利于隧洞通风，能减少隧道运营期间通风费用；竖井井口位置选择受地形、地貌的制约较多。竖井采用复合式衬砌，锚网喷初期支护，钢筋混凝土二次衬砌。竖井断面也一般在中部设置中隔墙，中隔墙采用钢筋混凝土结构，将竖井断面分为两半，一侧作为送风道，一侧作为排风道。

10.2.1 设计方案的优化

竖井在施工前，也需根据施工工期、技术经济、设备配置等因素，对设计的井身位置、断面等进行优化、调整，为竖井的快速施工创造条件。井口场地是井位优化的关键，井口场地要有运输道路，便于施工设备、材料、弃渣等运输。井口处场地较平坦、开阔，便于提升设备的布置。竖井断面宜为圆形。

竖井在施工前，最好先在竖井中心施作地质钻孔。钻孔用地质钻机钻进，全孔取芯，做地质描述，并需要分段进行压水试验，用以分析地下水的发育程度。根据钻孔情况，可以通过适当调整井位来避开较大破碎带、涌水等不良地质，也可以提前做好预注浆等超前处理措施，降低竖井施工难度和危险。

如竖井内地下水较大，就需要在井壁上每隔一定距离开挖辅助洞室（腰泵站），洞室断面尺寸由安装其中的抽水设备、排水量决定。

由于运输能力较低，高速公路隧道施工中尚无利用竖井开挖正洞的施工方式。竖井在隧道开挖期间常被用作辅助通风道和混凝土输送通道，故井底车场设计相对简易，多采用环形车场，即利用井底地下风机房的送、排风道，形成材料输送车的环形形式，避免在井底倒车、调头等。在开挖完成的竖井中利用溜灰管从井口将混凝土输送至井底，混凝土经过井底缓冲装置后装入运输车内。

10.2.2 机械化设备配置

1）提升系统

竖井提升系统主要由提升机、井架、井盖、吊盘组成。提升机根据使用情况分为主提绞车、副提绞车和稳车。主提绞车主要承担出渣任务，副提绞车主要运送人员和支护材料。在出渣任务较重时，主、副提绞车可同时承担出渣运输任务，形成单钩双吊桶出渣而缩短出渣时间。稳车一般包括吊盘悬吊稳车3台（兼作主、副提的稳绳）、主副提稳车各1台、吊泵稳车1台、抓岩机稳车1台、安全梯稳车1台。由于一般通风竖井的直径较大，井身内各施工设施的布置空间较充裕。各提升机钢丝绳各参数的计算与斜井的相关计算类似，在此不再赘述。竖井井口提升系统一般的布置方式如图 10-21 所示。

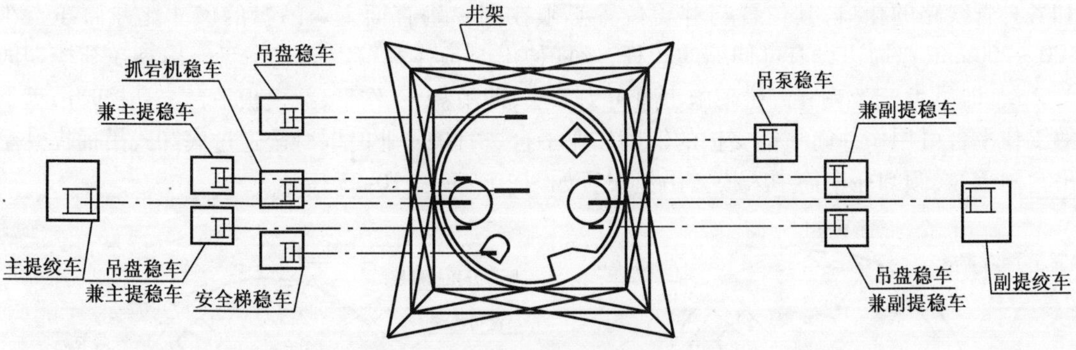

图 10-21　竖井井口提升系统布置平面示意图

为使井架有较好的通用性，降低成本，井架宜采用标准煤矿 III 型、IV 型井架。改型井架的优点：其由钢管杆件组成，单件质量轻，便于装、卸和运输，井架复用率高，天轮平台允许四面出绳，天轮和地面提绞设备布置灵活。井架在专业的工厂内进行加工，现场拼装使用。当采用全断面自上而下开挖时，井架由天轮平台、主桁架、翻矸平台、扶梯、基础等部分组成；当采用导井法施工时，可以不安装翻矸平台。井架 4 根支腿安装在 C20 混凝土浇筑的基础上，井架基础可与井口圈整体浇筑。在井架的顶层天轮平台用 4 根边梁和 1 根中梁组成"日"字形框架，供安装各种天轮。各天轮安装如图 10-22 所示。

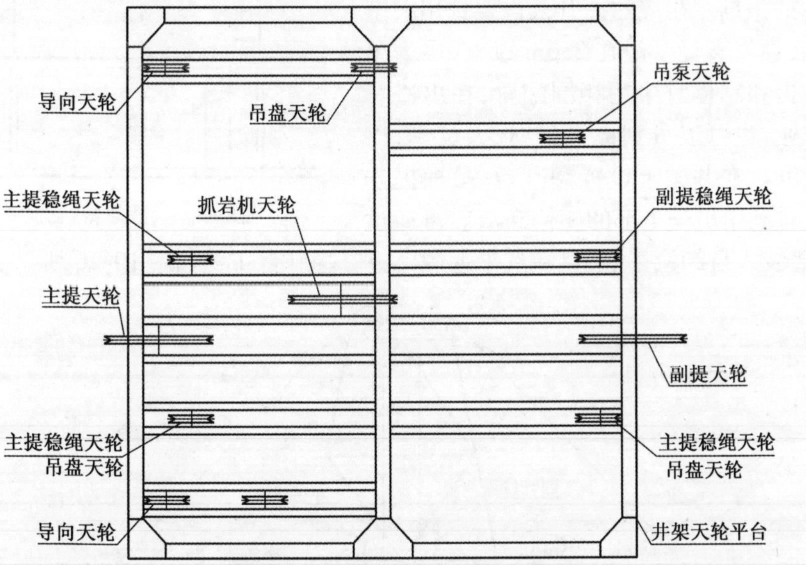

图 10-22　井架天轮平台布置示意图

井盖是井内施工作业时起安全防护作用的重要设施，设于井口处。井盖用型钢制作骨架，上铺防滑钢板加工而成，其型钢骨架嵌在井口锁口圈的混凝土中。井盖上设有井盖门和其他悬吊设备通过口，与提升吊盘、作业盘一一对应。井盖门在吊桶通过前开启，通过后关闭，一般采用配重来协助人工开合，也可采用卷扬机开合。其他孔口不通过悬吊物时用盖板盖严，无法盖的孔口需要设防护栏围挡。井盖的布置如图 10-23 所示。

吊盘用来保护井底作业人员的安全,拉紧吊桶提升稳绳、悬吊设备和安全绳。吊盘一般由2根扁担梁和型钢及钢圈焊成骨架,上铺钢板组成吊盘。盘上布置有通过吊桶、吊泵、安全梯和各种管线路的孔口,其位置与井盖位置必须在同一垂直面上。吊盘的尺寸比井筒净空小100~200mm,盘周边设有可伸缩的丝杆,丝杆伸出时顶住井壁以固定吊盘。吊盘在开挖期间为2层,即吊盘、工作平台;衬砌施工时可为3层,即吊盘、工作平台、模板平台。开挖时吊盘下的工作平台可用作井筒喷锚支护的辅助作业平台。衬砌作业时混凝土通过底卸式吊桶提升至吊盘附近时,倾卸在串筒中入模。吊盘布置如图10-24、图10-25所示。

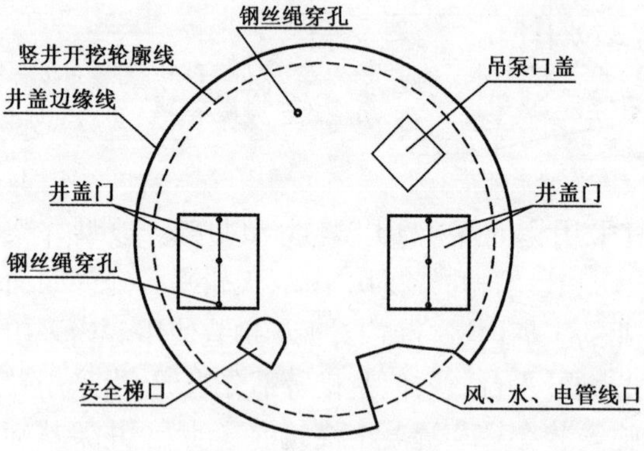

图10-23 井盖布置示意图

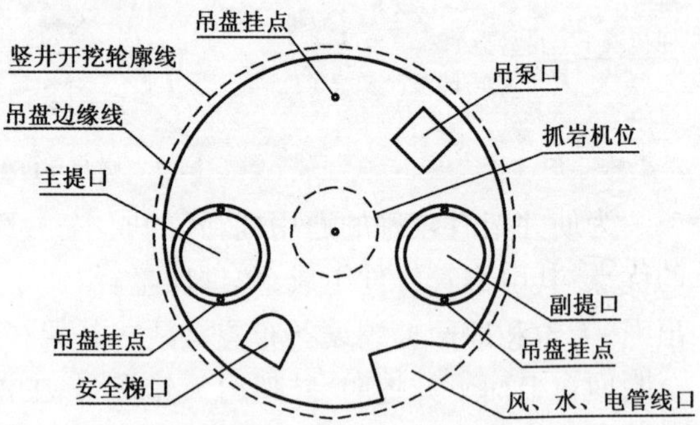

图10-24 吊盘布置平面示意图

吊桶是快速出渣进料的关键,一般选用容量为$3m^3$左右的吊桶。相应的提升机也要选用大型矿用提升机,卷筒直径一般在2.5m以上,多为单钩提升。主提和副提宜采用相同配置,在出渣时可以同时作业,也可以分别提升材料、人员等,以加快施工进度。在井架上设置翻矸台,吊桶提升至翻矸台上时利用吊桶下部的座钩卸渣。再通过溜渣槽,将渣装入自卸汽车上,自卸汽车远运弃渣。翻矸台布置如图10-26所示。

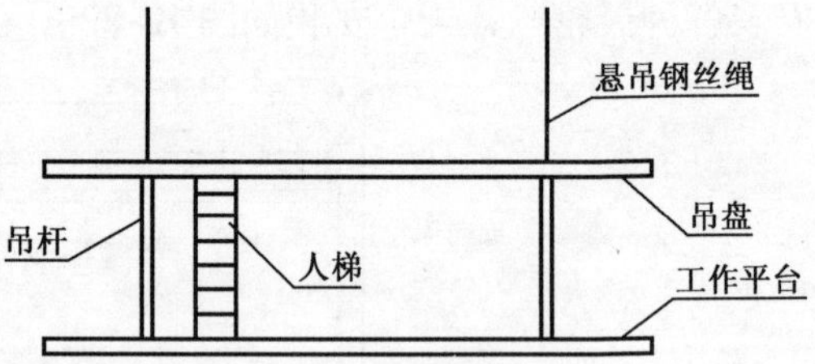

图10-25 吊盘布置立面示意图

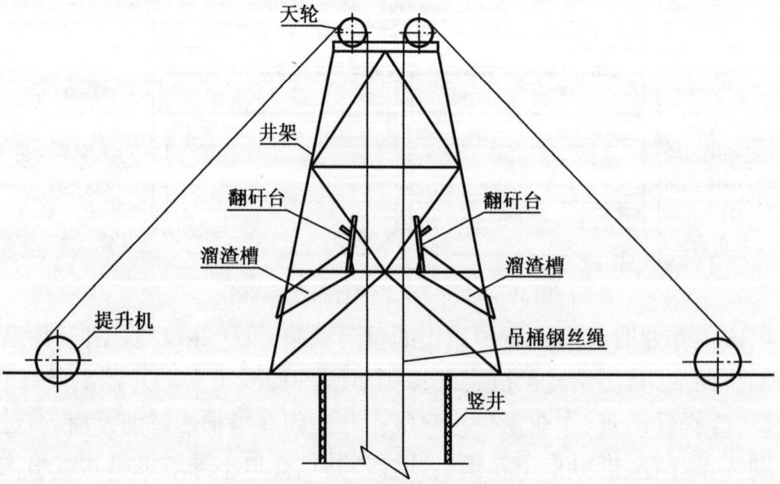

图10-26 翻矸台布置示意图

2）凿岩设备

凿岩设备以伞形钻机为主，局部人工风钻辅助。伞形钻机是竖井掘进用机械化专用凿岩设备，以压缩空气为动力，液压传动。伞形钻机钎杆移位迅速、准确、平稳，钻孔效率较高。国产伞形钻机可以打直径42～55mm钻孔，炮眼深度为3.2～4.2m。伞钻通过提升机吊至井下，将中心对正井筒中心，撑起支撑气腿固定伞钻。将各钻机对正并垂直于工作面上进行钻眼作业。伞钻在进出井筒时，必须将其各臂收拢并捆绑，以免与吊盘等碰撞发生意外。伞形钻机如图10-27所示。

3）出渣设备

竖井快速施工对出渣系统有四点要求，即"大溜矸仓、大吊桶、大抓岩机、大提升机"。高速公路井筒直径一般在8m左右，井下有较大的空间，吊桶采用主副两套提升，同时在井底进行摘挂钩，这样每次出渣一般要使用4个吊桶，确保井下不停地进行装渣作业。

装渣一般采用中心回转式抓岩机，回转式抓岩机直接固定在吊盘下，占用井筒空间小，出渣效率高，在竖井施工中普遍采用，如图10-28所示。抓岩机在渣较多时效率较高，在渣较少或清底时，就很难再用抓岩机装渣，此时一般采用人工或小型挖掘机辅助装渣。

在较大直径竖井中，井下有相对宽敞的空间，此时使用抓岩机出渣时效率较低，可改用效率较高的小型短臂挖掘机进行装渣及清底作业。挖掘机装渣需要在每次出渣前将挖掘机吊入井下，出渣完成后再将挖掘机吊出井外，这就需要在井盖、吊盘预留挖掘机的通过口。挖掘机通过口的最佳位置为竖井的中心，这样其可以和伞钻通过口一起使用，方便作业。

井筒内钻孔、出渣、清底设备作业如图10-29所示。

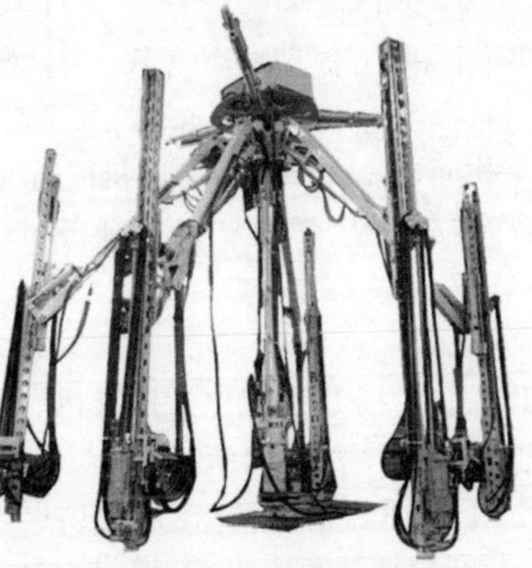

图10-27　伞形钻机图

图10-28　中心回转式抓岩机

10.2.3　开挖方案的选择

高速公路竖井开挖时，目前较为常用的方法有全断面法、导井法。具体的开挖方法由施工任务量、进度及设备决定。全断面法虽然存在较多困难，但可以尽早开工，甚至可以在平洞开挖完成前提早完工，不影响施工工期；反井钻机法主要特点是导井施工安全、进度快，管理难度小，无需机械通风。

1）全断面法

采用机械化配套作业，自井口向下全断面一次开挖施工。先掘进竖井井口的表土段，然后施作钢筋混凝土的锁口圈。向下掘进至30～40m后安设多层吊盘，进行提升、悬吊等辅助设施的安装，

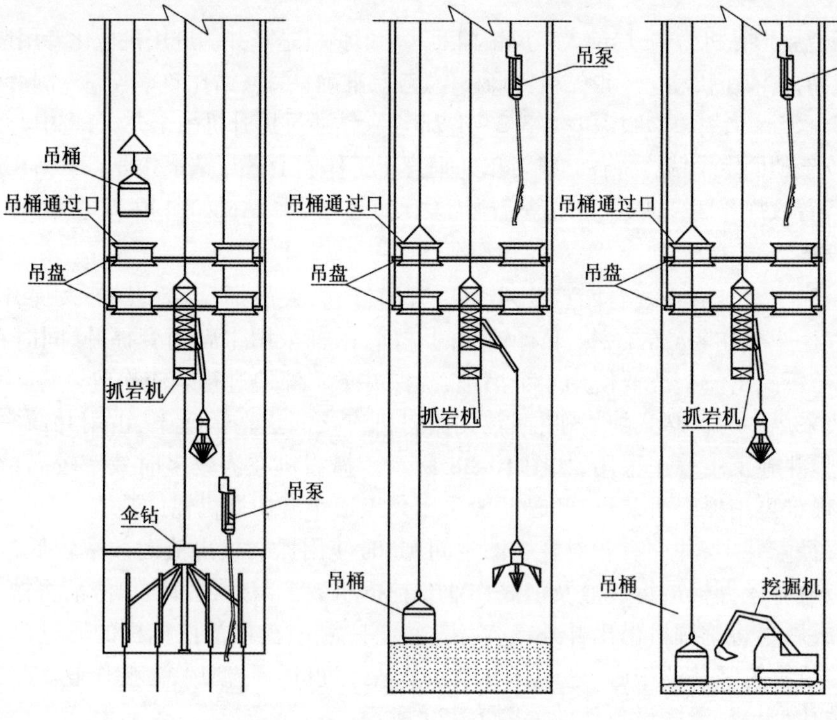

图10-29　井下钻孔、出渣、清底设备作业示意图

转入井筒掘进施工。两层吊盘的使用能使多道工序平行进行，提高工作效率。伞钻凿岩机钻孔一次爆破成型，采用抓岩机装岩，单钩提升吊桶出渣，渣石提升至井口，用自卸汽车接渣转运至弃渣场。锚网喷初期支护，人工利用吊盘辅助作业。为保持工作面空气清新，必须进行机械通风。

公路隧道竖井全断面法施工由于一次开挖断面较大，出渣、支护工作任务重，需要投入大型的竖井专用凿井设备，才能提高掘进速度。

全断面法施工具体步骤如下：

(1)安装提升系统。平整井口场地，安设提升系统。提升系统包括提升机、稳车、吊盘、井架、井盖等。采用2台单钩提升绞车，$3m^3$ 左右的吊桶，主要负责出渣、施工人员、材料的输送；吊盘为两层吊盘，下吊盘为初期支护的工作平台，下悬抓岩机1台；稳车包括：吊盘稳车4台(兼作主提稳绳)，抓岩机稳车1台，吊泵稳车1台，安全梯稳车1台；井壁设置悬挂锚杆，将风水电管线固定在井壁上；井口安装井盖及围挡，防止碎石、杂物掉入井内，以确保安全。

(2)测量放样。测设竖井中心点，同时放出十字线护桩，设护桩以便于校核。

(3)伞钻钻爆开挖。多臂伞钻钻眼爆破，抓岩机装渣，双吊桶提升至井口，在井架上翻矸平台卸渣，人工或挖掘机清底。通风采用轴流式通风机配置软风管压入式通风。排水采用吊泵配软水管排水，当深度过大时，需采用设井腰泵站分级排水。

(4)初期支护。初期支护紧跟开挖面，支护可利用吊盘辅助作业。支护自上而下施作，结构锚杆、挂设钢筋网、钢架后及时喷射混凝土封闭。

2)导井法

具体方法是先开挖用于溜渣的导洞，然后再用传统钻爆法自上而下将其扩挖成井。导洞

的施工有以下几种方法:

(1)正导井扩孔法。沿竖井的设计轴线用钻爆法自上而下开挖直径较小的导井,导井开挖到井底后,待井底平洞开挖与导井连通,此时再从上而下钻爆扩挖井身。扩挖爆破后,利用抓岩机将渣从导井溜入井底,在井底利用机械装运至弃渣场,完成开挖出渣。该方法优点是竖井扩挖部分的出渣效率高;井口出渣较少,井上占地较少;利用竖井的烟囱效应,无需采用机械通风,降低施工成本。缺点是导井开挖出渣效率较低;需要增加导井的临时支护,增加了施工成本;提升设备投入较大;施工组织难度较大;扩挖时井底平洞必须与井底连通,竖井施工受到平洞施工进度的制约。

(2)爬罐法。国外有阿立马克(ALIMAKE)内燃液压爬升机,配合内燃驱动运输车自下而上开挖导洞的机械开挖法;国内有能源部指定开发的电动爬罐,此产品可开挖竖井深达350m,可配凿岩机具2~3台(气动、湿式、气腿向上式)。

(3)吊罐法。在地表竖井设计轴线用钻机钻出超前导孔(直径为0.2~0.3m),再布置提升机,将钢丝绳穿过导孔至井底通道,由下向上扩挖一直径2.0~2.5m的导井。该方法对于深竖井,导孔方向较难达到设计要求,且安全性较差,需增加施工临时支护。

(4)反井钻机法。该方法是在地面上利用反井钻机自上而下钻一导孔(直径为0.2~0.3m),然后再通过平洞到井底安装反井扩孔钻头,自下而上开凿导井。导井开挖后,再从上而下钻爆扩挖井身。扩挖爆破后,利用抓岩机将渣从导井溜入井底,井底再利用机械装运至弃渣场,完成开挖出渣工作。

这种施工方法的缺点是反井钻机的钻孔深度、地质条件受到限制;扩孔时井底的平洞必须与井底连接,竖井的施工受到平洞开挖进度的限制;国内工程实例相对较少,施工技术难度大,存在钻头卡孔的隐患。优点是占地面积小,对自然环境的破坏小;底部平洞已经完成,具有出渣的便利条件;出渣效率高;施工机械及管理人员较少;施工安全性高;利用竖井的烟囱效应,无需采用机械通风,降低施工成本。

反井钻法施工具体步骤如下:

①测量放样。测设竖井中心点,同时放出十字线护桩,设护桩以便于校核。

②钻机就位。建议:先测量放线,然后钻机就位。钻机定位的关键在于调平对中,确保钻孔的垂直度。钻机基础采用C20混凝土,厚度为100cm。

③钻导孔。钻机安装直径250mm左右的牙轮钻头,由地面从上向下钻导孔。钻孔岩屑由洗井液从钻杆与孔壁间的环形空间提升出孔口,在孔口沉淀后洗净液再循环使用。导孔钻进过程最主要的是防止出现钻孔孔斜过大和孔壁坍塌出现卡钻情况。为防止出现孔斜偏大,在每钻一段,就要采用测斜仪测量,并通过测量结果及时调整钻速、钻压等,确保孔斜控制在合理范围内。不良段极易出现孔壁坍塌,坍塌的岩块卡住钻头,致使钻孔失败,出现较大的经济损失。为防止出现坍孔,要提前做好地质调查分析,并随钻孔分析岩屑,如有不良围岩,要首先采用注浆固结围岩后再钻进。

④反钻导井。导孔到底前,井底平洞已开挖与井底连接,形成作业空间。导孔到底后,从井底平洞卸下牙轮钻头,换装直径1 400mm左右的扩孔钻头,自下而上将导孔扩大为满足需要的导井。扩孔钻头的岩屑靠自重下落到井底平洞,在井底平洞采用车辆装运出洞外。

⑤导井扩孔结束后,拆除钻机。在井口设简易提升系统架。提升系统包括提升机、稳车、

吊盘、井架、井盖等。提升机为一主提绞车,主要负责施工人员、材料的输送;吊盘为两层吊盘,下吊盘为初期支护的工作平台,下悬抓岩机1台;稳车包括:吊盘稳车3台(兼作主提稳绳),抓岩机稳车1台;井壁设置悬挂锚杆,将风水电管线、安全爬梯固定在井壁上;井口安装护栏进行围挡,防止碎石、杂物掉入井内,确保安全。

⑥人工钻爆法扩挖。扩挖爆破后的渣大部分从导井下溜至井底,未能下溜的渣体采用抓岩机抓放于导井内下溜。下溜至井底的渣体采用装载机配合自卸汽车装运出洞外。扩挖钻爆布孔要适当,避免出现较大块体堵塞导井,致使施工失败。

⑦初期支护。扩挖时要及时施作初期支护。支护自上而下施作,结构锚杆、挂设钢筋网、钢架后及时喷射混凝土封闭。

10.2.4 二次衬砌施工

由于竖井设有中隔墙结构,二次衬砌需在开挖完成后进行,模板采用爬模(自升式液压模板)自下而上施工,井壁与中隔墙一次浇筑。

1)爬模

自升式液压模板系统主要由模板、支撑架、上平台、中平台、下平台、支腿、千斤顶撑杆,以及液压系统、振捣装置组成。模板系统按送风道、排风道分为两部分。中、下平台同时是整个模板系统的下部支撑平台,模板安装于中平台上,采用大面模板,模板的维护也需要在中平台上进行。中平台和下平台之间安装爬升液压千斤顶,按照固定一个平台,移动另一个平台的形式实现模板的整体爬升。即下平台就位后,通过千斤顶顶升中平台,中平台就位后通过收起千斤顶将下平台提升。模板上安装有附着式振捣器,可通过附着式振捣器将仓内混凝土振捣密实。整个模架滑升采用行程1.5m的液压千斤顶完成,液压系统分模板伸缩和提升两部分,采用两套液压泵,分别控制相应部分。为保证材料、混凝土进入工作面,上平台需要预留一定的净空。中下平台需预留一定的净空。中、下平台端部可自由伸缩,以进入预留的混凝土孔中固定。两对应中隔墙模板间需采用对拉螺栓固定。竖井爬模示意图如图10-30、图10-31所示。

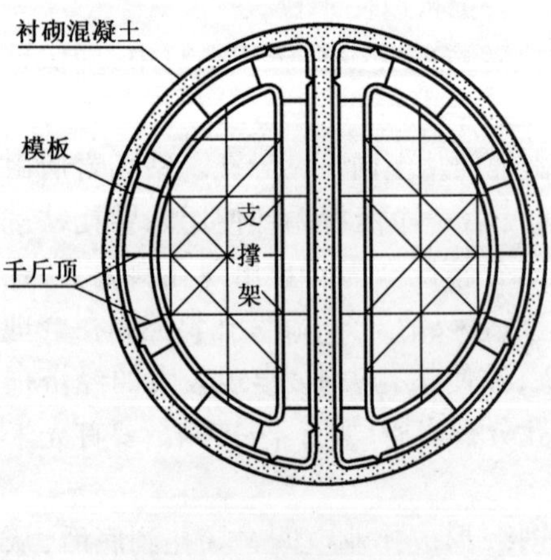

图10-30 竖井爬模平面示意图

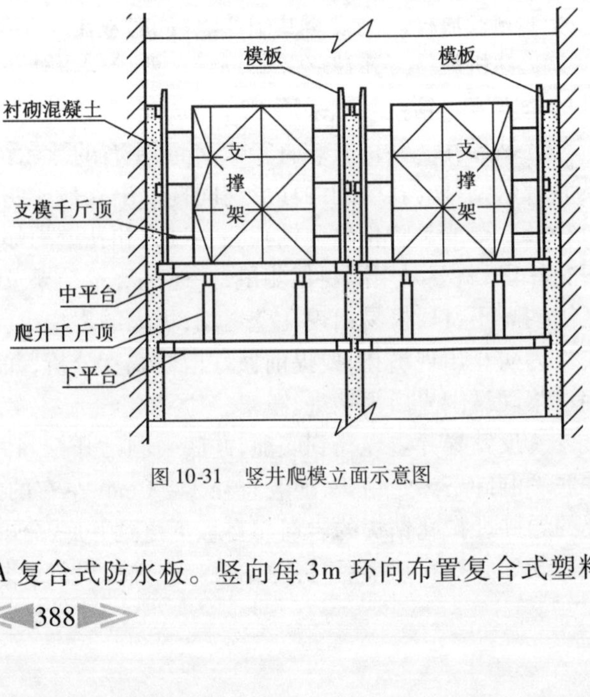

图10-31 竖井爬模立面示意图

2)结构防排水施工

竖井衬砌背后设计为全断面布设EVA复合式防水板。竖向每3m环向布置复合式塑料环向盲沟。由井底至井口，在竖井周边竖向均匀布置多根复合式塑料竖向排水沟。为确保竖井衬砌接缝处不漏水，对渗水或无水地段在接缝处增加遇水膨胀止水条，在富水地段接缝处增加止水带，竖井排风道底部增设中心水沟和横向排水管，在排风道两端布设路缘集水井，确保将竖井衬砌周边水排至隧道内中心水沟。防水层施工由提升吊盘下的工作平台辅助作业，保持在超前混凝土作业面2~3个循环的高度即可。

在防水层施工前，认真作好断面检查工作，确保衬砌厚度及基面达到设计规范要求。防水板按环向逐幅吊挂，吊挂时要有一定的松弛度，将无纺布上的吊带对应初期支护位置做上标记，然后在做好标记的位置用电钻打眼，深度10cm左右；将预先系有细铁丝的小木桩打入，并将高于初期支护表面的部分切除；同一高度的一排桩全部钉完后，再把防水板向高处吊挂。复合防水板吊带间距一般为1.0m，呈梅花形布设为宜。注意在壁座处增加小木桩并加大松弛度。防水板采用自动爬行热合机双焊缝焊接，焊接之前把防水板铺设平整、舒展，避免叠皱，并将焊接部位的灰尘、油污、水滴擦拭干净，焊缝接头处不得有气泡、折皱及空隙。接头处应牢固，强度不小于同一种材料。防水板的搭接宽度一般为10cm，双焊缝的每条缝宽2cm，两条焊缝间留不小于1.5cm宽的空腔。焊接温度控制在200~300℃，焊接速度控制在1.0~2.0m/min。防水板要求搭接成鱼鳞状，如屋顶盖瓦状，即上一环防水板搭接在下一环防水板靠岩面侧。在防水板外绑扎或焊接钢筋时要做好防护，以免损伤防水板。井底防水板应将盲沟全部包裹在防水板内，将防水板反卷80cm左右，采用波纹管将盲沟与中心水沟连通。

复合式塑料环向盲沟、复合式塑料竖向排水沟施工方法：在铺设防水板之前，采用细铁丝将塑料盲沟固定在初期支护表面，在射钉上套铁丝并打入初期支护面内，用铁丝拴牢盲沟后，打入射钉固定另一端，间距1.0m左右。在壁座处固定竖向排水沟时，固定铁丝间距控制在0.3m左右。

止水条、止水带施工方法：为了增加整体防水效果，在一般地段（无水或渗水）施工缝处采用外贴式遇水膨胀止水条防水。在富水地段施工缝处采用E形止水带防水。

3）混凝土输送

混凝土在井口的拌和站按照设计要求集中拌制，经检查合格后经过溜灰管送至作业面浇筑。溜灰管多采用ϕ159mm的钢管制作，钢管间采用法兰盘连接，溜灰管采用稳车悬吊，也可以将施工时固定于井壁的高压送风管改成溜灰管。因竖井较深，混凝土下溜时产生的冲击力较大，易造成混凝土离析而影响浇筑质量。为防止离析，需要在溜灰管下端设一段盲管，混凝土从盲管旁的岔管溢出，以保证混凝土质量。从岔管流出的混凝土，再通过串桶、溜槽等辅助设施进入浇筑作业面。靠近井底的30m以内可采用输送泵自下向上输送，混凝土从平洞外的拌和站拌制。混凝土在输送前，要先搅拌一盘砂浆通过溜灰管输送，做到充分润滑管壁，避免出现因溜灰管管壁吸收水分而使混凝土变干堵塞溜灰管。

4）混凝土浇筑

爬模施工步骤主要为脱模、爬升、校模。滑升时，下平台不动，收入中平台支腿，起动液压系统，顶升中平台及以上爬架、模板等；到位后支好中平台支腿，收入下平台支腿，液压缸回油把下平台提升1.5m，固定支腿，重复前面步骤完成全部爬升过程。爬架爬升前对所有连接螺栓、焊接进行检查，并进行试爬检验，合格后，方可投入使用。混凝土浇筑前，需要绑扎钢筋段，要先安设钢筋，钢筋在井口外的加工车间按设计进行加工制作，通过吊桶运送至作业面，在吊盘工作平台上进行安装。在模板中、下平台支撑的部位,要预留孔洞。混凝土入仓要注意周边均需浇筑,防止因一侧混凝土过多产生过大的侧压力,导致爬模偏移、跑模。浇筑完成,混凝土强度达到0.5MPa时可以拆除模板,达到2.5MPa后,方可进行模板爬升。模板爬升过程中,注意填补预留孔和修补、养生。

10.2.5 施工通风及排水

竖井采用全断面开挖时,从井口采用轴流式通风机配阻燃软风管压入式通风,通风管的直径和风机功率根据施工情况进行计算。采用反井钻机法时,无需进行机械式辅助通风,可利用竖井的烟囱效应自然通风。

同样,施工排水也只是在全断面开挖时需要专门排水。当竖井深度小于150m时,可利用吊泵一次直接排出进口外。当深度过深时,就需要在井壁上开挖洞室来接力排水。吊泵的排水管路采用高压软管,固定泵站的排水管路采用铁管,排水管可锚固在井壁上。在不良地质段开挖时,要做好超前探水工作,发现水量较大就必须采用注浆堵水封堵。抽水电力保障也要像斜井一样做到双回路、双电流。竖井分级排水如图10-32所示。

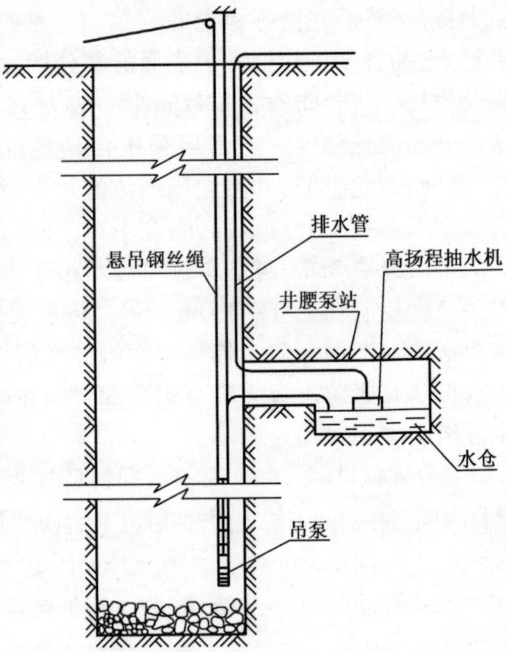

图10-32 竖井分级排水示意图

10.2.6 安全保障措施

安全保障措施有以下几方面:

1)施工人员的培训

高速公路竖井国内近年来才开始修建,施工人员存在经验不足问题,必须按照“安全第一,预防为主”的方针,严格遵守《公路工程施工安全技术规程》的有关规定。根据不同施工阶段聘请相关矿山专家进行指导、培训,并对所有下井人员进行相关安全生产考试,加强教育,使施工人员具有在紧急情况下,采取应急措施和组织抗险的能力。

2)防坠落问题

竖井是个竖直向下的结构,高空坠物问题最突出。

(1)竖井的正确锁口。在竖井扩挖前,先机械开挖井口表层围岩段,向开挖线外多挖50~60cm,采用钢筋混凝土施作井口锁口圈,锁口圈浇筑后再利用渣土回填锁口混凝土周围。如表层的全风化段~强风化段较深,就要边开挖边向下施作混凝土护壁,直到围岩稳定的微风化段,以确保围岩稳定。锁口混凝土内轮廓要与向下开挖的设计线平齐,以便井身的向下开挖,同时保证向下开挖时锁口混凝土不沿井壁下滑。锁口的深度一般在5m左右。

(2)井口装设安全门。井口装设安全门,防止人员进入危险区或者其他运输设备冲入井内,造成设备或人员的坠井事故,也防止落渣(要求每次进出材料后都要清扫)。安全门采用电动形式,开启方便,防护可靠,只有在人员上下罐或进行其他提升作业时才打开,其他时间均处于关闭状态,并派专人值守。

(3)增设保护盘。竖井为了出渣、初期支护,必须设置工作盘,为了在万一发生落渣的情况下仍能保证工作盘上的人员安全,特在工作盘上方增加一个保护盘。

3)防塌方掉块

竖井内没有任何避难场所,而且整个井身任何一处如果发生塌方掉块,都必将竖直往下坠,将极大威胁人身安全,这是与普通隧道根本不同之处。当竖井地质情况复杂时,必须选择相应的安全、合理的施工方法和措施,一般采用先堵水、短开挖、弱爆破、强支护、勤量测的方法,以确保施工安全。

4)机械设备管理

竖井施工设备较多,其中关系到安全生产的主要是绞车和提升钢丝绳。

绞车是唯一的利用钢丝绳的缠绕,完成提升或下放货载任务的设备,安全装置必须完备,安全装置主要包括制动装置、防过卷装置、深度指示器、限速装置以及紧急脚踏开关等,必须注意日常检修维护和试验,尽可能保证其保护性能的正常发挥。

(1)卷筒缠绳要求。钢丝绳在卷筒上缠绕后会对卷筒产生缠绕应力,缠绕应力过大会造成钢丝绳损坏过快和筒壳变形损坏。为了使筒壳应力分布均匀,在筒壳外面装设衬木,并在衬木上刻有绳槽,以使钢丝绳排列整齐。为了限制缠绕应力和避免跳绳、咬绳,规定缠绕层数在2层以上时,卷筒边缘高出最外一层钢丝绳的高度不小于钢丝绳直径的2.5倍。钢丝绳的绳头固定在卷筒上必须牢固,要有特备的卡绳装置,不得系在卷筒轴上,穿绳孔不得有锐利的边缘和毛刺,曲折处的弯曲不得形成锐角,以防止钢丝绳变形。卷筒上必须经常缠留3圈绳作为摩擦圈,以减轻钢丝绳与卷筒连接处的张力。

(2)绞车制动装置。制动装置是绞车的主要安全装置,它不仅应满足提升机正常运行时的工作制动,同时在发生意外事故时能及时进行保险制动(也称紧急制动)。制动力矩要适当,不能太小,也不能太大,太小了将使制动距离过大,甚至在重载时刹不住车;太大了将会产生过大的减速度而引起冲击,甚至会造成断绳等事故。为此,根据安全规程规定:工作制动和安全制动在工作时,其制动力矩不得小于实际提升最大静力矩的3倍:下放重物时安全制动的减速度不得小于$1.5m/s^2$,提升重物时的减速度不得大于$5m/s^2$。制动装置的动作必须灵活可靠;各种传动杆件不变形、没有裂纹,紧固件不得松动;各销轴不松旷、不缺油、开口销齐全。闸瓦与闸轮或制动盘接触良好;闸瓦与闸轮或制动盘的间隙应符合安全规程要求。为了保证制动装置能安全可靠工作,必须经常进行检查和维护。

(3)过卷保护装置。当提升容器被提升到井口而未停车,并越过井口位置继续向上提升而造成的事故叫做过卷事故,这类事故会造成很严重的后果,如将井架拉倒,或将钢丝绳拉断而使提升容器坠落井底。当提升容器下放到井底而未减速停车,与井底承接装置或井窝发生撞击而造成的事故叫做墩罐事故,实际上就是下放过卷事故。过卷保护装置在当提升容器超过正常卸载位置(或出车平台)0.5m时,能自动切断电源,并能使保险闸发生动作。

(4)深度指示器。深度指示器可指示出提升容器在井筒中的位置。当提升容器接近井口时能发出减速警告信号,提醒司机注意。

(5)限速保护装置。限速保护装置是当提升速度超过最大速度的15%时,能使提升机自动停止运转,并实现安全制动的装置。限速保护装置有两个作用:一是防止提升机超速;二是限制提升容器到达井口时的速度，以防止过卷保护装置动作后，因速度高而使制动距离过大造成事故。为此，按照安全规程要求：当罐笼提升系统最大提升速度超过4m/s时，限速保护装置能控制提升容器接近井口时的速度不超过2m/s。

(6)紧急开关。为了能在提升机的工作闸或主控制器失灵等紧急情况下，司机能够迅速切断电源，实现紧急制动，防止事故的发生，在司机台前装设紧急手动开关。只要司机一按，就能实现紧急制动，并切断电源。

(7)提升钢丝绳安全检查。提升钢丝绳是连接提升容器和绞车，传递动力的重要部件，它的可靠使用是升降人员和物料的安全保证。而钢丝绳又最易损坏，是安全提升的薄弱环节，因此应特别重视：一方面合理地选择钢丝绳结构和规格；另一方面正确地使用、维护与检查钢丝绳，以便及时掌握钢丝绳的状况，延长钢丝绳的使用寿命，确保提升安全。

①钢丝绳使用过程中应注意润滑。良好的润滑对延长钢丝绳的使用寿命影响很大，因此必须定期对钢丝绳涂油。涂油时，先清除钢丝绳上的尘土、污油，然后用人工法或涂油器法(钢丝绳穿过两半合成的油桶，随着钢材绳的移动，及时向油桶内添加热油)进行涂油。因钢丝绳绳头部分损坏较快，所以对钢丝绳定期进行斩头，同时也要定期调头，将与卷筒连接的一端和与连接装置连接的另一端互相更换，以增加钢丝绳的使用寿命。提升起动、停止、加减速时要平稳操作，以减小对钢丝绳的损坏。

②新钢丝绳到货后检查是否有厂家合格证书、验收证书等资料；有无锈蚀和损伤，不符合要求的不准使用。升降人员的钢丝绳按《煤矿安全规程》的规定进行试验。

③使用中的钢丝绳每日检查一次。检查时采用慢速运行，对钢丝绳进行外观检查。同时用手将棉纱围在钢丝绳上，如有断丝，其断丝头就会把棉纱挂住，特别注意检查绳头端和易磨损段。钢丝绳在遭受卡罐或突然停车等猛烈拉力时，应立即停车检查。钢丝绳的检查工作应由专人负责，并做好检查记录。

④按照规定，钢丝绳在下列情况下更换新绳：升降人员或升降人员和物料的钢丝绳在一个捻距内断丝数达5%，专门升降物料的达到10%；提井钢丝绳直径缩小到10%或外层钢丝直径减少30%；钢丝绳的钢丝有变黑、锈皮、点蚀麻坑等损伤时，不得用作升降人员；钢丝绳锈蚀严重，点蚀麻坑形成沟纹，外层钢丝松动时，无论断丝数或绳径变细多少，都必须更换；钢丝绳产生严重扭曲或变形；遭受猛烈拉力的一段，其长度伸长0.5%以上。

5)运行管理

(1)对绞车司机的有关要求。聘请身体健康、责任心强、受过专门技术训练并考试合格取得合格证的人员担任司机，操作时要求三不上岗：身体不舒服不上岗，未休息好不上岗和有思想有情绪不上岗；每班在提升前，对提升设备进行认真检查、试车，了解紧急闸与工作闸是否灵敏可靠，各部件是否正常，确认无误后，方可开动绞车；操作过程中，必须精力集中，谨慎细心，随时注意仪表读数、深度指示器的指示位置、钢丝绳的排列。随时注意机器运转的声音等情况，发现异常，立即停车查找原因，并及时汇报和处理；提升信号不清楚、不确切，不准开车，必须询问，查清原因再执行操作。

当发生下列紧急情况：有紧急停车信号，提升容器接近井口尚未减速，有卡罐等意外故障，工作闸或控制器等主要部件失灵时，使用紧急制动。

(2)提升信号设置的要求。为了统一指挥提升作业，保障人员、设施的安全和生产正常进行，井底、井口以及中段工作盘之间、井口和绞车房之间设置了完善、可靠、信号清晰明了、准确无误、容易识别的提升信号，提升信号有声光信号、辅助信号（对讲机）、电话等。

井底和工作盘发出信号须经井口信号工转发给绞车房，不准越过井口信号工直接向绞车房发开车信号，但可以发紧急停车信号。信号工不仅是提升信号的操作者，也是井口、井下安全的管理者。信号工发出信号之前，必须看清楚罐笼内和井筒附近人员的情况，防止有人进入危险位置。

（3）吊桶设置要求。吊桶结构强度必须符合安全要求。由予吊桶的吊环经常受到较大的弯曲应力，容易疲劳而断裂，因此必须加强对吊环的检查和维护。另外，吊桶与钢丝绳之间必须采用不能自行脱落的连接装置，吊桶上方要装设坚固的保护伞。乘吊桶人员必须佩戴保险带，不准坐在吊桶边缘。吊桶升降人员到井口时，必须在平台的井盖门关闭和吊桶放稳后，方允许人员进出吊桶。

10.3　地下风机房施工

地下风机房主要由送风道、送风机房、送风口、排风道、排风机房、排风口、设施洞、运输通道等组成。在送风机房、排风机房内安装通风机，设施洞内安装起重、机电等设备。运输通道是设备运输的通道。地下风机房一端接斜井或竖井，一端与隧道正洞连接。常见的地下风机房布置如图10-33所示。

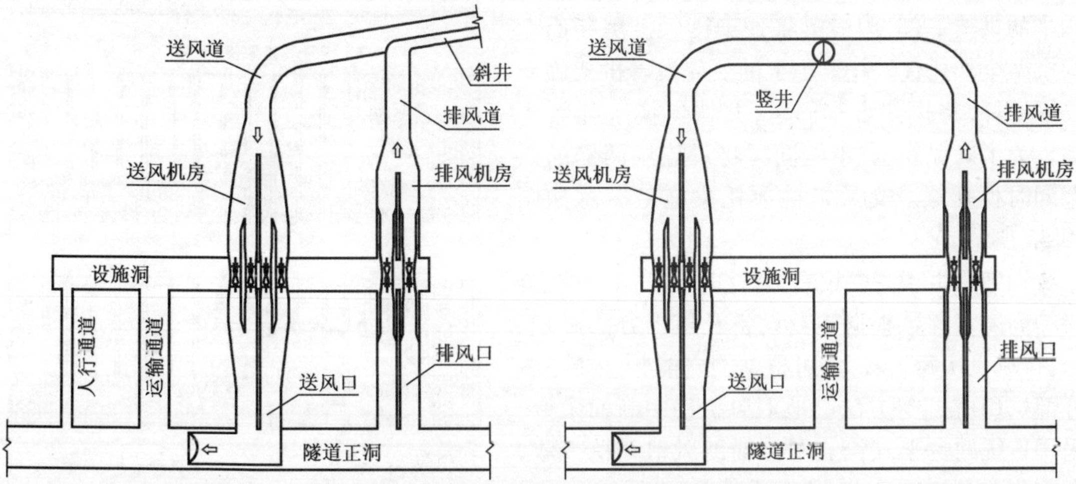

图10-33　两种典型的地下风机房设计示意图

10.3.1　开挖施工

地下风机房的洞室相互交叉，断面变化大，给开挖施工造成了较大的困难。设施洞中为安装起重设备，其高度要比送、排风机房要高出约4m，而送、排风机房又比运输通道高出约2m左右。当从较小断面进入大断面时，就需要进行挑顶。送风道断面一般小于排风道断面，从送风道进入进行设施洞的开挖挑顶要相对安全。隧道开挖超过送风口一定距离后，从送风口进入开挖送风机房。送风机房开挖超过设施洞约10m后，就可以从送风机房进行设施洞的挑顶。挑顶要边向前开挖边抬高顶部，顶部抬高到设施洞设计轮廓后再继续向前开挖约5m，然后反向进行开挖，挖除放坡时留下的部分，直到交叉口处全部开挖出设施洞顶。挑顶施工存在较大的安全隐患，要注意及时支护，不能施作永久支护的部位，为了确保安全，也需要进行临时支护，在反向开挖挖除临时防护后，要及时施作永久支护。在挑顶前，先要把排风机房交叉口附近 5 ~ 10m 范围加强支护，加强原则要按照在揭露围岩级别上降一级的方案进行支护。挑顶施工时，挖掘机配合转载机转运，将洞渣运至便于装车的位置，然后再装汽车运出洞外。挑顶施工开挖示意如图 10-34 所示。

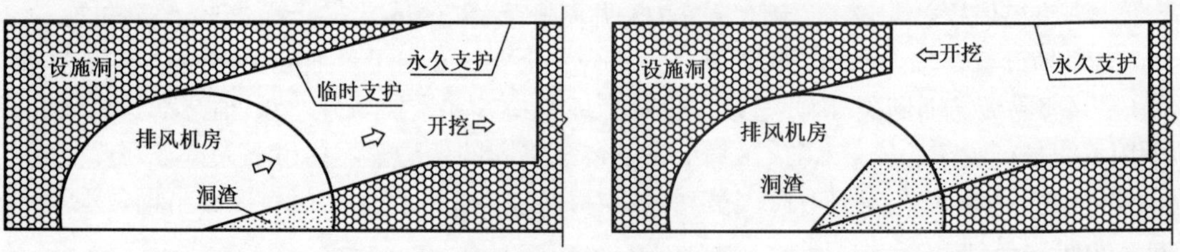

图 10-34　挑顶施工开挖示意图

如交叉口采用拱架支护，挑口支护时需做托梁。开挖后，先按照加工好的拱架现场完整拼装，在需要换托梁的部位无需进行喷混凝土支护。在设施洞拱架支护到排风机房中心附近时，将部分拱架的下部割除，用一根横梁将拱架上部托住，换了托梁的部位可以用作施工通道。继续向前完整拼装拱架支护，完成交叉口的支护后，再割除另一半的拱架下部，用横梁将处于排风机房断面上的拱架全部托住。托梁施工前要先沿着拱架施作锚固锚杆，将拱架牢牢固定，并快速换上托梁支撑。为了确保安全，不能同时将设施洞两侧的拱架同时换托梁。交叉口挑顶托梁施工示意如图 10-35 所示。

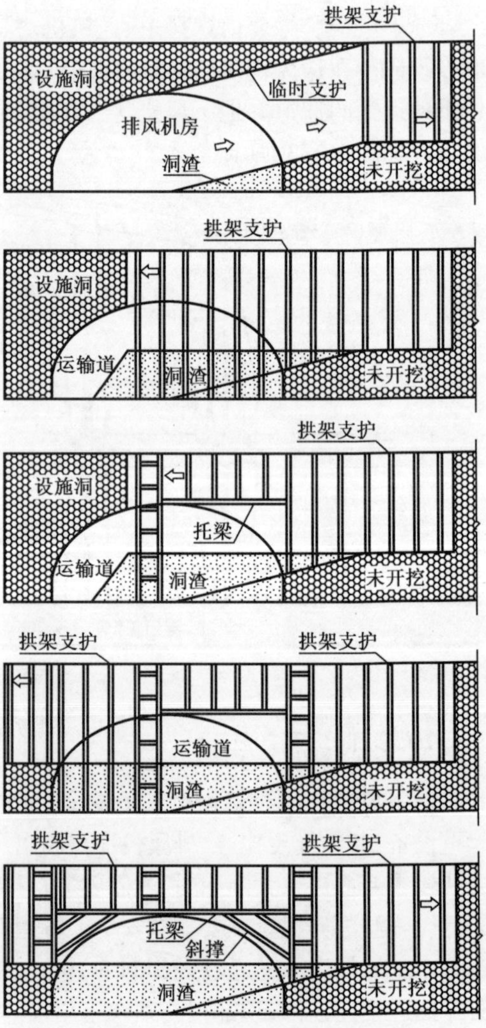

图 10-35　交叉口挑顶托梁施工示意图

设施洞由于高度较高，开挖时要分层开挖，分层的高度和层数根据现场设备及施工方法确定。送、排风机房跨度较大，可根据围岩情况选择左右分部、“CD 法”等方法。地下风机房中断面多变，采用传统的台架式作业平台辅助风钻开挖方法，存在作业台架变化多，严重影响施工进度。如采用凿岩台车 + 车载平台车的机械化方法开挖，施工难度就会降低。

10.3.2　衬砌施工

地下风机房断面多变，且每段的长度又较短，如加工专用的整体模板衬砌台车施工是很不经济的，衬砌多采用拱架支撑 + 组合模板的方法。拱架支撑与传统的钢管脚手架支撑相比，有支撑作业工作量小、速度快等优点。拱架采用型钢加工，型钢的规格一般不小于20，型钢拱架要在加工厂提前加工制作，现场拼装，台架可以利用开挖作业台架。拱架拱脚要下垫20cm左右厚木板，木板间要有木楔，在拼装拱架时木楔可以调节高度，在拆除时先拆除拱脚的木板，再分段拆除拱架。拱架支撑组合钢模板施工如图10-36所示。

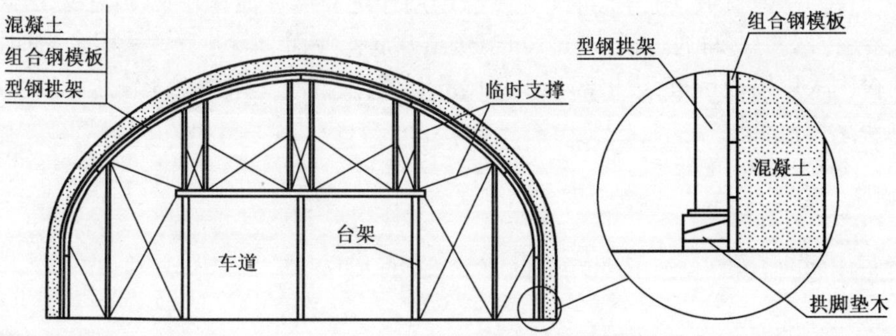

图10-36 拱架支撑混凝土施工示意图

地下风机房中混凝土的特殊结构物，采取在边拱部衬砌时预留接茬钢筋，在边拱部浇筑后再采用木模板等施作。为在边拱部衬砌脱模后快速找到预埋件，在混凝土浇筑前在预埋件对应位置的模板内用红色油漆标记，在脱模后，红色油漆就会在混凝土表面留下印记，按照印记凿开混凝土就能找到预埋件。地下风机房内由于要安装设备，混凝土施工时要特别重视防、排水，尤其在两个洞室交叉口处。

10.4 工 程 实 例

10.4.1 吕家梁隧道通风运营通道

石忠高速公路吕家梁斜井位于重庆市石柱县沙子镇境内，斜井井口距吕家梁隧道进口直线距离约3.8km。该通风道由斜井和地下风机房两部风组成，其中斜井开挖高度为7.28～7.97m，开挖宽度为9.4～10.04m，开挖面积约56.8～72.7m^2；斜井全长741.66m，井身水平倾角23°，坡度42.45%，总高差279m，底部位于隧道左线左侧，通过风机房段与正洞左右线相接。地下风机房段总长约750m，开挖量约$6.7\times10^4 m^3$，开挖、衬砌断面形式多达12种，不同类型断面交叉段多，且断面大，施工难度较大。项目于2005年3月开工，2008年1月竣工。

斜井采用有轨运输，使用2台卷筒直径为2.5m的大型矿用提升机牵引。井内铺设3车道轨道，其中两车道主要用作出渣，另一车道主要用作进料。装渣采用P130小型挖掘机装渣，6m^3矿车装运。支护材料通过矿车从井口运送至井底作业面。斜井开挖采用全断面法自上而下开挖。每循环进尺3.0m，月平均进尺90m。衬砌采用模板台车，边拱部和中隔墙分开施作，混凝土采用矿车输送。地下风机房采用型钢拱架支撑衬砌。

10.4.2 羊角隧道通风运营通道

渝沙高速公路羊角隧道运营通风也采用斜井送排式，左右线隧道各采用一座斜井，分别为1号斜井和2号斜井。1号斜井为左右线隧道排风斜井（相交于ZK24+425、K24+390），2号斜井为左右线隧道送风斜井(相交于ZK24+375、K24+440),1号斜井斜向长度687.992m、斜井倾角17.4°,2号斜井斜向长度595.672m、斜井倾角16.7°。计划开工日期为2006年7月,竣工日期为2008年6月。

斜井采用有轨运输,每个斜井各使用一台卷筒直径为2.5m的大型矿用提升机牵引。每个井内各铺设两车道轨道,两车道即用作出渣也用作进料。装渣采用P130小型挖掘机装渣,$6m^3$ 矿车装运。支护材料通过矿车从井口运送至井底作业面。斜井开挖采用全断面法自上而下开挖。衬砌采用模板台车,边拱部和中隔墙分开施作,混凝土采用矿车输送。地下风机房采用型钢拱架支撑衬砌。

10.4.3 施工照片

施工照片如图10-37~图10-47所示。

图10-37 方斗山斜井井口布置

图10-38 吕家梁斜井井口卸渣栈桥

图10-39 羊角2号斜井井口

图10-40 羊角斜井开挖阶段井内布置

图 10-41　方斗山斜井曲线段施工

图 10-42　大型矿用提升机

图 10-43　斜井边拱部衬砌

图 10-44　斜井中隔墙施工

图 10-45　斜井内装渣作业

图 10-46　斜井内支护作业

图 10-47　竖井井架布置

第11章　隧道塌方处理

近年来，重庆市高速公路隧道建设取得了举世瞩目的成绩，已成为国内拥有公路隧道最多的省份之一，公路隧道的建设水平已经取得了长足的进步。然而，由于重庆市地质情况的复杂性，相关技术积累还处于初级阶段，加上公路隧道跨度大、施工工艺复杂等特点，导致建设过程中还存在着诸多技术难题。其中，就公路隧道施工而言，塌方、岩爆、大变形等事故可以说屡见不鲜。这些事故一旦发生，不仅延误工期、大幅度提高工程费用，也会出现对施工人员的人身伤害甚至生命威胁，对这些事故如果处理不当，还会造成工程质量隐患，给维修养护工作造成困难，甚至还会造成工程无法正常使用。因此，如何确保隧道施工安全有效进行，成为隧道界长期关注的一个焦点。

新奥法在我国作为隧道结构设计和施工的重要方法，虽然锚喷支护的应用为隧道大断面开挖施工创造了有利条件，隧道施工进度也大大加快，然而已施工锚喷支护的隧道发生塌方的事故仍经常发生，其原因主要是由于存在不良的地质及水文地质条件，设计考虑不周，采取的施工方法和措施不当所造成的。

11.1　隧道塌方原因分析及分类

11.1.1　塌方原因分析

隧道开挖时，因地层压力及地层出现临空面后的应力调整，在软弱围岩内产生裂缝或破坏，或者由于围岩内已有的层理和节理等松弛、剥离，使岩石和泥砂等发生大量塌落的现象，称之为塌方。它是和剥落相类似的现象，但塌落的规模比剥落大。

塌方过程大致为：开挖→围岩塑性变形→支护过大变形→支护局部破坏→支护与围岩破坏失稳→塌方。隧道开挖时、开挖后、施工支护后，甚至在衬砌之后，都可能发生隧道塌方。

塌方威胁人身安全、延误施工工期，因此在隧道设计和修建的过程中，必须引起高度的重视。

引起隧道塌方的原因有多种，概括起来可归纳为：自然因素——地质和水文地质条件及其变化；工程因素——在平衡稳定或未平衡稳定的岩土体中修建隧道，引起地质和水文地质的变化;人为因素——不合理、不适当的设计,不合理、不适当的施工方法等。

1)不利的地形、地貌因素

隧道穿越以下不利地形、地貌时易发生塌方:

(1)穿越地层覆盖过薄地段,如在沿河傍山等偏压地段、沟谷凹地浅埋和丘陵浅埋地段,都极易发生塌方。

(2)穿越地表水源,如水塘、水库、沟槽、冲沟等地段。

(3)穿过地面建筑物,而且埋深浅,如城市地铁隧道,城市过街隧道等。

(4)影响隧道洞口安全与隧道洞身稳定的不良地质和特殊地层,如崩塌、错落、岩堆、滑坡、人为坑洞、泥石流、断层、流沙、膨胀岩、岩溶、岩爆等,这些都是常常引发塌方的地质条件。

2)工程地质因素

地质条件是造成塌方的基本因素。隧道穿越断裂褶皱带,或穿越严重风化破碎带、堆积层等,则容易发生塌方。岩体节理、裂隙、溶洞发育和洞室临空面易构成不稳定的危岩体,当地层应力超过这些岩体的长期强度时,隧道就极有可能因岩体的变形加速而导致塌方。

(1)隧道穿过断层及其破碎带,或在薄层岩体的小曲褶、错动发育地段,一经开挖,潜在应力释放快、围岩失稳,小则引起围岩掉块、塌落,大则引起塌方。当通过各种堆积体时,由于结构松散,颗粒间无胶结或胶结差,开挖后多引起塌方。因岩层构造可引起以下塌方:III 级围岩拱部无支护时,可产生小塌方,爆破震动过大时易塌方;IV 级围岩拱部无支护时,可产生较大的塌方,侧壁有时失稳;V 级围岩拱部易塌方,处理不当会出现大塌方,侧壁经常小塌方;浅埋时易出现地表下沉和塌方至地表;VI 级围岩极易塌方,极易变形,有水时会发生流泥、流沙,浅埋时易塌方至地表。地质多变地段容易发生塌方,尤其在软硬岩交界和地质突变处,更容易发生塌方。

(2)由于地层构造产生的高地应力也常引起塌方。

(3)含高岭土、蒙脱石、伊利岩的矿物,可使岩层具有膨胀性,隧道施工时易发生塌方。

3)水文地质因素

自然界对岩体的风化和侵蚀(包括大气降水、溶洞水、裂隙水等)以及暴雨、泥石流、地震等地质灾害,也是隧道产生塌方的重要原因,特别是水文条件的作用尤其明显。地下水的软化、浸泡、冲蚀、溶解等作用加剧岩体的失稳和塌落。岩层软硬相间或有软弱夹层的岩体,在地下水的作用下,软弱面的强度大为降低,因而发生滑塌。大量的工程塌方案例表明,突降的暴雨和长期的阴雨天气都是导致塌方的重要诱因。

此外,若砂土中地下水流程差较大,水力坡降过大,产生动水力,就容易产生潜蚀或流沙现象,引发塌方事故。

4)勘察设计因素

地质勘察是隧道修筑过程中的一个重要环节,地质勘探不详,对隧道区域内的主要地层及地质构造把握不够,不能真实地反映实际隧道的工程地质情况,将严重影响隧道的设计方案和施工方法的确定。工程区段岩石物理力学参数的取值区间、平均值、标准差、变异系数及推荐值等出现较大偏差,也将对以后的施工留下重大安全隐患。

公路隧道工程设计方法当前主要有工程类比法、理论计算法及现场监控法等,这些方法又以工程类比法运用得最广泛。但是，在隧道的设计过程中，如果对围岩判断不准或情况不明，从而设计的支护类型与实际要求不相适应，也会导致施工过程中围岩产生松弛坍塌等异常现象，具体表现在以下几个方面：

(1)设计条件与施工条件的差异。

(2)地质调查不细，未能作详细的分析，或未能查明可能塌方的原因。一旦隧道施工开始，也未能补钻、补勘。

(3)由于设计所提供的工程地质及水文地质资料不详，或与实际出入较大，引起施工指导或施工方案的失误。

(4)设计支护方法不适合围岩赋存条件，支护设计强度、刚度不够。

(5)设计未能随着围岩变化而进行变更，设计与施工脱节。

(6)由于塌方发生在施工阶段，而设计往往忽视了对塌方的预防。

5)施工因素

施工是引起隧道塌方的最直接原因，就我国目前的现状来说，施工单位众多，公路隧道施工队伍的技术水平发展很不平衡，管理及施工水平参差不齐，加之一些建设环节的操作不规范，而且有的施工企业及人员对新奥法原理缺乏深入学习、研究，导致不规范施工现象较为普遍，具体表现在以下几个方面：

(1)施工方法和措施不当

施工方法与地质条件不相适应，地质条件发生变化，没有及时改变施工方法；施工支护不及时；开挖方法转换时不注意支护变化；地层暴露过久，引起围岩松动、风化；忽略了围岩的变形规律，围岩的变形同时具有连续变形和突然变形的特征，当开挖距离小于D(D为隧道开挖宽度)时，围岩两端由于受到边墙和开挖掌子面支撑的约束作用，以及成环或未成环初期支护作用，拱顶或拱腰处围岩连续变形较小，在这个距离范围内由于侧边墙和开挖面支承的“空间效应”的影响，即使初期支护抗力不足以支承围岩滑移力也不至于失稳，当这个距离为(1.5～3)D时，“空间效应”的影响完全消失，初期支护抗力小于滑移力的问题立刻暴露出来，围岩急剧变形，极易引起塌方。发现塌方预兆未能及时处理，以及小塌方之后采取措施不力均会引起塌方。

(2)施工工艺及操作欠规范，工程质量不合格

洞口未能严格执行“早进晚出”原则，洞口仰坡边坡未处理好就盲目进洞，引起严重塌方，甚至发生“关门”灾害；洞口刷方过高以及地表水处理不当引起塌方；地质条件发生变化，没有及时改变施工方法；工序间距安排不当；施工支护不及时，支撑架立不符合要求，或“先拆后支”等不正确抽换；地层暴露过久，引起围岩松动、风化，导致塌方；喷锚支护不及时，喷射混凝土的质量、厚度不符合要求。钢支撑接头及纵向联结质量差，钢支撑与岩壁存在空穴不密贴，喷混凝土、锚杆、钢支撑不能起到共同作用；施工过程中存在的工艺操作不符合施工技术规范要求，施工管理不到位，质量意识、安全意识不强也是造成塌方的另一个重要原因。常发生的施工质量问题有锚杆长度不足，锚杆砂浆不饱满或强度不足，尤其早期强度不足；喷混凝土强度厚度达不到设计要求；钢支撑未完全由喷射混凝土包围密实或钢支撑与围岩之间存在空隙及钢支撑未置于稳定坚固的基础上等。以上质量问题直接造成支护抗力未达到设计要求或围岩未黏结紧密使无弯矩结构产生弯矩而导致塌方。对危石检查不重视、不及时，处理危石措施

不当,引起岩层坍塌。不能按照实际地质条件控制开挖进尺,进尺过大引起塌方。在较好的岩层中,施工人员忽视了岩层节理面与软弱面的存在,而岩层节理面与软弱面的存在,隧道开挖临空面形成后,在节理面的大块切割下,岩层沿软弱面滑出形成塌方,此类塌方的特点是具有突然性,它比软弱围岩还来得突然。

(3)对监控量测重视不足

现阶段隧道的开挖都以新奥法理论为指导,但在实际施工中,常存在未能按规定进行量测,或信息反馈不及时,或在实施过程中缺乏管理,导致即使采用NATM法也未能制止塌方。变形监测与控制是NATM法重要的一环,但往往缺乏系统监测,或者有监测无控制,结果虽然发现了变形明显增大,或变形量大大超过管理值,但支护措施未能及时补强,未能变更设计,最后控制不住变形,使初期支护和围岩失稳而塌方;在施工中注意了评价围岩总体等级,忽视了对容易发生塌方的岩性(岩质)分析判断,从而产生了判断上的错误,造成突然塌方。

(4)施工管理意识落后

施工管理意识落后,具体表现在以下几个方面:

①施工组织中没有地质超前预测预报和防止塌方的计划方案、技术措施,未准备防塌物资器材、机械、机具和支护材料;施工管理上不顾具体地质条件,只追求进度,在该采取短循环进尺的地段不采用短循环进尺,从而引起塌方。

②采用"施工规范"或"施工组织设计"中明文规定不准使用的施工方法和不适当的施工顺序而引发塌方。

③由于没有严格的施工管理,针对隧道某地段的施工技术方法与措施不能及时保质、保量兑现,结果造成塌方。

④由于没有严格施工管理,随意变更施工组织设计和技术措施而造成塌方,如规定"先护后挖"地段随意改为"随挖随支"或"先挖后护",而造成塌方。

⑤施工操作管理不严,施工质量差或操作违章不能达到施工工艺要求,往往"因小失大"而造成塌方。如钻爆法过量装药;对于网格支撑,喷混凝土作业不能达到工艺质量要求,存在露筋或喷混凝土不饱满,致使网格支撑不能达到应有的作用,一旦受力,网格支撑发生失稳,造成塌方。

⑥在施工管理方面,未能贯彻以总工程师为首的技术责任制,技术责任不清,技术管理脱节,不能从技术上发现塌方预兆,以主动制止塌方的发生。

⑦施工技术管理人员技术水平较低,缺少防塌经验,缺乏判断和应变能力,尤其对地质复杂的长大隧道缺乏地质专业技术人员,对地质判断分析发生差错或判断分析不准确,使施工方案发生错误而引起塌方。

⑧施工管理人员个人主观意识太强,存在侥幸心理,迷信自己的经验,不顾客观状况,作出不切合实际的决定,而导致原本可以避免的塌方发生。

11.1.2 塌方分类与形式

1)塌方分类

隧道塌方的表现形式有很多,如溶洞塌方、煤矿采空区或老塘塌方、危岩体垮落、断层破碎带塌落、煤层(线)塌落、煤岩突出、突水或泥石流等。多数塌方具突发性和多期性,表现为事先没有明显征兆的突然性、间隔性坍塌。

(1)按塌方体积或高度分类

根据我国《工程岩体分级标准》(GB 50218—1994),按照塌方体积或塌腔高度将塌方分为三类,具体见表11-1。

塌方类型　　表11-1

塌方类型	小塌方	中塌方	大塌方
塌方高度(m)	<3	3~6	>6
塌方体积(m^3)	<30	30~100	>100

注:只要满足表中塌方体积或塌腔高度之一即可。

小塌方一般塌方数量少,塌方后不会再扩大,而且较为稳定;中等塌方的塌渣堆至起拱线附近,不及时处理就有可能扩大;大型塌方的塌渣将靠掌子面的已施工段全部堵塞,塌方往往不断扩大,开挖前不先采取措施或出现塌方后未迅速采取有效措施,将会造成严重后果。

(2)按塌方区域分类

根据塌方发生位置不同,可将隧道塌方分为洞口段塌方和洞身段塌方两种。

(3)按塌方形态分类

可将国内隧道洞身段塌方,归结为局部塌方、拱形塌方、异型塌方、膨胀岩隧道塌方、大变形隧道塌方和岩爆五种基本形态。

(4)按塌方机理分类

结合隧道施工中常见的塌方实例,隧道塌方的类型见表11-2。

塌方机理分类　　表11-2

类型	塌方描述	岩性条件	基本防治措施
危岩滑动型	因结构面相互交切而产生不利于岩体稳定的组合,形成危岩体,在开挖扰动或地下水等因素诱发下,滑动剪切力大于抗滑力而导致沿滑动面滑落	多发生于节理较发育的中硬岩或坚硬岩体中;岩块尺寸差别很大	加长锚杆、喷层、高强度钢支架和钢筋网联合支撑
松散介质垮落型	自身强度低,承载能力小,开挖后没有受到足够支护抗力时,在自身重力作用下发生位移不稳定增长而最终导致垮落	多发生于节理很发育~极发育的中硬岩或松散岩土体中	锚喷塌腔表面、钢轨或钢支架支撑构筑混凝土护拱,二次衬砌
软岩蠕变型	塌方之前往往有一段较长的过渡期,但当软岩应力越过门槛值后变形突然加速而最终导致塌方	页岩、片岩等低强度、高膨胀性岩石	清除侵限岩体,注浆强化围岩,大刚度可缩性支架支撑
硬岩岩爆型	岩体中积聚的弹性变形能达到一定限度而在瞬间发生的突然脆性破坏现象	埋深300m以上,极高应力和高应力,岩体强度很高的脆性岩体中	锚固岩体或喷钢纤维混凝土、超前应力解除、改变岩性、控制开挖、加强人员及设备防护

2)塌方形式

塌方常在以下几种情况下出现:

(1)在断层中,由于断层的破碎程度不同,可产生小规模的塌方,也可能出现很大规模的塌方,塌方可能出现一次,也可能多次出现。

(2)在互层围岩中,崩塌塌方一般是小规模的。如第三纪的砂岩页岩互层,可能因少量涌水使固结度低的砂岩瓦解流失,残留的泥岩也会呈现块状剥落。塌方的程度因砂岩的固结度、层理面间隔、层理面的固结度、滞水量和水压等情况的不同而不同。塌方多在涌水状况有急剧变化的时期发生。

(3)在强风化围岩中,往往会产生较大塌方,有涌水时塌方规模还会更大。

(4)当围岩层理面为水平时,往往在层理面强度低、涌水量大时,几小时内会产生多次崩塌,瞬时发生大规模塌方的情况也不少。

(5)在无水砂岩地层中,多发生小规模和中等规模的塌方。在没有涌水的砂砾地层中,掌子面可能自稳,但会从拱顶发生小规模坍塌。当砂质地层遇涌水或有承压水时,则会因泥砂流失而塌方。

(6)有涌水时,往往会加速崩塌,扩大崩塌规模。大量涌水或突发涌水,可造成更大的工程地质灾害。

根据隧道塌方部位不同,可将塌方分为以下几种形式:拱顶塌方(图 11-1)、掌子面塌方(图 11-2),墙部塌方(图 11-3),塌穿地表的塌方(图 11-4),突水、突泥的塌方(图 11-5)。

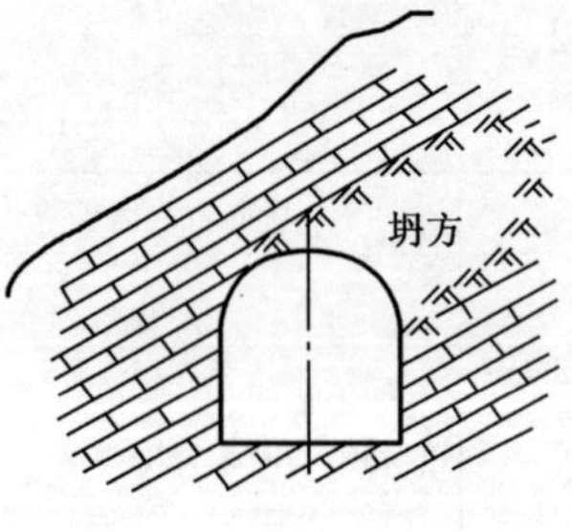

图 11-1 拱顶塌方示意图

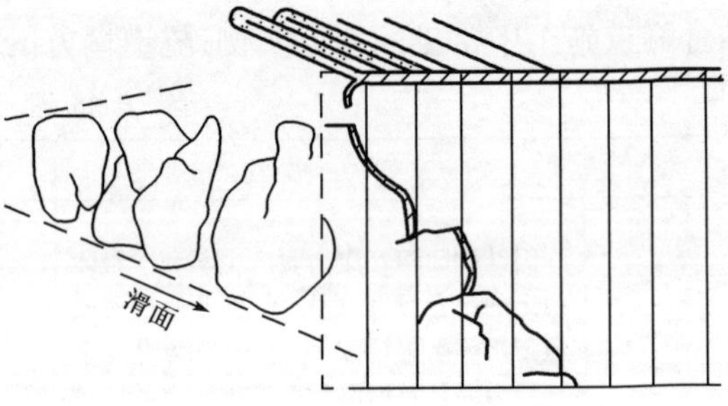

图 11-2 掌子面塌方示意图

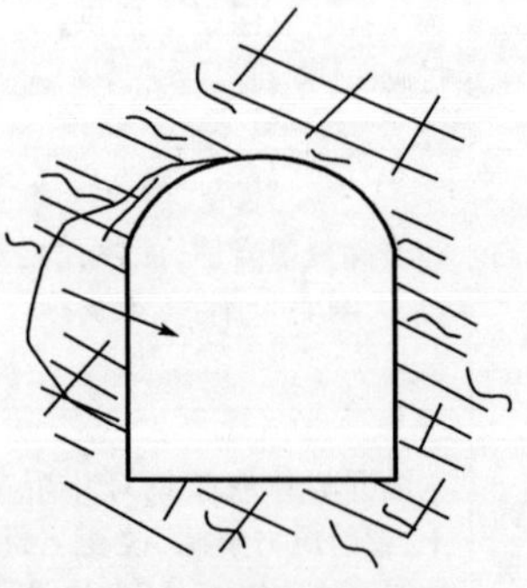

图 11-3 墙部塌方示意图

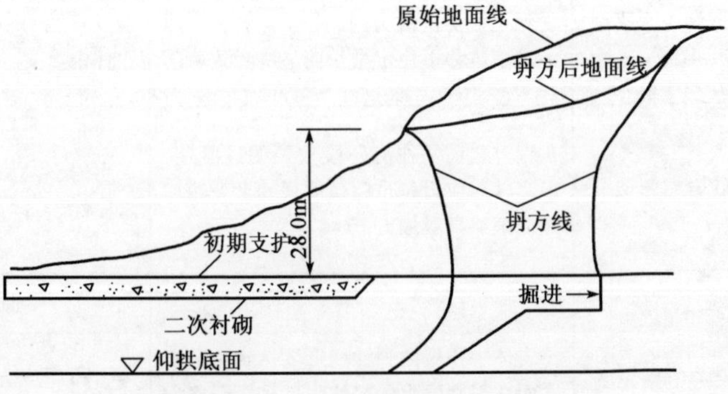

图 11-4 塌穿地表的塌方示意图

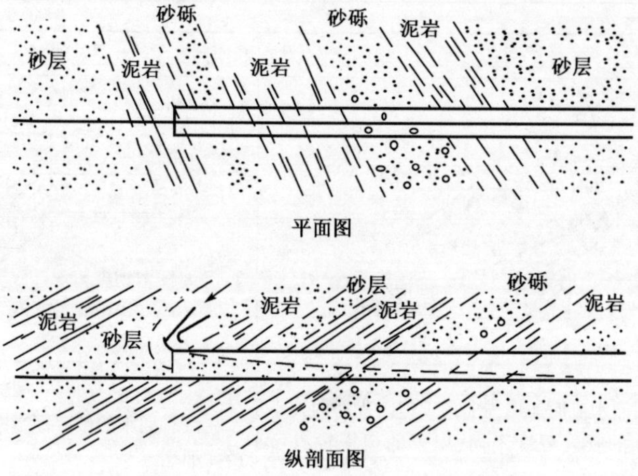

图 11-5　突水、突泥的塌方示意图

根据隧道围岩地质条件和众多的塌方资料，在以下几种围岩中常会出现各种形式的塌方，具体见表 11-3。

围岩中常出现塌方形式及原因　　表 11-3

围岩		塌方形态、状况和原因	
土砂	图例	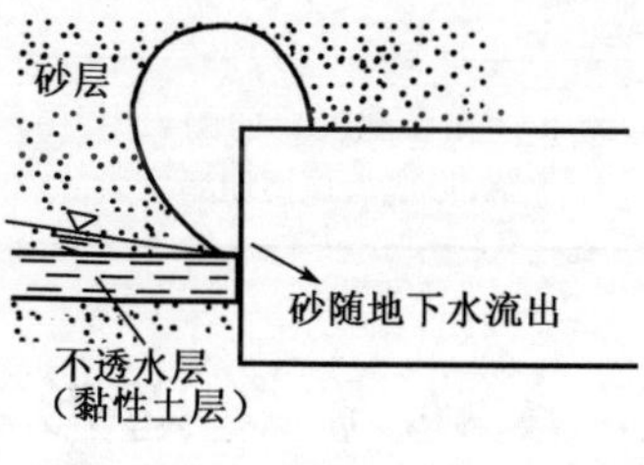	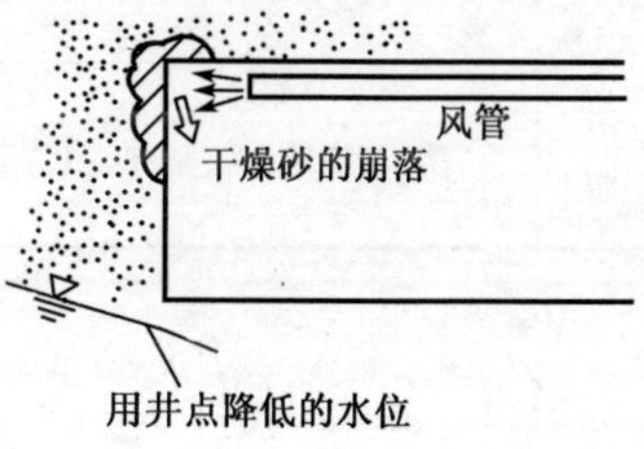
	说明	下部黏土层为不透水层，上部滞留的地下水随开挖流出并带出土砂，地层因开挖后失稳及土砂流失掏空而塌方	因排水或降水使砂层疏干，丧失凝聚力而崩塌
软岩	图例	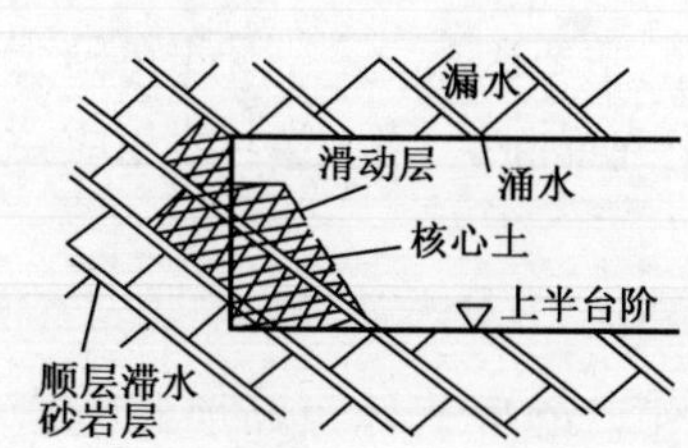	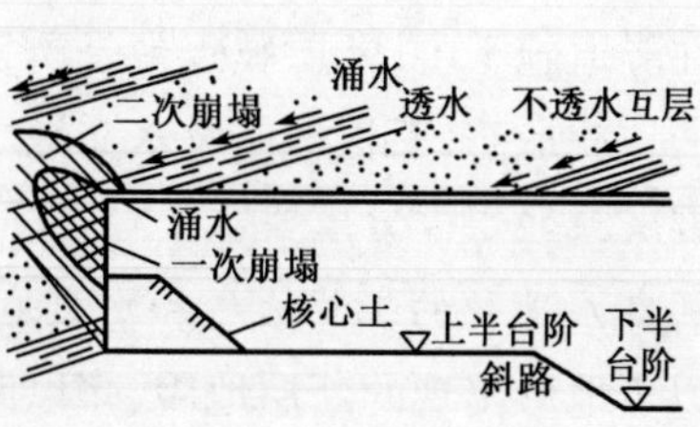
	说明	逆向的滞水砂岩和泥岩互层松弛、沿节理面滑动或顺层崩塌	顺层岩层是不透水层，因上部透水层的土压与水压而崩塌

续上表

<table>
<tr><th>围岩</th><th colspan="3">塌方形态、状况和原因</th></tr>
<tr><td rowspan="2">破碎围岩</td><td>图例</td><td>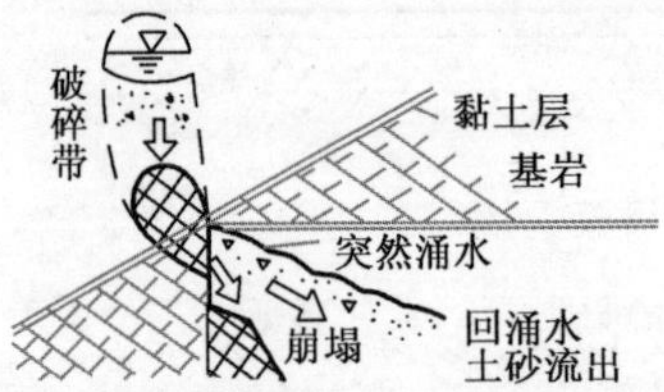
</td><td>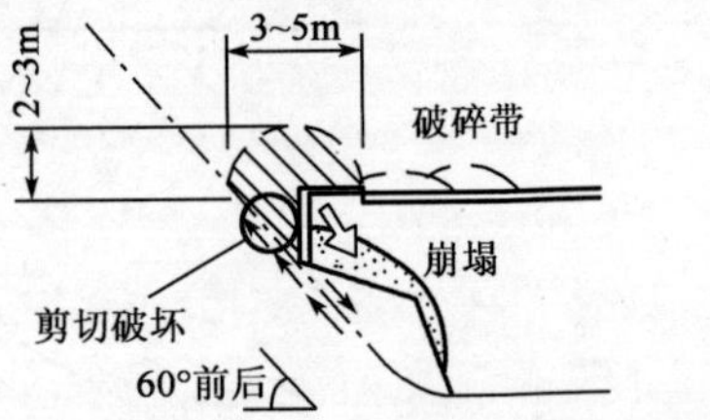
</td></tr>
<tr><td>说明</td><td>破碎带因涌水流而崩塌与崩落。但因水压的大小和岩石块体的咬合程度不同，塌方的规模也有所不同</td><td>在没有涌水的破碎围岩中，随开挖而松弛，失去平衡而崩塌</td></tr>
<tr><td rowspan="2">裂隙发育的围岩</td><td>图例</td><td>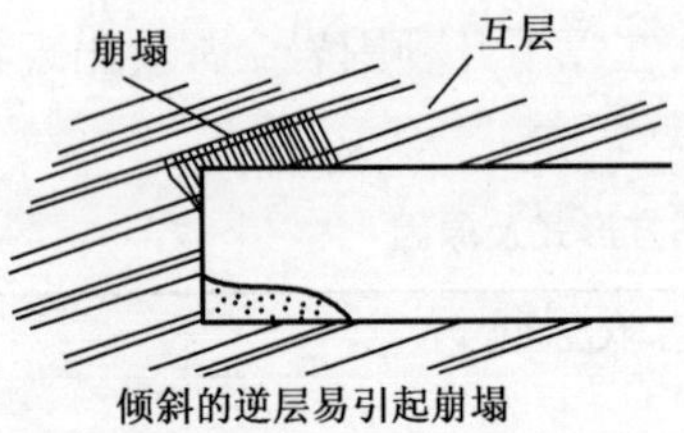
</td><td>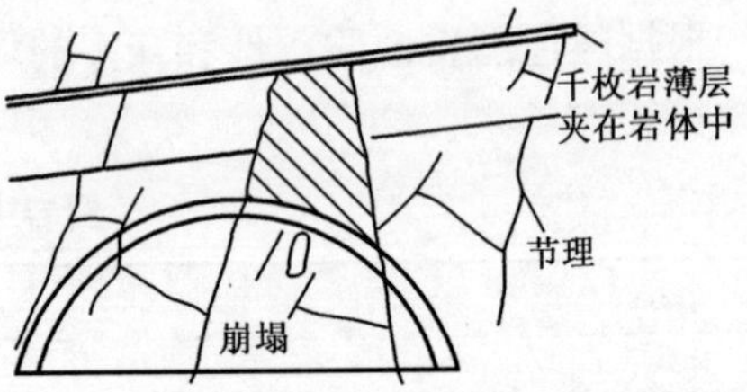
</td></tr>
<tr><td>说明</td><td>顺层岩体虽然较坚硬，但从层理面剥落而崩塌</td><td>在裂隙发育的围岩中，层薄而强度低，沿基面剥落，形成大规模崩塌</td></tr>
</table>

11.2 隧道易塌方的不良地质及地形条件

隧道易塌方的不良地质及地形条件主要有断层破碎带、滑坡体、岩溶、采空区、偏压地形、隧道洞口边坡等。

11.2.1 断层破碎带

在隧道施工中，断层破碎带是诱发隧道塌方的主要因素之一，因此在施工前认真研究断裂构造的地貌形态，工程地质及水文地质特征，并正确推断它在隧道中的相应位置及其对施工的危害程度就显得十分重要。

1）断层地貌的工程地质和水文地质条件

以负地形出现的断层地貌，多以破碎岩体为主。破碎岩体由断层碎裂岩、角砾岩、糜棱岩组成，伴之有各种分支构造、擦痕镜面、断层泥。近地表还分布有大量卸荷裂隙及风化裂隙，无一定产状，结构面参差不齐，短小密集。

断层带裂隙较为发育，当断层带沟通数个含水层时，就成为具有丰富水源的地下通道。当然不是所有断层都充水，逆断层和逆掩断层含水就少，而坚硬岩石中的正断层则富含地下水。

断层带含水有以下三种类型：

(1)断层带全部充水并成为地下水良好的通道。

(2)断层带局部充水,部分地区形成地下水通道。

(3)断层带本身含水,本身是静储量,往往很快消耗完。

2)断裂构造与隧道塌方

由于断层不仅是一种软弱结构面,而且往往断层带岩体破碎,富含大量地下水,岩石强度低,岩体稳定性差,一旦开挖,围岩压力来得快,容易失稳,导致支护压垮,掌子面崩溃,拱顶塌方,塌顶高度由数米到数十米不等,最大塌方量在数千立方米以上。

另外,一些由节理,层理,片理和其他结构面切割的岩体,若结构面规模大,岩体之间结合力就弱。特别是与坑道平行的缓倾角的软弱结构面,密集节理与坑道斜交的软弱面、破碎带相结合,在洞顶和边墙形成不稳定的结构体,若施工措施不当,也会引起塌方。

所以,凡隧道施工通过断裂带时,由于岩体(一般 IV ~ VI 级)破碎,容易出现塌方、涌水,危及安全。

11.2.2 滑坡体

1)滑坡体形成的地形、地貌条件

滑坡体易形成的地形、地貌条件:出现在容易汇集地表水和地下水的洼形斜坡地段,发生在易受流水冲刷和侵蚀的山区河流的岸缓坡地段,多见于由堆积土组成的上陡下缓,下伏基岩向坡外倾斜的斜坡地段。

2)滑坡与隧道塌方的关系

穿越滑坡体会引起大规模塌方,影响隧道的稳定,因此选线时应绕避滑坡,对无法绕避的滑坡,应力求“早期发现,预防为主,综合整治,有主有从,治早治小,贵在及时”,查明滑坡体与隧道的关系及滑坡的发生发展对隧道的危害程度。

11.2.3 岩溶

1)岩溶地貌类型

岩溶地貌可分为:

(1)侵蚀地貌,如溶痕、溶隙、溶沟、溶槽、石芽、溶水洞溶洞、暗河、漏斗、干谷、溶蚀洼地、岩溶盆地(波立谷)、岩溶湖、峰林、孤峰、溶孔。

(2)堆积地貌,如石灰华、石钟乳、石笋、石柱、残余堆积物及其他堆积物。

2)岩溶与隧道塌方的关系

岩溶对隧道工程的危害是显而易见的,主要表现在通过岩溶洞穴时引起的岩体失稳和岩溶水的侵袭,影响隧道稳定,为此,从选线开始就应注意岩溶与隧道的关系。

(1)隧道通过岩溶侵蚀地貌有漏斗、溶水洞和岩溶盆地干谷等,当有暗河时,在相应部位的隧道内会出现塌方、涌泥和涌水,施工中需提前做好预测预报。

(2)岩溶堆积地貌多由石灰华、石钟乳、石笋及残余堆积物组成,特别是溶洞堆积物,结构松散,大多土夹石,围岩类别低,隧道通过时极易发生塌方。

11.2.4 采空区

隧道通过采空区及地面沉降区,会引发规模不等的塌方。因此,隧道建设前必须对采空区及地面沉降带做详细的地质调查。

1)采空区类型及分布

(1)掏煤洞:分古窑和现代窑二类,散布于埋藏浅,易于开采的含煤地层中,以平洞、斜井居多。煤洞长,有岔洞,洞口多砖。

(2)掏砂洞:用以保墒的砂卵石掏空后留下的空洞,宽1~2m,高1~2m,见于甘肃、青海、黄河及其支流流经阶地上。在有掏砂洞的地区,地表常有蝶形塌陷,陷落漏斗。

(3)掏金洞:掏取砂金而留下的洞穴,多见于接触变质岩及有侵入岩脉的河流两岸,洞口多分布于阶地边缘的斜坡上。洞体埋深大、断面小、延伸长、支洞多。

(4)坎儿井:为利用山前洪积平原的潜水而挖的地下引水渠道,多见于天山南部的洪积平原。

(5)其他古墓穴、大型地窖、大型窖洞等。

2)采空区与隧道塌陷的关系

(1)小型采空区顶板岩(土)层的厚度,一般煤窑区,巷道埋深小于20m(其中岩层厚5~10m),容易发生突然塌陷,埋深25~30m(其中岩层厚10~15m),地表仅产生裂缝,埋深60m(全为岩层时)地表无变形。

(2)小型采空顶板的岩土性质直接影响塌陷坑的形态:顶板密实,抗剪强度高时,塌陷坑为坛形井状;土体软弱含水时为漏斗状,顶板岩质坚硬,开挖掌子面宽,常形成塌陷。

(3)长期水位变化,长期流水的岩质小型采空区,水对顶板有顶托作用,水流消失,则托力消失,顶板塌陷向上延伸,易发生地表下沉和突然塌陷。

(4)爆破震动的影响,使坑洞顶板强度降低而塌陷。

11.2.5 偏压

自然界中岩体的结构是复杂的,作用在隧道结构上的围岩压力是不对称的,所以常出现隧道偏压,对于偏压隧道,若施工处理不当,则易引发塌方。

隧道施工中因地质构造原因,最可能出现偏压的情形有:①急倾岩层,节理发育;②急倾岩层,有软弱层;③洞顶有破碎层;④受节理层理作用形成危害;⑤高边墙侧壁受裂隙切割;⑥岩壁软弱夹层,泥岩产生偏压和塌方。

当浅埋隧道洞顶地表横坡坡度较大时,也会出现偏压。洞室支护结构应适当加强。

11.2.6 隧道洞口边坡

1)易塌方的地形地貌

隧道洞口施工中边仰坡产生塌方滑坡,除施工方法不当外,地形地貌是一种潜在因素。下列地貌单元容易引发隧道洞口边坡的塌方。

(1)宽谷地段:构造运动相对宁静和岩性软弱。若是重力堆积坡,则是已产生古滑坡的堆积地貌,在自然或人为因素作用下时常复活,是最不稳定的山坡。

(2)峡谷陡坡地段的局部缓坡区:属重力堆积地貌或流水重力堆积地貌,往往由过去的古岩堆、古滑坡或洪积扇组成,故边坡施工时,常出现古老滑坡复活,石错落转为滑坡,或出现新的坡面滑移。

(3)山涧盆地边缘地区起伏平缓的丘陵地貌:容易产生岩石滑坡和粉性土滑坡集中分布的地貌单元,坚硬岩层地区,顺层时,可出现岩体顺层滑坡。在易风化黏性土岩层(如泥状岩)分布区,常有残积黏性土滑坡连片分布。

(4)凸形山坡或凸形山嘴:当岩层倾向临空面时,可产生层面岩体滑坡;有构造面、断层通过时,可产生构造面破碎岩石滑坡。

(5)单面山:单面山缓坡区常产生沿层面的顺层滑坡和堆积层滑坡。单面山是由于沿岩层走向的构造线及岩性差异而形成陡崖和洼槽相间的特殊地貌。若洼槽由软层组成,则洼槽下往往为崩塌、坡积或洪积物,在地下水作用下,易形成堆积层滑坡。

(6)线状延伸的断层陡崖或其下的崩塌:坡积地貌中常分布有堆积层滑坡,在断层裂隙水或其他地表、地下水作用下,常产生堆积物沿下伏基岩面滑动。

2)影响隧道洞口边坡稳定的因素

(1)岩土性质:包括岩石的坚硬、密实程度,抗风化、抗软化能力,抗剪强度,颗粒大小、形状及透水性。

(2)岩层结构、构造:包括节理、劈理、裂隙的发育程度及分布规律,结构面胶结情况,软弱面的分布与斜坡的关系,下伏岩土的形态、坡向、坡度等。

(3)水文地质条件:地下水文条件,流动、潜触情况及动态变化等。

(4)风化作用:风化使岩土裂隙增加,强度减弱,使地面水易于侵入,改变地下水的动态,影响斜坡的形状和坡度。沿裂隙风化时,岩土体发生脱落或沿斜坡崩塌、堆积滑移等。

(5)气候影响:气候影响了岩(土)风化温度、风化层厚度以及岩石风化后的机械变化和化学变化(矿物成分的改变)。

(6)地震作用:由于地震作用,深岩土体因受地表加速度作用而增加下滑力外,还会使岩土中孔隙水压力增加和岩土体强度降低,影响斜坡的稳定。

(7)地貌因素:边仰坡的高度、坡度、地面形态、植被生长状况是影响坡面稳定的重要因素。

(8)其他因素:人类活动。

11.3 塌方处理原则及方案

11.3.1 塌方处理依据

塌方的处理必须建立在对塌方正确认识的基础上,塌方处理方案制订不当,不但可以导致巨大的经济损失,而且可能造成人员伤亡,故一般的处理原则是先巩固后方,防止塌方扩大,然后以安全的后方为依托或掩护再向前进行处理。有关经验表明,塌方发生后在一定时间内就会趋于稳定,形成自然拱,而自然拱的高度、宽度与普氏平衡拱理论计算结果基本相符。

前苏联学者M·M普洛托雅克诺夫(简称普氏)以松散理论为基础,认为在松散介质中开挖隧道后,隧道上方将形成抛物线的平衡拱,平衡拱高度h(m)为:

$$h = b / f_m$$

式中:b——平衡拱的半跨度,m;

f_m——岩石坚固性系数,土层$f_m = \tan\varphi$,岩石$f_m = R/10$;

φ——土的内摩擦角;

R——岩石抗压极限强度,MPa,取值考虑岩石层理、裂隙的影响。

在隧道侧壁稳定时,即拱部塌方时,平衡拱宽度就是开挖宽度,即$b = b_t$(图11-6);当侧壁不稳定时,平衡拱宽度(图11-7)为:

$$b = b_t + H_t \cdot \tan(45° - \varphi/2)$$

式中:H_t——隧道净高,m;

b_t——隧道净宽之半,m;

φ——土的内摩擦角。

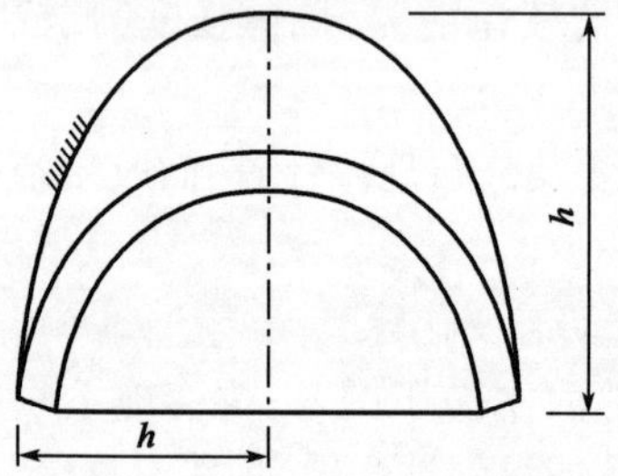

图11-6 平衡拱宽度示意图

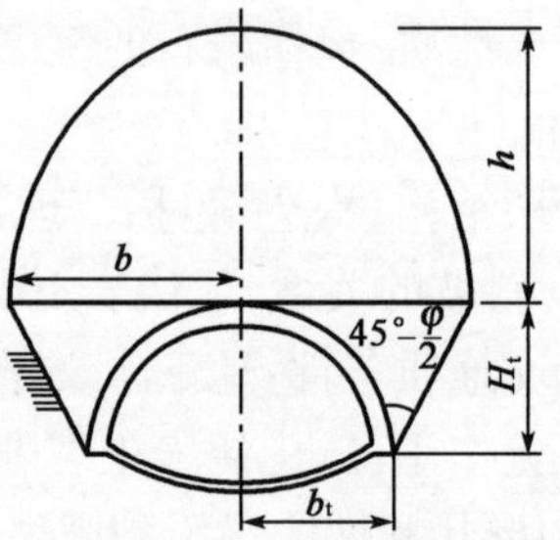

图11-7 侧壁不稳时平衡拱宽度示意图

对塌方后的稳定情况能否做出正确的判断,是制订处理方案的关键。否则,不是冒险就是加大投入。一般情况下塌方发生后1~2d就基本稳定,除个别掉小块外,不再有大的坍塌,这时可根据工程地质资料及试验结果,确定岩石坚固性系数,再根据开挖情况,即可按平衡拱公式确定塌方高度,与现场对照,如果计算与实际基本相符,则说明塌方已经基本稳定,否则就要慎重对待。

经过平衡拱稳定分析,确定塌方稳定后,即可着手进行处理,第一关键步骤就是对塌穴进行喷射混凝土处理。喷混凝土后,即使塌穴有危石或个别坍塌也会及时发现,喷射混凝土在围岩面形成一保护层,也是判断塌方稳定与否的最有效、最直接的参照或依据。

11.3.2 塌方处理原则

塌方处理总的原则:明晰原因、加固后方、地面处理、稳定塌体、超前支护、先护后挖。

(1)明晰原因:隧道塌方发生后,首先要组织有关人员调查了解塌方段的工程地质,水文地质情况;塌方的规模、形态、部位及其影响范围;塌体的岩性;地下水来源、水量、水压以及设计条件;施工方法、支护措施、施工控制等有关情况。然后分析原因,吸取教训,为下一步制定有针对性的、可行的、可靠的塌方处理方案提供依据。

(2)加固后方:一般大型塌方掌子面全部堵塞,部分初期支护破坏,局部初期支护开裂变形。为防止塌方继续扩大,应立即对塌方影响段的初期支护进行加固和监测。加固措施有:复喷混凝土,加设临时支撑,架设型钢拱架,径向注浆,径向锚杆等。必要时提早施作二次衬砌。

(3)地面处理:洞口段塌方和浅埋段的通天塌方,应立即对地面的塌方裂缝、排水系统进行处理。可采取塌坑回填封闭、用黏土填塞地面裂缝、塌坑影响范围外施作截水沟(防止地表水继续下渗,引起隧道上覆土体软化、松散和失稳)、地面布设沉降监测点、必要时对地面进行加固处理的措施。

(4)稳定塌体:塌方发生后,不能急于清渣,要保持塌体的临时平衡,否则会加速塌方的扩大,稳定塌体,首先是要封闭掌子面,然后根据塌方的地质、水文(滴水)情况,采用小导管(6m)浅孔帷幕注浆,既而加固塌体,也起到止水的效果。若涌水量较小,可采用网喷混凝土;若涌水量较大,则要采用砂袋+喷混凝土;若涌水量很大,则要采取引排,喷混凝土临时封闭,提前施作混凝土止浆墙等措施。

(5)超前支护:超前支护和塌体预加固,是处理塌方的两个非常重要的辅助措施。超前支护,一般来说有两种形式,即小导管和大管棚+小导管。

(6)先护后挖:就是塌方处理,必须在超前支护体的保护下才能进行开挖,并按照"短进尺、强支护、快封闭、勤量测、速反馈、跟二次衬砌"的原则,采用上下台阶、拱部预留核心土弧形开挖、随挖随支的方法,谨慎向前推进工作面。

11.3.3　塌方处理方案

隧道塌方处理方案与断层破碎带的施工方案大致相同,只是施工控制要求更为严格,因为塌体的物理力学性能极差,稍有不慎,再次发生塌方,后果更为严重。塌方常有以下处理方案:

(1)常用迂回导坑的施工方案,即在塌方段的后方一侧,选择合适的位置,增设导坑,绕过塌方段,再进入隧道正洞施工。其优点:①处理塌方,有两个工作面同时施工,加快进度,大大缩短了处理塌方的时间;②可以通过迂回导坑,恢复隧道正常施工。缺点:增加了工程投资。

(2)在塌腔较高、腔壁围岩又较稳定的情况下,采用混凝土护拱的处理方案。即在塌腔内利用塌渣作为底模,施作混凝土护拱,在混凝土护拱的保护下进行塌方处理。

(3)塌方规模较小时,可首先加固塌体两端洞身,并尽快施作喷射混凝土或锚喷联合支护封闭塌穴顶部和侧部,确保拱部的安全,然后清渣。在保证安全的前提下,也可在塌渣上采取支护措施,稳定顶部,然后清渣。

(4)当塌方规模很大、塌渣体完全堵死洞身时,宜采用先护后挖的方法。在查清塌穴规模大小和穴顶位置后,可采用管棚法或注浆固结法稳固围岩体和渣体,待其基本稳定后,按先上部后下部的顺序清除渣体,也可用全断面法按短进尺、弱爆破、早封闭的原则开挖塌体,并尽快完成衬砌。

(5)在塌方处,模筑衬砌背后与塌穴洞孔周壁必须紧密支撑。当塌方较小时,可用浆砌片石或干砌片石将其充填;当塌穴较大时,可用浆砌片石混凝土回填,厚度控制在2m左右,其以上空间应采取支护措施,以稳固围岩,或填筑2m以上的缓冲层;特大塌穴应作特殊处理。衬砌厚度应按松散体荷载计算确定。

11.4 塌方处理信息化施工

11.4.1 超前地质预测预报方法选择

隧道施工前对可能发生塌方地段应有超前地质预测预报方案和方法,并配备好地质专业技术人员、设备和仪器仪表。同时,应结合隧道工点的实际情况,有针对性地合理选择地质超前预测预报方案与方法,在隧道施工组织中,明确制订防塌地质预报的方案与方法,并注意各种手段的互相验证。

同时,在塌方处理过程中,也要加强地质超前预报工作,以防塌方事故的再次出现,并防止发生次生灾害。

各种不良地质体的防塌及塌方处理中防塌地质超前预报方案选择见表11-4。

防塌地质超前预报方案选择表　　表11-4

隧道状况 \ 预报方案		现场复查	地质素描	水文测试	浅孔钻探	深孔钻探	先导导洞超前预报	地震(TSP)地质雷达法	超前探水
特殊地层	膨胀岩	✓	✓	✓					
	溶洞、岩溶	✓	✓		✓	✓		✓	✓
	高地应力围岩	✓							
	岩爆	✓			✓				
	煤系地层	✓	✓						
	流沙	✓			✓	✓			✓
浅埋、超浅埋		✓							
偏压		✓							
软岩扁平大跨断面		✓	✓				✓		
软岩大跨、大断面		✓	✓				✓		
软弱围岩	风化岩	✓	✓		✓				
	断层	✓	✓		✓	✓		✓	
	滑坡	✓							
	岩堆	✓							
	堆积体	✓							
	石屑岩	✓			✓				
	砂砾层	✓			✓				
	土层	✓			✓				

11.4.2 施工监测

尽管塌方的发生似乎是突然的,但是仔细分析起来,还是可以发现不少的征兆。从直观上说,在隧道塌方之前,往往可以看到隧道顶部围岩裂缝旁出现岩粉,或洞内无故尘土飞扬,不断掉落小石块，或产生围岩裂缝逐渐张大、支撑变形加大、围岩渗水等现象。当然这些都是塌方前比较明显的征兆，要更加有效地预防和预警塌方，还必须加强对隧道的监控测量，从现场监测的数据中总结分析隧道塌方前围岩变形、应力随时间、空间的变化规律。

塌方施工监测与常见的施工监测相同，施工监测有关内容详见第 6 章 6.1.4 节及第 9 章 9.3.3 节相关内容，本节只讨论有关变形速率的计算等相关问题。

1）围岩变形—时间关系

根据现场实测数据，如量测时间间隔、累计量测时间、隧道水平收敛差值、累计收敛差值、当日收敛速率、平均收敛速率、拱顶下沉差值、累计拱顶下沉值、当日拱顶下沉速率、平均拱顶下沉速率、量测断面至开挖面距离等，绘出量测断面测线的收敛差值及累计收敛差值与时间关系曲线、当日收敛速率及平均收敛速率与时间的关系曲线、拱顶下沉差值及累计拱顶下沉值与时间关系曲线、当日拱顶下沉速率及平均速率与时间关系曲线等。

从维护隧道围岩的稳定性和支护系统的可靠性角度出发，现场工程技术人员最关心的是围岩变形是否侵入隧道设计的断面限界，是否对施工人员的安全构成威胁，这就要求量测人员根据数据处理后围岩变形—时间关系曲线，找出不同时刻围岩的变形量以及围岩变形的发展趋势，进而预估围岩的最大变形量，用其与同变形临界值相比较，以便判断隧道围岩变形是否在允许范围。同时对变形速率及变形速率的变化率进行计算，并据此判定围岩的稳定性和支护结构的可靠性。

（1）变形速率的计算

根据量测施工经验，变形速率的计算主要有以下两种计算方法：

①用本次收敛量测值减去上次收敛量测值所得之差，再除经这两次量测时所经历的时间，即为此间收敛速率，即：

$$v_i = \frac{\Delta U_i}{\Delta t_i} = \frac{U_i - U_{i-1}}{t_i - t_{i-1}}$$

式中：v_i——第 i 次量测所得收敛速率；

U_i——第 i 次量测所得总收敛值；

U_{i-1}——第 $i-1$ 次量测所得总收敛值；

Δt_i——第 i 次量测与第 $i-1$ 次量测时所经历的时间差，$\Delta t_i = t_i - t_{i-1}$。

采用此法的特点是，能及时反映当天所发生的变形速率，量值反应灵敏，信息反馈迅速，且不受其他量测值的干扰，对预报险情有一定的作用。但是，由于量测值存在偶然误差，变形速率—时间曲线波动幅度较大，因而此法的某些计算值存在偏差，所以用它来预估变形速率的发展趋势是不确切的。

②用实测量测所得的各组数据作回归计算，求得残差平方和最小的一条曲线方程，即利用最小二乘法原理求最佳拟合曲线，用此方程再反算各量测时间对应的累计收敛值，从而计算出某一时间间隔内围岩的变形速率。

$$v'_i = \frac{U'_i - U'_{i-1}}{t_i - t_{i-1}}$$

式中：v'_i——第 i 次量测所得的回归计算速率；

U'_i、U'_{i-1}——第 i 次、第 $i-1$ 次量测时回归计算累计收敛值；

t_i、t_{i-1}——第 i 次、第 $i-1$ 次量测时间。

这种计算法则是对各量测散点进行拟合，用一条能反映绝大多数量测值真实情况的曲线代替了原有的离散跳跃点，具有连续、平滑的特征。因此，用回归方程反算某一段时间内的平均速率比实测计算的平均速率更具有总体趋势和代表意义，偶然误差被"均衡"，因而更能体现宏观规律的整体发展过程。但由于此回归分析需要在较多的数据基础上进行，因而即时性不强。此外，也因回归运算并不能照顾个别特殊远离点，因而围岩收敛若真有特殊情况，此种方法不能明显地反映出来，但从总体上看，此法是对前一方法中各数据进行拟合的结果，所得的数据也必然是其真实反映。由量测所得数据进行曲线拟合所得回归方程的表达式有以下几种形式：

指数函数：

$$\dot{U} = Ae^{-\frac{B}{t}} \qquad \dot{U} = A(1 - e^{-Bt})$$

对数函数：

$$\dot{U} = A\lg(1 + t) \qquad \dot{U} = A + \frac{B}{\lg(1 + t)}$$

双曲函数：

$$\dot{U} = \frac{t}{A + Bt} \qquad \dot{U} = A\left[1 - \left(\frac{1}{1 + Bt}\right)^2\right]$$

式中：A，B——回归常数；

t——初读数后的时间，d。

综上所述，上述两种变形速率计算方法各有其自身的特点，其中方法①因反映最直接、迅速，很适合短期监测判断，一般只需 2～4d 的实测数据即可判定，因而最实用，评价结论也具有一定的可靠性。方法②由于回归拟合结果具有整体归纳性，因而需在获得足够数据（一般在 2～3个月的实测数据）后才能对以前的观测结果作出总体评价，它对远期最终变形量预计是有效的。另外，方法①存在量测偶然误差，不可凭某一次量测值下定论；方法②是回归收敛值的短时平均计算速率，需较长时间和较多数据才能作出评价和预计，其低于围岩稳定限值（0.1mm/d）所需要的时间，比方法(1)稍短。

(2)变形速率的变化率——围岩变形的二阶导数（$\mathrm{d}^2u/\mathrm{d}t^2$）

围岩变形状态及其发展趋势，除研究其总收敛值、收敛速率外，还可通过考察其收敛加速度（$\mathrm{d}^2u/\mathrm{d}t^2$），来判断其稳定性或危险性。隧道围岩变形速率的变化率，即变形加速度（$\mathrm{d}^2u/\mathrm{d}t^2$）一般有以下三种情况：

①变形加速度小于零（$\mathrm{d}^2u/\mathrm{d}t^2 < 0$）。当变形加速度小于零时，说明隧道围岩变形，随时间的增加，变形处于越变越小的状况，对应的变形速率也在逐步减小，这预示着隧道围岩逐渐趋于稳定。从岩体的流变特性看，其处于稳定蠕变阶段。

②变形加速度等于零（$\mathrm{d}^2u/\mathrm{d}t^2 = 0$）。当变形加速度等于零时，说明隧道围岩变形为一恒定值，其对应的变形速度也保持某一数值进行恒速变形（除零位移外）。这表明围岩的变形并

未趋于减小，而是在单位时间内以等值的变形持续增加，它预示着围岩处于临界状态，隧道围岩有可能失稳。

③变形加速度大于零（$d^2u/dt^2>0$）。当变形加速度大于零时，说明隧道围岩变形在逐步增大，其变形速率不断加快，这往往表示围岩将很快出现破坏和垮塌，隧道围岩处于危险状态，必须及时采取措施进行特殊支护或用其他措施加固围岩，这时围岩处于加速蠕变阶段，如果不立即采取措施加固围岩，隧道将有塌方的危险。

通过以上分析研究，说明围岩变形速率的变化率（d^2u/dt^2）也可以判断隧道围岩的稳定性与破坏情况。因此，围岩变形变化率同样具有实际的工程价值。

2）围岩变形—空间关系

为了探讨围岩稳定性特点和支护系统的作用机理，目前常用的方法是：在围岩或支护系统中布置一系列测点（A项、B项监测点），希望能根据所测得的数据探求某一描述围岩及支护系统力学形态的物理量在空间的分布规律。例如，为了量测围岩中各点径向应变的分布规律，常常在围岩中钻孔，然后按砂浆锚杆的安装工艺安装管内壁贴有电阻试片的"电测锚杆"，或将钢弦式应变计用金属或塑料管串联成杆状装入钻孔，或者用多点式引伸计测定围岩中各点相对于围岩表面点的相对位移，然后计算平均应变等。

但是，使用上述方法所能研究的，往往只是距离隧道一定范围内（一般只有3~6m）的规律。而对于围岩变形随空间分布的规律，实际上是一个宏观上的问题，从理论上说，应该沿着隧道的横向和纵向，布置一系列的沉降监测点，然后针对同一时刻各个测点的沉降数据，归纳总结出一条在施工过程中，围岩变形随空间分布的规律。

3）塌方临界变形值

在施工监测中，常使用仪器、仪表监测到较大的变形值，以下几种情况均显示着塌方预兆。

（1）变形量测表明，变形长期不收敛且变形速率仍然较大时。

（2）变形收敛量测曲线表明已收敛，但又出现变形值突然增大。

（3）监测到较大的累计变形量，累计变形允许值见表11-5。

（4）初期支护应力状态：钢架应力大于允许应力值；喷混凝土压应力大于70~100kgf/cm²❶；锚杆轴力大于18tf❷。

累计变形允许值　　表11-5

监测项目	硬岩	软岩
拱顶下沉（mm）	50	100
拱脚下沉（mm）	100	200
侧墙收敛（mm）	50	100
变形速率（mm/d）	50	100

❶ $1kgf/cm^2=0.0980665MPa$。

❷ $1tf=9.80665\times10^3N$。

11.4.3 施工日常观察

一般的塌方会有一定的预兆,以下为隧道施工中常见的塌方前兆。

1)掌子面及其附近现象

(1)开挖后顶部未支护部位围岩掉块不停。

(2)使用喷混凝土支护围岩后,仍有掉块。

(3)掌子面可见出水点频繁地变化位置。

(4)掌子面突然涌水或涌水压力增大。

(5)掌子面正面坍塌并向里发展。

(6)岩层张开裂隙明显增大(肉眼可见明显增大)。

(7)岩层层间充填物被水冲掉,并且水量增大;松散地层开挖后不停地掉渣掉砂。

(8)涌水由清变混浊。

(9)肉眼可见岩石出现岩粉。

(10)掌子面及其附近无故出现尘土飞扬。

(11)流沙地段塌方预兆:间隔涌流,逐渐形成连续涌流;封闭喷混凝土被不同位置的流沙冲破,或成股成股地涌出。

(12)拱脚下沉显著增大、承载力不足,是可能塌方的预兆。

2)开挖揭示的预兆

(1)当正常钻孔中出现不正常的卡钻,钻进速度出现变快、堵孔,或钻孔内的水出现异常混浊,预报地质变化可能转坏,开挖后易出现塌方。

(2)如开挖现场描述的地层岩性、结构产状和水文地质等出现明显不良时,预示着地质变坏,有塌方征兆。

(3)开挖后的岩渣直接反映出施工地段及前端地层的地质状况,可作为地质预报的经验依据之一。

3)支护变形或破坏

(1)喷混凝土大面积开裂,脱离甚至塌落,随之有"劈啪"声响。

(2)锚杆垫板松脱。

(3)钢支撑扭曲变形,边墙支撑中间鼓出,联结节点明显变形。

(4)钢支撑之间的喷混凝土或土岩剥落。

(5)网格支撑中的喷混凝土明显开裂、剥裂,钢筋露筋并变形弯曲。

(6)拱顶喷混凝土对称开裂,并有被剪切下滑现象;边墙喷混凝土开裂并有被剪切下滑现象。

(7)钢支撑因受压大,发出响声时。

(8)钢支撑之间连接板错位;联结螺栓被剪断。

(9)钢支撑之间的砂土、岩层挤出,掉土块、岩块。

4)洞口地段和浅埋地段

(1)洞口地段多处地表开裂不停并且裂口数目逐步增加,裂口增大、加深。

(2)地表陡岩有崩塌现象发生。

(3)地表明显沉陷,由水平观测点判断,掌子面通过后,其上地表仍然下沉不停,且累计值超过300mm以上时。

11.5 塌方处理注意事项及经验教训

1)塌方处理注意事项

(1)塌方处理方案确定后,工程技术人员必须认真交底,作业人员必须严格执行。严格的施工纪律,合理的工序安排,严肃的管理制度是塌方处理取得成功的保证。

(2)初期支护的设计施工参数,要"宁强勿弱",留有余地。高压富水塌方段的二次衬砌应按抗水压衬砌设计施工。

(3)为防止塌体下沉侵限,在施工方法上宜采用分步开挖法,初期支护紧跟,及时封闭成环,并适当加大初期支护的预留变形量。

(4)严格控制开挖支护的循环进尺,循环进尺应与钢支撑的间距相匹配,最大不能超过1.2m。

(5)若须爆破作业时,应在技术人员指导下严格控制装药量,实施弱爆破。

(6)拱顶以上3m范围的塌腔应用混凝土或水泥浆回填密实。

(7)加强抽排水能力,防止次生灾害的发生。

(8)加强监控量测,实施信息化管理。要组织专业人员对洞内支护变形、受力,地下水水量、水压监测,洞外地面、建筑物沉降、位移监测以及气象记录等。

(9)制订应急预案,备足应急资源。

(10)坚持"安全第一"的方针,做到稳扎稳打,稳中求快,万无一失。

2)塌方处理经验教训

(1)应把地质超前预报列入隧道施工工序,并采用合理的稳定掌子面的辅助工法和尽量保护围岩的合理开挖方式与方法,在开挖后及时支护(自稳时间内完成支护),尤其强调初喷混凝土的作用。同时及时量测、及时反馈,采取相应施工技术措施。

(2)就人为因素而论,工序控制与隧道塌方关系密切。

(3)处理塌方必须及时。塌方事故发生后,应及时研究工程地质、水文情况,检查塌方对初期支护的损坏情况和影响区域,分析塌方原因和发展趋势,在此基础上,研究对策。

(4)隧道塌方后,不要轻易清除塌方体,应待塌方体相对稳定后,对塌方体表面进行喷混凝土封闭,防止塌方体滑移,然后再加固未塌方地段,防止塌方范围扩大,最后向塌方体注浆加固,为后序开挖做好预备。

(5)钢格栅的制作、安装要保证质量,安装时不得随意加大间距,减少格栅数量,同时要保证初期支护与围岩的紧密结合,不留空隙。

(6)严重塌方地段,二次衬砌要适当提前施作,必要时施作护拱加强支护。

(7)编制合理的实施性组织设计,协调各工序,严格控制各工序的施工质量。

(8)加强现场组织指挥,坚持干部值班制度,加强技术指导,纠正违规违章现象。一旦发现塌方预兆,或出现小的塌方,要及早果断采取措施,以防不测。

11.6 工程实例

11.6.1 渝湘高速公路某隧道塌方处理

1)工程概况

渝湘高速公路某隧道位于重庆市彭水县境内,走向于乌江左岸,为双洞分修特长隧道,采用平行双洞室,两洞轴线间距20~23m,单洞开挖断面尺寸为12.9 m×9.78m,全长4 779m。隧道塌方位于出口段K43+4附近。

该隧道区位于四川盆地东南端,大娄山脉北西侧,属乌江侵蚀河谷发育的中低山峡谷地区。段内山峦起伏,沟谷深切,高低悬殊,属于切割强烈的低中山区。最高海拔1 380m,最低海拔198m,相差近1 200m。隧道位于一个大的逆断层北西翼,区内为单斜构造,岩层产状为:300°~325°∠20°~∠40°。在隧道两端页岩风化节理裂隙中测得两组节理,多呈微张或张开,延伸性好。

隧道区内出露岩层为志留系罗惹坪组页岩夹粉砂岩,呈深灰色、灰色,层理发育,薄。中厚层状,粉砂状泥质结构。页岩裂隙面一般平整、光滑,多呈闭合状,无填充或钙质薄膜填充,岩芯失水后易起裂纹。砂岩呈黄灰、浅白色,细至中粒结构,钙质及泥质胶结,为中厚层~厚层状。

隧道通过区域为单斜构造,路线与岩层交角为0°~20°,以小角度相交,岩层倾向隧道右侧,开挖后易出现顺层偏压。隧道最大水平主应力与隧道轴线交角为62°,对围岩较为不利。随着隧道埋深增加,在围岩坚硬完整,无水情况下,易发生岩爆,在裂隙发育,亲水条件好的软岩地段,易发生收敛变形和不良块体塌方。地下水主要是基岩裂隙水,志留系页岩粉砂岩为弱含水层,透水性差,隔水性良好,预计隧道区内雨季可能有滴水或小股状涌水。

2)塌方情况

2007年1月9日,该隧道右线施工至K43+482,山体埋深约450m,开挖揭示岩体为页岩,中薄层状,发育两组较大节理裂隙,一组与隧道走向一致的陡倾节理,一组自山体向乌江侧走向节理,并有大量的裂隙水呈股状流出,围岩破碎。开挖1h后,拱部靠乌江侧出现局部掉块坍塌,施工项目部迅速反应,采取喷混凝土封闭措施,但因围岩裂隙水分布范围较广,流量不断增大,喷射混凝土无法对围岩形成有效封闭,围岩在地下水的作用下继续坍塌。

直至2007年1月16日,围岩仍有掉块现象,且已危及施作完的初期支护,临近塌方段的K43+485~K43+495的初期支护中多榀格栅出现压溃和剪切断裂变形,一榀被砸掉,喷混凝土出现开裂剥落现象。右洞K43+485~K43+475段,形成一个高5~7m的坍腔。根据现场资料,塌方量多达400m³,如图11-8所示。

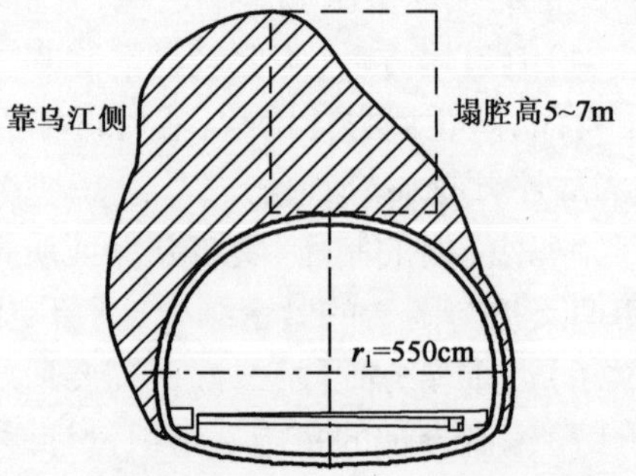

图11-8 K43+480断面围岩坍塌横剖面示意图

3)塌方主要原因

(1)该段地层围岩为页岩夹粉砂岩,中厚层状,发育两组较大节理裂隙,岩石较为破碎。隧道开挖后,在靠乌江侧起拱线部位形成应力集中,在岩石破碎的情况下,易发生局部破坏,边墙位置易发生切层掉块。

(2)塌方段原设计地层为Ⅲ级围岩(c)型,格栅钢架1.2m/榀,锚杆纵向间距1.2m/环,从现场开挖情况来看,围岩类别偏于保守,设计偏于不安全。

(3)随着开挖的进行,隧道埋深迅速增加,该段埋深已达450m。埋深增大,二次应力效应明显增加,围岩二次变形增大,在裂隙发育,亲水性良好的页岩段,围岩表现为收敛变形和松动塌方。

(4)该段地下裂隙水发育,地下水顺着节理裂隙,呈股状大范围流向洞内。由于裂隙水水量较大,造成岩体黏聚力减低,内摩擦角减小,力学强度降低,隧道开挖后,在水的作用下,迅速坍塌。

(5)支护措施不当。针对这样的地质条件,应采取适当的超前支护措施,如采取管棚、预注浆加固等措施。

4)塌方处理

(1)塌方处理的总原则

①安全,塌方的处理必须安全可靠,做到万无一失。

②快速,即处理时间要最短,要求2个月内完成。

③保质,即保证工程质量,不得留有任何安全隐患。

(2)塌方处理要点

①作好洞内裂隙水的处理,地下水的引排工作,防止塌方扩大。

②对洞内塌体注浆固结,形成整体受力壳(环)。

③采取合理措施,对塌方段进行开挖及支护。

(3)塌方处理的具体措施

①洞内处理:洞内工作面附近设止浆墙,采用浆砌条石,厚度1.5m,并安设ϕ70mm注浆导管,长12m;循环注浆,每次注浆长度4.0m,分3次完成,注浆厚度应保证洞内塌体以设计拱顶标高以上3.0m的松散体全部固结,注浆压力1.0~4.5MPa,要求固结强度达到2~3.0MPa,注浆材料选择单液浆,渗水较多处采用双液浆。

②塌方段的开挖及支护:先施作超前支护,采用ϕ42mm小导管预注浆,长4.0m,间距0.5m;采用导坑预留核心土法开挖,先开挖一侧,完成初期支护后再开挖另一侧,开挖高度1.5~2.0m,开挖长度为每一循环1.0m,开挖后立即进行喷锚支护,并安设格栅。具体参数为:锚杆ϕ22mm,长3.5m,喷射混凝土厚25cm,分2~3次完成,格栅间距0.8m,格栅钢架之间采用ϕ22mm的钢筋纵向连接,格栅的底部采用22号槽钢纵向连接。弧形导坑完成后,采用挖马口的方法,分别开挖左、右两侧边墙,边墙开挖后,立即进行喷锚支护并将格栅拱顺接下来,形成整体;边墙开挖完成后,最后开挖核心土;二次衬砌,采用先墙后拱法施工,每环混凝土的灌注长度控制在2.0~4.0m。

(4)塌方处理过程中采取的应变措施

①由于注浆效果不理想,从开挖出来的塌体来看,并未形成注浆固结体,浆液呈树枝状分

布,注进的浆液呈薄片状,对整个塌体而言,不能形成完整的注浆固结体,但仍起到了一定的"挤压致密"作用。因此,在进行分部开挖时拱顶及拱脚的下沉变形仍较大,为此采用临时仰拱支护,严格控制下沉,形成闭合环受力,效果较好。

②由于塌体中渗漏水仍然较大,使开挖后的喷射混凝土厚度很难达到25cm,实施中采用以格栅厚度(22~25cm)为界立模,将喷混凝土变成模筑混凝土,使施工过程变得简单、快速,而且保证了质量。

③开挖时为了避免拱顶的局部塌方,增加了密排的超前锚杆(采用ϕ22mm,长3.5m锚杆,间距0.3m,仰角15°~30°),每开挖2.0m施作一排,这样确保了拱部稳定和施工安全。

11.6.2 重庆开县境内某隧道塌方处理

1)工程概况

某高速公路隧道位于重庆市开县境内,隧道设计为双线四车道。右线全长4 873m,隧道右线出口全长2 410m,隧道穿越侏罗系新田沟组至三叠系须家河组地层和部分巴东组地层。总体上为泥质岩与砂岩互层,又存在少量灰岩及煤系地层。隧道横穿假角山背斜核部,岩层构造节理裂隙发育,隧道涌水量大(最大涌水量为1 8890m^3/d),III、IV类围岩占70%,采用正台阶法施工。

隧道开挖至K5+676(掌子面)时发生了塌方,塌体封堵通道12m。

2)塌方过程

2003年12月3日9时40分掌子面掘进施钻,周边眼长度1.8m。13时30分响炮,16时出渣,17时K5+679.5拱顶处掉块,19时该处突崩塌,紧接着向前后迅速延伸,30min后基本稳定。2003年12月4日13时又出现一次较大的坍塌,其后塌体稳定。塌方起止里程K5+688~K5+676。塌穴最宽处11m,最高处8 m,纵向延伸12m,塌体岩块松散破碎。塌方处涌水量大,出现大面积淋雨现象。K5+685~K5+676处格栅拱架(15cm×15cm)、WTD25锚杆(L=3.0m)失效。拱架严重变形。由于隧道埋深较大,山体稳定,无变形,地表无沉陷。最大塌方断面如图11-9所示。

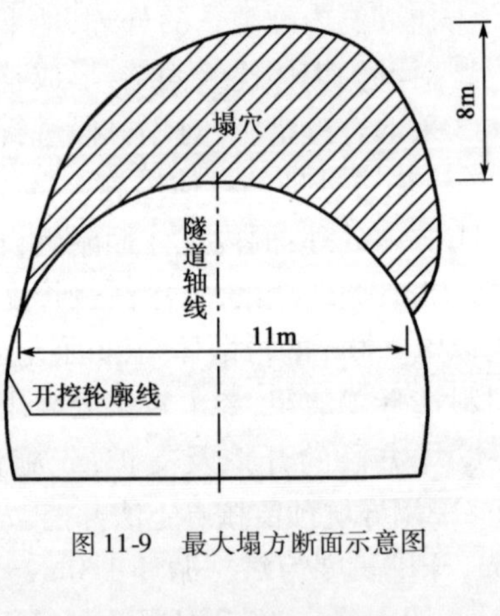

图11-9 最大塌方断面示意图

3)塌方原因分析

(1)隧道走向与岩层走向大致平行,张性节理发育。掌子面开挖接近背斜的核部;隧道顺层开挖给隧道上部坍塌提供了临空面。

(2)隧道开挖至K5+689处有一厚0.6~0.9m的竖向软弱泥质夹层,遇水软化,自稳及抗剪切能力极差。

(3)地下水影响严重。进入2003年6月份以来,该地区雨水一直较多,几乎每日夜间均有降雨。连续降雨使地下水得到大量补给,并逐渐侵蚀隧道塌穴顶部的岩体,使围岩黏聚力和内摩擦力显著降低。由于该地区的构造活动较强烈,形成许多结构面,大气降水沿其下渗,成为该地区地下水的主要补给来源。地下水的存在对于隧道围岩稳定性有直接的影响,降低了岩石的力学性质;当地下水充满结构面时,形成了一定的静水压力,减少了岩石的抗滑力,增加了岩石的重度,岩体稳定性下降。

(4)初期支护形式不合理,不能起到有效的支护作用。对地质情况的误判导致采用的支护方式为锚网喷支护,锚杆按照径向布置,基本与断层平行,不能与周边稳固围岩连接,不能实现锚杆的组合梁作用。喷射混凝土按照III级围岩采用15cm的C25喷射混凝土。

由于喷射混凝土强度有一定增长期,前期强度较弱,喷射混凝土厚度较薄,难以阻挡拱部近80m的松动荷载,无法抑制变形的进一步增长。

(5)量测点的布置位置缺乏针对性。断层破碎带围岩变形具有突发性,特别是出现局部塌方后如何安全布置量测点、如何监测等都是问题,断层破碎带围岩不能起到有效的监控量测效果。

4)施工处理方案

(1)处理方案

根据隧道掉块仍在持续的现状,为确保施工作业的安全,确定采用先回填C20片石混凝土后进行护拱及缓冲层施工,再进行扩挖的原则。

塌方段处理方案如下:

①修建施工便道,便于车辆设备人员进出。

②对塌体段进行泵送混凝土(在施工可操作范围内采用片石混凝土)回填及施工护拱,同时预留安装泵送混凝土预留管3根(拱顶以上250cm),吹砂管2根(拱顶以上450cm),ϕ80mm排水盲管3根(拱顶以上至少200cm),预留2根ϕ42mm小导管作为排气管,填塞缝隙。回填及护拱混凝土采用C20混凝土,护拱厚度200cm。

③在护拱顶面进行吹砂形成缓冲层,吹砂厚度宜大于200cm。

④施工2层ϕ108mm长管棚注浆,穿过护拱混凝土与岩面形成整体。

⑤重新对塌体段进行开挖。采用V级围岩复合式加强衬砌断面,采用三台阶法开挖,并拆除原有拱架,必要时增设临时仰拱。

⑥该段两侧二次衬砌各10m(DK221+418~DK221+428、DK221+447~DK221+457)范围采用C40钢筋混凝土加强,厚度必须大于30cm,配筋参照V级围岩复合式加强衬砌配筋设计图。

⑦成立协调配合领导小组,以及时解决施工期间出现的问题和困难;成立塌方段施工管理小组,由施工单位的现场管理人员和技术人员组成。

⑧加强监控量测,并预留足够的预留变形量。

⑨加强塌穴的防排水,预留排水盲管,引排至侧沟。

(2)塌方处理作业流程

修建施工便道→立模浇筑洞径及塌穴护拱混凝土→吹砂形成缓冲层→施工管棚并注浆→重新开挖→ 二次衬砌。

(3)施工安全原则

施工中一定要将安全放在第一位,要将作业工人的生命健康放在第一位;加强警示工作,随时观察塌方的发展情况，发现不安全的因素，应及时将作业人员撤离到安全的地方，并及时向上级单位报告情况，以便上级单位依据新情况，制订相应的措施。

5）塌方处理施工工艺

（1）修建便道

对塌体段进行修坡，形成施工进出的便道，坡度控制在10%以内。在塌体段靠近右侧边墙拱架2m范围内进行人工平整，以便于人员进出。

（2）立模回填浇筑塌穴及渣顶混凝土

先距离拱架底部约2m以外架设模板，与左侧边墙形成四边形封闭结构，模板高度为1.5m。然后满铺浇筑四边形C20混凝土，距离模板边缘1m位置预埋长1.5m、ϕ22mm钢筋，钢筋间距50cm，均匀布设，钢筋埋置深度为1m，作为模板架设的预埋件。架设上部模板，采用5cm木板配合背后，横向采用150mm方木支撑，每道方木为并排两根，纵向间距为1m/道，通长设置。方木背后设置竖向ϕ95mm×6mm的钢管作为立撑，立撑间距2m/道。在附近围岩打设2m的锚杆，采用ϕ22mm钢筋与ϕ95mm×6mm钢管焊接。立撑背后设置斜撑，斜撑底部设置1cm厚钢板。要求钢板位置稳固。

模板可根据混凝土浇筑的高度分次完成。混凝土浇筑分三次完成，第一次浇筑渣顶以上2m，第二次浇筑2m高度，此时距离拱顶高度为1m左右。预埋混凝土输送管3根和吹砂管2根、ϕ80mm排水软管3根、ϕ42mm小导管2根作为排气管，排水管绑扎在混凝土输送管上并包扎牢固，防止脱落。管子采用在第二次浇筑的混凝土中预埋的ϕ22mm钢筋确定位置，调整管子方向，然后在管子附近浇筑50cm高的混凝土，将管子固定。输送管和排水管顶部必须高于拱顶以上4m，吹砂管和排气管顶部高于拱顶5m。最后浇筑剩余拱顶及塌穴处混凝土，浇筑完成后混凝土顶面高出拱顶2m。

混凝土浇筑前检查材料的储备情况，保证原材料供应，检查机械设备的完好情况，特别是在第三次浇筑时保证一次浇筑完成。

塌方段施工布置如图11-10、图11-11所示。

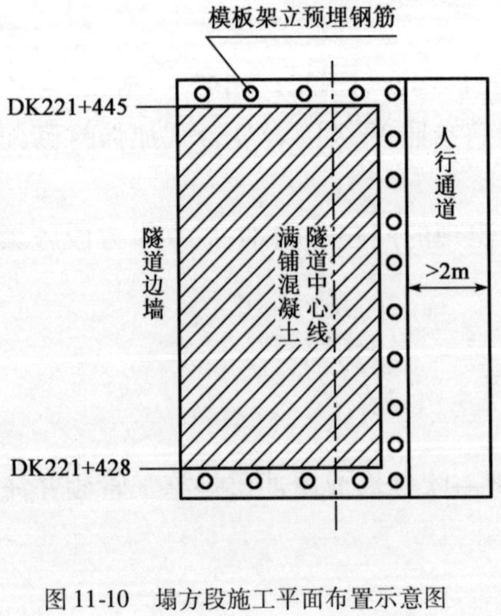

图11-10　塌方段施工平面布置示意图

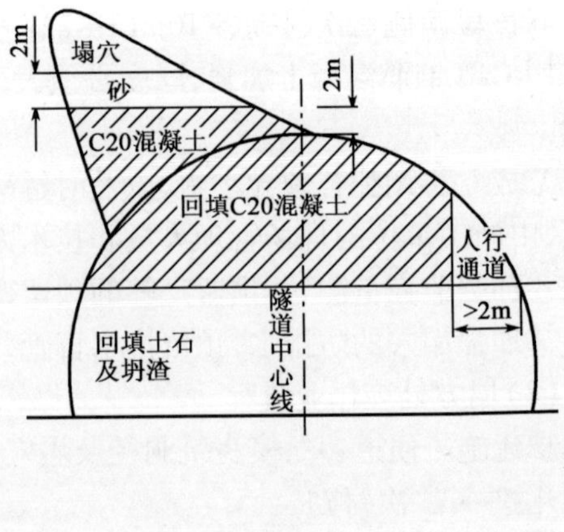

图11-11　塌方段施工立面布置示意图

(3)对灌注混凝土顶面吹砂

泵送混凝土回填完成后等1～2d后通过吹砂管向塌穴内吹砂形成缓冲层，缓冲层厚度200cm。

(4)长管棚施工

首先施工工作室，工作室长6～7m，高0.8～1.0m。

搭建施工平台，安装钻机，钻机平台由上向下，由中间至两边，根据孔位依次搭好，要求钻机平台搭建牢固，利于安装固定钻机，防止施钻时不均匀下沉、摆动、位移、倾斜而影响钻孔质量，钻机距工作面距离不小于5m。

开孔时，要低速低压，等成孔几米后，再加速加压。钻孔测斜采用经纬仪测斜法，成孔一半时测斜，测定方法是先抽出钻杆钻头，然后把专门制作的光源插入管内，送到测定位置，使用安装在钻机上的方向十字丝，使两个十字丝重合再看光源，测定其偏差量。为加快速度，提高效率，也可采用经纬仪测定，其方法是用经纬仪从孔口直接看光源，根据光源在孔内位置及孔径大小大致判定偏斜情况。

钢管采用ϕ108无缝钢管，管壁设ϕ20mm溢浆孔，管同一横断面内接头数量不超过50%。

钢管采用丝扣连接，丝扣长15cm，浅孔段采用人工推进，孔深阻力大时，采用机械顶进。为防止塌孔，保证孔向正确，每钻完一孔即顶进一根钢管，注一孔浆。钢管就位后加以固定，钢管与导向管间隙用棉纱堵塞、水泥砂浆封堵。

安设完钢筋笼后采用KBY-50/70注浆机注浆，按钻一孔，注一孔浆进行，全孔一次压入，浆液扩散半径不小于0.5m。当注浆量达到注浆终压1.0MPa而浆液注不进时再稳压3～5min即可结束。

(5)三台阶开挖施工初期支护

对塌方段采用三台阶法开挖，必要时(根据量测结果确定)增设临时仰拱。

对开挖轮廓线以下部分混凝土采用孔内控制微差起爆网络技术，控制单段最大起爆药量，增大爆破起爆段别，增加起爆间隔时间，采用1、3、5、7、9、10、11段7个段别非电雷管间隔起爆系统，增大爆破间隔时间，避免振动波的叠加，有效地控制爆破震动效应和发挥微差爆破作用效果。采用炮泥堵塞炮眼口，确保在同等爆破效果条件下减少单孔装药量。

周边眼用小药卷、不耦合装药，其余炮眼用普通药卷，不耦合装药系数一般控制在1.2范围内。施工中初期支护严格按照设计参数施工，坚持"控制性弱爆破、短进尺、强支护、早封闭、勤量测"的原则。每台阶进尺控制在1m以内，开挖完成后及时架设拱架，进行锚杆、喷射混凝土支护，钢架节点、钢架之间纵向连接筋施作并连接牢固，超挖部分必须用喷射混凝土回填。

(6)二次衬砌

提前开始塌方段衬砌，为下步衬砌做好准备。二次衬砌必须紧跟开挖面。当全断面开挖完成8m并完成初期支护后，马上停止开挖施工二次衬砌6m，后进入下一循环，确保二次衬砌提前承受荷载。然后依第一循环的工序进行下循环6m、7m的分段衬砌，至塌方段衬砌完毕。

衬砌钢筋在加工场预加工、施工现场绑扎与焊接。

二次衬砌采用为该段特制的12m二次衬砌台车，搅拌站集中拌制。混凝土运输车运输，输送泵泵送入模，两侧边墙采用插入式振捣器振实，拱部采用附着式振捣器振实。混凝土采用水平分层、对称浇筑，单侧一次连续浇筑高度不超过0.5m。输送软管管口至浇筑面垂直距离混凝土的自落高度控制在1m以内，混凝土浇筑必须连续，当混凝土面超过拱顶时，泵管出口应埋设在混凝土面以下，保证拱顶所有空间能填满、填实。衬砌拆模时混凝土强度不得低于8MPa，养护时间不低于14d。

(7)监控量测

①地质和初期支护观察：地质和支护状态观察包括塌穴观察和支护结构的支护效果观察。每天进行1~2次观察，并做好客观详尽的记录。

②净空收敛量测：在DK221+425和DK221+415处设置量测断面，根据收敛位移量、收敛速度、断面的变形形态，判断围岩的稳定性，判定支护措施是否妥当，并对支护参数进行调整。

③拱顶下沉量测：监视隧道拱顶的绝对下沉量，掌握断面的变形动态，判断支护结构的稳定性。断面设置同净空收敛量测。

④进行监控量测作业时要注意安全，测量净空收敛时操作速度要快，测量拱顶下沉时仪器要架设在警戒线以外。

⑤量测结果及时向上级单位报告，以便调整施工参数。

⑥量测频率在回填塌穴结束前为每天1~2次，塌穴回填结束后，视围岩稳定情况可适当降低频率，直至围岩停止变形可结束量测。

现场施工如图11-12、图11-13所示。

图11-12　浇筑完成后的混凝土

图11-13　超前大管棚施工

(8)安全措施

①塌方处理前，应召开动员会议，会议上强调安全第一的原则，要提醒每位参加塌方处理的作业人员时刻保持警觉。

②塌方处理时作业场所要有足够的照明设施。要做好停电应急措施，作业面要有停电应急照明灯。发电机应能保证在停电情况下立即开机供电。停电时应立即停止作业，并打开应急照明灯，管理人员指挥工人有序撤离作业现场。

③工人进入作业面时一定要穿戴好安全防护用品，否则不允许进入作业面。

④成立安全警示小组,专门负责作业面的安全观察和警示,发现不安全因素时指挥人员撤离作业面。警示小组应每日向领导小组汇报作业面的安全生产情况,并做好安全生产记录。

⑤现场作业人员及其他配合人员要严格按照安全规程进行作业。

6)塌方处理效果

本次隧道塌方处理效果明显,保证施工人员作业安全,避免了次生事故的发生。加固后的塌方体稳定,二次衬砌结构安全可靠。

第12章 典型隧道施工组织案例

施工单位在确保安全的前提下,为了取得更好的效益,必须重视实施性施工组织设计的编制与使用,它是标前施工组织设计的深化和完善,是展开施工的指导性文件,是计划和工程交底的依据,是建设单位检验施工单位履行合同能力的重要依据,又是施工单位能否取得建设单位信赖的关键。

12.1 实施性施工组织设计方案的编制

12.1.1 实施性施工组织设计的作用

实施性施工组织设计的作用如下:

(1)实施性施工组织设计是指导拟建工程进行施工准备和组织施工的基本技术经济文件,它的任务是要对具体工程的准备工作和整个的施工过程,在人力和物力、时间和空间上、技术和组织上做出一个全面、合理和符合好、快、省、安全要求的安排。

(2)实施性施工组织设计是标前设计的完美和深化,施工单位在是中标后,工程开工前根据工程施工合同要求、投标施工组织设计、现场施工实际情况和项目管理要求而编制出的实施性施工组织设计。它必须具有可操作性,能够作为承发包双方对工程施工的监督和管理依据。

(3)实施性施工组织设计是技术创新和技术进步的具体实践。施工单位在施工过程中要采用先进的施工技术,降低生产成本,提高劳动生产率,追求最大利润,向建设单位展示自己的综合实力、技术特长及开发能力。

(4)实施性施工组织设计是工程建设的质量和技术保障。实施性施工组织设计是执行施工技术措施,保证工程质量的技术性文件,它必须是成熟和可靠的。

12.1.2 实施性施工组织设计的特点

实施性施工组织设计特点如下:

(1)可操作性。中标后,承包商可根据自身的人员、机械设备情况,调配人员、设备,制定详尽、操作性强的施工方案,使施工有序进行,从而充分利用自有设备和人员,追求经济效益最大化。

(2)灵活性。由于施工现场各种因素的影响,工程建设不可能是一帆风顺的,施工方可根据各种因素的影响,调整施工方案,施工顺序,减少窝工,以达到保证工期的目的。

(3)完善性。随着改革开放的深入,我国工程建设领域的许多做法与国际接轨,建设单位委托监理单位负责合同的履行。只有实施性施工组织设计得到监理工程师和建设单位的认可,方可开工。因此,实施性施工组织设计是在综合各方的意见后形成的,是较完善的技术经济文件。

(4)全局性和全面性。实施性施工组织设计文件内容是全面的,发挥作用是全方位的,因此,在文件编制过程中,应以"重点突出、兼顾全面、技术先进、经济合理、确保质量、安全适用、实事求是、动态管理"为指导原则,做到与提高经济效益相结合,计划安排留有余地,施工方案详尽可行,技术组织措施稳妥可靠。

12.1.3　实施性施工组织设计的编制要点

实施性施工组织设计的编制要点如下:

(1)符合施工合同的要求。实施性施工组织设计是标前设计的深化、完善与具体化,应符合施工合同关于工期与质量目标的要求。实施性施工组织设计一般不能作原则性或重大修改,否则等同于修改合同,需征得建设单位的同意并签认。

(2)确定项目组织。项目组织是实施性施工组织设计的贯彻执行者,是能否好、快、省、安全地完成工程建设任务的重要保证。项目经理是工程的指挥员,应是有经验的项目管理的内行和专家,有团队精神并善于发挥个人的特长,充分调动团队积极性,为工程施工创造一个良好的合作氛围。

(3)与经济效益相结合。实施性施工组织设计在进行施工方案选择、机械设备选用及施工平面布置时,要考虑其经济性,以实现施工单位追求经济效益最大化为目标。

(4)在实施性施工组织设计中应用工程网络技术。工程网络计划技术是应用网络图形来表示工程中各项工作的开展顺序及相互之间的关系,通过对网络进行时间参数的计算,寻求最优方案,以求在计划执行过程中对计划进行有效控制与监督,以最小的消耗取得最大经济效果。

(5)质量保证措施。质量保证措施是工程的基本功能要求,也是建设单位首要的要求,承包商应制定出各施工过程详细的质量保证措施及检验、检测方法,确保工程质量。

由于实施性施工组织设计的重要性及其特点,要求施工单位在编制过程中认真分析,措施正确,求真务实,确保施工组织设计真正发挥其作用。

12.2　工程概况

本章节主要以武水高速公路B13合同段白云隧道施工组织编制为例进行叙述。

12.2.1　工程简介

1)工程概况

渝湘高速公路是西部开发省际公路通道重庆至长沙公路的重点建设项目,是国家重点干线公路宁波至樟木公路的重要组成部分，对加快重庆东南部地区经济发展具有重要作用。渝湘高速武水段B13合同段位于重庆南川市水江镇，其建设单位为重庆市高速公路发展有限公司南方建设分公司；设计单位为重庆市交通规划勘察设计院及重庆交通科研设计院；监理单位为重庆交通工程监理咨询有限责任公司；施工单位为中铁隧道集团有限公司。

本合同段设计采用四车道高速公路标准，属于左右幅分离式路基，路基单幅宽度12.5m。计算行车速度80km/h；设计荷载为汽车超20级，挂车120t。合同起止里程K45+700～K49+500，全长4.8km，主要工程有路基、桥梁、涵洞、隧道，工程总造价2.19亿，其中白云隧道为本合同段重点工程。

白云隧道为分离式隧道，左线ZK42+280～ZK49+401.529，长7 121.529m；右线K42+240～K49+373.8，长7 133.8m。净空10.5m×5m。本合同段白云隧道左线ZK45+700～ZK49+377.897，长3 677.897m；右线K45+700～K49+360，长3 660m。隧道纵坡为人字坡，变坡点里程K47+400，坡度分别为2%和-0.5%；地质条件极其复杂，有断层破碎带、含煤地层、岩溶、瓦斯、涌水等不良地质段，隧道围岩主要有石灰岩、页岩、泥岩，施工难度大，隧道采用"新奥法"复合式衬砌。全隧共设6个人行通道、5个汽车通道、10个紧急停车带。

2）技术指标

B13合同段白云隧道主要技术指标见表12-1。

B13合同段白云隧道主要技术指标表 表12-1

项　目	K45+700～K50+500段
公路等级	双向四车道高速公路
计算行车速度(km/h)	80
隧道净宽	10.25m
隧道净高	5.0m
地震烈度	VI
主要指标	2004年3月1日实施的《公路工程技术标准》(JTG B01—2003)

3）线路平面

从合同段起点K45+700起以直线前进至K49+063.514，然后以2 450m半径的左转曲线（K49+063.514～K50+054.574）前进，最后以1 050m半径的左转曲线终止（K50+054.574～K50+500）。

白云隧道出口里程为K49+360（左线K49+377.897），位于圆曲线上，曲线半径R=2 450m（左偏）。

4）线路纵断面

从合同起点线路以2%的上坡至K47+400，然后以0.5%的下坡至K49+400，最后以3.464%的下坡至合同终点。

12.2.2 B13合同段白云隧道工程主要工程数量

1）白云隧道工程项目

B13合同段白云隧道主要工程项目见表12-2。

B13 合同段白云隧道工程项目表　　表 12-2

工程名称	工程规模		施工里程
白云隧道（出口段）	7 337.897m（总长）	左线长 3 677.897m	ZK45 + 700 ~ ZK49 + 377.897
		右线长 3 660m	K45 + 700 ~ K49 + 360

2）主要工程数量

主要工程数量见表 12-3。

主要工程数量表　　表 12-3

序号	项目	单位	数量
1	隧道挖方	m^3	685 000
2	隧道衬砌混凝土	m^3	130 000
3	隧道喷射混凝土	m^3	20 000
4	钢材	t	3 200

12.2.3　自然地理条件

1）地形地貌

隧道穿越构造溶蚀中低山脉。山脉走向与构造线方向一致。山脉两侧呈垄岗脊状地形，高程 450 ~ 960m；山脉顶部为宽缓的构造溶蚀峰丛洼地地貌，高程 900 ~ 1 400m。峰丛之间有山间溶蚀洼地，洼地四周为崖壁，高出邻区 100 ~ 300m。隧道穿过地带最高点为石狮子山，高程 1 392. 8m，最低点为隧道进口，高程约为 450m，出口高程约为 550m，隧道穿过地带高差达 950m，隧道最大埋深约 800m。

隧道出口地处溶蚀垄岗地貌斜坡坡脚，斜坡坡向 310°，坡脚 36°，北西低，低点位于洞口以西坡脚沟谷，高程 550m；高点位于斜坡坡顶，高程 630m，高差 80m。右洞右侧距离洞轴线 6m 处有一溪沟，自东向西延伸，接受上游泉水补给，溪沟内有常年性水流，目前流量 4 000m^3/d，雨季增大约 10 倍，水深小于 1m。

2）气象

本地区属亚热带湿润季风气候，冬暖夏热，湿度大，无霜期达 11 个月。境内四季分明，冬寒期短，且春夏之交多暴雨，7 ~ 9 月时有伏夏、秋夏出现。最冷月为 1 ~ 2 月，最热月为 7 ~ 8 月，多年平均气温 17. 9℃，极端最高气温 41. 7℃，极端最低气温为 −3. 5℃。多年平均降雨量在 1 082. 2 ~ 1 185. 5mm 之间，雨季降雨（5 ~ 8 月）约为全年降雨量的 40%。

12.2.4　白云隧道工程地质、水文条件

1）地质构造

白云隧道穿越桐麻湾背斜中段。桐麻湾背斜轴向北北东向，平面呈“S”状发育，轴线具波状起伏特点。隧址段该背斜轴向 30 °，为北西翼缓倾的斜歪狭长背斜，背斜轴面倾向南东，核部出露最老地层为二叠系下统栖霞组，下伏有二叠系下统梁山组、石炭系中统黄龙组，志留系上统罗惹坪组地层，两翼依次分布二叠系中上统至三叠系下统地层。东翼岩层产状 110° ~

125°,∠24°~35°,倾角变化不大,靠近核部岩层倾角变陡,岩层倾角达50°。西翼岩层产状110°~125°、∠10°~70°,岩层倾角变化较大,靠近核部地表倾角较陡,往西翼至和尚岩断层,岩层倾角地表渐缓,为50°~10°,但深部岩层倾角渐陡,达40°~70°。和尚岩断层上盘岩层倾角近直立,北线出洞以外及南线出口洞口段岩层转向北西,产状325°、∠10°~25°。该背斜核部在隧址区外、北侧均有志留系地层出露,背斜轴线具波状起伏特点,平面上呈"S"状发育。

和尚岩断层倾向背西,走向20°~30°,具压扭性,阻水,受断层影响,断层下盘薄层状泥质灰岩、灰岩局部有挠曲;上盘 T_1f^3 灰岩中沿断层面附近有岩溶泉水出露,岩层受挤压破碎明显。和尚岩断层在洞口一带派生一次生正断层,该断层走向30°~40°,倾向北西。断层上盘岩层产状123°~69°,下盘岩层受断层牵引影响,靠近断层处岩层产状115°~120°、∠45°~60°,远离断层岩层产状渐变为335°~120°、240°~10°、310°~5°,到香树圆趋于稳定为310°、∠20°。断层破碎带宽度10~20cm,倾角60°~65°,经后期重溶作用,断层破碎段已胶结成岩,由泥钙质胶结致密的角砾岩组成,角砾岩成分为泥岩、灰岩、泥灰岩,不具磨圆度,为张性断层性质,阻水,出洞口一带靠近断层上盘 T_1j 地层有串珠状泉水出露。

隧道洞口段主要发育两组裂隙:一组裂隙岩层产状为212°~224°、∠42°~73°,裂面较平,张开1~10cm,局部有少量泥碎石充填,间距1.5~3.0cm,可见长3~5m;另一组裂隙岩层产状为140°~170°、∠70°~85°,裂面较平,微张,少量泥钙充填,间距2~5m,可见长1~3m。

隧道洞身段植被发育,露头较少,在 T_1j 灰岩及 P_1m 茅口灰岩中两组裂隙:一组裂隙岩层产状为270°~285°、∠40°~48°,裂面较平,张开1~30mm,局部有少量泥碎石充填,裂隙间距0.5~2mm,可见长10~20m;另一组裂隙走向100°~110°,直立,裂面呈波状起伏,为穿层裂隙,与层面交汇处岩溶较发育。

2)工程地质

隧道穿过的地层由新至老有第四系残坡积体、三叠系中统雷口坡组(T_2l)、下统嘉陵江组(T_1j)、二叠系上统长兴组(P_3c)、中统吴家坪组(P_2w)、下统茅口组(P_1m)、栖霞组(P_1q),其下还隐伏下统梁山组(P_1l)、石炭系黄龙组(C_2h)、志留系中统罗惹坪组(S_2l^2)。

白云隧道出口端主要分布有:第四系破残积(Q_4^{el+dl})、崩坡积(Q_4^{col+dl})成因的块碎石土、黏土、亚黏土组成的厚度小于20m的地层。

二叠系雷口坡组第一段(T_2l^1),为灰色、灰白色,中厚层状白云质灰岩,夹少许角砾岩,风化表面具刀砍纹,层厚约60m。嘉陵江组(T_1j)分布于桐麻湾背斜两翼,厚度425~691m,按岩性分为四段:T_1j^4 下部为灰色,中~薄层灰岩,中部为浅灰色厚层块状灰岩、盐溶角砾岩夹白云质灰岩,层厚250m;T_1j^3 为灰、浅色,薄~中层灰岩夹白云质灰岩,层厚134m;T_1j^2 为灰、浅色,中~厚层灰岩、白云质灰岩,底部夹盐溶角砾岩,层厚200m;T_1j^1 上部为紫红、灰色泥岩与薄层灰岩的互层,下部为灰色中~厚层状灰岩,层厚190m。

飞仙关组(T_1f)分布于桐麻湾背斜两翼,分为四段:T_1f^4 紫红2色钙质页岩夹灰黄色薄层页岩、灰岩、泥质灰岩;T_1f^3 深灰、灰色中~厚块状灰岩夹泥质灰岩;T_1f^2 东翼为灰色、中厚层含泥质页岩,西翼为中厚层灰岩夹紫红色薄层钙质页岩与泥质灰岩;T_1f^1 东翼为灰色、薄层状泥质灰岩,含较多泥质条带,斜层理发育,西翼为紫红色薄层页岩与泥质灰岩,底部均为黄灰色钙质页岩与灰岩接触。

吴家坪组 P_2w^2 顶部以灰黑色含碳质粉砂质页岩、浅灰、灰白色水云母铝土质岩与长兴组灰岩接触。上部为灰色中～厚层含燧石灰岩，局部有硅质层，层中有溶蚀孔洞发育，具缝合线构造，一般厚36.6m。中部为灰褐色，含碳质、砂质页岩，夹薄～中厚层状微晶灰岩，含较多的星散状黄铁矿及燧石结核，局部含钙质，一般厚34.2m。下部棕灰色厚层状细晶燧石灰岩及硅质灰岩。P_2w^1 为煤层系，上部为灰黑色页岩夹2～3层深灰色微晶灰岩，底部接近煤层处碳质增高，中部一层可采煤层，厚0.3～0.8，下部为浅灰、灰白色水云母铝土质页岩，局部含植物碎片化石及星散状硫铁矿或球粒状硫铁矿，一般厚2.02～5.4m。

3）水文地质

（1）类型及富水性

白云隧道位于白云山中部，自东向西横穿桐麻湾背斜，背斜轴部为分水岭，其两侧形成相对独立的地下水系。地下水补给来源主要为大气降水，含水层为宜溶蚀的碳酸盐岩，地表多形成峰丛洼地，岩溶发育，有利于地表水的汇集。由于岩层倾角较陡，含水层上下多暴露地表，直接接受大气降水及地表水的补给，含水层上下多由透水性较弱的岩层阻隔，导致嘉陵江组、飞仙关组第三段、长兴组和二叠系下统灰岩地层形成狭长的地下水"水槽"。本隧道水文地质可分为三个区，分别为中山峰丛洼地富水区，中山岭脊贫水区和中山溶沟溶槽中等富水区。

隧区水文地质单元除轴部谷地及洼地有少量第四系覆盖外，均为裸露型。工程区水文地质单元出露岩性均由沉积岩组成，以碳酸岩为主夹少量碎屑岩，以及第四系松散堆积区，地下水类型及富水性较复杂，地下水分为碳酸岩类裂隙溶洞水和松散岩类孔隙水。

（2）水质及腐蚀性

根据勘测，地下水质多为 CO_3-Ca 或 CO_3-SO_4-Ca 型水，矿化程度小于1.0g/L，均为淡水，pH值为7.42～8.28，无腐蚀性，仅嘉陵江二段的泉水具有中等分解类腐蚀性和吴家坪组煤洞水具有中等-强结晶类和分解类腐蚀，详见表12-4。

地下水腐蚀性分段表　　表12-4

分段里程		地层	腐蚀性类别
左　洞	右　洞		
ZK47+695～ZK47+847	K47+678～K47+831	P_2w	中等～强结晶类和强分解类腐蚀
ZK49+060～ZK49+231	K49+039～K49+202	T_1j^2	弱～中等结晶类和弱-中等分解类腐蚀
ZK49+338～ZK49+378	K49+327～K49+360	T_1j^2	弱～中等结晶类和弱-中等分解类腐蚀

（3）预测涌水量

白云隧道出口端预测涌水量见表12-5。

隧道涌水量分段预测　　表12-5

序号	分段里程		地层代号	隧道涌水量(m^3/d)	
	左　洞	右　洞		平水期 a	丰水期最大 $3a$
1	ZK46+425～ZK47+377	K46+409～K47+377	P_1q	左洞9 524 右洞9 759	左洞28 572 右洞29 277
2	ZK47+377～ZK47+616	K47+377～K47+597	P_1q	左洞2 395 右洞2 222	左洞7 185 右洞6 666

续上表

序号	分段里程		地层代号	隧道涌水量(m^3/d)	
	左洞	右洞		平水期 a	丰水期最大 $3a$
3	ZK47 +616 ~ ZK47 +669	K47 +597 ~ K47 +6537	P_1q	左洞 987 右洞 987	左洞 2 961 右洞 2 961
4	ZK47 +669 ~ ZK47 +836	K47 +653 ~ K47 +820	P_1m	左洞 394 右洞 394	左洞 1 182 右洞 1 182
5	ZK47 +836 ~ ZK47 +903	K47 +820 ~ K47 +889	P_2w	左洞 227 右洞 230	左洞 681 右洞 690
6	ZK47 +903 ~ ZK48 +438	K47 +889 ~ K48 +416	T_1f^{1-2}	左洞 2 832 右洞 2 779	左洞 8 496 右洞 8 337
7	ZK48 +438 ~ ZK48 +763	K48 +416 ~ K48 +727	T_1f^3	左洞 1 944 右洞 1 861	左洞 5 832 右洞 5 583
8	ZK48 +812 ~ ZK48 +856	K48 +777 ~ K48 +824	T_1f^4	左洞 27 右洞 29	左洞 81 右洞 87
9	ZK48 +856 ~ ZK49 +378	K48 +824 ~ K49 +360	T_1j^1	左洞 480 右洞 504	左洞 1 440 右洞 1 512
合计				左洞 18 810 右洞 18 765	左洞 56 430 右洞 56 295

12.2.5 白云隧道不良地质现象

1)洞口岩层破碎带

白云隧道出口端位于一斜坡近坡脚,斜坡坡向 310°,坡脚 36°。覆土层小于 3m,基岩为 T_1j^2 白云质灰岩及 T_1j^1 底部泥岩,岩层产状 115°、∠45° ~60°。洞口仰坡坡向 270°,为反向坡。T_1j^2 白云质灰岩溶蚀破碎,岩体内裂隙产状。212° ~224°、∠42° ~73°,140°、∠70° ~85°与仰坡呈大角度斜交。裂隙对出口右侧壁稳定不利,但裂隙倾角较陡,应采取一定措施对坡面进行防护。

2)突泥突水

岩层在高程 300 ~500m、600 ~800m 段岩溶较发育,白云隧道路面高程 464 ~566m,洞顶、洞身、洞底均有可能遇到规模较大的岩溶形态,给隧道围岩稳定性造成影响。特别是隧道穿越 T_2l^1 白云质灰岩、T_1j^2 底部白云灰岩、P_1q 和 P_1m 灰岩时,岩溶形态有溶洞、落水洞、漏斗、暗河等,溶洞高可达 20m,暗河长可达 18km,部分充填有泥岩。施工时采取超前预测预报措施,预防围岩坍塌、突水突泥。突水突泥里程见表 12-6。

突水突泥里程 表12-6

序号	分段里程		地层岩性	突水突泥方式及突水量
	左洞	右洞		
1	ZK46+058~ZK46+425	K46+046~K46+408	P_1q有机灰岩夹碳质页岩	突水突泥次重点发生地段,突水发生在裂隙发育带,水量一般$5m^3/min$,最大可达$15m^3/min$
2	ZK46+998~ZK47+184	K46+978~K47+173	P_1q有机灰岩夹碳质页岩	突水突泥次重点发生地段,突水发生在裂隙发育带,水量一般$4m^3/min$,最大可达$12m^3/min$
3	ZK47+184~ZK47+669	K47+173~K47+653	P_1q+P_1m灰岩	突水突泥重点发生地段,突水发生在裂隙发育带,溶洞、暗河,水量一般$25m^3/min$,最大可达$75m^3/min$
4	ZK47+669~ZK47+680	K47+653~K47+664	P_2w页岩夹煤层	相对隔水层,由于厚度不大,进出该段可能发生突水突泥
5	ZK47+836~ZK47+904	K47+820~K47+889	P_3c灰岩	突水突泥次重点发生地段,突水发生在裂隙发育带,小型溶洞,水量一般$0.5m^3/min$,最大可达$1.5m^3/min$
6	ZK48+438~ZK48+765	K48+416~K48+727	T_1f^3灰岩	突水突泥次重点发生地段,突水发生在裂隙发育带,水量一般$2m^3/min$,最大可达$6m^3/min$
7	ZK48+765~ZK48+812	K48+727~K48+777	断层破碎带	相对隔水层,由于厚度不大,可能发生突水突泥
8	ZK48+856~ZK49+044	K48+824~K49+024	T_1j^1灰岩	突水突泥次重点发生地段,突水发生在裂隙发育带,小型溶洞,水量一般$0.7m^3/min$,最大可达$2.1m^3/min$
9	ZK49+044~ZK49+060	K49+024~K49+039	T_1j^1泥岩夹灰岩	相对隔水层,由于厚度不大,可能发生突水突泥
10	ZK49+060~ZK49+231	K49+039~K49+202	T_1j^2灰岩白云质灰岩	突水突泥次重点发生地段,突水发生在裂隙发育带,水量一般$0.6m^3/min$,最大可达$1.8m^3/min$
11	ZK49+231~ZK49+333	K49+202~K49+314	T_1j^3灰岩	突水突泥次重点发生地段,突水发生在裂隙发育带,水量一般$1m^3/min$,最大可达$3m^3/min$
12	ZK49+333~ZK49+338	K49+314~K49+327	断层破碎带	相对隔水层,由于厚度不大,可能发生突水突泥
13	ZK49+338~ZK49+378	K49+327~K49+350	T_1j^2白云质灰岩	突水突泥次重点发生地段,突水发生在裂隙发育带,水量一般$0.4m^3/min$,最大可达$1.2m^3/min$

3)煤层段

ZK47 +695 ~ ZK47 +698 和 K47 +679 ~ K47 +682 段穿过桐麻湾背斜 p_2w,可采煤层为其底部 K1 层,煤层厚度仅 0.4 ~0.7m,压覆煤炭储量为 34 641t。ZK47 +758 ~ ZK47 +834 和 ZK47 +743 ~ ZK +819 里程段洞顶高 138m 处为煤巷采空区,现涌水量 $800m^3/d$,白云隧道修建将使煤洞水疏干,为重点预防涌水段。

隧址区煤层属不易自燃煤层,煤层的爆炸指数(V_a)为 36.03% ~27.66%,大于 20% 的界限指标,有煤尘爆炸的危险。

4)瓦斯段

隧址区煤层瓦斯含量和瓦斯压力较高,可能产生瓦斯突出,属一般突出危险。隧道穿越 K1 煤层厚度变化大,瓦斯压力高,含量大,不会发生大型的严重突出。掘进 K1 煤层段时按瓦斯工区施工,做好突出的预测预报,加强施工中的地质观测、编录,注意对地质构造和煤层变化进行分析研究。

隧址内有毒有害气体主要为 P_2w 煤层瓦斯和 P_1q 灰岩中的浅层天然气。

煤层瓦斯含量为 $15.01m^3/t$,压力为 5.26MPa,折算成矿井相对瓦斯涌出量为 21.9 847 $m^3/(t \cdot d)$,主要为 CH_4,其次为 N_2,含少量 O_2、C_2H_6等。

5)岩溶段

白云隧道岩溶区主要发育在背斜两翼三叠系雷口坡组第一段 T_2l^1,嘉陵江组第二段 T_2j^2、第四段、T_2j^4,飞仙关组第三段 T_1f^3,二叠系长兴组 P_3c、茅口组 P_1m、栖霞组 P_1q 地层中。

岩溶形态及规模见表 12-7。

岩溶形态及规模 表 12-7

序号	分段里程		地层岩性	岩溶规模
	左洞	右洞		
1	ZK46 +058 ~ ZK46 +425	K46 +046 ~ K46 +408	P_1q 有机灰岩夹碳质页岩	以裂隙为主,一般小于 5m
2	ZK46 +998 ~ ZK47 +184	K46 +978 ~ K47 +173	P_1q 有机灰岩夹碳质页岩	以裂隙为主,一般小于 5m
3	ZK47 +184 ~ ZK47 +669	K47 +173 ~ K47 +653	P_1q + P_1m 灰岩	垂直岩溶形态与水平岩溶形态均较发育,可见落水洞漏斗、溶洞、暗河,溶洞高达 15m,暗河走向达 18km
4	ZK47 +680 ~ ZK47 +836	K47 +653 ~ K47 +820	P_2w 页岩夹煤层	以顺层面的溶隙为主,溶隙宽小于 0.3m
5	ZK47 +836 ~ ZK47 +904	K47 +820 ~ K47 +889	P_3c 灰岩	以溶隙及小溶洞为主,溶洞高一般小于 3m
6	ZK48 +438 ~ ZK48 +765	K48 +416 ~ K48 +727	T_1f^3 灰岩	以溶隙为主,少量小型溶洞,靠断层可能遇到暗河,溶洞高一般小于 2m,暗河顺隧道横向延伸可达 1km

续上表

序号	分段里程		地层岩性	岩溶规模
	左洞	右洞		
7	ZK48+856~ZK49+044	K48+824~K49+024	T_1j^1灰岩	以顺层面的溶隙为主，溶隙宽小于1m，靠顶部泥岩隔水层有小型溶洞发育，溶洞高一般≤3m
8	ZK49+044~ZK49+060	K49+024~K49+039	T_1j^1泥岩夹灰岩	以顺层面的溶隙为主，溶隙宽≤0.1m
9	ZK49+060~ZK49+231	K49+039~K49+202	T_1j^2灰岩白云质灰岩	以溶隙及小溶洞为主，溶洞高一般≤5m
10	ZK49+231~ZK49+333	K49+202~K49+314	T_1j^3灰岩	以顺层面的溶隙为主，溶隙宽≤1m
11	ZK49+338~ZK49+378	K49+327~K49+350	T_1j^2白云质灰岩	以溶隙及小溶洞为主，溶洞高一般≤5m

12.2.6 施工条件

1)交通运输

白云隧道出口端距303省道3.6km，石茂村桂花园煤场便道与标段路基相交，为泥结碎石路面，路宽4m，交通情况较差。进场后将和当地相关部门联系，将该便道进行拓宽，以保证通行便利和安全。

2)施工通信

项目部进场后，小灵通、移动通信信号已覆盖整个施工场地，7部固定电话同时接入工地，满足施工需要，通信条件较好。

3)施工电力

施工电力线路由建设单位接至白云隧道洞口，洞口安设3台S9-630变压器降压后，接至配电室，由配电室输送至各用电点。生活用电单独采用S9-315变压器与施工用电分开，保证生产和生活用电。

4)材料供应

主材由采供站组织联合招标，项目部参与，具体业务由项目物资采购站负责，经调查评审后确定供应单位，同时将相关资料报建设单位、监理单位认可后，直接与供应商联系，材料直接运至工地料库。

地材(如砂、碎石、卵石、米石)方面，项目部利用洞渣自产。

火工品则需在公安部门指定地点进行采购，专车专人运至工地炸药库房。

5)劳动力条件

本合同段当地劳动力资源丰富，为充分利用社会劳动力资源，本合同段临时设施建设使用当地劳动力资源，本标段主体工程全部投入本单位的劳动力。

12.2.7 施工重难点及施工对策

施工重难点及施工对策见表 12-8。

施工重难点及施工对策　　表 12-8

序号	施工项目	重点	难点	施工对策
1	隧道突涌水防治	★	★	①超前地质预报,超前探水;②采用综合注浆技术进行地层加固和堵水;③做好孔口管及止水球阀的安装,防止钻孔涌水;④减震控制爆破技术,严格控制循环进尺和每注浆循环的开挖长度,防止对围岩产生大的扰动;⑤及时进行二次衬砌;⑥加强监控量测,进行信息化施工;⑦设置完善的排水系统,配备足够的排水能力;⑧提前做好施工技术措施、施工方案及紧急预案,做好应对突发事件的准备
2	隧道瓦斯、煤尘爆炸的防治	★	★	①作好瓦斯突出的预测预报;②加强施工中的地质观测、编录;③加强隧道的通风管理;④施工中采用湿式钻眼、洗刷隧道边壁、喷雾洒水防尘;⑤做好瓦斯的监测与防火工作;⑥所有施工设备采取防爆措施;⑦提前做好施工技术措施、施工方案及紧急预案,做好应对突发事件的准备
3	施工通风	★	★	①进行巷道式通风;②加强隧道的通风管理

12.3 总体施工部署

12.3.1 施工组织机构

本合同段按照项目法组织施工,本着确保工期、质量、安全的原则,为便于内、外协调,项目部设置三部一室机构,即工程部、设备物资部、财务部和办公室。根据本合同段工程项目的特点及工期要求,设 5 个专业作业队,分别负责隧道、路基、人行天桥、立体交叉、涵洞、临时工程建设。

施工组织机构框图如图 12-1 所示。

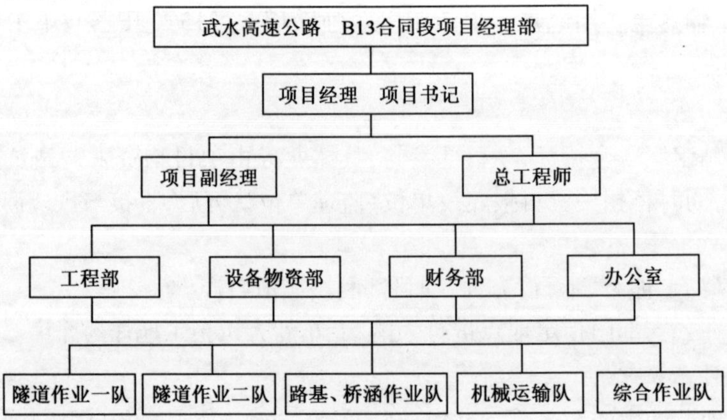

图 12-1　施工组织机构图

项目经理部全面负责本合同段的施工生产、安全质量和工期进度，服从和尊重建设单位、监理、设计，搞好组织和协调工作。各职能部门和作业队在项目经理部的领导下，组织实施施工方案、施工计划，实现安全、质量、进度、工期等指标。

12.3.2　施工任务划分

施工任务划分见表12-9。

施工任务划分　　表12-9

名　称	任务划分
隧道作业一队	白云隧道右线隧道的开挖、支护、二次衬砌、洞内路面及其他附属工程的施工
隧道作业二队	白云隧道左线隧道的开挖、支护、二次衬砌、洞内路面及其他附属工程的施工
机械运输队	负责隧道洞渣的运输、设备维修、拱架加工等
综合作业队	负责临时工程的建设、施工道路的维护、文明施工等

12.3.3　总体施工方案

白云隧道是本合同段总工期控制工程。路基和桥涵工程相对工程量较小，不会影响施工工期。

在所有施工准备与部分临时工程完工后，着手进行隧道洞口边仰坡刷坡防护及洞口改沟施工，防止雨水的冲刷而出现塌方。为确保隧道进洞安全，隧道施工采用大型机械化施工配套模式。V、IV级围岩（部分地段）紧急停车带采用台阶法开挖，人工手持风钻钻眼；II、III、IV级围岩段全断面开挖，采用多功能作业台架人工手持风钻钻眼。全隧光面爆破，无轨运输。

初期支护采用多功能作业台架作为施工平台，人工施工锚杆眼、湿喷机喷混凝土。隧道仰拱、填充、铺底紧跟开挖面施工，有利于文明施工。隧道二次衬砌采用整体液压模板台车，混凝土输送泵施工，根据开挖进度适时紧跟开挖面施工。隧道两侧电缆槽、中心水沟采用组合钢模板立模浇注。

隧道上坡施工利用自然坡度排水，隧道下坡施工采用集水坑、抽水机通过管道抽排到洞口，设污水处理池，净化处理合格后排放。前期采用独立的压入式通风方法，开挖长度达到1 500m以上时采用巷道式通风。

施工中采取TSP203、高密度电法、地质雷达进行超前地质预报，对隧道开挖面前方围岩特性、断层破碎带、岩溶段的地下水进行探测和预报，根据结果再决定是否超前水平钻孔探测，探测以上不良地质详细情况，以采用不同的措施和正确的施工方法，保证施工正常进行。

施工用混凝土由自动计量拌和站集中拌制，混凝土搅拌运输车运输。

进洞后工作安排：

洞内总体上分开挖、衬砌、捡铺底3个作业线进行施工作业，其余工作均作为辅助作业，围绕3个作业线进行组织安排；开挖作业采用多功能凿岩作业台架，人工手持风钻打眼，非电毫秒雷管配合乳化炸药起爆，实施光面爆破。

V、IV级围岩（紧急停车带段）洞身开挖采用台阶法，V级围岩台阶长度3 ~ 5m，IV级围岩台阶长度 5 ~ 10m，简易支架人工开挖作业，II、III 级围岩采用全断面开挖施工作业。V 级围岩进度指标为 60m/月；IV 级围岩进度指标为 120m/月；II、III 级围岩进度指标为紧急停车带 120m/月，其余段 250 m/月。

出渣采取无轨运输方式，即 ZL－50C 装载机装渣、20t 自卸汽车出渣方案，隧道弃渣至管段路基范围。隧道内二次衬砌、仰拱、沟槽、路面基层及其余辅助设施作业计划同开挖平行作业，各作业面保持合理间距，保证各作业面施工互相影响最小。锚喷支护工作在开挖后处理完围岩异常情况应及时进行支护。

衬砌作业应安排在锚喷支护、围岩稳定后进行作业。衬砌作业采用洞外自动计量拌和站生产混凝土 $6m^3$ 混凝土罐车运输，输送泵、12m 轨行式全液压模板台车等设备配套施工，确保衬砌作业保质、保量、按期完成，做到内实外美，衬砌进度指标 240m/月。

12.3.4 总体施工进度计划

通过阅读招投标文件和“两阶段施工图设计文件”等资料，并对工地施工现场做了充分的考察、调查、论证，同时借鉴中铁隧道集团施工过的类似高速公路的施工经验，最终确定本工程项目的总体施工安排。

项目合同总工期：合同工期为 30 个月。

计划工期：开工日期 2006 年 1 月 1 日，竣工日期 2008 年 3 月 30 日，总工期 27 个月，提前合同工期 3 个月，前期施工准备和退场不在总工期之内。

各主要工程项目施工进度安排见表 12-10。总体施工进度横道图如图 12-2 所示。总体施工进度网络图如图 12-3 所示。

主要工程项目施工进度安排表 表 12-10

序 号	施工内容	工期（月）	开始时间（年-月-日）	结束时间（年-月-日）
一	施工准备	3.0	2005-10-1	2005-12-30
二	隧道工程	27.0	2005-12-15	2008-2-15
1	边仰坡开挖支护及超前预支护	1.0	2005-12-15	2005-12-31
2	洞门砌筑	2.5	2006-4-15	2006-6-30
3	洞身开挖及初期支护	24.0	2006-1-1	2007-12-31
4	仰拱、垫层、中心水沟	24.5	2006-1-15	2008-1-31
5	二次衬砌	25	2006-2-1	2008-2-28
6	水沟电缆槽	8.0	2006-4-1	2007-12-31
7	路面	2.5	2008-1-1	2008-2-15
三	路基工程	23.5	2005-11-15	2007-10-31
1	路基挖方工程	6.5	2005-11-15	2006-5-31
2	路基填方工程	20.5	2005-11-15	2007-7-31
3	路基附属工程	20.0	2006-3-1	2007-10-31
四	立体交叉	7.0	2006-3-1	2006-9-30
1	下部结构	4.0	2006-3-1	2006-6-30
2	上部结构	4.0	2006-6-1	2006-9-30
七	退场、复耕	0.5	2008-2-15	2008-3-31

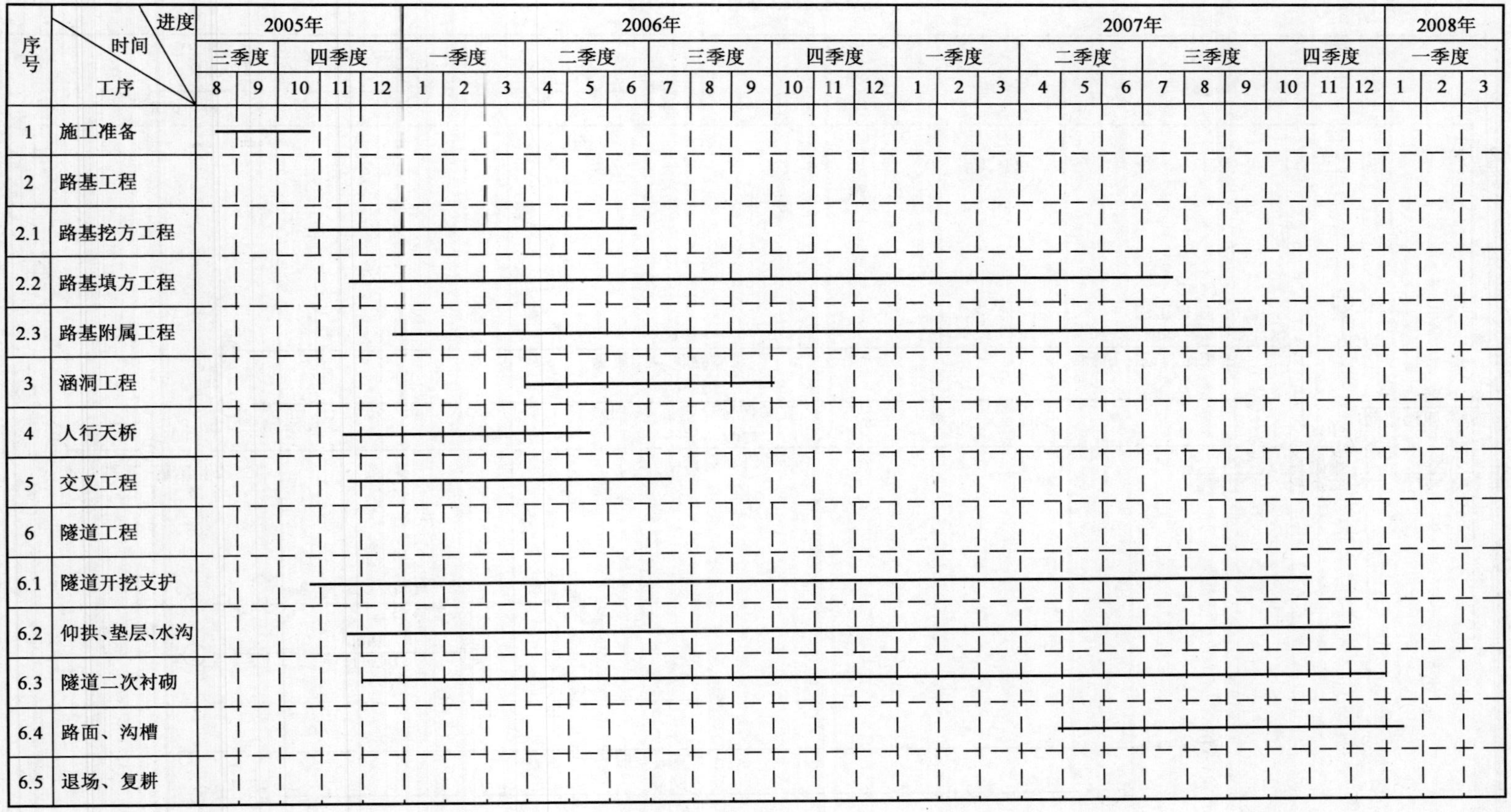

图12-2 总体施工进度横道图

注：本标段开工日期为：2005年10月25日，计划竣工日期为2008年1月30日，施工总工期27个月，比招标文件要求工期提前3个月。

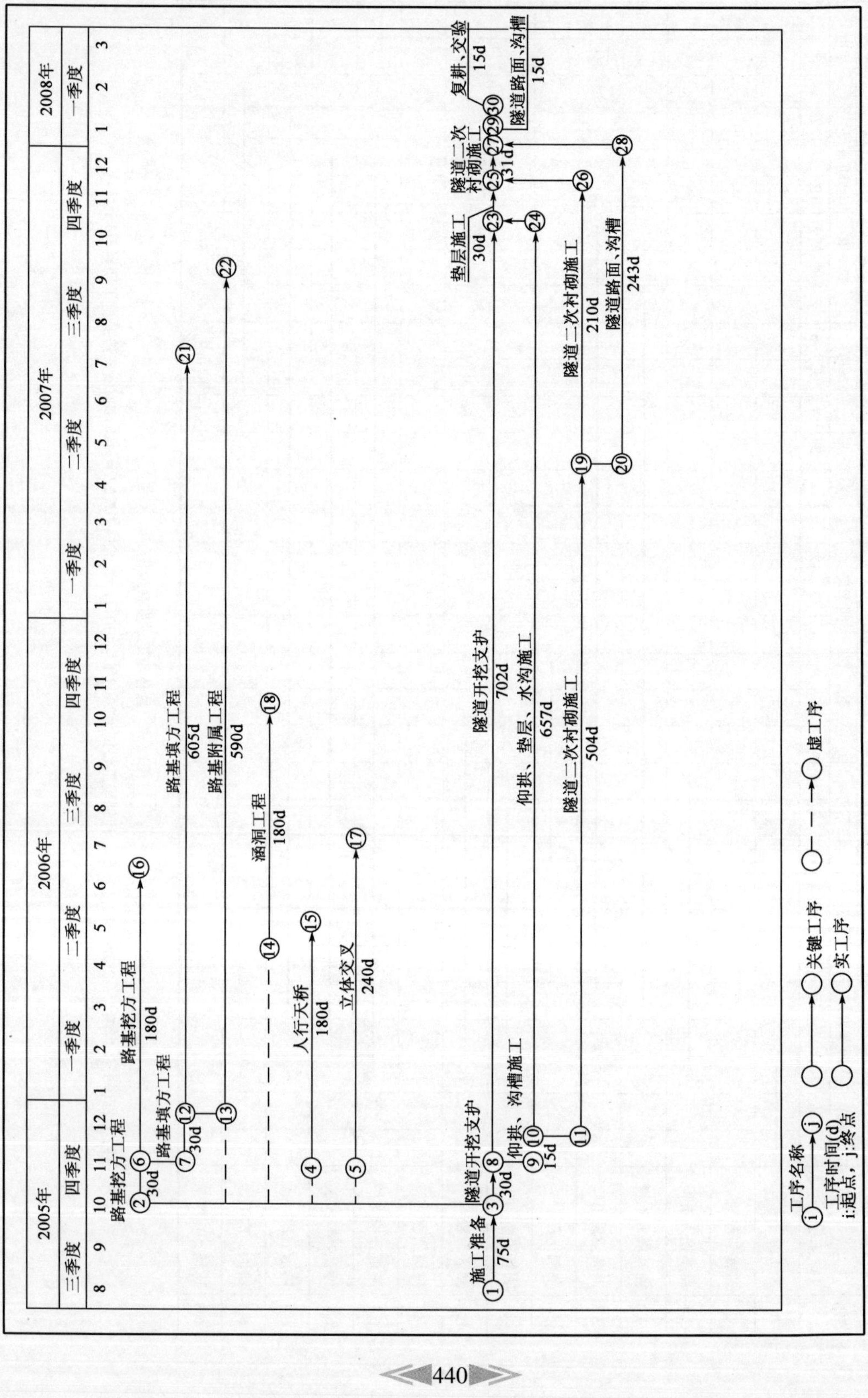

图12-3 总体施工进度网络图

12.4　总体施工创优规划及总体目标

12.4.1　创优规划说明及总体目标

为确保全线创优规划要求,项目部严格按照 ISO 9000 ~ ISO 2000 质量体系标准组织施工,实行质量目标管理,配备先进适用的施工机械设备,制定切实可行的创优规划和创优措施,成立重点、难点工程 QG 攻关小组,高速、优质地建设该工程,为建设单位提供满意的精品工程。

12.4.2　创优目标

工程一次验收合格率100%,优良率满足建设单位要求,消除工程质量隐患,杜绝工程质量重大事故;竣工文件真实可靠,完整规范,并满足全线创优规划要求。

12.4.3　质量目标

全部工程按设计标准和要求进行施工,达到国家、交通运输部现行的工程质量规范、验收标准要求。

工程一次验收合格率达到100%,优良率达到建设单位要求,并满足全线创优规划要求。消除工程质量隐患,杜绝工程质量重大事故;竣工文件真实可靠,完整规范,并满足全线创优规划要求。

12.4.4　职业健康安全目标

通过对重大危险源的严密监控,降低重大危险源的风险;杜绝特大、重大、多人的伤亡、职业病危害、火灾、锅炉压力容器爆炸事故;员工因工死亡率小于0.15‰;员工因工重伤率小于0.5‰;员工因工负伤率小于10‰;员工职业病:尘肺检出率小于22‰;急性中毒检出率小于5‰。

12.4.5　工期目标

完全满足本合同段投标承诺的总工期30个月,计划提前3个月(监理期望值)完成本合同段全部工程的施工,达到验工交验条件。

12.4.6　成本目标

通过强化管理、精心组织、优化施工设计图、施工组织设计,降低工料机费、管理费,确保责任成本降低1%。

12.4.7　环保目标

严格执行国家、交通运输部、地方政府及建设单位有关生态环境保护的规定,达到国家及地方法律、法规要求。贯彻"预防为主、保护优先、遵纪守法"的原则,"三废"按规定排放。确保施工中的环境保护监控与监测结果满足建设单位和设计文件要求，并确保工程所处环境及水不受污染。工程施工完成后恢复植被。

12.4.8 文明施工目标

施工期间按当地政府和建设单位有关建筑工程文明施工的法规或制度制定本工程的文明施工制度，且施工期间实现外界向建设单位“零”投诉的目标，创建“绿色环保工地”。

12.5 施工准备及资源配置

12.5.1 施工准备

1）施工便道

由303省道通往隧道施工现场的施工便道已由建设单位统一组织修建，项目部进场后，对通往桂花圆煤场便道进行拓宽加固施工，总长约为2.3km，拓宽后便道路面宽7m，路面结构为碎石路面。

2）施工营地的设置

施工营地布置本着“因地制宜、便于管理、方便施工、美观大气”的原则进行布置。施工营地设置详见图12-4。

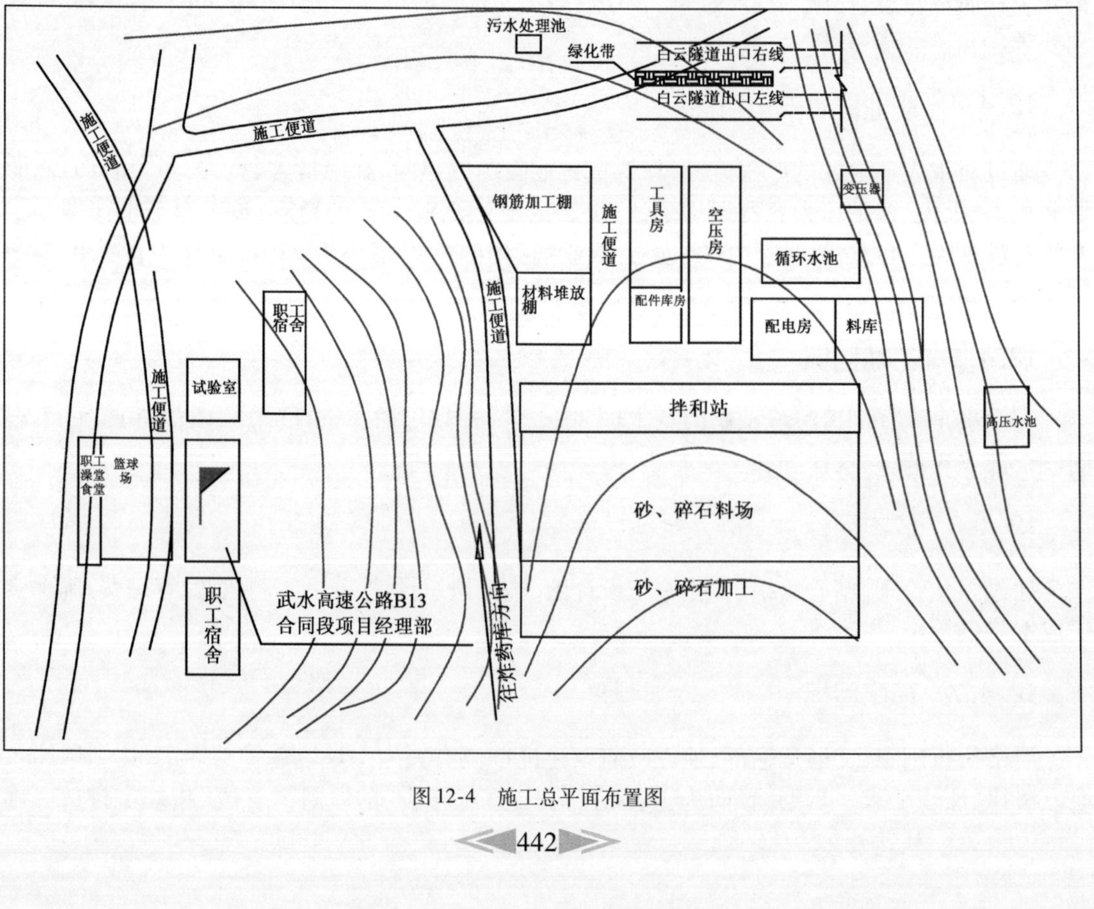

图12-4 施工总平面布置图

生产、生活房屋采用租用和自建等方式,以加快临时设施建设,为主体工程顺利开展提供条件。

项目经理部办公房、试验室、职工宿舍采用租用当地居民住房。会议室、食堂、浴室、厕所、料库、机修车间、空压机和污水处理池等采用自建。会议室采用新购彩钢板房,食堂、浴室、厕所采用砖结构,料库、机修车间、空压机采用活动房和彩棚结构。

生产场地设置于左线红线范围以外的左侧山凹处,计划用地9.0亩,计划建设周期为3个月;弃渣场设置在K49+530~K49+850线路右侧山沟内,占地36亩;计划建设周期为3个月。

3)施工用电

高压电线已由建设单位联系当地电力部门架送至洞口,在左洞洞口左侧安装3台S9-630变压器,将电压降到施工用电电压,经过配电室送到给用电点。

供电点主要向隧道洞口施工区及拌和站、砂石料生产设备、加工修理车间提供生产用电。隧洞开挖超过500m后,左、右线隧洞内各安排1台400kV·A变压器,10kV高压进洞,以后随施工进度向前移动,保证变压器位置和开挖面的距离在500m以内。隧道洞口施工临时用电方案如图12-5所示。

4)生产、生活用水

白云隧道洞口水源较多,有河流水渠、泉眼水井等。出口端附近有一河流,河内水量主要为季节性补水,一年四季不断流;在洞口生产场地附近有一泉眼水井,流量大约为$20m^3/h$。经现场比较将原水井进行扩挖,作为生产生活用水。

在洞口高85m的山坡台阶上修建$240m^3$的高压水池,通过高扬程水泵将水井泉水抽到高压水池。通过ϕ150mm高压水管输送到各用水点。

5)生产设施

生产设施主要有工地试验室、空压房、钢筋加工棚、钳工房、电工房、内燃修理房、铁工房、木工房、炸药库、混凝土拌和站等。生产设施本着"因地制宜、便于管理、方便施工"的原则进行布置。

6)混凝土拌和站的设置

配置1 000L和750L强制式拌和机的自动计量混凝土拌和站各2座,生产能力可达$50m^3/h$,能满足混凝土生产供应需要。

7)主要临时工程数量

主要临时工程数量见表12-11。

12.5.2 资源配置

1)人员配置

根据本合同段工程规模、工期要求,拟配备包括项目管理人员、工程技术人员及施工作业人员在内共390余人的施工队伍,能够高效有序进行各项工程的施工和管理。

(1)管理人员配备

项目部下设各类管服人员,管理层人员共配备42人,主要负责人为:项目经理1名;项目

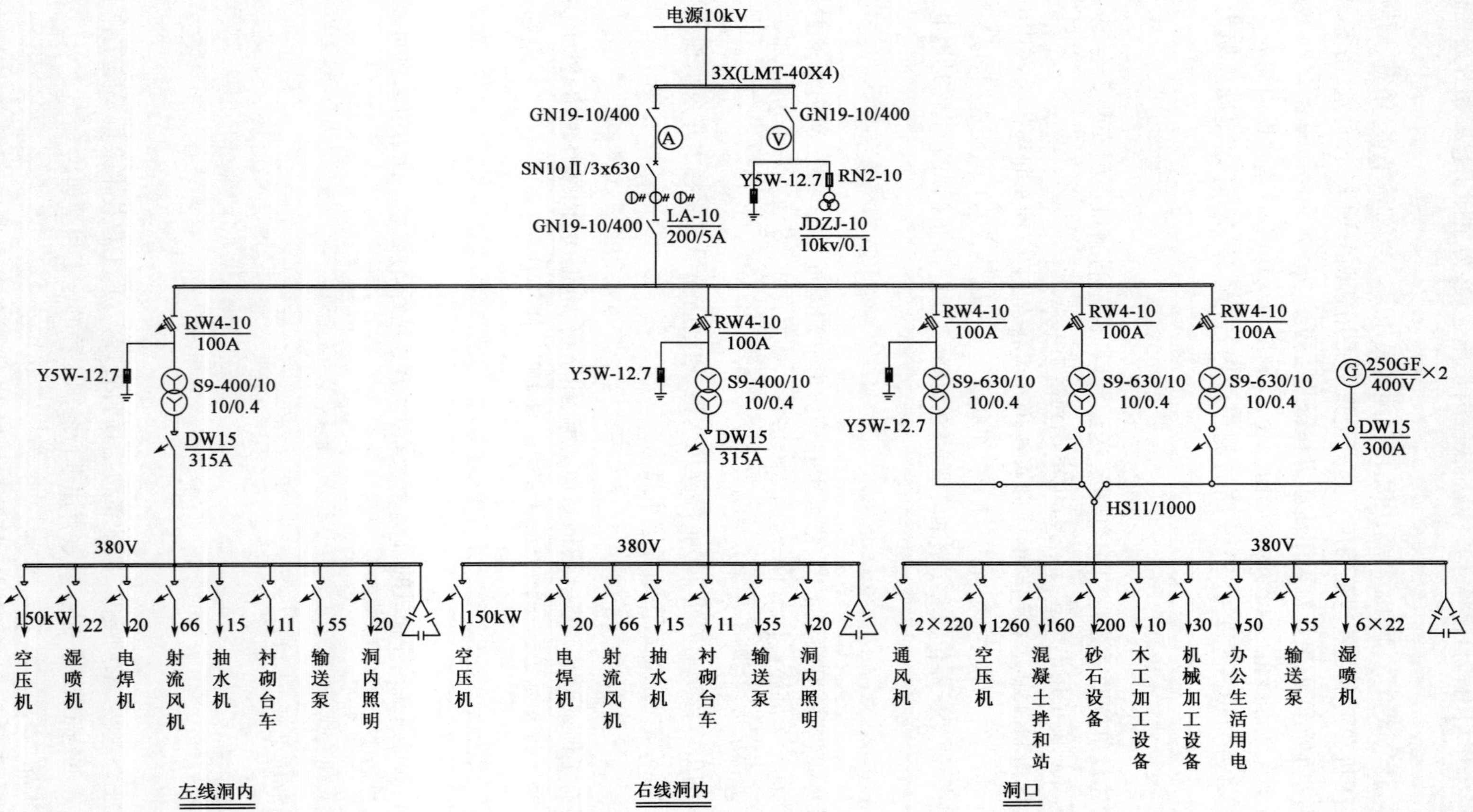

注：
1.前期变压器均设在洞口，隧道正洞进洞500m后洞内设移动变电站。
2.用电负荷为施工高峰期所有施工设备最大负荷，设备同时运转率按80%考虑。
3.发电机作为备用电源使用。
4.生活区单独采用315kV·A的变压器，保证施工与生活用电。

图12-5　临时用电方案示意图

主要临时工程数量　　　表 12-11

序　号	临时工程项目	单　位	合　计	说　明
1	场内便道	m	2 390	便道维修
2	生活办公房屋	m^2	5 900	租用民房
3	混凝土拌和站	m^2	300	钢结构，地面硬化
4	砂料存放场	m^2	1 700	地面混凝土硬化，彩钢围栏
5	石料存放场	m^2	1 700	地面混凝土硬化
6	材料库	m^2	330	活动房
7	试验室	m^2	200	租用民房
8	钢筋加工棚	m^2	400	彩棚结构
9	木工加工房	m^2	20	彩棚结构
10	机修车间	m^2	100	活动房
11	配电房	m^2	40	砖结构
12	炸药库	m^2	300	砖混结构
13	空压房	m^2	210	彩棚结构
14	高位水池	m^3/座	240/1	浆砌片石
15	供水管路	m	3 800	ϕ100mm 铁管
16	钳工房	m^2	50	活动房
17	电工房	m^2	40	活动房
18	污水处理系统	套	2	钢板结构

书记 1 名；项目副经理 2 名；项目总工程师 1 名；工程部部长、设物部部长、计财部部长、综合办公室主任各 1 名。

(2)作业人员、工程技术人员配备

各类施工人员共配备 350 余人，特殊工种全部要求持证上岗。根据劳动力计划，分批分期进驻工地。每个施工作业队设生产队长、技术负责人各一人，并配有技术、测量、试验人员若干。

安质人员，各施工作业队按照项目部组织机构规定要求，配备足够的人员用于工程施工作业工作的开展。作业人员配备见表 12-12，人员动态如图 12-6 所示。

2)机械设备配置

根据本合同段施工总体方案和工期要求，投入土石方机械、混凝土机械、隧道施工专用机械、金属加工机械、钢筋加工机械、动力机械、运输机械、发电机等及试验、测量检测设备，本着“重型为主、小型为铺、力求先进、兼顾经济”的原则进行配备。

作业人员配备 表 12-12

单位	部门名称	人数	单位	部门名称	人数	备注
经理部	项目经理	1	隧道	隧道作业一队	85	
	项目书记	1		隧道作业二队	85	
	项目副经理	1		机械运输队	25	
	项目总工程师	1		路基、桥涵作业队	110	
	工程技术部	23		综合作业队	45	
	设备物资部	4				
	计划财务部	2				
	办公室	4				
	小计	42 人		小计	350 人	
总计		392 人				

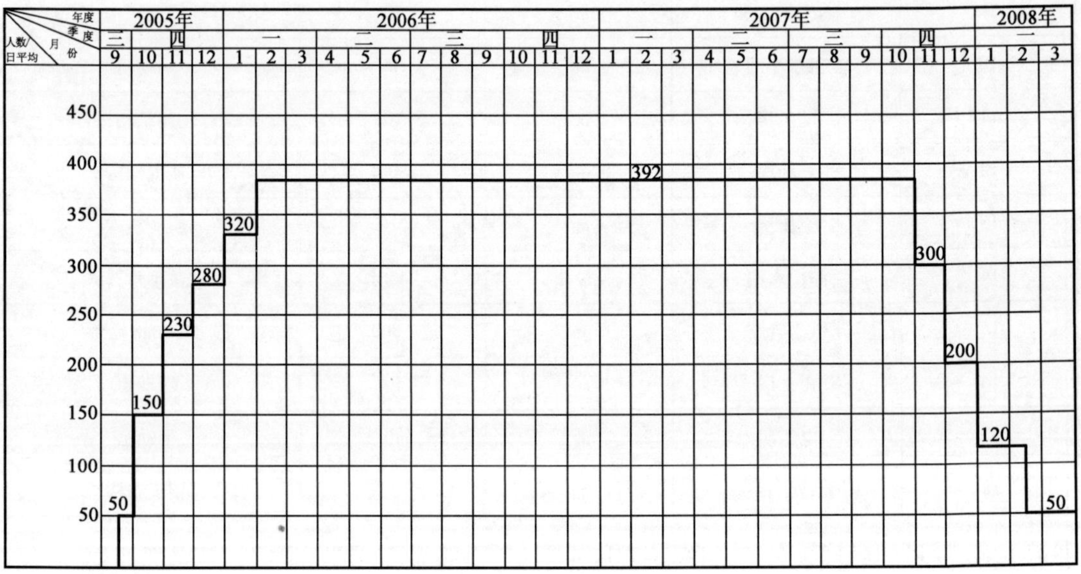

图 12-6 人员动态示意图

拟投入本工程的机械设备主要由中铁隧道集团总部调配，并将根据开工的情况及各工点进度快慢对各工点使用的机械数量进行协调或另行增加，做到严格按投标承诺分批进场。

配备白云隧道的主要施工机械设备见表 12-13。配备白云隧道的试验、测量、质检仪器设备见表 12-14。

配备白云隧道的主要施工机械表 表 12-13

序号	设备名称	数量	规格型号	主要工作性能指标	出厂日期（年-月）	使用时间（年）	现在何处	进场时间（年-月）
一、隧道施工设备								
1	电动空压机	3	XP825E	良好	2004-3	1	重庆	2005-9
2	电动空压机	5	4L-22/8	良好	2005-1	0.5	重庆	2005-9

续上表

序号	设备名称	数量	规格型号	主要工作性能指标	出厂日期（年-月）	使用时间（年）	现在何处	进场时间（年-月）
3	内燃空压机	2	YY-12/7	良好	2002-5	3	重庆	2005-8
4	混凝土喷射机	4	PZ-5	良好	2004-6	1	重庆	2005-9
5	混凝土喷射机	4	KSP-9	良好	2004-3	1	重庆	2005-9
6	注浆机	2	KBY50-70	良好	2005-1	1.5	四川	2005-9
7	混浆机	2	TBW50/15	良好	2004-5	1	四川	2005-9
8	地质钻机	1	MKD-5S	良好	2005-9	0	四川	2005-9
9	弯拱机	1	LWGJ-250	良好	2004-6	1	四川	2005-9
10	挖掘机	1	PC200-7	良好	2004-3	1	四川	2005-8
11	挖掘机	1	日立200	良好	2005-1	1.5	四川	2005-9
12	装载机	2	ZLC-50D	良好	2004-5	1	重庆	2005-9
13	装载机	2	XG953C	良好	2005-9	0	重庆	2005-9
14	自卸运输汽车	13	红岩	良好	2004-6	1	重庆	2005-10
15	王牌农用车	3		良好	2004-3	1	重庆	2005-10
16	钢模衬砌台车	2	L-12m	良好	2005-10	0	重庆	2005-10
17	钢模衬砌台车	1	L-10m	良好	2004-5	1	四川	2006-2
18	轴流通风机	2	SFD-III- NO12.5	良好	2002-4	2	四川	2005-9
19	射流风机	4	DKJ-NO10	良好	2004-7	1	四川	2005-9
20	抽水机	12	D46-30×5	良好	2003-4	2	四川	2005-9
二、综合施工设备								
21	混凝土拌和站	2	JSY1000BH	良好	2004-3	1	重庆	2005-10
22	混凝土拌和站	2	JSY750BH	良好	2004-1	1.5	重庆	2005-10
23	混凝土输送泵	4	HBT-60B	良好	2004-5	1	重庆	2005-10
24	混凝土运输车	6	XZJ5070	良好	2002-4	2	重庆	2005-10
25	变压器	3	S9-630/10	良好	2002-6	3	重庆	2005-9
26	变压器	1	S9-315/10	良好	2004-6	1	重庆	2005-9
27	发电机	1	285GF	良好	2004-3	1	重庆	2005-8
28	钢筋切断机	1	GJ4/22	良好	2005-1	0.5	重庆	2005-8
29	钢筋调直机	2	GT4-4	良好	2004-5	1	重庆	2005-8
30	钢筋弯曲机	2		良好	2002-4	2	四川	2005-8
31	钢筋对焊机	1	UN-100	良好	2004-7	1	四川	2005-8

续上表

序号	设备名称	数量	规格型号	主要工作性能指标	出厂日期（年-月）	使用时间（年）	现在何处	进场时间（年-月）
32	木加工设备	1		良好	2003-8	2	四川	2005-8
33	机加工设备	1		良好	2004-6	1	四川	2005-8
34	电焊机	12	BX1-400	良好	2004-4	1	重庆	2005-8
35	锻钎机	2	PYZ-12	良好	2003-7	2	重庆	2005-8
36	反击式碎石机	1	PE-500×750	良好				2005-8
37	碎石机	1	PF-B-1210	良好				2005-8
38	碎石机	1	PEX-250×1200	良好				2005-8
39	磨砂机	2	PLF-1000	良好				2005-8
40	工程指挥车	1	VEA6470L	良好				2005-8
41	工程指挥车	1	桑塔纳	良好				2005-9

配备白云隧道的试验、测量、质检仪器设备表 表 12-14

序号	仪器设备名称		规格型号	单位	数量	备注
一、土工试验						
1	电动击实仪		SD-III	台	1	
2	取土环刀		50、100、200	套	1	
3	灌砂法密度仪			台	1	
4	环刀法密度试验仪		HY	台	1	
5	控温干燥箱		HG800mm×800mm×1 000mm	台	1	
6	台　秤		15kg	台	1	
7	天　平		2kg/0.01kg	台	1	
二、材料、混凝土试验						
1	万能材料试验机		WE-600A	台	1	
2	压力试验机		NYL-2000	台	1	
3	电动抗折试验机		DKZ-500	台	1	
4	标准筛	砂	方孔孔径 0.15～9.50mm	套	2	
		碎石	方孔孔径 2.36～90mm	套	2	
5	振筛机		6611 型 ϕ300mm	台	1	
6	针片状实验仪		730	台	1	
7	压碎值测定仪		150.5	台	1	
8	视比重测定仪		1 000m	台	1	
9	切割机		DJ-450	台	1	

续上表

序号	仪器设备名称	规格型号	单位	数量	备注
二、材料、混凝土试验					
10	坍落度测定仪	300mm×200mm×100mm	台	2	
11	回弹仪	HT-225	台	2	
12	磅秤	100kg	台	1	
13	标准养护箱	40B	台	1	
14	小型混凝土试验搅拌机	30L	台	2	
15	砂浆稠度仪	XC-145	台	1	
16	砂浆分层度测定仪		台	1	
17	砂浆凝结时间测定仪	KDS-100	台	1	
18	水泥安定性测定仪	FZ-31	台	1	
19	水泥胶砂振动台	TZT-85A	台	1	
20	水泥稠度、凝结时间测定仪	300±2g	台	1	
21	水泥净浆搅拌机	SJ-160	台	1	
22	雷氏水泥安定性试验煮沸箱	FZ-31	台	1	
23	水泥物理性能胶砂强度鉴定仪		台	1	
24	混凝土振动台	HTZ-A1000×1000	台	1	
25	混凝土加速养护台	HJ-84	台	1	
26	水灰比测定仪		台	1	
27	砂浆试模	7.07cm×7.07cm×7.07cm	套	40	
28	混凝土试模	150mm×150mm×150mm	套	60	
29	抗折试模	150mm×150mm×550mm	套	20	
30	混凝土抗渗测定仪		套	1	
三、测量、检测仪器					
1	水准仪	NA2	台	2	
2	精密水准仪	DSZ-2	台	2	
3	经纬仪	J2	台	2	
4	全站仪	GTS-301D	套	1	
5	断面测量仪	V5	台	1	
6	温、湿度测定仪	温度测定范围：-20~100℃ 湿度测定范围：0~100% RH	台	1	
7	锚杆拉拔仪	ML-20	台	1	
8	收敛仪	SD-IA	台	1	
9	地质罗盘	DQY-1	个	2	
10	瓦斯检测仪		个	2	
11	TSP203+		台	1	
12	地质雷达		台	1	

12.5.3 原材料供应计划

原材料供应计划如下：

（1）严格选择供货厂家。做好材料抽检、试验工作，报监理工程师审批后选定。

（2）根据施工总进度计划，提出材料供应计划，并考虑施工现场的实际情况，确定材料的损耗量，同时列入材料采购计划。

（3）材料的供应提前准备，按月、旬、周落实施工中材料的实际消耗量，从而调整月、旬、周材料供应计划。

（4）进场施工前，调查落实材料供应商的供货能力、材料质量及信誉度，以确保施工过程中的材料供应稳步实施。

（5）施工现场储备一定数量的材料，以满足材料供应短缺时的施工需要。施工现场还储备一定数量的防汛等抢险物资材料。

材料需用量计划见表 12-15。

材料需用量计划表 表 12-15

时间＼主材		水泥（t）	钢筋（t）	型钢（t）	钢管（t）	炸药（t）	片石（m^3）	碎石（m^3）	砂（m^3）	防水板（m^2）
2005 年	4	3 150	211	6	23	70	847	8 291	5 384	1 584
2006 年	1	10 200	312	7	28	90	2 302	22 306	12 550	17 342
	2	10 200	380	9	35	94	2 633	26 382	14 687	20 313
	3	11 300	516	12	46	94	3 460	36 573	18 962	24 770
	4	11 300	516	12	46	94	3 460	36 573	18 962	24 770
2007 年	1	11 300	516	13	46	94	3 460	36 573	20 031	24 770
	2	11 300	583	7	46	94	3 460	36 573	19 031	24 770
	3	11 300	482	15	43	94	3 129	32 497	17 693	24 770
	4	11 300	482	13	43	90		32 497	17 893	22 040
2008 年	1	11 200	414	9	20			22 382	11 796	8 024
合计		102 550	4 412	103	376	814	22 751	290 647	156 989	193 153

12.5.4 设备、人员、材料进场方法

设备、人员、材料进场方法如下：

（1）项目部成立调遣工作领导小组，负责组织人员、材料、机具设备的分批进场。

（2）项目经理和项目总工程师随工程指挥车两天内进场。

（3）小型施工设备、土石方施工机具、急需的周转材料、生活设施等用汽车、平板车直接运

至施工现场。

(4)大型施工设备、非急需的机具、周转材料由火车运至重庆后由汽车、拖车运至施工现场。

(5)参加本合同段的施工人员乘汽车到施工现场,急需人员直接跟车押运机械设备同时进场。

(6)地材主要在当地采购,用汽车运进工地。

12.6　隧道工程施工方法和技术措施

白云隧道开挖及初期支护、防排水、二次衬砌及捡铺底施工遵循新奥法施工原则,施工过程按照设计及相关规范要求进行施工,重视施工过程安全质量控制。

白云隧道总体施工工艺如图 12-7 所示。

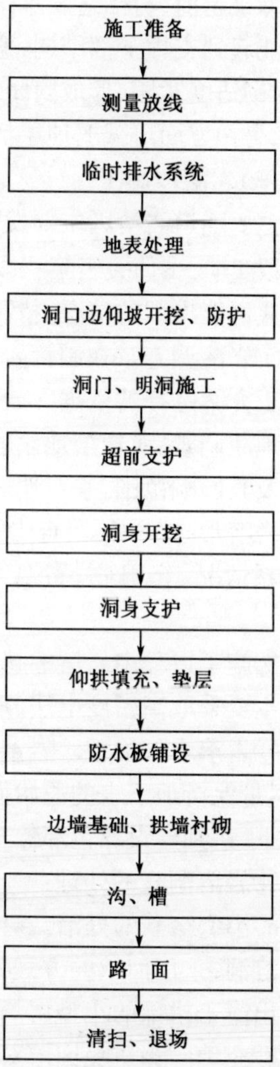

图 12-7　白云隧道总体施工工艺框图

1)不良地质段施工

白云隧道不良地质段指破碎带、局部软弱易涌水突泥带和含煤层施工,隧道出口端共有四段破碎带,两段含煤层、两段易涌水突泥段。四段破碎带分别位于隧道右线 K49 + 303 ~ K49 + 350、K48 + 726 ~ K49 + 777,长 118m;左线 ZK49 + 322 ~ ZK49 + 377.897、ZK48 + 755 ~ ZK48 + 822,长 122.897m。四段破碎带共长 240.897m。两段含煤层分别位于 K49 + 659 ~ K49 + 702,ZK49 + 622 ~ ZK49 + 691,共长 113m。

(1)破碎带开挖及初期支护

本合同段隧道穿越两条断层,围岩为 V 级围岩。

断层破碎带段严格按"早预报、先治水、超前支护、短进尺、弱爆破、强支护、快封闭、勤量测、步步为营、稳步前进"的原则组织施工。

①做好地质超前预报。对断层主要采用高密度电法、地质雷达、超前钻孔等手段进行地质超前预报。

②做好施工防排水。当断层带地下水是由地表水补给时,在地表设置截排水系统;对断层承压水,在每个掘进循环中,向隧道前进方向钻凿不少于 3 个超前钻孔,其深度在 5m 以上,以探明地下水的情况;随工作面的向前推进挖好排水沟和积水坑,并根据岩质情况,必要时加以铺砌。

③注浆。根据超前地质预报所揭示地质断层及地下水的水量情况,确定采取全断面超前注浆、局部注浆超前帷幕注浆、开挖后径向注浆等多种注浆方式,确定注浆的范围。注浆结束后,对注浆效果进行检查评估,决定是否进行补注浆,是否可以开挖。

④开挖。注浆达到要求后，采用单侧壁导坑开挖方法。开挖采用风镐开挖，必要时采用减震光面爆破，严格掌握炮眼数量、深度及装药量，尽量减少爆破对围岩的扰动，循环进尺控制在0.8～1.0m。

⑤初期支护。采用喷、锚、网、钢架、喷支护紧跟，喷射混凝土厚度符合设计要求。加强监控量测工作，根据位移量测结果，评价支护的可靠性和围岩的稳定状态，及时调整支护参数，确保施工安全。型钢拱架紧跟开挖施作，仰拱及时施工，封闭成环。

⑥辅助支护施工措施。断层破碎带施工根据具体情况增设超前小导管支护，在开挖后及时施作仰拱和填充混凝土，以尽早形成封闭结构。必要时设超前支护锚杆和小导管注浆加强支护。

在钻孔同时沿开挖断面布置5～8个5m的风钻探孔，起到超前探测作用，遇异常时及时反馈，并做好相关记录，是防止突水突泥的一个辅助预报办法。

仰拱超前，衬砌适度紧跟。仰拱超前施工既保证了隧底不被施工车辆破坏，保护基底，同时又能起到支撑下部结构，避免隧道底鼓而造成隧道病害的目的，另外对文明施工也较为有利；衬砌适度紧跟，形成封闭结构，提高结构的承载力；施工缝、沉降缝作特殊处理，一方面为了防水，另一方面可减弱地层活动性对衬砌结构的危害。

(2)岩溶段施工

白云隧道岩溶区主要发育在背斜两翼三叠系雷口坡组第一段 T_2l^1，嘉陵江组第二段 T_2j^2、第四段 T_2j^4，飞仙关组第三段 T_1f^3，二叠系长兴组 P_3c、茅口组 P_1m、栖霞组 P_1q 地层中，针对岩溶地质可能出现的情况，特制订以下施工预案：

①岩溶调查。在制订岩溶防治处理方案之前继续进行详细调查，取得翔实、完整的数据作为施工方案选择的依据。岩溶调查包括地形地貌调查及岩溶形态调查。

地貌调查：对岩溶地段的地形地貌作详细调查，尤其是石芽、溶沟、溶槽等的位置、形状、大小以及其影响范围，并对地表水流向进行详细调查，弄清其与隧道位置关系。

岩溶形态调查：调查岩溶的形态、规模及其分布位置、高程、延伸方向、与地表水系的水力联系情况、充填物情况，特别是了解地表可见溶洞的延伸方向，评估其对隧道的影响大小。

②施工过程中岩溶的超前预报。预报可能存在的岩溶的位置、规模、发育方向、充填物情况。主要采取高密度电法、地质雷达、超前钻孔等手段进行超前预报。

③岩溶水的治理。岩溶水的治理遵循“堵排结合、因地制宜、综合治理、大堵小排”的原则；尽量保持地下水的原始循环和储存状态，从而减少地下水的流失，在保证施工、结构安全的情况下，达到建设绿色环保工程的目标。

④岩溶洞穴的处理：

a. 小型溶洞的处治。对于、出露于拱部、边墙及底板的发育有限的、溶蚀充填物易清理的小型溶洞，采用回填的方式处理。

出露于拱部的小型溶洞，应清除洞内充填物，在隧道衬砌施工后，浇注C25混凝土护拱，并压砂充填。为避免回填对隧道衬砌产生过大的荷载效应，护拱应设锁脚锚杆，为避免溶腔垮塌，应对溶壁进行锚喷防护。

出露于边墙的小型溶洞，在隧道衬砌施工前，浇筑C15片石混凝土护墙，墙背以干砌片石回填。

出露于底板的小型溶洞，在隧道底板浇筑前，清除溶蚀充填物，自上而下，以干砌片石、C15 片石混凝土回填。

b. 大型溶洞处治。洞体深浚、充填丰满的大型溶洞，即隧道从溶蚀充填体中穿过。按“预注浆、管超前、强支护、梁跨越”的方式进行处理。

预注浆：采用全断面注浆或全断面周边注浆等方式进行堵水处理。

管超前：采用 ϕ108mm 大管棚，环距 50cm。

强支护：采用 C20 喷射混凝土 25cm、22b 型钢拱架间距 80cm、ϕ6.5 双层钢筋网、ϕ42mm 径向小导管环距 80cm。

梁跨越：起拱线以上按横向拱设计，厚度不小于 65cm（C25 钢筋混凝土），起拱线以下的边墙、底板，按纵向梁板设计，底板厚度不小于 60cm（C30 钢筋混凝土）。

出露于隧道边墙及底板的大型溶洞，按梁跨方式处理，根据岩溶管道的特点制定详细的梁跨方案。

对横穿隧道洞身、不能阻塞的大型溶洞（如地下暗河），应考虑以泄水洞的方式进行处理，泄水洞平纵断面根据现场情况而定，其出水口与溶洞（地下暗河）的下游相连。

（3）煤层瓦斯段施工方法和措施

进入煤系地层，编制详细的施工工艺及作业指导书，严格按规范组织施工。在掌子面钻超前地质钻孔，预测煤层赋存情况，同时按《防治煤与瓦斯突出细则》规定检测指标，判明瓦斯突出危险性，以采取适当的施工方法和措施，确保安全。

①施工方法：

通过煤层段施工采用台阶开挖，上下台阶距离 15～20m，上下断面错开爆破以减少瓦斯溢出量。在瓦斯浓度大于 0.3% 的地点，爆破选用煤矿炸药和煤矿许用电雷管，并采用起爆器起爆。过煤段施工应整体推进，分段揭煤，加强支护，稳步前进。开挖后应立即进行喷射混凝土施工，覆盖煤壁，然后打锚杆、架立钢架、复喷至设计厚度，尽快施作二次衬砌。

②主要技术措施：

a. 建立完善的瓦斯检测系统。建立自动声光报警系统，采用瓦斯人工监测与自动遥测相结合，严密监测瓦斯浓度变化情况。

b. 建立完整的瓦斯管理系统。洞内瓦斯浓度管理采用三级标准：瓦斯浓度低于 0.3% 时为正常阶段，正常施工；达到 0.4% 时为报警阶段，需立即处理；达到和超过 0.5% 时，在超限处前后 20m 内应停工、撤人、查找原因并进行处理。

c. 施工前组织相关作业人员进行专门培训，掌握揭煤施工工艺，所有与施工作业和机械设备操作有直接关系的岗位人员和救护人员全部经过培训合格后，持证上岗。建立严格的进洞人员检查制度，洞内防止火源，严禁将火种带入隧道。

d. 根据设计，对该段采用全断面或帷幕预注浆等辅助措施。采用全封闭的隧道支护衬砌结构：在仰拱底喷 C20 混凝土，并在仰拱底铺设防水板，施工缝、沉降缝均采用橡胶止水带，喷射混凝土、二次衬砌、仰拱混凝土内加 GNA 抗裂膨胀剂（水泥用量的 8%），使混凝土透气系数小于 10×10^{-11}cm/s。在工序安排上，过煤层段要求尽快施作二次衬砌，以达到止气、隔气的目的。

e. 加强通风管理和采取除尘措施，方法见 12.6.1.2 节 ~ 12.6.1.4 节。

2) 隧道施工通风、降尘及管线布置

(1)施工通风方式

白云隧道施工独头掘进长度近 3 700m，通风难度大，施工通风按两阶段进行：第一阶段隧道掘进长度小于 1 500m 时采用压入式通风；第二阶段隧道掘进长度大于 1 500m 后采用巷道式通风。根据隧道车行和人行横洞的设置方式，通过左线送入新鲜空气，通过右线排除洞内污浊空气。

(2)通风设备选择及配置

①风量计算。钻爆开挖作业面所需风量分别按一次爆破最大炸药消耗量、掌子面同时作业的内燃机械总功率、洞内同时作业的最多人数、大断面风速大于或等于 0.15m/s 分别计算，取其最大值为本隧道的控制风量。

a. 按开挖面爆破排烟所需风量计算：

$$Q_0 = \frac{7.18}{t}\sqrt[3]{A(FL)^2} \tag{12-1}$$

式中：Q_0——爆破排烟所需风量，m^3/min；

t——通风时间，30min；

A——一次爆破炸药消耗量，kg；

F——最大开挖断面面积，m^2；

L——通风换气长度，m。

将 $A=240kg$，$F=116m^2$，$L=150m$，$t=30min$，代入式(12-1)中，得 $Q_0=999m^3/min$。

b. 按内燃机械作业所需风量计算时满足供风量不小于 $3m^3/(min \cdot kW)$，并按下式计算：

$$Q_1 = (H_s\alpha_s + H_D\alpha_D + H_E\alpha_E)q \tag{12-2}$$

式中：Q_1——内燃机械作业所需风量，m^3/min；

H_s——装渣机械总功率，kW；

α_s——装渣机械的工作效率；

H_D——运输类汽车总功率，kW；

α_D——运输类汽车的工作效率；

H_E——其他类机械总功率，kW；

α_E——其他类机械的工作效率；

q——内燃机械单位功率供风量，$m^3/(min \cdot kW)$。

掌子面内燃机械同时作业的设备：装载机 2 台 2×158kW、挖掘机 1 台 1×120kW、运输汽车 2 辆 2×193 kW，内燃机械总功率为 822kW，内燃机械的工作效率取 0.85。则 $Q_1=2\,096m^3/min$。

c. 按洞内同时作业的人数计算：

隧道作业过程中同时作业人数为 60 人/班，则隧道所需风量 $Q_1=60$ 人 $\times 3m^3/($人$\cdot min)=180m^3/min$。

d. 按隧道内最小风速计算：

$$Q_1 = vS = 0.15\text{m/s} \times 116\text{m}^2 = 1\,044\text{m}^3/\text{min}$$

由以上可知：

隧道钻爆开挖工作面所需风量，按照出渣时内燃机作业考虑隧道最大需风量为 2 096m³/min。

②通风设备选择。隧道钻爆开挖作业面所需风量为 2 096m³/min，根据通风管路送风的长度（最大为 1 500m），考虑风管的漏风率为，$L_{100} = 2.0\%$（$1\,000\text{m} < L < 2\,000\text{m}$），则总漏风量 $Q_{漏} = 2\,096 \times 2.0\% \times 1\,500 \div 100 = 629\text{m}^3/\text{min}$。则通风机的最大送风量必须不小于 2 725m³/min。

对照风机的性能曲线，主要通风设备的选择见表 12-16。

主要通风设备表 表 12-16

设备名称	型号	技术参数				数量
		速度（r/min）	风压（Pa）	风量（m³/min）	功率（kW）	
轴流风机	$SDF_{(c)}$-No.12.5	高速	1 378 ~ 5 355	1 550 ~ 2 912	110 × 2	2 台
		中速	629 ~ 2 445	1 052 ~ 1 968	34 × 2	
		低速	355 ~ 1 375	840 ~ 1 475	16 × 2	
拉链式软风管	φ1 500mm	平均百米漏风率 0.02 摩阻系数 0.02				3 200m

③通风布置。隧道通风共分两个阶段：

a. 第一阶段采用压入式通风。隧道开挖掘进长度 L 小于或等于 1 500m 采用压入式通风，用一台 220kW 轴流风机配 φ1 500mm 的风管为其开挖作业面送风。

b. 第二阶段采用巷道式通风。当隧道掘进长度 $L > 1\,500\text{m}$ 采用巷道式通风，用 2 台 30kW 射流风机和 2 台 220kW 轴流风机配 φ1 500mm 的风管为其开挖作业面送风。

施工通风布置如图 12-8 所示。

洞外风机进风口至洞口距离大于 35m；风管出风口至掌子面距离 L 小于或等于 15m。

④施工通风管理：

a. 由机械队进行现场施工通风管理和实施，风管安装平、直、顺，通风管路转弯处安设刚性弯头，并且弯度平缓，避免转锐角弯，以减小管路沿程阻力和局部阻力，并且要加强日常维修和管理。

b. 安全员定时对掌子面通风效果进行检测，根据检测结果及时进行阶段调整。

c. 必要时可以根据检测结果及时对通风系统作局部调整，保证洞内气温不得高于 30℃，一氧化碳（CO）和二氧化氮（NO_2）浓度在通风 30min 后分别降到 30mg/m³ 和 5 ~ 8mg/m³ 以下，二氧化碳（CO_2）按体积计算不大于 0.5%。

d. 风机配有专业风机司机负责操作，并作好运转记录，上岗前进行专业培训，培训合格后，方可上岗。

e. 电工定期检修风机，及时发现和解决故障，保证风机正常运转。

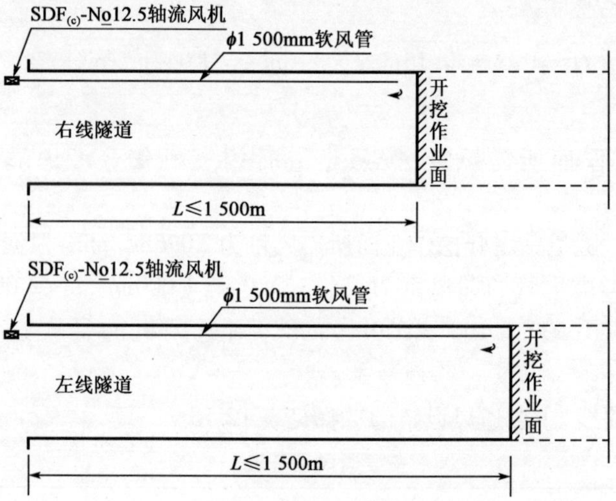

第一阶段压入式通风布置图

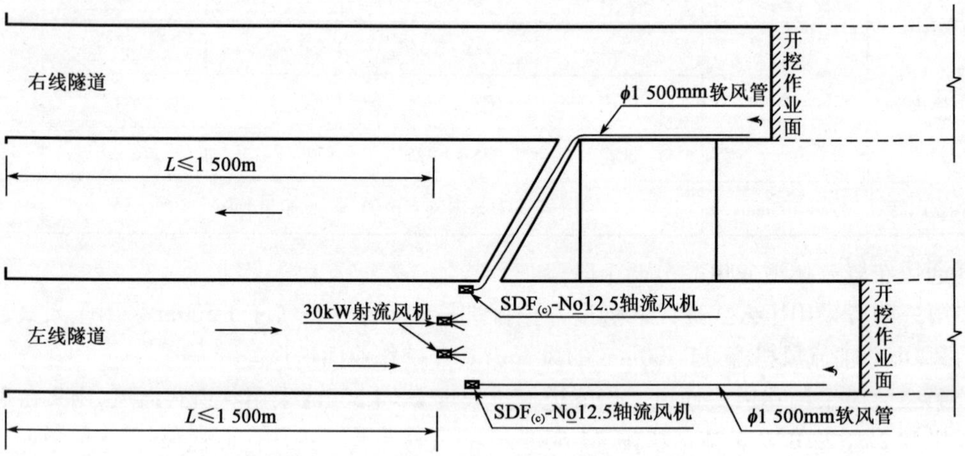

第二阶段压入式通风布置图

图 12-8　施工通风布置图

⑤施工要求：

a. 为了保证风机能够正常起动和运转，为风机提供合适的供电设备。

b. 加强日常通风检测，保证足够的风量和风压，并且要爱护通风管路，避免对通风管路的破坏，降低漏风率。

c. 要求通风管每节长度大部分为 20m/节，根据掌子面衔接风管长度的需要，可以配置少量 10m/节的风管。

d. 洞口风机需要安设在距离洞口 20m 以外的上风向，避免发生污风循环；风管出风口距开挖工作面的距离不超过 15m。

e. 因为所选择的风管直径较大，应保证隧道有足够的净空，避免发生过往车辆和机械刮破风管而影响施工。

f. 由于采用无轨运输，运输车辆的尾气排放口安设净化装置，以降低对隧道内施工环境的污染程度。

g. 行人和运输车辆按照设计线路行走。

h. 要求封闭的横通道及时封闭，并且要封堵严密，避免发生污风循环。

3）其他措施

隧道施工采用无轨运输，内燃设备多、总功率大，运输车辆排放的尾气量很大，隧道开挖产生的有害气体和粉尘也较多。为了避免对施工人员和大气造成危害，对洞内排出的污风进行空气质量监测，如果发现不符合排放标准，及时采取有效处理措施，以满足环境保护的要求。

4）降尘方法及措施

作业环境粉尘浓度标准：作业环境每立方米空气中的粉尘允许含量为：含10%以上游离二氧化硅（SiO_2）的粉尘不超过$2mg/m^3$；含10%以下游离二氧化硅（SiO_2）的粉尘不超过$4mg/m^3$。

（1）降尘方法

采用水幕降尘器降尘。水幕降尘器喷水颗粒细，产雾量大，能够封锁整个隧道断面，除降尘外，还可以吸收易溶于水的有害气体（SO_2、NH_4等）。

（2）降尘措施

①隧道掘进和出渣期间，用粉尘测定仪在隧道开挖面附近测定粉尘含量。

②钻眼作业采用湿式凿岩，凿岩机在钻眼时先送水后送风。禁止采用干式凿岩。

③爆破后利用水幕除尘器进行喷雾、洒水降尘。

④出渣前用水淋湿全部石渣和附近岩壁。

⑤洞内施工人员佩戴防尘面罩。

⑥通过调整隧道供风的风速以排除粉尘。试验测定：当风速达到1.5～3.0m/s时，作业地点的粉尘可降到最小。

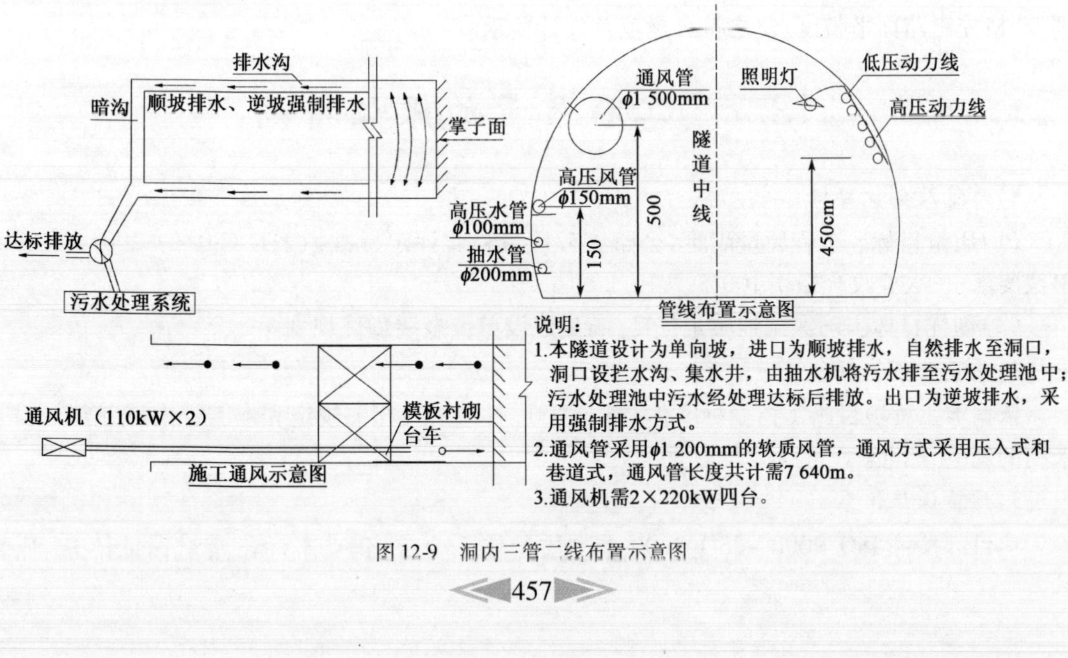

图12-9　洞内三管一线布置示意图

5)管线布置

洞内三管二线严格按照图12-9要求悬挂在边墙上,做到既符合安全要求,又符合文明施工要求,体现企业管理形象。

6)隧道施工排水

隧道内的临时排水与永久防、排水相结合,按"防、截、排、堵相结合,因地制宜综合治理"的原则进行。

(1)洞口段排水

修筑洞口边、仰坡坡顶截水沟、排水沟等排水设施,截引地表水,防止地表水顺坡漫流,使洞口附近无积水,并与洞口排水系统、路基排水系统相连接,组成系统的排水体系。

(2)洞内排水

白云隧道左右线设计为人字坡,隧道K49+360~K47+400段为0.5%的上坡施工,K47+400~K45+700段为2%的反坡施工。顺坡施工段利用已完成的仰拱、填充地段的中心水沟排至洞外污水处理池;反坡施工段采用集中抽排的方式,将开挖工作面挖集水井,抽过变坡点20m,然后通过中心水沟排至洞口污水处理池;污水处理池中的污水经净化处理达标后排放。

7)隧道超前地质预报、预探

隧道超前地质预报、预探详见第4章第4.3节。

8)隧道监控量测

隧道监控量测详见第6章6.4.2节。

9)混凝土路面施工

行车隧道路面结构上层采用26cm厚、C35混凝土面层,下层采用C15水泥混凝土垫层。沥青混凝土和水泥混凝土之间铺设自黏式玻纤格栅,本次仅施工下层26cm厚、C35水泥混凝土路面及混凝土整平层。为保证无仰拱衬砌基岩面与路面连接质量,在该段路面下设15cm厚C15混凝土整平层。路面施工根据衬砌进度适时安排,为保证路面施工不影响隧道内运输,路面采用三幅施工,施工顺序按右幅→中幅→左幅进行。施工中加强施工测量及技术管理,严格控制路面平整度,使之符合规范及设计要求。

12.7 工程质量的保证措施

1)质量及创优目标

(1)质量目标。工程质量满足《公路工程质量检验评定标准》(JTG F80/1—2004)及建设单位要求,一次验收合格率100%。

(2)创优目标。确保工程质量优良,满足建设单位全线创优规划。

2)质量管理依据

依据本工程项目施工招投标文件、施工图纸、补遗书及相关规定和本工程设计、施工、验收采用的规范、标准。

3)质量保证体系

项目部按照ISO 9000~ISO 2000系列质量体系要求,建立本标段质量保证体系,成立以项目经理为组长，项目副经理、总工程师为副组长，由施工技术、质量检查、试验、环保、机械、物资、财务、施工作业队长及队技术主管参加的全面质量管理领导组，积极组织开展全面质量管理活动，优化施工工艺，提高工程质量，实现创优目标。成立以总工程师为组长的创优攻关QC小组，由工程技术部门根据工程规模、工程特点、环境特点，制定创优规划和详细的创优措施，QC小组定期或不定期举行活动，分析质量、安全、工期、环境保护、成本等问题，查找原因，制定对策，不断提高工程质量；质检部门负责进行质量检查和评审。施工作业队根据项目经理部创优规划及管辖工程特点成立相应的质量管理和创优工作领导小组，定期组织有关人员进行专业技术学习、质量教育、督促检查和质量评比。以ISO 9000～ISO 2000质量体系标准作为指针，实现和规范项目质量体系工作，提高质量控制和保证能力，使工程质量始终处于受控状态。

12.8　工期保证措施

12.8.1　组织管理上保证

（1）严格执行项目管理，根据本工程的特点，组织充足精干作业队，调集良好的设备投入到工程项目中。以各作业队队长为控制要素，以工班组为生产实施对象，形成一个从上到下的保证施工工期的组织体系。

（2）建立以项目经理为核心的责权利体系，定岗、定人、定职，各负其责。

（3）坚持执行施工队每周一次的生产布置会、项目经理部每月一次的生产布置会交班会制度。

（4）生产调度每周定期召开一次由各施工队负责人参加的生产调度会，及时协调各队伍之间的生产关系，合理调配机械设备、物资和人力，及时解决施工生产中出现的问题，并积极参与协调好工程施工与外部的关系。

（5）每月由主管生产的副经理主持生产会，总结上个月的施工进度情况，安排下个月的生产任务；及时解决工程施工中的内部矛盾，及时协调，各队伍之间和各职能部门之间的关系；对施工机械设备、生产物资和劳动力计划作统筹安排；并对资金进行合理分配，保证施工进度的落实和完成。

（6）严格执行生产日报制度，逐日详细记录工程进度、质量情况、工地协调、存在问题与解决落实情况等，以及施工过程中必须记录的有关问题。

（7）各生产部门“看一、观二、计划三”，提前为下道工序的施工，做好人力、物力和机械设备的准备，确保工程一环扣一环地进行。对于影响工程总进度的关键项目、关键工序，主要领导者和有关管理人员跟班作业，必要时组织有效力量，加班加点突破难点，以确保工程总进度计划的实现。

（8）建立奖罚严明的经济责任制，每季每月进行一次总结，对提前完成任务的相关责任人进行奖励；未能按时完成任务的按拖延天数进行罚款，多次完成任务不力者调离岗位，同时广泛开展“劳动竞赛”、“流动红旗评比”等活动，将奖金与生产进度挂钩，由生产进度决定当月奖金。以月、季、年度生产进度保证项目总工期。

12.8.2 计划安排上保证

(1)工程开工前,严格按照“工程施工承包合同”的总工期要求,提出工程施工总进度计划,并对其科学性和合理性,以及能否满足合同工期的要求等问题,进行认真审查和确定。

(2)在工程施工总进度计划的控制下,坚持逐月(周)编制出具体的工程施工计划和工作安排。

(3)制定周密详细的施工进度计划,从月、季度计划和年度计划出发,结合施工组工期安排,抓住关键工序,对影响到总工期的工序和作业给予人力和物力的充分保证,确保总进度计划的顺利完成。

(4)对生产要素认真进行优化组合、动态管理。灵活机动地对人员、设备、物资进行调度安排,及时组织施工所需的人员、物质进场,保障后勤供应,满足施工需要,保证连续施工作业。

(5)狠抓施工准备工作,缩短进场后的筹备时间,全线铺开,多头并进。

(6)工程计划执行过程中,如发现未能按期完成计划的情况时,及时检查分析原因,立即采取有效措施,调整下周的工作计划,使上周延误的工期在下周赶上。在整个工程的实施过程中,坚持“以周保月,以月保季,以季保年”的进度保证方针,确保总工程进度计划的实现。

12.8.3 资源上保证

(1)成立一个施工组织管理能力强,结构形式合理的项目领导班子,配备性能卓越、状况良好的施工机械。

(2)施工机械做到统筹安排、统一调配、合理使用。尽可能组织机械化流水作业,利用施工机械高效生产特点,做好施工机械的维修、保养工作,施工现场设置修理场,保证施工机械的正常运转。对重要、常用的机械和机具应留有富余备用设备,以防万一。

(3)制定严格的材料供应计划,根据现场的施工进度情况,保证各施工段材料的及时供应,杜绝停工待料的现象出现。

12.8.4 技术上保证

(1)由项目部总工程师全面负责该项目的施工技术管理,项目经理部设置工程技术部,负责制定施工方案,编制施工工艺,及时解决施工中出现的问题,以正确方案和合理施工工艺指导施工,防止出现返工现象而影响工期。

(2)实行图纸会审制度,工程开工前和施工工程中由总工程师组织有关技术人员进行设计图纸会审与优化,及时向建设单位和监理工程师提出施工图纸和其他技术文件中的错误和不足之处,使工程顺利进行。

(3)尽可能采用新技术、新工艺,尽量压缩工序时间,安排好工序衔接,统一调度指挥,平衡远期和近期所发生或将发生的各类矛盾,使工程按部就班、有节奏地进行。

(4)实行技术交底制度,施工技术人员应在施工之前及时向班组做好详尽的技术交底,勤到现场,对各个施工过程做好跟踪技术监控,发现问题及时现场就地解决,防止工序检验不合格而进行返工,延误工期。

(5)施工全过程使用计算机进行网络计划管理,确保关键线路上的工序按计划进行,若有滞后,立即采取果断措施予以弥补。工程施工期间,所有数据的传送尽可能做到存储器、电话线或电邮传输,使数据传送方便、迅捷。

12.8.5　其他保证措施

(1)关心员工的生活,根据不同的气候条件、施工强度,相应调剂员工的饮食,加强饮食卫生管理,减少疾病。保证各个员工以健康的体魄、充沛体力,良好的精神状况投入到施工中。现场设立医务室,定期做好饮食卫生的消毒工作,防止恶性传染病的发生而影响正常施工。

(2)做好雨季、夜间施工的措施和周密的准备工作,及防洪抗灾保证工作,确保施工的顺利进行。

(3)搞好与建设单位、监理工程师及当地群众的关系,创造一个天时、地利、人和的施工环境,大力配合建设单位的拆迁工作,为尽早提供施工现场作努力。

(4)采用新工艺、新设备、提高施工效率。

①注重依靠科技进步,提高生产效率和管理水平。

②大胆采用新技术,关键工序采用施工效率高的机械。

③对影响施工进度的施工技术难题,积极组织攻关。充分吸取各方面的合理化建议和广泛开展小改小革活动,提高施工进度和经济效益。

④采用机械化施工,根据施工组安排,投入足够数量、状态良好的配套机械设备和人员,多工序平行流水作业,加快工程施工进度。

⑤加强技术培训,提高施工人员的操作技术熟练程度,掌握应用新工艺、新设备、新技术,降低工程成本,提高施工效率。

(5)加强施工管理、实行责任承包制。

①加强现场施工协调指挥,做到指挥正确、协调得力、效率高、应变能力强。以项目经理和项目总工程师为首的管理体系,决策重大施工问题,确定重大施工方案,分析施工进度。当实际进度落后于施工组织设计要求时,提出加快施工进度措施。

②项目部有关人员参与施工前的各项工作,尽快熟悉工程特点、建设单位要求和投标书内容,及时同当地政府联系、交流,以取得当地政府的支持、理解,以提供良好的施工环境。

③建立、健全岗位责任制,施工人员定岗定责,明确技术标准、工艺措施,强调施工纪律,严格按设计规范要求施工。

④深化改革,完善竞争机制和激励机制,实行全员风险承包,使任务层层落实,使工作效率和职工的经济利益挂钩,认真兑现,充分调动全体人员的积极性。

(6)保障后勤和材料供应。

①工期进度情况和计划安排、调整及时通知物资机料供应部门、行政后勤部门,使有关部门心中有数,及早作出材料供应和后勤保障安排。

②后勤和材料供应部门应经常深入施工现场,了解施工动态与工程需要,及时调整库存数量与采购、供应计划。

③后勤和材料供部门应为施工提供优质服务,达到保时、保质、保量、保工期的目的。

(7)重点、难点工程的工期保证。

①加强对重点难点工程的组织领导,建立以项目经理牵头的组织领导机构。

②建立以项目总工程师为首的QC小组,认真地对重点、难点工程的施工方案、施工方法进行研究分析,编制详细的施工组织计划和详细的施工方案,确保在技术上可行,在经济上最优,在安全、质量上有保证的最佳方案。

③为保证重点、难点工程的工期,在全线范围内调整设备配置,确保重点、难点工程设备;当一般工程与重点工程施工组织相冲突时,要优先重点、难点工程。

12.9 应急预案

该标段重大风险项目有顺层偏压、瓦斯、岩溶。首先对可能出现的风险地段、部位提前进行超前地质预报,有针对性地采取合理的施工方法,尽量规避重大风险。同时做好万一出现重大风险的应急预案和措施。

12.9.1 组织机构

建立完善的应急事故管理控制机构,成立以项目经理为总指挥的应急事故指挥领导小组。对全体员工进行经常性安全教育,贯彻执行"安全第一,预防为主"的原则,保证工程施工的顺利进行,定期组织人员进行应急演习。组织机构如下:

总指挥:项目经理

抢险组组长:项目副经理

成员:项目书记、项目总工、机械总工、工程部部长、安检主任、材料主任、隧道一队队长、隧道二队队长

通信联络、疏导组组长:调度主任

成员:调度员

事故处理组长:项目经理

成员:项目书记、项目总工、机械总工、工程部长、材料主任

安全防护救护组组长:办公室主任

成员:办公室成员

12.9.2 职责

1)总指挥职责

负责组织施工技术方案的确定,控制和预防事故的发生,组织检查现场的施工情况。负责组织人员抢救伤员及事故的调查处理,分析查明事故的原因,组织清理现场,恢复正常施工。

2)抢险组职责

主要任务是制定处理方案并组织人员实施,组织人员抢救伤员,分析事故原因,清理现场,恢复正常施工。

3)通信联络组职责

主要任务是将事故情况报告公司主要领导,报警时要清楚说明事故发生的时间、地点、是否造成人员伤亡等情况。传达公司领导指令,对外联络沟通,通知医务人员,迅速赶到事

故现场进行抢救伤员,并派人在通往事故现场的通道口引导救护人员或120急救中心救护伤员。

在事故发生后,立即疏散人员远离事故现场,同时切断事故现场附近的电源。

4)救护组职责

主要任务是及时赶到事故现场救护伤员,送往医院医治和完成领导交给的其他任务。

12.9.3 隧道坍塌、冒顶片帮应急措施

1)应急设备、物资

隧道坍塌、冒顶片帮应急设备、物资见表12-17。

隧道坍塌、冒顶片帮应急设备、物资　表12-17

序号	名称	规格型号	数量	性能状态	备注
1	格栅拱架		20榀	良好	备用
2	管棚钢管		20根		
3	锚杆		200m		
4	喷浆机		2台	良好	
5	水泥		30t	随时更换批次,保持在3个月有效期内	
6	砂石料		若干		
7	装载机	ZL-50	2台	良好	

2)预防措施

(1)技术人员依据设计图纸、相关隧道施工规范进行技术交底,严格按技术交底施工。

(2)开挖掌子面应及时布点,实行监控量测。对拱部下沉、两侧收敛/鼓胀、中间弯折及发生位移进行回归分析,及时反馈至项目部和工程部,以指导开挖施工。

(3)隧道开挖支护应具有超前性、及时性和实效性。根据不同类别围岩性质,依照设计及时施作支护,确保围岩开挖后稳定,防止围岩变化而引起坍塌。

(4)当遇到与设计地质不相符,而围岩自稳力又极差,极易坍塌时,现场必须立即采取果断支护措施,在确保施工人员生命安全的情况下,及时进行封闭支护,防止围岩变形扩大,引起坍塌。

(5)支护相对稳定后,及时向监理部、设计院上报,根据现场实际地质情况采取相应的变更设计施工支护措施,以防止隧道坍塌,确保施工人员安全及施工生产顺利进行。

(6)若现场无法及时进行封闭,而又无法保证施工安全,或已有明显坍塌预兆时,现场安全员、领工员或工班长,必须立即组织人员撤离可能坍塌危险区,在撤离时,应保持秩序,按照危险部位先撤出的原则,严禁出现乱拥、乱挤的现象,以防止其他意外事故的发生。

(7)所有人员撤出坍塌危险区域后,现场安全员在安全位置负责观察围岩变化情况,同时设置安全警戒线,防止其他人员进出危险区域。

3)事故报告程序

(1)当发现坍塌时,发现人应及时发出警告信号,在危险区域的人员立即撤离,同时禁止其他工作人员接近或进入危险区域。

(2)施工人员撤离至安全位置后,值班负责人和工班长及时清点现场施工人员数量,查看有无人员伤亡情况,同时向值班调度(通信组)汇报事故时间、地点、坍方长度、受伤人员等情况。

4)事故抢险及处理程序

(1)值班调度在接到报告后,立即报告总指挥,并立即通知项目部经理、副经理、总工程师及相关人员救援小组人员到达现场,立即起动应急抢险程序,并确定相应的救援方案和抢险施工技术方案,以此指导抢险和救援工作。

(2)当发生人员伤亡时,立即采取紧急救援工作,救援时必须2人以上进行防护,在确保救援人员无生命安全威胁的情况下进行抢救工作;若坍塌继续无法救援时,则在安全位置守候待命,以便及时进行抢救。抢救过程中一定要保证抢救人员的生命安全,防止坍塌灾害事故进一步扩大。

(3)当抢救出伤员时,根据伤员人数、受伤程度,由医务人员在现场采取相应的救治措施,采取"先重后轻"的原则,及时将伤员送到医院进行抢救、治疗。

(4)若坍塌特别严重,自身救援能力有限时,应立即上报地方政府或相关救助部门,请求紧急救援,同时做好相关配合救援工作。

(5)现场采取与坍塌程度及范围相对应的施工技术方案,控制坍塌的进一步发展。在确保施工人员安全的前提下,积极进行坍塌处理,尽快恢复正常施工生产。

(6)根据伤亡程度,及时向上级机关汇报坍塌损害情况,等待上级指令或进一步调查、处理。

12.9.4 隧道突泥、涌水应急措施

1)应急设备、物资

隧道突泥、涌水应急设备、物资见表12-18。

隧道突泥、涌水应急设备、物资表　　表12-18

序号	名称	规格型号	数量	性能状态	备注
1	装载机	ZL-50	2台	良好	
2	汽车(自卸式)	8t	2台	良好	
3	编织袋		300个	良好	
4	注浆机		1台	良好	
5	水泥		30t	良好	
6	钢管	ϕ100mm	100m	良好	

2)预防措施

(1)技术人员首先查阅设计图纸及相关地质资料,分析地质及地下水系发育情况。

(2)实地踏勘与分析,主要有进行上山描绘地质图及走向、水文水系观测等。

(3)实行超前地质预报,如超前探孔,了解施工地段前方的地质情况。

(4)通过分析,可能有突泥、涌水,可采用钻孔、小导坑方式进行应力释放;对危险程度较高地段可采用设止浆墙封堵,迂回导坑通过等施工技术方案。

(5)隧道开挖施工过程中设安全防护人员，随时观察岩壁和岩缝，如有险情则及时排除或撤离。

(6)施工至软弱破碎、地下水发育段时，应实施超前地质探测预报，设计有超前地质钻探预报方案时，按设计进行施作，设计无超前地质预报时，一般采取超长钻眼(钻眼长度5m以上)，以探知前方围岩地质情况，根据所钻探的地质情况，及时反馈至项目部领导和技术室，分析突水、涌泥可能性。若有突泥涌水可能性，有设计则按设计方案进行处理，若设计无针对性施工方案，立即上报监理、设计院及建设单位等，要求设计院设计相应的施工方案，防止突泥涌水的发生。

(7)派专(兼)职安全员进行观察防护，以保证发生突泥涌水时，人员及机械设备不受损害。

(8)对开挖通过的软弱溶洞地段，应长期及时布点，实行监控量测。对拱部下沉、两侧收敛/鼓胀、中间弯折及发生位移时，进行回归分析，及时反馈。

(9)在确保施工人员生命安全的前提下，公司应积极组织人力、物力、财力对可能发生的突泥涌水进行处理，及时采取封闭支护或相应的加强支护措施，防止突泥涌水事故的发生。

(10)若发现有突泥涌水先兆，且极其危险时，必须立即停止施工，现场值班领导、领工员、工班长或值班安全员，要立即组织人员、机械迅速撤离危险区域，若洞内部分无法迅速撤离的机械设备，则以人为主，先撤人，直至撤出洞外，保证人员生命安全。同时做好安全防护，必要时在洞外设置砂袋，防止突泥突水涌出洞外，对洞外机械设备造成损坏，确保人员生命安全及财产不受损失。

3)事故抢险、处理程序

(1)当发生突泥涌水突发事故时，在场值班领导、领工员、工班长或安全员，应立即组织人员迅速撤离危险区域，无法立即撤离的机械不予撤离，以人为主，确保施工人员生命安全。

(2)撤离危险场所(一般撤离至洞外)后，立即清点现场施工人员数量，查看有无人员未逃离现场，同时向值班调度(通信组)汇报事故时间、地点、突泥涌水量、受伤人员等情况。

(3)值班调度在接到报告后，立即报告总指挥，并立即通知项目部经理、副经理、总工程师及相关救援小组人员到达现场，立即起动应急抢险程序，并确定相应的救援方案和抢险施工技术方案，以指导抢险和救援工作。

(4)当发生人员伤亡时，按紧急抢险方案及时进行救援工作。在确保救援工作人员无生命安全威胁的情况下进行抢救工作。若自身无救援能力时，及时上报当地政府或相关部门进行救援，同时做好相关配合救援工作。

(5)抢救出伤员时，根据伤员人数、受伤程度，由医务人员在现场采取相应的急救措施后，按照“先重后轻”的原则，及时将伤员送到医院进行抢救、治疗。

(6)现场采取安全警戒线或隔离措施，防止其他人员进入危险区域，避免灾害损失扩大。

(7)根据灾害损失情况，按照国家和地方各级政府有关法律、法规及条文的相关规定，及时上报上级机关或相关部门，等待下一步的调查处理。

12.9.5 隧道瓦斯爆炸的应急措施

1)应急物资、设备

隧道瓦斯爆炸应急物资、设备见表12-19。

隧道瓦斯爆炸应急物资、设备表 表12-19

序号	名　称	规格型号	数量	性能状态	备注
1	便携式自动瓦斯检测仪		2台	良好	
2	光学瓦斯检测仪		3台	良好	
3	瓦斯断电仪		2台	良好	
4	通风机	110kW	1台	良好	备用
5	救护车辆	猎豹和工程运输车各1台	2台	良好	
6	救援防护服		若干	良好	
7	自救器	2h	20套	良好	
8	急救担架、常用急救药品等		若干	良好	

2)预防措施

(1)认真贯彻执行国家相关劳动安全生产法律、法规及条例等,严格按照《瓦斯隧道安全施工操作规程》作业施工。

(2)严格按照"实施性施工组织设计"中有关瓦斯隧道安全操作施工技术措施组织施工。

(3)任何人员进入隧道前必须接受安全检查人员的检查,严禁将烟火和其他可能自燃的物品带入洞内,禁止吸烟。所有进出人员必须建卡登记。

(4)电线电路必须使用防爆电缆,严禁使用裸线和明接头电线。

(5)灯头、开关、灯泡等照明器材必须采用防爆型,开关必须设置在通风道或洞口。

(6)开挖作业面风流中瓦斯浓度达到1.5%时,必须停止工作,切断电源进行处理。

(7)电动机附近20m以内风流中的瓦斯浓度达到1.5%时,必须停止运输,切断电源,进行处理,对因瓦斯浓度超过规定被切断电源的电气设备,必须在瓦斯浓度降到1%以下时,方可通电开动。

(8)局部聚集的瓦斯浓度达到2%时,附近20m内必须禁止工作,切断电源进行处理。

(9)瓦斯隧道必须在施工管理上采取有效措施并加强通风,防止瓦斯聚集。有煤尘爆炸危险时,必须采取洒水降尘或其他安全防护措施。

(10)爆破作业不宜使用迟发雷管,使用毫秒雷管时,最后一段的延期时间不得超过130ms。

(11)使用矿用安全炸药。

(12)瓦斯浓度超过1%时严禁爆破。

(13)隧道爆破时所有人员必须撤离至安全地带,单线隧道应撤至300m以外。

(14)严禁使用火花和塑料导爆管起爆。

(15)必须采用湿式凿岩,洞内使用的金属锤采用不产生火花的合金。装渣使用的金属机械，不得猛力碰击。

(16)在洞内装设各种电器设备，以下进行检测、维修时必须先切断电源。

(17)严禁在洞内已敷设电缆上临时装电灯或其他设备。

(18)有瓦斯的隧道，施工前必须对所有参加该隧道工作的人员进行瓦斯知识和防止煤尘、瓦斯爆炸的安全教育。

(19)当发现具有瓦斯突出先兆或检测煤尘、瓦斯浓度超过允许安全值时，必须立即撤离作业人员至洞外，同时切断电源，加强通风观察、检测，直至检测瓦斯浓度降至安全值以内时，方可派瓦斯检测安全员进洞查看、检测，同时做好瓦斯再次出现聚集的应对方案、措施，在确保施工人员生命安全的情况下，方可恢复正常施工。

(20)对抢险人员进行有关应急救援知识、相关瓦斯隧道安全技术操作规程等安全知识，以及必要的医护知识培训。

(21)项目部配备必要的应急设备、机具、医疗器材等救援物资，在事故发生后，应立即调用进行抢险。

(22)事情紧急时，应通知有关部门或求助当地医疗机构，并要与当地医疗机构保持联系，以便及时对伤员进行救治。应急救援电话:120。

3)事故抢险、处理措施

(1)当洞内瓦斯出现异常升高时，立即向现场负责人汇报，需撤离时，立即通知施工人员撤离现场，同时关闭电源，并向值班调度电话汇报详细情况。

(2)施工人员撤至安全位置(一般至洞外)时，现场值班负责人应立即清点在场人员名单并登记，查看有无人员伤亡情况，若发生瓦斯爆炸事故，应立即向总指挥汇报瓦斯爆炸事故发生的时间、地点、破坏程度、瓦斯最高浓度、人员伤亡情况。

(3)总指挥接通知后，立即起动应急抢险救灾程序，组织工程部、设物部等部门制订抢险方案。如自身无力进行援救工作，应及时向地方政府或相关职能部门报告，并请求紧急救援，同时做好相应的配合救援的各项准备工作。

(4)加强隧道内通风，随时检测隧道内瓦斯浓度，当瓦斯浓度降至安全值以内时，救援人员方可进洞进行救援。通风系统应从洞口向里分段恢复，避免因通风排放瓦斯浓度超限引起二次瓦斯爆炸;电力系统应在洞内瓦斯浓度降至1.5%以下时才能恢复供电。

(5)抢险救护人员必须佩戴自救器和便携式瓦斯报警仪，才能进洞进行应急抢救工作。抢险作业时，必须两人一组，两人之间的距离应在50m范围内，用手语联络，控制好进洞时间，当瓦检仪报警时，抢险人员必须撤出。

(6)当抢救出伤员时，由医务人员及时诊断其伤势情况，以“先重后轻”的原则进行抢救。当受伤人员中有窒息者时，应及时进行人工呼吸。烧伤人员必须在医生的指导下进行治理，切不可乱涂乱洗，以免加重伤势。根据实际条件，及时将伤员送往就近的医院进行抢救治疗。

12.9.6 触电应急措施

1)应急物资、设备

触电应急物资、设备见表12-20。

触电应急物资、设备表　　表 12-20

序号	名　称	规 格 型 号	数量	性能状态	备注
1	常用急救箱		3～4 个	良好	
2	急救担架		2 副	良好	
3	常用急救药品		若干	有效	
4	止血绷带纱布		若干	良好	

2）预防措施

（1）落实机电设备、机动车辆、施工用电的安全技术操作规程（细则）和管理、使用、维护保养、定期检修、报废等制度，使机电设备、机动车辆经常保持良好技术状态，并督促检查，不准带病和超负荷运行，不准使用报废机械。

（2）安装、改装、修理、拆装机电设备和用电线路时，必须符合安全生产和安全技术操作规程的要求。

（3）制止违章作业，遇有不能处理的隐患，要及时上报并采取防范措施，发现危及人身安全的紧急情况，要采取停止作业、撤离人员的果断措施，并立即向上级反映。

（4）对抢险人员进行有关应急救援知识、相关机电岗位安全技术操作规程等安全知识，以及必要的医护知识培训。

（5）项目部配备必要的应急设备、机具、医疗器材等救援物资，在事故发生后，应立即调用进行抢险。

（6）事情紧急时，应通知有关部门或求助当地医疗机构，并要与当地医疗机构保持联系，以便及时对伤员进行救治。应急救援电话：120。

3）事故抢险、处理的措施

（1）事故发生后，现场人员在能判定事故电源的情况下应立即切断电源，使触电人脱离带电体并进行救护，同时向值班调度（通信组）汇报事故时间、地点、方位、触电原因、受伤人员情况。

（2）现场人员在无法判定事故电源的情况下，切不可盲目救人，现场值班负责人应将现场人员疏散到安全地点，待值班电工确定事故电源后，现场值班负责人及电工应迅速确定触电人脱离事故电源的方法和工具。当事故电源被切断或触电人脱离带电体，现场人员（行动组）对触电人应进行前期的抢救工作。

（3）值班调度（通信组）在接到报告后，立即向总指挥报告，并通知触电救援小组人员到达现场。

（4）总指挥到达现场后，在听取现场值班负责人汇报后确定是否起动应急救援预案。起动应急救援预案后，总指挥迅速组织人员、物资进行救援工作。

（5）医务人员到场后对触电人进行抢救，需送往医院医治的立即送往医院。

12.10　环境管理

12.10.1　环保、水保目标

严格执行国家、交通运输部、地方政府及建设单位有关生态环境保护的规定，贯彻“预防为主、保护优先，开发与保护并重”的原则，“三废”按规定排放。确保施工中的环境保护监控与监测结果满足建设单位和设计文件要求及相关规定，并确保工程所处环境、水域不受污染。工程施工完成后恢复植被。

12.10.2　环境保护体系

环境保护体系如图12-10所示。

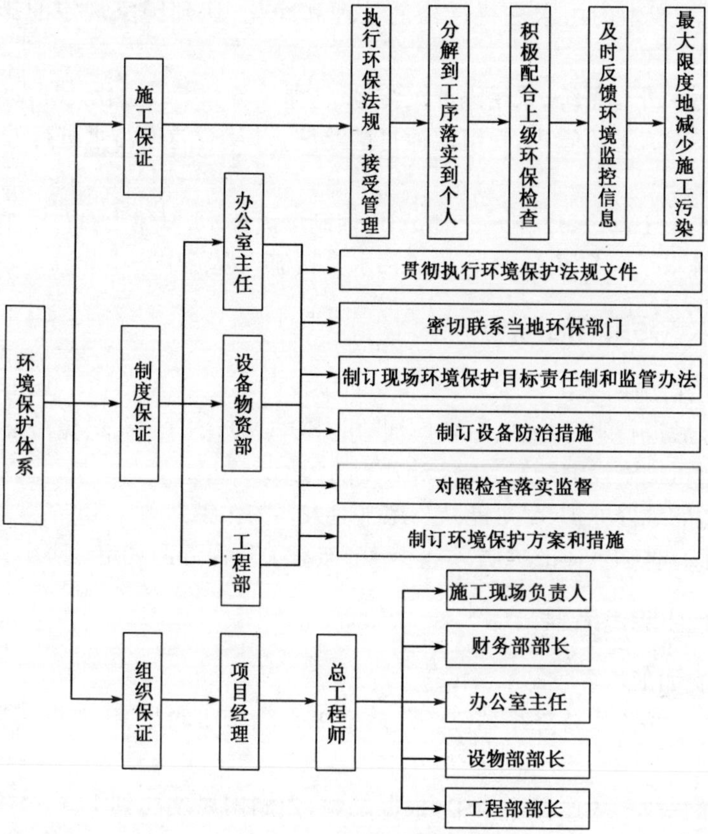

图12-10　环境体系框图

12.10.3　环保、水保措施

为了更好、更有效地保护施工区内环境，成立以项目经理为组长的环境保护领导小组，建立环境保护保证体系，配备相应的环保设施和技术力量，与当地政府和环保部门联合协作，全面控制施工污染，减少污水、空气粉尘及噪声污染、水土流失，以达到国家环保标准。

1)加强宣传与学习

(1)加强学习环保知识、法律法规，开展环保宣传，提高全体员工的环保素质。

(2)以墙报、简报、宣传标语的形式，开展环保宣传工作。

(3)根据工程特点，严格执行《公路工程施工安全技术规程》(JTJ 076—1995)的具体规定。

(4)严格遵守国家环境保护部门的有关规定，采取有效措施以预防和消除因施工造成的环境污染，对工程范围以外的工地及植被注意保护，并严禁乱倒污泥、垃圾等。

2)水污染的防治措施

(1)采取措施保证原有交通的道路通行和维持沿线村镇的居民饮水、农田灌溉、生产生活用电及通信等管线的正常使用。

(2)施工场地做到平整畅通,排水系统良好。

(3)隧道口右侧有一溪水,为了保护溪水不被污染,采取以下措施:

①对生产、生活产生的污水进行严格的处理和净化,达到国家规定的排放标准后才能排出。

②在洞口设污水处理系统,采用隔油沉淀池、气浮设备和二级生化处理设施对施工和生活废水进行处理。设专人值班管理,对沉淀池打捞浮油,以及对隧道污水进行处理,直到符合国家规定标准再排放。

③在临近河流施工部位,爆破开挖时,采用控制爆破技术,以免土石污染水源。

④相对隔离排水系统与溪水,防止施工污水直接流入溪流中。

12.10.4 大气污染防治措施

大气污染防治措施如下:

(1)洞内爆破后进行水幕除烟,溶解炮烟中的 SO_2、NO_2、NH_3 等,避免污染大气。

(2)洞外内燃机械安设消烟罩,减轻对大气的污染。

(3)加强设备的维修养护,尽可能减少尾气对大气的污染。

(4)对会产生有害物气体的物质,禁止燃烧,按有关环保部门规定处理。

12.10.5 粉尘防治措施

粉尘防治措施如下:

(1)洞内爆破后采用水幕降尘器降尘。隧道干式除尘机除尘,用于喷混凝土和装渣时的除尘。

(2)通过调整供风的风速控制粉尘,根据经验,当洞内风速达到 1.5~3.0m/s 时,作业地点中空气粉尘的含量会降低至最低。

(3)对施工现场和运输便道等易产生粉尘的地段定时进行洒水降尘,勤洗施工机械车辆,使产生的粉尘危害减至最低程度。

(4)对作业人员发放口罩、防毒面具等,并定期进行体检。

(5)对易松散和易飞扬的建筑材料用彩条布、篷布等严密覆盖,并放于居住区的下风处。

(6)运转时有粉尘产生的施工场地,如混凝土搅拌站、碎石场等,安装防尘设备,该场所的作业人员,配备劳动防护用品。

(7)施工采用散装水泥,减少水泥粉尘对大气的污染。

12.10.6 噪声污染防治措施

噪声污染防治措施如下:

(1)对于来自施工机械和运输车辆的施工噪声,为保护施工人员的健康,遵守《中华人民共和国环境噪声污染防治法》并依据《工业企业噪声卫生标准》合理安排工作人员轮流操作机械，减少接触高噪声的时间，或穿插安排高噪声的工作。对距噪声源较近的施工人员，除采取佩戴防护耳塞或头盔等有效措施外，还应缩短其劳动时间。同时，注意对机械的经常性保养，尽量使其噪声降低到最低水平。

(2)加强施工机械设备的维护保养，减少噪声和污染。

(3)对于产生噪声较大的施工项目，合理安排施工组织计划，避免夜间施工扰民，尽量减少噪声对当地居民的影响。

(4)施工现场严格按照《建筑施工场界噪声限值》(GB 12523—1990)中的有关规定和要求进行。

12.10.7　固体废弃物处理措施

固体废弃物处理措施如下：

(1)隧道弃渣运到指定地点弃置，严禁乱弃、乱倒。

(2)对有害物质(如染料、油料、废旧材料和生产、生活垃圾等)经处理后运至当地环保部门指定的地点进行掩埋，防止泄露、腐蚀造成对生态资源的破坏。

12.10.8　弃渣场

(1)对弃渣场进行防护和绿化，防止弃渣侵占耕地，堵塞河道，污染和破坏环境。具体措施如下：

①弃渣场坚持“先挡后弃”的原则。

②在弃渣场边缘修建永久性浆砌排水沟渠，弃渣场顶向外做不小于2%的排水坡，保证排水通畅，防止雨水冲走弃渣。

③施工过程中保护弃渣场周围的植被，严禁破坏。

(2)生活区和施工区修建垃圾池，生活和施工产生的垃圾集中堆放，并及时清理打扫，集中进行焚烧和掩埋，避免造成环境污染。

12.10.9　施工后期场地恢复措施

施工和生产场地按照要求复耕、绿化，疏通沟渠、道路，弃渣场按设计绿化；无法恢复的边坡等，与相关部门协商解决，做好防护与排水。结束后，与当地政府等相关部门办理临时用地移交手续。

12.11　文明施工

12.11.1　文明施工目标

施工期间按当地政府和建设单位有关建筑工程文明施工的法规或制度制定本工程的文明施工制度，且施工期间实现外界向建设单位“零”投诉的目标，创建“绿色环保工地”。

12.11.2 文明施工管理机构

成立文明施工及环保领导小组和稽查小组，由项目部党政工团领导组成，负责有关文明施工管理的会议精神和月、季检制度落实。

文明施工管理机构如图12-11所示。

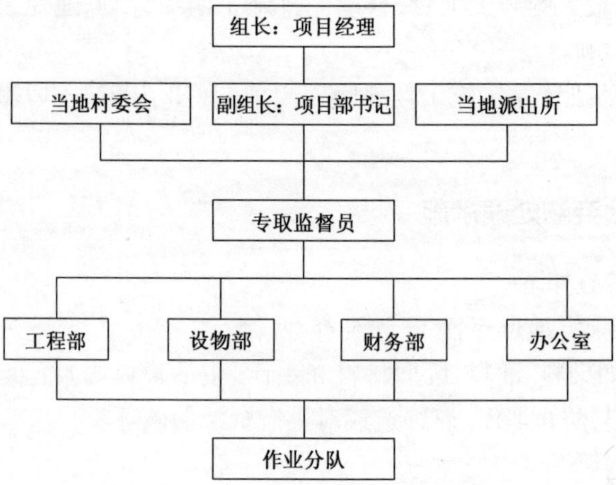

图12-11 文明施工管理机构框图

12.11.3 文明施工措施

1)施工场地内文明规划

(1)工地内办公室，职工、民工宿舍等房屋，整齐放置，统一规划，保证明亮整洁。

(2)在施工期间，生活办公区、预制场及与既有道路相交处的施工范围交通路口，夜间挂红灯，并保证施工沿线在夜间有足够的照明设施；施工期间，根据监理工程师、建设单位或当地政府要求，在要求的时间和地点，提供和维持所有的照明灯光、护板、围墙、栅栏、警示信号标志，并设专值人员进行值班。

(3)在施工过程中，始终保持现场整齐干净，清理掉所有多余的材料、设备和垃圾，拆除不再需要的临时设施，做好文明施工。

(4)材料进场后进行分类堆放，并按照ISO 9000～ISO 2000系列有关要求进行标志。工地一切材料和设施堆放整齐，保证施工现场畅通，做到场地文明整洁。水泥分类、分批级堆放整齐，底部应用支架架空离地面20～30cm。四周离墙体30cm，最大堆放高度不超过10包。钢材堆放在钢筋棚内，底部用方木支垫，离开地面20cm，面上用彩条布遮盖。

(5)施工机具统一在确定场所内摆放，并用标志牌标明每一类施工机具摆放地点。

(6)所有施工机具保持整洁机容，每天例行进行检修保养清洁。

(7)在运输和储存施工材料时，采取可靠措施防止漏失。

(8)洞内“三管两线”按要求合理布设，搞好洞内排水，做好洞内清理及道路维护，加强洞内通风。

(9)施工期间，配备专人对施工便道进行养护，以保证施工材料顺利运到施工现场，满足施工生产的快速进行。

2)文明的宣传和监督

(1)学习文明施工管理规定,每周安全学习例会中穿插文明施工管理规定的学习内容,做到每个职工明确文明施工的重要性。

(2)做好施工现场的宣传工作。在作业班组积极开展文明施工劳动竞赛。

(3)主动积极搞好与沿线单位、居民的工作,以使工程顺利开展。

(4)施工现场悬挂施工标牌,标明工程名称、工程负责人、工地文明施工负责人、施工许可证等内容。

3)卫生与供水

(1)采取应有的卫生防护措施,经常保持现场及驻地整洁和卫生,保护职工健康。

(2)施工期间,与医院联系(内容包括房间、器械、药品、急救车辆等),为工地人员(包括监理人员)提供必要的医疗和急救服务。

(3)加强对饮用水源保护区的环境保护,采用专管输送生活用水并设专人管理,制定事故防范预案和措施,防止突发事故对水体造成污染,确保饮用水的安全。

4)文明施工方面的承诺

(1)项目经理部办公室设投诉电话,接受居民、群众的监督。所有投诉问题保证在8h内予以整改、答复。

(2)文明施工和环保检查中发现的问题,保证在8h内予以整改,并以书面形式答复。

(3)保证文明施工和环保管理措施落实,责任到人,奖罚分明。

(4)工程完工后,拆除安全防护设施和其他临时设施,清除设备、多余材料、余泥和垃圾等,并将工地及周边环境清理整洁,做到工完、料净、场地清,达到建设单位和监理工程师满意的程度。

12.12 冬、雨季节施工

12.12.1 冬季的施工安排

冬季来临前应做好冬季施工各项准备工作,加强气象监测和预报工作,做好冬季工程用料储备。

(1)砂石集料保持干燥状态,集料在存放中不得夹有冰膜雪团。

(2)冬季施工混凝土,砂、石、集料和水泥应保持在0℃以上,拌和用水应在5℃以上,拌和处应采取设防寒棚等措施。

(3)加强拌和站、水管路的防寒保温措施,控制混凝土浇注入模温度,采用机械快速振捣,混凝土灌注结束后,立即铺设保温材料进行防寒保温。

(4)砌成的砌体夜间采用草帘覆盖。

12.12.2 雨季的施工安排

加强气象监测预报,根据气象变化指导施工。进入雨季,根据规范编制实施雨季施工组织计划;针对雨季可能出现的暴雨现象,制订应急处理预案。

(1)做好施工场地的排水工作,施工场地的临时排水设施要和永久性排水设施相结合,保持原有水系的畅通。

(2)钢筋存放于料棚内,防止雨淋。混凝土生产场地和料厂设防雨棚,经常检查砂石料的含水量,及时调整并严格控制水灰比。

(3)雨季施工,洞外路表有一定的坡度,不留松土和积水。雨季易形成山洪和滑坡,要加强隧道洞口仰坡、边坡的排水防护工作,并进行地表位移监测。

(4)施工便道派专人负责养护,尤其是雨季要安排经常巡查,保证便道畅通,并时刻注意重型车辆的防滑工作。

以上是对白云隧道施工的施工组织设计,白云隧道已经于2008年施工完成,在全标段施工过程中多次受到建设单位嘉奖,施工完成后建设单位也给予高度评价,中铁隧道集团公司在施工过程中充分体现出良好的施工组织能力和执行能力,又一次创下一例精品施工组织案例,留下一处精品工程。

第13章　科技创新成果

中铁隧道集团公司近年来始终坚持科技兴企方针，不断加大技术研发力度，科技工作卓有成效，科研成果成绩斐然。集团牢牢坚持技术研发战略，致力于隧道与地下工程领域新技术、新工艺的研究、开发与运用，尤其是在断层破碎带、软弱围岩、膨胀性围岩、高地应力、含煤瓦斯地层、涌水、岩溶、岩堆、流沙、黄土等复杂特殊地质条件下的隧道和地下工程施工方面，有其精湛的工艺和独到的技术。

科技创新管理方面，不断完善科研管理体系，提供制度保障支持，先后出台了一系列管理文件，这些管理办法的出台，为集团公司的科技创新发展打下了基础，为规范化、标准化、程序化、科学化管理提供了保证。管理办法中，明确了科技创新工作的组织机构及职责，明确了对科技创新规划、计划编制，科技创新立项与项目（课题）管理以及项目分级，对立项程序和研究内容需委外合作研究进行了具体说明。

中铁隧道集团公司在参与重庆高速公路施工过程中，充分认识科技创新工作的重要性，坚持不懈开展科技创新工作，与施工同步积极开展科技创新，解决了施工中出现的诸多难题，同时不断加快科技成果的应用步伐，一是做好统筹规划，根据工程特点、难点和重点，研究制订科技创新规划，积极开展科技创新计划工作，研究制定技术标准，拟定实施步骤，根据科技创新发展的实际需要和客观要求，不断修订各项科技创新管理制度，形成科学的管理制度体系，逐步建立完善施工技术管理科技创新工作体系，不断提高科技创新认识，提升科技发展水平，通过科技创新工作，全面推进重庆高速公路建设科技创新管理工作的科学发展。

在推广应用以往科技成果和工法的基础上，针对重庆高速公路的实际情况，设立了“富水大断面陡坡曲线斜井施工技术研究”科研项目和“隧道双台车无轨运输快速施工工法”等工法的研究和开发项目，并与重庆市高管局共同对“双连拱隧道结构防排水技术”进行立项研究，实现了科技创新与施工生产紧密结合，互相促进，从而取得科研、生产双丰收。

2009 年，“隧道穿越大型充填溶洞基底钢管桩注浆加固工法”被评定为交通部公路工程工法[编号 GGG（中企）D1134—2009]；富水大断面斜井施工工法（编号 EJGF 53—2008），被评定为河南省级工法；渝合高速公路北碚隧道获“鲁班奖”；石忠高速公路 B12 合同段方斗山隧道获火车头优质工程一等奖，中国建设工程鲁班奖；华福高速公路中梁山隧道获火车头优质工程一等奖；雷崇高速公路笔架山隧道获火车头优质工程一等奖；云万高速公路 U 合同段庙梁隧道获火车头优质工程一等奖；雷崇高速公路 C6 合同段金竹岗隧道获火车头优质工程一等奖;重庆水界高速公路龙凤山隧道获火车头优质工程一等奖;重庆绕城北段高速公路玉峰山隧道获火车头优质工程一等奖。

13.1 隧道穿越大型充填溶洞基底钢管桩注浆加固工法

灰岩地层岩溶及地下暗河发育,且发育的规模、形态、位置不一,这给穿越岩溶地层的隧道施工带来了很大的困难,特别是溶洞位于隧道底部的处治往往较难,处治时既要考虑施工安全,又要考虑结构在使用运营中的安全。目前处治隧道底部溶洞的方法一般有桥梁通过及底部换填加固方法:桥梁通过施工干扰较大、周期长,对基底地质情况要求苛刻,且不适用于拱墙承受较大压力的情况;底部加固中换填技术对填充物较厚的溶洞有较大的局限性。

中铁隧道集团承建的重庆外环玉峰山隧道灰岩地层岩溶发育,且发育的规模较大,溶洞边界在隧道仰拱下 15 ~ 30m 就有 4 个,其中纵向长度为 20 ~ 64m,且该工程工期压力相当大。

中铁隧道集团二处有限公司联合设计单位,邀请重庆交通系统专家进行了科技创新,采用了隧道底部钢管桩深孔注浆加固改良基底承载力的方法,该方法对隧道底部特大溶洞,特别是底部深度在 10 ~ 30m 范围内有较好的可操作性,通过底部深孔钢管桩注浆,提高了仰拱底部承载力,将应力传递至基岩上,对结构安全运营十分有利,且采用本工法对隧道施工干扰较小,可操作性强,该工法具有良好的社会经济效益。

13.1.1 工法特点

工法特点如下:

(1)在物探手段、地质雷达、TSP 等技术的基础上,引入地勘手段,对溶洞区纵横竖向进行钻孔取芯,做到准确详尽地了解溶洞的规模及形态,为处治方案提供有力的技术保障。

(2)利用仰拱底部钢管桩深孔注浆处治技术,达到满足结构安全及使用寿命的要求,该技术能实现多个工作面平行作业,并且不会影响前方正常施工,实现快速施工的目的。

(3)使用的仰拱底部钢管桩注浆技术与其他跨越或换填等技术相比,具有适应性强、施工干扰小、可操作性强等特点。

13.1.2 适用范围

该工法适用于净高在 5m 以上、净空断面面积在 $30m^2$ 以上的各种埋深、各级围岩充填型溶洞的隧道,且溶洞底部距离隧道基底在 5m 以上、填充介质为黏土夹角砾碎石的铁路隧道、公路隧道、城市地铁、地下停车场等各种洞室的基础处理。

13.1.3 工艺原理

工艺原理有如下几方面:

(1)利用地质勘探技术探明隧道底部溶洞的规模、形态,了解溶洞内地下水、填充物情况。

(2)利用合理的隧道开挖方法,确保仰拱在基底处治期间的施工安全。

(3)利用钢管桩和注浆技术,提高仰拱溶洞填充物的承载力,确保结构的安全及使用寿命,具体加固深度应根据设计确定。

13.1.4 应用实例

1)工程概况

重庆外环玉峰山隧道是全线重点控制性工程,设计时速100km/h,为分离式三车道大跨隧道,最大跨度达18m,隧道左线全长3 702m,右线全长3 671m。隧址区属构造剥蚀低山地貌及岩溶槽谷地形,隧道穿越铜锣峡背斜,隧道与构造线成垂直相交,围岩以砂岩、灰岩为主,含有软质泥岩、炭质页岩,特别是嘉陵江组灰岩地段地下水丰富、岩溶发育,且岩溶发育规模很大。

2)施工情况

(1)隧道右线于2007年3月31日开挖至K12+916处,掌子面围岩为黏土夹角砾碎石及孤石,稳定性极差,且地下水十分丰富,掌子面左侧出现多处股状涌水,拱部及右侧地下水呈淋雨状。掌子面开挖至K12+936处,围岩为黏土,含有少量角砾碎石,两侧地下水呈股状涌出,开挖后出现了大范围的掉块、坍塌现象。经地勘单位补勘,确定该处发育有一大型溶洞,溶洞纵向长度约64m,横向宽度约34m,溶洞上边界在隧道拱顶上15m,下边界在隧道仰拱下26m,隧道从溶洞中间穿过。该溶洞仰拱底部采用钢管桩注浆加固进行了处治。

(2)隧道右线K13+110~K13+130溶洞,纵向长度20m,溶洞下边界在隧道仰拱下19m,该溶洞仰拱底部采用钢管桩注浆加固进行了处治。

(3)隧道左线LK12+882~LK12+944溶洞,纵向长度约62m,溶洞下边界在隧道仰拱下29m,该溶洞仰拱底部采用钢管桩注浆加固进行了处治。

(4)隧道左线LK13+059~LK13+079溶洞,纵向长度约20m,溶洞下边界在隧道仰拱下25m,该溶洞仰拱底部采用钢管桩注浆加固进行了处治。

3)工程监测与结果评价

采用隧道穿越大溶洞仰拱底部钢管桩处治工法进行处治后,经过对衬砌沉降观测看,K12+916~K12+980溶洞处治有一年时间,最大沉降为1.2mm,其他溶洞均比该溶洞沉降值要小。

采用该工法处治,施工干扰大大降低,既保证了开挖作业与溶洞处治平行施工,又不影响仰拱及填充作业,特别是本工程工期异常紧张,采用该工法既确保了工程质量和结构寿命,又不影响工期,取得了良好的社会效益和经济效益。

13.2 富水大断面斜井施工工法

随着我国高等级公路标准的提高,修建长大隧道越来越多,采用斜井等形式作为运营通风或运输通道越来越普遍。受地形限制和为了缩小斜井长度,减少投资,斜井设计的坡度越来越大(方斗山隧道斜井倾角最大为24°,雅泸高速公路泥巴山隧道斜井最大倾角为27.8°,包家山隧道1号斜井为36.707°)。方斗山隧道斜井存在断面大、富水围岩、坡度陡、小半径曲线等难题,难以完全按传统的施工工法实施。因而,如何解决这些不利条件给斜井施工带来的困难,对提高大断面陡坡永久性通风斜井施工进度,确保安全质量,减少工程投资具有极其重要的意义。

2007 年 6 月,质量管理成果“攻克大断面陡坡斜井曲线段运输难题”获“二○○七年度全国工程建设优秀质量管理小组二等奖”;2007 年 9 月,科技创新成果“富水大断面陡坡曲线斜井施工技术”通过中铁隧道集团有限公司评审,并获得中铁隧道集团 2007 年度科技进步奖一等奖。

该工法是基于对方斗山隧道斜井的成功实施和“富水大断面陡坡曲线斜井施工技术”科研课题及“攻克大断面陡坡斜井曲线段运输难题”质量管理成果进行了总结、编写而成,为今后类似斜井的快速施工提供参考和借鉴经验。

13.2.1 工法特点

该工法针对富水、陡坡、大断面曲线斜井的具体特点,在传统方法基础上开发出既能辅以隧道施工作业,又能满足隧道运营通风要求的斜井施工工法。具体特点:

(1)在井身断面大、坡度陡、地质条件复杂、涌水量多的情况下,在施工技术、施工组织、安全管理等方面采取了有效措施,能保证稳步快速施工,缩短施工工期。

(2)针对该类富水、大断面、陡坡斜井的特点,采用了帷幕注浆、“固定高扬程大抽水泵站、低压接力泵站与移动泵站”相结合的排水系统,采取了“ ╰ ”形开挖施工方法等针对性措施。

(3)针对曲线段采用立辊约束钢丝绳运动方向,实现提升机运输。

(4)在陡坡斜井衬砌中使用台车衬砌施工技术,实现衬砌快速施工,确保工程质量。

(5)针对大坡度、大断面斜井的结构特点,创新开发了部分专用机械,解决了大倾角条件下重、大型设备的安装、固定、行走等一系列技术问题,为斜井快速施工提供了有效的保证。

13.2.2 适用范围

该工法适用于富水、大断面(开挖宽度 8m 以上、高度 6.5m 以上)、陡倾角(20°～30°)、小半径曲线、有轨运输斜井的施工。

13.2.3 工艺原理

工艺原理如下:

(1)井身开挖利用组合式拼装台架,采用“ ╰ ”形的开挖方式,在隧洞下部形成一个水平作业平面,降低了大倾角斜井开挖施工难度。

(2)根据斜井设计线形,洞渣外运及材料运输分为三阶段,即井口平坡段及变坡点附近采用无轨运输,越过变坡点采用“卷扬机 + 轨道 + 矿车”的有轨运输系统,井口场地形成后,采用“提升机 + 轨道 + 矿车”的有轨运输系统。

(3)小半径曲线段采用了五花立辊并对矿车和地辊局部做适应性改造,使牵引钢丝绳在五花立辊的约束下做曲线运动,从而实现矿车的曲线运输,解决了提升机牵引矿车在曲线段运行的安全稳定性能。

(4)衬砌台车采用步进式移动和多方式固定衬砌台车,多级接力泵送混凝土入模。

(5)针对坡度陡、水量大、水流急的特点,有效地采用了系统的分级排水方案。

(6)断层及富水段施工采用超前地质预报、预探技术,确定工程地质及水文地质情况,再采用注浆技术,进行固结涌水段围岩和堵水。

(7)施工过程中,通过实时监测体系,根据监测分析,有效指导施工,确保施工安全,保证工程质量。

13.2.4 应用实例

1)方斗山隧道斜井工程

石(柱)忠(县)高速公路土建工程B12合同段斜井工程,位于重庆市石柱县境内,为方斗山隧道的专用通风巷道,分为左、右线。左线全长708.2m,倾角24度,井口与井底高差283.639m;斜井净宽8.5m,净高6.25m,开挖断面面积为56.8 ~ 72.7m^2。右线全长781.1m,倾角22°,井口与井底高差283.203m;斜井净宽7m,净高5.25m,开挖断面面积为41.3 ~ 53.8m^2;井身有127m位于平面半径$R = 150$m的曲线上。

斜井井身穿越地层有泥岩、页岩、泥灰岩、断层角砾岩、泥质灰岩、岩溶角砾岩、灰岩等,初期支护主要采用ϕ22mm砂浆锚杆($L = 2.5 \sim 3.0$m) + 钢筋网 + C20喷射混凝土。斜井井身最大涌水量达10 000m^3/d,且具有一定的承压性。其中,存在坍塌、涌水等工程灾害隐患的地段占斜井总长度的46.8%。

斜井全洞设二次混凝土衬砌,二次衬砌厚度为30 ~ 45cm。斜井设钢筋混凝土中隔墙,墙厚30cm。

该项目计划工期为26个月(2005年3月28日 ~ 2007年5月28日),斜井左线开挖支护计划工期14个月,斜井右线开挖支护计划16个月。左、右线斜井的实际工期分别只有11个月、13个月,比计划工期大大提前。

2)摩天岭隧道2号斜井

巫奉高速公路A19合同段摩天岭隧道2号斜井位于重庆市东部,岩性以砂岩、页岩、灰岩为主;该斜井作为巫奉高速公路重难点工程之一,担负7 353m摩天岭隧道右线的运营通风任务,斜井坡度大(24.95°)、长度长(816.763m),地质情况复杂多变,集破碎带、流沙地段、岩溶等地质灾害于一身,施工难度极大。

由于采用该施工工法,加快了斜井运输速度,有力地支持了斜井的快速掘进,使斜井提前计划40余天掘进至井底。

13.3 工法获奖证书

证书

2009年度公路工程工法

工法编号:GGG(中企)D1134-2009

工法名称:隧道穿越大型充填溶洞基底钢管桩注浆加固施工工法

工法完成单位:中铁隧道集团有限公司

工法完成人:陈庆怀、朱玉峰、周泽民、林琳

二〇一〇年一月八日

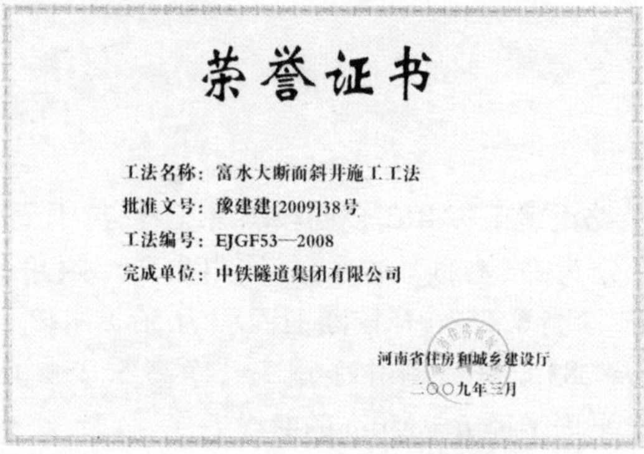
荣誉证书

工法名称：富水大断面斜井施工工法
批准文号：豫建建[2009]38号
工法编号：EJGF53—2008
完成单位：中铁隧道集团有限公司

河南省住房和城乡建设厅
二〇〇九年三月

13.4 工程质量获奖证书

13.4.1 渝合高速公路北碚隧道工程简介

渝合高速公路北碚隧道是国道212线渝(重庆)合(川)高速公路的重点工程，该隧道设计为双向四车道，左、右线全长8 012.629m，其中左线全长4 001.629m，右线全长4 011m，线间距35m。隧道开挖宽度约12.5m，高度约8.5m，紧急停车带开挖宽度约15m，隧道净高5.0m，净宽10.5m，为全线的控制性工程。该工程于1999年6月正式开工建设，2001年6月完工，2002年6月28日正式通车运营。渝合高速公路北碚隧道工程2005年获"中国建筑工程鲁班奖"。

13.4.2 石忠高速公路B12合同段方斗山隧道工程简介

石忠高速公路B12合同段于2005年3月开工，2008年1月竣工，中铁隧道集团一处负责方斗山隧道进口右线3 795m(K55 + 305 ~ K59 + 100)、左线3 797m(ZK55 + 303 ~ ZK59 + 100)、左右线通风斜井及地下风机房开挖的施工任务，施工工期34个月。其中，方斗山隧道左线通风斜井长708.2m，倾角24°，右线通风斜井长781.1m，倾角22°，地下风机房开挖方量$9.5 \times 10^4 m^3$。石忠高速公路B12合同段方斗山隧道工程2009年获火车头优质工程一等奖和中国建设工程鲁班奖。

方斗山隧道斜井开挖断面大，倾角大，地质条件复杂，施工组织难度大，因此，针对富水大断面斜井快速施工技术，开展相关研究，斜井的开挖、运输、衬砌工艺复杂，且右线斜井井下在K0 + 156.01 ~ K0 + 38.2段117.81m位于$R = 150$m的三维曲线上，对施工组织、施工工艺提出了更高的要求；虽然矿业、水利、铁路等行业领域对斜井施工技术的研究取得了一定的成果，但由于方斗山隧道斜井的特点，斜井施工技术不是简单的应用，而需要通过科研来研制出适合于本斜井工程的新设备，应用一些适合于本斜井隧道工程的新技术和新方法，从而实现该斜井快速施工的目标，也对本工程安全、快速、高质量的建设具有重要作用和意义。

为保证安全顺利、按期建成该工程，中铁隧道集团于2005年2月进行科研立项，依托该工程进行“富水大断面斜井快速施工技术”研究攻关（合同编号隧研合[2005] - 17），开展了开挖方法优化研究，斜井开挖简易台架、复喷台架的设计，斜井施工有轨运输线路的布置技术，斜井装渣、提升设备的配套与选型，斜井井身衬砌技术，斜井排水方案，右线斜井井下曲线段施工方法，超前地质预报技术，斜井断层破碎带及岩溶涌水地段施工技术等9个方面内容研究，并取得了一定成绩，达到了预期效果，其科研成果获得了中铁隧道集团科技进步一等奖。

13.4.3 华福高速公路中梁山隧道工程简介

华(岩)(巴)福公路中梁山隧道穿越中梁山南麓,是重庆市突破中梁山屏障、加快主城区西进步伐的重要通道,为重庆市的重点工程。东从大渡口区跳磴镇吴家院子穿越中梁山,西在九龙坡区石板镇余家湾出洞,按一级双洞四车道技术标准设计,其中左洞长 3 555m,右洞长 3 562m,隧道宽 10.5m。中铁隧道集团一处承担中梁山华福隧道左、右线出口段 1 775m 的施工任务,隧道施工区域内地质复杂,有危岩、瓦斯、溶洞煤层、涌水、断层破碎等不良地质灾害,施工难度极大。华福一级公路于 2003 年 10 月开工,2005 年 1 月竣工。华福高速公路中梁山隧道 2007 年获"二〇〇六年度火车头优质工程一等奖。"

证书

二〇〇六年度火车头优质工程

一等奖

工程名称:重庆华岩至巴福一级公路中梁山华福隧道

获奖单位:中铁隧道集团有限公司第一工程处

中国铁道工程建设协会

二〇〇七年一月

13.4.4 雷神店至崇溪河段高速公路 C8 合同段笔架山隧道工程简介

渝(重庆)黔(贵州)公路二期工程项目重庆境内雷神店至崇溪河段高速公路 C8 合同段,起于綦江县赶水镇芭蕉湾,起点桩号 K119 + 900,路线经中间段于 K120 + 810 ~ K123 + 340 设笔架山隧道,于 K124 + 000 ~ K125 + 063 段设安稳互通式立交,止于綦江县安稳镇龙凤坪,止点桩号 K125 + 063,路线全长 5.163km。其中,土建工程为路基土石方工程、防护及排水工程、桥涵工程、安稳互通式立交和笔架山左右线隧道工程。笔架山隧道为本标段的关键(控制性)工程,隧道左线长 2 501.56m,隧道右线长 2 530m,其于 2001 年 4 月开工,2004 年 5 月竣工。雷崇高速公路笔架山隧道 2007 年获"二〇〇六年度火车头优质工程一等奖。"

13.4.5 云万高速公路 U 合同段庙梁隧道工程简介

云万高速公路 U 合同段,主要工程为庙梁隧道出口端及接线工程,全长 4.090km,其中庙梁隧道为双线单洞隧道,左线 ZK216 + 750 ~ ZK219 + 188,全长 2 438m;右线 K216 + 385 ~ K219 + 156,全长 2 771m,路面 44 084m^2。桥梁工程主要有上湾左、右线大桥(左线 4 - 30 + 5 - 40mT 梁,长 328m,右线 4 - 30 + 5 - 40mT 梁,长 331m),轿行左、右幅大桥(左线 10 - 20m 空心板,长 213m,右线 8 - 20 空心板,长 183m),何家湾大桥(12 - 40mT 梁,长 496m)。路基土石方 $1.62609 \times 10^5 m^3$。该工程于 2004 年 9 月开工,2007 年 12 月竣工,庙梁隧道 2009 年获

“二〇〇九年度火车头优质工程一等奖。”

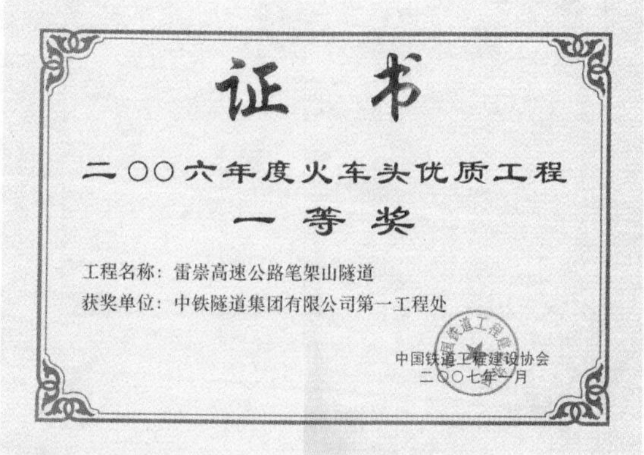

13.4.6　雷崇高速公路 C6 合同段金竹岗隧道工程简介

重庆至湛江公路雷崇高速公路 C6 合同段位于重庆市綦江县境内，全长 4.437km，起于东溪镇中书村，止于赶水镇玉荷塘。采用四车道高速公路标准，计算行车速度 80km/h。金竹岗隧道位于分离式路基段，设置为左、右线平行的双洞，其中左线长 2 056m，右线长 2 109m，左右线隧道中线相距 45m。按 200 ~ 300 m 间距设人行横通道 4 处，按 500 ~ 600 m 间距设置了车行横通道 3 处。单洞净宽 9.75 m，净高 5m，路面横坡 2%，轮廓为单心圆拱，接圆曲墙，隧道纵断面为人字坡。隧道进口为削竹式洞门，出口为端墙式洞门。雷崇高速公路 C6 合同段金竹岗隧道 2007 年获“二〇〇六年度火车头优质工程一等奖。”

13.4.7　重庆水界高速公路龙凤山隧道工程简介

龙凤山隧道左右线分离式，左右线间距 40m，其中左线长 2 882m，桩号为 ZK28 + 918 ~ ZK31 + 800，其中进口段 1 482m，桩号 ZK28 + 918 ~ ZK30 + 400；右线长 2 906.5m，桩号为 YK28 + 908.5 ~ YK31 + 815，进口段 1 491.5m，桩号 YK28 + 908.5 ~ YK30 + 400，隧道进口左右线分别设 3m 明洞。重庆水界高速公路龙凤山隧道 2009 年获“二〇〇八年度火车头优质工程一等奖。”

13.4.8　重庆绕城北段高速公路玉峰山隧道工程简介

玉峰山隧道为重庆绕城北段高速公路重点控制性工程之一，为全线第二长隧，隧道位于重庆市渝北区玉峰山镇，是重庆市推行内环外移、扩大主城区战略的重要项目，也是重庆市实行“二环八射”公路网战略布署的重要组成部分。

玉峰山隧道为分离式双向六车道大跨特长隧道，隧道左线长3 691m，右线长3 651m。左右线隧道中心线间距55m，进出口处于直线上，洞身段设置了半径6 000m（左洞）、半径6 040m（右洞）的平曲线。隧道共设10处人行横洞，4处车行横洞。隧道开挖断面面积在135～180m^2之间，最大跨度达18m，是重庆市已建和在建高速公路隧道单洞跨度最大的隧道。该工程于2006年4月26日开工建设，2008年12月25日竣工。重庆绕城北段高速公路玉峰山隧道2009年获“二〇〇九年度火车头优质工程一等奖。”

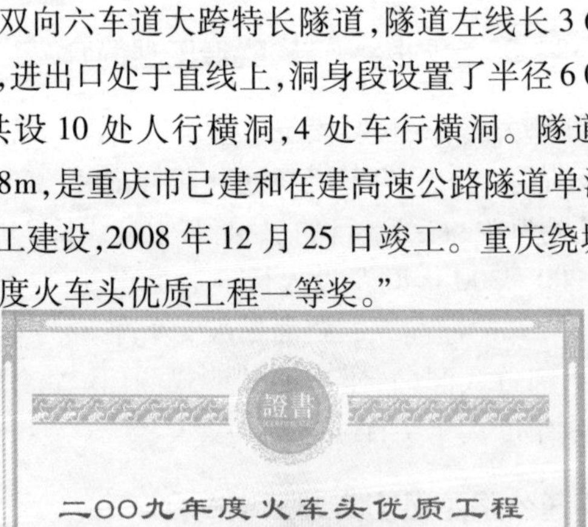

参 考 文 献

[1] 王梦恕.地下工程浅埋暗挖技术通论[M].合肥:安徽教育出版社,2005.

[2] 常士骠.工程地质手册[M].北京:中国建筑工业出版社,1992:993-941.

[3] 朱祖科.深井点降水在隧道中的应用.公路[J].1996,4:1-4.

[4] 王梦恕.中国隧道及地下工程修建技术[M].北京:人民交通出版社,2010.

[5] 夏明耀,曾进伦.地下工程设计施工手册[M].2 版.北京:中国建筑工业出版社,2001.

[6] JTG F60—2009 公路隧道施工技术规范[S].

[7] 孙建航,侯学渊.基坑工程手册[M].北京:中国建筑工程出版社,1997.